D1749870

David / Reutter
Schweizerisches Werberecht

Schweizerisches Werberecht

2. vollständig neu bearbeitete Auflage

von

Dr. Lucas David

und

Dr. Mark A. Reutter

Rechtsanwälte in Zürich

Schulthess § Zürich 2001

Zitiervorschlag: David / Reutter, Werberecht, S. ...

Stand der Bearbeitung: 1. März 2001

© Schulthess Juristische Medien AG, Zürich 2001
ISBN 3 7255 4258 9

Vorwort

Die Aufgabe, die im Jahre 1977 erschienene Erstauflage zu überarbeiten, erwies sich als weitaus umfangreicher als zuerst angenommen. Dies deshalb, weil praktisch alle Gesetze, die Einfluss auf Werbung und Vertrieb haben, mittlerweile vollständig revidiert wurden. Zunächst ist die nachgeführte und per 1. Januar 2000 in Kraft getretene Bundesverfassung zu erwähnen, welche die Grundrechte neu katalogisiert und deren Schranken formuliert hat. Für die Werbung besonders bedeutungsvoll war die Ende 1986 abgeschlossene Totalrevision des Gesetzes gegen den unlauteren Wettbewerb, das mit seinem funktionalen Ansatz zwar keine völlige Kehrtwendung vornahm, wohl aber mit dem Einbezug der Lockvogelwerbung, der vergleichenden Werbung und den aggressiven Vertriebsmethoden neue Schwerpunkte setzte. Auch die Grundsätze der Schweizerischen Lauterkeitskommission zur Lauterkeit in der kommerziellen Kommunikation wurden 1989 vollständig überarbeitet, wobei erstmals die Geschlechterdiskriminierung miteinbezogen wurde. Daneben hat auch das Medienrecht viele Änderungen erfahren: Die Gesetzgebung für Radio und Fernsehen wurde in den Neunzigerjahren auf neue Grundlagen gestellt und soll bereits wieder total revidiert werden, und auch das Presserecht erhielt bereits 1984 mit dem Recht auf Gegendarstellung neue Konturen. Im Vertriebsrecht wirkte sich namentlich das im Jahre 1991 eingeführte Widerrufsrecht bei Haustürgeschäften und ähnlichen Verträgen aus, das nunmehr auf alle Fernabsatzverträge ausgedehnt werden soll. Mit Teletext, Telemarketing, Fundraising, Internet und Multilevelmarketing entstanden neue Werbe- und Marketingformen, die eine vertiefte Bearbeitung erheischten. Viele Neuerungen waren auch im Wettbewerbsverwaltungsrecht zu berücksichtigen, so etwa die 1978 erfolgte Erweiterung der Preisanschriftpflicht zur Preisbekanntgabepflicht, die 1998 neu stipulierte Firmengebrauchspflicht und die ebenfalls 1998 erfolgte Neufassung der Deklarationsverordnung. Auch die meisten produktspezifischen Bestimmungen wurden revidiert, allen voran die im Jahre 1995 in Kraft getretene neue Lebensmittelgesetzgebung mit ihren weit gehenden Deklarationspflichten namentlich auch für Rohstoffe, Tabakwaren, Kosmetika und alkoholische Getränke. Aber auch bei den Heilmitteln und Chemikalien sowie bei den Finanzdienstleistungen gab es viele Präzisierungen. Nicht zu unterschätzen auf den Schutz der Werbung ist schliesslich der Einfluss der beiden im Jahre 1992 total revidierten Gesetze zum Immaterialgüterrecht, nämlich das Markenschutzgesetz oder das Urheberrechtsgesetz. Dies alles brachte es mit sich, dass praktisch der ganze Text des Buches grundlegend überarbeitet werden musste.

Die vorliegenden Arbeit richtet sich nicht nur an Juristen, sondern ebenso an Werbeberater und interessierte Werbeauftraggeber, die wissen möchten, welchen Schranken ihre Ideen über Werbung und Vertrieb unterliegen. Entsprechend wurde auf juristische Abkürzungen weit gehend verzichtet. Andererseits wurden die meisten Judikaturzitate mit dem Spruchgremium und einem Kurzwort ergänzt, so dass Insider deren Stellenwert ermessen können. Auch wurde zur Verbesserung der Lesbarkeit trotz der vollständigen Neubearbeitung darauf verzichtet, immer sowohl die männliche als auch weibliche Form von Personenbezeichnungen aufzuzählen; es wurde als selbstverständlich vorausgesetzt, dass in der einen Form auch die andere mitenthalten ist.

Erneut haben viele Ämter und Vereinigungen in verdankenswerter Weise mit Auskünften und Informationen mitgeholfen, die vorliegende Arbeit aktuell und praxisnah zu gestalten. Der Umfang der Aufgabe erheischte zudem die Mitarbeit einer Vielzahl von Kolleginnen und Kollegen. Mark Reutter schrieb den neuen Teil zum Werbevertragsrecht, und Jeannette Wibmer steuerte das Kapitel über die politische Werbung der Gemeinwesen bei. Die Nachführung des Manuskripts besorgte Ronni Schmitz, während Claudia Apolloni das Sachregister redigierte. Die Korrekturlesung übernahm Sabine Tormann. Ihnen allen gilt unser herzlicher Dank.

Lucas David und Mark Reutter

Inhaltsübersicht

Vorwort	V
Inhaltsverzeichnis	XI
Abkürzungsverzeichnis	XXXV
Literaturübersicht	IL

Erster Teil: Vorschriften für Werbung und Vertrieb   1

I.   Grundlagen des Werbe- und Vertriebsrechtes   3
     A.   Einleitung   3
     B.   Recht auf Werbung und Vertrieb   15
     C.   Generelle Einschränkungen von Wirtschaftswerbung und Vertrieb zum Schutz der Polizeigüter   41
     D.   Einschränkungen für politische Propaganda   76

II.   Vorschriften für einzelne Werbemassnahmen   78
     A.   Wertreklame   78
     B.   Werbung mit Werbegewinnspielen (Wettbewerbe und Glücksspiele)   84
     C.   Werbung mit Angaben zur geografischen Herkunft   100
     D.   Vergleichende Werbung   113
     E.   Werbung mit Gutachten, Zeugnissen und Empfehlungen   123
     F.   Werbung mit Wohltätigkeit   125
     G.   Werbung mit Lockvögeln   128
     H.   Werbung mit bestimmten Motiven   132

III.   Besondere Vorschriften für einzelne Werbemedien   139
     A.   Werbung und Packung   139
     B.   Werbung durch Auslage   154
     C.   Werbung mittels Inseraten   161
     D.   Werbung mit audiovisuellen Mitteln (FFF: Film, Funk, Fernsehen)   170
     E.   Aussenwerbung   184

	F.	Werbung im Inneren, namentlich in Gebäuden	209
	G.	Direktwerbung	211
	H.	Reklame auf Waren	223
IV.		Vorschriften für Massnahmen zur Verkaufsförderung (Vertriebsmassnahmen)	226
	A.	Offener Verkauf	226
	B.	Vertrieb ausserhalb ständiger Geschäftsräume (Fernabsatz im weiteren Sinne)	227
	C.	Vertrieb ausserhalb der üblichen Öffnungszeiten	263
	D.	Vertrieb mittels Aktionen und Sonderverkäufen	269
	E.	Vertrieb mit Teilzahlungsmöglichkeiten	272
	F.	Vertrieb mittels besonderer Vertriebsformen	277
	G.	Selektiver Vertrieb	282
V.		Vorschriften für einzelne Waren und Dienstleistungen	287
	A.	Lebensmittel und Gebrauchsgegenstände	287
	B.	Heilmittel, insbesondere Arzneimittel	308
	C.	Gefährliche Stoffe und Zubereitungen (Chemikalien)	322
	D.	Edelmetalle	328
	E.	Finanzdienstleistungen	333
	F.	Gastwirtschaftsgewerbe	342
	G.	Hotellerie und Tourismus	351
	H.	Spendenmarketing und Fundraising	355
	I.	Personalanwerbung und Personalabwerbung	360
VI.		Vorschriften für einzelne Personenkategorien von Werbenden	363
	A.	Grundsatz	363
	B.	Die Identität des Werbenden	364
	C.	Einschränkungen für Ausländer	365
	D.	Einschränkungen für Wehrmänner	365
	E.	Einschränkungen für Rechtsanwälte	366
	F.	Werbung durch Behörden und öffentliche Unternehmen	370

Zweiter Teil: Werbevertragsrecht   385

VII.   Wesen und Rechtsnatur des Werbevertrags   387
       A.   Schwierigkeit der Typisierung und tatsächliche
            Grundlagen   387
       B.   Gegenstand und Inhalt des Werbevertrags   388
       C.   Vertragsparteien   390
       D.   Rechtsnatur des Werbevertrags   391
       E.   Problematik der Qualifikation   394
       F.   Abschluss des Werbevertrags   399
       G.   Abgrenzungen   400

VIII. Branchenempfehlungen und Richtlinien   402
       A.   Herausgebende Verbände und Struktur   402
       B.   Bedeutung und Inkorporierung von Branchen-
            empfehlungen in die individuelle Vereinbarung   403

IX.   Einzelvertrag, Dauer- und Rahmenvertrag   407

X.   Pflichten der Werbeagentur im Einzelnen   409
       A.   Leistungspflichten der Werbeagentur   409
       B.   Persönliche Erfüllung   411
       C.   Sorgfaltspflichten   413
       D.   Aufklärungs-, Beratungs- und Informationspflichten   416
       E.   Rechenschaftspflicht   417
       F.   Treuepflichten   417
       G.   Weisungsrechte des Kunden   419
       H.   Werkvertragliche Erfolgspflichten   420
       I.   Die Bedeutung des Briefings   421

XI.   Pflichten des Werbekunden   423
       A.   Hauptpflicht: Leistung der Vergütung   423
       B.   Nebenpflichten des Kunden   427

XII.   Urheberrechte   429
       A.   Schutzumfang   429
       B.   Schöpferprinzip   431

	C.	Inhalt des Urheberrechts und Rechtseinräumung	431
	D.	Umfang der Rechtseinräumung unter dem Werbevertrag	433
XIII.	Vergabe an Dritte		436
XIV.	Haftung und Haftungsausschluss		439
	A.	Allgemein	439
	B.	Ausschluss und Beschränkung der Haftung	442
	C.	Termine und Verzug	443
XV.	Vorzeitige Beendigung des Werbevertrags		445

Dritter Teil: Schutz der Werbung   449

XVI.	Erinnerungsmittel der Werbung		451
	A.	Begriff und Bedeutung	451
	B.	Qualitative Anforderungen	466
	C.	Verstoss gegen die guten Sitten	489
	D.	Formelle Anforderungen	496
	E.	Relative Anforderungen	501
	F.	Die Übertragung von Erinnerungsmitteln der Werbung	507
XVII.	Schutz der Werbung		509
	A.	Schutz der Kennzeichen	509
	B.	Schutz des Designs	532
	C.	Schutz vor sklavischer Nachahmung	539
	D.	Schutz des Arbeitsergebnisses	544
XVIII.	Durchsetzung der Vorschriften über das Werbe- und Vertriebsrecht		549
	A.	Die Tätigkeit von Verwaltungsbehörden	549
	B.	Polizei und Strafgerichte	557
	C.	Die Zivilgerichte	560
	D.	Private und offiziöse Organisationen	581
	E.	Eine Konsumenten-Ombudsperson?	584

Stichwortindex   587

Inhaltsverzeichnis

Vorwort		V
Inhaltsverzeichnis		XI
Abkürzungsverzeichnis		XXXV
	a) Eidg. Gesetze	XXXV
	Gesetze, die durch ein Sigel bezeichnet werden:	XXXV
	Gesetze, die durch einen Kurztitel bezeichnet werden:	XXXVIII
	b) Internationale Übereinkünfte und Usanzen	XLII
	c) Interkantonale Konkordate	XLIII
	d) Kantonale und kommunale Bestimmungen	XLIV
	e) Gesetzes- und Entscheidsammlungen, Periodika	XLIV
	f) Übrige Abkürzungen	XLVI
Literaturübersicht		IL

Erster Teil: Vorschriften für Werbung und Vertrieb   1

I.	Grundlagen des Werbe- und Vertriebsrechtes	3
	A. Einleitung	3
	1. Werbung, Vertrieb und Werberecht	3
	a) Ursprung und Entwicklung	3
	b) Werbung und Vertrieb heute	5
	2. Begriff der Werbung	7
	a) Definition	7
	b) Werbung und Reklame	10
	c) Elemente der Werbung	10
	d) Werbung und Vertrieb	11
	3. Staat und Werbung	12
	a) Negative Aspekte	12
	b) Positive Aspekte	14

		c) Internationale Tendenzen	14
	B.	Recht auf Werbung und Vertrieb	15
		1. Vorbemerkungen	15
		2. Die Wirtschaftsfreiheit	16
		a) Grundsatz	17
		b) Inhalt	19
		c) Verfassungsmässige Schranken	20
		d) Einschränkungen durch Bundeserlasse	22
		e) Einschränkungen durch Monopole und Ämter	22
		f) Einschränkungen durch gewerbepolizeiliche Vorschriften	24
		g) Zivilrechtliche Schranken	26
		h) Steuerrechtliche Schranken	26
		3. Die Meinungs- und Medienfreiheit	27
		a) Inhalt	28
		b) Erweiterter Inhalt der Meinungsäusserungsfreiheit	30
		c) Zivilrechtliche Schranken	31
		4. Die persönliche Freiheit	35
		5. Die Glaubens- und Gewissensfreiheit (Religionsfreiheit)	36
		a) Inhalt	36
		b) Einschränkungen	37
		6. Die Vereinigungs- und Versammlungsfreiheit	37
		a) Inhalt	37
		b) Schranken	38
		7. Die Eigentumsgarantie	38
		a) Inhalt	39
		b) Schranken	39
		8. Zusammenfassung	40
	C.	Generelle Einschränkungen von Wirtschaftswerbung und Vertrieb zum Schutz der Polizeigüter	41
		1. Vorbemerkungen	41
		2. Besondere Vorschriften zum Schutz der Grundrechte und von Polizeigütern	41
		a) Vorschriften zum Schutz der Gesundheit	41
		b) Vorschriften zum Schutz der Jugend	45
		c) Vorschriften zum Schutz der öffentlichen Sicherheit	45
		d) Vorschriften zum Schutz der öffentlichen Ruhe und Ordnung	47

		e) Vorschriften zum Schutz der öffentlichen Sittlichkeit	51
		f) Vorschriften zum Schutz der Ästhetik	52
		g) Vorschriften zum Schutz des Ansehens von Gemeinwesen, Personen und Unternehmen	53
		h) Vorschriften gegen Diskriminierung	56
		i) Vorschriften zum Schutz des Vermögens und gegen Übervorteilung	56
		j) Vorschriften zum Schutz der Sprache	58
		k) Vorschriften zur Gewährleistung der Sachlichkeit	59
	3.	Besondere Vorschriften zum Schutz der Wahrhaftigkeit	59
		a) Vorschriften zum Schutz von Treu und Glauben	59
		b) Angaben über die geografische Herkunft	62
		c) Angaben über Eigenschaften, insbesondere Beschaffenheit und Preis	63
		d) Angaben über geschäftliche Verhältnisse	66
		e) Warenfälschung und Warenbetrug	69
	4.	Besondere Vorschriften zum Schutz bestehender Rechte Dritter	71
		a) Vorbemerkung	71
		b) Schutz vor Verwechslungen	72
		c) Schutz vor anderen Beeinträchtigungen	73
	D.	Einschränkungen für politische Propaganda	76
II.	Vorschriften für einzelne Werbemassnahmen		78
	A.	Wertreklame	78
		1. Allgemeines	78
		a) Begriff und Bedeutung	78
		b) Sachliche Einschränkungen	79
		c) Anforderungen an Gutscheine	81
		d) Persönliche Einschränkungen	81
		2. Akzessorische Wertreklame (Zugaben)	83
		3. Nicht-akzessorische Wertreklame (Werbegaben)	83
	B.	Werbung mit Werbegewinnspielen (Wettbewerbe und Glücksspiele)	84
		1. Bedeutung	85
		2. Verbot von Spielbanken und Lotterien	85
		a) Grundsatz	85

		b) Erlaubte Spiele	86
		c) Ausnahmen vom Lotterieverbot	87
		d) Sanktionen	89
	3.	Lotterien und Lotteriemerkmale	89
		a) Teilnahmeberechtigung	89
		b) Verbindlichkeit	90
		c) Einsatz	90
		d) Gewinn und Gewinnplan	93
		e) Zufall	95
	4.	Lotterieähnliche Veranstaltungen	96
		a) Progressive Kundenwerbung	96
		b) Kettenbriefe	97
		c) Veranstaltungen, bei denen der Zufall nicht die entscheidende Rolle spielt	97
		d) Glücksspielautomaten	98
	5.	Lauterkeitsrechtliche Anforderungen an Lotterien	98
C.	Werbung mit Angaben zur geografischen Herkunft		100
	1.	Bedeutung	101
	2.	Einteilung	104
		a) Ursprungsbezeichnungen	104
		b) Qualifizierte Herkunftsangaben	105
		c) Gewöhnliche Herkunftsangaben	105
	3.	Anforderungen gemäss Marken- und Lauterkeitsrecht	106
		a) Naturerzeugnisse	106
		b) Industrieprodukte	107
		c) Dienstleistungen	108
	4.	Anforderungen gemäss Wappenschutzgesetz	109
		a) Eidgenössische und kantonale Wappen	109
		b) Staats- und Kantonsnamen	110
		c) Kommunale Wappen und amtliche Zeichen sowie andere schweizerische Ortsangaben	111
		d) Ausländische Wappen und Örtlichkeiten	112
		e) Sanktionen	113
D.	Vergleichende Werbung		113
	1.	Allgemeines	114
		a) Bedeutung	114
		b) Begriff	115
	2.	Vergleichende Werbung im engeren Sinne	115
		a) Grundsatz	115
		b) Anlehnende Werbung	116
		c) Werbung mit mehreren Preisen	118

		d) Alleinstellungswerbung	119
		3. Vergleichende Warentests	120
		a) Begriff	120
		b) Verbreitung ungünstiger Testergebnisse	121
		c) Verbreitung günstiger Testergebnisse	121
	E.	Werbung mit Gutachten, Zeugnissen und Empfehlungen	123
		1. Bedeutung	123
		2. Zulässigkeit	123
		3. Einschränkungen	124
	F.	Werbung mit Wohltätigkeit	125
		1. Bedeutung	125
		2. Werbung mit der Förderung von wohltätigen Institutionen	125
		3. Werbung von Behindertenbetrieben	127
		4. Werbung von gemeinnützigen Organisationen	128
	G.	Werbung mit Lockvögeln	128
		1. Allgemeines	129
		a) Bedeutung	129
		b) Begriff	129
		2. Zulässigkeit	130
		a) Allgemeines	130
		b) Sachliche Einschränkungen	131
	H.	Werbung mit bestimmten Motiven	132
		1. Werbung mit Banknoten	132
		2. Werbung mit Personenbildern	133
		3. Werbung mit Kunstbildern	134
		4. Werbung mit sexuellen Motiven	134
		5. Werbung mit dem Zeichen des Roten Kreuzes oder mit Zeichen internationaler Organisationen	135
		6. Werbung mit Wappen	136
		7. Werbung mit Humor	137
		8. Werbung mit lebenden Tieren	137
		9. Werbung mit dem Prädikat «neu»	138
III.		Besondere Vorschriften für einzelne Werbemedien	139
	A.	Werbung und Packung	139
		1. Allgemeines	139
		a) Begriff	139

	b)	Verantwortlichkeit	139
	c)	Grundsatz	139
	d)	Form und Art der Packung	140
	e)	Täuschung über Art und Grösse des Inhaltes	141
	f)	Täuschungen durch Packungswechsel	142
	g)	Sanktionen	142
2.	Mengenangaben		143
	a)	Grundsatz	143
	b)	Ort der Angabe	143
	c)	Beschriftung	144
	d)	Höchstmengen	144
3.	Qualitätsangaben		144
	a)	Beschaffenheitsangaben	144
	b)	Zusammensetzung	145
	c)	Herstellungsdatum	146
4.	Herkunftsangaben		146
	a)	Geografische Herkunft	146
	b)	Betriebsherkunft	146
5.	Preisangaben		147
	a)	Detailpreise	148
		(1) Bedeutung	148
		(2) Ort der Angabe	148
		(3) Anzugebender Preis	148
	b)	Grundpreise	149
		(1) Anwendungsbereich	149
		(2) Ausnahmen	150
		(3) Sanktionen	151
6.	Weitere Angaben		151
	a)	Kontrollnummer	151
	b)	Beteiligungen	152
	c)	Verwendungshinweise und Warnaufschriften	152
7.	Möglichkeit des Umpackens		153
	a)	Grundsatz	153
	b)	Verbot des Umpackens	153
	c)	Arzneimittel	154

B. Werbung durch Auslage 154
   1. Allgemeines 155
      a) Bedeutung 155
      b) Bewilligungspflicht für Auslagen 155
   2. Preisangaben 156
      a) Bedeutung 156
      b) Anwendungsbereich 156
      c) Ort der Angabe 159

		d) Anzugebender Preis	159
		e) Sanktionen	160
	3.	Sprache der Anschrift	160
C.	Werbung mittels Inseraten		161
	1.	Allgemeines	161
		a) Bedeutung	161
		b) Besondere Vorschriften	163
		c) Vorzensur von Inseraten	163
		d) Erkennbarkeit der Werbung	164
		e) Anonyme und falsche Inserate	165
		f) Vergleichende Werbung in Inseraten	166
	2.	Territoriale Ausbreitung	167
		a) Interkantonale Verhältnisse	167
		b) Grenzüberschreitende Werbung	168
D.	Werbung mit audiovisuellen Mitteln (FFF: Film, Funk, Fernsehen)		170
	1.	Kinowerbung	170
		a) Bedeutung	170
		b) Besonderheiten	171
	2.	Radio- und Fernsehwerbung	171
		a) Allgemeines	172
		(1) Begriff und Bedeutung	172
		(2) Grundsatz	172
		(3) Sponsoring	173
		b) Einschränkungen	176
		(1) Allgemeine Einschränkungen	176
		(2) Produktspezifische Einschränkungen	177
		(3) Zeitliche Einschränkungen	178
		(4) Territoriale Ausbreitung	179
		c) Werbung im Teletext	180
	3.	Werbung im Internet	180
		a) Allgemeines	180
		b) Einschränkungen	180
		c) Anforderungen	181
		d) Bannerwerbung, Comet Cursors	182
		e) Metatags	183
		f) Interstitials	183
E.	Aussenwerbung		184
	1.	Allgemeines	184
		a) Bedeutung	184
		b) Begriff	185

		(1) Aussenwerbung	185
		(2) Eigenwerbung und Fremdwerbung	186
		c) Bewilligungspflicht	187
		(1) Im Allgemeinen	187
		(2) Bewilligungspflicht für Eigenwerbung?	189
		(3) Weitere Ausnahmen	189
		d) Sachliche Einschränkungen	190
		e) Bedingungen und Auflagen an den Bewilligungsinhaber	191
		f) Ausführungsvorschriften	192
	2.	Einschränkungen aus verkehrspolizeilichen Gründen	192
		a) Werbung an Autobahnen	192
		b) Werbung und Strassensignale	193
		c) Ablenkende Werbung	194
		d) Werbung an Gebäuden	195
		e) Tankstellen	196
		f) Entscheide über die Zulässigkeit	197
	3.	Einschränkungen aus ästhetischen Gründen	198
		a) Grundlagen	198
		b) Plakatmonopol der öffentlichen Hand	199
		c) Ausnahmen vom Plakatmonopol	201
	4.	Einschränkungen aus sprachlichen Gründen	202
	5.	Bewegliche Reklame	202
		a) Werbung durch Fussgänger	202
		b) Werbung mit Tieren	204
		c) Demonstrationen und Prozessionen	205
		d) Werbung auf Strassenfahrzeugen	207
		e) Werbung auf öffentlichen Verkehrsmitteln	208
		f) Werbung auf Eisenbahnen	208
		g) Werbung in der Luft	209
F.	Werbung im Inneren, namentlich in Gebäuden		209
	1. Begriff und Bedeutung		209
	2. Zulässigkeit		210
G.	Direktwerbung		211
	1. Allgemeines		211
		a) Begriff	211
		b) Bedeutung	212
		c) Gemeinsame Vorschriften	212
	2. Flugblätter		213
		a) Zulässigkeit	213
		b) Konfiskation	214

		3. Drucksachen zur Verteilung in alle Haushalte (Briefkastenwerbung)	215
		a) Verteilung	215
		b) Unerwünschte Briefkastenwerbung	215
		c) Erleichterungen im Postversand	216
		4. Werbung mit Warenmustern (Sampling)	218
		a) Allgemeines	218
		b) Sachliche Einschränkungen	219
		5. Telemarketing (Schreibtischverkäufe)	220
		a) Telex- und Telefaxwerbung	220
		b) Telefonwerbung	220
		6. E-Mail Advertising, Spamming	222
	H.	Reklame auf Waren	223
		1. Bedeutung	223
		2. Zulässigkeit	224
		3. Schutz der werbenden Unternehmen vor Drittwerbung	224
IV.	Vorschriften für Massnahmen zur Verkaufsförderung (Vertriebsmassnahmen)		226
	A.	Offener Verkauf	226
		1. Begriff und Bedeutung	226
		2. Zulässigkeit	226
	B.	Vertrieb ausserhalb ständiger Geschäftsräume (Fernabsatz im weiteren Sinne)	227
		1. Allgemeines	227
		a) Bedeutung	227
		b) Interessenlage	228
		c) Widerrufsrecht	229
		(1) Grundsatz	229
		(2) Ausnahmen	230
		2. Vertrieb an offenen Verkaufsstellen	230
		a) Begriff und Bedeutung	231
		b) Vertrieb im Umherziehen, insbesondere ab Fahrzeugen	231
		(1) Begriff	231
		(2) Einschränkungen	232
		(3) Widerrufsrecht	233
		c) Vertrieb auf Märkten und Marktständen; Strassenverkauf (so genannter ambulanter Verkauf)	233
		(1) Begriff	233

(2)	Verkauf auf Privatgrund	234
(3)	Verkauf auf öffentlichem Grund	234
(4)	Örtliche Einschränkungen	235
(5)	Sachliche Einschränkungen	235
(6)	Persönliche Einschränkungen	235
(7)	Weitere polizeiliche Einschränkungen	236
(8)	Widerrufsrecht	237

d) Vertrieb an Messen und Ausstellungen 237
    (1) Bedeutung 237
    (2) Begriff 237
    (3) Bewilligung 237
    (4) Zeitliche Einschränkungen 238
    (5) Persönliche Einschränkungen 238
    (6) Widerrufsrecht 238
e) Wanderlager 238

3. Hausieren und Bestellungsaufnahme durch Handelsreisende (so genannte Haustürgeschäfte) 239
  a) Begriff 239
  b) Sachliche Einschränkungen 242
  c) Widerrufsrecht 244
  d) Weitere Einschränkungen 245

4. Vertriebsveranstaltungen in Gaststätten, Privathaushalten oder anlässlich von Werbefahrten 245
  a) Grundsätzliches 246
  b) Widerrufsrecht 247
  c) Vertrieb via Multilevelmarketing 247
    (1) Begriff und Bedeutung 247
    (2) Einschränkungen 247

5. Direct Marketing (insb. Versandhandel und Fernunterricht) 249
  a) Bedeutung 249
  b) Bewilligungspflicht 249
  c) Identität des Anbieters 251
  d) Produktbeschreibung und weitere Informationen 251
  e) Abnahmeverpflichtungen 252
  f) Lieferfrist 253
  g) Widerrufs- und Rückgaberecht 253
  h) Besondere Informationspflichten im elektronischen Geschäftsverkehr 255
  i) Retouren 255
  j) Zusendung unbestellter Ware 256

	6. Schreibtischverkäufe (so genanntes Telemarketing)	256
	a) Bedeutung	256
	b) Zulässigkeit	257
	c) Mindestinhalt	257
	d) Bestätigung und Widerruf	258
	e) Spamming	258
	7. Automatenvertrieb	259
	a) Grundsätzliches	259
	b) Sachliche Einschränkungen	260
	c) Weitere Einschränkungen	261
	d) Widerrufsrecht	262
C.	Vertrieb ausserhalb der üblichen Öffnungszeiten	263
	1. Bedeutung	263
	2. Verhältnismässigkeit	264
	3. Sachliche Einschränkungen	265
	4. Einschränkungen zum Schutz der öffentlichen Ruhe und Ordnung	267
	5. Einschränkungen zum Schutz der Gesundheit des Ladenpersonals	268
D.	Vertrieb mittels Aktionen und Sonderverkäufen	269
	1. Bedeutung	269
	2. Begriff	270
	3. Einschränkungen	270
	a) Grundsätzliches	270
	b) Sachliche Einschränkungen	272
E.	Vertrieb mit Teilzahlungsmöglichkeiten	272
	1. Bedeutung	273
	2. Sachliche Einschränkungen	273
	3. Persönliche und inhaltliche Einschränkungen	274
	4. Sorgfaltspflichten des Verkäufers	274
	5. Einschränkungen für die Werbung	274
	6. Einschränkungen für den Vertrieb	275
F.	Vertrieb mittels besonderer Vertriebsformen	277
	1. Vertrieb durch Selbstbedienung	277
	a) Begriff und Bedeutung	277
	b) Einschränkungen	277
	2. Vertrieb durch Einkaufszentren	278
	a) Bedeutung	279
	b) Einschränkungen	279

		3.	Vertrieb durch Kioske und Tankstellen	280
			a) Bedeutung	280
			b) Einschränkungen	280
		4.	Service per Telebusiness	281
			a) Bedeutung	281
			b) Einschränkungen	281
		5.	Vertrieb an Grossisten	282
	G.	Selektiver Vertrieb		282
		1.	Begriff und Bedeutung	283
		2.	Selektion durch Produzenten	283
		3.	Selektion durch Produzentenvereinigungen (Kartelle)	284
		4.	Selektion durch Verbrauchermärkte und Verteilketten	285
V.	Vorschriften für einzelne Waren und Dienstleistungen			287
	A.	Lebensmittel und Gebrauchsgegenstände		287
		1.	Allgemeines	287
			a) Bedeutung	287
			b) Geltungsbereich und Begriff	287
			c) Sanktionen	288
		2.	Gemeinsame Bestimmungen	289
			a) Bezeichnung der Lebensmittel	289
			b) Bewilligungspflicht für Anpreisungen	290
			c) Gesundheitliche Hinweise	290
		3.	Nahrungsmittel	291
			a) Begriff	291
			b) Grundsatz	292
			c) Produktdeklaration	292
			d) Vitaminhaltige Nahrungsmittel	293
			e) Biologische Nahrungsmittel	294
		4.	Alkoholische Getränke	295
			a) Begriff	295
			b) Grundsätzliches	295
			c) Werbebeschränkungen	296
			(1) Qualität	296
			(2) Gesundheitliche Anpreisungen	297
			(3) Jugendschutz	297
			(4) Besondere Bestimmungen für Spirituosen	298
			d) Vertriebsbeschränkungen	299
		5.	Genussmittel, insbesondere Tabakwaren	301
			a) Begriff	301
			b) Werbebeschränkungen für Tabakwaren	301
			(1) Grundsatz	301

		(2) Jugendschutz	301
		(3) Quantitative Einschränkungen	302
		(4) Vertriebsbeschränkungen	302
		(5) Warnaufschriften	302
		(6) Gesundheitliche Anpreisungen	303
	c)	Zuckerwaren	303
	6.	Kosmetika	304
		a) Begriff	304
		b) Grundsatz	304
		c) Quasi-kosmetische Produkte	305
	7.	Vertrieb	307
		a) Bewilligungspflicht	307
		b) Verkäufe ausserhalb des Ladenlokals	307
		c) Verkäufe durch Automaten	307
B.	Heilmittel, insbesondere Arzneimittel		308
	1.	Allgemeines	308
		a) Bedeutung	308
		b) Begriff	309
		c) Organisation	309
		d) Einteilung	311
		e) Sanktionen	312
	2.	Unzulässige Anpreisungen	312
	3.	Einschränkungen für die Publikumswerbung	315
		a) Kontrolle des Instituts	315
		b) Minimalinhalt der Werbung	315
		c) Anforderungen an die Publikumswerbung	316
		(1) Grundsatz	316
		(2) Markenwerbung (Brand Name Advertising)	317
		(3) Pflichthinweis	317
	4.	Einschränkungen für die Fachwerbung	318
		a) Begriff und Zulässigkeit	318
		b) Mindestanforderungen	318
		c) Arzneimittelmarketing bei Fachleuten	319
	5.	Vertrieb	320
		a) Allgemeines	320
		b) Durch Apotheken und Drogerien abzugebende Arzneimittel	320
		c) Apothekenpflichtige Arzneimittel	321
		d) Grosshandel	322

C.	Gefährliche Stoffe und Zubereitungen (Chemikalien)		322
	1. Allgemeines		322
		a) Bedeutung	322
		b) Begriff	323
		c) Giftliste	323
		d) Einteilung	324
		e) Sanktionen	324
	2. Werbung		325
		a) Mindestanforderungen	325
		b) Verbotene Werbemassnahmen	326
		c) Werbung mit Umweltargumenten	326
	3. Vertrieb		327
		a) Bewilligungspflicht	327
		b) Verbotene Vertriebsarten	328
D.	Edelmetalle		328
	1. Allgemeines		328
		a) Bedeutung	328
		b) Begriff	329
		c) Sanktionen	330
	2. Werbung		330
		a) Feingehalt und Warenbezeichnung	330
		b) Verantwortlichkeitsmarke	331
		c) Amtliche Stempel	332
	3. Vertrieb		332
		a) Handel mit Schmelzgut und Schmelzprodukten	332
		b) Handel mit Fertigwaren	333
E.	Finanzdienstleistungen		333
	1. Allgemeines		333
	2. Banken und Privatbankiers		334
	3. Spargelder		335
	4. Anlagefonds		336
		a) Begriff	336
		b) Name	337
		c) Mindestinhalt der Werbung	338
		d) Warnklausel	338
	5. Effektenhändler		339
		a) Begriff	339
		b) Freiwillige Werbeeinschränkungen	339
	6. Konsumkredite		339
		a) Bedeutung	339
		b) Begriff	340

		c) Mindestanforderungen an die Werbung	340
		d) Zurückhaltende Werbung	341
F.	Gastwirtschaftsgewerbe	342
	1. Allgemeines	342
		a) Bedeutung	342
		b) Begriff	342
		c) Bewilligungspflicht	343
	2. Werbung	343
		a) Name	343
		b) Preisanschrift	343
	3. Vertrieb	344
		a) Getränke	344
		b) Öffnungszeiten	345
		c) Verkauf über die Gasse	345
		d) Preisvorschriften	346
	4. Warenunterschiebungen	346
		a) Allgemeines	346
		b) Betrügerische Warenunterschiebung	347
		c) Offene Warenunterschiebung	348
		d) Markenrechtliche Folgen	350
G.	Hotellerie und Tourismus	351
	1. Bedeutung	351
	2. Preisangaben und Preisvorschriften	351
	3. Erleichterte Vertriebsbedingungen	352
	4. Pauschalreisen	352
	5. Organisierte Pilz-Reisen	354
	6. Auswanderung	354
H.	Spendenmarketing und Fundraising	355
	1. Bedeutung und Bewilligungspflicht	355
	2. Sponsoring	357
	3. Schranken	357
		a) Grundsätzliches	357
		b) ZEWO-Richtlinien für Haus- und Strassensammlungen	358
		c) Schweizer Sammlungskalender	359
I.	Personalanwerbung und Personalabwerbung	360
	1. Bedeutung und Bewilligungspflicht	360
	2. Abwerbung von Personal	361

VI.		schriften für einzelne Personenkategorien von Wer- benden	363
	A.	Grundsatz	363
	B.	Die Identität des Werbenden	364
	C.	Einschränkungen für Ausländer	365
	D.	Einschränkungen für Wehrmänner	365
	E.	Einschränkungen für Rechtsanwälte	366
		1. Allgemeines	366
		2. Einschränkungen	367
		a) Printwerbung	367
		b) Elektronische Werbung	369
		c) Namen von Anwaltssozietäten	369
	F.	Werbung durch Behörden und öffentliche Unternehmen	370
		1. Allgemeine Werberegeln für Gemeinwesen und öffentliche Unternehmen	370
		2. Einschränkungen für behördliche Informationen bei Wahlen, Abstimmungen sowie im politischen Tagesgeschehen	371
		3. Gestaltungsspielraum für behördliche Interventionen zu Abstimmungen	373
		a) Kantonale Schranken	373
		b) Eidgenössische Schranken	374
		c) Interventionen von Gemeinden bei kantonalen Abstimmungen	375
		d) Die Stellung von Behördemitgliedern	377
		4. Gestaltungsspielraum für behördliche Interventionen bei Wahlen	378
		5. Stellungnahmen öffentlicher Unternehmen im Wahl- und Abstimmungskampf	380
		6. Rechtsfolgen der Verletzung und Würdigung	381

Zweiter Teil: Werbevertragsrecht 385

VII. Wesen und Rechtsnatur des Werbevertrags 387

    A. Schwierigkeit der Typisierung und tatsächliche Grundlagen 387
        1. Vielfalt der Erscheinungsformen 387
        2. Begriff und Erscheinungsformen der Werbung 387
        3. Stellung der Werbeagentur 388

    B. Gegenstand und Inhalt des Werbevertrags 388

    C. Vertragsparteien 390

    D. Rechtsnatur des Werbevertrags 391
        1. Vertrag auf Arbeitsleistung 391
        2. Unterschied Auftrag – Werkvertrag 392
        3. Rechtsprechung 392

    E. Problematik der Qualifikation 394
        1. Gemischte Verträge auf Arbeitsleistung 394
        2. Problematik des Geist-Werkvertrags 396
        3. Ergebnis 397

    F. Abschluss des Werbevertrags 399

    G. Abgrenzungen 400

VIII. Branchenempfehlungen und Richtlinien 402

    A. Herausgebende Verbände und Struktur 402

    B. Bedeutung und Inkorporierung von Branchenempfehlungen in die individuelle Vereinbarung 403

IX. Einzelvertrag, Dauer- und Rahmenvertrag 407

X. Pflichten der Werbeagentur im Einzelnen 409

    A. Leistungspflichten der Werbeagentur 409
        1. Allgemeine Umschreibung 409
            a) Konzeptarbeit 409
            b) Kreative Gestaltung 409
            c) Verwirklichung 410

			d) Auswertung	410
			2. Einzelvertrag, umfassenderer Werbevertrag und Gesamtvertrag	410
		B.	Persönliche Erfüllung	411
		C.	Sorgfaltspflichten	413
		D.	Aufklärungs-, Beratungs- und Informationspflichten	416
		E.	Rechenschaftspflicht	417
		F.	Treuepflichten	417
			1. Begriff und Umfang	417
			2. Doppelvertretungsverbot und Konkurrenzverbot	418
			3. Verschwiegenheitspflicht und Geheimhaltung	419
		G.	Weisungsrechte des Kunden	419
		H.	Werkvertragliche Erfolgspflichten	420
		I.	Die Bedeutung des Briefings	421
XI.		Pflichten des Werbekunden		423
		A.	Hauptpflicht: Leistung der Vergütung	423
			1. Allgemein	423
			2. Provisionssystem	424
			3. Prozentsystem	425
			4. Honorarprinzip	425
			5. Leistungsänderungen bei Pauschalhonoraren	426
		B.	Nebenpflichten des Kunden	427
			1. Unterstützungs- und Mitwirkungspflicht	427
			2. Prüfungs- und Rügeobliegenheiten	427
			3. Genehmigung des Werbekonzepts und der Werbemittel	428
XII.		Urheberrechte		429
		A.	Schutzumfang	429
			1. Sprachliche Gestaltungen	429
			2. Visuelle Gestaltungen	430
		B.	Schöpferprinzip	431

		C.	Inhalt des Urheberrechts und Rechtseinräumung	431
		D.	Umfang der Rechtseinräumung unter dem Werbevertrag	433

XIII.	Vergabe an Dritte	436

XIV.	Haftung und Haftungsausschluss	439

	A.	Allgemein	439
		1. Begriff	439
		2. Haftung nach Auftragsrecht	440
		3. Haftung im Werkvertrag	441
	B.	Ausschluss und Beschränkung der Haftung	442
	C.	Termine und Verzug	443

XV.	Vorzeitige Beendigung des Werbevertrags	445
	1. Problemstellung	445
	2. Jederzeitige Auflösbarkeit des Auftrags	445
	3. Werkvertragliche Auflösungsregeln	446
	4. Konsequenzen der Auflösung	447

Dritter Teil: Schutz der Werbung 449

XVI.	Erinnerungsmittel der Werbung	451
	A.	Begriff und Bedeutung	451
		1. Allgemeines	451
		2. Namen	452
		3. Unternehmensbezeichnungen	453
		a) Geschäftsfirma	454
		b) Geschäftsbezeichnungen und Enseignes	454
		c) Kurznamen	455
		4. Domain Namen	456
		5. Marken	456
		a) Bedeutung	456
		b) Begriff	457
		c) Arten	457
		6. Ausstattungen	458
		7. Muster und Modelle	460

		8. Urheberrechtlich schützbare Werke (Kunstwerke)	461
		9. Abgrenzungen und Wertungen	462
		a) Unterschiede zwischen Kunstwerk und Muster und Modell	462
		b) Unterschiede zwischen Muster und Modell, Marke und Ausstattung	463
		c) Vorteile einer Markenhinterlegung	465
		d) Vorteile des Handelsregistereintrages	466
	B.	Qualitative Anforderungen	466
		1. Vorbemerkung	466
		2. Namen von natürlichen Personen, Vereinen und Stiftungen	467
		3. Firmen von Einzelkaufleuten, Personen- und Kapitalgesellschaften	467
		a) Mindestinhalt und Erkennbarkeit des Firmennamens	467
		b) Unzulässige Elemente	468
		c) Kennzeichnungskraft	469
		4. Domain Namen	472
		5. Marken und Ausstattungen	472
		a) Kennzeichnungskraft	472
		b) Gemeingut	475
		c) Grenzfälle bei figürlichen und zusammengesetzten Marken	478
		6. Muster und Modelle	478
		a) Originalität	478
		b) Kasuistik	480
		7. Kunstwerke	481
		a) Individualität	481
		b) Kasuistik	482
		8. Verkehrsdurchsetzung	484
		a) Allgemeines	484
		b) Name und Geschäftsbezeichnung	486
		c) Marke und Ausstattung	487
	C.	Verstoss gegen die guten Sitten	489
		1. Geschäftsbezeichnungen	489
		a) Firmenwahrheit und Firmenklarheit	489
		b) Kasuistik	491
		2. Domain Namen	492
		3. Marken und Ausstattungen	493
		a) Grundsatz	493
		b) Unsittliche Zeichen	493

			c) Gesetzwidrige Zeichen	494
			d) Täuschende Zeichen	494
		4.	Muster und Modelle	495
		5.	Kunstwerke	495
	D.	Formelle Anforderungen		496
		1.	Registereintrag	496
			a) Firma und Enseigne	496
			b) Marke	496
			c) Domain Name	497
			d) Muster und Modell	497
			e) Ausstattung, Kunstwerk, Name	498
		2.	Gebrauch	498
			a) Allgemeines	498
			b) Firma	498
			c) Domain Name	499
			d) Marke	499
			e) Ausstattung	500
			f) Muster und Modell	500
			g) Kunstwerk	500
			h) Abweichungen zwischen Eintragung und Benutzung	500
	E.	Relative Anforderungen		501
		1.	Allgemeines	501
		2.	Name	502
		3.	Firma	503
		4.	Domain Name	504
		5.	Marken	505
		6.	Ausstattung	505
		7.	Muster	506
		8.	Kunstwerk	507
	F.	Die Übertragung von Erinnerungsmitteln der Werbung		507
XVII.	Schutz der Werbung			509
	A.	Schutz der Kennzeichen		509
		1.	Rechtliche Möglichkeiten	509
			a) Allgemeines	509
			b) Anwendbare Institute	510
			c) Geschäftsbezeichnungen, Namen	511
			d) Domain Namen	512

		e) Kennzeichen, Slogans	512
		f) Ausstattungen	513
	2.	Zeitlicher Geltungsbereich	513
		a) Allgemeines	513
		b) Namensrecht	514
		c) Firmenrecht	514
		d) Markenrecht	515
		e) Lauterkeitsrecht	515
	3.	Örtlicher Geltungsbereich	516
		a) Vorbemerkung	516
		b) Firmenrecht	516
		c) Markenrecht	517
		d) Lauterkeits- und Namensrecht	517
	4.	Sachlicher Geltungsbereich	518
		a) Firmenrecht	518
		b) Namensrecht	518
		c) Kasuistik zum Namensrecht	519
		d) Markenrecht	519
		e) Kasuistik zum Markenrecht	521
		f) Lauterkeitsrecht	522
		g) Kasuistik zum Lauterkeitsrecht	523
	5.	Der Massstab der Verwechselbarkeit	523
		a) Vorbemerkung	524
		b) Massgebliche Verkehrskreise	525
		c) Kriterien zur Beurteilung der Verwechslungsgefahr	526
		(1) Nähe der örtlichen Geschäftstätigkeit	526
		(2) Nähe der sachlichen Geschäftstätigkeit	526
		(3) Kennzeichnungskraft und Schutzumfang	526
		(4) Verschulden	527
		(5) Zeichenähnlichkeit	528
		d) Einzelne Beurteilungsregeln	529
B.	Schutz des Designs		532
	1.	Anwendbare Institute	532
		a) Kunstwerke	532
		b) Ästhetische Formgebungen	532
	2.	Zeitlicher Geltungsbereich	532
		a) Urheberrecht	532
		b) Muster- und Modellrecht	533
	3.	Örtlicher Geltungsbereich	533
		a) Urheberrecht	533
		b) Muster- und Modellrecht	533

		4. Sachlicher Geltungsbereich	534
		a) Urheberrecht	534
		b) Muster- und Modellrecht	534
		5. Der Massstab der Verwechselbarkeit	535
		a) Urheberrecht	535
		b) Kasuistik zum Urheberrecht	536
		c) Muster- und Modellrecht	537
		d) Kasuistik zum Muster- und Modellrecht	538
	C.	Schutz vor sklavischer Nachahmung	539
		1. Begriff	539
		2. Technisches Gemeingut	540
		3. Sprachliches und grafisches Gemeingut	542
	D.	Schutz des Arbeitsergebnisses	544
		1. Grundsatz	545
		2. Direkte Leistungsübernahme	546
		3. Schmarotzertum	546
		a) Anlehnende Werbung	546
		b) Systematische Nachahmung	547
		c) Unkorrektes oder hinterlistiges Verhalten	548
XVIII.		Durchsetzung der Vorschriften über das Werbe- und Vertriebsrecht	549
	A.	Die Tätigkeit von Verwaltungsbehörden	549
		1. Lebensmittelkontrolle und Gesundheitspolizei	549
		2. Eidenössisches Institut für Geistiges Eigentum	550
		3. Eidgenössisches Handelsregisteramt und kantonale Handelsregisterführer	552
		4. Switch, Registrierungsstelle für Domain Namen	553
		5. Zollverwaltung	554
		6. Die Post	555
		7. Wettbewerbskommission	556
		8. Preisüberwacher	556
	B.	Polizei und Strafgerichte	557
		1. Allgemeines	557
		2. Strafen	559
		3. Andere Massnahmen	559
	C.	Die Zivilgerichte	560
		1. Allgemeines	560
		2. Unterlassungsklage	561

	3.	Beseitigungsklage	562
	4.	Feststellungsklage	564
	5.	Klage auf Urteilspublikation	564
	6.	Klage auf Auskunfterteilung	566
	7.	Wiedergutmachungsklagen	567
		a) Schadenersatz	567
		b) Kasuistik	569
		c) Herausgabe des erzielten Gewinnes	571
		d) Genugtuung	572
		e) Andere Leistungen	573
	8.	Vorsorgliche Massnahmen	574
	9.	Einwendungen und Einreden des Verletzers im Verletzungsprozess	576
		a) Vorbemerkung	576
		b) Formelle Einreden	577
		c) Eigenes besseres Recht	577
		d) Fehlende Schutzfähigkeit	578
		e) Verwirkung	579
D.	Private und offiziöse Organisationen		581
	1.	Schweizerische Kommission für Lauterkeit in der Werbung	581
	2.	Arbitration and Mediation Center der WIPO	582
	3.	Konsumenten-Organisationen	583
	4.	Private Schlichtungsstellen	583
E.	Eine Konsumenten-Ombudsperson?		584

Stichwortindex   586

Abkürzungsverzeichnis

a) Eidg. Gesetze

Gesetze, die durch ein Sigel bezeichnet werden:

AFG	BG über die Anlagefonds (Anlagefondsgesetz) vom 18.3.1994	SR 951.31
AFV	V über die Anlagefonds (Anlagefondsverordnung) vom 19.10.1994	SR 951.311
AlkG	BG über die gebrannten Wasser (Alkoholgesetz) vom 21.6.1932	SR 680
AlkV	V zum BG über die gebrannten Wasser und zum BG über die Konzessionierung der Hausbrennerei vom 6.4.1962	SR 680.11
AWV	V über die Arzneimittelwerbung (Arzneimittel-Werbeverordnung)	
BankG	BG über die Banken und Sparkassen vom 8.11.1934	SR 952.0
BankV	V zum BG über die Banken und Sparkassen (Bankenverordnung) vom 17.5.1972	SR 952.02
BBG	BG über die Berufsbildung vom 19.4.1975	SR 412.10
BEHG	BG über die Börsen und den Effektenhandel (Börsengesetz) vom 24.3.1995	SR 954.1
BEHV	V über die Börsen und den Effektenhandel (Börsenverordnung) vom 2.12.1996	SR 954.1
BGBM	BG über den Binnenmarkt (Binnenmarktgesetz) vom 6.10.1995	SR 943.02
Bio-V	V über die biologische Landwirtschaft und die entsprechende Kennzeichnung der pflanzlichen Erzeugnisse und Lebensmittel (Bio-Verordnung) vom 22.9.1997	SR 910.18
BV	Bundesverfassung der Schweizerischen Eidgenossenschaft vom 18.4.1999	SR 101
ChemG	BG über den Schutz vor gefährlichen Stoffen und Zubereitungen (Chemikaliengesetz) vom 15.12.2000	SR 813.0

DV	V über das Abmessen und die Mengendeklaration von Waren im Handel und Verkehr (Deklarationsverordnung) vom 8.6.1998	SR 941.281
EMKG	BG über die Kontrolle des Verkehrs mit Edelmetallen und Edelmetallwaren (Edelmetallkontrollgesetz) vom 20.6.1933	SR 941.31
EMKV	V zum BG über die Kontrolle des Verkehrs mit Edelmetallen und Edelmetallwaren (Edelmetallkontrollverordnung) vom 8.5.1934	SR 941.311
EMPA-V	V über die Eidg. Materialprüfungs- und Forschungsanstalt vom 13.1.1993	SR 414.165
FDV	V über die Fernmeldedienste vom 6.10.1997	SR 784.101.1
FMG	Fernmeldegesetz vom 21.6.1991	SR 784.10
GV	VV zum BG über den Verkehr mit Giften (Giftverordnung) vom 19.9.1983	SR 814.801
GSAV	V über die Geldspielautomaten (Geldspielautomatenverordnung) vom 22.4.1998	SR 935.522
HMG	BG über Arzneimittel und Medizinprodukte (Heilmittelgesetz) vom 15.12.2000	SR 812.21
HRegV	V über das Handelsregister (Handelsregisterverordnung) vom 7.6.1937	SR 291.411
HRG	BG über die Handelsreisenden vom 4.10.1930	SR 943.1
HRV	VV zum BG über die Handelsreisenden vom 5.6.1931	SR 943.11
KG	BG über Kartelle und ähnliche Organisationen (Kartellgesetz) vom 1.7.1996	SR 251
KKG	BG über den Konsumkredit vom 8.10.1993	SR 221.214.1
KVV	V über die Krankenversicherung vom 27.6.1995	SR 832.102
LFG	BG über die Luftfahrt (Luftfahrtgesetz) vom 21.12.1948	SR 748.0
LFV	V über die Luftfahrt (Luftfahrtverordnung) vom 14.11.1973	SR 748.01
LG	BG betr. die Lotterien und die gewerbsmässigen Wetten vom 8.6.1923	SR 935.51

LMG	BG über Lebensmittel und Gebrauchsgegenstände (Lebensmittelgesetz) vom 9.10.1992	SR 817.0
LMV	Lebensmittelverordnung vom 1.3.1995	SR 817.02
LV	VV zum BG über die Lotterien und die gewerbsmässigen Wetten vom 27.5.1924	SR 935.511
MG	BG über das Messwesen vom 9.6.1977	SR 941.20
MMG	BG betr. die gewerblichen Muster und Modelle vom 30.3.1900	SR 232.12
MMV	V über die gewerblichen Muster und Modelle vom 27.7.1900	SR 232.121
MSchG	BG über den Schutz von Marken und Herkunftsangaben (Markenschutzgesetz) vom 28.8.1992	SR 232.11
MSchV	Markenschutzverordnung vom 23.12.1992	SR 232.111
NSG	BG über die Nationalstrassen vom 8.3.1960	SR 725.1 1
NwV	Nährwertverordnung des EDI vom 26.6.1995	SR 817.022.55
OG	BG über die Organisation der Bundesrechtspflege vom 16.12.1943	SR 173.110
OR	BG betr. die Ergänzung des Schweiz. Zivilgesetzbuches (Fünfter Teil: Obligationenrecht) vom 30.3.1911	SR 220
PatG	BG betr. die Erfindungspatente (Patentgesetz) vom 25.6.1954	SR 232.14
PBV	V über die Bekanntgabe von Preisen (Preisbekanntgabeverordnung) vom 11.12.1978	SR 942.211
PG	Postgesetz vom 30.4.1997	SR 783.0
PRG	BG über Pauschalreisen vom 18.6.1993	SR 944.3
RKG	BG betr. den Schutz des Zeichens des Roten Kreuzes vom 25.3.1954	SR 232.22
RTVG	BG über Radio und Fernsehen vom 21.6.1991	SR 784.40
RTVV	Radio- und Fernsehverordnung vom 16.3.1992	SR 784.401
RVOG	Regierungs- und Verwaltungsorganisationsgesetz vom 21.3.1997	SR 172.010
SBG	BG über die Spielbanken vom 18.12.1998	SR 935.52

SchKG	BG über Schuldbetreibung und Konkurs vom 11.4.1889	SR 281.1
SSV	V über die Strassensignalisation vom 5.9.1979	SR 741.21
StGB	Schweiz. Strafgesetzbuch vom 21.12.1937	SR 311.0
StoV	Verordnung über umweltgefährdende Stoffe (Stoffverordnung) vom 9.6.1986	SR 814.013
SVG	Strassenverkehrsgesetz vom 19.12.1958	SR 741.01
TabV	V über Tabak und Tabakerzeugnisse (Tabakverordnung) vom 1.3.1995	SR 817.06
TSG	BG über die Bekämpfung von Tierseuchen (Tierseuchengesetz) vom 1.7.1966	SR 916.40
TV	V über die technischen Vorschriften betr. die Mengenangaben auf industriellen Fertigpackungen vom 12.6.1998	SR 941.281.1
URG	BG über das Urheberrecht und verwandte Schutzrechte (Urheberrechtsgesetz) vom 9.10.1992	SR 231.1
UWG	BG gegen den unlauteren Wettbewerb vom 19.12.1986	SR 241
VAPR	Verordnung über die Angabe des Produktionslandes von Rohstoffen in Lebensmitteln sowie von Fleisch im Offenverkauf (Rohstoffdeklarationsverordnung) vom 6.3.2000	SR 817.021.51
VPG	Postverordnung vom 29.10.1997	SR 783.01
VRV	V über die Strassenverkehrsregeln (Verkehrsregelnverordnung) vom 13.11.1962	SR 741.11
VUB	V über die Ursprungsbeglaubigung vom 4.7.1984	SR 946.31
WSchG	BG zum Schutz öffentlicher Wappen und anderer öffentlicher Zeichen vom 5.6.1931	SR 232.21
ZG	Zollgesetz vom 1.10.1925	SR 631.0
ZGB	Schweiz. Zivilgesetzbuch vom 10.12.1907	SR 210
ZV	V zum Zollgesetz vom 10.7.1926	SR 631.01

Gesetze, die durch einen Kurztitel bezeichnet werden:

Alkoholgesetz	BG über die gebrannten Wasser vom 21.6.1932	SR 680

Alkoholverordnung	VV zum BG über die gebrannten Wasser und zum BG über die Konzessionierung der Hausbrennerei (AlkV) vom 6.4.1962	SR 680.11
Anlagefondsgesetz	BG über die Anlagefonds (AFG) vom 18.3.1994	SR 951.31
Arbeitsvermittlungsgesetz	BG über die Arbeitsvermittlung und den Personalverleih vom 6.10.1989	SR 823.11
Arzneimittel-Werbeverordnung	V über die Arzneimittelwerbung (AWV)	
Bankengesetz	BG über die Banken und Sparkassen vom 8.11.1934	SR 952.0
Berufsbildungesetz	BG über die Berufsbildung (BBG) vom 19.4.1978	SR 412.10
Binnenmarktgesetz	BG über den Binnenmarkt (BGBM) vom 6.10.1995	SR 943.02
Chemikaliengesetz	BG über den Schutz vor gefährlichen Stoffen und Zubereitungen (ChemG) vom 15.12.2000	SR 813.0
Deklarationsverordnung	V über das Abmessen und die Mengendeklaration von Waren in Handel und Verkehr vom 8.6.1998	SR 941.281
Edelmetallkontrollgesetz	BG über die Kontrolle des Verkehrs mit Edelmetallen und Edelmetallwaren (EMKG) vom 20.6.1933	SR 941.31
Edelmetallkontrollverordnung	V über die Kontrolle des Verkehrs mit Edelmetallen und Edelmetallwaren (EMKV) vom 20.5.1934	SR 941.311
Fernmeldedienste-V	V über die Fernmeldedienste (FDV) vom 6.10.1997	SR 784.101.1
Fernmeldegesetz	Fernmeldegesetz (FMG) vom 21.6.1991	SR 784.10
Geldspielautomatenverordnung	V über die Geldspielautomaten (GSAV) vom 22.4.1998	SR 935.522
Giftgesetz	BG über den Verkehr mit Giften vom 21.3.1969	SR 814.80
Giftverordnung	Giftverordnung (GV) vom 19.9.1983	SR 814.801
Heilmittelgesetz	BG über Arzneimittel und Medizinprodukte (HMG) vom 15.12.2000	SR 812.21

Kartellgesetz	BG über Kartelle und ähnliche Organisationen vom (KG) 1.7.1996	SR 251
Konsumkreditgesetz	BG über den Konsumkredit (KKG) vom 8.10.1993	SR 221.214.1
Landwirtschaftsgesetz	BG über die Förderung der Landwirtschaft und Erhaltung des Bauernstandes vom 3.10.1951	SR 910
Lebensmittelgesetz	BG über den Verkehr mit Lebensmitteln und Gebrauchsgegenständen (LMG) vom 9.10.1992	SR 817.0
Lebensmittelverordnung	V über Lebensmittel und Gebrauchsgegenstände (LMV) vom 1.3.1995	SR 817.02
Lotteriegesetz	BG betr. die Lotterien und die gewerbsmässigen Wetten vom 8.6.1923	SR 935.51
Lotterieverordnung	V zum BG über die Lotterien und gewerbsmässigen Wetten (LV) vom 27.5.1924	SR 935.511
Luftfahrtgesetz	BG über die Luftfahrt (LFG) vom 21.12.1948	SR 748.0
Luftfahrtverordnung	V über die Luftfahrt (LFV) vom 14.11.1973	SR 748.01
Markenschutzgesetz	BG über den Schutz von Marken und Herkunftsangaben (MSchG) vom 28.8.1992	SR 232.11
Messgesetz	BG über das Messwesen vom 9.6.1977	SR 941.20
Muster- und Modellgesetz	BG betr. die gewerblichen Muster und Modelle vom 30.3.1900	SR 232.12
Obligationenrecht	BG betr. die Ergänzung des Schweiz. Zivilgesetzbuches (Fünfter Teil: Obligationenrecht) vom 30.3.1911	SR 220
Patentgesetz	BG über die Erfindungspatente vom 25.6.1954	SR 232.14
Pauschalreisengesetz	BG über Pauschalreisen vom 18.6.1993	SR 944.3
Postgesetz	Postgesetz (PG) vom 30.4.1997	SR 783.0
Postverordnung	Postverordnung (VPG) vom 29.10.1997	SR 783.01
Preisbekanntgabeverordnung	V über die Bekanntgabe von Preisen (PBV) vom 11.12.1978	SR 942.211

Radio- und TV-Gesetz	BG über Radio und Fernsehen (RTVG) vom 21.6.1991	SR 784.40
Radio- und Fernsehverordnung	Radio- und Fernsehverordnung (RTVV) vom 16.3.1992	SR 784.401
Rohstoffdeklarationsverordnung	V über die Angabe des Produktionslandes von Rohstoffen in Lebensmitteln sowie von Fleisch im Offenverkauf (VAPR) vom 6.3.2000	SR 817.021.5
Rot-Kreuz-Gesetz	BG betr. den Schutz des Zeichens und des Namens des Roten Kreuzes vom 25.3.1954	SR 232.22
Spielbankengesetz	BG über Glücksspiele und Spielbanken (SBG) vom 18.12.1998	SR 935.52
Stoffverordnung	Verordnung über umweltgefährdende Stoffe (StoV) vom 9.6.1986	SR 814.013
Strafgesetzbuch	Schweiz. Strafgesetzbuch (StGB) vom 21.12.1937	SR 311.0
Strassenverkehrsgesetz	Strassenverkehrsgesetz (SVG) vom 19.12.1958	SR 741.01
Swiss-made-Verordnung	V über die Benützung des Schweizer Namens für Uhren vom 23.12.1971	SR 232.119
Tabaksteuergesetz	BG über die Tabakbesteuerung vom 21.3.1969	SR 641.31
Tabakverordnung	V über Tabak und Tabakerzeugnisse (TabV) vom 1.3.1995	SR 817.06
Tierseuchengesetz	BG über die Bekämpfung von Tierseuchen (TSG) vom 1.7.1966	SR 916.40
Tuberkulosegesetz	BG betr. Massnahmen gegen die Tuberkulose vom 13.6.1928	SR 818.102
UNO-Gesetz	BG zum Schutz von Namen und Zeichen der Organisation der Vereinten Nationen und anderer zwischenstaatlicher Organisationen vom 15.12.1961	SR 232.23
Urheberrechtsgesetz	BG betr. das Urheberrecht an Werken der Literatur und Kunst (URG) vom 9.10.1992	SR 231.1
Verkehrsregelnverordnung	Verkehrsregelnverordnung (VRV) vom 13.11.1962	SR 741.11

Wappenschutzgesetz	BG zum Schutz öffentlicher Wappen und anderer öffentlicher Zeichen vom 5.6.1931	SR 232.21
Wettbewerbsgesetz	BG gegen den unlauteren Wettbewerb (UWG) vom 19.12.1986	SR 241
Zivilgesetzbuch	Schweiz, Zivilgesetzbuch vom 10.12.1907	SR 210

b) Internationale Übereinkünfte und Usanzen

EFTA-Übereinkommen	Übereinkommen betr. die Prüfung und Bezeichnung von Edelmetallgegenständen vom 15.11.1972	SR 0.941.31
EMRK	Europ. Konvention zum Schutze der Menschenrechte und Grundfreiheiten vom 4.11.1950	SR 0.101
HWA	Internationales Abkommen zur Erleichterung der Einfuhr von Handelsmustern und Werbematerial vom 7.11.1952	SR 0.631.244.52
IHK-Direktmarketing	ICC International code of direct marketing, as of 28 September 1998 (Int. RL der IHK für das Direktmarketing, Fassung 1998)	
IHK-Direktwerbung	ICC International Code of Direct Selling, as of 17 June 1999 (Int. RL der IHK für die Direktwerbung, Fassung 1999)	
IHK-Internetwerbung	ICC Guidelines on advertising and marketing on the Internet, as of 2 April 1998 (Int. RL für Werbung und Marketing im Internet, Fassung 1998)	
IHK-Sponsoring	ICC Int. code of sponsorship 1991 (Int. RL für das Sponsoring, Fassung 1991)	
IHK-Umweltordnung	ICC Int. code of environmental advertising 1991 (IHK-Verhaltensregeln für die Umweltwerbung, Fassung 1991)	

IHK-Verkaufsförderung	ICC Int. code of sales promotion 1987 (Int. RL der IHK für die Verkaufsförderung, Fassung 1987)	
IHK-Werbepraxis	ICC Int. Code of advertising practice, as of 21 April 1997 (Int. RL der IHK für die Werbepraxis, Fassung 1997)	
MHA	Madrider Abkommen über die Unterdrückung falscher oder irreführender Herkunftsangaben, revidiert in Lissabon am 31.10.1958	SR 0.232.111.13
PVÜ	Pariser Verbandsübereinkunft zum Schutze des gewerblichen Eigentums, revidiert in Stockholm am 14.7.1967	SR 0.232.04
RBÜ	(Revidierte) Berner Übereinkunft zum Schutz von Werken der Literatur und Kunst, revidiert in Paris am 24.7.1971	SR 0.231.15
Stresaer Käseabkommen	Internationales Abkommen über den Gebrauch der Ursprungsbezeichnungen und der Benennungen für Käse vom 1.6./18.7.1951	SR 0.817.142.1
UNO-Pakt II	Int. Pakt über bürgerliche und politische Rechte vom 16.12.1966	SR 0.103.2
Zusatzprotokoll	Zusatzprotokoll zum Abkommen über die Zollerleichterungen im Reiseverkehr betr. die Einfuhr von Werbeschriften und Werbematerial für den Fremdenverkehr vom 4.6.1954	SR 0.631.250.211

c) Interkantonale Konkordate

IKS-Regulativ	Regulativ über die Ausführung der interkantonalen Vereinbarung über die Kontrolle der Heilmittel vom 25.5.1972	ZGS 812.21
IKS-HerstellungsRL	Richtlinien der IKS betr. die Herstellung von Arzneimitteln (Herstellungs-Richtlinien) vom 18.5.1995	ZGS 812.22

XLIII

IKS-WerbeRL	Richtlinien der IKS über die Heilmittelwerbung (Werbe-Richtlinien) vom 23.11.1995	(aufgehoben)
IVH	Interkantonale Vereinbarung über die Kontrolle von Heilmittel vom 3.6.1971	SR 812.101
Zinskonkordat	Interkant. Konkordat über Massnahmen zur Bekämpfung von Missbräuchen im Zinswesen vom 8.10.1957	SR 221.121.1

d) Kantonale und kommunale Bestimmungen

Die Namen der Kantone werden durch die Autokennzeichen abgekürzt. Weitere Abkürzungen:

APV	Allgemeine Polizeiverordnung	
EG	Einführungsgesetz	
MHG	ZH Gesetz über die Märkte und Wandergewerbe (Markt- und Wandergewerbegesetz) vom 18.2.1979	ZGS 935.31
VBöGpZ	Zch. V über die Benützung des öffentlichen Grundes zu politischen Zwecken vom 5.7.1972	AS Zch. 39, 147
VBöGS	Zch. V über die vorübergehende Benützung des öffentlichen Grundes zu Sonderzwecken vom 16.6.1972	BS Zch. 1, 503
Zch.	Zürich (Bezirk oder Stadt)	

e) Gesetzes- und Entscheidsammlungen, Periodika

AS	Amtliche Sammlung der eidgenössischen Gesetze, Bern 1948 ff.
AS Zch.	Amtliche Sammlung der Beschlüsse und Verordnungen von Behörden der Stadt Zürich, Zürich 1893 ff.
ASA	Archiv für schweizerisches Abgaberecht, Bern 1932 ff.
BBl	Bundesblatt der Schweiz. Eidgenossenschaft, Bern 1848 ff.
BGE	Entscheidungen des Schweiz. Bundesgerichtes, Lausanne 1875 ff.
BJM	Basler Juristische Mitteilungen, Basel 1954 ff.

BS Zch.	Bereinigte Sammlung der Beschlüsse und Verordnungen von Behörden der Stadt Zürich, Zürich 1975
Burckhardt	Walther *Burckhardt,* Schweizerisches Bundesrecht I–V: Staats- und verwaltungsrechtliche Praxis des Bundesrates und der Bundesversammlung seit 1903, Frauenfeld 1930/32
Grundsätze	Grundsätze d. Schweiz. Lauterkeitskommission zur Lauterkeit in der kommerziellen Kommunikation, Fassung vom 1.1.1998
GRUR	Gewerblicher Rechtsschutz und Urheberrecht, Weinheim 1896 ff.
GRUR Int.	Gewerblicher Rechtsschutz und Urheberrecht, Internationaler Teil, Weinheim 1952 ff.
JKR	Jahrbuch des Schweiz. Konsumentenrechts, Bern 1995 ff.
Medialex	MediaLEX, Zeitschrift für Kommunikationsrecht, Bern 1995 ff.
OS	Offizielle Gesetzessammlung des Kantons Zürich, Zürich 1831 ff.
PMMBl	Schweizerisches Patent-, Muster- und Markenblatt, Bern 1962 – 1996
RIC	Revue Internationale de la Concurrence, Paris 1944 ff.
RPW	Recht und Politik des Wettbewerbs, Bern 1997 ff.
SAG	Die schweizerische Aktiengesellschaft, Zürich 1928 – 1972
Sj	La Semaine judiciaire, Genf 1879 ff.
sic!	Zeitschrift für Immaterialgüter-, Informations- und Wettbewerbsrecht, Zürich 1997 ff.
SIWR	Schweiz. Immaterialgüter- und Wettbewerbsrecht, Basel 1992 ff.
SJK	Schweizerische Juristische Kartothek, Genf 1941 ff.
SJZ	Schweizerische Juristenzeitung, Zürich 1904 ff.
SMI	Schweizerische Mitteilungen über Immaterialgüterrecht, Zürich 1985 – 1996
SR	Systematische Sammlung des Bundesrechts (Systematische Rechtssammlung), Bern 1973 ff.
WuR	Wirtschaft und Recht, Zürich 1949 – 1990
VEB	Verwaltungsentscheide der Bundesbehörden, Bern 1927 – 1963
VKKP	Veröffentlichungen der Schweizerischen Kartellkommission und des Preisüberwachers, Bern 1987 – 1996

VPB	Verwaltungspraxis der Bundesbehörden, Bern 1964 ff.
VSK	Veröffentlichungen der schweiz. Kartellkommission, Zürich 1966 – 1986
ZBJV	Zeitschrift des Bemischen Juristenvereins, Bern 1865 ff.
ZBl	Schweizerisches Zentralblatt für Staats- und Gemeindeverwaltung, Zürich 1900 ff.
ZGS	Zürcher Gesetzessammlung
ZR	Blätter für zürcherische Rechtsprechung, Zürich 1902 ff.
ZSR	Zeitschrift für schweizerisches Recht, Neue Folge, Basel 1882 ff.
ZStR	Schweizerische Zeitschrift für Strafrecht, Bern 1888 ff.

f) Übrige Abkürzungen

A.	Anmerkung
a.A.	anderer Auffassung
a.a.O.	am angegebenen Ort
a.E.	am Ende
AGB	Allgemeine Geschäftsbedingungen
AGE	Amt für geistiges Eigentum, Bern (bis 1979)
a.M.	anderer Meinung
AppGer	Appellationsgericht
AppH	Appellationshof
Aufl.	Auflage
BA	Bundesamt
BAGE	Bundesamt für geistiges Eigentum, Bern (1979 – 1995)
BAKOM	Bundesamt für Kommunikation, Biel
BB	Bundesbeschluss
BezGer	Bezirksgericht
BG	Bundesgesetz
BGer	Bundesgericht
BK	Berner Kommentar
BR	Bundesrat
BRB	Bundesratsbeschluss
BRK	Baurekurskommission
CJ	Cour de justice civile

Dept.	Departement
Diss.	Dissertation
E	Entwurf
E.	Erwägung
EDI	Eidg. Departement des Innern, Bern
EFTA	Europäische Freihandelsassoziation
EFZD	Eidg. Finanz- und Zolldepartement, Bern
EGA	Eidg. Gesundheitsamt, Bern
EJPD	Eidg. Justiz- und Polizeidepartement, Bern
EMD	Eidg. Militärdepartement, Bern
EMPA	Eidg. Materialprüfungs- und Versuchsanstalt für Industrie, Bauwesen und Gewerbe, Dübendorf
EVED	Eidg. Verkehrs- und Energiewirtschaftsdepartement, Bern
europ.	europäisch
f.	für
f./ff.	folgende Seite(n)
fig.	figürlich
Fn	Fussnote
FS	Festschrift
G	Gesetz
gl.M.	gleicher Meinung
GPräs.	Gerichtspräsident
HGer	Handelsgericht (Zürich, Bern, St. Gallen, Aargau)
ICC	International Chamber of Commerce, Paris
IGE	Eidg. Institut für Geistiges Eigentum, Bern (ab 1996)
IHK	Internationale Handelskammer, Paris
IKS	Interkantonale Kontrollstelle für Heilmittel, Bern (bis 2001)
int.	international
interkant.	interkantonal
i.S.	in Sachen
i.V.m.	in Verbindung mit
kant.	kantonal
Kap.	Kapitel
Kat.	Kategorie
Kt.	Kanton
KGer	Kantonsgericht

Kl.	Klasse
Liz.	Lizenziatsarbeit
m.w.H.	mit weiteren Hinweisen
N	Note
Nr.	Nummer
OGer	Obergericht
o.J.	ohne Jahresangabe
RKGE	Rekurskommission für geistiges Eigentum, Bern
RL	Richtlinien
RR	Regierungsrat
S.	Seite
seco	Staatssekretariat für Wirtschaft, Bern
SHI	Schweiz. Heilmittelinstitut, Bern (ab 2001)
SLK	Schweiz. Lauterkeitskommission, Zürich
sog.	so genannt
StRB	Stadtratsbeschluss
TribCant	Tribunal cantonal, tribunale cantonale
UBI	Unabhängige Beschwerdeinstanz für Radio und Fernsehen, Bern
V	Verordnung
v.	vom, von
VE	Vorentwurf
Vereinb.	Vereinbarung
VerwGer	Verwaltungsgericht
Vfg.	Verfügung
VV	Vollziehungsverordnung / Vollzugsverordnung
Zch.	Zürich (Bezirk oder Stadt)
zit.	zitiert

Literaturübersicht

Hinweise auf Monographien und Aufsätze finden sich jeweils auch zu Beginn der einzelnen Kapitel.

Baudenbacher Carl, Lauterkeitsrecht, Basel 2001.

Von Büren Bruno, Kommentar zum BG über den unlauteren Wettbewerb, Zürich 1957 (zit.: B. v. *Büren,* Wettbewerbsrecht).

Von Castelberg Carlo, Grundlagen des schweizerischen Wettbewerbsrechts, Diss. ZH 1948.

David Lucas, Schweizerisches Wettbewerbsrecht, 3. Auflage, Bern 1997.

Germann Oscar A., Concurrence déloyale: Bundesgesetz über den unlauteren Wettbewerb, mit Erläuterungen, bisheriger Rechtsprechung des Bundesgerichtes und Sachregister, Zürich 1945.

Glaus Bruno, Das Recht der kommerziellen Kommunikation, Rapperswil 2001.

Hoffet Franz, Werberecht in der Schweiz, in: Handbuch des Werberechts in den EU-Staaten, Köln 1997, 545–569.

Imboden Max / *Rhinow* René A., Schweizerische Verwaltungsrechtsprechung. Die Rechtsgrundsätze der Verwaltungspraxis, erläutert an Entscheiden der Verwaltungsbehörden und Gerichte, 6. Aufl. Basel 1986.

Knaak Roland / *Ritscher* Michael, Das Recht der Werbung in der Schweiz, Basel 1996.

Knapp Blaise, Grundlagen des Verwaltungsrechts, 2. Aufl. Basel 1983.

Kummer Max, Anwendungsbereich und Schutzgut der privatrechtlichen Rechtssätze gegen unlauteren und gegen freiheitsbeschränkenden Wettbewerb, Bern 1960.

Ludwig Henri, Recht und Werbung, Zürich 1970.

Marti Hans, Die Wirtschaftsfreiheit der schweizerischen Bundesverfassung, Basel 1976 (zit.: *Marti,* Wirtschaftsfreiheit).

Marti Hanspeter O. / *Widmer* Peter / *Probst* Philipp, Recht in Marketing und Kommunikation, Bern 1999.

Mona Marco, Grundfragen des Werberechtes, Diss. ZH 1972.

Pedrazzini Mario M. / *Pedrazzini* Franco, Unlauterer Wettbewerb – UWG, Bern 2001.

Pugatsch Sigmund, Werberecht für den Praktiker, Loseblatt, Zürich 1997 ff.

Rehbinder Manfred, Schweizerisches Presserecht, Bern 1975

Riklin Franz, Schweizerisches Presserecht, Bern 1996.

Saladin Peter V., Das Recht auf Werbung und seine öffentlich-rechtlichen Schranken, Bern 1969 (zit.: *Saladin,* Recht auf Werbung).

Schricker Gerhard, Recht der Werbung in Europa, Bonn 1990.

Schotthöfer, Peter (Hrsg.), Handbuch des Werberechts in den EU-Staaten: einschliesslich Norwegen, Schweiz, Liechtenstein und USA, 2. Aufl. Köln 1997.

Schürmann Leo / *Nobel* Peter, Medienrecht, 2. Aufl. Bern 1993.

Schweiz. Lauterkeitskommission, Grundsätze z. Lauterkeit in der kommerziellen Kommunikation, Zürich 2001 (zit. Grundsätze der Lauterkeitskommission).

Schwenninger Marc / *Thalmann* André / *Senn* Manuel, Werberecht, Zürich 1999.

Stratenwerth Günther, Schweizerisches Strafrecht: Besonderer Teil, 1 – II, 5. Aufl. Bern 1995

Troller Alois, Immaterialgüterrecht I – II, 3. Aufl. Basel 1985 ff. (zit.: A. *Troller*, IGR).

Troller Alois / *Troller* Patrick, Kurzlehrbuch des Immaterialgüterrechtes, 3. Aufl. Basel 1989 (zit.: *Troller*, Kurzlehrbuch).

Wernli Martin / *Romy* Isabelle / *Wollmann Gautier* Eve, UWG: Gesetz, Materialien, Rechtsprechung, Lausanne 1989.

Erster Teil:

Vorschriften für Werbung und Vertrieb

I. Grundlagen des Werbe- und Vertriebsrechtes

A. Einleitung

1. Werbung, Vertrieb und Werberecht

a) Ursprung und Entwicklung

Jeder Produzent, der aus irgendwelchen Gründen mehr produziert als er selbst verbrauchen kann, wird sich bemühen, den Überschuss nicht zu vernichten, sondern zu verwerten. Diese Tendenz dürfte so alt wie die Menschheit selbst sein. Schon die Nomaden versuchten, sich nicht nur selbst durchzubringen, sondern daneben noch Tauschobjekte herzustellen, mit welchen Salz, Waffen und andere lebenswichtige Dinge erhandelt werden konnten. Damit stand für sie der Vertrieb im Vordergrund, den sie namentlich durch die Abhaltung von Märkten, die Einrichtung von Basaren usw. zu fördern suchten. Vertrieb und Werbung waren noch nicht getrennt. Das Werbegespräch war zugleich Verkaufsgespräch; die Warenpräsentation diente zugleich dem Angebot. Erst im Laufe der Zeit begann sich die Werbung vom Vertrieb loszulösen und ein eigenständiges Leben zu führen.

Die Geschichte der Werbung lässt sich bis weit ins Altertum zurückverfolgen. Zwar hat vor allem das Objekt der Werbung über die Jahrhunderte eine markante Änderung erfahren. Während früher noch die Werbung für Soldaten, für den christlichen Glauben oder gar für heiratsfähige Mädchen im Vordergrund war, stehen heute vor allem Verbrauchs- und Investitionsgüter im Zentrum der Werbung. Sonst haben sich aber die Methoden der Werbung im Laufe der Jahrtausende wenig geändert. Früheste Form der Werbung ist wohl das Ausrufen durch Herolde, das sich heute noch im Ruf des Muezzins vom Minarett herab, aber auch im Läuten der Kirchenglocken zum Gottesdienst erhalten hat. Eine moderne Art des Werbens durch Ausrufen findet sich auch in Form des in Städten wieder in Mode kommenden Sandwichmanns oder der Spruchbänder und Sprechchöre in Protestdemonstrationen.

Beinahe eben so alt wie die Werbung durch Ausrufen sind gewisse Formen der graphischen Werbung, wie die Bildmarke und das Geschäftsschild. Bildmarken, wohl ursprünglich aus den Familienwappen hervorgegangen, wurden schon sehr früh als Eigentumszeichen in Form von Brandmalen, namentlich für Waffen, Vieh und Sklaven gebraucht. Mit dem Aufkommen des Handels im Altertum wurden die figürlichen Marken schon bald als Herkunftszeichen eingesetzt und bezeichneten den Ursprung einer damit versehenen Ware. In der Zunftorganisation des Mittelalters wurde das Kennzeichnungsrecht sogar oft in eine Kennzeichnungspflicht umgestaltet.

Die Aussenwerbung durch Geschäftsschilder ist bereits durch Funde aus dem alten Griechenland und Italien belegt. Solche Geschäftsschilder fanden sich nicht nur vor Tavernen und Kneipen, sondern auch vor den Lokalen verschiedenster Handwerkerbetriebe, um die durchziehenden Fremden auf das Vorhandensein eines bestimmten Gewerbes aufmerksam zu machen. Noch heute bilden oft kunstvoll geformte Schilder von Gaststätten und Apotheken beredtes Zeugnis einer alten Tradition. Das Geschäftsschild erfreute sich denn auch schon früh eines besonderen Schutzes, der heute im Schutz der Enseigne weiter besteht.

Mit der Erfindung der Druckerpresse um 1450 und der damit einher gehenden Verbreitung des Lesens und Schreibens fand die Werbung völlig neue Wege. Erstmals wurde es möglich, die Botschaften der Herolde gleich auch in Form von Maueranschlägen, den Vorgängern der heutigen Wandzeitungen, zu wiederholen. Berühmt geworden ist insbesondere der Anschlag der 95 Thesen über den Ablass an der Schlosskirche zu Wittenberg durch Martin Luther. Für das Gedankengut der Reformation wurden sogar in nicht unbeträchtlichem Masse Flugblätter eingesetzt. Besonders wurde die Druckkunst der Verbreitung der damit hergestellten Waren, den Büchern, in Form von Bücherkatalogen und bezahlten Buchbesprechungen (Reclamen) dienstbar gemacht. Mit dem Erscheinen der Zeitungen wurde sodann die Annonce als Werbeträger geschaffen. Sie hat sich ihren Platz bis heute erhalten und macht sich sogar ständig breiter. Bei den Gratisanzeigern sind die Inserate sogar zum Hauptanliegen des Zeitungsverlegers geworden. Die Verbilligung der Drucktechnik und die elektronische Verwaltung der Kundenkarteien ermöglichen zudem den gezielten Einsatz der Direktwerbung zum Direct Marketing.

Die moderne Technik brachte für die Werbung neue Möglichkeiten. Der zu Beginn des 20. Jahrhunderts aufkommende Tourismus förderte die Plakatwerbung an Post- und Bushaltestellen, Bahnhöfen und längs des Reiseweges. Die neuen Verkehrsmittel wurden als attraktive Werbeträger eingesetzt, doch konnten sich auf diesem Gebiet bis heute eigentlich nur die Aussenwerbung auf Strassenbahnfahrzeugen und die Beschriftung von Lieferwagen erhalten, während beispielsweise die Werbung mittels besonderer Reklamewagen oder Flugzeugen ihre Bedeutung völlig verlor. Neue Möglichkeiten eröffnete sodann die Einführung der Elektrizität, welche uns zuerst Leuchtschrift und Leuchtplakate, dann die Radio- und Fernsehreklame und schliesslich die CD-ROM mit ihren vielfältigen Möglichkeiten sowie das Internet brachte.

Die Entwicklung der Werbung hat deren Einsatz jedoch nicht auf die traditionellen Werbemedien beschränkt, sondern es wurde auch bald erkannt, dass nur für ein ansprechend hergerichtetes Produkt erfolgreich Werbung betrieben werden kann. Mehr und mehr kommt daher die Werbung auch dem Werbeobjekt selbst zugute, indem ein Teil des Werbebudgets für ein ästhetisches Design und eine gediegene Ausstattung des angepriesenen Produktes verwendet wird (sog. Warenästhetik, industrial design). Neben den vielen, zu Recht kritisierten Auswüchsen der Werbung dürfen daher auch diese erfreulichen Seiten nicht vergessen werden.

Ähnliche Entwicklungen können übrigens auch bezüglich des Vertriebes festgestellt werden. Die ursprüngliche Vertriebsart, wie der Verkauf im Ladengeschäft und durch Hausierer, hat zwar heute noch grosse Bedeutung, und der Verkauf auf Märkten hat im Zeitalter der Nostalgie sogar einen ungeahnten Aufschwung erfahren. Die Rationalisierung förderte jedoch hauptsächlich jene Vertriebsarten, die mit wenig Personal auskommen und bescherte uns so Selbstbedienungsläden, Versandhäuser und Warenautomaten. Letztere sind die Früchte der Technisierung unseres Lebens. Psychologische Erkenntnisse eröffneten sodann weitere Vertriebswege, wie den Vertrieb durch ausserhalb von Ortskernen gelegene Einkaufszentren, Werbefahrten und Laienwerbung an privaten Parties. Sie werden begleitet von raffinierten Verkaufsförderungsmassnahmen wie Lockvögeln, Wettbewerben und Verbilligungsaktionen.

Neben der eigentlichen Werbung sind heute aber auch subtilere Formen der Verkaufsförderung auszumachen. So will vor allem das Sponsoring den Goodwill gegenüber bestimmten Anbietern steigern. Das Product Placement führt uns einzelne Erzeugnisse in einem bestimmten Umfeld als naheliegend oder gar begehrenswert vor, und das Event Marketing verbindet die Beliebtheit von Veranstaltungen mit dem Namen beliebter Produkte.

b) Werbung und Vertrieb heute

Im Gegensatz zu andern Branchen besteht in der Schweiz kein Gesetz, das die Werbetätigkeiten und die Vertriebsformen mehr oder weniger abschliessend regeln würde. Die Vorschriften, welche für Werbung und Vertrieb Gültigkeit haben, finden sich vielmehr in unzähligen Erlassen zerstreut, was die Übersichtlichkeit stark erschwert. Entsprechend sind denn auch die Bestimmungen für Werbung und Vertrieb alles andere als einheitlich. Sie werden nur allzu oft für bestimmte Einzelfälle erlassen, so dass sich für jede einzelne Werbetätigkeit die Vorschriften bezüglich Werbemittel, Werbeobjekt, Werbebotschaft und Vertriebsart überlagern. Der komplizierte Aufbau der Vorschriften zum Werbe- und Vertriebsrecht mag ein Grund dafür sein, dass in der Schweiz bis heute nur wenige systematische Darstellungen der auf Werbung und Vertrieb anwendbaren Bestimmungen erschienen sind.

Die Uneinheitlichkeit der Regelungen für das Werbe- und Vertriebsrecht zeigt sich schon in der Terminologie. Frühere Erlasse sprechen von Reklame oder Propaganda, während heute die umfassende Bezeichnung Werbung gebräuchlich geworden ist. Das Wort «werben» kommt vom Althochdeutschen «werfan» und heisst soviel wie tätig sein, sich umtun (vgl. Wirbel); im Branchenjargon der Landwirte heisst die Arbeit im Zusammenhang mit dem Einbringen des Heus noch heute «Heuwerbung». Werbung bedeutet somit Geschäftigkeit, Bemühung, während das Wort Gewerbe das Geschäft, den Betrieb meint. Die Tätigkeit des Werbens und Vertreibens wurde früher oft als Feilhalten oder Feilbieten umschrieben, während heute die Begriffe der Ankündigung, des Anpreisens und des Angebots gebräuchlich sind. Der erste dieser Begriffe deckt sich mit dem Namen eines der ältesten kommerziellen Werbemittel, der Annonce.

Auch die Terminologie um den Vertrieb ist uneinheitlich. Heute werden eher die Begriffe Absatzförderung oder Marketing verwendet.

Die Übersicht über das Werbe- und Vertriebsrecht leidet auch darunter, dass sich nicht selten Vorschriften des Bundes, der Kantone und gar der Gemeinden überschneiden. Hierzu gesellen sich noch die mehr oder weniger verbindlichen Regelungen, Usancen und Empfehlungen einzelner Berufsstände oder Branchenvereinigungen. Der Rahmen der vorliegenden Arbeit schliesst aus, die kantonalen und kommunalen Bestimmungen sowie die Handelsbräuche lückenlos zu erfassen. Der Leser muss sich daher in der Regel mit dem exemplarischen Hinweis auf die Vorschriften einzelner ausgewählter Branchen, Kantone oder Städte begnügen und selbst überprüfen, ob an dem ihn interessierenden Ort ähnliche Vorschriften in Kraft stehen. Diese Lückenhaftigkeit ist jedoch vertretbar, weil doch ein grosser Teil des Werbe- und Vertriebsrechts vom Bund mehr oder weniger abschliessend geregelt worden ist und den Kantonen und Gemeinden eine Rechtsetzungskompetenz in Werbe- und Vertriebsfragen nur auf beschränkten Gebieten des öffentlichen Rechtes zukommt. Zudem sind Richtlinien von Berufsverbänden selten, die von der Mehrheit der Branchenangehörigen als berufs- oder ortsüblich anerkannt werden.

2. Begriff der Werbung

a) Definition

Unter Werbung wird die Gesamtheit der Massnahmen verstanden, welche darauf abzielen, den Adressaten zu einem bestimmten Denken, Verhalten oder Handeln zu veranlassen. Werbung ist kommerzielle Kommunikation, mit der gleichzeitig eine Mehrheit von Personen systematisch in ihrer Einstellung zu bestimmten Gütern, Dienstleistungen oder Ideen beeinflusst werden soll, mit dem Zweck, auf ihre Einstellung zu bestimmten Waren, Werken, Leistungen oder Geschäftsverhältnissen einzuwirken und bestimmte Rechtsgeschäfte nach Möglichkeit zu fördern oder auch zu verhindern[1]. Vertragsrechtlich wurde die Werbung auch als unverbindliches Angebot definiert[2], indem sie alles das umfassen sollte, was nicht als Antrag (Offerte im Sinne des Obligationenrechts) zu qualifizieren ist. Mit dieser Definition soll zum Ausdruck gebracht werden, dass Werbung im besten Falle eine Einladung zur Offertestellung darstellt und somit für sich allein noch nicht bindend ist. Diese Charakterisierung wird noch durch die Bestimmung präzisiert, wonach die Versendung von Tarifen, Preislisten etc. keinen verbindlichen Antrag darstellt[3]. Selbst unverbindliche Werbung kann indessen zum Vertragsinhalt werden, wenn unter Bezugnahme auf diese Werbung bestellt wird und der Empfänger diese Bestellung widerspruchslos akzeptiert. Die Unterscheidung zwischen Werbung und Offerte wurde jedoch mit Erlass des Pauschalreisengesetzes ohnehin verwischt, in welchem festgehalten wird, dass die vom Veranstalter oder Vermittler einer Pauschalreise veröffentlichten Prospekte für den Herausgeber verbindlich sind. Solche Prospektangaben können vor Vertragsschluss nur geändert werden, wenn der Prospekt spätere Änderungsmöglichkeiten vorbehält und die Änderung dem Konsumenten vor Vertragsschluss klar mitgeteilt wird; folgerichtig bedarf eine Änderung nach Vertragsschluss einer besonderen Parteivereinbarung[4].

Im Dienst der Werbung stehen Schrift, Bild, Form, Material, Farbe, Licht, Ton und andere wahrnehmbare Mittel. Während die kaufmännische Absatzwerbung auf den produktiven Teil eines Unternehmens und insbesondere auf

---

[1] Vgl. Grundsatz Nr. 1.1 der Lauterkeitskommission betr. Begriff der Werbung, wiedergegeben z.B. in *Schwenninger/Senn/Thalman*, Werberecht, Zürich 1999, oder in SIWR V/1, 2. Aufl. Basel 1998, S. 313 ff. Einzelne Grundsätze wurden jedoch im Jahre 2001 revidiert.
[2] *Marti/Widmer/Probst*, Das Recht in Marketing und Kommunikation, Zürich 1999, S. 87.
[3] Art. 7 Abs. 2 Obligationenrecht (OR, SR 220).
[4] Art. 3 BG über Pauschalreisen (PRG, SR 944.3).

seine Leistungen ausgerichtet ist, wollen die Mittel der Public Relations (Öffentlichkeitsarbeit) auf eine Institution oder ein Unternehmen als Ganzes aufmerksam machen. Andere Formen der kommerziellen Kommunikation sind das Direktmarketing, das Sponsoring oder die Verkaufsförderung[5]. Wesentliches Element der Werbung ist somit allein der beabsichtigte Zweck, nicht dagegen der Auftraggeber, der Inhalt oder die Form der Werbebotschaft.

In der Wirtschaftswerbung, d.h. in der Werbung gewinnstrebiger Unternehmen, bezwecken Werbemassnahmen meistens Umsatzförderung, sei es direkt mittels der eigentlichen Absatzwerbung für Güter oder Dienste, oder sei es nur indirekt mittels der Prestige- oder Erinnerungswerbung. Dabei macht es keinen Unterschied, ob Marktteilnehmer für sich persönlich, oder ob Verbände für ihre Branche und ihre Mitglieder werben. So oder so geht es darum, durch den Einsatz bestimmter Beträge (Werbebudget) den Umsatz derart anzukurbeln, dass der Mehrgewinn (Deckungsbeitrag) binnen kürzerer oder längerer Zeit den eingesetzten Betrag übersteigt. Indessen ist für die Werbung der Einsatz eigener Mittel zur Vergrösserung des eigenen Umsatzes nicht wesenseigen. Es kann sehr wohl auch Werbung zugunsten eines Dritten betrieben werden. Daher ist es nicht notwendig, dass die Werbung im Einverständnis mit dem Umworbenen erfolgt; er braucht sie nicht einmal zu billigen. So ist Werbung z.B. jedes Inserat für einen leisen Motorrasenmäher, unabhängig davon, ob es vom Fabrikanten, vom Händler oder von einer Lärmschutzorganisation aufgegeben wird. Auch Werbemassnahmen, die nicht in erster Linie auf Umsatzvermehrung abzielen, wie insbesondere die Personalwerbung, gehören zur kaufmännischen Werbung, um so mehr, als sie oft so gestaltet werden, dass sie gleichzeitig das Image des Personal suchenden Unternehmens oder des beauftragten Personalberaters zu heben trachten. Zur Werbung zählt auch das Sponsoring, denn unter diesem Titel fliessen heute namentlich im Bereich des Sports und der Kultur beachtliche Werbegelder, mit denen der Sponsor einen unmittelbaren kommerziellen Nutzen anstrebt. Den Vorschriften der Werbung unterliegt aber auch die werbliche Herabsetzung (Anti-Werbung), mit welcher die Umsätze anderer, meistens von Konkurrenten, beeinträchtigt werden soll, wobei in der Regel erwartet wird, dass dadurch die eigenen Verkäufe reflexartig zunehmen.

Werbung ist für jede wirtschaftliche Betätigung notwendig. Selbst für Leistungen, für welche Reklame traditionsgemäss tabu ist (z.B. rezeptpflichtige Arzneimittel, ärztliche Behandlung, anwaltliche Beratung), kann nicht gänzlich auf Werbung verzichtet werden, weshalb wenigstens einige wenige Wer-

---

[5] Grundsatz Nr. 1.2 der Schweiz Lauterkeitskommission betr. Formen der kommerziellen Kommunikation.

bemassnahmen immer zulässig bleiben müssen (z.B. Fachwerbung, Praxiseröffnungsanzeigen). Werbung ist nicht nur Mittlerin zwischen Produzent und Konsument, sondern Voraussetzung des wirtschaftlichen Wettbewerbes überhaupt. Ohne Werbung ist ein Vergleich zwischen zwei wirtschaftlichen Leistungen kaum möglich. Erst die Werbung schafft Markttransparenz und versetzt den Konsumenten in die Lage, marktgerecht auszulesen[6]. Zwar hat die Werbung in der freien Marktwirtschaft (Leistungswettbewerb) einen bedeutend wichtigeren Platz als in der Planwirtschaft. Aber auch diese vermag ohne Werbemassnahmen nicht auszukommen, muss doch auch hier die Werbung die Informationen vermitteln, wo und unter welchen Bedingungen die vom Verbraucher gewünschten Leistungen erhältlich sind (Informationswerbung, Aufklärungswerbung).

Marktbildungswerbung ist darauf angelegt, eine allfällige Differenz zwischen Angebot und Nachfrage auszugleichen. Sie wird von jenen betrieben, deren Anträge auf Abschluss eines Vertrages sonst nicht oder nicht im gleichen Mass angenommen würden. Dass heute der weitaus grösste Teil der Werbung vom Produzenten betrieben wird, zeigt, dass die Werbung trotz vieler gegenteiliger Beteuerungen der Wirtschaft eben doch darauf angelegt ist, den Verbraucher zu umwerben und ihn zum Abschluss von Verträgen zu verleiten, die er sonst nicht oder nicht in diesem Umfange schliessen würde. In Zeiten wachsender Verknappung von Rohstoffen gewinnt aber auch die Werbung des Abnehmers, der verzweifelt Lieferanten sucht, wieder zunehmend an Bedeutung.

Werbung ist selbstverständlich nicht auf Wirtschaftswerbung beschränkt. Sie wird auch für ideelle Zwecke betrieben, besonders für kulturelle und politische. Gerade in diesem letzteren Bereich entfaltet sie unter dem Namen *Propaganda* eine besondere Aktivität. Während die Wirtschaftswerbung egoistisch auf die Förderung des Umsatzes von eigenen Waren oder Dienstleistungen aus ist, wirbt die ideelle Propaganda auch altruistisch für die Zielsetzung von Gemeinschaften und Parteien, für oder gegen bestimmte Anträge von Behörden und Privaten und nicht zuletzt für die Wahl bestimmter Personen. Es ist daher nahe liegend, dass sich die Auftraggeber solcher Propaganda der gleichen Fachleute bedienen, die auch die Wirtschaftswerbung betreiben. Besonders traditionell ist die Werbung im religiösen Bereich, ist doch auch die *Mission* vorwiegend Werbung. In der Tat stammt denn auch der Ausdruck Propaganda von der Kardinalskongregation «de propaganda fide», welche sich mit der Ausbreitung des römisch-katholischen Glaubens zu befassen hat.

---

[6] Gl.M. schon Ernst A. *Kramer*, Konsumentenschutz als neue Dimension des Privat- und Wettbewerbsrechts, ZSR 78/1979 I, 49–92.

b) Werbung und Reklame

Unter *Reklame* wird intensive, lautstarke und mitunter sogar marktschreierische Werbung verstanden. Während Werbung ausgesprochen bescheiden und unaufdringlich sein kann (z.B. Preisanschrift, Stellengesuche), ist Reklame darauf angelegt, besonders beachtet zu werden, weshalb sie sich von den übrigen Ankündigungen durch ihre Aufmachung abheben muss. Jeder Reklame wohnt damit ein quantitatives Element inne. Anfangs des 19. Jahrhunderts bezeichnete das Wort *Reclame* die einer Zeitungsredaktion vom Verleger eingesandte und bezahlte Buchbesprechung, die, als redaktioneller Beitrag getarnt, für das betreffende Buch werben sollte. Heute scheint man sich aber wieder auf den ursprünglichen Sinn des Wortes (lat. clamare: schreien, rufen) zu besinnen. In der vorliegenden Arbeit wird der Ausdruck Reklame vor allem für jene Werbemassnahmen verwendet, die – getrennt vom beworbenen Objekt – gezielt dessen Absatz fördern wollen (z.B. Aussenreklame, Wertreklame) und die in aller Regel von erfahrenen Reklameberatern konzipiert und gestaltet werden. Für den Umworbenen ist Reklame der auffälligste Teil der Werbung. Angesichts des Umstandes, dass die Werbung aus der Vermittlung zwischen Angebot und Nachfrage nicht wegzudenken ist, bildet die Reklame jedoch nicht den wesentlichen Teil der Werbung. Der Begriff der Werbung geht einiges weiter als derjenige der Reklame und umfasst auch jene Massnahmen, welche den Adressaten nicht direkt beeinflussen, wohl aber informieren wollen.

c) Elemente der Werbung

In der Werbung sind vor allem fünf massgebliche Kriterien zu unterscheiden. So wird jede Werbemassnahme von einem Auftraggeber *(Werbesubjekt)* entweder direkt oder mittels einer Hilfsperson (Werbeagentur, Reklameberater) für sein Unternehmen oder seine Leistungen *(Werbeobjekt)* veranlasst. Hierzu bedient man sich eines bestimmten Mediums *(Inserat, TV-Spot),* das die Werbebotschaft *(Text, Bild, Symbol)* mittels eines Werbeträgers *(Zeitungsverlag, Sendeanstalt)* an ein gewünschtes Zielpublikum *(Werbeadressat)* vermitteln soll.

Werbung ist an und für sich keinen Schranken unterworfen, und zwar weder nach Subjekt, Objekt, Medium, Inhalt noch Adressat. Jeder kann werben, seien es Private, Unternehmen oder die öffentliche Hand. Für alles kann geworben werden, so vor allem für eigene oder fremde Güter und Leistungen, aber auch für Ideen, Zuwendungen, Mitgliedschaften usw. Ebenso sind die Werbemedien grundsätzlich unbeschränkt. Wohl kennen wir nur eine bestimmte Anzahl von traditionellen Werbeträgern, doch zeigt gerade die jüngste Vergangenheit, dass immer wieder neue Werbemittel gefunden werden, wie beispielsweise die Direktwerbung, die Fernsehwerbung oder die Bannerwerbung. Besonders vielfältig ist sodann der Inhalt der Werbung. Er erstreckt sich von der einfachen Anpreisung bis zur Empfehlung durch bekannte Sportler und Künstler, von der Aufforderung zum Kauf bis zum raffinierten und kaufanspornenden Wettbewerb und von der blossen Preisempfehlung bis zur Suggestion, mit dem Kauf eines Produktes wohltätigen Zwecken zu dienen. Indessen ist nicht nötig, dass die Werbung durch Schrift, Bild, Form, Ton usw. einen bestimmten Aussagewert hat. Sie kann auch sonst die Aufmerksamkeit des Adressaten auf sich ziehen. Denn mit farbigen Wimpeln und Fahnen oder Konturenbeleuchtungen und Anstrahlungen lässt sich ebenfalls Werbung betreiben. Schliesslich bestehen auch in Bezug auf den Adressaten keine Einschränkungen. Werbung muss sich nicht an die Letztverbraucher (Konsumenten) richten, sondern sie kann sich ebenso an Grossisten, Detaillisten, Agenten usw. wenden.

Der Inhalt einer mündlichen oder schriftlichen Werbebotschaft beurteilt sich in aller Regel danach, wie der unbefangene Hörer oder Leser von durchschnittlicher Intelligenz sie in guten Treuen verstehen darf. Diese objektivistische Betrachtungsweise wendet das Bundesgericht bei allen an eine Vielzahl von Empfängern gerichteten Äusserungen an, so z.B. bei Persönlichkeitsverletzungen durch Medien[7] oder bei irreführenden Anzeigen in der Presse[8].

d) Werbung und Vertrieb

Werbung wird nicht zum Selbstzweck betrieben, sondern sie ist Mittel zum Zweck. Besonders bei der kaufmännischen Absatzwerbung sollen die Werbemassnahmen eine erhöhte Nachfrage und damit einen erhöhten Umsatz bewirken.

Auf den Umsatz lässt sich indessen nicht nur durch die Werbung einwirken, sondern auch durch die Vertriebsform. Werbung und Vertrieb sind daher sehr nahe verwandt und dienen dem gleichen Zweck. Oft kann keine klare Grenze zwischen Werbung und Vertrieb gezogen werden; die beiden Begriffe gehen vielmehr ineinander über. So ist das Anpreisen einer Ware im Hausierverkehr nicht nur eine besondere Vertriebsform *(Marketing)*, sondern gleichzeitig auch eine besondere Form der Laienwerbung. Ebenso fällt beim Telefon- und

---

[7] BGE 105/1979 IV 112 E.2: Familienstreit.
[8] BGE 94/1968 IV 36 E.1: Billigste Preise der Schweiz, 106/1980 IV 223 E.4a: Fabrikpreis.

Automatenverkauf oder bei den Point-of-Sales (POS)-Massnahmen die Werbung für eine Ware oder eine Dienstleistung mit deren Vertrieb zusammen. Aber auch in andern Sparten sind die Werbemethoden auf bestimmte Vertriebsmethoden zugeschnitten. Geradezu klassisch ist die Koppelung von Publikumswettbewerben mit Kaufzwang.

Der Zeitpunkt des Vertriebs wird in der Fachsprache mit «in Verkehr bringen» bezeichnet. Das In-Verkehr-Bringen beginnt mit dem Anpreisen oder Anbieten einer Ware zum Zwecke des Verkaufs oder der Vermietung[9] und endet mit der Abwicklung des Kauf- oder Mietvertrages. Auch die Lieferung vom Ausland in schweizerische Privathaushalte stellt ein In-Verkehr-Bringen dar.

Das Studium des Werberechts kommt daher nicht ohne das Studium des Vertriebsrechts aus. Es rechtfertigt sich daher, beide zusammen zu behandeln und damit der oft schwierig zu beantwortenden Frage, was als Werbung und was als Vertrieb angesehen werden könne, auszuweichen.

3. Staat und Werbung

a) Negative Aspekte

Gerade weil Werbung darauf abzielt, ein Gleichgewicht zwischen Angebot und Nachfrage zu erzielen bzw. die Nachfrage den Angebotsmöglichkeiten anzupassen, hat der Gesetzgeber schon sehr früh erkannt, dass er durch Einwirkung auf die Werbung auch Einfluss auf den Umsatz nehmen kann. Wo sich keine Grenze zwischen Werbung und Vertrieb ziehen lässt, wie zum Beispiel beim Hausieren, wird ein Verbot der Werbung geradezu einem Vertriebsverbot gleichkommen. Sonst aber wird das Verbot einer Absatzwerbung den Umsatz nie völlig zum Erliegen bringen; hingegen wird es ihn notgedrungen auf die natürliche, d.h. auf die unstimulierte Nachfrage zurücksinken lassen. Entsprechend werden gezielte Reklameverbote den Umsatz entweder allgemein oder speziell bei bestimmten Bevölkerungsgruppen[10] einschränken.

Die Diskussionen, die sich über vorgeschlagene Reklameverbote entfachen, wie etwa über die Zwillingsinitiative gegen den Alkohol- und Tabakmissbrauch, zeigen die Richtigkeit dieser These. Wäre die Werbung nicht ein wesentlicher Motor des Umsatzes, würde gegen allfällige Reklameverbote

---

[9] BGE 105/1979 IV 150: Fera 1975, 112/1986 IV 136: Fernsehapparate.
[10] Z.B. Jugendlichen.

kaum opponiert. Gerade weil aber ein Reklameverbot den Umsatz verringert, ohne diesen zum Erliegen zu bringen, ist es im Rahmen der verfassungsmässigen Wirtschaftsfreiheit ein beliebtes Mittel, um den Verbrauch sozial oder gesundheitlich schädlicher Produkte einzuschränken. Von dieser Erkenntnis hat der Gesetzgeber schon beim Verbot der Publikumswerbung für rezeptpflichtige Arzneimittel Gebrauch gemacht, und die Versuchung ist gross, dies in anderen Branchen zu wiederholen. Doch ist daran zu erinnern, dass nur ein Reklameverbot, nie aber ein Werbeverbot, in Frage kommen kann. Denn ein solches käme einem Handelsverbot gleich, umfasst doch die Werbung nach der vorstehend gegebenen Definition z.B. auch die Warenausstattung oder die Verkaufsauslage.

Dem Gesetzgeber stehen damit zwei verschiedene Wege offen, wenn er auf den Vertrieb Einfluss nehmen will: Er kann entweder das Dienstleistungsgewerbe, die Fabrikation und den Handel, d.h. die Produktion, direkt reglementieren und deren Werbung unangetastet belassen[11], oder er kann sich nur gegen die Reklame wenden, im Übrigen aber die Produktion uneingeschränkt lassen[12]. Als Variante kann er auch nur den Vertrieb beschränken, die Werbung selbst aber uneingeschränkt zulassen[13], oder umgekehrt nur auf die Werbung einwirken und dem Vertrieb freien Lauf lassen[14]. Aus dem Zusammenspiel und der Kombination dieser verschiedenen Wege ergibt sich ein umfangreicher Katalog von Möglichkeiten.

Obwohl die direkte Einflussnahme auf die Produktion in der Regel immer auch eine Einflussnahme auf die Werbung und den Vertrieb bedeutet, indem Werbung und Vertrieb faktisch erst dann ermöglicht werden, wenn die Voraussetzungen für die erlaubte Produktion vorliegen, muss im Rahmen der vorliegenden Arbeit davon abgesehen werden, die vielfältigen Vorschriften für die Ausübung eines Gewerbes darzustellen. Wir müssen uns darauf beschränken, jene Fragen zu beantworten, die sich für ein zulässiges Unternehmen im Zusammenhang mit der Werbung und dem Vertrieb seiner erlaubten Leistungen ergeben. Es ist selbstverständliche Voraussetzung, dass das Objekt, das beworben und vertrieben werden soll, rechtmässig, d.h. nach allen Regeln der Kunst produziert worden ist. Diese Frage ist vorab vom Gewerbetreibenden abzuklären. Erst wenn diese Frage einwandfrei beantwortet ist, muss er sich oder seinem Reklameberater die Frage stellen, ob und wie hierfür geworben werden kann und welche Vertriebswege offen stehen.

---

[11] Z.B. Spielbanken, Lotterien, Waffen.
[12] Z.B. pharmazeutische Präparate, Tabakwaren, Ärzte und Rechtsanwälte.
[13] Z.B. Medizinprodukte, Gastwirtschaften.
[14] Z.B. Tabakwaren.

In der vorliegenden Arbeit wird man allein Antwort auf letztere Fragen finden.

b) Positive Aspekte

Der Gesetzgeber ist erst in neuerer Zeit zur Erkenntnis gelangt, dass Werbung im weiteren Sinne nicht nur dazu dient, den Umsatz zu fördern, sondern überhaupt erst ermöglicht, die wirtschaftlichen Leistungen der Wettbewerber zu würdigen. Während es früher einem Marktteilnehmer völlig frei stand, ob und auf welche Art er Werbung treiben wolle, hat die Gesetzgebung mittlerweile damit begonnen, ihn zu verpflichten, einzelne Werbemassnahmen zu treffen oder darin wenigstens einen bestimmten Mindestinhalt aufzunehmen. Die Gründe für solche Vorschriften sind vielgestaltig. Sie können einerseits in erleichterten Kontrollmöglichkeiten durch die Behörden liegen[15]; andererseits können bestimmte Normen aber auch zum Schutz oder zur Information des Verbrauchers notwendig sein[16]. Aus Gründen des Konsumentenschutzes werden sich die Vorschriften, die einen bestimmten Mindestinhalt der Werbebotschaft verlangen, in Zukunft wohl noch um einiges vermehren.

c) Internationale Tendenzen

Auch internationale Organisationen (sog. Organisations gouvernementales) beschäftigen sich mehr und mehr mit Werbung und Vertrieb. So etwa die Organisation Mondiale de la Propriété Intellectuelle (OMPI) mit der von ihr verwalteten Pariser Verbandsübereinkunft (PVÜ), die den Verbandsländern einen wirksamen Schutz gegen unlauteren Wettbewerb vorschreibt[17]. Auch die Welthandelsorganisation (WTO) kämpft für einen möglichst unbehinderten Handel und entsprechend liberale Werbevorschriften.

An privaten Organisationen (Organisations non-gouvernementales, ONG) sind vor allem die internationale Handelskammer in Paris mit ihren Internationalen Richtlinien für die Werbepraxis (1997) und den Verhaltensregeln für die Umweltwerbung (1991) sowie die Internationale Liga zum Studium des Wettbewerbs (LICD) zu nennen.

---

[15] Z.B. Pflicht zum Anbringen einer Firma oder Marke auf bestimmten Lebensmitteln und Heilmitteln.
[16] Z.B. Warnaufschrift auf Chemikalien; Deklarations- und Preisanschriftpflicht.
[17] Art. 10 Pariser Verbandsübereinkunft (PVÜ, SR 0.232.04).

B. Recht auf Werbung und Vertrieb

1. Vorbemerkungen

Literatur: Kaspar *Wespi*, Die Drittwirkung der Freiheitsrechte, Diss. ZH 1968; René *Wiederkehr*, Die Kerngehaltsgarantie am Beispiel kantonaler Grundrechte, Bern 2000; Ulrich *Zimmerli (Hrsg.)*, Die neue Bundesverfassung: Konsequenzen für Praxis und Wissenschaft, Bern 2000.

Ein ganze Anzahl von Grundrechten hat Einfluss auf Werbung und Vertrieb. Deren Gehalt und Grenzen sind jedoch unterschiedlich; sie werden im Folgenden darzustellen sein.

Auch der Gesetzgeber ist prinzipiell an den Gehalt der Grundrechte gebunden. Beschliesst jedoch die Bundesversammlung in einem Gesetz, einem allgemein verbindlichen Bundesbeschluss oder bei der Genehmigung eines Staatsvertrages eine Einschränkung, so kann dieser Verstoss mangels eidgenössischer Verfassungsgerichtsbarkeit zurzeit nicht gerügt werden[18]. So erklärte beispielsweise das Bundesgericht die kantonalen Regelungen, nach denen nach Abschluss eines Totalausverkaufes die Wiedereröffnung eines Geschäftes durch den gleichen Inhaber während einer gewissen Periode verboten war, als verfassungswidrig[19]. Als aber diese verfassungswidrigen Vorschriften ins eidgenössische Gesetz über den unlauteren Wettbewerb aufgenommen wurden[20], konnten darauf beruhende Geschäftseröffnungsverbote vom Bundesgericht nicht mehr kassiert werden[21]. Dagegen dürfen bundesrätliche Verordnungen, die von der Bundesversammlung durch einfachen Bundesbeschluss genehmigt worden sind, vom Bundesgericht auf ihre Rechtmässigkeit hin überprüft werden[22].

Eingriffe in die Grundrechte von Seiten der eidgenössischen Verwaltung (namentlich auch des Bundesrates) in Ausführungsvorschriften dürfen vom Bundesgericht im Hinblick auf ihre Verfassungsmässigkeit überprüft werden. In der Regel enthalten aber die Bundesgesetze genügende Delegationsnormen, welche die Exekutive ermächtigen, im Rahmen des Gesetzes Ausführungsvorschriften zu erlassen. Bei dieser Rechtslage stellt sich daher nur die

---

[18] Art. 113 Abs. 3, 114bis Abs. 3 altBV; Art. 191 BV.
[19] BGE 42/1916 I 22: OW, 57/1931 I 373: ZG, 59/1933 I 262: VD.
[20] Art. 17 Abs. 3 altUWG 1943; Art. 21 Abs. 3 UWG, aufgehoben per 1.11.1995.
[21] Vgl. B. *v. Büren*, Wettbewerbsrecht, S. 239 f.
[22] BGE 104/1978 Ib 421: Preiszuschläge.

Frage, ob sich die bundesrätlichen Ausführungserlasse im Rahmen der Delegationsnorm bewegen.

Einschränkende Massnahmen der Kantone unterliegen den Grundsätzen der Gesetzmässigkeit, des öffentlichen Interesses, der Verhältnismässigkeit[23] sowie der Gleichbehandlung[24]. Daher sind Massnahmen verboten, die nicht wettbewerbsneutral sind und so den Wettbewerb unter direkten Konkurrenten verzerren[25]. Da Massnahmen einer hinreichenden gesetzlichen Grundlage bedürfen[26], ist bei der Beurteilung kommunaler Beschränkungen zu prüfen, ob ein kantonales Gesetz vorliegt, das zum Erlass einer solchen kommunalen Beschränkung ermächtigt, sowie ob die kommunale Norm im korrekten Verfahren erlassen worden ist.

Wegen der derogatorischen Kraft des Bundesrechts[27] ist es den Kantonen untersagt, in jenen Sachgebieten, welche von der Bundesgesetzgebung abschliessend geregelt worden sind, weitere lückenfüllende Regeln aufzustellen. Die Kantone dürfen bloss dort tätig werden, wo der Bundesgesetzgeber nicht umfassend, sondern bloss punktuell tätig geworden ist. Aber selbst dann dürfen die Vorschriften der Kantone nicht gegen den Sinn und Geist des Bundesrechts verstossen und dessen Zweck nicht beeinträchtigen oder vereiteln[28]: Der Kerngehalt der Grundrechte ist unantastbar[29].

Gemäss der neuen Verfassung haben die Grundrechte an und für sich noch keine horizontalen Wirkungen, sondern nur im Verhältnis vom Bürger zum Staat. Immerhin hat der Gesetzgeber dafür zu sorgen, dass die Grundrechte, soweit sie sich dazu eignen, auch unter Privaten wirksam werden[30].

2. Die Wirtschaftsfreiheit

Literatur: Urs P. *Frey,* Das Verhältnis der Handels- und Gewerbefreiheit zu den anderen Freiheitsrechten, Diss. ZH 1965; Reto A. *Lyk,* Wirtschaftspolitisch motivierte Bewil-

---

[23] Art. 36 BV; vgl. aber schon BGE 100/1974 Ia 445 E. 5: Stadt Lausanne, 109/1983 Ia 36: Getränkeauswahl.
[24] Art. 9 BV.
[25] BGE 121/1995 I 132 E. 3b: Taxigebühren, 123/1997 II 35 E. 10: Pizzalieferung, 401 E. 11: Zeitungsabonnemente, 125/1999 I 435 E. 4b.aa: Ladenöffnungszeiten ZH.
[26] BGE 98/1972 Ia 400: Ladenschlusszeiten ZG.
[27] Art. 49 BV.
[28] BGE 123/1997 I 316 E. 2b: Rechtsanwaltsberuf, 125 II 58 E. 2b: Rechtsanwaltsberuf.
[29] Art. 36 Abs. 4 BV.
[30] Art. 35 Abs. 3 BV.

ligungspflichten im schweizerischen Recht, Diss. BE 1970; Daniel *Wyss,* Die Handels- und Gewerbefreiheit und die Rechtsgleichheit, Diss. ZH 1971; Hans *Marti,* Die Wirtschaftsfreiheit in der schweizerischen Bundesverfassung, Basel 1976; Paul *Zimmermann,* Das Verhältnis von Wirtschaftsfreiheit und Eigentumsgarantie, Diss. ZH 1979; Fritz *Gygi,* Wirtschaftsverfassungsrecht, Bern 1981; ders., Wirtschaftspolitik, ZSR 100/1981 I 229–264; Roland *Haller,* Handels- und Gewerbefreiheit – Gesetzgebungskompetenz des Bundes, Diss. BE 1983; Leo *Schürmann,* Wirtschaftsverwaltungsrecht, 2. Aufl. Bern 1983; Marco *Toller,* Die Preisüberwachung als Mittel der schweizerischen Wettbewerbspolitik, Diss. ZH 1983; Heinz *Hauser*/Klaus A. *Vallender,* Zur Bindung des Wirtschaftsgesetzgebers durch Grundrechte, Bern 1989; Etienne *Grisel,* Liberté du commerce et de l'industrie, Vol. I: Partie générale, Bern 1993; *Rhinow/Schmid/Biaggini,* Öffentliches Wirtschaftsrecht, Basel 1998; Jörg *Müller*/René *Wiederkehr,* Zum Verhältnis von Meinungs- und Wirtschaftsfreiheit im Verfassungsrecht des Bundes und in der EMRK, Medialex 2000 13–23.

a) Grundsatz

Die schweizerische Bundesverfassung bestimmte bereits im Jahre 1874, dass die Handels- und Gewerbefreiheit im ganzen Gebiete der Eidgenossenschaft gewährleistet sei[31]. Seit 1. Januar 2000 wird dieses Grundrecht Wirtschaftsfreiheit genannt[32]. Sie darf einzig durch die Verfassung selbst oder durch eine darauf beruhende Gesetzgebung eingeschränkt werden; die wichtigste Schranke dürfte wohl die dem Bund vorbehaltene Wettbewerbspolitik und namentlich das Bundesgesetz gegen den unlauteren Wettbewerb bilden[33]. Dieses hat zwar nur im wirtschaftlichen Wettbewerb Geltung[34], kann aber unter Umständen auch auf Vereine mit ideeller, politischer oder religiöser Zielsetzung angewendet werden[35]. Bund und Kantone dürfen darüber hinaus die zur Ausübung von Handel und Gewerbe notwendigen polizeilichen Einschränkungen erlassen, wenn dabei der Grundsatz der Wirtschaftsfreiheit beachtet wird[36]. Massnahmen, die sich gegen den Wettbewerb richten, sind jedoch nur dann zulässig, wenn sie durch kantonale Regalrechte begründet

---

[31] Art. 31 Abs. 1 altBV 1874.
[32] Art. 27 BV.
[33] Art. 96 Abs. 2 lit. b BV gibt nunmehr dem Bund ausdrücklich die Kompetenz, Massnahmen gegen den unlauteren Wettbewerb zu treffen.
[34] Jürg Müller in SIWR V/1, 2. Aufl. Basel 1998, S. 4–16 u. 20–28.
[35] Vgl. Urs *Saxer,* Die Anwendung des UWG auf ideelle Grundrechtsbetätigungen; eine Problemskizze, AJP 1993 604–611. Das UWG wurde bereits angewandt auf Journalisten (BGE 117/1991 IV 93: Bernina), Tierschützer (BGE 123/1997 IV 214 E. 2: Rinderwahnsinn) und Verkehrsverbände (OGer ZH in SMI 1991/1 247: Aufforderung zum Austritt).
[36] Art. 94 Abs. 1 BV.

werden oder in der Bundesverfassung selbst vorgesehen sind[37]; solche Vorbehalte finden sich an verschiedenen Stellen in der Verfassung[38].

Das Recht auf Wirtschaftsfreiheit hat sich gemäss bisheriger Rechtsprechung nicht nur auf die Ausübung jeglicher privatwirtschaftlichen Erwerbstätigkeit, sondern auch auf die Werbung[39] und den Vertrieb[40] bezogen. Marktteilnehmer müssen ja ihre Tätigkeit nicht nur ungestört ausüben können, sondern sie sind auch darauf angewiesen, das Publikum auf sich aufmerksam zu machen und ihm ihre Waren und Dienstleistungen anzubieten[41]. Dabei wird jede Art der Werbung geschützt; es kommt nicht darauf an, ob sie im Auftrag und gegen Bezahlung des Werbenden erfolgt. Geschützt sind auch jene Handlungen, bei denen Marktteilnehmer die Presse ermuntern, im redaktionellen Teil über ihre Unternehmen und deren Produkte und Dienstleistungen zu berichten (Public Relations). Das Bundesgericht hat erkannt, dass zwischen der eigentlichen Reklame und der Werbung im weitesten Sinne keine deutliche Grenze gezogen werden kann, und dass daher sämtliche Beziehungen eines Unternehmens zum Publikum nur im Rahmen der Wirtschaftsfreiheit eingeschränkt werden können[42].

Erst in jüngster Zeit hat das Bundesgericht damit begonnen, die Werbung als kommerzielle Kommunikation nicht mehr (einzig) der Wirtschaftsfreiheit, sondern (auch) der Meinungsäusserungsfreiheit zuzuordnen[43]. Bis anhin geschah dies jedoch nur für Äusserungen ideeller Vereine oder der Presse selbst; es bleibt abzuwarten, ob das Bundesgericht auch reine Wirtschaftswerbung unter den Schutz der Meinungsfreiheit stellen wird. Bis anhin erklärte es lediglich, die Meinungsäusserungsfreiheit und die Praxis des Europäischen Gerichtshofes für Menschenrechte würden gegenüber der Er-

---

[37] Art. 94 Abs. 4 BV.
[38] Art. 100 Abs. 3: Konjunkturpolitik, 101 Abs. 2: Aussenwirtschaftspolitik, 102 Abs. 2: Landesversorgung, 103: Strukturpolitik, 104 Abs. 2 BV: Landwirtschaft.
[39] BGE 47/1921 I 51: Spanische Weinhalle LU, 87/1961 I 271: Privatzimmer UR, 453: Kinowerbung FR, 96/1970 I 701: Durchgestrichene Preise VD, 104/1978 Ia 475: Architektenwerbung VD, 116/1990 Ia 347: Bar Amici GR, 118/1992 Ib 363: Camel Trophy Watch, 123/1997 I 15 E. 2a: The largest Swiss law firm.
[40] BGE 63/1937 I 230: Uniprix VD.
[41] Ein Teil der Lehre unterstellt die Werbung einzig der Meinungsfreiheit: Manfred *Rehbinder*, Pressefreiheit für Reklame, SJZ 73/1977 53–56, Rolf H. *Weber*, Rechtliche Grundlagen für Werbung und Sponsoring, SMI 1993 213–230, S. 215. Das Bundesgericht hält zu Recht beide Grundrechte für kumulativ anwendbar: BGE 125/1999 I 422.
[42] BGE 87/1961 I 264: Rechtsanwaltswerbung VD.
[43] BGE 120/1994 Ib 148 E. 4.a: Obersee Nachrichten, 123/1997 II 414 E. 5.a: Tierfabriken, 123/1997 IV 216 E. 3.b: Rinderwahnsinn.

werbsfreiheit keine weiterführenden Gesichtspunkte enthalten[44]. Diese Einschätzung berücksichtigt jedoch nicht, dass die Erwerbsfreiheit in erster Linie die Marktteilnehmer vor Eingriffen des Staates schützt und nur indirekt der Schaffung von Konkurrenz dient, wogegen die Meinungs- und Informationsfreiheit vorab der Allgemeinheit dient, die ihre Entscheidungen nur im Kontext umfassender Information aus einer Vielzahl von Quellen treffen kann. Die Schutzziele dieser Grundrechte sind daher nicht kongruent, und es ist bei Beschränkungen der Werbefreiheit in jedem Falle besonders sorgfältig abzuklären, ob sie nicht einem Eingriff in das Recht der Allgemeinheit gleichkommen, sich auch aus dem Blickwinkel der Marktteilnehmer informieren zu lassen.

Die Wirtschaftsfreiheit schützt nur diejenige Tätigkeit der Marktteilnehmer, die zum Zwecke des Erwerbes ausgeübt wird[45]. Wird mit der fraglichen Tätigkeit nicht das Erzielen eines Gewinns beabsichtigt, so kann die Wirtschaftsfreiheit nicht angerufen werden. Meinungsäusserungen ideellen Inhalts wie religiöse und politische Propaganda werden daher von der Wirtschaftsfreiheit nicht erfasst; sie sind aber, wie weiter hinten zu zeigen sein wird, durch die Glaubens- und Gewissensfreiheit einerseits und durch die Meinungsäusserungs- und Informationsfreiheit andererseits geschützt, die den Äusserungen ideeller Natur mindestens einen analogen Grundrechtsschutz verleihen. Ebenso wenig kann aus der Wirtschaftsfreiheit eine Konsumfreiheit abgeleitet werden, welche die freie Konkurrenz garantieren würde. Die Bundesverfassung gewährleistet lediglich eine Berufs- und Unternehmungsfreiheit[46].

b) Inhalt

Die Wirtschaftsfreiheit gewährleistet insbesondere die freie Wahl des Berufes sowie den freien Zugang zu einer privatwirtschaftlichen Erwerbstätigkeit und deren freie Ausübung. Sie dient vorab dem Wohl der Marktteilnehmer, indirekt aber auch der Allgemeinheit, indem sie Wettbewerb schafft und zulässt. Das in der Wirtschaftsfreiheit enthaltene Recht auf Werbung und Vertrieb ist umfassend; es besteht im Recht, dem Publikum die eigenen wirtschaftlichen Leistungen bekannt zu geben, wo und wie es beliebt. Seinem Wesen nach

---

[44] Art. 10 EMRK; Art. 16 BV; Urteil des Europäischen Gerichtshofes für Menschenrechte vom 24.2.1994 (Serie A Nr. 285-A); BGE 123/1997 I 18: The largest Swiss law firm.

[45] BGE 101/1975 Ia 256: Histoire d'A. FR, 476: Prostituierte GE, 125/1999 I 420 E. 3a: Anwaltswerbung BE.

[46] BGE 102/1976 Ia 122 E. 7: Einkaufszentren BL.

umfasst das Recht auf Werbung alle Werbe- und Vertriebsmöglichkeiten, einschliesslich solcher mittels heute vielleicht noch unbekannter Medien, die aber eines Tages aktuell werden könnten. Es verleiht namentlich auch das Recht, die eigenen Waren und Dienstleistungen zu kennzeichnen und zu individualisieren, damit das Publikum sie identifizieren und bevorzugen kann. Marktteilnehmer sind grundsätzlich frei, Umfang, Ort und Zeit ihrer Werbung zu bestimmen und die ihnen zusagenden Vertriebsarten zu wählen. Andererseits können sie zur Ausübung ihrer Rechte nicht gezwungen werden; sie können auf Werbung ganz oder teilweise verzichten oder auch nur jene Vertriebsarten wählen, die sie für effizient halten.

Die Wirtschaftsfreiheit ist anfänglich als blosses Abwehrrecht verstanden worden, das den Gewerbetreibenden vor Eingriffen des Staates schützen sollte. Aus diesem Grunde stand das Bundesgericht früher auf dem Standpunkt, sie verleihe keinen Anspruch auf positive Leistungen des Staates, und namentlich sei dieser nicht verpflichtet, den öffentlichen Grund zur Ausübung eines Gewerbes in gesteigertem Masse zur Verfügung zu stellen[47]. Mittlerweile ist jedoch erkannt worden, dass die Wirtschaftsfreiheit selbst bei gesteigerter Ingebrauchnahme des öffentlichen Grundes angerufen werden kann, soweit es dessen Zweckbestimmung zulässt. Behördlich verfügte Einschränkungen bezüglich des gesteigerten Gemeingebrauchs des öffentlichen Grundes haben damit die Grenzen der Beschränkungen der Wirtschaftsfreiheit einzuhalten. Dies hat zur Folge, dass die Gewerbetreibenden unter Umständen einen Anspruch darauf haben, dass ihnen öffentlicher Grund zur Ausübung ihres Gewerbes oder der Werbung hierzu zur Verfügung gestellt wird, wobei dieser Anspruch natürlich zeitlich und örtlich limitiert werden kann[48]. Indessen gibt die Wirtschaftsfreiheit keinen Anspruch auf eine anstaltsrechtliche Bewilligung, um in dieser Anstalt einem Gewerbe nachzugehen; auch können keine besonderen staatlichen Leistungen gefordert werden, wie etwa die Gestattung des Zutrittes zu einer Anstalt oder die Bereitstellung der erforderlichen organisatorischen Mittel[49].

c) Verfassungsmässige Schranken

Literatur: Werner Friedrich *Hotz,* Zur Notwendigkeit und Verhältnismässigkeit von Grundrechtseingriffen, unter besonderer Berücksichtigung der bundesrechtlichen Praxis

---

[47] BGE 97/1971 I 655: Taxiverordnung Zch.
[48] BGE 101/1975 Ia 480: Prostituierte GE, 102/1976 Ia 53: Zch. VöGpZ.
[49] So hatte ein Fotograf keinen Anspruch darauf, im Rahmen des Schulbetriebes Klassenfotos aufzunehmen (RR AG in ZBl 83/1982 80; vgl. BGE 102/1976 Ia 396 E. 11: Chefarzthonorare ZH, 542 E. 10b: TI).

zur Handels- und Gewerbefreiheit, Diss. ZH 1977; Marc D. *Veit,* Die Gleichbehandlung der Gewerbegenossen, AJP 1998 569–575.

Einschränkungen der Wirtschaftsfreiheit unterliegen, wie alle Eingriffe in freiheitliche Rechte, den Grundsätzen der Gesetzmässigkeit, des öffentlichen Interesses, der Verhältnismässigkeit[50] und der Rechtsgleichheit[51]. Sie liegen nur dann im öffentlichen Interesse, wenn sie einem Bedürfnis entsprechen, das so allgemein anerkannt ist, dass der Staat es übernimmt, dafür zu sorgen[52]. Der Kreis der öffentlichen Interessen, der von Bund und Kantonen zulässigerweise geschützt werden darf, ist allerdings weit zu ziehen, doch rechtfertigt immerhin nicht jedes irgendwie geartete Interesse einen Eingriff[53]. Bis anhin durften jedoch sog. wirtschaftspolitische oder systemwidrige Ziele nicht unter die öffentlichen Interessen subsumiert werden; unter diesem Stichwort werden Massnahmen zusammengefasst, die einen Eingriff in den wirtschaftlichen Wettbewerb bezwecken um bestimmte Gewerbezweige und Betriebsformen vor Konkurrenz zu schützen oder sie in ihrer Existenz zu sichern[54]. Im öffentlichen Interesse liegen in erster Linie Massnahmen, die als notwendig erachtet werden zur Erreichung eines in der Verfassung erwähnten Sozialzieles, wie öffentliche Gesundheit oder Jugendschutz[55], sowie zur Wahrung von öffentlicher Sicherheit oder Treu und Glauben im Geschäftsverkehr; sie werden weiter hinten detailliert dargestellt.

Massnahmen, welche die Wirtschaftsfreiheit einschränken, dürfen nicht über das hinausgehen, was erforderlich ist, um den polizeilichen Zweck, dem diese Massnahmen dienen, zu erfüllen[56]. Stehen zur Erreichung eines bestimmten Zweckes mehrere Mittel zur Wahl, ist jenes anzuordnen, welches eine möglichst geringe Beschränkung in der Ausübung der Wirtschaftsfreiheit bedeutet. Aber auch dann muss die verlangte Freiheitsbeschränkung in einem vernünftigen Verhältnis zum angestrebten Ziel stehen. Schliesslich

---

[50] Art. 36 Bundesverfassung (BV, SR 101).
[51] Art. 8 und 9 BV (Fn 50); vgl. schon BGE 121/1995 I 132 E. 3b: Taxiabgabe Zch., 125/1999 II 149 E. 10b: Parkplatzgebühr BE.
[52] BGE 99/1973 Ia 373: Migros GE.
[53] BGE 109/1983 Ia 36 E. 3a: Getränkepreise BE, 110/1984 Ia 115: Mieter-Service ZH, 118/1992 Ia 176 E. 1: Selbstdispensation BE.
[54] BGE 118/1992 Ia 176: Selbstdispensation BE; unzulässig war daher eine Bekanntmachung des RR UR, welche den Vermietern von Privatzimmern lediglich die Ankündigung «Privatzimmer zu vermieten» gestatten wollte, nicht aber den Zusatz «fl. warm Wasser», BGE 87/1961 I 271.
[55] Art. 41 Abs. 1 lit. b und g BV.
[56] Grundsatz der Verhältnismässigkeit; vgl. schon BGE 94/1968 I 656: Wirtspatent TG.

sind alle Marktteilnehmer (früher als Gewerbegenossen bezeichnet) gleich zu behandeln[57].

Der Kerngehalt der Wirtschaftsfreiheit ist, wie der Kerngehalt der Grundrechte überhaupt, unantastbar[58]. Behördliche Einschränkungen dürfen daher die Wirtschaftsfreiheit weder völlig unterdrücken noch ihres Gehaltes als fundamentale Institution unserer Rechtsordnung entleeren.

d) Einschränkungen durch Bundeserlasse

Im Gegensatz zur alten Bundesverfassung von 1874, die aus historischen Gründen eine Vielzahl von Einschränkungen der Handels- und Gewerbefreiheit vorgesehen hat[59], sind in der neuen Bundesverfassung einstweilen noch keine Schranken zur Wirtschaftsfreiheit zu finden. Immerhin wird zugunsten bestimmter Wirtschaftsziele eine Abweichung von der Wirtschaftsfreiheit in Kauf genommen[60].

In vielen Bundesgesetzen finden sich sodann mehr oder weniger einschneidende Abweichungen von der Wirtschaftsfreiheit, deren Verfassungsmässigkeit nicht überprüft werden kann. Viele Gesetze halten sich zwar an die verfassungsmässigen Schranken des hinreichenden öffentlichen Interesses und den Rahmen der Verhältnismässigkeit; bei anderen mögen diese Voraussetzungen zweifelhaft sein. So lässt sich darüber diskutieren, ob das im Lauterkeitsrecht stipulierte Lockvogelverbot[61] noch verfassungsmässig ist, doch hätte niemand die Kompetenz, diese Bestimmung als verfassungswidrig ausser Kraft zu setzen.

e) Einschränkungen durch Monopole und Ämter

Literatur: Marc *Christen,* Kantonale Regalien und Bundespolizeirecht, Diss. BE 1950; Etienne *Grisel,* Les monopoles d'Etat, in: Mélanges André *Grisel,* Neuchâtel 1983, S. 399–415; Claude *Ruey,* Monopoles cantonaux et liberté économique, Diss. Lausanne 1988; Paul *Richli,* Kantonale Monopole – Die offene Flanke der Handels- und Gewerbefreiheit, ZBl 90/1989 476–481; Karin *Sutter-Somm,* Das Monopol im schweiz. Verwaltungs- und Verfassungsrecht, Diss. BS 1989.

---

[57] Gleichbehandlungsprinzip; vgl. BGE 91/1965 I 105 und Art. 8 Abs. 1 BV.
[58] Art. 36 Abs. 4 BV.
[59] Z.B. Art. 31ter altBV betr. alkoholfreie Gaststätten, Art. 32^{quater} altBV betr. Wirtschaften und geistige Getränke, Art. 35 altBV betr. Spielbankenverbot, Art. 41 altBV betr. Vertrieb von Kriegsmaterial etc.
[60] Art. 100 Abs. 3, 101 Abs. 2, 102 Abs. 2, 103, 104 Abs. 2 BV.
[61] Art. 3 lit. f UWG.

Die Kantone können einzelne Tätigkeiten auch insofern der Wirtschaftsfreiheit entziehen, als sie solche zum staatlichen Monopol erklären. Monopole sind verfassungsrechtlich zulässig, wenn sie dem Verhältnismässigkeitsprinzip gehorchen und für die angestrebte Mehrung des öffentlichen Wohls notwendig sind. Hierzu gehörte bisher auch die Wahrnehmung von polizeilichen, sozialen und sozialpolitischen Interessen[62]. So hat beispielsweise die öffentliche Hand in der Aussenwerbung eine faktische Vorzugsstellung, da sie als Eigentümerin des öffentlichen Grundes über die bevorzugtesten Lagen für Plakatanschläge verfügt. Das Bundesgericht hat überdies früher die Errichtung eines Plakatanschlagmonopols zugelassen, das durch Konzession einem Privaten übertragen werden konnte[63]; die neuere Rechtsprechung verlangt jedoch nicht nur eine klare und unmissverständliche gesetzliche Grundlage, sondern verneint auch die Verhältnismässigkeit eines Plakatanschlagmonopols auf privatem Grund, da die Rechtsgüter der Verkehrssicherheit, des Landschafts- und Ortsbildschutzes sowie der Bauästhetik durch eine Bewilligungspflicht genügend geschützt werden können[64]. Die staatlichen Monopolbetriebe sind jedoch nicht im Besitze eines Monopols für ihre Werbung. Fahrpläne und Telefonverzeichnisse dürfen daher auch von Privaten herausgegeben werden.

Durch die Erhebung einer privatwirtschaftlichen Tätigkeit zu einem Amt (z.B. Notar, Kaminfeger, Hebamme)[65] wird zwar die direkte Konkurrenz in dieser Branche eingeschränkt, nicht aber deren Werbung, es wäre denn, das Gemeinwesen stelle besondere Vorschriften über die Ausübung dieses Amtes auf. Doch kann sich der Inhaber eines öffentlichen Amtes so wenig wie das Gemeinwesen selbst auf die Wirtschaftsfreiheit berufen, da diese vor Übergriffen des Staates gegenüber den Privaten, nicht aber vor solchen des Staates gegenüber den eigenen Beamten und öffentlich-rechtlicher Verbände schützt[66]. Entsprechend kann mit der Erhebung eines Berufes zum öffentli-

---

[62] BGE 91/1965 I 186: Einfuhrmonopol VD, 96/1970 I 207: Kaminfegermonopol FR, 101/1975 Ia 128: Schulversicherung FR, 103/1977 Ia 596: Sanitärinstallateur BE, 106/1980 Ia 193: Spielautomaten BL, 109/1983 Ia 196: Kaminfegermonopol GE, 111/1985 Ia 186: Selbstdispensation GE, 124/1998 I 15: Gebäudeversicherung AG, m.w.H.
[63] BGE 100/1974 Ia 450: Aussenwerbung VD, kritisiert von *Huber* in ZBJV 113/1977 37 und VerwGer ZH in ZBl 80/1979 229.
[64] RR BL in ZBl 89/1988 327 und 93/1992 520: Birsfelden; VerwGer ZH in ZBl 80/1979 230: Wallisellen.
[65] Vgl. auch Eidg. Gesundheitsamt in VPB 36/1972 6 Nr. 1: Spitäler, VerwGer ZH und BGer in ZBl 78/1977 32: Autofriedhöfe.
[66] Vgl. *Nef* in SJK 616, S. 2 f.

chen Amt eine weit gehende Regulierung dieses Berufes stattfinden und damit auch eine Bedürfnisklausel eingeführt werden[67].

f) Einschränkungen durch gewerbepolizeiliche Vorschriften

Literatur: Andreas *Jost,* Die neueste Entwicklung des Polizeibegriffs im schweizerischen Recht, Diss. BE 1975; Peter *Gysi,* Die sozialpolitische Begrenzung der Handels- und Gewerbefreiheit in ihrer Bedeutung für den schweizerischen Rechtsstaat, Diss. ZH 1977; Hubertus *Schmid,* Die Unterscheidung zwischen wirtschaftspolizeilichen und wirtschaftspolitischen Massnahmen im schweizerischen Recht, Diss. SG 1974; Urs *Saxer,* Die Grundrechte und die Benützung öffentlicher Strassen, Diss. ZH 1988.

Bund und Kantone haben die Wirtschaftsfreiheit nur im Rahmen der allgemeinen Rechtsordnung zu garantieren. Vorbehalten blieben nach der alten Bundesverfassung ausdrücklich kantonale Bestimmungen über die Ausübung von Handel und Gewerbe[68]. Aber auch nach neuem Recht sind im Rahmen des Schrankenartikels[69] eidgenössische und kantonale Regelungen von Handel und Gewerbe zulässig, an welchen die Öffentlichkeit, und nicht nur die Mitbewerber, ein «überwiegendes» Interesse hat[70]. Hierzu gehören namentlich jene Vorschriften, welche den Schutz der öffentlichen Ordnung vor einer schrankenlosen Freiheit bezwecken. Sie sollen die mit der Ausübung bestimmter Gewerbe verbundenen Gefahren abwehren und die traditionellen Polizeigüter wie öffentliche Ordnung, Gesundheit, Sicherheit, Sittlichkeit sowie Treu und Glauben im Geschäftsverkehr schützen[71]. Diese so genannten gewerbe- oder wirtschafts*polizeilichen* Massnahmen wollen die schon bestehende Ordnung bewahren oder Auswüchse eindämmen (Gefahrenabwehr). Sie sind zu unterscheiden von den sog. wirtschafts*politischen* oder systemwidrigen Massnahmen, die nicht allfällige schädliche Auswirkungen, sondern das Gewerbe selbst einschränken wollen[72]. Wirtschaftspolitische

---

[67] *Schürmann,* Wirtschaftsverwaltungsrecht S. 25, unter Hinweis auf BGE 59/1933 I 181, 73/1947 I 209, 79/1953 I 334.

[68] Art. 31 Abs. 2 altBV 1874.

[69] Art. 36 BV; vgl. B. *Weber-Dürler,* Grundrechtseingriffe, in: Die neue Bundesverfassung, Bern 2000, S. 131–155.

[70] Vgl. Botschaft vom 20.1.1996, BBl 1997 I 195.

[71] BGE 59/1933 I 112: Varietévorstellung LU, 91/1965 I 104: Ladenschluss AG, 104/1978 Ia 475: Architektenwerbung VD, 106/1980 Ia 269: Peep-Show SG, 109/1983 Ia 122: Weinkelterung VS, 111/1985 Ia 186: Selbstdispensation FR, 118/1992 Ia 176: Selbstdispensation BE, 119/1993 Ia 382: Tankstellenöffnungszeiten TI.

[72] Typische wirtschaftspolitische Massnahmen sind Bedürfnisklauseln, die auch für Tanzanlässe unzulässig sind, vgl. VerwGer OW in ZBl 80/1979 130. Ebenso sind

Massnahmen wollen in den freien Wettbewerb eingreifen und gewisse Gewerbezweige oder Bewirtschaftungsformen schützen oder begünstigen und das Wirtschaftsleben nach einem bestimmten Plan lenken[73]. Sie werden auch in Zukunft unzulässig sein; dies ergibt sich u.a. aus der Konkretisierung, wonach sich Massnahmen nicht gegen den Wettbewerb (als solchen) richten dürfen[74], oder auch aus der Übergangsbestimmung, wonach Bedürfnisklauseln zugunsten des Gastgewerbes nur noch während einer beschränkten Zeit zulässig bleiben[75]; eine solche Bestimmung wäre unnötig, wenn Bedürfnisklauseln als wirtschaftspolitische Massnahmen generell zulässig wären.

Die Grenze zwischen gewerbepolizeilichen und wirtschaftspolitischen Massnahmen ist nicht leicht zu ziehen. Oft hat eine gewerbepolizeiliche Massnahme auch wirtschaftspolitische Auswirkungen. Solche haben so lange vor der Wirtschaftsfreiheit Bestand, als sie nur die unvermeidbare Begleiterscheinung der polizeilichen Einschränkungen und nicht derart intensiv sind, dass das von ihnen verlangte Opfer an Freiheit in keinem vernünftigen Verhältnis mehr zum Wert des zu schützenden polizeilichen Gutes steht[76]. Daneben hat das Bundesgericht bisher auch soziale, sozialpolitische und sozialmedizinische Massnahmen, die in die Wirtschaftsfreiheit eingreifen, als zulässig erklärt[77], wobei die neuere Tendenz dahin zu gehen scheint, alle Massnahmen zuzulassen, solange sie nicht wirtschaftspolitisch oder standespolitisch motiviert sind[78].

Die gewerbepolizeilichen Vorschriften eines Gemeinwesens (Kanton, Gemeinde) dürfen nach der Rechtsprechung des Bundesgerichtes jede Ausübung eines Gewerbes erfassen, die das Gebiet des Gemeinwesens in erheblicher Weise berührt, sei es, dass die Tätigkeit hier vor sich geht, oder sei es, dass deren Auswirkungen, im Hinblick auf welche das Gewerbe der polizei-

---

energierechtliche Vorschriften wirtschaftspolitischer Natur, BGer in ZBl 84/1983 496: Vollelektrische Gebäudeheizung.

[73] BGE 99/1973 Ia 373: Migros GE, 102/1976 Ia 543: Auftragsvergebung TI, 103/1977 Ia 262: Kosmetikerin VS, 104/1978 Ia 198: Coiffeur GE, 109/1983 Ia 122 E. 4b: Weinkelterung VS, 111/1985 Ia 186: Selbstdispensation FR.

[74] Art. 94 Abs. 4 BV.

[75] Art. 196 Ziff. 7 BV.

[76] BGE 125/1999 I 439 E. 4e.aa: Ladenöffnungszeiten in Zentren des öffentlichen Verkehrs.

[77] BGE 97/1971 I 506: Ladenschluss GE, 98/1972 Ia 400: Ladenschlussvorschriften ZG, 99/1973 Ia 373: Migros GE, 100/1974 Ia 49: Schliessungszeiten TI, 449: Aussenwerbung VD, 103/1977 Ia 596: BE, 104/1978 Ia 198: Abendverkauf BE, 108/1982 Ia 146: Unterhaltungsgewerbe ZH, 120/1994 Ia 293: Konsumkredite BE.

[78] Vgl. BGE 121/1995 I 288 E. 6c.bb: Bar Amici GR, 125/1999 II 149 E.10a: Parkplatzgebühr BE.

lichen Regelung unterstellt worden ist, auf das betreffende Gebiet übergreifen[79]. Immerhin dürfen Kantone und Gemeinden aufgrund des Binnenmarktgesetzes ortsfremden Anbietern den freien Zugang zum Markt nur dann einschränken, wenn diese Beschränkungen gleichermassen auch für ortsansässige Personen gelten, und wenn sie der Wahrung überwiegender öffentlicher Interessen dienen und verhältnismässig sind; das Gesetz selbst gibt Beispiele für überwiegende öffentliche Interessen und verhältnismässige Beschränkungen[80].

g) Zivilrechtliche Schranken

Das in der Wirtschaftsfreiheit verankerte Recht auf Werbung und Vertrieb kann das gleichartige Recht der übrigen Marktteilnehmer beeinträchtigen. Der Umstand, dass grundsätzlich Kennzeichnungsmittel in der Werbung verwendet werden dürfen, soll nicht dazu führen, dass die verschiedenen Wettbewerber die gleichen oder verwechselbare Kennzeichnungsmittel verwenden. Das Recht auf Kennzeichnung darf daher nur soweit ausgeübt werden, als hiervon nicht schon Dritte Gebrauch gemacht haben. Im Laufe der Zeit sind denn die vielfältigsten bundesrechtlichen Bestimmungen in Kraft getreten, welche Friktionen zwischen den verschiedenen Werbemöglichkeiten der Gewerbetreibenden verhindern sollen, so das Markenrecht (1880), das Muster- und Modellrecht (1881), das im Obligationenrecht geregelte Firmenrecht (1883), das Urheberrecht (1884), das im Zivilgesetzbuch geregelte Namensrecht (1912), das Lauterkeitsrecht (1945), das Kartellrecht (1964). Sie alle versuchen unter anderem, Regelungen für die Lösung von Konflikten zu treffen, die sich daraus ergeben, dass zwei oder mehrere Werbende die gleichen Werbemassnahmen beanspruchen. Entsprechend wird die Darstellung des Kollisionsrechts im Zusammenhang mit Kennzeichen in dieser Arbeit einen breiten Raum einnehmen.

h) Steuerrechtliche Schranken

Die Wirtschaftsfreiheit wird beeinträchtigt, wenn Abgaben prohibitiv wirken und die Geschäftstätigkeit erdrücken. Die prohibitive Wirkung beurteilt sich

---

[79] BGE 87/1961 I 454 E. 5: Filmreklame FR, 91/1965 I 462: Heilmittelschrank SO, 95/1979 I 427 E. 6: Heilmittelhandel AR, 125/1999 I 478 E. 1d.bb: MediService VD; BGer in ZBl 81/1980 537: Heilmittelversand AR.

[80] Art. 3 Binnenmarktgesetz (BGBM, SR 943.02), vgl. BGE 125/1999 483 E. 2c: MediService VD.

aus dem Blickwinkel eines normal verwalteten Unternehmens[81]. Sie ist bei einem Pauschalsteueransatz von 10% der Bruttoeinnahmen (von Geldspielapparaten) nicht überschritten, selbst wenn in der Regel 90% der Bruttoeinnahmen in Form von Gewinnen wieder ausgeschüttet werden[82]. Auch hielt eine jährliche Gemengesteuer für Inhaber von Gastwirtschaftspatenten vor den Gerichten stand[83].

Abgaben, welche die unternehmerischen Entscheide von Marktteilnehmern beeinflussen sollen, greifen in den Wettbewerb ein und haben insofern, auch wenn dies nicht ihre Hauptstossrichtung ist, wirtschaftspolitische Auswirkungen. Daher geht es nicht an, durch einen unterschiedlichen Gebührensatz für die Taxikonzession die Taxis mit Funkanschluss zu fördern; eine solche Gebührendifferenzierung verletzt den Grundsatz der Gleichbehandlung der Marktteilnehmer[84].

3. Die Meinungs- und Medienfreiheit

Literatur: Jürg *Bosshart,* Demonstrationen auf öffentlichem Grund, Diss. ZH 1973; Manfred *Rehbinder,* Schweizerisches Presserecht, Bern 1975; Ivo *Zellweger,* Die strafrechtliche Beschränkung der politischen Meinungsäusserungsfreiheit (Propagandaverbote), Diss. ZH 1975; Manfred *Rehbinder,* Pressefreiheit für Reklame?, SJZ 73/1977 53–56; Hans *Huber,* Schutz der Werbung durch die Gewerbefreiheit oder durch die Pressefreiheit?, SJZ 73/1977 297–305; Beatrice U. *Pfister,* Präventiveingriffe in die Meinungs- und Pressefreiheit, Diss. BE 1986; Denis *Barrelet,* Droit suisse des mass media, 2. Aufl. Bern 1987; Beat *Vonlanthen,* Das Kommunikationsgrundrecht «Radio- und Fernsehfreiheit», Diss. FR 1987; Leo *Schürmann*/Peter *Nobel,* Medienrecht, 2. Aufl. Bern 1993; Richard *Baur,* UWG und Presseberichterstattung, Diss ZH 1995; Franz *Riklin,* Schweizerisches Presserecht, Bern 1996; Andreas *Meili,* Wirtschaftsjournalismus im Konflikt zwischen freier Meinungsäusserung und Lauterkeitsrecht, Medialex 1998 70–73; Urs W. *Saxer,* Das Medienrecht und das Spannungsfeld von wirtschaftlichem und publizistischem Wettbewerb, AJP 1999 427–442; Ulrich *Zimmerli,* Zur Medienfreiheit in der neuen Bundesverfassung, Medialex 1999 14–23; Mischa Ch. *Senn,* Kommerzielle Äusserungen im Schutze der Meinungsäusserungsfreiheit, sic! 2/1999 111–115; Jörg *Müller*/René *Wiederkehr,* Zum Verhältnis von Meinungs- und Wirtschaftsfreiheit im Verfassungsrecht des Bundes und in der EMRK, Medialex 2000 13–23.

---

[81] BGE 87/1961 I 32: Migros GE.
[82] VerwGer ZH in ZR 82/1983 Nr. 75: Billetsteuer für Geldspielautomaten.
[83] BGer in ASA 53/1984 207 Nr. 15: Patentabgabe VS.
[84] BGE 121/1995 I 137 E. 4b: Taxigebühren Zch.

a) Inhalt

Die von der neuen Bundesverfassung garantierte Meinungsfreiheit[85] gehört sogar zu den Menschenrechten[86]. Die Meinungsfreiheit umfasst gemäss Charakterisierung in der Verfassung neben dem als Meinungsäusserungsfreiheit bezeichneten Recht, die eigene Meinung frei zu bilden und zu äussern, auch das Recht, sie ungehindert zu verbreiten.

Als verfassungsmässiges Grundrecht ist überdies die Medienfreiheit statuiert worden[87]. Diese kann als das Kernstück der Meinungsäusserungsfreiheit bezeichnet werden[88] und umfasst die Freiheit für Presse, Radio und Fernsehen sowie andere Formen der öffentlichen fernmeldetechnischen Verbreitung, wie namentlich Teletext und Internet, von Darbietungen, Meinungen und Informationen.

Als Meinung gilt jede Auffassung, die über einen Gegenstand geäussert wird. Darunter fallen die Ergebnisse von Denkvorgängen sowie rational fassbar und mitteilbar gemachte Überzeugungen in der Art von Stellungnahmen, Auffassungen und dergleichen[89]. Auch die Verbreitung von Tatsachen fällt unter die Meinungsäusserungsfreiheit, denn eine Auswahl und Wiedergabe von Tatsachen ist unabhängig von einer eigenen Meinung kaum möglich. Die Meinungsäusserung umfasst nicht nur Gedankenäusserungen, Stellungnahmen und kritische Wertungen, sondern auch das Kunstschaffen und dessen Erzeugnisse[90]. Ein Film, der rein als Kunstwerk verstanden sein will, geniesst daher ebenso den Schutz der Meinungsäusserungsfreiheit[91].

Ähnlich wie die Wirtschaftsfreiheit auch auf die Werbung für Wirtschaftsunternehmen Anwendung findet, muss die Meinungsfreiheit auch die Werbung für die eigene Meinung umfassen[92]. Die eigene Meinung und die Werbung hierfür lassen sich ohnehin nicht voneinander trennen, bedeutet doch die Äusserung einer Meinung oft auch eine Einladung an den Adressaten,

---

[85] Art. 16 BV.
[86] Art. 10 Ziff. 1 EMRK; vgl. ebenso Art. 19 Abs. 2 Int. Pakt über bürgerliche und politische Rechte (sog. UNO-Pakt II, SR 0.103.2).
[87] Art. 17 BV.
[88] BGE 98/1972 Ia 79: Schuljahrbeginn ZH.
[89] BGE 108/1992 Ia 318: standeswidriges Verhalten von Rechtsanwälten.
[90] Heute auch durch die in Art. 21 BV stipulierte Kunstfreiheit gewährleistet.
[91] BGE 101/1975 Ia 150: Ungebührlicher Inhalt ZH; BGer in ZBl 64/1963 365: Das Lächeln einer Sommernacht.
[92] Entsprechend umfasst die Pressefreiheit grundsätzlich auch das Recht, ein Druckerzeugnis zu verteilen (BGE 96/1970 I 589: Aleinick GE; BGer in ZBl 78/1977 359: Strassenverkauf). Eine Presse, die nicht verbreitet werden dürfte, verlöre ihren Sinn (BGer in ZBl 81/1980 36: Kämpfendes Afrika).

sich dieser Meinung anzuschliessen. Meinungsäusserung ist daher Werbung schlechthin, und das Verbot der Werbung für bestimmte Meinungen kommt einem Verbot der Meinungsäusserung selbst gleich. Diese Erkenntnis war nicht immer selbstverständlich. In einem frühen Entscheid[93], der später als «spitzfindig» qualifiziert wurde[94], erachtete das Bundesgericht seinerzeit ein Verbot öffentlicher Einladungen zu Heilsarmeeversammlungen nicht als Beschränkung der freien Meinungsäusserung, sondern lediglich als Beschränkung der Werbung für Kultushandlungen. Erst in neuerer Zeit hat es die Unterscheidung zwischen der Meinungsäusserung und der Propaganda hierfür fallengelassen und auch diese ohne weiteres dem Recht auf freie Meinungsäusserung unterstellt[95].

Umstritten ist, ob sich die Meinungsfreiheit nur auf Äusserungen über ideelle Belange bezieht oder ob auch solche zu beruflichen und gewerblichen Zwecken darunter fallen, wie insbesondere die Wirtschaftswerbung. Im ersteren Fall würden sich die Wirtschaftsfreiheit einerseits und die Meinungsäusserungsfreiheit andererseits gegenseitig ausschliessen, im letzteren Fall gegenseitig ergänzen. Das Bundesgericht hat früher die Pressefreiheit und Meinungsäusserungsfreiheit auf die Verwirklichung ideeller Zwecke beschränkt[96]. Demgegenüber vertritt die Lehre mehrheitlich den Standpunkt, dass die Meinungsäusserungsfreiheit auch für berufliche und gewerbliche Zwecke in Anspruch genommen werden kann[97]. Diese Auffassung ist zu bevorzugen[98]. Während die Wirtschaftsfreiheit auf dem ideellen Gebiet durch das Recht auf persönliche Freiheit und auf persönliche Entfaltung ergänzt wird[99], gibt es für die Meinungsfreiheit kein entsprechendes Pendant. Es ist daher angebracht, sie umfassend zu verstehen. Entsprechend untersteht auch die Wirtschaftswerbung und insbesondere der Inseratenteil einer Zeitung der verfassungsmässigen Meinungs- und Medienfreiheit.

---

[93] BGE 17/1891 354: Heilsarmee AR.
[94] *Saladin,* Grundrechte im Wandel, S. 78.
[95] BGE 101/1975 Ia 255: Histoire d'A. FR.
[96] BGE 96/1970 I 589: Aleinick GE; BGer in ZBl 42/1941 416: Heilmittelinserate; zustimmend *Schluep,* Über Kritik im wirtschaftlichen Wettbewerb, in FS A. *Troller,* S. 231, *Huber* in ZBJV 113/1977 29, *derselbe,* Schutz der Werbung durch die Gewerbefreiheit oder durch die Pressefreiheit?, SJZ 73/1977 297–305.
[97] *Rehbinder,* Schweiz. Presserecht, S. 20, *derselbe,* Pressefreiheit für Reklame? SJZ 73/1977 53; *Ludwig,* Schweiz. Presserecht, S. 92, 124; *Weber,* Rechtliche Grundlagen für Werbung und Sponsoring, SMI 1993, S. 215.
[98] Jetzt ebenso BGE 120/1994 Ib 148 E. 4.a: Obersee Nachrichten, 123/1997 II 414 E. 5.a: Tierfabriken, 123/1997 IV 216 E. 3.b: Rinderwahnsinn, 123/1997 I 18 E. 2.e: The largest Swiss law firm.
[99] BGE 101/1975 Ia 346: Spielautomaten BL.

b) Erweiterter Inhalt der Meinungsäusserungsfreiheit

Die Meinungsäusserungsfreiheit ist im Gegensatz zu den traditionellen Grundrechten nicht ein blosses Abwehrrecht gegenüber den Einschränkungen durch den Staat. Die neuere Lehre und Rechtsprechung misst ihr in zweierlei Richtungen auch einen positiven Gehalt bei.

Der Staat hat sich nicht nur jeglicher Einschränkung der Meinungsäusserungsmöglichkeiten zu enthalten, sondern er darf überdies das Benützen seiner Einrichtungen zur besseren Verbreitung der Meinungen nicht verwehren. Das Gemeinwesen hat den öffentlichen Grund nicht nur bewilligungsfrei zum Verteilen von politischen Flugblättern[100], sondern grundsätzlich auch für Kundgebungen zur Verfügung zu stellen. Kundgebungen dürfen freilich einer polizeilichen Bewilligungspflicht unterstellt werden, wobei der Bewilligungsbehörde ein weiter Ermessensspielraum bezüglich Ort und Zeit zusteht[101]. Dagegen geht es nicht an, die Bewilligung einer Veranstaltung von der Bekanntgabe der Namen allfälliger Redner abhängig zu machen[102].

Sodann kommen der Meinungsäusserungsfreiheit nicht nur Wirkungen gegenüber dem Staat, sondern auch gegenüber den Mitbürgern zu. Das Bundesgericht hat die so genannte horizontale Wirkung der Meinungsäusserungsfreiheit schon vor längerer Zeit in einem Straffall bestätigt[103], wo es ausführte, die Störung eines Vortrages durch organisiertes und mit Megaphon verstärktes Brüllen stelle einen rechtswidrigen Eingriff in die Meinungsäusserungsfreiheit dar. Damit ist anerkannt worden, dass die Meinungsfreiheit die Pflicht in sich schliesst, die Meinungen der andern zu respektieren und sich der Sabotage gegenüber deren Verbreitung zu enthalten.

Bei der Prüfung, ob kantonale Schranken der Meinungsäusserungsfreiheit ein hinreichendes öffentliches Interesse schützen wollen, darf sich das Bundesgericht keine Zurückhaltung auferlegen. Dies hat insbesondere auch für die Filmzensur gegolten, die heute aber schon durch die Verfassung verboten ist[104]. Eine Behörde hätte es sonst in der Hand gehabt, ihr missliebige Filme mit dem Hinweis zu verbieten, sie störten die öffentliche Ordnung und Sittlichkeit[105]. Das Zensurverbot gilt heute geradezu als Kernstück der Medien-

---

[100] BGE 96/1970 I 590: Aleinick GE; VerwGer AG in ZBl 77/1976 42: Flugblattverteilung.
[101] BGE 100/1974 Ia 405: Komitee für Indochina ZG.
[102] BGE 107/1981 Ia 298 E. 4: Gde. Graben.
[103] BGE 101/1975 IV 172: Hirschy; für das Zivilrecht BGE 107/1981 Ia 280: Luisier.
[104] Art. 17 Abs. 2 BV.
[105] A.A. BGE 87/1951 I 119: Filmzensur; BGer in ZBl 64/1963 366: Das Lächeln einer Sommernacht.

freiheit[106], und eine generelle Vorzensur kann unter keinem Titel gerechtfertigt werden.

Auch geht es nicht an, bestimmte Meinungsäusserungen zu verbieten, bloss weil sie mit der gegenwärtigen Rechtsordnung und insbesondere mit dem Strafrecht im Widerspruch stehen. Sonst wäre es überhaupt unmöglich, über die Änderung der bestehenden Ordnung, namentlich auch über eine Lockerung des Strafrechtes, zu diskutieren. Selbst wenn solche Äusserungen die Gefühle der Mehrheit verletzen oder gegen die kirchlichen Lehren verstossen, darf deren Verbreitung nicht beschränkt werden. In sehr klarer Sprache hat das Bundesgericht festgestellt, dass in einer Demokratie grundsätzlich jedermann das Recht habe, seine Ansicht über einen im öffentlichen Interesse liegenden Gegenstand zu äussern, selbst wenn sie gewissen Leuten missfalle; die Mehrheit könne die Minderheit nicht zum Schweigen bringen[107].

c) Zivilrechtliche Schranken

Literatur: Jacques-Michel *Grossen*, La protection de la personalité en droit privé, ZSR 79/1960 II 1a–130a; Peter *Jäggi*, Fragen des privatrechtlichen Schutzes der Persönlichkeit, ZSR 79/1960 II 133a–261a; Rainer *Schumacher*, Die Presseäusserung als Verletzung der persönlichen Verhältnisse, Diss. FR 1960; Hans *Schultz*, Zivilrechtlicher Schutz der Persönlichkeit und Strafrecht, ZBJV 103/1967 93–99; Jean *Wuarin*, Zivilrechtliche Ehrverletzung durch die Presse, SJK 860, Genf 1967; Hans *Merz*, Der zivilrechtliche Schutz der Persönlichkeit gegen Ehrverletzungen und verwandte Beeinträchtigungen durch die Druckerpresse, SJZ 67/1971 65–71, 85–93; Walter R. *Schluep,* Über Kritik im wirtschaftlichen Wettbewerb, in FS A. *Troller,* Basel 1976, S. 225–254.

Das Recht auf Meinungsäusserung gibt noch kein Recht, seine Meinung über andere ungeschminkt oder gar rücksichtslos vorzutragen. Dabei muss das Recht, eine Meinung frei zu äussern, als Ausfluss des Rechtes verstanden werden, seine Persönlichkeit frei zu entfalten, und gerade dieses Recht wird beeinträchtigt, wenn schroffe oder allzu schroffe Kritik an anderen geäussert wird. Es muss daher eine Grenze zwischen dem Recht auf kritische Äusserungen über Dritte und deren Anspruch auf Unverletzlichkeit der persönlichen Entfaltung gefunden werden. Dabei darf freilich die Wichtigkeit einer funktionierenden Presse nicht ausser Acht gelassen werden. Dies hat der Gesetzgeber insofern berücksichtigt, als eine Verletzung der Persönlichkeit durch periodisch erscheinende Medien nur dann vorsorglich verboten werden

---

[106] BGE 96/1970 I 229: ZH, 124/1998 I 269: Klosterplatz Einsiedeln, m.w.H.
[107] BGE 97/1971 I 901: Abtreibungsbefürworter GE, 101/1975 Ia 258: Histoire d'A. FR. Doch brauchen die Behörden keine Verkaufsstandplätze zu bewilligen, wenn das Schamgefühl oder der geschlechtliche Anstand der Passanten verletzt wird, BGer in ZBl 81/1980 44: Anderschume.

darf, wenn sie einen besonders schweren Nachteil verursachen kann, offensichtlich kein Rechtfertigungsgrund vorliegt und die Massnahme nicht unverhältnismässig erscheint[108].

Die Achtung gegenüber der Persönlichkeit der Mitmenschen verbietet nicht nur deren Herabsetzung, sondern sie verbietet auch jede unnötige Verletzung auf andere Weise. Das Verbot der unnötigen Verletzung findet sich vorab im Wettbewerbsrecht[109], doch wurde es von der Rechtsprechung schon vor dem Wegfall der Notwendigkeit eines Wettbewerbsverhältnisses als Prozesserfordernis auf das gesamte Zivilrecht und insbesondere auch auf die Presse ausgedehnt[110]. Eine Kritik kann in doppelter Hinsicht unnötig verletzen. Einmal kann sie ihrer Form nach eine Entgleisung darstellen, indem sie weit über das hinausgeht, was aufgrund des ihr zum Anlass dienenden Vorfalles als angemessen erscheinen würde[111]. Zum anderen kann sie aber auch deshalb verletzen, weil sie ohne begründeten Anlass und vorwiegend in der Absicht erhoben wird, einem anderen zu schaden. Zu unterscheiden ist daher der unerlaubte Inhalt und der unerlaubte Zweck einer Kritik.

Inhaltlich darf die Meinungsäusserung keine Unrichtigkeiten enthalten[112]. Als unwahr ist jede Tatsachenbehauptung zu betrachten, deren Richtigkeit nicht nachgewiesen werden kann. Selbst wenn die Richtigkeit einer Äusserung in guten Treuen nicht bezweifelt worden ist, bleibt sie widerrechtlich, wenn sich deren Unrichtigkeit herausstellt. Ob der Verbreiter einer Äusserung gutgläubig war und nach den Umständen sein durfte, ist höchstens für sein Verschulden und damit für Schadenersatz, Genugtuung und Strafe von Bedeutung, nicht aber für die Beseitigung der Störung durch Richtigstellung. Auch Tatsachen, die vom Werbenden selbst als fraglich bezeichnet werden, müssen nachgewiesen werden, soll doch jemand nicht nur gegen unwahre Behauptungen, sondern auch gegen unwahre Vermutungen, Verdächtigungen

---

[108] Art. 28c Abs. 3 Zivilgesetzbuch (ZGB, SR 210).

[109] Art. 3 lit. a UWG.

[110] BGE 71/1945 II 194: Presseverletzung, zur heutigen Rechtslage vgl. 117/1991 IV 198: Bernina Nähmaschine, 120/1994 II 79: Mikrowellenherde; 124/1998 III 77: Contra-Schmerz (kommentiert von *Saxer* in Medialex 1998 100).

[111] BGE 26/1900 I 45: Flegelei, 30/1904 II 443: Plädoyerausführungen, 70/1944 II 135: Wwe. Hodler; ER am BezGer Bülach in SJZ 74/1978 195 Nr. 37: Wucherpreise. Wer damit droht, der Kundschaft nachteilige und kreditschädigende Interna der Konkurrenz mitzuteilen, handelt wider Treu und Glauben, HGer BE in SMI 1985 107: Drohende Enthüllungen.

[112] BGE 71/1945 II 193, 91/1965 II 406. Immerhin ist der Vorwurf der Piraterie zulässig, falls zutreffend, CJ GE in SMI 1985 114: Who's who.

und Gerüchte geschützt werden[113]. Dabei trifft den Behauptenden eine ernst zu nehmende Verantwortung, hat er doch die Pflicht, vor der Veröffentlichung seiner Äusserungen die Wahrheit den Umständen entsprechend sorgfältig zu recherchieren. Dies ist namentlich beim Preisvergleich von Bedeutung, wo sich die zu vergleichenden Produkte in sämtlichen der Kalkulation zugrunde liegenden Faktoren zu entsprechen haben[114].

Falsche oder irreführende Angaben sind nicht nur geeignet, andere in ihren Persönlichkeitsrechten zu verletzen, sondern sie können auch – wenn in einem Wahl- oder Abstimmungskampf vorgetragen – eine unzulässige Einwirkung auf die Willensbildung des Stimmbürgers darstellen[115]. Doch kann nur bei ganz schwer wiegenden Verstössen eine Wiederholung des Urnenganges verlangt werden, muss doch die Auswirkung der unerlaubten Propaganda auf das Ergebnis der Volksbefragung ausser Zweifel stehen oder zum Mindesten als sehr wahrscheinlich erscheinen[116].

Oft werden an behauptete oder stillschweigend als bekannt vorausgesetzte Tatsachen Werturteile geknüpft. Sind die Tatsachen, auf denen sich die Bewertung aufbaut, richtig, so ist auch die daraus gezogene Schlussfolgerung grundsätzlich zulässig. Fraglich ist, wem diese Schlussfolgerung mitgeteilt werden darf. Die Frage ist in der Werbung namentlich im Zusammenhang mit der Bekanntgabe der eigenen Rechtsauffassung von Bedeutung.

Das Bundesgericht hat entschieden, dass die eigene Rechtsauffassung zum Mindesten dem Konkurrenten und einzelnen rechtskundigen Interessenten mitgeteilt werden darf[117]. Denn diese können die geäusserte Rechtsauffassung als unbewiesene Parteibehauptung erkennen und entsprechend kritisch werten. Anders verhält es sich, wenn solche Meinungen öffentlich bekannt gegeben werden. Die Gerichte pflegten früher die öffentliche Bekanntgabe der eigenen Rechtsauffassung als unlauter zu beurteilen, wenn sich nachträglich durch Gerichtsurteil herausstellte, dass die Rechtsauffassung unrichtig war[118]. Mittlerweile ist aber entschieden worden, dass die eigene Rechtsauffassung, ob sie nun zutreffe oder nicht, Dritten bekannt gegeben werden könne, da sich diese über deren Wert oder Unwert ihre eigene Meinung zu

---

[113] BGE 60/1934 II 405: Schweizerbanner, 79/1953 II 414: Lux-Seife, 100/1974 II 180: Ölunfall in Spreitenbach.
[114] BGE 79/1953 II 413: Lux-Seife.
[115] BGE 119/1993 Ia 272: Geldspielautomaten, m.w.H.
[116] BGE 113/1987 Ia 302: Kleinandelfingen, 119/1973 Ia 275: Geldspielautomaten, m.w.H.
[117] BGer in Mitt.1967 145: Vermutete Patentverletzung.
[118] BGE 60/1934 II 130 E.5: Poupon-Sauger, 67/1941 II 58: Urteilspublikation; HGer ZH in Mitt. 1967 97: Kehricht-Container.

bilden hätten[119]. Man wird daher massgebend auf den Kreis der Adressaten abstellen müssen: Je grösser und unkritischer der Kreis der Empfänger der eigenen Rechtsauffassung ist, desto zurückhaltender ist sie zu formulieren. Unzulässig sind selbstverständlich ungerechtfertigte Schlussfolgerungen. Namentlich darf das Ergebnis von hängigen Prozessen oder Strafverfahren nicht vorweggenommen werden. Beanstandet wurde daher die Bemerkung, ein Strafverfahren gegen leitende Angestellte des Konkurrenzunternehmens werde voraussichtlich mit einer Verurteilung enden, da zu jenem Zeitpunkt noch offen stand, ob eine solche erfolgen werde[120].

Entspricht der Inhalt einer Behauptung über Dritte den Tatsachen, so ist deren Veröffentlichung nur statthaft, wenn sie durch den verfolgten Zweck gerechtfertigt ist. Die Verbreitung von Tatsachen, die dem Privat- oder Geheimbereich entstammen, wie insbesondere solche aus dem Familienleben, kann nicht gerechtfertigt werden. Aber auch nicht ehrenrührige Tatsachen aus dem Privatleben dürfen nicht veröffentlicht werden, wenn aus dem Verhalten des Betroffenen hervorgeht, dass er sie nicht verbreitet haben will. So kann die Bekanntgabe der Zugehörigkeit zu einem bestimmten Verein untersagt werden[121], kaum aber die Parteizugehörigkeit eines Behördenmitgliedes, das von seiner Partei zu seinem Amt vorgeschlagen worden ist. Liegt die Bekanntgabe von Tatsachen aus dem Privatbereich ausnahmsweise im öffentlichen Interesse, weil sie zur Beurteilung der beruflichen oder gewerblichen Eignung und Würde eines Unternehmers notwendig ist, kann gegen deren Preisgabe nichts eingewendet werden[122].

In der Werbung dürfen nur jene Tatsachen über die Konkurrenz veröffentlicht werden, die zur Erreichung der Markttransparenz benötigt werden. Somit dürfen jene, aber auch nur jene Elemente der Kritik unterzogen werden, die für den Verbraucher zum Kaufentschluss erheblich sind. Jede Kritik am Konkurrenten, die für die Bewertung seiner beruflichen oder gewerblichen Leistungen irrelevant ist, verletzt gleichzeitig auch unnötig. So müssen beispielsweise die groben Vorwürfe des Lügens und Betrügens sowie des Wuchers gegenüber der Konkurrenz auch bei Bejahung einer vollständigen

---

[119] BGE 93/1967 II 142: Ingenieur-Techniker HTL. Das Bundesgericht weist darauf hin, dass zwar Verwarnungen wegen einer möglichen Patentverletzung bei späterer Nichtigkeit des Patentes rechtswidrig seien; unlauter seien sie aber erst, wenn der Patentinhaber um die Nichtigkeit seines Patentes wisse oder zum Mindesten ernste Zweifel daran haben müsse, ob die formelle Eintragung des Patentes zu recht bestehe (BGE 108/1982 II 226: Rolladen-Patent).
[120] HGer ZH in Mitt. 1965 111: Massgebende Angestellte in Strafuntersuchung.
[121] BGE 97/1971 II 103: Philanthropische Gesellschaft Union.
[122] BGE 69/1943 IV 167: Vorstrafen, 73/1947 IV 31: Steuerabkommen.

Transparenz des Wettbewerbs als unnötig verletzend bezeichnet werden[123]. Allerdings gehören zum Kaufentschluss nicht nur Qualität und Preis, sondern auch noch andere Faktoren, wie beispielsweise die Vertrauenswürdigkeit des Fabrikanten, sein soziales Gebaren gegenüber Arbeitnehmern usw. Der Werbende muss sich daher auch in den Nebenbereichen seines Angebots Kritik gefallen lassen. Dies um so mehr, als er selbst auf dem Markt auftritt und damit gegenüber den Abnehmern behauptet, er erfülle ihre Bedürfnisse optimal. Die Auseinandersetzung mit dem Angebot und Wettbewerbsverhalten der Konkurrenz ist damit grundsätzlich rechtmässig, selbst wenn das Resultat für diese ungünstig sein sollte.

4. Die persönliche Freiheit

Literatur: Kaspar *Hotz,* Zum Problem der Abgrenzung des Persönlichkeitsschutzes nach Art. 28 ZGB, Diss. ZH 1967; Hans *Oberhänsli,* Die Gewährleistung der Freiheitsrechte, unter besonderer Berücksichtigung der verfassungsmässigen Garantie der persönlichen Freiheit, Diss. ZH 1971; Hans *Huber,* Die persönliche Freiheit, SJZ 69/1973 113–121; Richard *Frank,* Der Schutz der Persönlichkeit in der Zivilrechtsordnung der Schweiz, AcP (Archiv für civilistische Praxis) 172/1972 56–84; Gustav *Hug,* Wo liegt die Grenze der persönlichen Freiheit?, Diss. ZH 1977; Stefan *Trechsel,* Die Garantie der persönlichen Freiheit (Art. 5 EMRK) in der Strassburger Rechtsprechung, EuGRZ (Europäische Grundrechte-Zeitschrift) 1980 514–532; Hans *Dressler,* Der Schutz der persönlichen Freiheit in der Rechtsprechung des Schweizerischen Bundesgerichts, ZBl 81/1980 377–390; Walter *Haller,* Die persönliche Freiheit in der neueren Rechtsprechung des Bundesgerichts, in: Mélanges André Grisel, Neuchâtel 1983, S. 95–116; Giorgio *Malinverni,* Art. 2–5 und Art. 8 EMRK, SJK 1370–1373 und 1378, Genf 1983/84; Thomas W. *Schrepfer,* Datenschutz und Verfassung, Diss. BE 1985; Stephan *Breitenmoser,* Der Schutz der Privatsphäre gemäss Art. 8 EMRK, Diss. BS 1986.

Die Wirtschaftsfreiheit wird durch die persönliche Freiheit der Einwohner ergänzt. Während jene sich nur auf die gewerbsmässige Ausübung einer Tätigkeit bezieht, findet diese namentlich auf das Privatleben Anwendung. Sie gehört zu den verfassungsmässigen Individualrechten[124] und umfasste ursprünglich das Recht auf freie Bewegung und körperliche Unversehrtheit[125]. Heute schützt sie indessen die Integrität der menschlichen Persönlichkeit in allen ihren essentiellen Belangen[126]. Sie schützt die urteilsfähigen Bürger auch in der ihnen eigenen Fähigkeit, eine bestimmte tatsächliche

---

[123] ER am BezGer Bülach in SJZ 74/1978 195 Nr. 37: Wucherpreise.
[124] Art. 10 Abs. 2 BV; früher gehörte sie zu den ungeschriebenen Grundrechten: BGE 101/1975 Ia 345: Spielautomaten BL.
[125] BGE 89/1963 I 92: Blutuntersuchung BS.
[126] BGE 90/1964 I 37: Spitaleinweisung GE.

Begebenheit zu werten und danach zu handeln[127]. Vorübergehend wurde darunter auch die Freiheit der Einwohner verstanden, über ihre Lebensweise zu entscheiden und ihre Freizeit zu gestalten[128]. Diese Rechtsprechung wurde freilich wieder in Zweifel gezogen und darauf reduziert, dass das Grundrecht der persönlichen Freiheit nur die elementaren Erscheinungen der Persönlichkeitsentfaltung (sog. Kerngehalt) schütze[129]. Mit dieser engen Formulierung hat das Recht der persönlichen Freiheit seine Bedeutung für die Werbung weit gehend verloren, kann doch nicht behauptet werden, das Verbot gewisser Werbe- und Vertriebsmethoden tangiere die Marktteilnehmer in ihrem Kernbereich menschlicher Betätigung. Immerhin ist die persönliche Freiheit schon im Zusammenhang mit der Einschränkung der Strassenprostitution aktuell geworden[130].

5. Die Glaubens- und Gewissensfreiheit (Religionsfreiheit)

Literatur: Hans *Marti,* Glaubens- und Kultusfreiheit, SJK 1070–1076, Genf 1950; Peter *Schäppi,* Der Schutz sprachlicher und konfessioneller Minderheiten im Recht von Bund und Kantonen, Diss. ZH 1971; Peter *Karlen,* Das Grundrecht der Religionsfreiheit in der Schweiz, Diss. ZH 1988; Ueli *Friederich,* Kirchen und Glaubensgemeinschaften im pluralistischen Staat, Diss. BE 1991.

a) Inhalt

Die in der Verfassung verankerte Glaubens- und Gewissensfreiheit[131] umfasst nicht nur die Freiheit von irgendwelchen Einmischungen in die religiöse Überzeugung des Einzelnen[132], sondern auch das Recht auf freie Äusserung religiöser Ansichten in mündlicher oder schriftlicher Form[133]. Religiöse und kirchliche Organisationen dürfen daher auch Propaganda betreiben, kann doch zwischen der Äusserung religiöser Ansichten und der Publizität von religiösen Zusammenkünften nicht unterschieden werden[134]. Das Bundesgericht hat sogar anerkannt, dass für Prozessionen, die ja als eine besondere Art

---

[127] BGE 99/1973 Ia 509: Strassenprostitution ZH.
[128] BGE 97/1971 I 842: Untersuchungshaft ZH.
[129] BGE 101/1975 Ia 346: Spielautomaten BL.
[130] BGE 99/1973 Ia 509: Strassenprostitution ZH.
[131] Art. 15 BV; ebenso Art. 9 EMRK.
[132] BGE 125/1999 I 354 E. 3a: Schulwahlfreiheit FR, 372 E. 1b: Scientology Kirche BS.
[133] BGE 34/1908 I 260: Mormonen, 62/1936 I 222: Homme de droite GE.
[134] A.M. BGE 17/1891 354: Heilsarmee AR.

religiöser Propaganda aufgefasst werden können, grundsätzlich öffentlicher Grund zur Verfügung zu stellen ist[135].

b) Einschränkungen

Im Recht auf Propaganda ist auch ein Recht auf Kritik enthalten, können doch positive Lehre und Kritik nicht voneinander getrennt werden[136]. Aber auch hier ist wie bei der Meinungsäusserungsfreiheit die Grenze zwischen erlaubter Kritik und unerlaubter Verunglimpfung der religiösen Gefühle zu suchen.

6. Die Vereinigungs- und Versammlungsfreiheit

Literatur: Hans *Nef,* Vereinsfreiheit, SJK 698, Genf 1942; René *Rhinow,* Die bundesgerichtliche Praxis zur Demonstrationsfreiheit, ZBl 72/1971 33–38, 57–67; Jürg *Bosshart,* Demonstrationen auf öffentlichem Grund, Diss. ZH 1973; Graziella *Jacquat,* La liberté de réunion en droit suisse, Diss. Lausanne 1982; Adrian *Rüesch,* Die Versammlungsfreiheit nach schweizerischem Recht, Diss. ZH 1983.

a) Inhalt

Die Versammlungsfreiheit wurde 1970 vom Bundesgericht als ungeschriebenes Grundrecht anerkannt[137]; heute ist sie ausdrücklich in der Bundesverfassung erwähnt[138]. Sie beinhaltet das Recht, friedliche Versammlungen mit meinungsbildendem Zweck zu organisieren, an solchen Versammlungen teil zu nehmen oder davon fernzubleiben. Darunter fallen zunächst politische, wissenschaftliche und wirtschaftliche Veranstaltungen, so dass nicht nur Parteiversammlungen, Kongresse, Vorträge und Demonstrationen, sondern auch Werbe- und Vertriebsveranstaltungen in Gaststätten oder anlässlich von Werbefahrten geschützt sind. Doch profitieren auch spontane Zusammenkünfte wie Elternabende, Sit-ins, ad-hoc-Sitzungen etc. von der Versammlungsfreiheit, kaum aber sportliche, unterhaltende oder gesellschaftliche Anlässe (wie z.B. sportliche Veranstaltungen, Partys und Tanzanlässe). Das Grundrecht der Versammlungsfreiheit besteht unabhängig davon, ob die

---

[135] BGE 49/1923 I 151: Prozession ZH.
[136] BGE 57/1931 I 116: La Délivrance FR.
[137] BGE 96/1970 I 224: Pinkus.
[138] Art. 22 BV.

Versammlung auf öffentlichem oder privatem Grund, im Freien oder in geschlossenen Räumen durchgeführt werden soll.

Das Recht auf Abhaltung öffentlicher Versammlungen bedingt auch ein Recht auf öffentliche Bekanntmachung derselben und damit ein Recht auf Werbung. Denn eine Versammlung kann nicht abgehalten werden, wenn es an Teilnehmern gebricht, und ohne Werbung lassen sich keine Teilnehmer gewinnen. Die Versammlungsfreiheit würde damit zur Farce, wollte man nicht auch ein Recht auf Werbung für Versammlungen anerkennen. Damit ist auch das Recht auf Propaganda für politische Veranstaltungen gewährleistet.

Die Vereinigungsfreiheit[139] gewährleistet das Recht natürlicher und juristischer Personen zur Gründung von Vereinen und zur Veranstaltung von Vereinsversammlungen. Sie garantiert somit eine spezielle Form der Meinungsäusserung. Die Vereinigungsfreiheit setzt die Versammlungsfreiheit voraus, ohne die ein demokratisches System nicht funktionsfähig wäre[140].

b) Schranken

Versammlungen sind oft auf die Benützung öffentlichen Grundes angewiesen. Nach der neuen Bundesverfassung darf eine Bewilligungspflicht durch die Kantone nur vorgesehen werden, wenn hierfür eine gesetzliche Grundlage in einer generell abstrakten Norm besteht[141].

7. Die Eigentumsgarantie

Literatur: Hans *Huber,* Gewerbefreiheit und Eigentumsgarantie, in: Jus et lex, FS Max *Gutzwiller,* Basel 1959, S. 535–562; Emile-G. *Thilo,* Eigentumsbeschränkungen des kantonalen öffentlichen Rechts, SJK 849, Genf 1961; Paul *Zimmermann,* Das Verhältnis von Wirtschaftsfreiheit und Eigentumsgarantie, Diss. ZH 1979; Martin *Lendi,* Planungsrecht und Eigentum, ZSR 95/1976 II 1–224; Arthur *Meier-Hayoz,* BK V/1, Systematischer Teil und Allgemeine Bestimmungen, 5. Aufl. Bern 1981; Georg *Müller,* Privateigentum heute, ZSR 100/1981 II 1–116; Paul-Henri *Steinauer,* La propriété privée aujourd'hui, ZSR 100/1981 II 117–346; Beatrice *Weber-Dürler,* Der Grundsatz des entschädigungslosen Polizeieingriffs, ZBl 85/1984 289–302.

---

[139] Art. 23 BV.
[140] Vgl. *Saladin,* Grundrechte im Wandel, S. 289.
[141] Vgl. *Weber-Dürler,* Grundrechtseingriffe, in: *Zimmerli,* Die neue Bundesverfassung, S. 131 ff., 138.

a) Inhalt

Die Eigentumsgarantie galt früher als ungeschriebenes Freiheitsrecht, wurde aber 1969 in die Verfassung aufgenommen[142]. Dass sie auch in der neuen Verfassung gewährleistet werden sollte, war nie umstritten[143]. Sie soll in erster Linie den Bürger vor einer Wegnahme oder anderen schwerwiegenden Beschränkungen seines Eigentums durch den Staat schützen. Sie gestattet dem Eigentümer, von seinem Eigentum im Rahmen der Rechtsordnung Gebrauch zu machen. Hierzu gehört u.a. das Recht, das Eigentum an andere zu übereignen und Dritten vom Übereignungswillen Kenntnis zu geben, sowie die Nutzung des eigenen Eigentums zur Werbung.

b) Schranken

Polizeiliche Schranken für die Ausübung des Eigentumsrechts stellen keine materielle Enteignung dar[144].

Die Praxis ist namentlich in Bezug auf die Beurteilung der Zulässigkeit von Werbeanlagen auf Grundeigentum zurückhaltend; immerhin ist unbestritten, dass das Recht, auf dem eigenen Grundstück auch Plakate für Drittfirmen aufzuhängen, ebenfalls durch die Eigentumsgarantie geschützt ist[145]. Das Bundesgericht anerkennt zwar, dass für die Erstellung gewisser Industriebauten oft eine Beeinträchtigung des Ortsbildes in Kauf genommen werden müsse, doch heisse das nicht, dass im selben Umfange auch Reklamevorrichtungen zulässig wären; auf solche sei man zur erfolgreichen Führung eines Betriebes nicht unumgänglich angewiesen, und es bedeute daher keine unverhältnismässige Einschränkung, wenn bestimmte Werbevorrichtungen verboten würden[146]. Ebenso wenig wird vom Bundesgericht eine Entschädigung zugesprochen, wenn wegen des Baus eines Lärmschutzwalles die Werbewirkung einer Fassadenreklame auf die benachbarte Strasse verloren geht[147]. Damit nimmt das Bundesgericht eine richtige Wertung der Interessen der Allgemeinheit an der Erhaltung des Orts- und Landschaftsbildes gegenüber den Interessen des Grundeigentümers an der umfassenden Nutzung seines Grundstückes vor.

---

[142] Art. 22ter altBV 1874.
[143] Art. 26 BV.
[144] BGE 96/1970 I 128: Waldabstand OW, 357: Grundwasser ZH.
[145] VerwGer ZH in ZBl 80/1979 228: Wallisellen.
[146] BGE 99/1973 Ia 50: Reklametafel TG; BGer in ZBl 60/1959 364: Dachreklame SO.
[147] BGE 108/1982 Ib 243: N 13.

8. Zusammenfassung

Literatur: Fritz *Gygi,* Grundrechtskonkurrenz?, in: Mélanges Henri *Zwahlen,* Lausanne 1977, S. 61–76; Werner Friedrich *Hotz,* Zur Notwendigkeit und Verhältnismässigkeit von Grundrechtseingriffen, Diss. ZH 1977; Pierre *Muller,* Le principe de la proportionnalité, ZSR 97/1978 II 197–274; Ulrich *Zimmerli,* Der Grundsatz der Verhältnismässigkeit im öffentlichen Recht, ZSR 97/1978 II 1–131; Reto *Venanzoni,* Konkurrenz von Grundrechten, ZSR 98/1979 I 267–292; Mathias *Adank,* La coexistence des libertés en droit constitutionnel suisse, Diss. NE 1980; Beat *Rohrer,* Beziehungen der Grundrechte untereinander, Diss. 1982; Thomas *Cottier,* Die Verfassung und das Erfordernis der gesetzlichen Grundlage, Diss. BE 1983; Markus *Schön,* Die Zulassung zu anstaltlich genutzten öffentlichen Einrichtungen aus verfassungsrechtlicher Sicht, Diss. ZH 1985.

Die Situation von Werbung und Vertrieb in der Schweiz lässt sich dahin gehend zusammenfassen, dass es jedermann grundsätzlich freisteht, für seine Ansichten, Waren und Dienstleistungen zu werben und sie zu vertreiben. Werbung und Vertrieb dürfen aber durch das Gemeinwesen eingeschränkt werden, wenn hierzu eine gesetzliche Grundlage besteht, wenn sich eine Einschränkung aufgrund des öffentlichen Interesses aufdrängt, sie angemessen ist und alle Branchenangehörigen gleich trifft. Kommt die Beschränkung einer Enteignung gleich, so ist sie zu entschädigen.

Das eigene Recht auf Werbung und Vertrieb gibt kein Anrecht, bei seiner Ausübung die Rechte eines Dritten zu schmälern. Dessen Rechte sind genauso schützenswert wie die eigenen, so dass im Sinne eines geordneten Nebeneinanderlebens zivilrechtliche Schranken für die Ausübung von Werbung und Vertrieb notwendig und zu beachten sind.

Von den erwähnten Schranken der in Frage stehenden Grundrechte hat einzig die Schranke des öffentlichen Interesses bei den verschiedenen Rechten einen unterschiedlichen Gehalt[148]. So sind wirtschaftspolitisch motivierte Einschränkungen der Wirtschaftsfreiheit unzulässig, selbst wenn sie im öffentlichen Interesse lägen. Aber auch sonst sind die in Frage kommenden Interessen in jedem Falle den Umständen entsprechend abzuwägen. Dies führt beispielsweise dazu, dass die Verteilung von Flugblättern zur Werbung für Waren oder Dienstleistungen einer Bewilligungspflicht unterstellt oder ganz verboten werden kann, während Flugblätter ideellen Inhaltes jederzeit frei verteilt werden dürfen.

---

[148] BGE 103/1977 Ia 592: Weinbau NE.

C. Generelle Einschränkungen von Wirtschaftswerbung und Vertrieb zum Schutz der Polizeigüter

Literatur: Rolf R. *Dürr,* Die polizeiliche Generalklausel, Diss. ZH 1967; Reto A. *Lyk,* Wirtschaftspolitisch motivierte Bewilligungspflichten im schweizerischen Recht, Diss. BE 1970; Hubertus *Schmid,* Die Unterscheidung zwischen wirtschaftspolizeilichen und wirtschaftspolitischen Massnahmen im schweizerischen Recht, Diss. SG 1974; Andreas *Jost,* Die neueste Entwicklung des Polizeibegriffs im schweizerischen Recht, Diss. BE 1975; Daniel *Thürer,* Das Störerprinzip im Polizeirecht, ZSR 102/1983 I 463–486.

1. Vorbemerkungen

Es ist Aufgabe des Gesetzgebers, den generellen Schutz der Grund- oder Freiheitsrechte in einzelnen Gesetzen zu konkretisieren. Dabei gibt es kein Gesetz, das sich mit dem Schutz eines spezifischen Grundrechts allein befassen würde. Die Grundrechte werden vielmehr in einzelne Polizeigüter atomisiert und ohne sichtbares Konzept mal da, mal dort reglementiert und deren Verletzung meistens unter Strafe gestellt. Polizeigüter nennt man solche Güter, welche die Polizei schützen muss und von denen sie Beeinträchtigungen und Gefahren abzuwenden hat.

Der Schutz der Polizeigüter geschieht meistens auf dem Wege des Verwaltungsrechts, das denn auch einen kaum mehr überblickbaren Umfang angenommen hat. Nachstehend werden nur jene Vorschriften diskutiert, die Einfluss auf Werbung und Vertrieb haben.

2. Besondere Vorschriften zum Schutz der Grundrechte und von Polizeigütern

a) Vorschriften zum Schutz der Gesundheit

Der Schutz von Gesundheit, Leib und Leben der Bürger ist eine vorrangige Aufgabe des Staates und findet sich sogar unter den Sozialzielen des Bundes[149]. Doch ist zu beachten, dass Werbung – mit Ausnahme allzu starker

---

[149] Art. 41 Abs. 1 lit. b BV.

Lautsprecher- und Lichtreklamen[150] – die Gesundheit der Menschen an und für sich nicht gefährdet. Erst wenn der Werbung nachgegeben und ein entsprechend gefährliches Produkt gekauft wird, ist eine Gefährdungsmöglichkeit gegeben. Die Vorschriften zum Schutze der Gesundheit müssen sich daher in erster Linie auf die gefährlichen Produkte selbst und deren Vertrieb, und nicht auf die Werbung beziehen. Dessen ungeachtet darf nicht übersehen werden, dass die Werbung die Vorbereitung zum Vertrieb bildet und oft überhaupt erst die Kauflust weckt. Zu Recht werden daher aus gesundheitspolizeilichen Gründen auch Einschränkungen in Bezug auf die Werbung vorgenommen.

Grundsätzlich soll der Staat die Bürger nicht vor sich selbst schützen. Die Lebensmittelgesetzgebung findet daher nicht auf den Eigengebrauch, das Arbeitsgesetz nicht auf den Betriebsinhaber, die Strafandrohung für Mord nicht auf den Selbstmord Anwendung. Doch sollen zum Mindesten Kinder, Jugendliche und Unzurechnungsfähige von jeder ernsthaften Selbstgefährdung abgehalten werden, und es ist Aufgabe des Gesetzgebers, diesbezügliche Vorschriften auf dem Gebiet der Werbung und des Vertriebes zu erlassen. Den Kantonen steht es frei, den Schutz des Bürgers weiter auszudehnen[151] und ihn namentlich auch gegen sich selbst zu schützen[152]. Ob das allzu weit gehende Umsorgen des Bürgers politisch klug ist, haben die Gerichte freilich nicht zu entscheiden.

Besonders rigorose Werbeeinschränkungen finden sich in Bezug auf die von Natur aus gefährlichen Produkte, wie Chemikalien, Arzneimittel, Tabakwaren und Spirituosen. Für diese ist die Publikumswerbung zum Teil ganz verboten oder doch wesentlich eingeschränkt. Umgekehrt erstaunt es, dass für andere, mindestens ebenso gefährliche Produkte, wie z.B. Waffen, Sprengstoffe oder Wein, praktisch überhaupt keine Werbeeinschränkungen angeordnet werden[153]. Für diese Inkonsequenz kann keine plausible Erklärung gegeben werden. Der Umstand, dass heute immer wieder Werbeeinschränkungen für Genussmittel, nicht aber solche für Waffen diskutiert werden, zeigt, dass es die Büchsenmacher offenbar verstanden haben, ihre Werbung freiwillig auf ein vernünftiges Mass zu reduzieren, während die Fabrikanten anderer gefährlicher Artikel anscheinend nur durch verwaltungsrechtliche Massnahmen zur Zurückhaltung angehalten werden können.

---

[150] Vgl. OGer LU in ZBJV 89/1953 231: Übermässige Immissionen durch Lichtreklame.
[151] BGE 101/1975 Ia 486: Coop Olten.
[152] VerwGer BL in BJM 1969 144: Barackenwohnung.
[153] Immerhin gibt es einige Einschränkungen im Vertrieb, wie ein bestimmtes Mindestalter für den Bezug von Feuerwaffen oder von Feuerwerk.

I. Grundlagen des Werbe- und Vertriebsrechtes

Dem Schutz des Konsumenten vor gesundheitlicher Schädigung dienen im Übrigen die vielfältigen Bestimmungen über die Produktdeklarationen, wie sie nicht nur für Arzneimittel und Chemikalien, sondern namentlich auch für die Lebensmittel existieren. Vermehrt wird auch die Bekanntgabe der Zusammensetzung und der Qualität verlangt, die freilich meistens nur auf den Packungen, nicht aber in der Reklame deklariert werden müssen.

Aber nicht nur über die Werbung für Produkte, auch über die Werbung für Dienstleistungen können Vorschriften erlassen werden, welche die Gesundheit der Bevölkerung schützen sollen. So steht es den Kantonen zu, die Befugnis zur ärztlichen Werbung und deren Inhalt im Einzelnen festzulegen. Sie können namentlich die Reklame für unbefugte oder kurpfuscherische Heilpraxis verbieten[154] und Vorschriften über Bewilligungspflicht, Geschäftsbezeichnungen, Bekanntmachungen usw. für untergeordnete Heiltätigkeiten (z.B. Kosmetik, Pediküre) erlassen[155]. Da die Ausübung einer unerwünschten Tätigkeit ausserhalb des Kantons nicht verboten werden kann, stellt sich die Frage, wie die Kantonseinwohner am besten geschützt und namentlich die unliebsame Werbung durch ausserkantonale Betriebe vom Kantonsgebiet ferngehalten werden kann. Verbote scheinen wenig zu nützen, da deren Einhaltung vor allem in der Direktwerbung kaum überwacht werden kann[156].

Schliesslich sei noch an die Auflagen der Feuerpolizei erinnert, welche namentlich für Werbung an und in Gebäuden von Bedeutung sind. So können Vorschriften für Lichtreklamen und (Fasnachts-)Dekorationen erlassen oder diese einer generellen Bewilligungspflicht unterstellt werden.

Den gesundheitspolizeilichen Einschränkungen der Werbung entsprechen analoge Einschränkungen des Vertriebs. Zum Erwerb der gefährlichsten Produkte, wie Waffen, Arzneimittel und bisher auch Gifte, bedarf es einer Bezugsbewilligung. Zudem ist deren Vertrieb ausserhalb von Verkaufsgeschäften verboten. Für einzelne andere, nicht toxische Produkte (z.B. Feuerwerk) kann der Verkauf an Jugendliche eingeschränkt werden, doch ist auch hier die Verhältnismässigkeit zu wahren.[157] Wenig differenziert sind die Vertriebseinschränkungen für die Genussmittel. Zwar werden durch Bedürfnis-

---

[154] BGer in ZBl 51/1950 462: Zahntechniker; Verkehrs- und Energiewirtschaftsdept. in VEB 31/1962 22 Nr. 4: Kurpfuscher-Reklame.
[155] VerwGer BS in BJM 1977 83: Fusspflegesalon.
[156] Vgl. OGer ZH in ZR 54/1955 Nr. 57: Naturheilinstitutsreklame; OGer ZH in SJZ 57/1961 45 Nr. 8: Naturarztreklamen; Verkehrs- und Energiewirtschaftsdept. in VEB 31/1962 20 Nr. 4: Kurpfuscher-Reklame.
[157] Keine Rezeptpflicht für jegliches Anpassen von Kontaktlinsen, selbst bei Fehlen eines pathologischen Befundes, BGE 110/1984 Ia 102: GE.

klauseln die Verkaufsstellen für alkoholische Getränke oft begrenzt, doch finden sich sonst kaum Einschränkungen[158]. Namentlich ist auffallend, dass Vertriebsstellen rezeptfreie Arzneimittel oder Tabakwaren auch an Kinder und Jugendliche unbeschränkt abgeben dürfen.

Aus gesundheitlichen Gründen mag es sodann angezeigt sein, gewisse Produkte vom Verkauf auf Strassen und Märkten und vom Angebot im Reisenden- und Hausierverkehr auszuschliessen[159]. Jedoch lassen sich lebensmittelpolizeiliche Kontrollen im Strassenverkauf auch beim regelmässigen Umherziehen durchführen, weshalb ein dahin gehendes Verbot unzulässig ist[160]. Aber auch andere Vertriebsformen ausserhalb ständiger Geschäftsräumlichkeiten, wie Verkäufe durch Automaten und Kioske, können gesundheitliche Risiken mit sich bringen und untersagt werden. Weitere Einschränkungen dürfen bei Seuchenzügen der Maul- und Klauenseuche verfügt werden; dann lässt sich namentlich ein generelles Verbot des Hausierens[161] und sogar die Schliessung von Wirtschaften[162] rechtfertigen. Zur Vermeidung von Ansteckung ist der Hausierverkehr mit gewissen Haustieren überdies generell untersagt[163].

Um gesundheitsschädlichen Verwechslungen vorzubeugen, kann der Vertrieb durch Selbstbedienung oder Automaten untersagt werden. Der Bund hat dies bisher für alle Gifte, mit Ausnahme von Treibstoffen, getan, während die Kantone regelmässig den Vertrieb von Arzneimitteln durch fachkundige Personen vorschreiben. Analog verlangt auch der Verband Schweizerischer Reform- und Diätfachgeschäfte, dass diätetische Lebensmittel nur unter fachkundiger Aufsicht angeboten werden dürfen. Originalpackungen von besonders gefährlichen oder empfindlichen Produkten dürfen von Detaillisten nicht einmal umgepackt werden.

Aus hygienischen Gründen wird schliesslich vielerorts der Umtausch von Lebensmitteln, Leibwäsche, Hygieneartikeln und Arzneimitteln abgelehnt, vor allem wenn die umzutauschenden Waren nicht mehr in der Originalverpackung sind. Umtauschverbote konnten jedoch eigenartigerweise in der Gesetzgebung des Bundes nicht eruiert werden.

---

[158] Positiv zu vermerken ist die verfassungskonforme Berner Vorschrift, wonach alkoholführende Gastwirtschaftsbetriebe eine Auswahl alkoholfreier Getränke gleich billig anzubieten haben wie das billigste alkoholhaltige Getränk, vgl. BGer in ZBl 84/1983 356.
[159] Bundesanwaltschaft in VEB 1/1927 34 Nr. 23: Hausierverbot.
[160] BGE 57/1931 I 110: Migros BE.
[161] BGE 40/1914 I 164: Hausiergewerbe SH.
[162] BGE 46/1920 I 497: Wirteverein BE.
[163] Art. 21 Tierseuchengesetz (TSG, SR 916.40).

I. Grundlagen des Werbe- und Vertriebsrechtes

b) Vorschriften zum Schutz der Jugend

Der Bund hat die Aufgabe übernommen, die Unversehrtheit der Kinder und Jugendlichen zu schützen und ihre physische, psychische und sittliche Entwicklung zu fördern[164]. Er nimmt diese Aufgabe nicht nur im Bereich der Schulung und Bildung wahr, sondern auch auf dem Gebiet der körperlichen und geistigen Gesundheit. Entsprechend ermächtigt das Radio- und Fernsehgesetz den Bundesrat ausdrücklich, zum Schutz der Jugend zusätzliche Werbeverbote zu erlassen[165]. Generell wird denn auch von der Werbung verlangt, dass sie weder das Anhänglichkeitsgefühl noch die natürliche Leichtgläubigkeit und Beeindruckbarkeit oder den Mangel an Erfahrung von Kindern und Jugendlichen ausnützt[166].

Jugendliche unter 18 Jahren sind besonders vor ungesunden Genussmitteln (Alkoholika, Tabakwaren) zu schützen. Entsprechend kann die Abgabe solcher Suchtmittel an Jugendliche eingeschränkt und Werbung, die sich speziell an diese richtet, verboten werden[167]. Der Gefährdung der sittlichen Entwicklung von Jugendlichen unter 16 Jahren trägt im Übrigen das Pornografieverbot Rechnung[168].

Die Kantone hatten bisher auch die Kompetenz, die Jugend vor verrohender Schundliteratur zu schützen, und viele Kantone machten von dieser Möglichkeit Gebrauch[169].

c) Vorschriften zum Schutz der öffentlichen Sicherheit

Nicht nur die Gesundheit, auch die Sicherheit des Bürgers und darüber hinaus des Staates schlechthin gilt als polizeiliches Anliegen, ist doch die Sicherheitspolizei wohl die älteste Aufgabe der Verwaltungspolizei überhaupt. Die entsprechenden Vorschriften lassen sich jedoch nicht scharf von jenen zum Schutz von Ruhe und Ordnung trennen.

---

[164] Art. 41 Abs. 1 lit. g BV; vgl. Art. 7 Abs. 2 Europ. Übereinkommen über das grenzüberschreitende Fernsehen (SR 0.784.405), Art. 14 Ziff. 2 IHK-Richtlinien für die Werbepraxis 1987.
[165] Art. 18 Abs. 5 Radio- und TV-Gesetz (RTVG, SR 784.40), Art. 11 Abs. 3 Europ. Übereinkommen über das grenzüberschreitende Fernsehen (SR 0.784.405).
[166] Vgl. Art. 14 Ziff. 1 IHK-Richtlinien für die Werbepraxis 1987; Art. 15 Abs. 1 lit. e Radio- und TV-Gesetz (RTVG, Fn 165).
[167] Art. 24 Lebensmittelverordnung (LMV, SR 817.02), Art. 41 Abs. 1 lit. i Alkoholgesetz (AlkG, SR 680); Art. 15 Tabakverordnung (TabV, SR 817.06).
[168] Art. 197 Ziff. 1 Strafgesetzbuch (StGB, SR 311.0).
[169] Vgl. *Ludwig*, Schweiz. Presserecht, S. 174.

Werden die öffentliche Ordnung und Sicherheit erheblich durch unmittelbar drohende Störungen gefährdet, dürfen die unerlässlichen Massnahmen zu deren Aufrechterhaltung und Wiederherstellung aufgrund der «polizeilichen Generalklausel» ohne gesetzliche Grundlage getroffen werden[170]. Dieses Notrecht scheint einigermassen anachronistisch, sollte es doch in einem geordneten Staat keine Schwierigkeiten bereiten, auch eine gesetzliche Grundlage für unerlässliche Notstands- und Sicherheitsmassnahmen zu schaffen und die Voraussetzungen hierfür klar und einschränkend zu formulieren[171]. Die Sicherheit der Bevölkerung könnte u.a. dadurch erhöht werden, dass Handwaffen möglichst zurückhaltend angeboten werden. Wie bereits ausgeführt, ist aber die Werbung für Hand- und Faustfeuerwaffen nicht eingeschränkt. Der Waffenhandel wird einzig durch Vorschriften über den Vertrieb eingeschränkt. Den Kantonen bleibt es überlassen, weiter gehende Vorschriften aufzustellen und auch Vorschriften über die Werbung für Waffen zu erlassen.

Zur Erhöhung der Sicherheit im Verkehr dienen die verschiedenen Einschränkungen der Werbung im Strassen- und Luftverkehr. So soll die Beschränkung der Aussenreklamen die Ablenkung der Verkehrsteilnehmer verringern. Das Bundesgericht vertrat sogar die heute allzu enge Auffassung, ein Kanton könne aus verkehrspolizeilichen Gründen überhaupt davon absehen, seine Staatsstrassen generell zur Ausübung des Strassenverkaufs zur Verfügung zu stellen[172]. Indessen kann natürlich der Warenvertrieb an vorwiegend motorisierte Kundschaft an verkehrsgefährlichen Stellen verboten werden[173].

Wird öffentlicher Grund für Werbung und Vertrieb zur Verfügung gestellt, sind in der Regel Richtlinien oder Auflagen zur Aufrechterhaltung des Verkehrs notwendig. Handelt es sich jedoch darum, für ideelle Meinungen durch Flugblattverteiler, Plakatträger usw. auf Trottoirs und in weiteren Fussgängerbereichen zu werben, ist selbst eine Bewilligungspflicht unverhältnismässig, da solche Aktionen alltäglich und die Beeinträchtigungen des Fussgängerverkehrs minimal sind[174]. Sie können einzig dort untersagt werden, wo in

---

[170] BGE 92/1966 I 31: Rassemblement jurassien BE, 100/1974 Ia 146: Tankstelle TI, 103/1977 Ia 315: Rassemblement jurassien; BGer in ZBl 72/1971 475: Baubewilligung.
[171] Vgl. *Imboden/Rhinow*, Schweiz. Verwaltungsrechtsprechung, Nr. 10 II.b und 134.
[172] BGE 73/1947 I 218: Migros LU.
[173] BGE 87/1961 I 114: Warenautomat AG, 90/1964 I 5: Kiosk AG; BGer in ZBl 62/1961 378: Benzintankstelle.
[174] BGE 96/1970 I 590: Aleinick GE; VerwGer AG in ZBl 77/1976 42: Flugblattverteilung.

jedem Fall mit schwerwiegenden Behinderungen des Fussgängerverkehrs zu rechnen ist, wie z.B. in Fussgängerunterführungen[175].

Aus verkehrspolizeilichen Gründen können auch für Taxis Einschränkungen erlassen werden, indem beispielsweise verboten wird, die Strassen zum Ausschauen nach Kunden zu befahren (so genanntes Wischen) oder indem wegen mangelnder Standplätze auf öffentlichem Grund die Zahl der Taxikonzessionen limitiert wird[176].

Schliesslich hat das Bundesgericht auch schon eine Vorschrift geschützt, wonach Unternehmen mit hohem Kundenzustrom aus verkehrstechnischen Gründen mit öffentlichen Verkehrsmitteln gut erreichbar sein müssen. Zu Recht hegt aber auch das Bundesgericht gegen eine solche Vorschrift gewisse Bedenken und glaubt, dass sich deren Anwendung im Einzelfall als verfassungswidrig erweisen könne[177].

d) Vorschriften zum Schutz der öffentlichen Ruhe und Ordnung

Literatur: Jean A. *Bumbacher*, Die öffentliche Ordnung: eine Schranke der Freiheitsrechte, Diss. ZH 1956.

Das Postulat von Ruhe und Ordnung hat in der geordneten Schweiz einen hohen Stellenwert. Die Gesetzgeber aller Stufen sind daher bestrebt, diese Werte umfassend zu schützen und den Bürger keinerlei übermässigen Belästigungen auszusetzen. Diese Absicht kann auf vielfältige Art wahrgenommen werden.

Schon das Zivilrecht sieht vor, dass jeder Grundeigentümer verpflichtet ist, sich aller übermässigen Immissionen gegenüber seinem Nachbarn zu enthalten[178]. Diese Bestimmung kann herangezogen werden, wenn etwa Lichtreklamen[179] oder Kirchenglocken[180] störend wirken. Von einer Belästigung kann freilich nur die Rede sein, wenn sie vom Betroffenen gewisse Einschränkungen in seinen Lebensgewohnheiten verlangt, wie das Schliessen von Fenstern und Vorhängen. Mit üblichen Einwirkungen, wie z.B. mit dem

---

[175] RR ZH in ZBl 73/1972 292: Fussgängerunterführungen.
[176] BGE 97/1971 I 657: Taxiverordnung Zch., 99/1973 Ia 398: Taxigesetz BS; BGer in ZBl 75/1974 270: Taxibewilligung.
[177] BGE 102/1976 Ia 120: Einkaufszentren BL.
[178] Art. 684 Zivilgesetzbuch (ZGB, SR 210).
[179] OGer LU in SJZ 49/1953 229 Nr. 95: Reklametafel, KGer GR in SJZ 57/1961 176 Nr. 50: Lichtreklame.
[180] BGE 126/2000 II 371: Bubikon; OGer ZH in SJZ 64/1968 337 Nr. 179: Kirchgemeinde K.; BRK II ZH in ZBl 89/1988 186: Thalwil, VerwGer AG in ZBl 90/1989 499: Würenlos.

stündlichen Schlagen der Kirchenglocke[181] oder der üblichen Lichtreklame in einer viel begangenen Einkaufsstrasse[182], hat man sich abzufinden.

Der Polizei ist in den Allgemeinen Polizeiverordnungen die Aufgabe übertragen worden, alles zu unterdrücken, was die Sinne über dasjenige Mass hinaus belastet, das als notwendige Folge des menschlichen Zusammenlebens von jedem ertragen werden muss. Die Polizeibehörde wird demgemäss zu einem Urteil darüber berufen, was für den Durchschnittsmenschen tolerierbar sei. Dabei gilt es nicht nur, unzumutbare Immissionen zu untersagen, sondern überhaupt jede unnötige Belästigung zu vermeiden. In erster Linie steht dabei der Kampf gegen den Lärm, in welchem der Gesetzgeber auch Vorschriften für Werbung und Vertrieb erlassen hat. So wurde der Betrieb von Lautsprechern an Motorfahrzeugen generell untersagt[183]. Auch das Sonntags- und Nachtfahrverbot für schwere Motorwagen zur Güterbeförderung[184] soll die Bevölkerung vor übermässiger Belästigung durch Lärm, Erschütterungen und Abgase schützen und wird selbst dann aufrechterhalten, wenn es durch den Einsatz von immissionsärmeren leichten Lieferwagen umgangen werden könnte[185]. Analog ist der Fluglärm eingeschränkt worden, namentlich durch ein Verbot von Reklame- und Propagandaflügen mit Motorflugzeugen[186].

Störend kann auch die Werbung zum Gottesdienst mit Glockengeläute sein, weshalb die Stadt Zürich und andere Gemeinden Läuteordnungen für die Kirchenglocken erlassen haben[187]. In die gleiche Richtung zielen die verschiedenen kantonalen Ladenschluss- und Ruhetagsvorschriften und die Festlegung von Öffnungszeiten und Polizeistunden im Gast- und Kinogewerbe[188]. Den Wirten können dabei zusätzliche Auflagen gemacht werden, um die Aufrechterhaltung der Ruhe zu gewährleisten. Die Ladenschlussvorschriften können auch auf das Wandergewerbe und in bewohnten Gebieten auf Warenautomaten ausgedehnt werden[189].

---

[181] RR BE in SJZ 61/1965 307 Nr. 133: Gde. Wangen, OGer ZH in SJZ 64/1968 339 Nr. 179: Kirchgemeinde K.
[182] KGer GR in SJZ 57/1961 176 Nr. 50: Lichtreklame.
[183] Art. 42 Abs. 2, 99 Ziff. 6 Strassenverkehrsgesetz (SVG, SR 741.01).
[184] Art. 92 Verkehrsregelnverordnung (VRV, SR 741.11).
[185] BR in VEB 30/1961 132 Nr. 80: Nachtfahrverbot; BGE 101/1975 Ib 269: Sonntagsfahrverbot.
[186] Art. 83 Luftfahrtverordnung (LFV, SR 748.01).
[187] RR BE in SJZ 61/1975 306 Nr. 133: Gde. Wangen.
[188] BGE 94/1968 I 600: Polizeistunde VS; BGer in ZBl 51/1950 543: Polizeistunde ZH, 76/1975 166: Polizeistunde BE.
[189] RR AG in SJZ 62/1966 82 Nr. 50: Zigarettenautomat.

Ebenfalls störend für Nachbarschaft und Passanten kann sich die Strassenprostitution auswirken. Der Bund hatte daher für Dirnen ein generelles Reklameverbot erlassen[190], welches das Anlocken zur Unzucht unter Strafe stellte. Damit wurde die Werbung durch Anreden, Zurufe, Gesten usw. von Dirnen verpönt, nicht aber deren unaufdringliche Bekundung der Bereitschaft zur Unzucht oder deren Anwesenheit an einem Marktstand von Prostituierten[191]. Einzelne Grossstädte sahen sich jedoch gezwungen, noch weiter gehende Einschränkungen zu erlassen. Diese können und wollen nicht die an sich zulässige Prostitution verbieten, sondern den damit verbundenen unzumutbaren Lärm und die Belästigungen der Fussgänger und Anwohner durch Zuhälter, Freier und Dirnen beschränken[192]. Die meisten Einschränkungen zur Benützung des öffentlichen Grundes zu Sonderzwecken dürften denn auch ihren Grund darin haben, dass sie eine zweckmässige und möglichst störungsfreie Nutzung des öffentlichen Grundes gewährleisten wollen. Doch darf dies nicht bis zum Entzug von dessen Nutzung für irgendwelche Kundgebungen gehen. Höchstens die kommerzielle Werbung und der Vertrieb von Waren können vom öffentlichen Grund verbannt werden.

Mit dem Schutz der öffentlichen Ruhe und Ordnung sind auch verschiedentlich Verbote für das Sammeln von Unterschriften, für die Abhaltung von Demonstrationen und für die Benützung des öffentlichen Grundes zur Propaganda begründet worden[193]. Die von den Behörden ausgesprochenen Verbote richten sich jedoch oft nicht gegen die angeblichen Auswirkungen, sondern gegen die ihnen unliebsame Tätigkeit schlechthin und schieben die Störung der Ruhe nur vor. In solchen Fällen können die Betroffenen den verfas-

---

[190] Art. 206 altStGB, aufgehoben per 1.10.1992.
[191] BGE 95/1969 IV 134: Strassenprostitution; vgl. die Kritik hierzu in SJZ 66/1970 102 und 180.
[192] BGE 99/1973 Ia 508: Prostituierte ZH, 101/1975 I 481: Prostituierte GE. Polizeiliche Einschränkungen können sich auch auf Betriebe mit ideellen Immissionen beziehen, d.h. auf solche mit Einwirkungen, die das seelische Empfinden verletzen oder unangenehme psychische Eindrücke erwecken. Diese können Nachbarn direkt belästigen oder aber indirekte Wirkungen zeitigen, indem sie die Vermietbarkeit von Wohnungen erschweren oder den Geschäften ihre Kunden fernhalten, vgl. BGE 108/1982 Ia 142: Sexgewerbe. So verbietet die Stadt Zürich den Prostituierten den Aufenthalt in Wohngebieten in der erkennbaren Bereitschaft, sich der gewerbsmässigen Unzucht hinzugeben. Darunter wird schon das nächtliche Stehen bleiben während fünf Minuten an einem Dirnenmarktstand gerechnet, ER am BezGer Zch. in SJZ 74/1978 156 Nr. 33, OGer ZH in ZR 78/1979 Nr. 31. Solche Vorschriften stellen kommunales Ortspolizeirecht dar, KassGer ZH und BGer in ZR 82/1983 Nr. 119.
[193] BGE 58/1932 I 230: Verbot des Hausierens mit der Hetzzeitschrift Eiserner Besen SG, 97/1971 I 898: Unterschriftensammlung GE, 100/1974 Ia 402: Komitee für Indochina ZG; RR ZG in ZBl 75/1974 78: Unterschriftensammlungen.

sungsmässigen Schutz der Meinungsfreiheit und Versammlungsfreiheit anrufen. Die Behörden dürfen solche Veranstaltungen lediglich präventiv einer Bewilligungspflicht unterstellen und für Kundgebungen ein bestimmtes Gebiet und eine bestimmte Zeit vorschreiben[194]. Dies ist vor allem für Ortschaften mit grösserem Verkehr von Bedeutung, geht es doch nicht nur darum, den Wunsch der Veranstalter nach möglichst grosser Werbewirkung gegen das öffentliche Interesse an ungestörter Ruhe abzuwägen, sondern auch die Kollision von mehreren Veranstaltungen zu verhindern und allenfalls rechtzeitig die erforderlichen Sicherheitsvorkehrungen zu treffen. Nur unter besonderen Umständen kann die Durchführung eines Anlasses verboten werden, der Gegendemonstrationen provoziert[195].

Die Behörden sind auch ermächtigt, die Sonntagsruhe zu schützen, und Arbeiten an Sonntagen zu verbieten, wenn sie von der Öffentlichkeit als missliebig wahrgenommen werden, selbst wenn solche Arbeiten noch nicht eigentlich störend wirken[196]. Neben einem generellen Verbot kommen natürlich auch zeitliche Einschränkungen in Betracht, so namentlich während der Kultushandlungen und am Abend[197].

Die öffentliche Ruhe und Ordnung wird aber nicht nur durch lästige oder ideelle Immissionen gestört, sondern auch durch andere Vorgänge. Zu erinnern wäre vor allem an die unter Strafe gestellten Vergehen gegen den öffentlichen Frieden[198]. Die Kantone haben diese strafrechtlichen Bestimmungen zum Teil noch erweitert, indem sie auch die Verbreitung beunruhigender Gerüchte unter Strafe stellen[199]. Doch kann die Bevölkerung nicht nur durch falsche Nachrichten beunruhigt und belästigt werden, sondern auch durch besondere Werbe- und Vertriebsmethoden. Wohl aus diesem Grunde verbietet die Lotteriegesetzgebung die progressive Kundenwerbung[200] und sah die Gesetzgebung gegen den unlauteren Wettbewerb bis vor kurzem starke Einschränkungen für die Durchführung von Ausverkäufen vor. Darüber hinaus muss jede übermässige und lästige Werbemassnahme als unlauter im Sinne von Art. 1 Abs. 1 UWG betrachtet werden. Denn der Kaufentschluss des Konsumenten soll ja aufgrund des Werbeinhaltes zustande kommen und nicht, um missliebige Werbemethoden zu beenden. Es verstösst gegen Treu

---

[194] BGE 92/1966 I 33: Rassemblement jurassien BE, 96/1970 I 229: Pinkus ZH; RR ZG in ZBl 75/1974 79: Unterschriftensammlungen.
[195] VerwGer ZH in ZR 60/1961 Nr. 103: Veit Harlan; BGE 58/1932 I 228: Eiserner Besen SG.
[196] Z.B. Gartenarbeiten.
[197] BGE 50/1924 I 177: Kinovorführungen SZ.
[198] Art. 258 ff. Strafgesetzbuch (StGB, SR 311.0).
[199] § 10 ZH Kant. Straf- und Vollzugsgesetz vom 30.6.1974 (StVG, ZSG 331).
[200] Art. 43 Ziff. 1 Lotterieverordnung (LV, SR 935.511).

und Glauben im Geschäftsverkehr, wenn Interessenten zu einem Erwerb aus Motiven gedrängt werden, die mit dem Kaufgegenstand nichts zu tun haben. Entsprechend hat das Bundesgericht das Verbot des Anwerbens von Logiergästen auf öffentlichen Strassen und Plätzen beiläufig auch mit der Begründung geschützt, ein solches Anwerben könnte die öffentliche Ruhe und Ordnung stören[201], während es die mit der übermässigen Belästigung des Publikums begründete zahlenmässige Beschränkung der Hausierer als unzulässig betrachtet hat[202].

Zu weit gehen indessen Vorschriften, wie sie früher rund um den Zürichsee bestanden und welche das Anhalten und Ansprechen von Passanten zum Angebot von Mietschiffen oder das gewerbsmässige Fotografieren von Touristen untersagten, ist doch dem Angesprochenen zuzumuten, ein unerwünschtes Angebot auszuschlagen. Die genannten Verbote sind denn auch ohne viel Aufhebens aufgehoben worden.

e) Vorschriften zum Schutz der öffentlichen Sittlichkeit

Literatur: Ludwig A. *Minelli,* Das Recht auf Zugang zur Pornographie, SJZ 83/1987 182–183.

Der Kampf gegen unzüchtige Veröffentlichungen scheint zu den ältesten Anliegen der Kulturgesellschaft zu gehören. In der Tat ist es bezeichnend, dass ein internationales Abkommen zur Bekämpfung des Vertriebs und der Verbreitung unzüchtiger Veröffentlichungen schon zu Beginn des letzten Jahrhunderts geschlossen worden ist[203], während andererseits die Bekämpfung von Suchtmitteln oder Flugzeugentführungen nach wie vor einer internationalen Regelung harrt.

Der Bund verbietet heute nur noch das Anbieten, Überlassen und Zeigen von pornografischen Schriften gegenüber Jugendlichen unter 16 Jahren[204].

Auf dem Gebiet der Filmzensur haben die Kantone seit je in Anspruch genommen, die Vorführung unsittlicher, verrohender oder sonst anstössiger

---

[201] BGE 87/1961 I 274 Privatzimmer UR; vgl. auch OGer ZH in ZR 29/1930 Nr. 57: Strassenfotografen.
[202] BGE 57/1951 I 169: Hausierpatente AG.
[203] Vgl. Int. Übereinkommen zur Bekämpfung der Verbreitung unzüchtiger Veröffentlichungen vom 4.5.1910 (SR 0.311.41), Int. Übereinkommen zur Bekämpfung der Verbreitung und des Vertriebs von Veröffentlichungen vom 12.9.1923 (SR 0.311.42).
[204] Art. 204, 212 StGB (Fn 198).

Filme zu verbieten[205], und das Bundesgericht hat entsprechende Zensurordnungen geschützt[206]. Mittlerweile sind jedoch die Zensurvorschriften gefallen, da sie die Meinungsäusserungsfreiheit allzu sehr beengten; die neu in die Verfassung aufgenommene Medienfreiheit verbietet zudem die Zensur schlechthin[207].

Indessen kann das Kolportieren und Hausieren von Schmutz- und Schundliteratur verboten werden[208], sind doch die Kantone frei, an diese Vertriebsarten, bei denen der Anstoss zum Vertragsabschluss vom Verkäufer ausgeht, besonders strenge Anforderungen zu stellen.

Neben dem Kampf gegen Schmutz und Schund haben die Kantone noch andere Bereiche ermittelt, in welchen die Sittlichkeit gefährdet werden könnte. So werden im Allgemeinen die Vorschriften über Heiratsvermittler, Wandertheater, Wahrsager und Tanzlehrer als Anwendungsfall des Schutzes der guten Sitten betrachtet. Besonders weit ging dabei die zürcherische Tanzlehrerverordnung, welche auch das öffentliche Angebot von Gratistanzunterricht und die Zusicherung von Vorteilen für die Zuführung neuer Schüler mit Busse bedrohte[209].

f) Vorschriften zum Schutz der Ästhetik

Auch der Schutz vor Verunstaltung wird heute als polizeiliche Aufgabe gewertet. Zwar mag man über ästhetische Fragen immer verschiedener Meinung sein, doch geht es zum Mindesten darum, grobe Auswüchse zu verhindern. Das Bundesgericht hat daher schon relativ früh Polizeimassnahmen, welche für die Erhaltung ästhetischer und kultureller Werte angeordnet werden, als im öffentlichen Interesse liegend anerkannt[210]. Vorschriften zum Schutze der Ästhetik in der Werbung finden sich ausschliesslich auf dem Gebiete der Aussenwerbung. Der Bund hat es zu Recht unterlassen, bei der verkehrsrechtlichen Regelung der Strassenreklamen im Bereich der öffentlichen Strassen auch Anliegen des Landschaftsschutzes wahrzunehmen. So bleibt es den Kantonen und Gemeinden überlassen, Landschafts- und Ortsbilder vor Beeinträchtigung durch Werbeplakate zu schützen.

---

[205] RR ZH in ZBl 56/1955 299: Sidi-bel-Abbès; vgl. VerwGer ZH in ZR 65/1966 Nr. 157: Frau im Käfig; ER am BezGer Zch. in SJZ 83/1987 31 Nr. 7: Class of 1984.
[206] BGE 87/1961 I 118: Plein Soleil, 283: Das Lächeln einer Sommernacht.
[207] Art. 17 Abs. 2 Bundesverfassung (BV, SR 101).
[208] BGE 58/1932 I 230: Eiserner Besen SG.
[209] § 8 alt ZH Tanzlehrerverordnung, aufgehoben per 1.1.1986.
[210] BGE 88/1962 I 253: Dafflon GE.

Im Heimatschutz können an die Eigen- und Fremdwerbung verschieden strenge Anforderungen gestellt werden, da sie verschiedenen Zwecken dienen. Hinweise auf den eigenen Betrieb können im Gegensatz zu Fremdreklamen weder völlig verdrängt noch zur Wirkungslosigkeit verurteilt werden[211]. Da jedoch aus ästhetischen Gesichtspunkten selbst ganze bauliche Anlagen verboten werden können[212], darf auch Einfluss auf die weniger weit gehende Eigenwerbung genommen werden. Entsprechend kann verhindert werden, dass Fremdreklamen das Orts- oder Landschaftsbild beeinträchtigen, während Eigenreklamen nur insoweit eingeschränkt werden dürfen, als sie eine Liegenschaft verunstalten[213].

g) Vorschriften zum Schutz des Ansehens von Gemeinwesen, Personen und Unternehmen

Literatur: Moritz *Schraff*, Unlauterer Wettbewerb durch negative-werbende Informationen, ZBJV 134/1998 296–298.

Man mag sich fragen, ob der Schutz des Ansehens überhaupt eine öffentliche Aufgabe ist oder ob es nicht vielmehr jedem Einzelnen überlassen sein sollte, für sein Ansehen selbst zu sorgen. Ein Grund zum staatlichen Eingriff besteht höchstens dann, wenn ein Wettbewerber durch sein Verhalten seine ganze Branche in Misskredit zu ziehen droht, sicher aber nicht dann, wenn das Verhalten eines Einzelnen ohne Einfluss auf seine Konkurrenten bleibt. Zudem wird in solchen Fällen kaum jemals Einigkeit darüber herrschen, wie das Ansehen eines Einzelnen am besten gehoben wird.

Verständlich ist es, wenn der Gesetzgeber das Ansehen der Gemeinwesen und deren Wappen zu schützen versucht. Das Ansehen des Staates wird zwar durch das Strafgesetzbuch, das einzig tätliche Angriffe auf schweizerische Hoheitszeichen verbietet[214], nur rudimentär geschützt. Die Bundesversammlung hat aber schon im Jahre 1931 ein Gesetz zum Schutze öffentlicher Wappen und anderer öffentlicher Zeichen erlassen[215], das u.a. die Aufgabe hat, Wappen, Zeichen und dergleichen, die mit der Eidgenossenschaft, den Kantonen oder den Gemeinden zusammenhängen, vor Erniedrigung und Entwürdigung zu bewahren. Das Gesetz schützt die nationalen Wappen und andere öffentliche

---

[211] RR ZH in ZBl 57/1956 458: Reklametafel, BGer in ZBl 60/1959 365: Dachreklame SO.
[212] RR ZH in ZBl 60/1959 173: Tankstelle, 65/1964 536: Warenautomat.
[213] Vgl. hinten Kap. III.E.3, S. 198 ff.
[214] Art. 270 StGB (Fn 198).
[215] Sog. Wappenschutzgesetz (WSchG, SR 232.21).

Zeichen nur vor Verwendung zu geschäftlichen Zwecken[216]. Die Wiedergabe des Schweizerkreuzes auf Plakaten für Nationalratswahlen oder auf politischen Flugblättern ist somit grundsätzlich nicht beschränkt[217]. Erlaubt ist zudem dessen Verwendung zu dekorativen Zwecken, z.B. auf Souvenirs, selbst wenn diese aus dem Ausland stammen[218].

Einen ähnlichen Schutz geniessen Zeichen und Namen des Roten Kreuzes sowie der Vereinten Nationen und anderer zwischenstaatlicher Organisationen[219]. Dieser Schutz wird auch den Spezialorganisationen und anderen angeschlossenen Organisationen der Vereinten Nationen sowie den übrigen zwischenstaatlichen Organisationen zuteil, von denen wenigstens ein Mitgliedstaat der Pariser Verbandsübereinkunft angehört. Deren Kennzeichen, zu denen Namen, Sigel, Wappen, Flaggen und andere Zeichen gehören, dürfen von Unbefugten nicht benutzt werden[220].

Auf dem Gebiete der Produktion sind es vor allem Qualitätsvorschriften, die den guten Ruf einer Branche bewahren sollen. Zu verweisen wäre beispielsweise auf den seinerzeitigen Bundesbeschluss über die offizielle Qualitätskontrolle in der schweizerischen Uhrenindustrie[221]. Sicher sind solche Vorschriften im allgemeinen Interesse der schweizerischen Wirtschaft unumgänglich, kann doch die schlechte Arbeit eines Einzelnen seiner ganzen Branche schaden.

Nichts ist dagegen einzuwenden, wenn einzelne Berufsverbände ihren Mitgliedern bestimmte Verhaltensweisen auferlegen und so für ein gehobenes Ansehen ihres Standes kämpfen. Solche Standesordnungen sind üblich für wissenschaftliche Berufe, doch hat auch die Schweizerische Bankiervereinigung ihren Mitgliedern nahegelegt, zur Hebung des Ansehens auf jegliche aufdringliche und marktschreierische Werbung zu verzichten[222]. Man muss sich allerdings fragen, ob es sinnvoll ist, solche Standesordnungen zur zwingenden Übung für alle werden zu lassen. Denn selbst wenn ein Arzt oder Rechtsanwalt Reklame oder gar aufdringliche Werbung betreibt, muss das

---

[216] Art. 2 Abs. 1 Wappenschutzgesetz (WSchG, Fn 215).
[217] Justizabt. EJPD in VPB 39/1975 III 2 Nr. 77: Schweizerkreuz auf Wahlplakaten; BGE 102/1976 IV 49: Schweizerkreuz auf Dienstverweigerertraktaten.
[218] BGE 83/1957 IV 110: Souvenirartikel; KGer GR in SJZ 54/1958 168 Nr. 83: Souvenirartikel.
[219] BG betr. den Schutz des Zeichens und des Namens des Roten Kreuzes (sog. Rot-Kreuz-Gesetz, SR 232.22).
[220] BG zum Schutz von Namen und Zeichen der Organisation der Vereinten Nationen und anderer zwischenstaatlicher Organisationen (sog. UNO-Gesetz, SR 232.23).
[221] AS 1971 1897.
[222] Zirkular Nr. 192 D vom 7.4.1967.

nicht zur Folge haben, dass sein Verantwortungsbewusstsein und seine Vertrauenswürdigkeit verloren gehen[223]. So ist bereits in Bezug auf Vertriebseinschränkungen (Selbstdispensation) erkannt worden, dass die Führung einer Privatapotheke durch den Arzt weder dem Ansehen der Ärzte schadet noch das Vertrauen der Bevölkerung in die Ärzteschaft schmälert[224]. Wie in anderen Branchen kann auch bei wissenschaftlichen Berufsarten die Werbung dem Konsumenten nützliche Hinweise vermitteln, ohne dass die Tätigkeit der werbenden Marktteilnehmer auf ein rein kommerzielles Niveau absinken. Im Besonderen kann solche Werbung dem Publikum die Nützlichkeit bestimmter Dienstleistungen, die Spezialgebiete des Werbenden und seine Honorarvorstellungen zur Kenntnis bringen, was die Auswahl aus dem Angebot wesentlich erleichtert.

Die Praxis ist in dieser Beziehung jedoch entschieden anderer Meinung. Das Bundesgericht hat die Kantone von jeher ermächtigt, die Werbung der freien Berufe stärker zu beschränken als jene der Kaufleute und Gewerbetreibenden. Deshalb dürfen die Kantone den freien Berufsarten, namentlich den Rechtsanwälten und Ärzten, eine Werbung verbieten, welche die wirtschaftliche Seite ihrer Tätigkeit betont oder die als aufdringlich, unangebracht und eigentlich kommerziell erscheinen würde. Der Wettbewerb zwischen Berufskollegen soll nach dieser kaum mehr ganz zeitgemässen Anschauung auf der sog. fachlichen Ebene und nicht über die Werbung geführt werden; dabei dürfen die in einem Kanton herrschenden Gewohnheiten und Auffassungen als massgeblich betrachtet und jede Werbung als unzulässig erklärt werden, welche das dort Gebräuchliche übersteigt[225]. Einzig gelegentliche Anzeigen, welche die Eröffnung oder Verlegung der Praxis, Änderungen in der Kanzleigemeinschaft oder die Wiederaufnahme der Tätigkeit nach längerer Unterbrechung zum Gegenstand haben, dürfen nicht verboten werden, da sie sich jedenfalls mit der Würde des Berufes und der öffentlichen Ordnung vertragen[226]. Üblich geworben sind auch Eintragungen in Branchenregistern und Auftritte im Internet. Im Gegensatz zu den Ärzten dürfen Rechtsanwälte keine von ihnen gepflegten Spezialgebiete, wohl aber die von ihnen bevor-

---

[223] So aber BGE 123/1997 I 17: Grösstes Anwaltsbüro der Schweiz; ebenso *Marti*, Wirtschaftsfreiheit, S.114.
[224] VerwGer ZH in ZBl 74/1973 512: Selbstdispensation.
[225] BGE 54/1928 I 96: Ärzte, 68/1942 I 14 und 68: Anwälte, 87/1961 I 266: Anwälte, 271: Privatzimmer UR, 104/1978 Ia 476: Architekten, 123/1997 I 16 E. 2c.aa: Anwälte, 123/1997 I 209 E. 6b: Apotheken, 125/1999 I 424 E. 4d.aa: Anwälte; BGer in ZBl 52/1951 74: Ärzte TI; Aufsichtskommission ZH in ZR 78/1979 Nr. 109: Anwälte.
[226] BGE 87/1961 I 265: Anwälte.

zugten Rechtsgebiete anführen[227]; Hinweise auf besondere Auszeichnungen oder eine früher ausgeübte Tätigkeit sind nur bei der Praxiseröffnung oder beim Eintritt in eine Kanzlei zulässig.

h) Vorschriften gegen Diskriminierung

Die Rassendiskriminierung wird seit 1995 durch das Strafgesetz verpönt[228]. Indessen wird die diskriminierende Darstellung des weiblichen Körpers zurzeit erst von der Schweizerischen Kommission für die Lauterkeit in der Werbung gebrandmarkt. Zu Recht wendet sie sich gegen die sexistische Beeinträchtigung, die den Frauenkörper einzig in rein dekorativer Funktion (als billigen Blickfang) einsetzt[229].

i) Vorschriften zum Schutz des Vermögens und gegen Übervorteilung

Literatur: Walter R. *Schluep,* Wirtschaftliche Aspekte der Werbung durch Appell an das Unbewusste, ZSR 91/1972 I 353–394; Ernst A. *Kramer,* Konsumentenschutz als neue Dimension des Privat- und Wettbewerbsrechts, ZSR 98/1979 I 49–92; Anita *Dörler,* Konsumentenpolitik in der Schweiz – eine gesellschaftspolitische Entscheidung, Diessenhofen 1982; Hans *Giger*/Walter R. *Schluep* (Hrsg.), Wirtschaftsfreiheit und Konsumentenschutz, Zürich 1983; Ernst A. *Kramer,* Konsumentenschutz und Rechtsstaat, SAG 55/1983 1–13; Peter *Friedrich,* Aggressive Werbemethoden in der Schweiz und deren lauterkeitsrechtliche Beurteilung, Diss. ZH 1992.

Die Gefahr des geschäftlichen Misserfolges darf von den Behörden nicht ausgeschaltet werden[230]. Jede Massnahme, die zu einer vorzeitigen Eliminierung geschäftsuntüchtiger Kaufleute führt, ist wirtschaftspolitischer Natur und verstösst damit gegen die Wirtschaftsfreiheit. Unzulässig ist daher die Anwendung irgendwelcher Bedürfnisklauseln, die geeignet sind, eine Nachfrage künstlich auf einige wenige zu konzentrieren[231]. Analog dazu ist es grundsätzlich keine polizeiliche Aufgabe, das Publikum am unnötigen Geld-

---

[227] BGE 125/1999 I 424 E. 4d.aa: Unzulässig die Ankündigung: Spezialist der Lex Friedrich.
[228] Art. 261bis Strafgesetzbuch (StGB, SR 311.0), eingefügt am 18.6.1993.
[229] Grundsatz Nr. 3.11 Ziff. 2 der Schweiz. Lauterkeitskommission betr. Geschlechterdiskriminierung.
[230] *Marti,* Wirtschaftsfreiheit, S. 87.
[231] BGE 67/1941 I 87: Anwälte; RR BE in ZBl 36/1935 85: Apotheken; EJPD in VEB 11/1937 16 Nr. 11: Apotheken; BGE 57/1931 I 168: Hausierer, 59/1933 I 183: Hebammen; RR ZH in ZBl 58/1957 188: Kaminfeger; EJPD in VEB 11/1931 14 Nr. 10, 36/1972 5 Nr. 1: Spitäler; BGE 59/1933 I 61: Unterhaltungsbetriebe.

ausgeben zu hindern, da auch eine solche Absicht wirtschaftspolitischen Charakter hat[232]. Doch hat sogar die Bundesverfassung eine Ausnahme von diesem Grundsatz stipuliert und den Betrieb von Spielbanken vom Erwerb einer Konzession abhängig gemacht[233]. Die Bundesversammlung hat ihrerseits die Durchführung von Lotterien weit gehend verboten und mit der seinerzeitigen Regelung von Ausverkäufen und Zugaben[234] weitere Möglichkeiten geschaffen, um den Bürger vor unnötigem Geldausgeben zu bewahren. Entsprechend hat denn auch das Bundesgericht ausgeführt, ein kantonales Verbot von Spielautomaten sei gewerbepolizeilich zulässig, da es namentlich Jugendliche und sozial benachteiligte Personen vor wirtschaftlichem und insbesondere moralischem Schaden bewahre[235]. Nach wie vor problematisch ist auch die Werbung mit Geschenken (Wertreklame), da sie den Kaufentschluss verfälscht.

Wollte man den Bürger vor übereilten Kaufentschlüssen schützen, so würde es nicht genügen, aggressive Werbe- und Vertriebsmassnahmen zu untersagen[236], sondern es müssten beispielsweise auch Vertriebsformen wie Selbstbedienungsläden, Automatenverkäufe, Hausiererverkehr und dergleichen eingeschränkt werden, da auch bei solchen Gelegenheiten oft unüberlegt eingekauft wird.

Anders verhält es sich mit den Vorschriften gegen die Übervorteilung. Sie sind von den Vorschriften zum Schutze des Vermögens scharf zu unterscheiden. Bei diesen soll ein Geschäftsabschluss verhindert werden, obwohl ein angemessener Gegenwert offeriert worden ist. Bei jenen soll jedoch der Geschäftsabschluss deshalb verhindert werden, weil möglicherweise kein angemessener Gegenwert geboten wird und eine Übervorteilung des Bürgers nahe liegend ist. Es geht damit bereits schon um den Schutz von Treu und Glauben im Geschäftsverkehr.

Für reelle Arbeit, vor allem in den Dienstleistungsbetrieben, sorgen in erster Linie die Fähigkeitsausweise und der Schutz der Titel und Berufsbezeichnungen. In der Warenproduktion wollen die vorgeschriebenen Beschaffen-

---

[232] BGE 47/1921 I 44: Kinobewilligung ZH, 59/1933 I 113: Varietévorstellungen LU, 80/1954 I 144: Zirkus BL; BGer in ZBl 31/1930 398: Verkaufsautomaten BE; a.M. in Bezug auf Jugendschutz BGE 42/1916 I 274, 106/1980 Ia 194.
[233] Art. 106 Bundesverfassung (BV, SR 101).
[234] Art. 17 ff. altUWG, aufgehoben per 1.11.1995.
[235] BGE 80/1954 I 354: Spielapparate SG, 90/1964 I 323: Spielautomaten AG, 106/1980 Ia 194: Spielautomaten BS.
[236] Vgl. Art. 3 lit. h UWG, der nur besonders aggressive Vertriebsmethoden, nicht aber Werbemethoden oder einfach aggressive Vertriebsmethoden als unlauter erklärt.

heitsangaben, namentlich für Lebensmittel und Arzneimittel, die Transparenz erleichtern.

Im Besonderen sollen die verschiedenen Deklarationspflichten gewährleisten, dass der Käufer sich über die Art der zu kaufenden Ware schon vor ihrem Erwerb Rechenschaft gibt. Zu erinnern wäre an die Pflicht zur Bekanntgabe der Gewichte, Preise und Grundpreise und das Verbot der Angabe mehrerer Preise. Die Kantone sind frei, weiter gehende Bestimmungen aufzustellen und beispielsweise zu verlangen, dass in der Werbung auf die Art des Betriebes oder die behördliche Bewilligung hingewiesen wird[237], z.B. durch Angabe der Bewilligungsnummer.

Auch bezüglich des Vertriebes drängen sich gewisse Einschränkungen auf, namentlich in Bezug auf den Vertrieb von teuren Waren ausserhalb von Ladenlokalen. So ist das Reisen und Hausieren mit Uhren, Schmuck, Edelmetall- und Doubléwaren verboten[238], während umgekehrt teure Teppiche, Grabmale sowie unprüfbare Fernkurse ohne weiteres von Tür zu Tür verkauft werden dürfen. Einzelne Kantone untersagen beispielsweise generell den Abschluss von Abzahlungsverträgen im Markthandel oder Hausierverkehr[239].

j) Vorschriften zum Schutz der Sprache

Literatur: Fritz *Fleiner,* Ein tessinisches Sprachendekret, ZBl 31/1930 385–389.

Einzelne Kantone haben das anerkennenswerte Bedürfnis, die von ihren Bürgern gesprochene Muttersprache gegen fremdländische Einflüsse zu schützen. Aktualisiert hat sich dieses Bedürfnis bereits im Kanton Tessin, wo infolge des starken Tourismus die deutsche Sprache übermächtig zu werden drohte, sowie im Kanton Graubünden, wo das Rätoromanische immer mehr zurückgedrängt wird.

Das Bundesgericht hat wiederholt entschieden, dass das Bestreben, die sprachliche Eigenart eines Gebietes zu erhalten, ein gewichtiges Interesse für die Einschränkung der Wirtschaftsfreiheit darstelle[240].

---

[237] BGE 87/1961 I 268: Privatzimmer UR.
[238] Art. 14 VV zum BG über die Handelsreisenden (SR 943.11).
[239] BGE 91/1965 I 197: ZG.
[240] BGE 116/1990 Ia 351 E. 6: Bar Amici; BGer in SMI 1993 267 E. 4: Turitg Segiradas; vgl. hinten Kap. III.B.3, S. 160.

k) Vorschriften zur Gewährleistung der Sachlichkeit

Es mag erstaunen, dass gelegentlich auch Vorschriften anzutreffen sind, welche die unsachliche Werbung verhindern wollen, vermittelt doch geschickte Werbung nicht nur Information, sondern auch Emotion. Gerade solche sublimen Kaufanreize sollen gelegentlich aus den verschiedensten Gründen untersagt werden. Allen voran verlangt das Alkoholgesetz, dass die Werbung für Spirituosen auf sachliche Belange zu beschränken ist und keine Trink- und Partyszenen zeigen darf[241].

Sodann wird namentlich von der Schweizerischen Kommission für die Lauterkeit in der Werbung verlangt, dass die Werbung keine Selbstverständlichkeiten hervorheben darf[242]; auch die Lebensmittelgesetzgebung verbietet Angaben, mit denen zu verstehen gegeben wird, dass ein Lebensmittel besondere Eigenschaften besitzt, obwohl alle vergleichbaren Lebensmittel dieselben Eigenschaften besitzen[243].

3. Besondere Vorschriften zum Schutz der Wahrhaftigkeit

Literatur: Christian *Schmid*, Irreführende Werbung, Diss. ZH 1976.

a) Vorschriften zum Schutz von Treu und Glauben

Der Schutz von Treu und Glauben im Geschäftsverkehr ist das dringendste Anliegen des Konsumentenschutzes. Der Verbraucher soll jene Waren und Dienstleistungen für sein Geld erhalten, welche er aufgrund der Werbung der Produzenten erwartet und vernünftigerweise erwarten darf. Dagegen beeinträchtigen kommerzielle Werbemethoden und aufdringliche Werbung für sich allein Treu und Glauben im Geschäftsverkehr noch nicht. Der Konsument hat sich in vielen Branchen an lautstarke und vollmundige Werbung gewöhnen

---

[241] Art. 42b Abs. 1 Alkoholgesetz (AlkG, SR 680): Die Werbung für gebrannte Wasser darf in Wort, Bild und Ton nur Angaben und Darstellungen enthalten, die sich unmittelbar auf das Produkt und seine Eigenschaften beziehen.

[242] Grundsatz Nr. 3.6 der Schweiz. Lauterkeitskommission betr. Werbung mit Selbstverständlichkeiten.

[243] Art. 19 Abs. 1 lit. b Lebensmittelverordnung (LMV, SR 817.02); speziell auch Art. 22b Abs. 5 lit. c LMV, der die Anpreisung «ohne Gentechnik hergestellt» für Lebensmittel verbietet, wenn nicht bereits gleichartige, gentechnisch veränderte Lebensmittel bewilligt worden sind und bei der Produktion zur Verwendung kommen können.

müssen, und er wird dies auch in anderen Branchen tun. Wenn für Banken ganzseitige Zeitungsinserate oder TV-Spots an der Tagesordnung sind und Treu und Glauben nicht erschüttern, so ist nicht einzusehen, warum analoge Werbung von Anwaltskanzleien verpönt sein sollte. Vom Umworbenen wird so oder so erwartet, dass er die ihm dargebotene Werbung kritisch würdigt und sich seine eigenen Gedanken dazu macht. Der Schutz von Treu und Glauben ist durch qualitative, nicht aber durch quantitative Kriterien zu bewerkstelligen.

Es geht daher in erster Linie um die Wahrhaftigkeit in der Werbung: Der Umworbene soll vor Täuschung und Irreführung geschützt werden. Es mag erstaunen, dass diese Postulate in der Schweiz noch nicht besser verwirklicht worden sind, obwohl das Bundesgericht in ständiger Rechtsprechung festhält, Vorschriften zum Schutz des Publikums vor Täuschung und Benachteiligung liessen sich mit der Wirtschaftsfreiheit vereinbaren[244].

Täuschung und Irreführung unterscheiden sich voneinander nur hinsichtlich ihrer Intensität. Täuschung verletzt die Wahrheit, Irreführung die Klarheit. Täuschung wird durch Behauptungen bewirkt, deren Unrichtigkeit vom Durchschnittskäufer nur schwer oder gar nicht festgestellt werden kann. Irreführung liegt dann vor, wenn eine unrichtige Behauptung zwar nicht abgegeben, aber dem Interessenten zwischen den Zeilen suggeriert wird, oder wenn sie an anderer, oft nicht leicht auffindbarer Stelle berichtigt oder präzisiert wird. Irreführungen können sogar in richtigen Angaben liegen, z.B. wenn übliche Qualitäten so herausgestrichen werden, dass sie als einmalig empfunden werden. Während man anfänglich der Auffassung war, jeder Käufer müsse die Augen offen halten und selbst wissen, was er kaufe, hat im Laufe der Zeit der staatliche Schutz vor Irreführung und Täuschung an Bedeutung gewonnen. Immerhin beginnt man heute wieder vermehrt, sich am Leitbild des mündigen und aufgeklärten Konsumenten auszurichten, weshalb der Gesetzgeber gegenüber den ständigen Forderungen von Seiten des Konsumentenschutzes auf Ausweitung der Deklarationspflichten neuerdings eine gewisse Zurückhaltung übt.

Vermehrt werden daher in der Gesetzgebung nicht nur eingehende Spezialbestimmungen für einzelne Produkte aufgestellt, sondern es werden ganz allgemein alle Treu und Glauben widersprechenden Vorkehren ausdrücklich verboten. So bezweckt das neue Lebensmittelgesetz u.a., den Konsumenten im Zusammenhang mit Lebensmitteln vor Täuschungen zu schützen[245]. Auch

---

[244] BGE 96/1970 I 701: Durchgestrichene Preise VD.
[245] Art. 1 lit. c Lebensmittelgesetz (LMG, SR 817), Art. 19 Lebensmittelverordnung (LMV, SR 817.02).

im Wappenschutzgesetz wird die Benutzung von Wappen und anderen öffentlichen Zeichen untersagt, wenn sie zur Täuschung Anlass geben[246]. Eine ähnliche Bestimmung findet sich im Edelmetallkontrollgesetz[247]. Die Deklarationsverordnung untersagt Fertigpackungen, welche wegen ihrer Grösse und Aufmachung oder der Art ihrer Aufschriften zu Täuschungen über die vorhandene Warenmenge führen[248]. Im Besonderen ist auch den Registerbehörden zur Aufgabe gemacht worden, die Eintragung von täuschenden Kennzeichen in ihren Registern zu verhindern[249].

Im Übrigen wird die Wahrung der Vorschriften zum Schutze von Treu und Glauben im Geschäftsverkehr vom Gesetzgeber hauptsächlich den Marktteilnehmern selbst überlassen. Das Gesetz gegen den unlauteren Wettbewerb verbietet zivilrechtlich und strafrechtlich die Angabe von irreführenden oder unrichtigen Hinweisen über die eigenen Waren, Werke, Leistungen oder Geschäftsverhältnisse[250]. Dessen Vorschriften finden jedoch nur Anwendung, wenn ein Verletzter Zivilklage erhebt oder Strafanzeige erstattet. Das ist allerdings ausgesprochen selten. Nach den seit Inkrafttreten des Wettbewerbsgesetzes gemachten Erfahrungen muss festgestellt werden, dass das Verhalten der Konkurrenz einem Gewerbetreibenden so lange gleichgültig ist, als keine direkte Verwechslungsgefahr besteht oder ungünstige Vergleiche gezogen werden. Selbst bei den von Ämtern festgestellten Irreführungen und Täuschungen wird von der Konkurrenz kaum Remedur geschaffen. Konsumentenorganisationen wären zwar befugt, die entsprechenden Zivil- und Strafklagen anzustrengen, doch scheuen sie die damit verbundenen finanziellen Risiken. Aus diesem Grunde sah sich daher in vielen Fällen die Verwaltung genötigt, weitere Vorschriften zum Schutze von Treu und Glauben im Geschäftsverkehr zu erlassen und so wenigstens den gröbsten Missbräuchen zu begegnen. Zum Teil erlassen die Bundesbehörden von sich aus einzelne Verfügungen, mit welchen die Bezeichnungen von Lebensmitteln festgelegt werden[251]. Insbesondere ist es aber den Kantonen vorbehalten, gewerbepolizeiliche Vorschriften gegen täuschendes oder sonst wie unlauteres Geschäftsgebaren zu erlassen. Solche dürfen freilich nicht den Schutz der

---

[246] Art. 3 Abs. 2, Art. 5 Abs. 2, Art. 6, Art. 7 Abs. 2, Art. 11 Abs. 1 Wappenschutzgesetz (WSchG, SR 232.21).
[247] Art. 6 Edelmetallkontrollgesetz (EMKG, SR 941.31).
[248] Art. 18 Deklarationsverordnung (DV, SR 941.281).
[249] Art. 944 Obligationenrecht (OR, SR 220), Art. 2 Markenschutzgesetz (MSchG. SR 232.11).
[250] Art. 3 lit. b UWG (SR 241).
[251] BGer in ZBl 74/1973 171: «Renhirsch» unzulässig für Rentierfleisch; BGE 99/1973 Ib 389: Zulässig die Bezeichnung «alkoholfreier Bitter»; 100/1974 Ib 305: Zulässig die Bezeichnung «Diätbier».

Mitbewerber oder der Passanten vor unzumutbaren Belästigungen bei der Werbung für Produkte und Leistungen bezwecken, da dieser Schutz durch das Bundesrecht abschliessend geregelt ist; immerhin dürfen Passanten vor lästigen Anwerbemethoden religiöser Vereine geschützt und dagegen verstossende Personen durch die Polizei von einzelnen Orten oder generell weggewiesen werden[252]. Die Polizeiorgane sind allerdings kaum in der Lage, die Einhaltung solch genereller Vorschriften zu überprüfen. Es sind daher noch andere Spezialbestimmungen aufgestellt worden, deren wichtigste in der Folge kurz zu streifen sind.

b) Angaben über die geografische Herkunft

Eine Vielfalt von Bestimmungen sorgt dafür, dass die durch die Verwendung von geografischen Bezeichnungen ausgelösten Vorstellungen im Publikum den Tatsachen entsprechen. Ausgenommen von solchen Bestimmungen sind geografische Angaben als Typenbezeichnung oder Fantasienamen, wenn offensichtlich die betreffende Ware dort nicht erzeugt werden kann[253] oder wenn die Verwendung eines geografischen oder nationalen Motivs nur zur Dekoration erfolgt[254]. In allen anderen Fällen hat jedoch die durch die Benützung einer geografischen Angabe ausgelöste Herkunftsvorstellung zu stimmen. Dies wird beispielsweise durch die Prüfungspflicht des Eidg. Instituts für Geistiges Eigentum bezüglich täuschender Marken[255] sichergestellt. Auch das Wappenschutzgesetz will u.a. verhindern, dass das Publikum amtliche Beziehungen zwischen einem Benützer von Wappen oder Zeichen, die mit der Eidgenossenschaft, den Kantonen oder den Gemeinden zusammenhängen, und den erwähnten Gemeinwesen vermutet[256]. Die Verwendung unzutreffender geografischer Angaben ist sodann in den zweiseitigen Staatsverträgen über den Schutz von Herkunftsangaben, Ursprungsbezeichnungen und anderen geografischen Bezeichnungen untersagt worden, sofern nicht ihre Bedeutung als blosse Beschaffenheitsangabe oder Fantasiebezeichnung offensichtlich ist.

---

[252] BGE 125/1999 I 376 E. 3c.bb: Scientology Kirche BS.
[253] Z.B. Alaska-Zigaretten.
[254] BGE 83/1957 IV 109: Souvenirartikel und KGer GR in SJZ 54/1958 167 Nr. 83: Silberlöffel mit Schweizerwappen.
[255] Art. 2 lit. c Markenschutzgesetz (MSchG, SR 232.11).
[256] OGer BE in ZBJV 110/1974 275: «Die Eidgenössische» Krankenkasse und Unfallversicherung.

c) **Angaben über Eigenschaften, insbesondere Beschaffenheit und Preis**

Literatur: Ernst *Etter,* Die Patentberühmung, SJZ 36/1939 37–43; Michael *Ritscher*/Stephan *Beutler,* Der Schutzvermerk im Immaterialgüterrecht, sic! 1997 540–550.

Praktisch alle Deklarationsvorschriften, wie sie generell durch die Gesetzgebung über Mass und Gewicht eingeführt worden, aber auch in der Lebensmittel-, Arzneimittel-, Gift- und Edelmetallgesetzgebung zu finden sind, bezwecken, den Käufer und Konsumenten vor Irreführung und Täuschung zu schützen. Dieser Schutz ist dann besonders nötig, wenn der Käufer nicht selbst prüfen kann, ob die ihm abgegebene Ware tatsächlich dem Angebot entspricht. Dass die verwendeten Sachbezeichnungen und Qualitätsangaben mit den Tatsachen übereinstimmen, sollte eigentlich selbstverständlich sein. Die Verfasser der Lebensmittelverordnung haben aber erkannt, dass mit der korrekten Deklaration das reelle Geschäftsgebaren noch nicht gewährleistet ist. Die Lebensmittelverordnung richtet sich daher u.a. auch gegen Täuschungen über Natur, Herkunft, Herstellung, Zusammensetzung, Produktionsart, Inhalt, Haltbarkeit usw. von Lebensmitteln[257].

Parallel dazu will die Deklarationsverordnung Irreführungen über die vorhandene Warenmenge verhindern[258]. Während die Einhaltung dieser Vorschriften durch die Eichmeister und jene der Lebensmittelgesetzgebung durch die Lebensmittelkontrolleure geprüft wird, überwacht den Rest des Angebotes keine amtliche Stelle. Dies führt namentlich in der Textilkennzeichnung zu Missständen, wo beispielsweise akzeptiert wird, dass ein Kleidergeschäft synthetische Waren als «seidigen Jersey» usw. anpreist. Hier täte eine gründliche Kontrolle genauso Not wie bei anderen Waren des häuslichen Bedarfs, denn welchem Käufer fällt es schon ein, die Qualität der Textilien vor dem Kauf durch die so genannte Flammenprobe mit Zündhölzern zu überprüfen.

Eine ähnliche Situation ergibt sich bei der Verwendung von Ausdrücken wie Typ, Genre, Façon, Art und dergleichen. Während deren Verwendung im Zusammenhang mit der Sachbezeichnung von Lebensmitteln rundweg verboten ist[259], nehmen die Behörden an ebenso irreführenden Bezeichnungen für Gewebe, wie z.B. «silk look», keinen Anstoss, obwohl manche Konsu-

---

[257] Art. 19 Lebensmittelverordnung (LMV, SR 817.02).
[258] Art. 4 Abs. 1 Deklarationsverordnung (DV, SR 941.281).
[259] Art. 20 Abs. 5 Lebensmittelverordnung (LMV, SR 817.02).

menten der Ansicht sein dürften, was wie Seide aussehe, werde auch Seide sein[260].

Als typischer Fall von Täuschung wird in den Gesetzen die Berühmung von Schutzrechten und Auszeichnungen genannt. Namentlich früher scheint die Versuchung gross gewesen zu sein, beim Publikum fälschlicherweise den Glauben zu erwecken, eine Ware sei gesetzlich geschützt oder habe eine berufliche oder gewerbliche Auszeichnung errungen. Entsprechende Verbote finden sich in gewissen Immaterialgüterrechtsgesetzen[261]. Besonders zu beachten ist, dass ein Patent nach spätestens 20 Jahren abläuft und nach Patentablauf keine Aufbrauchfrist für Produkte mehr zugebilligt werden kann, deren Anschrift auf ein erteiltes Patent hinweisen. Die Marke «PATENTEX» war daher nur so lange zulässig, als der Patentschutz für diese Ware andauerte[262]. Unstatthaft sind Ausdrücke wie «Patent angemeldet», wenn keine Anmeldung vorliegt[263], «patentiert», wenn Patente nur angemeldet sind[264], oder «Name geschützt», wenn eine Marke noch nicht hinterlegt ist[265].

Von den Mitbewerbern muss hin und wieder zivil- oder strafrechtlich gerügt werden, dass sich ein Konkurrent nicht an die verwaltungsrechtlichen Qualitätsvorschriften für seine Produkte halte[266]. Dies stellt den Verwaltungsbehörden kein gutes Zeugnis aus, haben doch diese die richtige Anwendung der von ihnen erlassenen Vorschriften in erster Linie selbst durchzusetzen. Nur selten wagt ein Mitbewerber, meistens ein Verband, auch ausserhalb von klaren verwaltungsrechtlichen Bestimmungen als unrichtig erkannte Angaben zu unterbinden, wobei meistens dem strafrechtlichen Verfahren der Vorzug gegeben wird. Auf Intervention hin wurde daher die Verwendung folgender Ausdrücke bestraft oder untersagt:

- «Extrakt aus reinem Kaffee» für eine Zusammensetzung aus Kaffee-Extrakt und nicht kaffeeeigenen Kohlehydraten (OGer ZH und BGer ZR 48/1949 Nr. 1, HGer ZH in 49/1950 Nr. 33);
- «Verbandwatte» für eine Mischung aus Baumwolle und Kunstfasern (BGE 81/1955 II 67);

---

[260] Vgl. hierzu auch die unglücklich gewählten Handelsbezeichnungen im Orientteppichhandel, SJZ 66/1970 367.
[261] Art. 82 Patentgesetz (PatG, SR 232.14), Art. 31 Muster- und Modellgesetz (MMG, SR 232.12).
[262] BGE 69/1943 II 207: Patentex, 70/1944 I 199: Patentex.
[263] BGE 82/1956 IV 206: Fluorzahnpasta.
[264] OGer LU in Mitt. 1960 189: angemeldetes Patent, BGer in Mitt. 1978 220: durch sieben Patente geschützt.
[265] BGE 82/1956 IV 205: Patente angemeldet.
[266] BGE 81/1955 II 67: Verbandwatte; OGer ZH in ZR 48/1949 Nr. 1: Extrakt aus reinem Kaffee.

- «fabrikneu», für Uhren, welche nach Ausmerzen der Fabrikationsnummern zum vollen Preis angeboten wurden (BGer in SJZ 53/1957 368: Omega);
- «Wir bauen unsere Modelle selbst» für Möbel, die nicht vollständig im eigenen Betrieb hergestellt worden sind (OGer ZH in SJZ 55/1959 110 Nr. 51);
- «Modell-Mass» für Konfektion, nicht aber «industrielles Modellmass» (BGE 88/1962 II 54, Mitt. 1967 92);
- «komplette Dreizimmereinrichtung» für Wohnungseinrichtung ohne Bettinhalt (BGE 90/1964 IV 45);
- «wasserdicht» für eine Uhr, die nicht ohne Schaden während längerer Zeit im Wasser getragen werden kann (OGer ZH in SJZ 67/1971 161 Nr. 70);
- «Billigste Preise der Schweiz» für Radios, die von einem Dritten für CHF 1.25 bis 9.00 billiger verkauft werden (BGE 94/1968 IV 36);
- «Internationaler Fern- und Direktunterricht» für eine zürcherische Fernschule mit 8% Schülern im Ausland (HGer ZH in ZR 75/1976 Nr. 75, E. III, S. 193);
- «das ärztlich empfohlene Schlafsystem», «das Schlafsystem, das Ihren Rücken wieder gesund werden lässt», wenn keine neutralen und objektiven Ärzte das Produkt empfohlen haben (Mitt. 1982 214);
- «Singer Nähmaschinen-Reparatur» für eine vom Markenartikelfabrikanten nicht autorisierte Reparaturwerkstätte (BGE 104/1978 II 60);
- «Seriemässig mit Semperit», wenn mit Semperit-Reifen ausgerüstete Fahrzeuge höchstens in kleinen Spezialserien in die Schweiz gelangen (SMI 1987 121);
- «Fabrikpreis» für einen Preis, der die Detailverkaufskosten (Lager, Miete, Verkaufspersonal) einschliesst (BGE 106/1980 IV 224);
- «Baumwollputz» für Innenputz, der weniger als 50% Baumwolle enthält (SMI 1990 185);
- «Le plus grand centre Opel du Canton», für ein gemeinsames Inserat von zwei Autohändlern, von denen nur der eine über eine Opel-Vertretung verfügt (SMI 1990 417: Garage du Roc);
- «Sauce für Spaghetti Bolognese», die weniger als 10% Hackfleisch enthält (SMI 1990 203).

Andererseits nahmen die Gerichte keinen Anstoss an den Bezeichnungen:
- «Plasticleder» für nicht-tierisches Leder (BGE 87/1961 II 345);
- «Swissor» für Füllhalter, von denen nicht sämtliche Metallteile aus reinem Gold bestehen (Mitt. 1969 64);
- «Permanence dentaire» für eine Zahnarztpraxis, die zwar täglich, aber nicht nach 22 Uhr geöffnet ist (BGE 102/1976 IV 265);
- «Le plus grand centre Opel», für eine Garage, die wohl den grössten Opel-Umsatz des Kantons, nicht aber der Westschweiz aufweist (SMI 1990 418: Garage du Roc).

Werden in der Werbung Preisangaben gemacht, haben diese den angepriesenen Waren zu entsprechen. Zudem haben sich die Illustrationen auf den Text zu beziehen, geht es doch nicht an, preislich günstige Produkte zusammen mit den Abbildungen von teureren Erzeugnissen anzupreisen[267]. Die Preisbekanntgabeverordnung verlangt denn auch, dass bei der Werbung mit Preisangaben die angepriesenen Waren nicht nur der Gattung nach, sondern auch der Marke nach zu spezifizieren seien[268]. Der von der schweizerischen Vereinigung für Direktwerbung herausgegebene Ehrenkodex, der besonders klare und genaue Angaben zur Warenbeschreibung fordert, darf nicht nur im Versandhandel Geltung beanspruchen, sondern bei jeder reklamemässigen Produktbeschreibung. Unlauter wäre auch die Wiedergabe eines teureren Modells mit einer billigeren Preisangabe unter Hinzufügung der Präzisierung «ab Fr. ...», da sich der Leser über den wirklichen Preis kein Bild machen kann. Ebenso dürfen Preisermässigungen nicht als eigene Leistung des Detaillisten dargestellt werden, wenn dessen Marge gleich gross bleibt und sie nur aufgrund von Preisermässigungen des Fabrikanten möglich geworden sind[269].

Eine besonders reiche Praxis hat sich zur vergleichenden Werbung und zur Alleinstellungswerbung entwickelt[270]. Dies deshalb, weil dadurch die Konkurrenz direkt betroffen wird und diese auf irreführende Vergleiche besonders empfindlich reagiert.

d) Angaben über geschäftliche Verhältnisse

Angaben über die eigenen geschäftlichen Verhältnisse bilden das Kernstück jeder Firmenwerbung. Jeder Marktteilnehmer wird versuchen, sich in seinem Tätigkeitsgebiet als möglichst erfahren hinzustellen und damit beim Publikum Vertrauen zu erwecken. Schon bei der Firmenbildung wird oft ein pompöser Name bevorzugt. Der Gesetzgeber versuchte, dieser Tendenz durch die firmenrechtlichen Vorschriften über Firmenwahrheit und Firmenklarheit zu begegnen[271].

---

[267] BGer in Mitt. 1953 218: Gasherd.
[268] Art. 14 Abs. 2 Preisbekanntgabeverordnung (PBV, SR 942.211); vgl. BGE 105/1979 IV 5: Konkurrenzvergleiche; Näheres zur Preisbekanntgabepflicht siehe hinten Kap. III.A.5, S. 147.
[269] AppGer BS in BJM 1954 213: Jeder macht's auf seine Weise – A. senkt die Radiopreise.
[270] Vgl. hinten Kap. II.D.2.d), S. 119.
[271] Art. 944 ff. Obligationenrecht (OR, SR 220).

Im Besonderen untersagt das Lauterkeitsrecht[272] unzutreffende Titel oder Berufsbezeichnungen, die bestimmt oder geeignet sind, den Anschein besonderer Auszeichnung und Fähigkeit zu erwecken. Das Gesetz gegen den unlauteren Wettbewerb, das nur auf Intervention eines Konkurrenten zur Anwendung gelangt, wird ergänzt durch das Berufsbildungsgesetz, welches das Ansehen der Berufe des Handwerks, der Industrie, des Verkehrs, des Handels und verwandter Wirtschaftszweige heben möchte. Es droht für die Anmassung von Titeln, die erst nach einer bestandenen Prüfung verliehen werden, die Bestrafung mit Haft oder Busse an[273]. Den Kantonen steht es frei, für die von ihnen verliehenen Fähigkeitsausweise weitere Titel vorzusehen und deren Inhaber anzuhalten, in der Werbung entweder diese Titel oder gar keine zu gebrauchen. Solche Titel dürfen auch nicht abgekürzt werden, da dadurch Verwechslungen mit den Titeln von Hochschulen entstehen können[274]. Es spricht für die Begehrtheit der geschützten Berufsbezeichnungen, dass mit den verschiedensten Mitteln versucht wird, deren Erwerb vorzutäuschen. Dies ist bis heute mit Erfolg verhindert worden, indem beispielsweise die Führung der Titel «eidg. dipl. Coiffeurmeister» durch einen dipl. Herrencoiffeur, der einen Damensalon betreibt[275], oder «Inhaber des schweizerischen Fähigkeitsausweises» durch einen gelernten Installateur mit Fähigkeitszeugnis[276] als unlauter qualifiziert wurde.

Eine Zeit lang war die Führung ausländischer Doktortitel, die oft nur mit Geld und nicht mit Geist erkauft worden waren, sehr in Mode. Der gewerbsmässigen Verwendung solcher Titel wurde jedoch zu Recht ein Riegel geschoben, nimmt doch das Publikum an, ein Doktortitel sei in der Schweiz erworben oder entspreche zum Mindesten den in der Schweiz üblichen Anforderungen, namentlich auch in Bezug auf Studienzeit und Abschlussprüfung[277]. Auch Witwen dürfen den Doktortitel ihres verstorbenen Ehemannes

---

[272] Art. 3 lit. c UWG (SR 241).
[273] Art. 72 Berufsbildungsgesetz (BBG, SR 412.10).
[274] BGE 93/1967 II 135: Unzulässig die Verwendung der abgekürzten Bezeichnung Ingenieur HTL statt Ingenieur-Techniker HTL, da verwechselbar mit dipl.ing. ETH; BGer in ZBl 47/1946 376: Unzulässig die Verwendung der abgekürzten Bezeichnung Zahnarzt für einen nur kantonal patentierten Zahnarzt, da verwechselbar mit eidgenössisch diplomiertem Zahnarzt.
[275] OGer ZH und BGer in ZR 57/1958 Nr. 129.
[276] KGer GR in Mitt. 1960 84: Fähigkeitszeugnis; ebenso tribunal de police in Mitt. 1983 II 106: Unzulässig die Firmierung «Oberli Maître-Opticien, J.-L. Gonzalès, successeur», falls Gonzalès nicht selbst das Diplom des Optikermeisters besitzt.
[277] BGE 47/1921 I 139: Oriental University, 50/1924 I 165: Professore, 117/1991 IV 326: Dr. h.c. Rochat; Sekretariat EDI in VEB 31/1963 108 Nr. 53: Titelschutz; OGer AR in SJZ 55/1959 10 Nr. 2: Ambrosiana, OGer AG in SJZ 77/1981 390 Nr. 58: Collegium Neotarianum Philosophiae; OGer AG in SMI 1981 175: Scheinuniversi-

nicht weiterführen[278]. Dagegen ist es einstweilen schwierig, im nicht geschäftlichen Verkehr die Verwendung eines falschen Titels zu verfolgen[279], es wäre denn, ein Kanton hätte die Titelanmassung auch ausserhalb des Wettbewerbs verpönt[280].

Zum Teil werden nicht nur bestehende Titel nachgeahmt, sondern es werden auch Fähigkeitsausweise und Polizeibewilligungen angeführt, die es gar nicht gibt oder derer es nicht bedarf. Auch solche Werbehinweise sind selbstverständlich unlauter. So darf sich ein Detektivbüro, das keiner Kontrolle des Staates untersteht, nicht als «staatlich geprüft und bewilligt» anpreisen[281], noch ein Uhrmacher seine Lehrlinge zu «horlogers qualifiés» ausbilden, obwohl ihnen nur der Titel «remonteurs complets qualifiés» zukommt[282].

Den Kantonen ist es vorbehalten, weitere Vorschriften zur Verhinderung von Irreführungen und Täuschungen zu erlassen und zusätzliche Regeln zur Vermeidung von Verwechslungen aufzustellen[283]. So können die Kantone beispielsweise die Benutzung einer der Bewilligung entsprechenden Geschäftsbezeichnung vorschreiben[284] oder unzutreffende Geschäftsbezeichnungen verbieten[285].

Die gegenwärtigen Vorschriften würden meistens genügen, um das Publikum vor unreellen Übertreibungen zu schützen. Leider findet sich selten jemand, der die Anwendung dieser Vorschriften im Alltag durchsetzt. Hin und wieder machen die Mitbewerber durch die Einreichung eines Strafantrages ihrem Unmut Luft und erreichen so die Bestrafung des unlauteren Konkurrenten und damit indirekt dessen künftiges Wohlverhalten. So wurde bestraft der

---

tät, OGer ZH in SMI 1989 133: dipl. arch. HTL, CJ GE in SMI 1990 399: Avocat; OGer und KassGer ZH in ZR 22/1923 Nr. 9: Oriental University, 37/1938 Nr. 48: Université Philotechnique.

[278] Eidg. Handelsregisteramt in VEB 17/1944 197 Nr. 96: Dr. Otto K. & Co.
[279] Vgl. Auskunft Sekretariat EDI in VEB 31/1963 108 Nr. 53, BA f. Justiz in VPB 44/1980 IV 558 Nr. 117: North-West-London University.
[280] Wie z.B. in NE, SG.
[281] StrafGer BS in SJZ 57/1961 130 Nr. 30: Privatdetektiv.
[282] KGer VS in Mitt. 1969 182.
[283] BGE 80/1954 I 143: Zirkus BL, 353: Spielapparate SG, 81/1955 I 122: Drugstore ZH, 87/1961 I 272: Privatzimmer UR.
[284] BGE 87/1961 I 273: Privatzimmer UR.
[285] BGE 81/1955 I 122: Drugstore für Drogerien; BGer in ZBl 35/1934 580: Restaurant für alkoholfreie Wirtschaft. Der Kanton Zürich verbietet auch Bezeichnungen wie Medizinal-Drogerie für Drogerien, Drogerie und Drogenhandlung für Nicht-Drogerien, Klinik für Privatpraxen etc.

Inhaber eines Kleinbetriebes, welcher sich Direktor nannte[286], oder der Inhaber einer Bettwarenfabrik, der sein Unternehmen Möbel- und Bettenhaus taufte[287]. Auch wurde es als unstatthaft erklärt, sich als Vertreter oder Agent eines Fabrikanten auszugeben, wenn diese besondere Stellung nicht durch einen Vertrag eingeräumt worden war[288]. Statthaft war es dagegen, sich zutreffenderweise als Spezialbüro für Markenschutz anzupreisen[289].

Bei den Konsumenten scheint der Hinweis auf ein beachtliches Firmenalter eine gute Garantie für seriöse Geschäftsführung zu sein. Doch war es unzulässig, sich fälschlicherweise langjähriger Erfahrungen zu rühmen[290] oder Vorgänger zu zitieren, die nur in lockerem Zusammenhang mit dem heutigen Firmeninhaber standen. Immerhin durfte auf die frühere Geschäftstätigkeit Bezug genommen werden, selbst wenn diese durch einen Konkurs kurzfristig unterbrochen wurde[291].

e) Warenfälschung und Warenbetrug

Literatur: Peter *Noll,* Rechtspolitische Überlegungen zum Tatbestand der Warenfälschung, in FS für H. *Schultz,* ZStR 94/1977 147–157; Christian *Englert,* Aspekte der Fälschung im schweizerischen Recht, in: La lutte contre la contrefaçon moderne en droit comparé, Genève 1986, S. 26–44; Hans *Schultz,* Warenfälschung, ZStR 103/1986 367–383.

Strafrechtlich ist das Vertrauen des Konsumenten in die Angaben des Verkäufers durch die Vorschriften des Strafgesetzbuches zum Schutze des Vermögens einigermassen geschützt. Leider war wegen des unglücklichen Wortlautes der Art. 153 und 154 StGB die Praxis nicht sehr einheitlich; per 1.1.1995 wurden jedoch diese Bestimmungen revidiert und im neu formulierten Art. 155 StGB zusammengefasst. Es bleibt abzuwarten, ob dies eine Verbesserung bringt.

Das Strafgesetzbuch schützt vor Nachmachen und Verfälschung von Waren[292]. Nachgemacht ist eine Ware, wenn sie von jemand anderem und aus anderem Material oder mit anderen Mitteln angefertigt worden ist, als dies vorausgesetzt wird; verfälscht ist die Ware, wenn sie in ihrer inneren Be-

---

[286] OGer SO in SJZ 68/1972 99 Nr. 41: Taxizentrale.
[287] OGer ZH in SJZ 66/1970 235 Nr. 115: Dank eigener Fabrik.
[288] CJ GE in Mitt. 1955 73; BGE 104/1978 II 60: Singer-Nähmaschinen.
[289] OGer ZH in ZR 51/1952 Nr. 25.
[290] HGer ZH in ZR 45/1946 Nr. 200.
[291] BGE 70/1944 II 162: gegründet 1896.
[292] Art. 155 Ziff. 1 Strafgesetzbuch (StGB, SR 311.0).

schaffenheit nicht dem entspricht, was der Käufer erwarten darf[293]. Die Praxis verlangt eine unerlaubte Veränderung oder Umformung der Substanz der Ware selbst[294]. Eine solche ist gemäss der Rechtsprechung des Bundesgerichtes auch dann gegeben, wenn eine Ware mit einem Produkt gleicher oder besserer Qualität verfälscht wird[295]. Eine Substanzveränderung ist vor allem dort leicht nachzuweisen, wo die Ware eine natürliche Beschaffenheit hat oder deren Qualität durch verwaltungsrechtliche Vorschriften festgelegt ist. Indessen kann bei Waren, die keine natürliche oder vorgeschriebene Beschaffenheit haben, kaum mehr von einer unerlaubten Veränderung gesprochen werden. Es wäre daher richtiger, nicht auf die Veränderung der Substanz, sondern auf die zu Täuschungszwecken erfolgte Verbesserung der Aufmachung (Make-up) abzustellen. Da es in erster Linie um den Schutz des Vermögens des Konsumenten geht, wären namentlich jene Praktiken unter den Tatbestand der Warenfälschung zu subsumieren, bei welchen der Ware durch ihr Aussehen, ihre Bezeichnung oder ihre Aufmachung ein besseres Erscheinungsbild verliehen wird, wo also dem Käufer vorgegaukelt wird, die ihm offerierte Ware sei etwas anderes als sie wirklich ist[296]. Die vom Bundesgericht gezogene Grenze, das Anbringen der Marke Omega auf Uhren anderer Herkunft sei keine Substanzveränderung, wohl aber das Anbringen von Fabrikationsnummern und des Wortes «Suisse», wirkt gekünstelt[297].

Da nach der bisherigen Rechtsprechung die Falschdeklaration einer unveränderten Ware keine Warenfälschung darstellt und die Lebensmittelgesetzgebung für falsche oder täuschende Angaben lediglich Haft oder Busse bis zu CHF 20'000 androht[298], wird oft versucht, die Abgabe anderer als bestellter Ware als Betrug[299] zu qualifizieren. Auf Warenbetrug darf jedoch nur erkannt werden, wenn der Täter in Bereicherungsabsicht gehandelt und er den Käufer

---

[293] KGer SG in SJZ 78/1982 47 Nr. 9. Nachgemacht sind beispielsweise ausländische Billigst-Uhren mit den Markenbezeichnungen «Roamier» oder «Noris» und den Angaben «Swiss» und «21 Jewelled», da sie zur Täuschung über den wirklichen Wert dieser Ramschuhren Anlass geben; namentlich wird der Eindruck erweckt, es handle sich um Schweizer Uhren der renommierten Marken Roamer oder Oris.

[294] BGE 94/1968 IV 109: Wurstverfälschung.

[295] BGE 81/1955 IV 99: Schweizer Schachtelkäse, 85/1959 IV 22: Napoléons, 94/1968 IV 110: Wurstverfälschung, 97/1971 IV 65: Fleischkäse, 98/1972 IV 190: Butter- und Birnenspezialität, 101/1975 IV 38: Omega, 110/1984 IV 85: Rotwein; OGer BE in ZBJV 112/1976 384: Beimischung von 50% La Côte zu Twanner des schlechten Jahrgangs 1965.

[296] Gleicher Meinung *Schwander,* Das Schweiz. Strafgesetzbuch, 2. Aufl., Nr. 572, S. 355.

[297] BGE 84/1958 IV 96: Omega; anders jedoch BGer in Mitt. 1971 223: Cauny.

[298] Art. 48 Abs. 1 lit. h Lebensmittelgesetz (LMG. SR 817).

[299] Im Sinne von Art. 148 StGB (Fn 292).

durch arglistige Irreführung zu einem vermögensschädigenden Verhalten veranlasst hat. Wer ohne diese Voraussetzungen dem Käufer lediglich andere Waren liefert als dieser bestellt oder aufgrund von Preislisten oder mündlichen Äusserungen erwartet hat, bleibt nach der gegenwärtigen Praxis straflos[300]. Deshalb wird das Element der Arglist gelegentlich strapaziert. So hat das Bundesgericht als arglistig gewertet, dass billiger Cressier-Wein in eigens angeschafften, neutralen Literkaraffen als Féchy ausgeschenkt wurde oder dass statt der angebotenen Rehgerichte durchwegs Hirschfleisch abgegeben wurde, während solches Fleisch auf der Speisekarte gar nicht aufgeführt wurde[301]. Es wäre vernünftiger, solche Falschdeklaration als Warenfälschung zu beurteilen, da hier wie bei der Warenfälschung der Ware ein Anschein gegeben wird, der ihr nicht zukommt. Unverfälschte Ware ist allein solche, welche das ist, was sie zu sein scheint.

4. Besondere Vorschriften zum Schutz bestehender Rechte Dritter

a) Vorbemerkung

Man mag sich fragen, ob die Rechte von Dritten zu den Polizeigütern gehören. Polizeigüter sind ja solche Güter, von denen die Polizei Gefahren abzuwenden und die sie zu schützen hat. Sicher ist es in erster Linie Aufgabe des Individuums, seine Persönlichkeit zu verteidigen. Doch nachdem die Polizei berufen ist, die Gesundheit und das Vermögen der Bürger zu schützen, ist nicht einzusehen, warum dieser Schutz vor der Persönlichkeit und den oft wertvollen Kennzeichen eines Gewerbetreibenden Halt machen soll. Der Schutz der redlichen Konkurrenten ist denn auch schon seit je zu den Aufgaben der Polizei gerechnet worden[302].

Indessen hat es der Gesetzgeber bis heute grundsätzlich abgelehnt, die Rechte der Werbenden von Amtes wegen wahrzunehmen. Es ist daher jedem Kaufmann selbst überlassen, für den Schutz seines Namens und seiner Kennzeichen zu sorgen und gegen verwechselbare Zeichen Dritter auf dem Wege der Zivil- oder Strafklage vorzugehen. Die Verwaltungsbehörden schreiten

---

[300] BGE 99/1973 IV 83: Féchy; anders Rechtssprechung in Strafsachen 1982 51 Nr. 301: Schläpfer-Quellen.
[301] BGE 99/1973 IV 84: Féchy.
[302] BGE 42/1916 I 25: OW, 48/1922 I 457: TG.

daher nicht ein, selbst wenn zwei Marken unabhängiger Hersteller von gleichen Produkten in hohem Grade verwechselbar sind und dadurch das Publikum offensichtlich getäuscht wird.

Einzig bei Arzneimitteln und Giften ist bisher von Amtes wegen darauf geachtet worden, dass für völlig verschiedene Produkte keine ähnlichen Marken verwendet wurden. Dies erfolgte jedoch nicht zum Schutze von Treu und Glauben im Geschäftsverkehr, sondern zum Schutze der Gesundheit des Käufers bei allfälligen Verwechslungen.

b) Schutz vor Verwechslungen

Jede Werbung hat auf die bereits bestehenden Rechte Dritter Rücksicht zu nehmen. Der Werbung Treibende hat daher darauf zu achten, dass seine Werbung nicht zu Verwechslungen Anlass gibt mit anderen Bewerbern, ihren Unternehmen, Waren, Werken und Leistungen. Der Ältere hat die Priorität.

Zeitlich ist auf eine genügende Unterscheidung von jenen werblichen Gestaltungen zu achten, welche beim Publikum noch bekannt sind. Layouts und Headlines, die nicht mehr verwendet werden, dürften schon bald nachher vergessen werden, weshalb ihnen wie auch den nicht eingetragenen Marken kein wesentlicher Schutz über die Gebrauchsaufgabe hinaus zuerkannt werden kann[303]. Für eingetragene Marken legt das Gesetz generell eine Karenzfrist von fünf Jahren fest, und auch die schweizerische Kommission für die Lauterkeit in der Werbung verlangt für alle werblichen Gestaltungen eine solche von fünf Jahren[304]. Diese Frist scheint reichlich bemessen und dürfte höchstens für zündende Slogans und berühmte Marken angemessen sein.

Sachlich ist auf die Gestaltungen der gleichen oder ähnlichen Branche Rücksicht zu nehmen. In der Regel werden nur Konkurrenten durch unlauteren Wettbewerb bedroht oder verletzt, weshalb nur derjenige klagen kann, der ähnliche oder sich substituierende Leistungen anbietet und sich um die gleichen Letztabnehmer bemüht. Jedoch werden weder die gleiche Wirtschaftsstufe noch die gleiche Vertriebsform verlangt: Warenhäuser können mit Spezialläden konkurrieren, Verbrauchermärkte mit Hausierern, Grossisten mit Detaillisten. Infolge der Diversifikation nimmt der sachliche Schutzumfang von werblichen Gestaltungen zu. Für eingetragene Marken ist er überdies noch umfassender definiert, indem er hier alle gleichartigen Waren umfasst.

---

[303] Gleicher Meinung *Schluep,* Markenrecht als subjektives Recht, S. 176.
[304] Grundsatz Nr. 3.7 der Schweiz. Lauterkeitskommission betr. Nachahmung werblicher Gestaltungen.

Schutz vor Verwechslungen bieten jedoch nicht nur die Gesetze des gewerblichen Rechtsschutzes, sondern auch das Urheberrecht. Doch ist die Nachahmung oder Abbildung urheberrechtlich geschützter Gestaltungen nicht so sehr zur Vermeidung einer Verwechslungsgefahr verboten, sondern vielmehr zur Wahrung der persönlichen und finanziellen Interessen des Urhebers. Dies ergibt sich deutlich aus der zeitlichen Beschränkung des Urheberrechtsschutzes, während der Schutz aus Markenrecht, Lauterkeitsrecht und Firmenrecht zeitlich unbeschränkt gilt. Immerhin kann das Urheberrecht zu Hilfe gezogen werden, wenn Reklamezeichnungen und Plakate[305], künstlerische Ausstattungen[306], ausländische Bildmarken[307] oder ganze Werke[308] nachgemacht werden.

c) Schutz vor anderen Beeinträchtigungen

Literatur: Wilfried *Landwehr*, Das Recht am eigenen Bild, Diss. ZH 1955.

Eine Beeinträchtigung der älteren Rechte kann nicht nur durch die Schaffung einer Verwechslungsgefahr entstehen. Selbst wenn das Publikum von vornherein erkennt, dass die Inhaber zweier gleicher Kennzeichen nicht identisch sind, kann es infolge von deren Identität annehmen, es bestünden zwischen den Trägern dieser Zeichen wirtschaftliche oder finanzielle Verflechtungen. Der ältere Träger wird damit in Beziehungen gestellt, in die er nicht gehört und die er ablehnt. Sein Name darf nicht für einen ihm fernstehenden Bereich verwendet werden.

Einen Schutz gegen solche Beeinträchtigungen geniessen der Name als Teil der Persönlichkeit sowie die berühmte Marke, nicht aber die anderen Kennzeichen, die aufgrund des Spezialitätsprinzips nur Schutz im Rahmen der Gleichartigkeit geniessen. Der Schutz des Namens, auch jener von juristischen Personen, wird durch das Zivilgesetzbuch sichergestellt[309]; das Firmenrecht[310] ist nur ein Anwendungsfall des generellen Namensrechts, das seinerseits wieder einen Teil des Persönlichkeitsrechtes bildet.

Nicht jeder Namensträger darf es ablehnen, in Beziehungen mit einem anderen gestellt zu werden. Zu berücksichtigen sind in jedem Falle die konkreten

---

[305] BGE 57/1931 I 68: Freundlicher Herr, vgl. jedoch OGer ZH in SJZ 68/1972 310 Nr. 175 und 71/1975 27 Nr. 15: Modefotografie.
[306] BGE 76/1950 II 99: Stickmuster für Tischdecken.
[307] Vgl. den in BGE 96/1970 II 244 geschilderten Sachverhalt.
[308] BGE 59/1933 II 403: Stadtplan.
[309] Art. 29 Zivilgesetzbuch (ZGB, SR 210).
[310] Art. 944 ff. Obligationenrecht (OR, SR 220).

Umstände und die Schutzwürdigkeit der beidseitig beteiligten Interessen. Dem Inhaber eines seltenen oder hochangesehenen Namens wurde früher ein grösseres Interesse an dessen Reinhaltung zugebilligt als dem Inhaber eines unoriginellen und häufigen Namens[311]; heute erscheint es freilich als einigermassen vermessen, zwischen angesehenen und weniger angesehenen Familiennamen unterscheiden zu wollen. Besonders schutzwürdig sind die Interessen eines Namensträgers, wenn der jüngere Träger ein anstössiges Gewerbe betreibt[312] oder in der gleichen oder einer verwandten Branche tätig ist[313].

Kein besonderes Interesse am Schutz des eigenen Namens ist im Firmenrecht nachzuweisen. Das Bundesgericht hat mehrfach bestätigt, dass das Firmenrecht auch vor Verwechslungen im Verkehr mit Stellensuchenden, Banken, Behörden und öffentlichen Diensten schützen wolle[314], weshalb weder das sachliche noch das örtliche Tätigkeitsgebiet der fraglichen Firmen von besonderer Bedeutung seien.

Indessen ist nicht nur der Name eines Menschen gegen Beeinträchtigungen geschützt, sondern seine ganze Persönlichkeit. Hierzu gehören auch seine persönliche Ehre, sein Bild, seine Stimme und seine künstlerischen Werke. Auch auf diese Erscheinungsformen der Persönlichkeit ist daher in Werbung und Vertrieb Rücksicht zu nehmen.

Die Ehre des Menschen ist zivilrechtlich durch das Persönlichkeitsrecht[315], strafrechtlich durch die Tatbestände der Ehrverletzung[316] geschützt. Da namentlich der strafrechtliche Schutz der Ehre nur die persönliche Ehre und nicht die berufliche Ehre als Geschäftsmann, Politiker oder Künstler umfasst, und die Herabwürdigung beruflicher Fertigkeiten nach ständiger Rechtsprechung des Bundesgerichtes[317] den Kritisierten in seiner Geltung als ehrbarer Mensch nicht verletzt, ist auf dem Gebiete des wirtschaftlichen Wettbewerbes ergänzend die unnötige Herabsetzung, namentlich auch durch vergleichende Werbung verpönt worden[318].

---

[311] BGE 72/1946 II 150: Surava, 77/1951 I 77: Kübler-Rad, 92/1966 II 310: Sheila, 98/1972 Ib 191: Sheila diffusion, 102/1976 II 167: Naegeli-Stiftung, 102/1976 II 308: Abraham, 112/1986 II 372: Hotel Appenzell.
[312] OGer BL in BJM 1960 84: Solis Nacktzeitschrift.
[313] BGE 80/1954 II 140: Fiducia.
[314] BGE 100/1974 II 226: Aussenhandel, 118/1992 II 322: Fertrans; BGer in sic! 1997 70: Integra.
[315] Art. 27 ff. Zivilgesetzbuch (ZGB, SR 210).
[316] Art. 173 ff. Strafgesetzbuch (StGB, SR 311.0).
[317] BGE 98/1972 IV 92, 193/1977 IV 158, 105/1979 IV 112; zum Schutz der zivilrechtlichen Ehre vgl. BGE 105/1979 II 163, 106/1980 II 97: Minelli.
[318] Art. 3 lit. a und e UWG (SR 241); vgl. hinten Kap. II.D.2, S. 115.

Die Abbildung einer Person oder die Wiedergabe ihrer Stimme darf nur mit ihrer Zustimmung veröffentlicht werden. Selbst wenn der Abgebildete seine Zustimmung zur Aufnahme erteilt hat, ist damit seine Einwilligung zur Veröffentlichung noch nicht gegeben. Er hat sie vielmehr für jeden einzelnen Fall der Veröffentlichung separat zu erteilen. Wer die Erlaubnis, ein Personenbildnis nur zu einem ganz bestimmten Zweck zu verwenden, überschreitet, hat mit Schwierigkeiten von Seiten des Modells zu rechnen. Wer sich zur Abbildung in einer Zeitschrift zur Verfügung stellt, muss sich nicht gefallen lassen, dass sein Bild nachher auch auf Prospekten und Plakaten erscheint[319]. Dies ist vor allem auch bei der Verwendung von Sportler- und Künstlerbildern zur Förderung des eigenen Warenumsatzes zu bedenken.

Schliesslich ist auch das urheberrechtlich schützbare Werk Teil der Persönlichkeit eines Künstlers. Der Urheber muss sich daher nicht gefallen lassen, dass sein Werk in einem ihm nicht genehmen Sinne entstellt wird[320]. Da niemand Kunstrichter spielen soll, wird die Meinung vertreten, dass mit Ausnahme geringfügiger Änderungen keinerlei Veränderungen, und schon gar nicht Bearbeitungen oder Ergänzungen ohne Zustimmung des Urhebers vorgenommen werden dürfen[321]. So war es widerrechtlich, bei einem Fresko mit in Sgraffitotechnik eingekratzten figürlichen Kompositionen diese mit Licht und Schatten zu versehen, so dass aus der rein flächigen Anlage Figuren mit plastischem, naturalistischem Charakter entstanden[322]. Unzulässig ist ebenso die Beifügung einer anderen Filmmusik als der vom Künstler selber ausgewählten[323] oder die Kürzung oder Abänderung eines Artikels für eine Jubiläumsnummer[324]. Andererseits wurde die Überarbeitung der Pläne eines Bauwerkes durch einen neuen Architekten ohne Zustimmung seines Vorgängers als zulässig betrachtet, weil das Projekt durch die Änderung verbessert wurde und die Ehre und der Ruf des ersten Architekten somit nicht leiden konnten[325]. Das Interesse des Urhebers am unverwässerten Fortbestand seines Werkes findet jedoch seine Grenzen in den Bedürfnissen, welchen sein Werk zu genügen hat. Wird ein Künstler berufen, ein Werk zu kreieren, das einem ganz bestimmten Gebrauchszweck zu dienen hat (z.B. ein Plakat oder

---

[319] OGer ZH in ZR 71/1972 Nr. 36 und 73/1974 Nr. 67: Swissair-Gazette, OGer ZH in 79/1980 Nr. 98: Titelbild von Mädchenbuch.
[320] Vgl. 11 Urheberrechtsgesetz (URG, SR 231.1) und Art. 6bis Abs. 1 Revidierte Berner Übereinkunft (RBÜ, SR 0.231.15).
[321] A. *Troller*, IGR II, S. 787.
[322] OGer ZH in SJZ 40/1944 345 Nr. 209: Sgraffiti.
[323] BGE 96/1970 II 422: The Gold Rush.
[324] KGer GR in Mitt. 1976 108: 125 Jahre Amtsblatt der Stadt Chur.
[325] BGE 58/1932 II 308 UBS Vevey, im Ergebnis ebenso 117/1991 II 466: Sekundarschulhaus Rapperswil.

Katalog), so hat er sich diesem Zweck unterzuordnen. Genauso wie es ein Architekt hinzunehmen hat, dass sein von ihm geschaffenes Gebäude wegen einer Zweckänderung ergänzt oder verändert wird[326], hat sich der Schöpfer einer bildlichen Werbung der Bestimmung, welcher diese zu dienen hat, zu unterziehen. Er muss sich daher gefallen lassen, dass die von ihm kreierte Werbung infolge veränderten Publikumsgeschmackes oder neuer Produktionsanlagen überarbeitet und verändert wird, ist doch kein Werbender gehalten, finanzielle oder betriebliche Nachteile in Kauf zu nehmen, nur um der Werkintegrität seines Grafikers zu genügen.

Kann sich schon der Urheber eines Werkes dagegen zur Wehr setzen, dass es verstümmelt wird, so kann er sich auch dagegen wehren, dass es ohne seine Einwilligung zur Werbung vervielfältigt wird. Der Urheber eines Werkes[327] braucht daher nicht zu dulden, dass sein künstlerisches Werk ohne sein Einverständnis abgebildet und zur Werbung, sei es auch nur in Kundenkalendern, verwendet wird[328]. Die Honorarordnung des Bundes Schweizer Werbeagenturen BSW legt denn auch fest, dass die Einräumung von Nutzungsrechten an von einer Werbeagentur geschaffenen Etiketten und Packungen, von Marken, Signeten, Namenszügen und ähnlichen Werken besonders zu vereinbaren und zu entschädigen sei. Diese Bestimmung kann nur so verstanden werden, dass sich die Werbeagentur die Urheberrechte an ihren Werken vorbehält, soweit solche Rechte überhaupt bestehen.

D. Einschränkungen für politische Propaganda

Literatur: Vito *Picenoni,* Die Kassation von Volkswahlen und Volksabstimmungen, Diss. ZH 1945.

Politische Propaganda zählt höchstens dann zur kommerziellen Kommunikation, wenn sie sich mit wirtschaftlichen Fragen befasst[329]. Sonst steht sie ausserhalb der Vorschriften für lauteren Wettbewerb und ist daher auch nicht den Grundsätzen der Wahrheit und Klarheit verpflichtet. Gesetzliche Schran-

---

[326] Art. 12 Abs. 3 Urheberrechtsgesetz (URG, SR 231.1); vgl. A. *Troller,* Das Urheberrecht an Werken der Architektur, ZBJV 81/1945 369-398, S. 385.
[327] Mit Ausnahme von Denkmälern, Statuen und anderen Werken, die sich ständig auf oder an allgemein zugänglichem Grund befinden (Art. 27 URG, Fn 326); sog. Panoramafreiheit.
[328] BGE 67/1941 II 59: Wandkalender.
[329] Grundsatz Nr. 1.3 der Schweiz. Lauterkeitskommission betr. Politische Propaganda.

ken der politischen Werbung finden sich aber namentlich im Persönlichkeitsrecht, das die Verletzung und Behinderung anderer verbietet.

Das Ergebnis eines Urnenganges kann freilich in unstatthafter Weise beeinflusst werden, wenn der Stimmbürger durch falsche oder irreführende Angaben getäuscht wird; erstaunlicherweise finden sich aber weder in der Bundesverfassung noch in der Gesetzgebung über die politischen Rechte entsprechende Garantien.

Da Wahl- und Abstimmungspropaganda wichtige Informationsbedürfnisse des Bürgers stillen, ist darauf zu achten, dass sofort ersichtlich wird, ob die Information von Seiten der Behörden oder seitens Privater erfolgt. Die Behörden haben sich zwar an den von ihnen veranstalteten Abstimmungen in der Regel eigener Stellungnahmen zu enthalten; vorbehalten bleiben jedoch objektive Erläuterungen oder Weisungen, die im Zusammenhang mit der Abgabe des Abstimmungsmaterials erfolgen, sowie amtliche Richtigstellungen bei falscher oder irreführender Propaganda Privater. Bei Wahlen müssen die Wahlbehörden auf jegliche Wahlempfehlung verzichten, geht es doch nicht an, dass die Behörde selbst in den Wahlkampf eingreift und mit Steuergeldern die Chancengleichheit der Bewerber beeinflusst. Demgegenüber dürfen Behördenmitglieder als Privatpersonen an einem Wahl- oder Abstimmungsfeldzug teilnehmen und von dem ihnen als Bürger zustehenden Recht auf freie Meinungsäusserung Gebrauch machen, soweit dies nicht mit verwerflichen Mitteln erfolgt, z.B. unter Verwendung öffentlicher Gelder oder irreführender Angaben[330].

Gemeinwesen, die eine Abstimmung nicht selbst durchführen, dürfen sich in Abstimmungen anderer Gemeinwesen nur dann einmischen, wenn sie durch das Abstimmungsergebnis unmittelbar und ganz besonders betroffen werden[331].

---

[330] BGE 89/1963 I 443: Kläranlage SH, 98/1972 Ia 624: Bärengasshäuser ZH.
[331] Vgl. hinten, Kap. VI.F, Werbung durch Behörden und öffentliche Unternehmen, S. 370.

II. Vorschriften für einzelne Werbemassnahmen

A. Wertreklame

Literatur: Jürg *Meister,* Wettbewerbsrechtliche Beurteilung des Zugabewesens, Diss. ZH 1954; A. *Gutersohn*/A. *Lisovsky,* Die wirtschaftliche Seite des Zugabewesens, Bern 1955; Bruno *v. Büren,* Die kostenlose Warenverteilung nach schweizerischem Recht, GRUR Int. 1958 172–173; Ernst *Grossenbacher,* Das Zugabewesen im Lebensmittelhandel. Eine kritische Würdigung, Diss. BE 1958, René *Pedretti,* Wettbewerb und Zugabewesen, Diss. ZH 1969; Eidg. *Kommission für Konsumentenfragen,* Die Werbung mit unentgeltlichen Zuwendungen an Konsumenten, Bern 1971; Christof *Müller,* Die Bestechung gemäss Art. 4 lit. b UWG, Diss. SG 1996.

1. Allgemeines

a) Begriff und Bedeutung

Unter Wertreklamen werden alle unentgeltlichen Zuwendungen verstanden, die zu Werbezwecken vergeben werden. Sowohl Waren (z.B. Werbegeschenke) als auch Dienstleistungen (z.B. Gratistransport) können unentgeltlich zugewendet werden. Auch kommt es nicht darauf an, ob die Zuwendungen nur zusätzlich zu einem bestimmten Rechtsgeschäft (sog. akzessorische Wertreklame, z.B. Zugaben, Rabatte) oder völlig unabhängig davon (z.B. Warenmuster, Werbegeschenke) gewährt werden.

Dass Werbegaben seit je beliebt waren, kann am Beispiel der Mitgift über Jahrtausende zurückverfolgt werden. Heute dürfte mehr als die Hälfte aller Unternehmen in der Schweiz Werbegeschenke als Mittel zur Absatzförderung benutzen. Für Promotionsartikel hat sich auch bereits ein eigener Markt herausgebildet, der vom wertlosen Krimskrams bis zur teuren Schreibtischgarnitur usw. reicht. Betrachtet man freilich die Stösse von Kalendern und Taschenagenden, die jeweils um die Weihnachtszeit von werbenden Unternehmen versandt werden, fragt man sich unwillkürlich, ob manchmal nicht des Guten zuviel getan wird. Jedoch fürchten viele Unternehmer, ihre Kunden vor den Kopf zu stossen, wenn mit der Wertreklame eines Tages plötzlich aufgehört würde. Diese Befürchtung mag zwar nicht ganz unberechtigt sein, doch ist zu bedenken, dass Werbung, die zur Selbstverständlichkeit geworden ist, keine grossen Nutzeffekte mehr hat. Der Werbende muss sich daher auch hier die Frage stellen, ob der Aufwand den Ertrag noch lohne.

Eine moderne Variante der Zugabe bilden die Kundenbindungsprogramme, mit welchen umsatzabhängige Gutschriften erteilt werden, die periodisch in bar vergütet oder in Form von Waren oder Dienstleistungen bezogen werden können. Hier handelt es sich eher um eine Form von Mengenrabatten oder Rückvergütungen; beide sind ohne weiteres zulässig und dürfen entsprechend angekündigt werden.

Für sich allein kann keine Unlauterkeit darin gesehen werden dass der Konsument eine Ware kauft, obwohl er eigentlich nicht diese selbst, sondern die damit abgegebene Zugabe erwerben will. Namentlich wird er dabei nicht gebeutelt oder überfordert, hat ja die Zugabe eben den Zweck, den Abnehmer zum spontanen Zupacken zu verleiten. Oft wird denn auch offen mit der Zugabe geworben (z.B. Silva-Punkte), und eine nicht unbeträchtliche Zahl von Konsumenten zieht die so beworbenen Waren und Dienstleistungen bewusst anderen vor.

b) Sachliche Einschränkungen

Grundsätzlich kann jede Dienstleistung oder beinahe jeder Wertartikel auch zum Gegenstand einer Wertreklame gemacht werden. Namentlich gibt es keine Einschränkungen bezüglich des Preises des Werbegeschenkes. Das Gesetz gegen den unlauteren Wettbewerb verlangt zwar, dass Kunden nicht durch Zugaben über den tatsächlichen Wert des Angebots getäuscht werden dürfen[332]. Diese Bestimmung wurde im Zusammenhang mit dem Lockvogelverbot ins Gesetz aufgenommen und soll dessen Umgehung verhindern. Indessen ist nicht recht ersichtlich, wie ein Konsument über den Wert der Zugabe getäuscht werden könnte, da diese ja in aller Regel nicht nur unentgeltlich, sondern auch nur vorübergehend erbracht wird, und die Hauptware vorher oder nachher wieder ohne Zugabe abgegeben wird. Ist dies einmal nicht der Fall, so dass die Ware ständig nur samt Zugabe erhältlich ist, liegt ein Koppelungsangebot vor, wo nicht mehr zwischen Hauptware und Zugabe unterschieden und daher auch nicht über deren Wert getäuscht werden kann. Zu Recht hat übrigens das Bundesgericht eine kantonale Bestimmung, welche die Zugaben ihrer Höhe nach beschränkte, als nichtig erklärt[333].

---

[332] Art. 3 lit. g UWG (SR 241).
[333] BGE 82/1956 IV 53: Bicyclette d'enfant.

Natürlich eignen sich solche Produkte nicht für Werbegeschenke, die nur mit einer Bezugsbewilligung des Abnehmers vertrieben werden können[334]. Darüber hinaus dürfen Arzneimittel, die nur in Apotheken oder Drogerien erhältlich sind[335], nicht als Kundengeschenke verteilt werden, ist doch deren Verteilung als Gratismuster wegen der damit verbundenen Gefahr des übermässigen Arzneimittelkonsums nicht erlaubt[336]. Ebenso dürfen keine Spirituosen[337] als Werbegeschenke verteilt werden; dagegen dürfen Wein, Traubensaft und andere weinhaltige Erzeugnisse als Zugabe abgegeben werden, da die vereinzelte, unentgeltliche Abgabe von solchen Produkten nicht als gewerbsmässiger Handel im Sinne des Landwirtschaftsgesetzes gilt[338]. Schliesslich ist auch die unentgeltliche Abgabe von Tabakerzeugnissen an Jugendliche unter 18 Jahren verboten[339].

Der Stadt Zürich blieb es vorbehalten, eine weitere Basis für die Einschränkung der Wertreklame zu finden, indem sie die Abgabe von Kinderballonen einer Bewilligung der städtischen Feuerpolizei unterstellte und die Abgabe solcher Ballone in Ladengeschäften im Monat Dezember und während der Ausverkäufe (die es in dieser Form ja seit 1995 nicht mehr gibt) generell verbot[340]. Die zeitliche Einschränkung lässt sich jedoch kaum mit feuerpolizeilichen Gründen rechtfertigen und ist wohl eher als wirtschaftspolitisches Motiv zu werten, indem der Umsatz in den Hauptverkaufszeiten nicht noch durch zusätzliche Marketingmassnahmen angekurbelt werden soll.

Neben diesen verwaltungsrechtlichen Einschränkungen ist schon gefordert worden, dass alle Waren, die durch Spezialgeschäfte vertrieben werden, nicht als Zugaben verschenkt werden dürfen[341]. Diese Forderung wird damit begründet, dass sonst die Gefahr bestehen könnte, dass auf bestimmte Branchengüter spezialisierte Detaillisten aus dem Markt verdrängt werden könnten, und es als unlauter angesehen werden müsse, wegen einer eigenen Werbemassnahme die Existenz von Mitbewerbern aufs Spiel zu setzen. Bei nur

---

[334] Verschreibungspflichtige Arzneimittel, Waffen; früher auch nur gegen Giftschein abgegebene Gifte der Giftklassen 1 und 2.
[335] Präparate der Verkaufskategorien A, B, C und D.
[336] Art. 20 Abs. 1 lit. h VE Arzneimittel-Werbeverordnung (AWV); bisher Art. 8 Abs. 1 lit. d IKS-WerbeRL.
[337] Art. 41 Abs. 1 lit. h und k sowie Art. 42b Abs. 2 Alkoholgesetz (AlkG, SR 680).
[338] Vgl. Art. 67 Abs. 2 Landwirtschaftsgesetz (LwG, SR 910.1).
[339] Art. 15 lit. f Tabakverordnung (TabV, SR 817.06).
[340] StRB betr. das Abfüllen und die Abgabe von Reklame- und Spielballons (BS Zch. 1, 558).
[341] W. *Schluep*, Lockvogelpreise und Lockvogelmarken im schweizerischen Recht, in: Prix et marques d'appel en droit comparé, S. 83; in diesem Sinne auch BGE 83/1957 II 464: Festival – bicyclettes gratuites pour enfants.

gelegentlich gewährten, geringfügigen Zugaben dürfte jedoch die Gefahr der Behinderung des Fachhandels nicht nennenswert sein.

c) Anforderungen an Gutscheine

Ein beliebtes Werbegeschenk bilden Gratis-Gutscheine, die zum verbilligten oder kostenlosen Bezug von Waren oder Leistungen berechtigen. Da längst nicht alle ausgegebenen Gutscheine eingelöst zu werden pflegen, bergen die Rückstellungen für noch nicht vorgelegte Bons oft eine beachtliche stille Reserve; das gleiche gilt auch für entgeltlich abgegebene Gutscheine (Geschenk-Gutscheine).

Sowohl Gratis- wie Geschenkgutscheine müssen auf dem Gutschein selbst die Bedingungen enthalten, zu denen die Waren oder Leistungen erhältlich sind; fehlen solche Angaben, so darf angenommen werden, dass die Gutscheine unbefristet sind und ohne Einschränkung eingelöst werden können[342]. Dabei ist aber auch der Frage nachzugehen, ob der Aussteller eines Gutscheins berechtig ist, dessen Gültigkeit auf eine relativ kurze Zeit, beispielsweise auf zwei Jahre, zu beschränken. Dies ist zu verneinen, denn die zeitliche Befristung eines Gutscheins stellt eine verkappte Abkürzung der gesetzlichen Verjährungsfristen dar. Der Aussteller eines Gutscheins kann zwar einseitig auf die Einrede der Verjährung verzichten, doch ist es nicht zulässig, die gesetzlichen Verjährungsfristen durch Verfügung der Beteiligten abzuändern[343]. Da diese für den Kleinverkauf von Waren fünf Jahre beträgt, geht es nicht an, Warengutscheine auf eine kürzere Zeitspanne zu befristen.

d) Persönliche Einschränkungen

Literatur: Rudolf *Gerber,* Zur Annahme von Geschenken durch Beamte des Bundes, ZStR 96/1979 243–263; Anne *Héritier,* Les pots-de-vin, Diss. GE 1981.

Exzesse einzelner multinationaler Unternehmen haben vor Augen geführt, dass Wertreklame vor allem bei Einzelpersonen erfolgreich eingesetzt werden kann, die in Firmen oder Verwaltungen an entscheidender Stelle stehen. Indessen ist schon lange bekannt, dass auch in der Schweiz Einkäufer grosser Unternehmen von Produzenten persönliche Vorteile erhalten, um beim Einkauf besser berücksichtigt zu werden.

---

[342] Grundsatz Nr. 3.8 der Schweiz. Lauterkeitskommission betr. Gratis-Gutscheine zu Werbezwecken.
[343] Art. 129 Obligationenrecht (OR, SR 220).

Das schweizerische Strafgesetzbuch stellt nur die nicht-akzessorische Wertreklame gegenüber Beamten und Angestellten einer öffentlichen Verwaltung und der Rechtspflege unter Strafe[344]. Solche aktiven Bestechungen sind verpönt, wenn sie in der Absicht erfolgen, den Beamten zu einer Verletzung seiner Amts- oder Dienstpflicht anzustiften. Verboten ist auch der Kauf von Stimmen von Gläubigern in Gläubigerversammlungen und Gläubigerausschüssen, von Mitgliedern einer Konkursverwaltung und von Stimmberechtigten[345]. Dem Verbot des Bestechens von Beamten entspricht das wettbewerbsrechtliche Verbot des Bestechens von Hilfspersonen eines Kunden[346]. Ein Arbeitnehmer oder Beauftragter eines Geschäftspartners darf nicht in die Lage versetzt werden, seine Treuepflicht gegenüber dem Prinzipal dadurch zu verletzen, dass dessen Interessen den eigenen hintangestellt werden. Dabei braucht es nicht zu einem pflichtwidrigen Verhalten zu kommen; es genügt, wenn der Treuepflichtige die Möglichkeit hätte, seine eigenen Rechte und Interessen in unredlicher Art wahrzunehmen.

Wertreklame gegenüber Angestellten und Beauftragten eines Geschäftspartners ist immer dann unerlaubt, wenn ihm Vorteile in Aussicht gestellt werden, auf welche er keinen Anspruch hat oder welche nicht üblich sind. Was üblich ist, entscheidet sich nach Verkehrsauffassung und bewährter Kaufmannssitte. So sind üblich etwa bescheidene Höflichkeitsgeschenke zu Weihnachten, Trinkgelder an bestimmte Angestellte mit bescheidenem Einkommen oder auch Vermittlungsprovisionen an beauftragte Makler und andere selbständige Auftragnehmer. Ungebührlich sind demgegenüber alle Geschenke, Umsatzprämien und andere Provisionen, die einem Angestellten hinter dem Rücken seines Arbeitgebers entrichtet werden, um ihn günstig zu stimmen.

Erstaunlicherweise hatten sich die schweizerischen Gerichte noch nie mit Angestelltenbestechungen zu befassen, weder zivilrechtlich noch strafrechtlich. Dies darf freilich nicht dahin ausgelegt werden, dass es keine derartigen Praktiken gäbe. Da die lauterkeitsrechtlichen Delikte nur auf besonderen Strafantrag des Geschädigten hin verfolgt werden, heisst das Fehlen von Präjudizien offenbar höchstens, dass kein Wettbewerber darauf erpicht ist, die auch von ihm eingehaltenen Bräuche und Missbräuche bloss zu stellen oder das Verhältnis zwischen Lieferanten und Verkäufern zu belasten.

---

[344] Art. 288 Strafgesetzbuch (StGB, SR 311.0).
[345] Art. 168, 281 StGB (Fn 344).
[346] Art. 4 lit. b UWG (SR 241).

2. Akzessorische Wertreklame (Zugaben)

Wird ein Werbegeschenk nur im Zusammenhang mit einem Hauptgeschäft angeboten, spricht man von akzessorischer Wertreklame. Die werbliche Vergünstigung wird nur unter der Bedingung des Abschlusses eines konkreten Hauptgeschäftes, von Kauf oder Auftragserteilung gewährt. Diese Art der Werbung wird eingeschränkt durch die Lotteriegesetzgebung, wenn sie nur einem zufälligen Teil in Aussicht gestellt wird.

In der Literatur sind verschiedene Beispiele genannt worden, welche die Anpreisung einer Zugabe als lauterkeitsrechtlich unlauter erscheinen lassen. So ist argumentiert worden, ein Hinweis auf die Unentgeltlichkeit der Zugaben sei täuschend, da deren Kosten im Verkaufspreis einkalkuliert seien[347], oder es ist im Zusammenhang mit dem Wahrhaftigkeitsgrundsatz in der Werbung gar postuliert worden, es müsse aus der Preisangabe unzweideutig ersichtlich sein, welcher Anteil auf die Zugabe entfalle, und der Käufer müsse die Wahl haben, auf die Zugabe zu verzichten und sich den auf sie entfallenden Betrag direkt vom Preis abziehen zu lassen[348]. In der Praxis sind jedoch noch keine Prozesse bekannt geworden, welche die Zugaben deswegen verurteilt hätten. Dem ist auch – zum Mindesten heute – besser so. Der Verbraucher hat sich an die vielen grösseren und kleineren Zugaben gewöhnt. Er hat begriffen, dass die Wirtschaft auf Gewinn ausgelegt ist und daher in der Regel nichts unentgeltlich zu haben ist. Zudem darf man heute wohl davon ausgehen, dass er seinen Vorteil zu wahren und die attraktiven Zugaben vom Schund zu trennen weiss. Heute wäre eine Regelung des Zugabewesens einzig noch im Zusammenhang mit dem Kinder- und Jugendschutz aktuell, da höchstens noch Minderjährige der Suggestivwirkung von Zugaben erliegen und sich dabei von unsachgemässen Motiven zum Kaufentschluss bewegen lassen.

3. Nicht-akzessorische Wertreklame (Werbegaben)

Nicht-akzessorische oder abstrakte Werbegeschenke werden verteilt, damit der Kunde kauft, und nicht etwa, weil er kauft. Irgend eine Bedingung ist mit der Abgabe des Reklamegegenstandes nicht verknüpft. Oft werden aber die Interessenten psychologisch derart in die Enge getrieben, dass sie sich trotz aller Freiwilligkeit gezwungen fühlen, etwas zu kaufen. In solchen Fällen ist

---

[347] *Meister,* Wettbewerbsrechtliche Beurteilung des Zugabewesens, S. 92, 110.
[348] *Pedretti,* Wettbewerb und Zugabewesen, S. 101

freilich nicht das Werbegeschenk unlauter, sondern die damit zusammenhängende psychologische Beeinflussung. Eine solche fehlt, wenn Reklamegeschenke und Kaufeinladungen örtlich und zeitlich getrennt erfolgen.

Ein besonders krasses Beispiel solcher psychologischer Beeinflussung durch Wertreklame sind die Werbefahrten, zu welchen vor allem Rentner und Rentnerinnen eingeladen werden. Diese vermögen die Absichten des Veranstalters nicht immer zu durchschauen und kaufen dann zum Dank für die Einladung teure und oft auch unnütze Haushaltsartikel. Oft werden auch Interessenten dadurch zu Werbeveranstaltungen gelotst, dass man ihnen weismacht, sie hätten in einer Gratisverlosung einen wertvollen Preis gewonnen und müssten diesen nur noch persönlich abholen. Solche Ankündigungen sind unlauter, da sie den Reklamezweck der Veranstaltungen verschweigen und so gegen das Gebot der Erkennbarkeit der Werbung verstossen.

Wegen der festgestellten Missstände können Käufe an Ausflugsfahrten oder ähnlichen Anlässen seit 1991 binnen sieben Tagen widerrufen werden[349]. Die Kunden müssen schriftlich über Form und Frist des Widerrufs orientiert werden. Wurde die Ware bereits anlässlich der Werbefahrt ausgeliefert, ist sie nach der Erklärung des Widerrufs zurückzuerstatten.

B. Werbung mit Werbegewinnspielen (Wettbewerbe und Glücksspiele)

Literatur: Willy *Staehelin,* Das Bundesgesetz betreffend die Lotterien und gewerbsmässigen Wetten vom 8.6.1923 als Strafgesetz, Diss. ZH 1941; Alfred *Matti,* Lotterie und Ausspielgeschäfte, SJK 631a, Genf 1943; Oscar *Schürch,* Das bundesrechtliche Verbot der Spielbanken, Diss. BE 1943; Heini *Daeniker,* Das bundesrechtliche Verbot der Spielbanken, Diss. 1944; Christian *Klein,* Die Ausnützung des Spieltriebes durch Veranstaltungen der Wirtschaftswerbung und ihre Zulässigkeit nach schweizerischem Recht, Zürich 1970; Anne-Catherine *Imhoff-Scheier,* La validité des jeux-concours publicitaires envoyés par correspondance, ZSR 104/1985 I 25–65; Georg *Müller,* Aktuelle Rechtsfragen des Lotteriewesens, ZBl 89/1988 141–159; Hanspeter *Zweng,* Die wettbewerbsrechtliche Beurteilung der Werbung mit Gewinnspielen in Deutschland, Österreich, Schweiz, Frankreich umd dem Vereinigten Königreich von Grossbritannien und Nordirland, München 1993.

---

[349] Art. 40b lit. c Obligationenrecht (OR, SR 220); vgl. hinten Kap. IV.B.4, Vertriebsveranstaltungen in Gaststätten, Privathaushalten oder anlässlich von Werbefahrten, S. 245.

1. Bedeutung

Werbegewinnspiele erfreuen sich nach wie vor grosser Beliebtheit. Ob deren Popularität bei den Umworbenen oder bei den Werbenden grösser ist, lässt sich freilich nur schwer feststellen. Bekannt ist jedenfalls, dass die Teilnehmerzahlen sowohl bei einfachen wie bei schwierigen Wettbewerben gewöhnlich unerwartet gross sind und dass ein guter Prozentsatz aller Konsumenten mehrmals pro Jahr an einem Wettbewerb teilnimmt[350]. Für den Werbenden sind Werbegewinnspiele insofern interessant, als damit das Publikum veranlasst wird, sich mit dem geschäftlichen Angebot des veranstaltenden Unternehmens zu befassen. Dies ermöglicht es, gewisse Vorteile einer bestimmten Leistung hervorzuheben oder auch eventuelle Vorurteile abzubauen. So lässt sich eine Werbebotschaft auf indirekte und wenig aufdringliche Art übermitteln; die Freude am Spiel fördert zudem die Aufnahmebereitschaft für eine solche Botschaft.

Den Behörden ist nicht verborgen geblieben, dass die Ausnützung des Spieltriebes selbst im erlaubten Rahmen geeignet ist, den Umsatz zu fördern. Aus diesem Grund verbietet das Heilmittelrecht die Abgabe von Losen und damit auch die Durchführung von Gratiswettbewerben für sämtliche Arzneimittel, die nur in Apotheken oder Drogerien verkäuflich sind[351]. Damit soll der unbedachte Konsum solcher Medikamente verhindert werden.

2. Verbot von Spielbanken und Lotterien

a) Grundsatz

Die Bundesverfassung erklärt die Gesetzgebung über Glücksspiele und Lotterien zur Sache des Bundes[352]. Diese Priorität entspringt in erster Linie volkswirtschaftlichen und wirtschaftspolitischen Überlegungen, soll doch damit das schweizerische Publikum vor unnötigem Geldausgeben bewahrt werden (aber auch dem Bund eine regelmässig sprudelnde Einnahmequelle erschlossen werden). Die vom Bund erlassene Ausführungsgesetzgebung mündet denn auch in ein prinzipielles Verbot von Glücksspielen ausserhalb der konzessionierten Spielbanken und Kursäle sowie der Lotterien aus.

---

[350] Vgl. *Klein*, Ausnützung des Spieltriebes, S. 26 A. 2.
[351] D.h. Heilmittel der Verkaufskategorien A – D, Art. 20 Abs. 1 lit. h AWV, bisher Art. 8 lit. f IKS-WerbeRL.
[352] Art. 106 Bundesverfassung (SR 101); F. *Gygi*, Wirtschaftsverfassungsrecht, S. 86.

Für Glücksspiele und Lotterien ist kennzeichnend, dass gegen Leistung eines Einsatzes ein vom Zufall abhängiger Gewinn in Aussicht gestellt wird. Nicht notwendig ist es, dass eine ständige oder gar gewerbsmässige Einrichtung besteht, welche Gelegenheit zum Spiel um Gewinne bietet. Auch nichtständige Einrichtungen fallen unter die Terminologie des Gewinnspiels, sei es als spielbankähnliche Unternehmung oder als Gelegenheitslotterie (z.B. Tombola). Massgebend ist somit nur das gleichzeitige Vorhandensein der drei Elemente Einsatz, Gewinn und Zufall[353].

Der Unterschied zwischen Glücksspiel und Lotterie liegt im Element der Planmässigkeit: Wird über Erwerb, Grösse oder Beschaffenheit der Gewinne durch Aufstellung eines Ziehungsplanes entschieden, handelt es sich um eine Lotterie; fehlt jedoch die Planmässigkeit, so liegt eine Glücksspiel vor.

Der Unterschied ist insofern von Bedeutung, als ein Glücksspiel nur dann unter das Spielbankenverbot fällt, wenn ein besonderer Einsatz in Geld geleistet wird. Demgegenüber sind Lotterien auch dann verboten, wenn der Einsatz in Form des Abschlusses eines Rechtsgeschäftes (z.B. Kauf eines Produktes zum üblichen Preis, sog. Kaufzwang) geleistet wird.

b) Erlaubte Spiele

Aufgrund obiger Ausscheidungen sind daher die bundesrechtlichen Verbote über das Lotterie- und Spielbankwesen auf folgende Typen von Wettbewerben nicht anwendbar:
– Wettbewerbe, deren Teilnahme nicht von der Leistung eines Einsatzes oder vom Abschluss eines Rechtsgeschäftes abhängig ist (Gratisverlosungen);
– Wettbewerbe, deren Ausgang nicht vom Zufall abhängt, sondern hauptsächlich auf Geschicklichkeit beruht (Preisausschreiben, Geschicklichkeitsspiele);
– Wettbewerbe, bei denen über die Gewinne nicht planmässig entschieden (es erhält z.B. jeder Gewinner den gleichen Preis) und bei welchen kein besonderer Geldeinsatz geleistet wird;
– Wettbewerbe, bei denen kein vermögensrechtlicher Vorteil, sondern höchstens eine Ehrenurkunde oder dergleichen als Gewinn in Aussicht gestellt wird (preislose Wettbewerbe).

---

[353] Art. 3 Abs. 1 Spielbankengesetz (SBG, SR 935.52), Art. 1 Abs. 2 BG betr. die Lotterien und die gewerbsmässigen Wetten (Lotteriegesetz, SR 935.51).

Dass diese Wettbewerbstypen nicht per se verboten sind, besagt freilich nicht, dass sie keinen Vorschriften unterliegen würden. Die allgemeinen Vorschriften über die Werbung, wie namentlich die Grundsätze der Wahrheit und Klarheit, sind auch bei der Durchführung von erlaubten Gewinnspielen zu beachten[354].

Die Bundesverfassung überlässt die Zulassung von Geschicklichkeitsspielautomaten mit Gewinnmöglichkeit den Kantonen[355]. Diese können somit das Aufstellen von solchen Automaten, die einen Geld- oder Warengewinn abgeben, verbieten oder einschränken. Das Verbot von Spielautomaten ausserhalb von Spielbanken verletzt nach Meinung des Bundesgerichtes die Wirtschaftsfreiheit nicht, da sich die Kontrolle solcher Apparate wegen der Gefahr heimlicher Abänderungen besonders aufwändig gestaltet und damit unverhältnismässig wird[356]. Auch wird dadurch die persönliche Freiheit im verfassungsrechtlich geschützten Kernbereich freier menschlicher Betätigung nicht eingeschränkt[357].

c) Ausnahmen vom Lotterieverbot

Vom bundesrechtlichen Lotterieverbot sind ausgenommen Tombolas, Lotterien zu gemeinnützigen oder wohltätigen Zwecken, Totalisatoren bei Rennen sowie Prämienanleihen[358].

Tombolas sind Lotterien mit Naturalgewinnen oder Warengutscheinen, die von einem Verein oder einer vergleichbaren Organisation als Teil eines Unterhaltungsanlasses des Vereins veranstaltet werden[359] und bei denen die Ausgabe und Ziehung der Lose und die Ausrichtung der Gewinne im unmittelbaren Zusammenhang mit dem Unterhaltungsanlass erfolgen. Zu den Unterhaltungsanlässen sind in diesem Zusammenhang auch Veranstaltungen allgemeinen Charakters, namentlich Messen und Ausstellungen zu zählen. Solche Tombolas unterstehen nicht dem eidgenössischen, sondern dem kantonalen Recht. Die Kantone sind frei, sie zu bewilligen oder zu verweigern; eine Verweigerung kann auch aus anderen als polizeilichen Gründen erfolgen, insbesondere auch aus volkswirtschaftlichen Überlegungen. Entspre-

---

[354] Vgl. hinten, Ziff. 5, Lauterkeitsrechtliche Anforderungen an Lotterien, S. 98.
[355] Art. 106 Abs. 4 Bundesverfassung (BV, SR 101).
[356] BGE 101/1975 Ia 344: BL, 106/1980 Ia 193: BS; BGer in ZBl 79/1978 80: Geldspielautomaten GR.
[357] BGE 101/1975 Ia 346: BL.
[358] Art. 2 und 3 Lotteriegesetz (Fn 353).
[359] Oder auch gerade den Hauptzweck eines solchen Anlasses bilden, wie z.B. Lottoveranstaltungen, vgl. BGE 106/1980 IV 152: Lotto.

chend können die Kantone auch verbieten, die Organisation von Tombolas an Berufslottiers zu vergeben[360], um so mehr, als auch bewilligte Lotterien nicht gewerbsmässig vermittelt werden dürfen[361]. Die Kantone stellen Tombolas im Allgemeinen nicht der Werbung zur Verfügung, mit Ausnahme von kantonalen Ausstellungen allgemeinen Charakters.

Für Lotterien zu gemeinnützigen oder wohltätigen Zwecken, Totalisatoren, Prämienanleihen und dergleichen sind Ausnahmebewilligungen erhältlich, doch sind bis anhin keine bekannt geworden, die für ein Werbegewinnspiel erteilt worden wären. Als Werbeträger für solche Lotterien kommen zudem nur lokale Tageszeitungen, nicht aber Zeitschriften und illustrierte Zeitungen allgemein schweizerischen Charakters in Frage[362]. Die Kantone können auch weitere Massnahmen vorsehen, um einer Spielsucht oder Spielwut der Bevölkerung entgegenzuwirken. Sie können beispielsweise die Tätigkeit von Berufslottiers, d.h. von Personen, die gewerbsmässig im Auftrag von Vereinen Lottos durchführen, verbieten[363].

Solange eine Bewilligung für eine Lotterie oder lotterieähnliche Unternehmung nicht vorliegt, ist jegliche Werbung für die Veranstaltung oder für den Verkauf von Losen verboten, insbesondere auch mündliche oder schriftliche Ankündigung, Plakatanschlag, Zeitungsreklame, Direktwerbung[364]. Dieses umfassende Werbeverbot findet jedoch keine Anwendung auf Spielbanken; für solche ist die Werbung nicht verboten. Das hat zur Folge, dass beispielsweise für ausländische Lotterien in der Schweiz nicht Werbung betrieben werden darf[365], wohl aber für den Spielbetrieb in ausländischen Kursälen oder für ausländische Spielbanken[366].

---

[360] BGE 103/1977 Ia 365: Berufslottier.
[361] OGer ZH in SJZ 66/1970 103 Nr. 54.
[362] Art. 8 Abs. 2 lit. b der Interkantonalen Vereinbarung betr. Lotterien vom 26.5.1937 (ZGS 553.2).
[363] VerwGer AG in ZBl 78/1977 229: Berufslottiers.
[364] Art. 4 und 33 Lotteriegesetz (Fn 353); BGE 53/1927 I 416: Klassenlotterie.
[365] BGE 53/1927 I 418: Klassenlotterie.
[366] A.M. *Saladin*, Recht auf Werbung, S. 248. Auch die Bundesanwaltschaft vertritt gestützt auf ein unveröffentlichtes Gutachten von Bundesrichter A. *Panchaud* aus dem Jahre 1955 die Meinung, Art. 4 des Lotteriegesetzes finde sinngemäss auch auf die Definition des Betriebs einer Spielbank Anwendung, weshalb die Strafverfolgungskompetenz an die Kantone delegiert worden sei.

III. Besondere Vorschriften für einzelne Werbemedien

d) Sanktionen

Die Ausgabe oder Durchführung einer verbotenen oder nicht bewilligten Lotterie ist mit Strafe von CHF 20'000 Busse oder drei Monaten Haft bedroht[367]. Strafbar ist auch die fahrlässige Ausgabe und Durchführung einer Lotterie, nicht aber das Einlegen durch den Teilnehmer[368]. Das Betreiben eines Glücksspiels ausserhalb einer konzessionierten Spielbank wird sogar bei Vorsatz mit Haft bis zu drei Monaten oder mit Busse bis zu CHF 500'000 und bei Fahrlässigkeit mit Busse bis zu CHF 250'000 bestraft[369]; auch hier geht der Teilnehmer straffrei aus.

3. Lotterien und Lotteriemerkmale

a) Teilnahmeberechtigung

Der Veranstalter einer Lotterie ist berechtigt, die Teilnahmeberechtigung an Lotterien nach Gutdünken einzuschränken, beispielsweise auf die Empfänger seiner Wettbewerbsausschreibung. Dadurch werden natürlich die Gewinnchancen vergrössert. Um glaubhaft zu wirken, werden in der Regel die Angestellten des Veranstalters und der beauftragten Werbeagentur ausdrücklich von der Wettbewerbsteilnahme ausgeschlossen. Auch dürfen die Teilnehmer zur Beantwortung weiterer, mit dem Wettbewerb in keinem direkten Zusammenhang stehenden Fragen angehalten werden. Oft werden denn auch Wettbewerbe mit Marktforschungen zum Bedarf und Beurteilung der Produkte des Veranstalters verbunden.

Ist die Teilnahmeberechtigung an bestimmte Bedingungen geknüpft, so hat sich der Veranstalter durch geeignete Fragen nach dem Einhalten dieser Bedingungen zu erkundigen. Wer in den Teilnahmebedingungen ein Mindestalter vorschreibt, im Einsendetalon dagegen nicht nach dem Geburtsjahr fragt, verhält sich widersprüchlich und hat die Folgen unklarer Wettbewerbsbedingungen zu tragen: Im genannten Beispiel wäre der Preis auch auszuhändigen, wenn sich im Nachhinein herausstellen sollte, dass der Gewinner das Mindestalter noch nicht erreicht hat.

---

[367] Art. 38 Abs. 1 Lotteriegesetz (Fn 353) i.V.m. Art. 333 Abs. 2 StGB (Fn 344).
[368] Art. 38 Abs. 2 Lotteriegesetz (Fn 353). Auch bei Spielbanken ist nur derjenige strafbar, welcher der Trägerschaft (Spielervereinigung) angehört, BGE 108/1982 IV 117: gewohnheitsmässiger Spieler.
[369] Art 56 Abs. 1 lit. a und Abs. 2 Spielbankengesetz (SBG, Fn 353).

b) Verbindlichkeit

Die in einem Glücksspiel versprochenen Gewinne sind nur einklagbar, falls sie von einer von der zuständigen in- oder ausländischen Behörde bewilligten Spielbank zugesichert worden sind; demgegenüber entstehen selbst aus gesetzlich zugelassenen Lotterien keine klagbaren Forderungen[370]. Dies ist denn auch der Grund, warum viele Veranstalter von Gewinnspielen einigermassen schnöde verkünden, über den Wettbewerb werde keine Korrespondenz geführt. Doch widerspricht es natürlich einem lauteren Geschäftsgebaren, wenn zwar Wettbewerbspreise angekündigt, diese aber nicht ausgerichtet werden.

Ein Wettbewerb kann jedoch zu einem klagbaren Preisausschreiben gemäss Art. 8 OR werden, wenn die von den Teilnehmern zu erbringende Leistung für den Veranstalter von Interesse ist. Dies ist beispielsweise dann der Fall, wenn die Teilnehmer aufgefordert werden, einen Slogan oder ein Logo für den Veranstalter zu kreieren, und für die besten Lösungen Preise ausgesetzt werden. Kein Preisausschreiben liegt dagegen vor, wenn der Veranstalter an der Wettbewerbsfrage kein eigenes Interesse hat, sei es, dass er die Antwort bereits kennt (z.B.: Wie viele Speichen hat das Lenkrad unseres neuesten Automodells?), oder sei es, dass sie für ihn kommerziell wertlos ist (z.B.: Wie hoch ist der höchste Kirchturm von Bern?).

c) Einsatz

Literatur: Urs *Saxer*, Die Lotterie mit der Lotterie: Sind Telefongebühren Lotterieeinsätze? Medialex 1997 187–188.

Nur solche Spiele können (verbotene) Lotterien oder Glücksspiele sein, bei denen ein Einsatz geleistet wird. Da es bei Werbegewinnspielen relativ selten ist, dass ein besonderer Einsatz zum Mitmachen geleistet werden muss, gilt bei Lotterien (nicht aber bei Glücksspielen) auch das indirekte Erbringen einer Leistung in Form des Abschlusses eines Rechtsgeschäftes (Kaufzwang) als Einsatz. Der Einsatz muss mit der Teilnahme am Spiel in direktem Zusammenhang stehen und gerade (auch) im Hinblick auf einen erhofften Gewinn geleistet worden sein. Die erst später bekannt gegebene Möglichkeit, wegen eines bereits abgeschlossenen Rechtsgeschäfts an einem Werbegewinnspiel teilnehmen zu können, fällt nicht unter das gesetzliche Verbot, da der Spieltrieb der Teilnehmer nur dann auf unlautere Weise ausgenützt wird, wenn sie schon bei der Bestellung oder beim Kauf wissen, dass sie an einem

---

[370] Art. 513 und 515a Obligationenrecht (OR, SR 220).

Glücksspiel teilnehmen; der Abschluss des Rechtsgeschäftes hat ja gerade im Zusammenhang mit der Lotterie zu erfolgen[371].

Auf die Höhe des Einsatzes kommt es nicht an. Schon ein ganz bescheidener, symbolischer Einsatz genügt[372]. Der Einsatz muss nicht notwendigerweise gegenüber dem Veranstalter geleistet werden; das Lotteriegesetz bekämpft ja nicht die Einnahmen der Veranstalter, sondern das spielerische Geldausgeben der Teilnehmer. Ein Einsatz ist daher auch dann anzunehmen, wenn die Teilnehmer beispielsweise nur nach Einzahlung eines bestimmten Betrages an eine gemeinnützige Organisation am Wettbewerb teilnehmen können.

Immerhin gilt die Finanzierung der Übermittlung der Wettbewerbsdokumente (Transportkosten) wie etwa die für das Anfordern des Wettbewerbsformulars auszulegende Telefongebühr oder das für die Einsendung der Lösung aufzuwendende Briefporto nicht als Einsatz[373], erfolgt doch die Teilnahme nicht «gegen» Auslage des Briefportos; anders wäre es höchstens dann, wenn der Teilnehmer ein Rückporto beizulegen oder die Lösung mittels Telefonnummer mit Extragebühr (Telekiosk, Telebusiness) bekannt zu geben hätte[374].

Ein Kaufzwang liegt vor, wenn ein Teilnehmer nur wegen des Kaufs eines bestimmten Produktes eine Gewinnchance erhält. Es spielt keine Rolle, ob das Produkt beim Veranstalter gekauft wird; es genügt, wenn ein solches bei einem Wiederverkäufer oder Detaillisten erstanden werden muss. Doch kann es nicht als Kaufzwang angesehen werden, wenn Wettbewerbsformulare nur in Zeitungen, die vom Veranstalter unabhängig sind, erscheinen und diese gekauft werden müssen. Dadurch würde ein unhaltbarer Unterschied zur Werbung in Gratisanzeigern entstehen.

Eine Lotterie liegt bereits vor, wenn nur ein Teil der Teilnehmer Produkte kaufen muss, weil der andere Teil vielleicht schon im Besitze solcher ist oder weil ihm deutlich gesagt worden ist, dass er nicht zu kaufen braucht. Andererseits ist eine Veranstaltung gesetzeskonform, wenn jeder Teilnehmer die Möglichkeit hat, am Wettbewerb ohne Kaufzwang teilzunehmen; unwesentlich ist es demnach, ob die Teilnehmer zwar kaufen oder einen Einsatz lei-

---

[371] BGE 98/1972 IV 296: Sawaco-Slips; gl.M. Chr. Klein, S. 94; OGer SO in ZBJV 63/1927 469: Nussgold-Wettbewerb; a.A. BGE 69/1943 IV 125: Gutscheine.
[372] BGE 59/1933 I 102: 25 Rp., 85/1959 I 178: durchschnittlich 1.6 Rp., 103/1977 IV 219: Colato-Club.
[373] BGE 123/1997 IV 179: Fliegen Sie zu 007, 125/1999 IV 221: Kreuzworträtsel-Wettbewerb.
[374] OGer ZH in ZR 26/1927 Nr.51 S. 124: Fussballspiel-Vorhersage, BGE 123/1997 IV 179: Fliegen Sie zu 007.

sten können, dies zum Erlangen einer Gewinnchance aber nicht müssen[375], oder ob sie zwar zu einem Kauf eingeladen werden, ihnen gleichzeitig aber deutlich gesagt wird, dass ein solcher wohl erwünscht, aber nicht Bedingung sei[376].

Von einem Kaufzwang kann kaum die Rede sein, wenn die gekaufte Ware bedingungslos zurück gegeben werden kann. Dagegen ist ein Kaufzwang jedenfalls zu bejahen, wenn die Rückgabemöglichkeit nur bei Unbrauchbarkeit der Ware besteht[377]. Ebenfalls ist ein solcher zu bejahen, wenn sich die richtige Lösung der Wettbewerbsfrage praktisch nur durch einen Kauf eines bestimmten Produktes finden lässt[378], beispielsweise die Frage nach den Bestandteilen eines Kugelschreibers. Ein Kaufzwang wäre wohl zu verneinen, wenn sich die Lösung auf den Packungen bestimmter Waren finden lässt und diese in Selbstbedienungsläden frei einsehbar sind. Doch kann der Kaufzwang auch nur psychologisch vorhanden sein, z.B. wenn das Wettbewerbsformular erst nach einem längeren Kaufgespräch oder einer Testfahrt abgegeben wird.

Ein Kaufzwang liegt nicht vor, wenn als Preise Gutscheine winken, die nur beim Veranstalter eingelöst werden können, wobei möglicherweise noch etwas hinzu bezahlt werden muss. Denn der Kaufzwang ist lediglich zur Teilnahme an einer Lotterie verpönt, nicht aber zur Realisierung des Gewinns. Der Teilnehmer hat ja grundsätzlich keinen verbrieften Anspruch auf einen Gewinn, sondern nur auf eine Gewinnchance, weshalb es nicht unzulässig ist, Gewinne so auszusetzen, dass noch ein zusätzlicher Aufwand geleistet werden muss. Viele Wettbewerbspreise lassen sich nur vernünftig realisieren, wenn auch eigenes Geld investiert wird (z.B. der Gewinn einer Pauschalreise oder eines Autos). Der Gewinner muss sich in solchen Fällen zwar überlegen, ob er die zusätzliche Investition aufbringen oder nicht lieber auf den Gewinn verzichten will; mit einem Spielrisiko hat dieser Entscheid aber nichts zu tun. Anders sind selbstverständlich jene Fälle zu entscheiden, in denen die Kunden eingeladen werden, Güter zu kaufen oder zu konsumieren, die bei Eintritt einer zufälligen Bedingung unentgeltlich oder verbilligt abgegeben werden. In diesem Fall muss der Teilnehmer zuerst ein Rechtsgeschäft abschliessen, bevor er am Gewinnspiel teilnehmen kann.

---

[375] BGE 125/1999 IV 221: Kreuzworträtsel-Wettbewerb.
[376] A.M. OGer ZH in SJZ 60/1964 101 Nr. 58 = ZR 63/1964 Nr. 137: Orangina.
[377] Rekurskommission TG in Mitt. 1977 210: Crème-Töpfe mit Goldstücken. Die Schweiz. Lauterkeitskommission erachtet einen Kaufzwang schon als gegeben, wenn bloss eine probeweise Bestellung eingereicht werden muss (Grundsatz Nr. 3.10 Ziff. 1 der Schweiz. Lauterkeitskommission betr. garantierte Rückgabemöglichkeit).
[378] OGer ZH in SJZ 60/1964 101 Nr. 158 = ZR 63/1964 Nr. 137: Orangina.

Massgebend dafür, ob ein Einsatz gefordert ist oder nicht, ist nicht die objektive Durchführung der Veranstaltung, sondern allein die subjektive Meinung des Teilnehmers. Ist er der Ansicht, zum Erlangen einer Gewinnchance zuerst eine finanzielle Leistung erbringen zu müssen, so ist das Merkmal des Einsatzes vorhanden. Dabei ist von der Unterscheidungsfähigkeit des durchschnittlichen Publikums auszugehen, bei welchem erfahrungsgemäss nicht vorausgesetzt werden kann, dass ihm ein besonderer Scharfsinn eigne oder dass es bei der heutigen Flut der Reklame den Werbetext kritisch analysiere. Es ist deshalb Sache des Wettbewerbsveranstalters, die Bedingungen, unter denen an diesem teilgenommen werden kann, klar zu formulieren[379].

d) Gewinn und Gewinnplan

Der Spieltrieb lässt sich am besten ausnützen, wenn Gewinne in Aussicht gestellt werden. Unter Gewinn ist ein vermögensrechtlicher Vorteil zu verstehen, der zwar bescheiden sein kann[380], aber immerhin ökonomisch nutzbar sein muss. Blosse Ehrenurkunden sind daher noch keine Gewinne, wohl aber Warengutscheine, Vergünstigungen, Gratisreisen und dergleichen. Auch können nur solche Vorteile als Gewinne bezeichnet werden, die dem Teilnehmer ohne konkrete Gegenleistung zufliessen, im Gegensatz zu solchen, die aufgrund von persönlichen Anstrengungen (Arbeit im weitesten Sinne), Beharrlichkeit, Talent oder Geschick ausgerichtet werden; keine Gewinne sind daher Umsatzboni oder Provisionen.

Der Veranstalter hat grundsätzlich zwei Möglichkeiten, um einen Gewinn auszusetzen. Er kann entweder die Gewinne begrenzen und für deren Zuteilung einen Ziehungs- oder Verlosungsplan aufstellen. Seine Leistungen stehen damit von vornherein fest; er geht im Rahmen seines Budgets kein eigenes Risiko ein. Oder er kann beim Spiel selbst mitspielen und beispielsweise allen Teilnehmern oder allen Teilnehmern mit richtigen Lösungen einen Gewinn versprechen. In diesem Falle geht der Veranstalter selbst ein erhebliches Verlustrisiko ein, indem er unter Umständen Leistungen erbringen muss, mit denen er niemals gerechnet hat.

Werden die ausgesetzten Gewinne vom Veranstalter exakt begrenzt, indem er einen Ziehungsplan oder eine Ziehungsliste aufstellt und z.B. für Geldgewinne eine bestimmte Höchstgrenze vorsieht oder nur eine bestimmte Anzahl oder ein bestimmtes Sortiment von Waren als Gewinne zur Verfügung

---

[379] BGE 98/1972 IV 300: Sawaco-Slips, 99/1973 IV 29: Merkur-Kaffe-Roulette; Polizeiabt. in VEB 23/1953 129 Nr. 59a: Pseudogratiswettbewerb.
[380] BGE 85/1959 I 171: durchschnittlich 1,6 Rappen.

stellt, so spricht man von einem «planmässigen» Gewinnentscheid. Das Merkmal der Planmässigkeit ist für die Begriffsbestimmung der Lotterie wesentlich. Veranstaltungen, bei denen das Merkmal der Planmässigkeit fehlt, sind keine Lotterien[381]. Die Bewilligungsbehörden erliegen zuweilen der Versuchung, das Merkmal der Planmässigkeit etwas zu strapazieren, und sie haben auch schon das Vorhandensein eines blossen Finanzplans, wie er von einer Spielbank zur Berechnung ihres Risikos aufgestellt wird, als Element der Planmässigkeit genügen lassen[382]. Mit dem Begriff der Planmässigkeit wollte der Gesetzgeber aber gerade die Lotterien von den Spielbanken unterscheiden, so dass es nicht angeht, diesen Unterschied durch extensive Auslegung des Begriffs der Lotterieplanmässigkeit wieder zu verwischen.

Planmässigkeit ist aber nicht nur vorhanden, wenn die Hauptgewinne zahlenmässig begrenzt sind, sondern schon dann, wenn die Zahl der ausgesetzten Gewinne in einem direkten Verhältnis zur Zahl der Teilnehmer steht und diese einen besonderen Einsatz zu leisten haben. Denn der Veranstalter kann in solchen Fällen sein Risiko ebenfalls begrenzen, indem er beispielsweise jedem 50. aller Teilnehmer, die einen Einsatz geleistet haben, einen Preis verspricht, der wiederum aus diesen Einsätzen finanziert werden kann[383]. Solche Veranstaltungen sind Zugabeaktionen gleichzusetzen, welche im Rahmen des Budgets kein Risiko für den Veranstalter beinhalten. Ähnlich verhält es sich bei den zuweilen auf Jahrmärkten und ähnlichen öffentlichen Festanlässen anzutreffenden Verkäufen von «Päckli-Losen» (Wundertüten); zwar wird dem Käufer gegen Bezahlung eines Preises in jedem Falle irgendeine Ware abgegeben, doch hat er beim Abschluss des Kaufes noch keine Ahnung, was die Verpackung enthält. Der Käufer erhält für seinen Einsatz einen Gegenwert, dessen Grösse und Beschaffenheit dem Zufall überlassen bleibt. Da der Verkäufer den Gesamtwert der angebotenen Überraschungspackungen genau kennt und den durchschnittlichen Wert jedenfalls unter dem zu zahlenden Einsatz kalkulieren wird, ist auch das Moment der Planmässigkeit gegeben[384]. Dieses fehlt jedoch, wenn die Höhe der Hauptgewinne oder deren Anzahl von Faktoren abhängt, auf welche der Veranstalter keinen Einfluss hat (z.B. Lotto).

---

[381] BGE 99/1973 IV 31: Merkur-Kaffe-Roulette.
[382] BA f. Polizeiwesen in VEB 47/1983 I 93 Nr. 19, gestützt auf ein Rechtsgutachten von Samuel *Tenger*.
[383] BGE 62/1936 I 50: Wettbewerb.
[384] BGE 52/1926 I 66: Kartenbündel, 58/1932 I 279: Überraschungscouverts, 85/1959 I 176: Spielapparate; dagegen fehlt es am Element des Zufalls, wenn die blind eingekaufte Ware bedingungslos gegen andere ausgetauscht werden kann: BGE 103/1977 IV 219: Colato-Club.

Keine Planmässigkeit liegt vor, wenn als erster Preis eine Geldsumme ausgesetzt wird, die von der Anzahl der Teilnehmer abhängig ist, nicht aber, wenn dem Gewinner die Wahl gelassen wird zwischen einer Ferienreise oder einem bestimmten Barbetrag. Im ersteren Falle ist das Verlustrisiko nicht beschränkt: Der Veranstalter kann sein Risiko zwar schätzen, aber nicht berechnen. Anders im zweiten Falle, wo das Höchstrisikogenau ermittelt werden kann. Das eigene Risiko kann durch blosse Wahrscheinlichkeitsrechnungen nicht ausgeschlossen werden. Die Wahrscheinlichkeitsrechnung versucht nur, den Zufall so gut als möglich einzugrenzen, lässt ihm aber immer noch einen erheblichen Raum, was sich mit dem Begriff der Planmässigkeit nicht verträgt[385]. Entsprechend sind Veranstaltungen, die Rückvergütungen für den umsatzschwächsten Tag in Aussicht stellen (sog. Gratistage), in der Regel keine Lotterien, da der Veranstalter genau so wenig wie der Teilnehmer im Voraus weiss, welches der umsatzschwächste Tag sein wird und welcher Gesamtumsatz erzielt werden wird. Erst wenn der Einfluss des Zufalls auf das Risiko des Veranstalters ganz entscheidend eingeschränkt wird, kann von Planmässigkeit die Rede sein (vgl. unten).

e) **Zufall**

Literatur: Gérald *Monquin,* La notion de jeu de hasard en droit public, Genève 1980.

Lotterien und Glücksspielen ist es wesenseigen, dass über den Gewinn durch ein auf Zufall beruhendes Mittel entschieden wird. Bei Wettbewerben kann der Zufall in zwei verschiedenen Formen mitspielen. Einmal kann es dem Zufall überlassen werden, dass überhaupt nur eine oder doch nur wenige richtige Lösungen eingehen. Dies ist vor allem bei Schätzungsaufgaben der Fall, bei welchen eine unbekannte Grösse erraten werden soll. Dann aber kann der Zufall auch zur Ausscheidung einzelner äquivalenter Lösungen benützt werden, indem aus diesen eine oder mehrere als gewinnend gezogen werden.

Nicht unter das Lotteriegesetz fallen Preisausschreiben, bei denen die Zuteilung der Gewinne nicht auf Zufall, sondern auf dem Vollbringen einer eigenen persönlichen Leistung, z.B. auf Geschicklichkeit, beruht. Die Unterscheidung ist oft schwierig zu treffen. Bei Geschicklichkeitswettbewerben werden die eingehenden Arbeiten häufig durch eine Jury begutachtet und bewertet (Zeichen- und Bastelwettbewerbe), so dass eine bestimmte Rangfolge aufgestellt werden kann mit Preisverleihung an die Besten[386]. Bei sol-

---

[385] BGE 99/1973 IV 33: Merkur-Roulette, gl.M. *Klein,* S. 82.
[386] OGer SO in ZBJV 63/1927 467: Sommer-Preisaufgabe.

chen Wettbewerben kann der Zufall nur dann wirksam ausgeschaltet werden, wenn einerseits die Anzahl der Teilnehmer nicht zu gross ist und andererseits jedem Interessenten nähere Kriterien bekannt gegeben werden, nach welchen die Jury ihre Auswahl treffen wird. Es lassen sich aber auch andere Geschicklichkeitswettbewerbe denken, die nicht von einer Jury beurteilt werden müssen, wie zum Beispiel das Ordnen bestimmter Wörter in der Art eines Kreuzworträtsels mit möglichst kleinem Platzbedarf. Anlass zu Diskussionen hat namentlich die Qualifikation des sog. Deckelispiels gegeben[387].

Preisausschreiben und Wettbewerbe, bei denen der Zufall zwar nicht mehr die allein massgebliche, wohl aber noch eine wesentliche Rolle spielt, können immer noch als lotterieähnliche Veranstaltungen verboten sein (vgl. unten).

4. Lotterieähnliche Veranstaltungen

a) Progressive Kundenwerbung

Der Bundesrat hat in der Lotterieverordnung[388] bestimmte lotterieähnliche Unternehmungen verboten. Zu diesen gehört insbesondere das Anlocken von Käufern nach dem System der progressiven Kundenwerbung[389]. Eine solche Veranstaltung liegt vor, wenn Vergünstigungen oder Rückvergütungen in Aussicht gestellt werden unter der Bedingung, dass der Kunde eine bestimmte Anzahl weiterer Kunden wirbt, für welche dieselbe Möglichkeit besteht. Solche Veranstaltungen werden heute kaum mehr durchgeführt[390]. Da für den Erfolg von Schneeballsystemen der Zufall eine wesentliche, wenn auch nicht allein entscheidende Rolle spielt, ist deren Durchführung auf jeden Fall strafbar[391]. Darüber hinaus haben einzelne Kantone die Anwendung des Schneeballsystems auch in Dienstleistungsbranchen verboten, nament-

---

[387] Das BGer bezeichnet es als Glücksspiel (SJZ 82/1986 168), das OGer ZH als Geschicklichkeitsspiel (SJZ 82/1986 129 Nr. 20: Deckelispiel).
[388] Art. 43 Ziff. 2 Lotterieverordnung (LV, SR 935.511).
[389] Schneeball-, Lawinen-, Hydra-, Gella-, Multiplex-, Admirasysteme.
[390] Vgl. noch *von Salis,* Schweiz. Bundesrecht, 2. Aufl., Band II, Nr. 771.
[391] BezGer St. Gallen in SJZ 81/1985 44 Nr. 9: Goldfeuerzeug-Aktion.

lich bei Darlehens- und Kreditvermittlern[392]. Kein Schneeballsystem liegt vor, wenn neue Kredite gewährt werden, bevor die alten amortisiert sind[393].

b) Kettenbriefe

Das Schneeballsystem hat in Form der so genannten Kettenbriefe eine moderne Variante gefunden. Zu betonen bleibt, dass im Gegensatz zu den üblichen Lotterien, bei welchen der Einleger selbst bei fehlender Bewilligung straffrei bleibt[394], der bei einer unbewilligten Kettenbriefaktion Mitwirkende sich ebenfalls strafbar macht, da er seinerseits zur Durchführung der Lotterie beiträgt. Entsprechend kann bei ihm ein ausbezahlter Gewinn aufgrund von Art. 59 StGB konfisziert werden[395].

c) Veranstaltungen, bei denen der Zufall nicht die entscheidende Rolle spielt

Oft spielt der Zufall nicht die einzige Rolle, sondern es wirken noch andere, berechenbare Faktoren mit, wie etwa persönliche Anstrengungen (Arbeit im weitesten Sinne), Beharrlichkeit, Talent oder Geschick. In dieser Beziehung unterscheidet sich die Lotterie von der lotterieähnlichen Veranstaltung: Bei Lotterien ist für die Gewinnzuteilung einzig der Zufall massgebend; bei lotterieähnlichen Unternehmungen muss der Zufall (oder andere Umstände, die der Teilnehmer nicht kennt) zwar immer noch eine wesentliche, aber nicht mehr die einzige Rolle spielen[396]. Da jedoch solche lotterieähnlichen Unternehmungen den Lotterien gleichgestellt sind, ist die Unterscheidung zwischen den beiden eher akademischer Natur. In jedem Fall ist die Rolle des Zufalles bei der Lösung der Aufgabe und der Entscheidung über die Gewinne zu untersuchen. Ist seine Rolle entscheidend oder doch wesentlich, wie z.B. beim Sport-Toto, so liegt eine verbotene Veranstaltung vor, unabhängig davon, ob dies nun eine Lotterie oder eine lotterieähnliche Veranstaltung darstellt[397]. Die Abgrenzung bleibt schwierig, selbst wenn der Begriff des

---

[392] Art. 6 Interkant. Konkordat über Massnahmen zur Bekämpfung von Missbräuchen im Zinswesen (sog. Zinskonkordat, SR 221.121.1).
[393] Vgl. *Haefelin*, Verbot des «Schneeball»-Systems, SJZ 73/1977 171 f.; a.M. KGer GR in SJZ 72/1976 178 Nr. 56: Kleinkredit.
[394] Art. 38 Abs. 2 Lotteriegesetz (Fn 353).
[395] BGE 97/1971 IV 251: Kettenbriefaktion.
[396] Art. 43 Ziff. 2 Lotterieverordnung (LV, Fn 388).
[397] BGE 55/1929 I 64: Preisaufgaben.

Zufalls nicht extensiv auszulegen ist[398]. So wurde der Zufall bejaht bei einem Wettbewerb, bei dem das Alter von Personen nach Fotografien zu schätzen war[399], hingegen verneint, als eine Umsatzschätzung verlangt wurde, für welche gewisse Anhaltspunkte angegeben wurden[400].

d)   Glücksspielautomaten

Den Lotterien gleichgestellt ist die Aufstellung und der Betrieb von Spielapparaten, «die weder Geld noch geldvertretende Gegenstände abgeben, sofern es wesentlich vom Zufall abhängt, ob der nach Leistung des Einsatzes in Aussicht gestellte Gewinn anfällt oder von welcher Art oder von welchem Wert er ist»[401]. Die in der Verordnung verwendete Formulierung ist unglücklich, da es ja das Wesen jedes münzbetriebenen Apparates ist, entweder Geld oder Waren abzugeben. Es sollten offenbar die Geldspielautomaten von den herkömmlichen Verkaufsapparaten abgegrenzt und nur jene verboten werden.

Heute werden Glücksspielautomaten ohnehin durch die Spielbankengesetzgebung geregelt[402].

5.   Lauterkeitsrechtliche Anforderungen an Lotterien

Bei allen Gewinnspielen, auch bei den erlaubten, sind zudem die allgemeinen Vorschriften über die Werbung, wie namentlich die Grundsätze der Wahrheit und Klarheit, zu beachten. Diese verlangen u.a., dass allen Wettbewerbsteilnehmern die Teilnahme- und Gewinnbedingungen genau bekannt gegeben werden. Jegliche Unklarheiten und Irreführung sind auch bei Preisausschreiben und Glücksspielen unzulässig. Unlauter sind daher beispielsweise Spielanlagen, die den Teilnehmer im Unklaren darüber lassen, ob ein Kauf für die Teilnahme nötig ist oder die Gewinnchancen erhöht. Wird verlangt, dass die Lösung des Wettbewerbs oder die Teilnahmeerklärung auf einem Formular eingereicht wird, das gleichzeitig eine verbindliche oder probeweise Bestellung enthält, so ist auf dem gleichen Formular unmissverständlich zu erwähnen, dass eine chancengleiche Teilnahme auch ohne ver-

---

[398] BGE 55/1929 I 63: Preisaufgaben.
[399] BGE 69/1943 I 283: Schätzungsaufgabe.
[400] OGer SO in ZBJV 63/1927 469: Kochfett Nussgold.
[401] Art. 43 Ziff. 3 Lotterieverordnung (LV, Fn 388).
[402] Art. 3 Abs. 2 Spielbankengesetz (SBG, SR 935.52), Art. 2 Geldspielautomatenverordnung (GSAV, SR 935.522).

bindliche oder probeweise Bestellung möglich ist. Entsprechend ist es auch nicht zulässig, die Teilnahmeformulare für Teilnehmer mit und ohne gleichzeitige Bestellung zu differenzieren, z.B. durch verschiedene Grössen oder Farben, oder hierfür verschiedene Couverts oder Frankaturen vorzuschreiben[403].

Die Teilnehmer sollten sich insbesondere auch eine Vorstellung über ihre Gewinnchancen machen können, d.h. einerseits über die Anzahl und Grösse der ausgesetzten Gewinne und andererseits über den Kreis der Teilnehmer. Sie dürfen nicht im Glauben belassen werden, die angekündigten Gewinne würden nur an einen kleinen Kreis ausgewählter Teilnehmer verteilt, während in Wirklichkeit ein weit zahlreicheres Publikum zur Teilnahme eingeladen worden ist, noch darf ihnen suggeriert werden, sie hätten einen Hauptpreis gewonnen, während in Wirklichkeit nur Trostpreise verteilt werden. Besonders irreführend sind schlagwortartig herausgestrichene Gewinnversprechen, die nur an optisch untergeordneter Stelle relativiert werden. Auch sind die Gewinne genau zu umschreiben und in Abstufung ihres Wertes aufzulisten; von einem «wertvollen Geschenk» darf man heutzutage annehmen, dass es mindestens CHF 100.– wert sei. Geradezu betrügerisch sind Sweepstakes, bei denen den Empfängern Gewinne in Aussicht gestellt werden, die ihnen gar nicht zugeteilt worden sind.

Werden Wettbewerbsformulare mit gekauften Waren abgegeben, so darf der Einsendetermin für das Formular noch nicht abgelaufen sein. Einsendeschluss und Ziehungsdatum sollten genau bekannt gegeben werden; um Missbräuche auszuschliessen, sollte jede Verlosung öffentlich durchgeführt werden. Nicht notwendig ist der Zuzug einer öffentlichen Urkundsperson (Notar), wird doch dessen Mitwirkung nicht einmal bei der Ziehung bewilligter Lotterien verlangt[404]. Das Ergebnis der Ziehung ist in geeigneter Weise öffentlich bekannt zu geben oder wenigstens für jedermann zur Einsichtnahme aufzulegen, damit die Teilnehmer selbst feststellen können, ob wirklich alle ausgesetzten Gewinne verteilt worden sind und wer Gewinner ist[405].

Gewinnspiele können sogar zu den verpönten besonders aggressiven Verkaufsmethoden[406] gehören, nämlich dann, wenn der Veranstalter die Entscheidungsfreiheit der Teilnehmer beeinträchtigt. Dies ist u.a. dann der Fall, wenn ihnen nahe gelegt wird, wegen früherer Gewinne ein weiteres Mal das Glück zu versuchen, oder wenn ihnen etwa weis gemacht wird, das gleich-

---

[403] Vgl. Grundsatz Nr. 3.9 der Schweiz. Lauterkeitskommission betr. Gewinnspiele oder Publikumswettbewerbe.
[404] Art. 11 Lotteriegesetz (Fn 353).
[405] Vgl. Art. 3 des Ehrenkodex der Schweiz. Vereinigung für Direktwerbung.
[406] Gemäss Art. 3 lit. h UWG.

zeitige Einsenden einer Bestellung sei zwar freiwillig, diene aber einem guten Zweck. Dagegen stellt der blosse Hinweis, die Beilage eines Kaufbelegs sei zwar nicht erforderlich, freue aber den Veranstalter, noch keinen besonders aggressiven Kundenfang dar.

C. Werbung mit Angaben zur geografischen Herkunft

Literatur: Hans *Meyer-Wild,* Zur Auslegung von Art. 2 des Bundesgesetzes zum Schutz öffentlicher Wappen und anderer öffentlicher Zeichen vom 5.6.1931, SJZ 36/1940 181–188; Felix *Baumann,* Das schweizerische Ursprungszeichen, Diss. BE 1953; Werner *Voska,* Der Schutz schweizerischer Hoheitszeichen im Strafrecht, Diss. ZH 1955; Albrecht *Krieger,* Zur Auslegung der zweiseitigen Abkommen über den Schutz geografischer Bezeichnungen, GRUR Int. 1964 499–509; *derselbe,* Der deutschschweizerische Vertrag über den Schutz von Herkunftsangaben und anderen geographischen Bezeichnungen, GRUR Int. 1967 334–347; Manfred *Kühn,* Zum Schutzumfang geografischer Bezeichnungen nach den zweiseitigen Verträgen über den Schutz von Herkunftsangaben, GRUR Int. 1967 268–271; Erwin-Maurice *Lustenberger,* Die geographischen Herkunftsangaben, Diss. BE 1972; Max *Hool,* Protection internationale des appellations d'origine, Mitt. 1976, 216–221; François *Dessemontet,* Der Schutz geographischer Herkunftsbezeichnungen nach schweizerischem Recht, GRUR Int. 1979 245–258; *EJPD,* Verwendung von Schweizer Wappen und Schweizerkreuz auf schweizerischen Produkten, PMMBl 20/1981 15–16; Jaques *Guyet,* La protection des indications de provenance et des appelllations d'origine en droit suisse, in: Les indications de provenance et appellations d'origine en droit comparé, Genève 1983, 7–67; Jean-Daniel *Pasche,* La protection des indications de provenance vue par l'Office fédérale de la propriété intellectuelle, Mitt. 1984 187–190. Bernard *Dutoit,* Unlautere Ausnutzung und Beeinträchtigung des guten Rufs bekannter Marken, Namen und Herkunftsangaben, GRUR Int. 1986 1–6; Jean-Daniel *Pasche,* La protection des armoiries fédérales et de l'indication «Suisse», Diss. NE 1988; Bernard *Dutoit,* Indications de provenance et appellations d'origine à l'aube du droit communautaire, in: FS J. *Voyame,* Lausanne 1989, S. 87–108; Bernard *Dutoit,* Le nouveau droit suisse des indications de provenance et des appellations d'origine: ombres et lumières, ZSR 112/1993 271–286; Urs *Glaus,* Die geographische Herkunftsangabe als Kennzeichen, Diss. FR, Basel 1996; J. David *Meisser,* Schutz und Gebrauch geographischer Bezeichnungen, SMI 1995 215–224; *derselbe,* Herkunftsangaben und andere geografische Bezeichnungen, in: SIWR III, Kennzeichenrecht, Basel 1996, 327–454; Jürg *Simon,* Der Beitrag des Eidgenössischen Instituts für Geistiges Eigentum zum Schutz von Ortsnamen, ihrer Benützer und der Konsumenten – Das geplante Spezialregister für geographische Bezeichnungen landwirtschaftlicher Erzeugnisse, SMI 1996 221–240; *derselbe,* Die Ursprungsregeln im WTO-Recht, in: *Baudenbacher (Hrsg.),* Aktuelle Probleme des Europäischen und Internationalen Wirtschaftsrechts, Bd. I, S. 409–463.

1. Bedeutung

Viele Gegenden geniessen für bestimmte Produkte einen besonderen Ruf. Meist sind es Landesprodukte, die wegen der klimatischen Bedingungen an bestimmten Orten besser gedeihen oder aufbereitet werden können (Walliser Weine, Cognac). Oft sind es aber auch die Geschicklichkeit und Erfahrung der Bevölkerung einer bestimmten Gegend, welche den traditionellen Ruf einer Fabrikware begründen (Solinger Stahl, Schwarzwälder Uhren). Von einem solchen Ruf wird vor allem von jungen Unternehmen, die noch nicht über eine bekannte eigene Marke verfügen, gerne profitiert.

Nicht jede geografische Angabe darf jedoch als Hinweis auf eine geografische Herkunft verstanden werden. So werden Wappen und Landschaften mit Vorliebe zur Dekoration auf Souvenirs angebracht, oder es werden zur Kennzeichnung bestimmter Waren geografische Namen gewählt, um damit auf gewisse Eigenschaften des Produktes hinzuweisen. Dabei ist für den Käufer offensichtlich, dass es sich bei diesem Namen nicht um Herkunftsangaben handelt[407]. Zuweilen ist auch auf den ersten Blick erkennbar, dass ein geografischer Name mit dem bezeichneten Produkt überhaupt nichts zu tun und blossen Fantasiecharakter hat[408]. Auch Ozeane, Flurnamen oder andere unbekannte Ortsnamen enthalten in der Regel keinen Herkunftshinweis[409]. Andere geografische Angaben haben infolge früherer Inkonsequenz oder politischer Umstände ihren Herkunftscharakter verloren[410]. Niemand ist heute mehr der Ansicht, Simmentaler Kühe seien im Simmental aufgewachsen, Baskenmützen würden im Baskenland erzeugt oder Preussischblau käme aus Preussen. Der geografische Gehalt kann sogar gänzlich verlorengegangen sein: Nur der Sprachforscher weiss noch, dass Pfirsich mit Persien, Zwetschge mit Damaskus oder Apfelsine mit China zusammenhängt. Solche Bezeichnungen, die sich zum Warennamen oder zur Sortenbezeichnung entwickelt haben, dürfen selbstverständlich von jedermann verwendet werden. Doch ist eine solche Umwandlung nicht leichthin anzunehmen; im Zweifel ist zugunsten der Herkunftsangabe und nicht der Gattungsbezeichnung zu

---

[407] Z.B. «Südpol» für Kühlschränke, «Galapagos» für Fernsehapparate; *Burckhardt* IV Nr. 2159 VIII: Ätna für Kohlenwasserstoffbrenner.

[408] BGE 79/1953 II 101: Säntisstumpen, Bitter Diablerets, Bernina-Nähmaschine, BGE 89/1963 I 295: Schuhwichse Kongo, Speiseeis Nordpol, Alaska für mentholhaltige Zigaretten; EJPD in VEB 3/1929 97 Nr. 80: Bernina-Skischaufel.

[409] Z.B. Oberland, Schlossberg, Cresta etc.; vgl. auch *Burckhardt* IV Nr. 2158 II: Almada, Nr. 2159 VII: Walworth; BGE 68/1942 I 203: Newa, 79/1953 II 101: Solis, 81/1955 I 299: Bernex, HGer ZH in SMI 1986 25: Carrera.

[410] BGE 42/1916 II 166: Cassano für Süssholz, 59/1933 II 81: Tilsiter; HGer ZH in ZR 36/1937 Nr. 91: Eau de Cologne.

entscheiden[411]. Die Degenerierung einer Herkunftsbezeichnung zum Warennamen setzt voraus, dass ein geografischer Name während Jahrzehnten in grossem Umfang als Sachbezeichnung gebraucht worden ist und das nach ihm benannte Produkt nach der einheitlichen Meinung der Abnehmer nicht mehr mit dem Namen der Gegend in Verbindung gebracht wird[412]. Eine Rückentwicklung ist grundsätzlich möglich und die neuere Gesetzgebung und namentlich zweiseitige Staatsverträge versuchen denn auch, Umwandlungen von Herkunftsbezeichnungen in Sachbezeichnungen zu verhindern oder gar rückgängig zu machen[413]; so ist in der Schweiz der Name Pils für Biere im Gegensatz zu Deutschland nie Sachbezeichnung geworden[414]. Subtile Unterscheidungen drängen sich bei Ausdrücken auf, die sich kaum mehr zurückverwandeln lassen. So sind Eau de Cologne, Frankfurterli, Selterswasser Sachbezeichnungen, während Kölnisch Wasser, Frankfurter Würstchen und Selters Herkunftsangaben sind; gelegentlich wird auch durch Verwendung der Zusätze «echt» oder «alt» betont, dass die Angabe im Sinne einer korrekten Herkunftsangabe verstanden werden soll[415]. Heikle Probleme gibt es auch, wenn in verschiedenen Ländern Orte gleichen Namens bestehen, namentlich in Weinbaugebieten[416]; im Verkehr mit dem Ausland sind solche Ortsangaben in Verbindung mit dem Heimatkanton oder Heimatland zu verwenden.

Eine Herkunftsangabe kann auch nur mittelbar erfolgen, indem bestimmte Symbole eines Landes verwendet werden. So deuten etwa das Bild des St. Jakob-Schlachtdenkmals, des Matterhorns oder eines Kuhkopfes mit einer Treichel und dem Namen Lisi auf schweizerische[417], Trafalgar und Big Ben auf englische[418] und La Guardia auf amerikanische Herkunft hin[419], während erstaunlicherweise in der amerikanischen Freiheitsstatue kein Hinweis auf die Vereinigten Staaten gesehen wurde[420]. Allein schon die Verwendung

---

[411] Rechtsauskunft Amt für geistiges Eigentum (AGE) in PMMBl 21/1982 I 82 = GRUR Int. 1983 882.
[412] BGer in PMMBl 14/1975 I 81: Shanghai-Senf.
[413] BGE 125/1999 III 199: Budweiser.
[414] BGer in PMMBl 13/1974 I 11: Holiday Pils.
[415] BGer in PMMBl 16/1977 I 19: Colonia Aneja. In VEB 12/1938 69 Nr. 38 wurde von der Justizabt. EJPD die Meinung vertreten, Zuger Kirschtorte sei Sachbezeichnung, Echte Zuger Kirschtorte dagegen Herkunftsbezeichnung.
[416] Z.B. Erlenbach, Baden, Johannisberg, St. Aubin, Hermitage, aber auch Champagne (!).
[417] EJPD in VEB 8/1934 151 Nr. 113: St. Jakob-Denkmal in Basel, BR in 21/1951 76 Nr. 45: Kuh Lisy mit Treichle.
[418] BGE 76/1950 I 170: Big Ben, 93/1967 I 570: Trafalgar.
[419] BGE 89/1963 I 290: Dorset, La Guardia.
[420] EJPD in VEB 3/1929 99 Nr. 82: Freiheitsstatue.

bestimmter flaggenartigen Farbkombinationen oder einer bestimmten Sprache kann Herkunft aus dem betreffenden Land suggerieren[421]. Eine mittelbare Herkunftsangabe kann auch dadurch erfolgen, dass der Händler auf der Ware seinen Sitz angibt, ohne darauf hinzuweisen, dass er nur der Händler und nicht der Fabrikant ist. Das Publikum kann in solchen Fällen irrtümlicherweise annehmen, die mit dem Sitz des Händlers versehene Ware sei auch dort hergestellt worden. Es wird daher zu Recht verlangt, dass der Händler deutlich auf das Land oder den Ort der Herstellung («Made in ...») hinzuweisen oder eine andere Angabe beizufügen habe, die geeignet ist, jeden Irrtum über die wahre Herkunft der Waren auszuschliessen[422]. Besonders jene Konzerngesellschaften, welche zur Unterscheidung von ausländischen Niederlassungen in ihrer Firma den Zusatz «Schweiz» führen, haben darauf zu achten, dass die ausländische Herkunft von Importware deutlich erkennbar ist.

Ortsangaben, vor allem auch Städtenamen, werden oft als Sorten- oder Typenbezeichnungen verwendet. Vor allem für einzelne Rosenarten haben sich Namen mit geografischem Anklang eingebürgert[423]. Wer sodann in einem Katalog Schlafzimmer der Typen Venezia, Wien, Paris und London abgebildet sieht, wird nicht auf den Gedanken kommen, diese seien dort entworfen oder gar ausgeführt worden, und ein Fabrikant kann denn auch nicht verlangen, dass die Mitbewerber nicht die gleichen Städtenamen zur Unterscheidung ihrer Modelle wählen. Wird aber ein Schlafzimmer für sich allein unter der Bezeichnung «Brasilia» angeboten, so kann sehr wohl die Meinung aufkommen, zum Mindesten die Holzart stamme aus jener Gegend. Beansprucht ein Fabrikant eine bestimmte geografische Angabe unter Ausschluss aller Mitkonkurrenten, was z.B. durch eine Hinterlegung im Markenregister dokumentiert werden kann[424], so liegt keine Typenbezeichnung, sondern eine echte Marke vor, deren Vorstellungsgehalt mit der Wirklichkeit überein zu stimmen hat.

---

[421] OGer ZH und BGer in ZR 34/1935 Nr. 175: Vino Vermouth unzulässig für in Zürich hergestellten Wermut.

[422] Art. 3 Madrider Herkunftsabkommen (MHA, SR 0.232.111.13); Art. 47 Abs. 3 lit. c Markenschutzgesetz (MSchG, SR 232.11).

[423] BGE 79/1953 I 255: Etoile de Hollande, Gloria di Roma.

[424] Z.B. «Opel Ascona».

2. Einteilung

a) Ursprungsbezeichnungen

Unter einer Ursprungsbezeichnung wird der Name eines Landes, einer Gegend oder eines Ortes verstanden, der zur Kennzeichnung eines Erzeugnisses dient, das dort produziert wird und seine Qualität oder Eigenschaften allein oder überwiegend den geografischen Verhältnissen einschliesslich der natürlichen und menschlichen Einflüsse am Produktionsort verdankt[425]. Diese Namen geben den Erzeugnissen einen ganz besonderen Ruf, weshalb der Staat eine Qualitätskontrolle vorsieht und die Benutzung der Ursprungsbezeichnung von der Erfüllung bestimmter Qualitätsvorschriften abhängig macht. Eine eidgenössische Qualitätssicherung besteht in der Schweiz nur für Uhren[426], doch verdanken gerade die Schweizer Uhren ihren Ruf nicht den geografischen Verhältnissen, sondern der Geschicklichkeit der schweizerischen Uhrmacher.

Daneben führt das Bundesamt für Landwirtschaft im Auftrag des Bundesrates seit 1.7.1997[427] ein Register für geschützte Ursprungsbezeichnungen (GUB) und geschützte geografische Angaben (GGA). Hier werden auf Gesuch von Gruppierungen einzelner Produzenten die Namen von Gegenden, Orten oder traditionellen Bezeichnungen (z.B. Sbrinz, Treberwurst) von Landwirtschaftsprodukten eingetragen; diese Namen sind für landwirtschaftliche Erzeugnisse und deren Verarbeitungsprodukte (inkl. Spirituosen) bestimmt, wenn sie aus einem abgegrenzten geografischen Gebiet stammen und diesem ihre Eigenschaft verdanken. Ursprungsbezeichnungen sind für solche Produkte reserviert, bei denen alle Herstellungsschritte (Erzeugung, Verarbeitung, Veredelung) im betreffenden Gebiet stattfinden. Demgegenüber genügt es für Produkte mit geschützten geografischen Angaben, wenn hier *entweder* die Erzeugung *oder* die Verarbeitung *oder* die Veredelung vorgenommen wurde. Einzelne Kantone haben zudem Vorschriften für bestimmte Weinqualitäten erlassen[428].

---

[425] Z.B. Weinnamen wie z.B. Chianti.
[426] V über die Benützung des Schweizer Namens für Uhren vom 23.12.1971 (sog. Swiss-made-Verordnung, SR 232.119).
[427] Auf Grund der V über den Schutz von Ursprungsbezeichnungen und geographischen Angaben für landwirtschaftliche Erzeugnisse und verarbeitete landwirtschaftliche Erzeugnisse (GUB/GGA-Verordnung, SR 910.12).
[428] Z.B. Dorin; vgl. BGE 109/1983 Ia 118: Appellation d'origine de Dôle.

Ursprungsbezeichnungen geniessen insofern Schutz, als sie für Produkte nicht verwendet werden dürfen, die nicht den angegebenen Ursprung haben oder nicht die behördlichen Qualitätsvorschriften erfüllen.

b) Qualifizierte Herkunftsangaben

Unter die qualifizierten Herkunftsangaben fallen die Namen von Städten, Landschaften, Gegenden oder Ländern, welche einem Erzeugnis einen besonderen Ruf geben. Dieser Ruf kann infolge besonderer Erfahrung, besonderer Bearbeitung oder besonders günstiger Erzeugungsbedingungen entstehen[429]. Eine amtliche Qualitätskontrolle findet jedoch nicht statt.

Qualifizierte Herkunftsangaben geniessen insofern Schutz, als sie weder für Produkte verwendet werden dürfen, die anderer Herkunft sind, noch für solche, die geeignet sind, deren besonderen Ruf zu untergraben (z.B. Ausschuss- oder Ramschware).

c) Gewöhnliche Herkunftsangaben

Gewöhnliche Herkunftsangaben dienen zur Kennzeichnung irgendeines Erzeugnisses, das aus der Gegend der angegebenen Herkunft stammt. Das Vorliegen besonderer geografischer Verhältnisse ist nicht erforderlich; solche Erzeugnisse können daher an den verschiedensten Orten in gleicher Qualität hergestellt werden (z.B. Zürcher Hüppen, Rorschacher Konserven). Der Herkunftsort braucht nicht berühmt oder auch nur bekannt zu sein; es genügt, wenn dessen geografische Bedeutung erkennbar ist[430]. Anstelle eines Ortsnamens kann auch ein Symbol für diesen Ort treten (z.B. Grossmünster, Eiffelturm).

Gewöhnliche Herkunftsangaben werden oft als Symbol für die Herkunft der Erzeugnisse aus dem Land dieser Angabe verstanden[431]. Sie dürfen entsprechend für alle Waren verwendet werden, die aus dem Land dieser geografischen Bezeichnung stammen. Namentlich lokale oder regionale Herkunftsangaben von Dienstleistungen werden in der Regel als pars pro toto verstanden und nicht beanstandet, wenn sie wenigstens für das Herkunftsland zutreffen[432]. Entsprechend geniessen gewöhnliche Herkunftsangaben nur

---

[429] Solinger Stahl, Zürcher Seide, Engadiner Nusstorte, Pariser Parfums, Genfer Uhren.
[430] Z.B. Saaser Möbel, Lägern Kalk, Uster Bier.
[431] Z.B. Capri für italienische, Mythen für schweizerische und Florida für amerikanische Waren.
[432] Art. 47 Abs. 4 Markenschutzgesetz (MSchG, SR 232.11).

insofern Schutz, als sie nicht für Produkte eines anderen Herkunftslandes verwendet werden dürfen.

3. Anforderungen gemäss Marken- und Lauterkeitsrecht

Herkunftsangaben dürfen wie alle anderen Angaben zu den eigenen Waren, Werken oder Leistungen nicht irreführen[433]. Grundsätzlich haben alle Produzenten Anspruch darauf, zutreffende Herkunftsbezeichnungen zu benützen. Nur wenn sie von einem einzigen Produzenten während längerer Zeit exklusiv benützt werden, entwickeln sie sich von einem Merkmal der geografischen Herkunft zu einem solchen der Betriebsherkunft und können dann monopolisiert werden[434].

a) Naturerzeugnisse

Von Bodenprodukten erwartet man in der Regel, dass sie am angegebenen Ort gewachsen sind, während die Bearbeitung auch anderswo erfolgen kann[435]. Mineralische Erzeugnisse müssen hier aus dem Boden gewonnen, pflanzliche Erzeugnisse hier geerntet worden sein; von tierischen Erzeugnissen wird erwartet, dass sie von hier lebenden Tieren gewonnen worden sind, dass die Tiere hier gejagt oder aufgezogen worden sind und hier überwiegend ihr Gewicht erhalten haben[436]. Auf den Ort der Bearbeitung darf nur abgestellt werden, wenn diese derart intensiv ist, dass das Produkt hier seine charakteristischen Eigenschaften samt einer neuen Bezeichnung erlangt hat (z.B. Schweizer Schokolade)[437]. Trotz dieser Regelung haben sich immer wieder Unzulänglichkeiten gezeigt, weshalb seit 1.4.2000 auch die Herkunft des Hauptrohstoffs eines Lebensmittels deklariert werden muss, wenn er nicht mit dem Produktionsland übereinstimmt[438]. Seither muss klar angegeben werden, wenn Bündnerfleisch zwar in Graubünden getrocknet, dabei aber

---

[433] Art. 3 lit. b UWG; Art. 47 Abs. 3 MSchG (Fn 432).
[434] BGE 117/1991 II 326: Valser.
[435] VEB 27/1957 125 Nr. 50: «Walliser Weissmehl» unzulässig für Mehl, das von einer Walliser Mühle, jedoch nicht aus Walliser Getreide gemahlen wird. Bei Wein ist der Standort des Rebberges massgebend: BA f. Justiz in VPB 51/1987 IV 449 Nr. 66.
[436] Art. 22a Abs. 2 Lebensmittelverordnung (LMV, SR 817.02).
[437] Art. 22a Abs. 3 LMV (Fn 436).
[438] Art. 1 V über die Angabe des Produktionslandes von Lebensmitteln etc. (Rohstoffdeklarationsverordnung/VAPR, SR 817.021.51).

Fleisch von argentinischen Rindern verwendet wird, oder wenn Zuger Kirsch zu mehr als 50 Massenprozent aus ungarischen Kirschen gebrannt wird.

Keine Ortsbezeichnungen oder Abbildungen von Orten sind zulässig für Landesprodukte, die auf künstlichem Weg hergestellt werden. Denn dadurch würde fälschlicherweise eine Assoziation zum Anbau- oder Gewinnungsort ausgelöst, der bei künstlichen Produkten fehlt. Aus diesem Grunde ist die Angabe von Orts- oder Quellennamen und die Abbildung von Badeorten, Städte- oder Ortswappen auf künstlichen Mineralwässern und gewöhnlichem Sodawasser unzulässig. Ebenso ist die Abbildung der Stadtansicht von Köln für Eau de Cologne, das nicht aus Köln stammt, nicht zulässig[439].

Die Verwendung so genannter entlokalisierender Zusätze[440] schliesst im Allgemeinen die Verwechslungsgefahr mit der verwendeten Ortsbezeichnung nicht aus[441]. Die Benutzung solcher Zusätze wird in zweiseitigen Staatsverträgen zum Schutz von Herkunftsangaben besonders verboten, ist aber auch sonst unzulässig[442]. Um so unverständlicher sind die vom Schweizerischen Orientteppichhändler-Verband begrüssten Oxymora, die es direkt auf eine contradictio in adjecto abgezielt haben, wie Schweizer Berber, bulgarischer Täbris usw.[443].

b) Industrieprodukte

Die Herkunft von Fabrikaten bestimmt sich nach dem Ort der Herstellung oder nach der Herkunft der verwendeten Ausgangsstoffe oder Bestandteile[444]. Industrielle und handwerkliche Erzeugnisse gelten als von dorther stammend, wo der wesentliche Teil der Herstellungskosten anfällt und die Ware die wichtigsten Fabrikationsschritte durchläuft. Das Reglement der Armbrust-Schweizer-Woche sieht vor, dass Fabrikate die schweizerischen Ursprungs- und Schutzmarken nur dann tragen dürfen, wenn der schweizerische Anteil der Gestehungskosten[445] wenigstens die Hälfte beträgt. Zudem sollen die wesentlichen Bestandteile und die Fabrikationsprozesse, welche

---

[439] Vgl. HGer ZH in ZR 36/1937 Nr. 91: Alt-Köln.
[440] Z.B. Art, Typ, Façon, Genre, Nachahmung; vgl. GRUR Int. 1982 558: Nach Schweizer Rezept.
[441] BGer in PMMBl 14/1975 I 83: Englischer Senf.
[442] BGE 50/1924 II 200: Vial-Ersatz; 60/1934 II 256: Tipo Bel Paese.
[443] Vgl. SJZ 66/1970 367 f.
[444] Art. 48 Abs. 1 Markenschutzgesetz (MSchG, SR 232.11).
[445] Einschliesslich Rohmaterialien, Halbfabrikaten, Zubehörteilen, Löhnen, allgemeinen Fabrikationsunkosten, nicht aber Werbekosten.

einem Produkt die charakteristischen Merkmale verleihen[446], sowie das im Fabrikat verkörperte geistige Eigentum schweizerischen Ursprungs sein; auch die Schweizerische Lauterkeitskommission benutzt eine ähnliche Faustregel[447]. Kein Schweizer Produkt ist ein Füllfederhalter, bei welchem lediglich die Feder in der Schweiz hergestellt wird, während alle anderen Bestandteile, namentlich der Halter mit Füllmechanismus, aus dem Ausland stammen. Andererseits genügt es, wenn bei einem schweizerischen Kugelschreiber die Patrone und ein Spritzteil der Kunststoffhülle in der Schweiz hergestellt werden[448]. Wird die Ware unter Lizenz hergestellt, so ist als Fabrikationsort der Sitz des Lizenznehmers und nicht jener des Lizenzgebers zu betrachten[449].

Bei einer als schweizerisch bezeichneten Uhr kann der Käufer erwarten, dass das Uhrwerk als absolut wesentlicher Teil der Uhr schweizerisch ist. Auch wenn noch der Hauptteil des dem Detaillisten in Rechnung gestellten Preises auf schweizerische Arbeit und schweizerische Zubehörteile einer Uhr entfällt, kann sie nicht als schweizerisch bezeichnet werden, solange dieser Teil nicht auch die wesentlichen Eigenschaften der Uhr bestimmt[450].

c) **Dienstleistungen**

Der geografische Gehalt von Bezeichnungen für Dienstleistungen ist äusserst unterschiedlich. Von einem chinesischen Restaurant wird höchstens erwartet, dass sein Speisezettel Gerichte enthält, die nach chinesischen Rezepten hergestellt wurden; dagegen können Koch und Inhaber anderer Nationalität sein und anderswo wohnen, und auch die Rohprodukte brauchen nicht aus China zu stammen. Von einer amerikanischen Bank wird man schon dann sprechen, wenn sich wenigstens ihr Hauptsitz in Amerika befindet, während es auf die Nationalität und den Wohnsitz der leitenden Personen, die immerhin die Geschäftspolitik der Bank bestimmen, kaum ankommen dürfte.

Das Markenschutzgesetz verlangt von Herkunftsangaben zu Dienstleistungen nur, dass sie entweder mit dem Geschäftssitz der Unternehmung oder mit der Staatsangehörigkeit oder dem Wohnsitz der Personen übereinstimmen, die mit

---

[446] Vgl. GRUR Int. 1983 882.
[447] Grundsatz Nr. 2.1 der Schweiz Lauterkeitskommission betr. Verwendung des Begriffs «Schweiz».
[448] HGer SG in Mitt. 1969 61 = SJZ 68/1972 207 Nr. 88: Swissor.
[449] BGE 89/1963 I 54: Berna; BGer in PMMBl 19/1980 I 17: Italia.
[450] TribCant in NE in Mitt. 1971 210: Bienna; zum heutigen Begriff der Schweizer Uhr vgl. die Verordnung über die Benützung des Schweizer Namens für Uhren (sog. Swiss-made-Verordnung, SR 232.119).

der tatsächlichen Kontrolle über die Geschäftspolitik und Geschäftsführung betraut sind; zusätzlich kann auf die Einhaltung üblicher oder vorgeschriebener Grundsätze oder auf die traditionelle Verbundenheit des Dienstleistungserbringers mit dem Herkunftsland abgestellt werden[451]. Diese diffusen Vorschriften zeigen, dass sich der Herkunftscharakter einer Dienstleistung einer präzisen Definition weit gehend entzieht.

Der Benutzung des Namens einer Gemeinde oder eines Kantons für Dienstleistungen wohnt die Gefahr inne, dass damit eine Beziehung zu einer staatlichen Körperschaft vorgetäuscht wird. Während bei St. Galler Spitzen niemand daran denkt, dass bei deren Produktion der Staat beteiligt sein könnte, kann der unvoreingenommene Leser der Zeichen «Solothurner Bank» oder «Zürich Versicherungen» durchaus an eine Bank des Kantons Solothurn oder eine Gebäudeversicherungsanstalt des Kantons Zürich denken.

Das Bundesgericht ist in seiner Praxis wenig konsequent. Es erachtete die Führung eines «Café und Hotel Appenzell» durch einen einheimischen Gastwirt nicht als irreführend, obwohl daran keine öffentliche Körperschaft beteiligt war[452]. Anders beurteilte es jedoch die von einem in Thun domizilierten Informatikunternehmen registrierte Internet-Adresse <www.berneroberland.ch>, die dem Verein Berner Oberland Tourismus zum Kaufe angeboten wurde. Der Verein liess sich dies jedoch nicht gefallen und machte geltend, dadurch werde vom Informatikunternehmen eine Täuschungsgefahr geschaffen und ein ungerechtfertigter Wettbewerbsvorteil erzielt, entstehe doch so der Eindruck eines offiziellen oder zum Mindesten offiziösen Angebots. Das Bundesgericht verbot schliesslich dem Informatikunternehmen die weitere Verwendung des genannten Domainnamens und wies es an, gegenüber der für die Registrierung schweizerischer Domainnamen zuständigen Stiftung Switch eine Löschungserklärung für diesen Namen abzugeben[453].

4. Anforderungen gemäss Wappenschutzgesetz

a) Eidgenössische und kantonale Wappen

Eidgenössische und kantonale Wappen dürfen von Privaten zur Kennzeichnung von Produkten nicht benutzt und demzufolge nicht auf Waren oder

---

[451] Art. 49 Abs. 1 MSchG (Fn 444).
[452] BGE 112/1986 II 378: Café und Hotel Appenzell.
[453] BGE 126/2000 III 239: Berner Oberland.

deren Verpackung angebracht werden[454]. Indessen dürfen sie zur ideellen Propaganda[455] wie auch im übrigen kommerziellen Verkehr, so beispielsweise auf Geschäftsschildern, Anzeigen, Prospekten oder Geschäftspapieren, im Rahmen der guten Sitten benutzt werden[456]. Als Verstoss gegen die guten Sitten gilt nicht nur die Täuschungsgefahr, sondern auch die Missachtung dieser Wappen, namentlich auch durch einen im Ausland niedergelassenen Ausländer[457], während der Import von im Ausland mit schweizerischen Wappen geschmückten Silberwaren gestattet ist[458]. Zu den Wappen gehören nicht nur das Schweizerwappen[459] sowie die Kantonswappen und -fahnen, sondern auch deren wesentliche Bestandteile, wie etwa das Schweizerkreuz (nicht mehr aber das Pluszeichen[460]), der Basler Stab, das St. Galler Liktorenbündel oder der Uri-Stier. Da für alle Wappen auch die Farbe wesentlich ist, wird der Bestandteil im Allgemeinen nur dann als charakteristisch empfunden, wenn er in der Farbe des Wappens oder auf gleichfarbigem Grund erscheint[461]. Verwechslungen mit schweizerischen Wappen können daher unter Umständen ausgeschlossen werden, wenn zwar die gleichen Motive, aber andere Farben verwendet werden[462].

b) Staats- und Kantonsnamen

Andere eidgenössische und kantonale Hoheitszeichen und insbesondere auch Staats- und Kantonsnamen dürfen nur zur Kennzeichnung von Waren und Dienstleistungen entsprechender Herkunft gebraucht werden[463]. Eine Aus-

---

[454] Art. 2 BG zum Schutz öffentlicher Wappen und anderer öffentlicher Zeichen (sog. Wappenschutzgesetz, SR 232.21); vgl. auch Art. 53 Abs. 2 des Genfer Abkommens zur Verbesserung des Loses der Verwundeten und Kranken der bewaffneten Kräfte im Felde (SR 0.518.12).
[455] Justizabt. EJPD in VPB 39/1975 III Nr. 77 S. 2: Wahlplakat; BGE 102/1976 IV 49: Traktate; Rechtsauskunft EJPD in PMMBl 20/1981 I 16.
[456] Art. 3 Wappenschutzgesetz (Fn 454).
[457] Art. 3 Abs. 2 Wappenschutzgesetz (Fn 454).
[458] KGer GR in SJZ 54/1958 167 Nr. 83: Souvenirartikel; BGE 83/1957 IV 109: Souvenirartikel
[459] Art. 1 BB betr. das eidg. Wappen (SR 111): Das Wappen der Eidgenossenschaft ist im roten Felde ein aufrechtes, freistehendes weisses Kreuz, dessen unter sich gleiche Arme je einen Sechstel länger als breit sind.
[460] Der Entscheid BGE 66/1940 I 195: Haarmann+Reimer ist kaum mehr aktuell. Das Schweizer Kreuz darf auch im Zusammenhang mit Schweizer Patenten benutzt werden; Art. 11 Abs. 1 PatG, Art. 2 Abs. 2 lit. c Wappenschutzgesetz (Fn 454).
[461] BGE 80/1954 I 58: Solothurner Wappen.
[462] Rechtsauskunft des Amts für geistiges Eigentum (AGE) in PMMBl 8/1969 I 12.
[463] Art. 6 Wappenschutzgesetz (Fn 454).

nahme hat sich für Appenzeller Käse eingebürgert, welcher Name nicht nur für Käse aus den beiden Appenzeller Kantonen, sondern generell für einen in der Ostschweiz hergestellten Halbhartkäse gebraucht werden kann[464].

Zu den Hoheitszeichen sind auch nationale Wort- und Bildzeichen zu zählen, wie die Worte Bund, Helvetia[465], eidgenössisch, kantonal oder die Wiedergabe von Nationaldenkmälern[466]. Aufgrund dieser Regelung darf jedes in der Schweiz hergestellte Produkt die Bezeichnung «Swiss» oder damit gebildete Zusammensetzungen tragen. Eine Ausnahme gilt einzig für Uhren, für welche der Schweizername nur nach Bestehen der offiziellen Qualitätskontrolle in der schweizerischen Uhrenindustrie benützt werden darf[467].

c) Kommunale Wappen und amtliche Zeichen sowie andere schweizerische Ortsangaben

Die Wappen von Bezirken, Kreisen und Gemeinden sowie Wörter wie Gemeinde, kommunal usw. dürfen in der Werbung verwendet werden, wenn ihre Benützung nicht gegen die guten Sitten verstösst. Namentlich darf auch hier weder Täuschung über amtliche Beziehungen zu einem Gemeinwesen entstehen noch durch den Gebrauch eine Herabwürdigung dieser Gemeinwesen erfolgen[468].

Die Gemeindenamen sind grundsätzlich allen Gewerbetreibenden mit Sitz in dieser Gemeinde vorbehalten und dürfen daher nicht als Kennzeichen für ein bestimmtes Unternehmen monopolisiert werden. Ausnahmen sind zulässig, wenn es sich um kleine Gemeinden handelt, die dem Publikum weit gehend unbekannt sind und sich daher als Fantasienamen von auswärtigen Unternehmen eignen[469]. Doch kann sich auch eine kleine Gemeinde aufgrund ihres Namensrechts dagegen zur Wehr setzen, dass ihr Gemeindename von einem Fremden gebraucht wird, der damit den Anschein erweckt, einer der ihren zu sein[470].

Verschiedene Ortschaften geniessen für einzelne Produkte einen besonderen Ruf (Wilchinger Weine, Lenzburger Konserven). Ist dieser Ruf durch die

---

[464] Anhang 1 Ziff. 1.1 V über die Bezeichnungen von Schweizer Käse (SR 817.141).
[465] Vgl. GRUR Int. 1962 102: Helvetia.
[466] EJPD in VEB 8/1934 150 Nr. 113: St. Jakob-Denkmal in Basel.
[467] V über die Benützung des Schweizer Namens für Uhren (sog. Swiss-made-Verordnung, SR 232.119).
[468] Art. 5 Wappenschutzgesetz (Fn 454).
[469] BGE 79/1953 II 101: Solis, 81/1955 I 299: Bernex.
[470] BGE 72/1946 II 150: Surava.

gemeinsamen Anstrengungen einer ganzen Industrie zustande gekommen, darf davon auch jeder, der die entsprechenden Anstrengungen unterstützt, profitieren. Ist aber der Ruf das Verdienst eines einzigen Unternehmens, so geht es nicht an, dass neu gegründete Firmen sich dieses Rufes ebenfalls bedienen; das eingesessene Unternehmen ist in solchen Fällen allein berechtigt, diesen geografischen Namen firmen-, marken- und wettbewerbsmässig zu gebrauchen[471].

Namen oder Abbildungen von Orten, Gebäuden, Denkmälern, Flüssen, Bergen oder dergleichen werden in der Regel nicht als Hinweis auf die Produktionsstätte verstanden, sondern lediglich als Symbol für das Land, aus welchem die Ware stammt. «Bienne» ist daher nicht nur für Bieler, sondern generell für Schweizer Erzeugnisse zulässig[472]. Grenzberge und Grenzflüsse werden gewöhnlich jenem Land zugezählt, in welchem deren Namen gebraucht werden[473].

d) Ausländische Wappen und Örtlichkeiten

Wappen und Hoheitszeichen ausländischer Staaten und Gemeinden dürfen in der Schweiz nicht gebraucht werden, wenn der ausländische Staat für die gleichartigen schweizerischen Zeichen nach der verbindlichen Feststellung des Bundesrates Gegenrecht hält und wenn keine besondere Ermächtigung des ausländischen Staates zugunsten des benützenden Privaten vorliegt. Aber auch ohne Gegenrecht oder trotz vorhandener Ermächtigung ist die Benützung solcher oder damit verwechselbarer Zeichen verboten, wenn sie gegen die guten Sitten verstösst. Zu denken ist namentlich an Täuschungen über geografische Herkunft, Wert oder andere Eigenschaften von Erzeugnissen oder über geschäftliche Verhältnisse des Benützers, namentlich über angebliche amtliche Beziehungen zu den fraglichen Gemeinwesen[474]. Bei ausländischen Ortsangaben ist auch regelmässig ein Freihaltebedürfnis zugunsten ansässiger Hersteller anzunehmen[475]. Geben ausländische Ortsangaben einem Erzeugnis einen besonderen Ruf, so dürfen sie nur für Waren gebraucht werden, die dort fabriziert oder produziert worden sind. Andere Ortsangaben

---

[471] BGE 92/1966 II 274: Sihl, 100/1974 Ib 351: Haacht.
[472] TribCant NE in Mitt.1971 215: Bienna; unzulässig jedoch «Genova» für Bieler Uhren (Richteramt Biel in Mitt.1968 84).
[473] BGer in PMMBl 8/1969 I 23: Silvretta in der Schweiz unzulässig für österreichische Parfümerien.
[474] Art. 11 Wappenschutzgesetz (Fn 454).
[475] BGer in PMMBl 19/1980 I 54: Lima.

dürfen für Erzeugnisse verwendet werden, welche wenigstens aus dem gleichen Lande stammen[476].

Da im Handel oft Uneinigkeit darüber besteht, ob bestimmte Ortsangaben einzelnen Waren einen besonderen Ruf verleihen, hat die Schweiz mit verschiedenen Staaten zweiseitige Verträge abgeschlossen, die eine genaue Liste von jeweils vielen hundert Namen der im anderen Land geschützten Orte und Gegenden enthalten. Diese Listen sind zwar nicht abschliessend, doch sind die darin aufgeführten geografischen Namen jedenfalls unabhängig davon geschützt, ob sie von Abnehmern im anderen Land tatsächlich gekannt werden oder ob deren Gebrauch durch unberechtigte Dritte diese Abnehmer täuschen kann; die Staatsverträge führen damit zu einem eigentlichen Schutzexport vom Ursprungsland ins Schutzland[477]. Solche Verträge bestehen gegenwärtig mit Deutschland, Spanien, Frankreich, Ungarn, Portugal und der Tschechoslowakei[478].

e) Sanktionen

Das Wappenschutzgesetz bestraft die ungesetzliche Verwendung der schweizerischen Wappen, Fahnen, Hoheits-, Wort- und Bildzeichen mit Haft oder Busse bis zu CHF 5'000[479]. Die Verwendung unrichtiger Herkunftsbezeichnungen auf Waren wird durch das Markenschutzgesetz mit Gefängnis bis zu einem Jahr oder Busse bis zu CHF 100'000 geahndet; es ist nur die vorsätzliche Tatbegehung strafbar[480].

D. Vergleichende Werbung

Literatur: Oscar A. *Germann,* Vergleichende Reklame, Wettbewerbsrechtliche Studie, WuR 6/1954 259–294; Johann G. *Schmid,* Die vergleichende Reklame, Diss. 1955; Fritz *Schönherr,* Vergleichende Reklame in rechtsvergleichender Sicht, GRUR Int. 1964 177–196; Heinrich *Troxler,* Kritische Würdigung der Rechtsprechung zur vergleichenden Wer-

---

[476] BGE 89/1963 I 298: Florida unzulässig für Getränke, die nicht aus den USA stammen.
[477] Vgl. BGE 125/1999 III 198 f.: Bud.
[478] SR 0.232.111.192.36, SR 0.232.111.193.32, SR 0.232.111.193.49, SR 0.232.111.194.18, SR 0.232.111.196.54, SR 0.232.111.197.41.
[479] Art. 13 Wappenschutzgesetz (Fn 454).
[480] Art. 64 Abs. 1 Markenschutzgesetz (MSchG, SR 232.11).

bung in der Schweiz und im Ausland, Diss. ZH 1970; Bernard *Dutoit,* La réclame comparative vraie et objective ou la quadrature du cercle, in: FS Max *Kummer,* Bern 1980, S. 311–323; Felix *Thomann,* Vergleichende Werbung und Lockvogel-Angebote im Lichte des UWG, BJM 1981 1–29; Hans Rainer *Künzle,* Die vergleichende Werbung im schweizerischen Wettbewerbsrecht – de lege lata und de lege ferenda, WuR 34/1982 140–184; Jürg *Wyler,* Vergleichende Werbung gemäss neuem Wettbewerbsrecht in der Schweiz, AJP 1993 612–615; Sibylle *Wirth,* Vergleichende Werbung in der Schweiz, den USA und der EG, Diss. ZH 1993; Thomas *Hügi,* Die Veröffentlichung vergleichender Warentests unter lauterkeitsrechtlichen Aspekten, Diss. BE 1996.

1. Allgemeines

a) Bedeutung

Literatur: Christian *Schmid,* Irreführende Werbung, Diss. 1976.

Gewerbetreibende sollen grundsätzlich mit ihren eigenen Leistungen werben. Von der Werbung wird verlangt, dass sie Waren oder Dienstleistungen positiv beschreibt und damit den Konsumenten dazu bringen kann, die angebotenen Leistungen zu nutzen. Die Beschreibung der Vorzüge der eigenen Leistung bringt aber direkt oder indirekt eine Auseinandersetzung mit den Leistungen der Konkurrenten mit sich. Wer behauptet, sein Produkt besitze eine bestimmte ausserordentliche Eigenschaft und solle daher gekauft werden, geht mittelbar davon aus, dass die Produkte der Mitbewerber diese Eigenschaft nicht aufweisen und dem angepriesenen Produkt unterlegen sind. Jede Werbung fordert damit zum Vergleich mit dem Rest der Branche auf und richtet sich damit gegen eine nicht bekannte Zahl von Konkurrenten.

Die vergleichende Werbung beschränkt sich jedoch nicht auf die Anpreisung der eigenen Leistungen, sondern setzt sich mit dem Angebot der Konkurrenz im Einzelnen auseinander. Oft wird dabei die Konkurrenz mit dem genauen Namen genannt, zum Teil aber auch nur so, dass sie mehr oder weniger leicht erraten werden kann. Die vergleichende Werbung wird damit zur persönlichen vergleichenden Werbung oder zur vergleichenden Werbung im engeren Sinne.

Die konkrete Bezugnahme auf das Angebot des Konkurrenten ist seltener geworden. Im Gegensatz zu früher, da die Leistungen der Mitbewerber noch oft herabgemindert worden sind, ist man im Laufe der Zeit mit dem Urteil über andere zurückhaltender geworden. Die Aufgabe, sich mit dem Angebot verschiedener Mitbewerber auseinander zu setzen, haben heute weit gehend Medien und unabhängige Forschungsinstitute übernommen. Diese pflegen ihre Testergebnisse angemessen zu veröffentlichen, was zur Folge hat, dass jene Firmen, welche gute Resultate erzielt haben, den Test als unbestechlich rühmen, während die anderen die Prüfmethoden und die Ergebnisse in Zweifel ziehen.

b) Begriff

Von vergleichender Werbung (im engeren Sinne) wird dann gesprochen, wenn in der Werbung der eigenen Leistung vergleichend die Leistung eines mit Namen genannten oder doch sonst bestimmbaren Mitbewerbers gegenübergestellt wird. Geschieht die Gegenüberstellung der Leistungen durch einen ausserhalb der Branche stehenden Dritten, spricht man von einem vergleichenden Warentest.

Werden die Konkurrenten nicht namentlich, sondern nur generell genannt, oder wird das eigene Produkt so angepriesen, dass daraus deutlich hervorgeht, dass Konkurrenzprodukte keine vergleichbaren Eigenschaften besitzen, spricht man von Alleinstellungswerbung oder Superlativreklame.

2. Vergleichende Werbung im engeren Sinne

a) Grundsatz

Im schweizerischen Recht ist die vergleichende Werbung seit je grundsätzlich erlaubt[481]. Diese Praxis ist zu begrüssen[482]. Die konkrete Auseinandersetzung mit den Leistungen des Mitbewerbers dient der Information des Konsumenten und gibt ihm die Möglichkeit, die für ihn günstigste Wahl zu treffen.

Vergleichende Werbung darf freilich nicht schrankenlos betrieben werden. Grundsätzlich lassen sich nur gleichartige Waren oder Dienstleistungen vergleichen. Preisvergleiche sind daher nur möglich bei Waren mit vergleichbarer Qualität, bei anderen Vergleichen braucht es sogar auch die gleiche

---

[481] Art. 3 lit. e UWG; zur früheren Praxis vgl. BGE 87/1961 II 113: Oil-Therm ca. Oertli, 94/1968 IV 38: Billigste Preise der Schweiz, 102/1976 II 294 = GRUR Int. 1977 376: Bico-flex; OGer AG in SJZ 66/1970 277 Nr. 125: Kleinhaushalt-Apparate, OGer ZH in 75/1979 210 Nr. 57: Werbewirkungsstudie.

[482] Gl.M. *Schluep* in FS A. *Troller*, S. 250f.; *Kramer* in ZSR 98/1979 I 86f. a.M. *Kummer* in ZBJV 114/1978 243; A. *Troller*, IGR II, S. 1085; B. *v. Büren*, Wettbewerbsrecht, S. 69 und dort zitierte Autoren.

Quantität[483]. Dabei hat sich nicht nur die Rezeptur, sondern auch das verwendete Verfahren zu entsprechen, da auch dies Letztere in der Regel einen Einfluss auf die Qualität hat. Sind die zu vergleichenden Waren oder Dienstleistungen in ihrer Qualität verschieden, ist ein seriöser Vergleich nicht möglich und daher nur beschränkt zulässig, wenn auf die unterschiedliche Qualität ausdrücklich aufmerksam gemacht wird. Solche Hinweise werden erst dann wieder unnötig, wenn sich die Vergleichsobjekte derart weit voneinander entfernen, dass dem Leser deren Ungleichheit auf den ersten Blick auffällt. Aus diesem Grunde ist der System- oder Warenartenvergleich zulässig, da hier zwei völlig verschiedene Warengattungen oder wirtschaftliche Systeme konfrontiert werden. Zulässig ist daher der generelle Vergleich zwischen Pfeifenrauchen und Zigarettenrauchen oder zwischen Kauf und Leasing.

Voraussetzung für die Zulässigkeit vergleichender Werbung ist aber immerhin, dass der Vergleich objektiv richtig, nicht irreführend und nicht herabwürdigend ist[484]. An das Vorhandensein dieser Voraussetzungen ist ein strenger Massstab zu legen, da sonst den Missbräuchen Tür und Tor geöffnet wäre[485]. Insbesondere sind die vergleichenden Angaben so zu verstehen, wie sie vom unbefangenen Leser in guten Treuen ausgelegt werden. Deren Sinn ist aufgrund der allgemeinen Lebenserfahrung und der besonderen Umstände des Einzelfalles zu ermitteln[486]. Als herabsetzend wird insbesondere gewürdigt, wenn dem Konkurrenten direkt oder indirekt übersetzte oder unfaire Preise unterstellt werden. Einem Wettbewerber steht es nicht an, die Preise der anderen schlechthin als unanständig und unehrenhafte Motive zur Täuschung oder Ausnützung der Käufer hinzustellen[487].

b) Anlehnende Werbung

Literatur: Bernard *Dutoit,* La concurrence parasitaire en droit comparé, RCI 142/1981 8–13; Hans-Georg *Schmid,* Die Bezugnahme in der Werbung nach dem UWG 1986, Diss. SG 1988.

---

[483] BGE 104/1978 II 133: Rossignol Weltcup-Rangliste.
[484] BGE 87/1961 II 116: Billigste Preise der Schweiz, OGer AG in Mitt. 1981 159: Aargauer Blätter.
[485] OGer ZH in SJZ 75/1979 209 Nr. 57 = ZR 77/1978 Nr. 114: Werbewirkungsstudie.
[486] BGE 90/1964 IV 45: Komplette Schlafzimmereinrichtung, 94/1968 IV 36: Billigste Preise.
[487] BGE 58/1932 II 460: Waschpulver, 79/1953 II 414: Lux-Seife; OGer AG in SJZ 66/1970 277 Nr. 125: Kleinhaushaltapparate; KGer GR in Mitt. 1980 54: Der Vorwurf der Überforderung sowie des teuersten und schlechtesten Kundendienstes ist herabwürdigend.

Die anlehnende Werbung ist eine besondere Spielart der vergleichenden Werbung. Dabei werden nicht die Unterschiede zweier Produkte hervorgehoben, sondern es wird im Gegenteil dargetan, dass ein Produkt gleich gut sei wie ein anderes, meist bekannteres Produkt. Im Besonderen der junge Unternehmer ist oft versucht, sich den Ruf eines eingeführten Mitbewerbers zunutze zu machen, indem er auf dessen Erzeugnisse hinweist und unterstellt, seine eigenen seien durchaus ebenbürtig. So soll der mit viel Mühe und Geld erzielte Erfolg des eingeführten Produktes kostenlos für das eigene ausgebeutet und der eigenen Werbung dienstbar gemacht werden.

Durch solche Praktiken wird der eingeführte Mitbewerber in seiner Kundschaft, seinem Kredit oder beruflichen Ansehen gefährdet. Er braucht es sich nicht gefallen zu lassen, dass die Qualitätsvorstellungen, die mit seiner Marke verbunden sind, auf Konkurrenten übertragen werden. Ein jeder soll mit seiner eigenen Leistung werben, für seine Produkte ein eigenes Image aufbauen und deren Vorzüge selbst bekannt machen[488]. Die Anlehnung von Warenbeschreibungen bei der Konkurrenz, wie namentlich durch die Verwendung der Ausdrücke «Ersatz für», «Gegenprodukt», «Gegentype» usw. verstösst gegen Treu und Glauben und ist daher unter dem Gesichtspunkt von Art. 3 lit. e UWG unlauter[489].

Eine Ausnahme ist für das so genannte Ersatzteilgeschäft zu machen. Jedem Fabrikanten ist es erlaubt, Ersatzteile und Zubehör für bekannte Markenartikel herzustellen und in der Werbung darauf hinzuweisen, dass sie sich für den Einbau in diese Artikel eignen[490]. Solche Hinweise dürfen freilich nicht derart gestaltet werden, dass die Meinung aufkommt, es handle sich um Originalersatzteile, noch darf die Originalmarke als werbewirksamer Blickfang verwendet werden[491]. Ersatzwaren sind vielmehr deutlich als Waren anderer Herkunft zu bezeichnen und mit einer eigenen Fabrik- oder Handelsmarke zu versehen.

Analog sollten Reraffinate nicht mit der Bezeichnung «hergestellt aus ...» versehen werden, da die Marke des aufbereiteten Altöls für den Käufer unwichtig ist und nur verwendet wird, um dessen Eigenschaften auf analoge

---

[488] Der Hinweis, die technischen Daten der eigenen Produkte könnten dem Katalog der Konkurrenz entnommen werden, ist schmarotzerisch, OGer LU in SJZ 55/1959 261 Nr. 107: Vorspanndienste.
[489] BGE 58/1932 II 459: Ersatz für Persil, 102/1976 II 296: Gegenprodukt zu Lattoflex; vgl. HGer SG in Mitt. 1976 217 und GRUR Int. 1977 376: Bico-flex, CJ GE in Mitt. 1980 52: Imitation Van Cleef.
[490] Z.B. «passend für ...».
[491] BGE 73/1947 II 197: Original-Gilette-Schlitzstanzung, 104/1978 II 60: Singer Reparaturen.

Weise zu charakterisieren. Zulässig ist jedoch ein Verwendungshinweis in der Art «geeignet für Bohrmaschinen Typ ...».

c) Werbung mit mehreren Preisen

Literatur: Thomas *Wyler,* Werbung mit dem Preis als unlauterer Wettbewerb, Diss. BS 1990; *Staatssekretariat für Wirtschaft (seco),* Preisbekanntgabeverordnung – Wegleitung für die Praxis, Bern 2000.

Auch durchgestrichene Preise stellen einen Vergleich dar, doch ergibt sich oft nicht immer klar, was womit verglichen wird. Werden in Katalogen und Inseraten durchgestrichene Preise verwendet, so kann dies nicht nur auf eine Preisermässigung des Werbung Treibenden hindeuten, sondern auch darauf, dass er billiger verkauft als die Konkurrenz.

Vorschriften, die durchgestrichene Preise generell verbieten, wären mit der Wirtschaftsfreiheit nicht vereinbar[492]. Als Ausnahme verdient vermerkt zu werden, dass für Spirituosen preisvergleichende Angaben a priori verboten sind[493]. Wegen immer wieder beobachteter Missbräuche ist der Gesetzgeber jedoch tätig geworden und hat die Bekanntgabe mehrerer Preise gestützt auf das Gesetz gegen den unlauteren Wettbewerb eingehend reglementiert[494]. Da diese Regelung die Verhinderung von Missbräuchen und die richtige Orientierung der Öffentlichkeit bezweckt, ist sie vom Bundesgericht als gesetzmässig beurteilt worden[495]. Die Bestimmungen richten sich nicht nur an Filialleiter, sondern auch an Hersteller, Importeure und Grossisten. Unterschieden wird zwischen Eigenvergleichen und Konkurrenzvergleichen.

Beim Konkurrenzvergleich vergleicht der Detaillist seinen Preis mit demjenigen seiner Mitbewerber. Er kann sich dabei auf einige wenige, namentlich benannte Konkurrenten beschränken und die an einem bestimmten Stichtag geltenden Tagespreise miteinander vergleichen. Vor allem Grossverteiler machen von dieser Möglichkeit gerne Gebrauch und veröffentlichen lautstark ihre Feststellungen. Selbstverständlich dürfen keine veralteten Preisvergleiche publiziert werden; bei Lebensmitteln dürften sie schon nach einem Monat nicht mehr aktuell sein und die Leser nicht mehr interessieren.

Stattdessen kann ein Anbieter seinen aktuellen Preis auch einem Durchschnittspreis gegenüberstellen. Der Durchschnittspreis ist derjenige Preis, der im Marktgebiet von der Mehrheit anderer Anbieter tatsächlich gehandhabt

---

[492] BGE 96/1970 I 701: Durchgestrichene Preise VD.
[493] Art. 42b Abs. 2 BG über die gebrannten Wasser (Alkoholgesetz, SR 680).
[494] Art. 16 f. Preisbekanntgabeverordnung (PBV, SR 942.211).
[495] BGE 101/1975 IV 343: CV-Restenmarkt.

wird. Das Marktgebiet ist das Gebiet, innerhalb dessen die Konsumenten bestimmte Produkte einzukaufen oder Dienstleistungen entgegenzunehmen pflegen; bei Frischprodukten ist es das Quartier, bei Kolonialwaren die Gemeinde, bei teuren Elektrogeräten unter Umständen die Agglomeration und bei Motorfahrzeugen gar die Region. Die hohe Zahl von Anbietern in diesen Marktgebieten machen seriöse Konkurrenzvergleiche schwierig. Der Gesetzgeber hat dies bewusst so gewollt, um zu verhindern, dass einzelne Discounter ihre Preise mit Mond- oder Fantasiepreisen vergleichen, die von der Konkurrenz kaum oder überhaupt nicht gehandhabt werden. Da diese Bestimmung auch für Hersteller gilt, müssen auch diese in ihren Katalogen die Preise weglassen, wenn sie deren Einhaltung nicht genügend kontrollieren können. Die Gewerbepolizei kann verlangen, dass der Anbieter seine Feststellungen über die gehandhabten Preise der Konkurrenz offen legt.

Für den Eigenvergleich wurde in der Preisbekanntgabeverordnung die so genannte Halbierungsregel aufgestellt. Sie verlangt, dass bei Preisreduktionen der reduzierte Preis nur während der Hälfte der Zeit bekannt gegeben werden darf, während welcher der frühere, höhere Preis tatsächlich verlangt worden ist, höchstens aber während zwei Monaten. Umgekehrt darf ein Einführungspreis (Subskriptionspreis) nur während der Hälfte der Zeit dem späteren, höheren Preis gegenübergestellt werden, aber auch hier wiederum höchstens während zwei Monaten. Der Anbieter muss der Gewerbepolizei auf Anfrage hin die Perioden, während welchen die Vergleichspreise angeschrieben wurden, belegen können.

Preise für schnell verderbliche Ware, wie Frischprodukte oder Schnittblumen, dürfen, wenn sie wenigstens während eines halben Tages gehandhabt wurden, noch bis zum Abend des folgenden Tages als Vergleichspreis bekannt gegeben werden[496].

d) Alleinstellungswerbung

Literatur: Hans-Dieter *Bock,* Die Grenzen der Superlativreklame im deutschen, schweizerischen, französischen und angloamerikanischen Recht, Köln 1963.

Die Alleinstellungswerbung vergleicht die eigenen Leistungen nicht mit solchen von Mitbewerbern, sondern mit jenen der Konkurrenz schlechthin. Auch solche Angaben haben richtig und nicht irreführend zu sein. Marktschreierische Übertreibungen von Werturteilen, die ihrem Inhalt nach ohnehin nicht überprüft werden können, sind zwar gestattet, kann doch auch die Werbung sowenig wie die Umgangssprache auf Superlative verzichten, die

---

[496] Art. 16 Abs. 4 PBV (Fn 494).

sich nun einmal eingebürgert haben. Zulässig sind daher Ausdrücke wie «Das Beste», «Unübertrefflich»[497], «Einzig XY ist so sparsam und wirkt so schnell»[498].

Werden jedoch Angaben gemacht, die objektiv überprüfbar sind, so haben sie zu stimmen[499]. Wer sein Geschäft als «einziges dieser Art in der Schweiz» oder als «grösste Fernschule der Schweiz» anpreist, hat den Nachweis hierfür zu erbringen[500]. Unzulässig war daher die Schlagzeile «Billigste Preise der Schweiz» eines Discounthauses der Radiobranche, da bewiesen werden konnte, dass eine andere Firma die angepriesenen Apparate noch billiger verkaufte[501]. Gerade Preisvergleiche haben auch noch zum Zeitpunkt der Veröffentlichung zu stimmen und vor der Veröffentlichung ist sorgfältig zu prüfen, ob seit dem Stichtag keine Veränderungen eingetreten sind[502].

3. Vergleichende Warentests

Literatur: Frank *Heyden,* Vergleichender Warentest, SJZ 64/1968 1–7; Hugo E. *Huber,* Vergleichender Warentest und unlauterer Wettbewerb, Diss. ZH 1970; Roger *Zäch,* Die Werbung mit Warentests nach schweizerischem Recht, in: Les tests comparatifs en droit comparé, Genève 1979, S. 61–84; Thomas *Hügi,* Die Veröffentlichung vergleichender Warentsts unter lautkeitsrechtlichen Aspekten, Diss. BE 1996.

a) Begriff

Unter vergleichendem Warentest wird die objektive Prüfung von auf dem Markt erhältlichen Konsumgütern durch Testinstitute im Auftrag eines Testveranstalters verstanden mit dem Zwecke, die für den Verbraucher erheblichen Eigenschaften zu bewerten. Die getesteten Fabrikate werden einander vergleichsweise gegenübergestellt und hinsichtlich ihres Preises sowie ihrer Qualität und Rentabilität eingestuft[503].

---

[497] HGer ZH in ZR 2/1903 Nr. 203 und BGer in ZR 3/1904 Nr. 3: Das Beste, unübertrefflich.
[498] HGer ZH in SJZ 67/1971 128 Nr. 56: Ablaufreiniger.
[499] BGE 87/1961 II 116 = GRUR Int. 1961 544: Ölfeuerungstechnik.
[500] OGer ZH in ZR 51/1952 Nr. 25: Spezialbüro für Markenschutz; BGE 102/1976 II 291: Grösste Fernschule.
[501] BGE 94/1968 IV 37: Billigste Preise.
[502] OGer ZH in ZR 51/1952 Nr. 38: Überholte Preisvergleiche.
[503] Vgl. Grundsatz Nr. 3.3 der Schweiz. Lauterkeitskommission betr. Durchführung und Kommunikation von Tests.

b) Verbreitung ungünstiger Testergebnisse

Da auch Testveranstalter den Bestimmungen des Wettbewerbsrechtes unterstehen, können sie für objektiv unrichtige Testergebnisse zur Rechenschaft gezogen werden. Nicht nur macht die schuldhafte Verbreitung unrichtiger Angaben über Dritte schadenersatzpflichtig[504], sondern sie kann auch als Persönlichkeitsverletzung oder unlauterer Wettbewerb untersagt werden[505]. Indessen sind Werturteile von Testveranstaltern, auch wenn sie ungünstig lauten, zulässig, sofern sie aufgrund des der Beurteilung vorangestellten Sachverhaltes vertretbar sind und nicht unnötig verletzen[506]. Eine unnötige Verletzung liegt namentlich dann vor, wenn die Vorstellung eines anderen als des festgestellten Sachverhaltes erweckt wird oder wenn die Schlussfolgerungen viel zu weit gehen und daher nicht mehr sachlich sind[507].

c) Verbreitung günstiger Testergebnisse

Günstige Testergebnisse werden gerne von den Herstellern der geprüften Produkte in ihrer Werbung verwendet und dabei nach Möglichkeit so dargestellt, dass sie noch besser erscheinen. Von einem Wettbewerber wird man jedoch bedeutend rascher annehmen, dass er darauf aus sei, die Leistungen seiner Konkurrenz herabzusetzen, als bei einem ausserhalb der Branche stehenden Testveranstalter. Tests dürfen daher nicht auszugsweise und aus dem Zusammenhang gerissen zitiert werden, namentlich dann nicht, wenn die Produkte, welche in irgendeiner Hinsicht schlechter abgeschnitten haben, namentlich erwähnt werden. Daher ist die Verwendung vergleichender Warentests durch die Hersteller der getesteten Produkte nur dann unbedenklich, wenn die Testergebnisse ausdrücklich für Werbezwecke freigegeben worden sind; aus dem Lauterkeitsrecht kann indessen kein grundsätzliches Verbot der Werbung mit Tests abgeleitet werden. Die Schweizerische Stiftung für Konsumentenschutz ist denn auch von ihrer ursprünglichen Zurückhaltung abgekommen und gibt auf Wunsch den Fabrikanten getesteter Produkte die schriftliche Bewilligung zur Verwendung der Testergebnisse in der Werbung unter der Voraussetzung, dass ihr die Werbeentwürfe zur Bewilligung eingereicht werden. Die Bewilligungen sind befristet und werden nur unter der Bedingung erteilt, dass die Werbung einen Hinweis auf die verwendete Pu-

---

[504] Art. 41 Obligationenrecht (OR, SR 220).
[505] Art. 28 Abs. 1 Zivilgesetzbuch (ZGB, SR 210), Art. 9 lit. a UWG.
[506] BGE 71/1945 II 194: Presseäusserung; HGer SG in SJZ 54/1958 181 Nr. 99: Motorenöl nicht geeignet für Fordwagen.
[507] BGE 43/1917 II 636: Stimmen im Sturm.

blikation des Testberichtes und die Möglichkeiten zum Bezug einer vollständigen Ausfertigung desselben enthält.

Auch die EMPA erlaubt die Veröffentlichung ihrer Untersuchungsberichte erst nachdem sie hierzu ihre ausdrückliche Bewilligung erteilt hat. Hierfür ist vorgängig das Manuskript (Probeabzug) im vollen Wortlaut und mit sämtlichen Illustrationen einzureichen. Die Bewilligung wird in der Regel nur für Berichte erteilt, die nicht älter als zwei bis drei Jahre sind; und sie wird auch in der Regel auf zwei Jahre befristet. Jede Erwähnung einer EMPA-Prüfung hat die Nummer und das Datum des betreffenden Prüfberichts zu enthalten (z.B. «Siehe EMPA-Prüfbericht Nr. 123'456 vom 31. Dezember 2000»). Sodann sind die von der EMPA geprüften Eigenschaften des fraglichen Produktes ausdrücklich und vollständig anzuführen (z.B. «Von der EMPA in Bezug auf Wärmeleitfähigkeit und Brandkennziffer geprüft.»). Auszüge haben in vollem Wortlaut und unter originalgetreuer Wiedergabe allfälliger Illustrationen und Erläuterungen zu erfolgen. Die Zitate dürfen nicht den Eindruck erwecken,

- die EMPA habe eine repräsentative Anzahl Objekte geprüft, während in Wirklichkeit nur eines oder wenige Objekte geprüft worden sind,
- die EMPA führe eine laufende Kontrolle eines Produktes durch, während in Wirklichkeit nur wenige Muster geprüft worden sind,
- die EMPA habe Eigenschaften geprüft, die in Wirklichkeit nicht geprüft worden sind,
- die EMPA habe werbetechnisch orientierte Schlussfolgerungen gezogen, die aber in Wirklichkeit vom Auftraggeber formuliert worden sind.

Wie wichtig solche klaren Regelungen sind, zeigt der Umstand, dass beispielsweise ein Importeur wegen der Verwendung des Testsiegels «Qualitätsurteil: sehr gut» der deutschen Stiftung für Warentest mit einer Busse von CHF 2'000 bestraft werden musste, weil diese Auszeichnung nicht für die beworbene Pfanne, sondern für ein Vorgängermodell verliehen worden war[508].

---

[508] BGer in sic! 3/1997 314: Testsiegel II.

E. Werbung mit Gutachten, Zeugnissen und Empfehlungen

1. Bedeutung

Vor allem auf dem Gebiete der Arzneimittel und Kosmetik ist es oft leichter, das Vertrauen der Verbraucher zu gewinnen, wenn sie davon überzeugt werden können, dass andere Leute das Präparat bereits mit Erfolg angewendet haben. Zu diesem Zwecke wird in der Werbung gelegentlich auf Dankesschreiben Dritter oder auf Bestätigungen von Fachleuten und Laien hingewiesen, welche sich vom angepriesenen Präparat befriedigt erklärten.

2. Zulässigkeit

Selbstverständlich dürfen in der Werbung Gutachten oder Zeugnisse nur dann erwähnt werden, wenn sie echt und durch die Erfahrungen ihrer Urheber gerechtfertigt sind. Blosse Gefälligkeitszeugnisse oder gar erdichtete Dankesschreiben haben in der Werbung nichts zu suchen. Nach den Grundsätzen der Schweizerischen Lauterkeitskommission hat eine Bezugnahme auf fiktive Referenzpersonen selbst dann zu unterbleiben, wenn über die Fiktion keine Unklarheit bestehen kann[509]; dies geht freilich wiederum zu weit, da nicht einzusehen ist, warum Testimonials von Globi oder Knorrli unlauter sein sollten. Auch dürfen Dokumente, die inhaltlich veraltet oder aus anderen Gründen nicht mehr brauchbar sind, nicht mehr verwendet werden[510].

In der Werbung verwendete Gutachten, Zeugnisse und Empfehlungen Dritter müssen im Original vorgelegt oder sonst wie belegt werden können. Dies gilt auch für ausländische Gutachten, da sie dort verifizierbar sein müssen, wo sie als Werbeargument verwendet werden[511]. Äusserungen Dritter dürfen überdies nur dann veröffentlicht werden, wenn der Autor sein Einverständnis hierzu gegeben bzw. nicht widerrufen hat, braucht er sich doch nicht gefallen zu lassen, dass sein Name zur Förderung fremden wirtschaftlichen Wettbe-

---

[509] Grundsatz Nr. 3.2 Ziff. 2 der Schweiz. Lauterkeitskommission betr. Testimonials und Referenzen.
[510] Art. 6 IHK-Richtlinien für die Werbepraxis 1987.
[511] Grundsatz Nr. 3.5 der Schweiz. Lauterkeitskommission betr. Vergleichende Werbung.

werbes ohne seine ausdrückliche Zustimmung (die jederzeit widerrufen werden kann) missbraucht wird.

3. Einschränkungen

Die Veröffentlichung von Gutachten, Zeugnissen oder Empfehlungen für gesundheitliche Wirkungen eines Produktes ist weit gehend verboten. Für Lebensmittel ergibt sich dies aus der Lebensmittelverordnung, die Heilanpreisungen zur Verhütung oder Heilung von Krankheiten ausdrücklich untersagt[512].

Amtliche Stellen erlauben in der Regel nicht, dass ihre Gutachten zu Werbezwecken verwendet werden, oder verlangen zum Mindesten deren Verbreitung nur als getreue Kopie, d.h. mit Angabe aller Zahlenwerte und des ungekürzten Wortlautes. Das Schweiz. Heilmittelinstitut verlangt zwar, dass seine Bewilligungsnummern auf der Packung zu Kontrollzwecken angebracht werden, doch wird deren Erwähnung in der Reklame verboten[513].

Grundsätzlich dürfen blosse Bewilligungen eines Amtes nicht herausgestrichen werden, zumal wenn es sich nur um Polizeierlaubnisse handelt, welche über die Qualität der bewilligten Leistung nichts aussagen. Die Eidg. Bankenkommission untersagt daher strikt, in der Werbung für Anlagefonds auf die Bewilligung zur Aufnahme von Werbung in der Schweiz hinzuweisen[514]. Ebenso unzulässig ist es, auf eine gesetzliche Kontrolle durch Behörden hinzuweisen, da dies den Eindruck einer besonderen Auszeichnung erweckt. Unerlaubt ist daher das Herausstreichen der Aufsichtsbehörde bei Stiftungen, namentlich des Eidg. Departements des Inneren, da jede Stiftung eine Aufsichtsbehörde haben muss[515].

---

[512] Art. 19 Abs. 1 lit. c Lebensmittelverordnung (LMV, SR 817.02).
[513] Art. 21 lit. q Arzneimittel-Werbeverordnung (AWV), bisher Art. 9 lit. q IKS-WerbeRL.
[514] Rundschreiben Nr. 5 der Eidg. Bankenkommission vom 15.1.1968.
[515] BGE 105/1979 II 73: Gemeinsam-Stiftung.

F. Werbung mit Wohltätigkeit

1. Bedeutung

Literatur: Thomas *Jäggi,* Spendensammlungen im schweizerischen Recht, Diss. FR 1981.

Gelegentlich soll dem Konsumenten suggeriert werden, er unterstütze mit dem Kauf des angepriesenen Produkts gleichzeitig auch eine wohltätige Institution. Besonders die Sporthilfe hat sich in diesem Zusammenhang als wirksamer Kassenschlager gezeigt, doch gibt es auch andere Bereiche, die Erfolg versprechend eingesetzt werden können. Namentlich kommen Projekte in Frage, für welche der Verbraucher zur Beruhigung seines schlechten Gewissens gerne einen kleinen Betrag spendiert (z.B. für den Schutz von Biotopen usw.). Auffallend ist, dass in der Schweiz im Gegensatz zu Deutschland[516] keine Fälle bekannt geworden sind, in denen sich die Gerichte zu diesen Fragen zu äussern gehabt hätten. Auch die Literatur überging diese Werbemethoden bis anhin mit Stillschweigen.

2. Werbung mit der Förderung von wohltätigen Institutionen

Entschliesst sich ein Fabrikant, vom Verkaufserlös eines bestimmten Produktes einen gewissen Anteil einer wohltätigen Institution zukommen zu lassen, so darf er diesen Entschluss grundsätzlich auch dem Publikum bekannt geben in der Hoffnung auf Unterstützung seiner sympathischen Aktion durch vermehrte Nachfrage. Es verhält sich dabei kaum anders, als wenn der Fabrikant seinen Waren gewisse Zugaben beilegt, welche ebenfalls zu einem Kaufentschluss animieren können. Nur ist es hier nicht die Aussicht auf eine Gratiszugabe, welche den Konsumenten zum Kauf veranlasst, sondern sein Bedürfnis, etwas Gutes zu tun, ohne dass es etwas kostet. Im einen wie im anderen Falle wird der Geschäftsabschluss nicht mehr einzig durch den Wunsch des Käufers herbeigeführt, die gekaufte Ware zu besitzen, sondern es spielen beim Kaufentschluss noch weitere, mit der Erwerbsabsicht nur indirekt zusammenhängende Motive mit. Etwas Derartiges ist nach schweizerischer Auffassung nicht unlauter, solange dabei die Grundsätze der Wahrheit und Klarheit beobachtet werden.

---

[516] Vgl. z.B. GRUR 1976 308: Unicef-Grusskarten.

Enthält die Werbung einen Hinweis darauf, dass der Kauf einer Ware einen wohltätigen Zweck fördere, so darf sie über das Ausmass der Unterstützung für diese Zwecke nicht irreführen[517]. Diese Regel wäre dahingehend zu präzisieren, dass der Entgeltanteil grundsätzlich vom Detailpreis und nicht vom Grosshandelspreis oder gar vom Gewinn zu berechnen ist. Werben Fabrikanten damit, sie würden «10%» einer wohltätigen Institution zuführen, so wird der Käufer annehmen, dies seien 10% des von ihm bezahlten Preises, während der Fabrikant die «10%» nur von dem von ihm kassierten Grossistenpreis oder gar nur von seiner Brutto- oder Nettorendite berechnet. Diese letzteren Zahlen kennt der Käufer jedoch nicht und kann sich daher keine Vorstellungen darüber machen, welcher Schlussbetrag der angezeigten wohltätigen Institution zugute kommt. Abklärungen von Handelskammern haben sogar schon ergeben, dass Fabrikanten von Produkten mit dem Hinweis auf eine 10-prozentige Abgabe für wohltätige Zwecke nachher behaupteten, überhaupt keinen Gewinn gemacht zu haben und sie daher den wohltätigen Institutionen auch nichts hätten zukommen lassen können. An diesem Beispiel zeigt sich, dass das Versprechen, einen bestimmten Gewinnanteil Dritten weiterzugeben, den Verbraucher täuschen kann, indem dem Dritten trotz des Werbeversprechens gar nichts zukommt. Zu Recht betrachtet denn auch die Praxis das Nicht-Weiterleiten gesammelter Spenden an die betreffende wohltätige Organisation als Betrug, unter Umständen sogar als gewerbsmässigen Betrug[518].

Wer schon mit wohltätigen Zwecken Werbung betreibt, muss sich gefallen lassen, dass man seine Werbeversprechen kontrolliert und nachprüft, ob sie eingehalten werden. Unternehmen, die mit solchen Werbemethoden Umsätze zu erzielen suchen, haben entweder Behörden, Handelskammern oder Konsumentenschutzorganisationen vorbehaltlos und belegt Auskunft über die Ergebnisse ihrer Aktion zu geben, oder sie haben die massgebenden Zahlen selbst durch ihre Revisionsstelle überprüfen zu lassen und sie nachher öffentlich bekannt zu geben. Nur so kann erreicht werden, dass das Misstrauen, das sich gegenwärtig bei Werbung für wohltätige Zwecke breit macht, abgebaut werden kann und dass diese meist im Interesse der Gewinnsucht liegenden Aktionen nicht noch mehr in Misskredit fallen.

---

[517] Art. 4 Ziff. 1 lit. h IHK-Richtlinien für die Werbepraxis 1987.
[518] BGE 107/1981 IV 173: Spendenaufruf zugunsten der Erdbebengeschädigten von El Asuan, Algerien.

3. Werbung von Behindertenbetrieben

Verschiedene Firmen beschäftigen Invalide und leiten aus diesem Umstand die Berechtigung ab, an die Käufer zu appellieren, den Behinderten durch Kauf der in ihrem Unternehmen erzeugten Produkte die Arbeitsplätze zu erhalten. Auch dies ist dem Grundsatz nach nicht unlauter, doch müssen auch hier klare und wahre Angaben gemacht werden. Für den Verbraucher ist von Interesse, zu wissen, ob auch der Firmeninhaber invalid ist, wie gross der Anteil der Behinderten ist und zu welchem Grad sie invalid sind. Als invalid können überdies nur Personen bezeichnet werden, die infolge ihrer körperlichen, geistigen oder seelischen Schäden so stark behindert sind, dass sie beim Angebot ihrer noch möglichen Arbeitsleistungen auf die Wohltätigkeit der Abnehmer angewiesen sind[519]. Werden bloss untergeordnete Arbeiten von Invaliden ausgeführt, darf darauf in der Regel nicht hingewiesen werden, geht es doch nicht an, an das Mitleid des Verbrauchers zu appellieren, wenn z.B. bloss der Buchhalter invalid ist. Von einem Behindertenbetrieb kann erst die Rede sein, wenn ein wesentlicher Anteil der Arbeitsplätze so eingerichtet ist, dass an ihnen Behinderte arbeiten können. In den Statuten ist die Mitarbeit der Behinderten zu gewährleisten. Der Betrieb einer gewöhnlichen Arbeitswerkstätte darf daher nicht als «Blinden- und Mindererwerbsfähigen-Werkstätte» bezeichnet werden, solange Behinderte nur teilweise im Betrieb mitverwendet werden[520]. Ist der Betriebsinhaber selbst invalid, so wird man erwarten, dass er seine Arbeitskraft so weit als möglich dem Betrieb zur Verfügung stellt, besteht doch kein Anlass, Behinderte als Kapitalanleger anders zu behandeln als Gesunde. Aber selbst wenn die erwähnten Voraussetzungen noch alle zuträfen, darf der Behindertenbetrieb seine Werbung nicht ausschliesslich auf dem Umstand aufbauen, dass mit dem Erwerb der von ihm fabrizierten Waren Not gelindert wird. Werbung hat grundsätzlich sachbezogen und nicht gefühlsbetont zu sein, und die Qualität eines Produktes hat mit der Herstellung durch Invalide in der Regel nichts zu tun. Auch Behindertenbetriebe haben daher in erster Linie an das Kaufinteresse des Publikums und nicht an dessen soziales Mitleid zu appellieren. Dies schliesst nicht aus, dass daneben auch noch auf die Warenherkunft aus einem Behindertenbetrieb hingewiesen wird. Denn bei vergleichbarem Preis und ebensolcher Qualität mag für den Kaufinteressenten auch von Bedeutung sein, wem sein Kauf zugute kommt, ähnlich wie er im Zweifel möglicherweise auch

---

[519] Grundsatz Nr. 2.3 der Schweiz. Lauterkeitskommission betr. Verwendung des Begriffs «invalid».
[520] Justizdir. AG in SAG 18/1945 93: Blinden- und Mindererwerbsfähigen-Werkstätte W.

einem schweizerischen Produkt gegenüber einem ausländischen den Vorzug geben wird.

4. Werbung von gemeinnützigen Organisationen

Eine Wohltätigkeitsorganisation[521] darf ihren Wohltätigkeitszweck auch im geschäftlichen Verkehr hervorheben und beim Angebot der eigenen Waren darauf hinweisen, dass wegen der Gemeinnützigkeit der Organisation mit dem Kaufpreis auch eine karitative Aufgabe erfüllt wird. Wohl können dadurch kaufmännisch geführte Betriebe benachteiligt werden, da das Publikum möglicherweise seine Glückwunschkarten und dergleichen lieber bei einer gemeinnützigen Organisation einkauft. Auch ist aus schweizerischer Sicht nichts dagegen einzuwenden, wenn Behindertenvereine oder gemeinnützige Organisationen (z.B. WWF) eigentliche Fachgeschäfte eröffnen und dabei nicht nur das Kaufinteresse, sondern auch das soziale Gewissen des Publikums ansprechen.

Andererseits dürfen sich gewinnstrebige Unternehmen nicht den Anschein geben, es handle sich bei ihnen um eine gemeinnützige Institution. So ist die Bezeichnung «Brockehus» oder «Brockestube» gemeinnützigen Institutionen vorbehalten[522].

G. Werbung mit Lockvögeln

Literatur: Bruno v. *Büren,* Aktuelle Fragen des Wettbewerbs- und Markenrechts, SJZ 66/1970 145–152; Robert *Briner-Eidenbenz,* Die rechtliche Würdigung des Lockvogels, WuR 26/1974 17–26; Leo *Gitbud,* Die rechtliche Behandlung der Preisunterbietung nach dem Gesetz gegen den unlauteren Wettbewerb und der Kartellgesetzgebung in der Schweiz und in Deutschland, Diss. FR 1974; Walter R. *Schluep,* Lockvogelpreise und Lockvogelmarken im schweizerischen Recht, in Prix et marques d'appel en droit comparé, Genève 1976, S. 57–84; Rolf P. *Jetzer,* Lockvogelwerbung, Die werbepolitisch motivierte Preisunterbietung als unlauterer Wettbewerb, Diss. 1979; Felix *Thomann,* Vergleichende Werbung und Lockvogelangebote im Lichte des UWG, BJM 1981 1–29; Andreas *Matter,* Lockvogelproblematik und UWG-Revision, ZSR 105/1986 I, 429–468; Guido *Sutter,* Das Lockvogelangebot im UWG (Art. 3 lit. f), Diss. BE 1993.

---

[521] Z.B. Pro Juventute.
[522] OGer AR in SJZ 80/1984 132 Nr. 21: Brockehus.

III. Besondere Vorschriften für einzelne Werbemedien

1. Allgemeines

a) Bedeutung

Lockvögel sind Züchtungen des Discounthandels. Während früher die verbilligten Angebote gewöhnlich auf zufällige, besonders günstige Einkäufe des Detaillisten zurückzuführen waren, werden die heutigen Lockvögel bewusst gezüchtet und die damit verbundenen Gewinneinbussen durch Umsatzerhöhungen auf anderen Produkten oder aus speziell geschaffenen Lockvogel-Fonds kompensiert. Zum Lockvogelangebot gesellt sich zudem eine entsprechend marktschreierisch abgefasste Zeitungs- und TV-Werbung, welche dem Kunden nahe legt, die angepriesenen Lockvögel stünden nur stellvertretend für ein ebenso günstiges Gesamtsortiment. Da bei solchen Werbemethoden Spezialgeschäfte und mittelständische Gemischtwarenläden kaum mithalten können, besteht die Gefahr, dass diese mit der Zeit verdrängt werden. Die Lockvogelwerbung dürfte damit für das Verschwinden vieler Detailläden mitverantwortlich sein.

b) Begriff

Lockvögel (loss leaders) sind Angebote von unverhältnismässig billig kalkulierten Markenartikeln, welche die Kundschaft zum überwiegenden oder gar ausschliesslichen Zwecke anlocken sollen, sie einem Angebot von üblich kalkulierten Waren gegenüberzustellen. Im Gegensatz zur herkömmlichen Produktwerbung will die Lockvogelwerbung nicht in erster Linie die angepriesenen Waren umsetzen, sondern vor allem auch andere, in der Werbung nicht genannte. Die Lockvögel sind oft nicht oder doch nicht in genügendem Umfange beim Werbung Treibenden vorrätig. Dies ist ihm eben recht, denn er will ja nicht die Lockvögel, an denen er nichts verdient, verkaufen, sondern sein normal kalkuliertes Sortiment. Die Lockvögel sind nur der Blickfang, um mit dem Konsumenten ins Gespräch zu kommen und ihn auf die generelle Leistungsfähigkeit des offerierenden Geschäftes aufmerksam zu machen.

2. Zulässigkeit

a) Allgemeines

Über die Auswirkungen der Lockvogelwerbung besteht grosse Unsicherheit. Sie wurde lange für das Sterben der Quartierläden verantwortlich gemacht, die mit den Lockvogelangeboten der Grossverteiler nicht Schritt halten könnten. Mit der Verabschiedung des Lockvogelverbotes durch das Parlament hat aber das Ladensterben nicht aufgehört, so dass auch andere Faktoren dafür verantwortlich sein müssen.

Der Gesetzgeber hat einen recht komplizierten Lockvogel-Tatbestand geschaffen, der als Musterbeispiel für den vom Lauterkeitsrecht gewährleisteten unverfälschten Wettbewerb bezeichnet wurde. Die Bestimmung verbietet die Täuschung über die eigene oder die Leistungsfähigkeit von Mitbewerbern durch das wiederholte Angebot von ausgewählten Waren, Werken oder Leistungen unter Einstandspreis und die Hervorhebung dieses Angebotes in der Werbung[523].

Der Lockvogel-Tatbestand besteht aus fünf Elementen, nämlich dem Angebot ausgewählter Waren, der Preisgestaltung unter Einstandspreis, der Wiederholung solcher Angebote, deren besonderer Hervorhebung in der Werbung und schliesslich der Täuschung des Kunden. Das Lockvogelverbot richtet sich nur an Detaillisten, nicht aber an Hersteller, da diese begrifflich nicht unter Einstandspreis verkaufen können.

Der Einstandspreis setzt sich gemäss Botschaft aus dem Einkaufspreis (Fakturpreis) zusammen, vermindert um Rechnungsabzüge wie Rabatte und Skonti und erhöht um die Bezugskosten wie Mehrwertsteuern, Fracht, Transportversicherung, Zoll, Vermittlungsprovisionen usw.; indessen enthält er weder Verkaufskosten (Einzelkosten, Gemeinkosten) noch eine Gewinnmarge. Der Einstandspreis muss in zeitlich wiederholten Malen unterboten werden; die bloss einmalige Unterbietung erfüllt den Tatbestand noch nicht. Von einem wiederholten Angebot wird man kaum mehr sprechen können, wenn solche Angebote nur alle Jahre gemacht werden.[524]

Der Tatbestand verlangt, dass einzelne Waren (oder Werke oder Leistungen) ausgewählt und in der Werbung besonders hervorgehoben werden. Wer seine Waren im Rahmen der üblichen Reklame unter Einstandspreis anbietet, verstösst nicht gegen das Lockvogelverbot. Der Gesetzgeber hatte offensichtlich

---

[523] Art. 3 lit. f UWG.
[524] HGer AG in SMI 1990 224: Club-Einstiegsangebot.

die reisserisch aufgemachten Inserate der Grossverteiler vor Augen, in denen bestimmte Nahrungsmittel für eine beschränkte Zeit von eins bis zwei Wochen verbilligt angeboten wurden. Werden die Angebote unter Einstandspreis aber nicht besonders hochgejubelt, dürfte der Lockvogel-Tatbestand nicht erfüllt sein.

Schliesslich muss das Lockvogelangebot zur Täuschung über die Leistungsfähigkeit führen. Da ein solcher Beweis nur sehr schwer erbracht werden kann, wurde ein Beweislast-Umkehr eingeführt, in dem eine solche Täuschung von Gesetzes wegen vermutet wird. Der Anbieter muss daher beweisen, dass die vermutete Täuschung nicht eingetreten ist. Dies zwingt ihn praktisch dazu, in seiner Ankündigung darauf hinzuweisen, dass er mit seinem Angebot nicht auch seine Leistungsfähigkeit unter Beweis stellen will. Einfacher hat er es freilich, wenn ihm der Nachweis gelingt, dass er gar nicht unter seinem individuellen Einstandspreis verkauft hat. Ein solcher Nachweis wird leicht möglich, wenn nicht immer zum gleichen Preis eingekauft wird, da es praktisch unmöglich ist, die einzelnen Warenbewegungen exakt zu verfolgen.

Nur am Rande sei hervorgehoben, dass die gesetzliche Täuschungsvermutung bei der strafrechtlichen Ahndung von Lockvögeln nicht anwendbar ist, da sie gegen die Unschuldsvermutung der europäischen Menschenrechtskonvention verstösst. Unlautere Lockvogelwerbung ist daher nicht strafbar, ausser es werde von der Untersuchungsbehörde eine Täuschung des Konsumenten nachgewiesen.

b) Sachliche Einschränkungen

Spirituosen können nicht als Lockvögel eingesetzt werden, da sie vorbehältlich behördlicher Liquidationen nicht unter Einstandspreis verkauft werden dürfen[525].

---

[525] Art. 41 Abs. 1 lit. g BG über die gebrannten Wasser (Alkoholgesetz, SR 690).

H. Werbung mit bestimmten Motiven

1. Werbung mit Banknoten

Gemäss dem alten, bis 1993 gültig gewesenen Urheberrechtsgesetz genossen Banknoten grundsätzlich urheberrechtlichen Schutz[526]. Das neue Urheberrechtsgesetz nimmt Zahlungsmittel jedoch ausdrücklich vom Schutz des Urheberrechtes aus[527]. Selbstverständlich sind aber Banknoten immer noch gegen Fälschungen geschützt, und auch ohne Fälschungsabsicht vorgenommene Reproduktionen können strafrechtlich verfolgt werden, sobald die Gefahr einer Verwechslung mit echten Banknoten geschaffen wird[528]. Bei der Wiedergabe von Banknoten (auch ausländischen) ist daher darauf zu achten, dass keine Verwechslungsgefahr mit echten Banknoten möglich ist.

Die schweizerische Nationalbank hat Richtlinien über die zulässige Abbildung schweizerischer Banknoten zusammengestellt[529]. Zulässig sind demgemäss Wiedergaben, die entweder höchstens 40% einer Banknote in Originalgrösse zeigen, die sich farblich deutlich vom sämtlichen offiziellen Zahlungsmitteln abheben, die mindestens doppelt so gross oder höchstens halb so gross wie die echten Noten sind. Zulässig sind auch Reproduktionen auf Material, das keine Ähnlichkeiten mit Papier aufweist, wie etwa Metall, Holz oder Hartplastik. Entsprechend dürfen auch Münzen, einschliesslich Goldstücke, auf Papier oder papierähnlichen Folien reproduziert werden, da hier eine Verwechslung mit Metallgeld ausgeschlossen ist.

Dass Banknoten vom urheberrechtlichen Schutz ausgeschlossen sind, heisst noch nicht unbedingt, dass die darauf abgebildeten Motive frei in der Werbung verwendet werden dürfen. Diese Motive können nur dann bedenkenlos in Werbemitteln eingesetzt werden, wenn sie als Teil einer Banknote erkennbar bleiben. Anderenfalls ist abzuklären, ob der Schöpfer des betreffenden Werkes noch ein eigenes, nicht durch Zeitablauf erloschenes Urheberrecht geniesst, das in jedem Fall zu beachten wäre.

---

[526] BGE 99/1973 IV 52: 20-Franken-Note.
[527] Art. 5 Abs.1 lit. b Urheberrechtsgesetz (URG, SR 231.1).
[528] Art. 240 und 327 Strafgesetzbuch (StGB, SR 311.0).
[529] Merkblatt betreffend Reproduktion von Banknoten vom 9. Oktober 1995, zu beziehen bei der schweizerischen Nationalbank, Rechtsdienst, Postfach, 8022 Zürich.

2. Werbung mit Personenbildern

Bei Abbildungen von Personen ist immer daran zu denken, dass die unbefugte Wiedergabe einer solchen Abbildung das Persönlichkeitsrecht der abgebildeten Person verletzt. Jede Veröffentlichung ihres Bildnisses, auf welchem sie von Freunden und Bekannten erkannt wird, ist nicht nur von der Zustimmung des Fotografen, sondern auch von der Zustimmung der abgebildeten Person abhängig. Dies gilt nicht nur für Abbildungen von Personen der Zeitgeschichte, wie Filmstars und Sportgrössen, sondern auch von Abbildungen des «kleinen Mannes», wie Passanten und Touristen. Auch Kinder haben Anspruch auf Respektierung ihrer Persönlichkeit; das Recht zur Zustimmung einer Veröffentlichung wird von ihren Eltern wahrgenommen.

Die unentgeltlich erteilte Einwilligung zur Veröffentlichung eines Personenbildnisses kann zu jeder Zeit und ohne Beobachtung einer Kündigungsfrist widerrufen werden. Demgegenüber ist bei entgeltlich erteilten Zustimmungen durch Vertragsauslegung zu ermitteln, für welche Zeitperiode die Zustimmung Gültigkeit hat.

Eine Zustimmung zur Veröffentlichung gilt nur für die bei der Zustimmung ausdrücklich erwähnte Publikationsart. Wurde die Zustimmung für eine Veröffentlichung in einem Prospekt erteilt, so darf das gleiche Sujet nachträglich nicht auch auf Plakaten wiedergegeben werden[530]. Gerade professionelle Models pflegen die Zustimmung zur Verwendung ihrer Bilder eng einzugrenzen, so dass schon geringfügige Änderungen in der ursprünglichen Absicht ein neues Aushandeln der Bedingungen zur Verwendung der Bilder erfordert.

Bis zum Jahre 1993 konnte die vorsätzliche Veröffentlichung von Personenbildnissen ohne Einwilligung des Abgebildeten auf dessen Antrag hin noch mit Busse bis zu CHF 500 geahndet werden[531]; mittlerweile ist aber die entsprechende Strafandrohung ersatzlos gestrichen worden[532].

Die Benützung von Portraits verstorbener Personen ist von Land zu Land unterschiedlich geregelt. In der Schweiz gehen die Persönlichkeitsrechte mit dem Tode unter[533]. Auf die Gefühle der Angehörigen ist indessen ebenfalls Rücksicht zu nehmen; daher wird in der Regel auch eine Respektsfrist von mindestens einem Jahr nach dem Tode beobachtet.

---

[530] OGer ZH in SJZ 71/1975 27 Nr. 15 = Mitt. 1975 178: Swissair-Gazette.
[531] Art. 43 Ziff. 3 i.V.m. Art. 50 Ziff. 3 altURG 1922.
[532] Vgl. Statthalteramt Zch. in SMI 1994 307: Porträtaufnahme.
[533] Art. 31 Zivilgesetzbuch (ZGB, SR 210).

In Deutschland überdauert der Schutz des Personenbildnisses den Tod des Abgebildeten um zehn Jahre. In den USA kann die Wiedergabe von Personenbildnissen noch weiter monopolisiert werden.

3. Werbung mit Kunstbildern

Es ist selbstverständlich, dass die Nutzung fremder Kunstwerke nur mit Zustimmung des Urhebers zulässig ist. Erst nach Erlöschen seiner Rechte, d.h. 70 Jahre nach seinem Tode[534], wird das Werk gemeinfrei. Ohne Zustimmung des Urhebers dürfen daher nur Werke in der Werbung eingesetzt werden, bei welchen die Schutzdauer mit Sicherheit abgelaufen ist.

Das Urheberrecht kann auch dann durchgesetzt werden, wenn der Nutzer in guten Treuen davon ausgeht, der Urheber sei mit einer Vervielfältigung einverstanden. So muss der Maler, der seine Bilder in einer Galerie ausstellt, seine ausdrückliche Zustimmung geben, wenn eines seiner Bilder als Blickfang für die Einladung zur Vernissage verkleinert wiedergegeben werden soll. Dagegen braucht es keine Einwilligung, wenn der Vertreiber einer urheberrechtlich geschützten, aber serienweise produzierten Lampe diese in seinem Prospekt abbildet oder wenn bei einer Porträtierung zufälligerweise im Hintergrund noch ein Bild an der Wand hängt und dieses ebenfalls abgelichtet wird.

4. Werbung mit sexuellen Motiven

Der mehr oder weniger bekleidete Frauenkörper scheint immer noch ein begehrter Blickfang von fantasielosen Werbern für kritiklose Konsumenten zu sein. Das Parlament hat sich aber bis heute dagegen gesträubt, Normen zur geschlechterdiskriminierenden Werbung zu erlassen. Demgegenüber hat die Schweizerische Lauterkeitskommission bereits im Jahre 1993 die sexistische Beeinträchtigung untersagt[535]. Sie sieht eine sexistische Beeinträchtigung vor allem dann als gegeben, wenn zwischen der Person, die das Geschlecht verkörpert, und dem beworbenen Produkt kein natürlicher Zusammenhang besteht oder wenn die Person in rein dekorativer Funktion dargestellt wird. Spärlich bekleidete oder begehrlich aufgemachte Damen

---

[534] Art. 29 Abs. 2 lit. b URG (Fn 527).
[535] Grundsatz Nr. 3.11 der Schweiz. Lauterkeitskommission betr. Geschlechterdiskriminierende Werbung.

dürfen daher ohne weiteres zur Bewerbung von Wäsche oder Kosmetika, nicht aber zum Beispiel für Produkte im Bereich der Abwassersanierung oder für Autopneus eingesetzt werden.

Aber nicht nur ungenügende Bekleidung, sondern auch anzügliche Kommentare sind als sexistisch zu brandmarken. Zu Recht hat die Lauterkeitskommission beispielsweise zwar nicht die Darstellung einer Frau im Minirock bei der Bewerbung von Mineralöl kritisiert, wohl aber die zugehörige Headline «kurvenstark zu hemmungslosen Preisen». Eine ähnliche Kritik erhielt die Abbildung einer kaum bekleideten Frau mit dem Kommentar «verzehrfertiges Fleisch».

Dabei geht es nicht darum, über die Geschmacklosigkeit von gewissen Aktfotografien zu befinden, sondern einzig darum, ob die Darstellung die Würde der Frau oder des Mannes herabsetzt. Solange an Stelle der abgebildeten Frau auch ein Mann wiedergegeben werden könnte, ist dies nicht der Fall, auch wenn ein Frauenbild in der Regel ansprechender wirkt. Doch soll niemand als Objekt von Unterwerfung, Untertänigkeit, Ausbeutung oder dergleichen dargestellt sowie visuell, verbal oder akustisch herabgewürdigt werden.

Es ist erstaunlich, dass sich die Gerichte bis anhin anscheinend noch nie mit dem Phänomen der sexistischen Werbung befassen mussten. Ob dies freilich den schweizerischen Werbeagenturen ein gutes Zeugnis ausstellt, bleibt eine offene Frage.

5. Werbung mit dem Zeichen des Roten Kreuzes oder mit Zeichen internationaler Organisationen

Das Zeichen eines roten Kreuzes auf weissem Grund oder die Worte «Rotes Kreuz» oder «Genfer Kreuz» sind durch das so genannte Rot-Kreuz-Gesetz geschützt; das Gleiche gilt für Namen und Zeichen der Organisation der Vereinten Nationen sowie diejenigen der Spezialorganisationen der UNO und anderer zwischenstaatlicher Organisationen, die durch das so genannte UNO-Gesetz geschützt sind[536].

Die Verwendung des Roten Kreuzes bedarf einer Bewilligung des Schweizerischen Roten Kreuzes (SRK); es darf im Rahmen des Reglements der inter-

---

[536] BG betr. den Schutz des Zeichens und des Namens des Roten Kreuzes (sog. Rot-Kreuz-Gesetz, SR 232.22); BG betr. den Schutz von Namen und Zeichen der Organisation der Vereinten Nationen etc. (sog. UNO-Gesetz, SR 232.23).

nationalen Rot-Kreuz-Bewegung nur von Samariter- und Rot-Kreuz-Organisationen verwendet werden. Jede Benutzung des Roten Kreuzes zum Zwecke der Bewerbung von Medizinal- oder Sanitätsprodukten ist unzulässig. Dies gilt sogar auch für Spielwaren wie Kinder-Ärztekoffer, Spielzeug-Ambulanzen etc, ist aber in diesen Bereichen bis anhin toleriert worden. Entsprechend dürfen rote Kreuze auch nicht als Teile von Marken und Mustern oder Modellen hinterlegt werden.

Auch die Verwendung von Namen und Zeichen der UNO, ihrer Spezialorganisationen und anderer zwischenstaatlicher Organisationen ist verboten. Zu diesen Zeichen zählen nicht nur deren Wappen, Flaggen und andere Zeichen, sondern auch die Sigel in den schweizerischen Amtssprachen oder in der englischen Sprache. Unter Sigel versteht die Diplomatensprache den Kurznamen (Akronym) der Organisation. Da es bereits Hunderte solcher Organisationen gibt, sind deren Sigel kaum jedermann geläufig. Es rechtfertigt sich daher, vor der Verwendung eines Buchstabenwortes nachzuprüfen, ob es nicht bereits für eine internationale Organisation reserviert ist. Deren Namen und Zeichen werden regelmässig im Bundesblatt publiziert; darüber hinaus ist die umfassende Liste der Kurznamen auch im Internet abrufbar[537]. Die Sigel internationaler Organisationen werden ebenfalls nicht als Marken- oder Firmenbestandteile eingetragen[538].

6. Werbung mit Wappen

Das Wappen der Eidgenossenschaft und diejenigen der Kantone, Bezirke, Kreise und Gemeinden dürfen – falls zutreffend[539] – zwar in der Werbung zur Symbolisierung der entsprechenden Herkunft verwendet werden, doch ist es eigenartigerweise untersagt, sie zu diesem Zwecke auch auf den Waren selbst oder ihrer Verpackung anzubringen[540]. Solche Wappen dürfen einzig zu rein dekorativen Zwecken und nur auf Bechern, Pokalen, Lampions sowie ganz allgemein auf Schmuckgegenständen und Souvenir-Artikeln wiedergegeben werden[541]. Die gleichen Bestimmungen finden auf die wesentlichen Bestandteile solcher Wappen Anwendung, wie etwa den Basler Stab, das St. Galler Liktorenbündel oder den Uri-Stier. Da für alle Wappen auch die

---

[537] URL-Adresse: <http://www.ige.ch./d/g51012.htm>.
[538] BGE 105/1979 II 139: Die Firma «BIS; service de travail temporaire S.A.» ist nicht eintragbar, weil BIS das Sigel der «Bank of International Settlements» ist.
[539] Vgl. vorn, Kap. II. C, Werbung mit Angaben zur geografischen Herkunft, S.132.
[540] Art. 2, 3 und 5 BG zum Schutz öff. Wappen (sog. Wappenschutzgesetz, SR 232.2).
[541] Rechtsauskunft EJPD in PMMBl 20/1981 I 16.

Farbe wesentlich ist, wird der Bestandteil im Allgemeinen nur dann als charakteristisch empfunden, wenn er in der Farbe des Wappens oder auf gleichfarbigem Grund erscheint[542].

Das Schweizer Kreuz ist nicht nur durch das Wappenschutzgesetz, sondern auch durch das Genfer Abkommen zur Verbesserung des Loses der Verwundeten und Kranken der bewaffneten Kräfte im Felde geschützt[543]. Dieses Abkommen verleiht dem Schweizer Kreuz somit auch internationalen Schutz.

7. Werbung mit Humor

Zwar gibt es keine gesetzlichen Bestimmungen, die sich mit humorvoller Werbung befassen würden. Doch darf immerhin festgestellt werden, dass die Rechtsprechung mit gutem Grund gegenüber der witzigen Werbung (noch) toleranter ist als gegenüber der rein sachlichen Werbung. Dies deshalb, weil der Humor zum guten Teil davon lebt, dass er eine bestimmte Situation überzeichnet oder parodiert. Um einer Pointe oder eines Reimes willen muss daher oft dick aufgetragen werden. Doch wird den Adressaten attestiert, dass sie reklamehafte Übertreibungen in humorvoller Werbung schneller erkennen, ja sogar mit solchen rechnen[544]. Auch wird die marktschreierische Wirkung gelungener Wortspiele leicht bemerkt, so dass sie mit Nachsicht zu behandeln sind. So wird niemand annehmen, dass ein Kosmetikgeschäft mit dem prägnanten Namen «Beauty free» seine Schönheitsmittel gratis abgeben wird.

8. Werbung mit lebenden Tieren

Werbung mit Tierbildern untersteht keinen besonderen Einschränkungen, wohl aber die Werbung mit lebenden Tieren. Diese bedarf einer kantonalen Bewilligung, die sicher zu stellen hat, dass die verwendeten Tiere nicht leiden oder Schaden nehmen; ihren Bedürfnissen ist in bestmöglicher Weise Rechnung zu tragen[545]. Es ist fraglich, ob sich diese Regelung auch auf die

---

[542] BGE 80/1954 I 58: Familienwappen in den Solothurner Farben.
[543] Art. 53 Abs. 2 des Genfer Abkommens (SR 0.518.12).
[544] HGer SG in SMI 1990 389: Füürwehrma Flumser.
[545] Art. 8 Tierschutzgesetz (TSchG, SR 455); Art. 46 und 47 Tierschutzverordnung (TSchV, SR 455.1).

Produktion von Werbe-Spots bezieht, da hier die Tiere nicht Werbemittel, sondern vielmehr Schauspieler sind. Der Gesetzgeber war sich denn auch des Unterschiedes zwischen der Verwendung von Tieren zur Werbung und zu Filmaufnahmen vollauf bewusst, bezieht er sich doch im Tierschutzgesetz zum Teil nur auf das eine, zum anderen Teil aber auf beides[546]. Daraus ist zu schliessen, dass die Verwendung von Tieren zu Filmaufnahmen nicht bewilligungspflichtig ist. Hinzu kommt, dass das unbewilligte Verwenden von Tieren zur Werbung ohnehin nicht strafbar ist, zum Mindesten so lange, als damit für für das Tier offensichtlich keine Schmerzen, Leiden oder Schäden verbunden sind.

9. Werbung mit dem Prädikat «neu»

Es mag erstaunen, dass das eidgenössische Recht bis anhin keinerlei Regelungen über die Anforderungen an ein als «neu» angepriesenes Produkt enthält. Immerhin findet sich jetzt in der Arzneimittel-Werbeverordnung eine Bestimmung, dass ein Präparat, eine Indikation, eine Dosierung, eine galenische Form oder eine Packung nur innerhalb eines Jahres ab Erstregistrierung in der Schweiz als «neu» angepriesen werden darf; aus der Information muss überdies deutlich hervorgehen, worauf sich dieses Attribut bezieht[547]. Diese Regel sollte auch auf andere Produkte Anwendung finden, verlieren doch diese den Anschein der Neuheit, wenn sie länger als ein Jahr auf dem schweizerischen Markt erhältlich gewesen sind. Eine gerichtliche Bestätigung dieser Ansicht steht jedoch noch aus.

---

[546] Art. 8 Abs. 1, 22 Abs. 2 lit. e Tierschutzgesetz (TSchG, Fn 545).
[547] Art. 5 Abs. 6, 15 Abs. 6 Arzneimittel-Werbeverordnung (AWV), bisher Art. 3 Abs. 7, 11 Abs. 6, 22 Abs. 7, 28 Abs. 6 IKS-WerbeRL.

III. Besondere Vorschriften für einzelne Werbemedien

A. Werbung und Packung

1. Allgemeines

a) Begriff

Unter dem Ausdruck Packung wird die formale Ausgestaltung einer Verpackung (Packungen und Behältnisse) oder deren Etikette verstanden. Im vorliegenden Abschnitt ist zu erörtern, welchen Mindestgehalt an Information eine Packung aufweisen muss, um vor den gesetzlichen Vorschriften zu bestehen.

b) Verantwortlichkeit

Die Pflicht, bestimmte Angaben über die angebotene Ware zu machen, trifft zum Teil jenen, der die Ware in der Schweiz in Verkehr bringt (Fabrikant, Importeur), zum anderen Teil aber auch jenen, der sie dem Letztverbraucher anbietet (Detaillist). Die Vorschriften für den Detaillisten[548] werden im Kapitel über die Werbung durch Auslage besprochen; hier geht es einzig um die Pflichten des Abfüllers oder schweizerischen Erstempfängers (Importeur) von Packungen und Behältnissen. Die Detaillisten sind jedoch dafür verantwortlich, dass die ursprünglich vorhandenen Angaben nicht entfernt werden[549].

c) Grundsatz

Warenpackungen dürfen nicht durch die Art ihrer Aufschriften oder durch die Aufmachung zu Täuschungen über den vorhandenen Inhalt führen[550]. Besonders für Lebensmittel ist aber nicht nur die Quantität entscheidend,

---

[548] Z.B. Pflicht zur Angabe von Grund- und Detailpreisen.
[549] AppGer BS in BJM 1974 222.: Bankmeister S.
[550] Vgl. Art. 11 Abs. 4 BG über das Messwesen (SR 941.20), Art. 18 Deklarationsverordnung (DV, SR 941.281).

sondern auch die Qualität. Lebensmittelpackungen müssen daher auch so gestaltet werden, dass eine Täuschung über die Natur und Herkunft der verpackten Produkte nicht möglich ist[551].

Täuschungen werden nicht dadurch ausgeschlossen, dass korrekte Angaben über den Packungsinhalt gemacht werden. Entscheidend sind nicht die einzelnen Angaben, sondern der Gesamteindruck. Legt der Gesamteindruck nahe, dass eine bedeutende Menge oder eine besondere Qualität einer bestimmten Ware angeboten wird, dies jedoch durch Aufschriften widerlegt wird, so liegt bereits eine Irreführung des Käufers vor. Wohl dient die verlangte Nettogewichtsangabe nicht nur der behördlichen Kontrolle, sondern auch der Information des Konsumenten, doch kann sich dieser anhand solcher Angaben kaum eine Vorstellung vom Umfang des Inhaltes machen. Er benutzt denn auch diese Angaben eher zu Preisvergleichen als zum Vergleich zwischen tatsächlichem und vorgetäuschtem Inhalt.

Besonders in den Branchen, die an das Prestigedenken der Verbraucher appellieren, wie bei Geschenkpackungen und Kosmetika, haben sich eigentliche Mogelpackungen ausgebildet, welche durch aufwändige Aussenverpackungen, diverse Füllmaterialien, voluminöse Hohlräume und geheime Doppelwandungen versuchen, mehr darzustellen als sie wirklich sind. Hinzu kommt, dass sich der Inhalt dieser Packungen oft nicht vollständig aufbrauchen lässt, so dass sich der nutzbare Inhalt weiter verringert. Das Konsumentinnenforum hat daher als Regel aufgestellt, dass der Kostenanteil der Verpackung nicht mehr als zehn Prozent des Warenpreises betragen soll.

d)   Form und Art der Packung

Bestimmte Packungsformen sind bisher für Gifte oder nicht oral einzunehmende Arzneimittel vorgeschrieben worden, um deutlich zum Ausdruck zu bringen, dass diese dem Körper schädlich sind. So wurde bis anhin verlangt, dass flüssige Gifte der Klassen 1–3 in Mengen unter einem Liter nur in eckigen, gerillten, grün gefärbten Flaschen oder in Metallbehältern abgegeben werden durften oder dass Gifte nicht in Form von Spielzeugen, Scherzartikeln, Lebensmitteln oder anderen für ungiftige Waren typischen Formen in Verkehr gebracht werden durften. Andere, nicht zur Einnahme bestimmte Flüssigkeiten, wie Reinigungsmittel, Mineralsäuren, Benzin, Petrol usw., durften bisher nicht in Flaschen mit Bügel- und Kronenverschlüssen abgegeben werden, die sonst für Getränkeflaschen gebraucht werden[552].

---

[551]   Art. 19 Lebensmittelverordnung (LMV, SR 817.02).
[552]   Art. 43 Abs. 4 altGiftverordnung vom 19.9.1983 (AS 1983 1387).

Eine unerklärliche Vorschrift verlangt sodann, dass Fertigpackungen von Schokolade in Tafel-, Block- oder Riegelform mit einem Gewicht von mindestens 75 g und höchstens 500 g pro Stück nur in Tafelform mit Gewichten von 75 g, 100 g, 125 g, 150 g, 200 g, 250 g, 300 g, 400 g oder 500 g pro Stück auf den Markt gebracht werden dürfen[553]. Eine solch bürokratische Bestimmung dürfte weder verfassungs- noch gesetzeskonform sein.

e) Täuschung über Art und Grösse des Inhaltes

Der Käufer hat einen Anspruch darauf, dass ein gekauftes Produkt den Erwartungen entspricht. Erweckt die Packung eine bestimmte Vorstellung, muss der Inhalt dieser gerecht werden. Insbesondere hat der auf der Packung abgebildete Inhalt dem zu entsprechen, was sich innerhalb der Packung verbirgt. Wohl darf der Hersteller das von ihm angebotene Produkt so verlockend wie möglich präsentieren. Dennoch hat die Abbildung der Wirklichkeit zu entsprechen, und der Inhalt hat wenigstens so appetitlich und farbenfroh auszusehen wie dessen Darstellung. Als Beispiel verbietet die Lebensmittelverordnung die Abbildung von Früchten, wenn die betreffenden Esswaren keine frischen Früchte, sondern Dörrobst oder Fruchtaromen enthalten[554]. Ebenso sind für Margarine und Kochfett aus der Milchwirtschaft entlehnte Abbildungen wie Kühe usw. oder auf Butter und Rahm hinweisende Ausdrücke wie Butterine, Butyrol usw. verboten. Das gleiche gilt für Abbildungen von Bienen, Bienenstöcken oder Hummeln auf den Pakkungen von Kunsthonig oder Stearinkerzen, ebenso Abbildungen und Namen von Orten und Quellen auf den Flaschen mit künstlichem Mineralwasser oder Selterswasser.

Nicht nur die Packungsetikette, sondern auch die gesamte Packungsaufmachung kann zu Täuschungen Anlass geben, vor allem über den Umfang des Inhaltes. Folgerichtig sieht daher das neu in Kraft gesetzte Bundesgesetz über das Messwesen vor, dass Verpackungen nicht so gestaltet sein dürfen, dass sie über die Menge ihres Inhaltes täuschen[555]. So geht der Käufer davon aus, dass die ihm angebotene Packung gefüllt ist, selbst wenn sich die korrekte Gewichtsangabe nur auf eine halb gefüllte Packung bezieht. Grössere Leerräume können höchstens bei Produkten toleriert werden, die sich auf dem Transport zusammenballen (Sinterung), wie z.B. bei leichten Waschpulvern und Sofortkaffee. Gewiegte Produzenten pflegen daher ihre Produkte

---

[553] Art. 18 V über die technischen Vorschriften betreffend die Mengenangaben auf industriellen Fertigpackungen (SR 941.281.1).
[554] Art. 20 Abs. 2 lit. c, Art. 35 Lebensmittelverordnung (LMV, SR 817.02).
[555] Art. 11 Abs. 4 MG, Art. 18 Deklarationsverordnung (DV, SR 941.281).

mit dem Boden nach oben an die Detaillisten zu versenden, so dass sie vor dem Aufstellen in den Verkaufsgestellen gekehrt werden müssen. Dadurch werden sie durchgeschüttelt, und die Zusammenballung wird damit wenigstens zum Teil wieder gelöst. Schlechte Füllung von Behältnissen scheint vor allem dann verlockend zu sein, wenn sie nicht durchsichtig sind, so z.B. bei Plastikflaschen und Aerosoldosen.

f) Täuschungen durch Packungswechsel

Der Konsument gewöhnt sich an eine bestimmte Packung. Er wird sie das erste Mal studieren und sich nachher darauf verlassen, dass deren Inhalt konstant bleibt. Täuschend ist es daher, die Packung gleich zu belassen oder nur unmerklich zu verkleinern, den Inhalt aber bei Beibehaltung des Preises zu vermindern. Selbst wenn dies durch die korrekte Gewichts- und Grundpreisangabe deutlich gemacht wird, lässt sich der Konsument, gestützt auf seine bisherigen Erfahrungen mit der ihm bekannten Packung, über deren Inhalt irreführen. Die Industrie macht zwar oft geltend, sie müsse aus Kostenersparnisgründen normierte Packungen verwenden oder die bereits gekauften Packungen noch aufbrauchen. Dieses Bedürfnis ist durchaus anzuerkennen, doch besteht kein Anlass, deswegen die Packungen schlecht zu füllen, sollte sich doch der Preis nach dem Inhalt und nicht der Inhalt nach dem Preis richten.

Gelegentlich wird auch auf Packungen umgewechselt, die grösser als die früheren scheinen und trotzdem nur den gleichen oder gar einen kleineren Inhalt aufweisen. Da der Verbraucher der Ansicht ist, er erhalte wegen der grösseren Packung auch mehr Ware, wird er die gewöhnlich damit verbundene Preiserhöhung als gerechtfertigt akzeptieren. Flaschen und Aerosolpackungen lassen sich dadurch vergrössern, dass die Verschlüsse und Ventile überdimensioniert und Deckel und Boden hochgezogen werden. Kosmetikdosen erhalten nicht selten Mehrfach- oder Doppelwände sowie Hohlböden. Der Konsument erhält so zwar mehr Verpackung, aber nicht mehr Ware und wird damit über die vorhandene Warenmenge getäuscht.

g) Sanktionen

Es gibt keine einheitlichen Sanktionen für widerrechtlich gestaltete Packungen. Verletzung der Vorschriften über Mengen- und Preisangaben auf Packungen ziehen Haft bis zu drei Monaten oder Busse bis zu CHF 20'000 nach sich[556]. Im Übrigen sind die Sanktionen je nach den verpackten Waren (Lebensmittel, Arzneimittel, Chemikalien usw.) verschieden und daher dort zu behandeln.

2. Mengenangaben

a) Grundsatz

Messbare Waren in Fertigpackungen müssen mit Mengenangaben versehen sein[557]. Fertigpackungen werden an den Konsumenten verkauft, ohne dass ein erneutes Verpacken nötig wäre; die Warenmenge wird im Gegensatz zum offenen Verkauf nicht in Gegenwart des Käufers zugemessen. Der Begriff des messbaren Gutes wird weiter hinten anlässlich der Erläuterung der Grundpreise zu definieren sein[558].

Der Grundsatz findet keine Anwendung auf unentgeltliche Probe- oder Werbepackungen, wie überhaupt auf gratis verteilte Esswaren und Getränke[559]. Auch beim Kleinstverkauf wird auf die Angabepflicht verzichtet. Er liegt vor beim Verkauf in Mengen unter 5 ml oder 5 g, bei Fertigpackungen von Schokoladen bei 50 g[560]. Dies gilt auch, wenn sie zu grösseren Multipacks zusammengefasst sind. Ebenfalls müssen Mehrteilpackungen nicht mit verbindlichen Mengenangaben versehen werden[561]. Erleichterungen sind auch für den Versandhandel vorgesehen[562].

Die Menge muss nach Länge, Masse, Fläche oder Volumen angegeben werden, und zwar in den gesetzlichen oder davon abgeleiteten Masseinheiten (Meter, Kilogramm, Quadratmeter oder Liter und dezimale Teile oder Vielfache davon).

b) Ort der Angabe

Die Mengenangabe muss auf der äusseren Verpackung stehen, in der die Ware zum Verkauf kommt. Sie muss für den Käufer gut sichtbar und ohne

---

[556] Art. 22 BG über das Messwesen (SR 941.20).
[557] Art. 12 Abs. 1 lit. a DV (Fn 555).
[558] Vgl. hinten Kap. III.A.5.b), S. 149.
[559] Art. 13 lit. b DV (Fn 555).
[560] Art. 13 lit. a und c DV (Fn 555).
[561] Art. 13 lit. d und g DV (Fn 555).
[562] Art. 19 DV (Fn 555).

Schwierigkeit lesbar sein (z.B. nicht durch eine Flüssigkeitsmenge hindurch). Wird eine innere Verpackung verwendet, ist dort die Mengenangabe des Inhalts der Einzelpackung zu wiederholen[563]. Ein Multipack mit fünf Schokoladenstangen zu 40 g kann entweder mit «5 mal 40 g» oder mit «200 g» angeschrieben werden. Ist er durchsichtig und jede Stange in gut sichtbarer Form mit «40 g» angeschrieben, bedarf es keiner zusätzlichen Angabe der Gesamtmenge mehr.

Die Mengenangabe muss an einer gut sichtbaren Stelle stehen[564].

c) Beschriftung

Mengenangaben müssen deutlich lesbar und leicht erkennbar sein. Das Eidg. Justiz- und Polizeidepartement kann zum Schutze der Konsumenten oder zur Angleichung an internationale Vorschriften die Minimalhöhe der für die Mengenangabe verwendeten Zahlen und Buchstaben vorschreiben[565].

d) Höchstmengen

Aus nicht völlig ersichtlichen Motiven werden durch die Tabakbesteuerung Höchstmengen in Kleinhandelspackungen vorgeschrieben. Packungen für Zigarren und Zigaretten dürfen höchstens 100 Stück enthalten (ausgenommen Sortimentspackungen), Feinschnitt-Tabak darf nur 250 g, anderer Schnitttabak höchstens 1'000 g wiegen[566]. Das Bundesgericht kann die Verfassungsmässigkeit dieser Einschränkungen leider nicht überprüfen. Sie führen zum Angebot von Zigaretten in Multipacks (Stangen).

3. Qualitätsangaben

a) Beschaffenheitsangaben

Der Verbraucher hat ein immenses Interesse zu wissen, was ihm angeboten wird. Er darf über die Natur und Zusammensetzung der ihm offerierten Ware nicht im Unklaren gelassen werden. Aus diesem Grunde sehen die allgemeinen Bestimmungen der Lebensmittelverordnung vor, dass Lebensmittel ihrer

---

[563] Art. 12 Abs. 2 DV (Fn 555).
[564] Art. 14 Abs. 1 DV (Fn 555).
[565] Art. 14 Abs. 4 DV (Fn 555).
[566] Art 16 Abs. 2 BG über die Tabakbesteuerung (Tabaksteuergesetz, SR 641.31).

Gattung oder ihrem Rohstoff gemäss deutlich sichtbar und lesbar bezeichnet werden müssen[567]. Für viele Lebensmittel wird denn auch noch eine näher definierte Bezeichnung verlangt; für alkoholische Getränke muss beispielsweise der Alkoholgehalt angegeben werden[568]. Ausnahmen sind höchstens da zulässig, wo die Natur des Lebensmittels für den Käufer schon ohne weiteres erkennbar ist, wie bei Brot, Hühnereiern, Obst, Gemüse usw. Werden neben der Sachbezeichnung Fantasiemarken verwendet, so müssen in der Regel beide gleichzeitig sichtbar sein.

Bei Arzneimitteln ist ebenfalls die spezifische Sachbezeichnung und bei Präparaten die Marke anzubringen. Ist aus therapeutischen Gründen geboten, den Namen und die Zweckbestimmung des Mittels zu verschweigen, so soll der Name durch eine Identifikationsnummer ersetzt werden.

b) Zusammensetzung

Bezüglich der eigentlichen Warendeklaration waren bisher die Vorschriften über die Arzneimittel richtungsweisend. Diese verlangten die Angabe der Art und Menge der Wirkstoffe sowie der Dosierung sowohl auf der Packung selbst als auch auf der Packungsbeilage[569]. Auch bei Chemikalien ist eine Stoffdeklaration anzugeben.

Ebenso werden für viele Lebensmittel Hinweise auf die Zusammensetzung verlangt. Als illustratives Beispiel sei die Pflicht zur Angabe des Teer- und Nikotingehalts auf Zigarettenpackungen[570] oder des Hinweises «alkoholhaltig» auf alkoholhaltigen Nahrungsmitteln[571] genannt. Aktuell sind die Vorschriften für die allfälligen Hinweise «mit ionisierenden Strahlen behandelt», «bestrahlt» oder «aus gentechnisch verändertem Organismus bzw. Mikroorganismen hergestellt»; diese Hinweise sind selbst bei offenem Verkauf schriftlich anzugeben[572]. Dafür dürfen Lebensmittel und Zusatzstoffe mit dem Vermerk «ohne Gentechnik hergestellt» versehen werden, wenn gleich-

---

[567] Art. 20 Lebensmittelverordnung (LMV, SR 817.02).
[568] Art. 22 lit. g LMV (Fn 567).
[569] Vgl. bisher Art.17 Abs. 2 lit. a und b sowie Art. 17 Abs. 4 und 5 IKS-Regulativ; die neuen Vorschriften, die gestützt auf das Heilmittelgesetz zu erlassen sind, sind noch nicht erhältlich.
[570] Art. 9 Tabakverordnung (TabV, SR 817.06).
[571] Z.B. für Schokolade, Art. 22 Abs. 1 lit. f Lebensmittelverordnung (LMV, SR 817.02).
[572] Art. 15, Art. 22 Abs. 1 lit. i und k, Art. 22b und Art. 23 Abs. 3 lit. a LMV (Fn 571).

artige gentechnisch veränderte Lebensmittel bewilligt worden sind und bei der Produktion zur Verwendung kommen können[573].

Auf Waren aus Edelmetallen ist deren gesetzlicher Feingehalt einzuschlagen oder einzugravieren[574].

c) Herstellungsdatum

Als Qualitätsangabe sind auch die verschiedentlich verlangten Hinweise auf Herstellungs- und Verbrauchsdatum zu werten. Für Arzneimittel wird neben der Angabe der Chargennummer[575] auch die Angabe des Verfalldatums verlangt[576]. Auf vielen vorverpackten Lebensmitteln ist das Mindesthaltbarkeitsdatum[577], auf leicht verderblichen Lebensmitteln das Verbrauchsdatum anzugeben[578].

4. Herkunftsangaben

a) Geografische Herkunft

Für Lebensmittel muss das Produktionsland angegeben werden, falls dieses nicht ohnehin aus der Sachbezeichnung oder der Adresse des Herstellers ersichtlich ist; bei offen angebotenen Lebensmitteln hat das EDI die Kompetenz, diese Bekanntgabepflicht selektiv einzuführen[579].

b) Betriebsherkunft

Zu Informationszwecken wird bei einer grossen Anzahl von Produkten die Anschrift des Namens des schweizerischen Herstellers, des Verkäufers oder eventuell des Importeurs verlangt. Dies gilt insbesondere auch für Arzneimittel[580], für Chemikalien, für umweltgefährdende oder umweltgefährliche

---

[573] Art. 22b Abs. 8 LMV (Fn 571).
[574] Art. 9 Edelmetallkontrollgesetz (EMKG, SR 941.31).
[575] Nummer für jede Herstellungsserie, vgl. bisher Art. 17 Abs. 2 lit. d IKS-Regulativ.
[576] Bisher Art. 17 Abs. 2 lit. f IKS-Regulativ.
[577] Art. 25 LMV (Fn 571).
[578] Art. 185 Abs. 1, Art. 157 und Art. 325 Abs. 3 LMV (Fn 571).
[579] Art. 22 lit. e, Art. 22a und Art. 23 Abs. 3 lit. b LMV (Fn 571).
[580] Vgl. bisher Art. 17 Abs. 2 lit. c IKS-Regulativ.

Stoffe[581] und für vorverpackte Lebensmittel[582]. Zeitungen und Zeitschriften müssen zudem in einem Impressum den Sitz des Medienunternehmens sowie den verantwortlichen Redaktor angeben. Ist ein Redaktor nur für einen Teil der Zeitung oder Zeitschrift verantwortlich, so ist er als verantwortlicher Redaktor dieses Teils zu bezeichnen; doch muss für jeden einzelnen Teil ein verantwortlicher Redaktor angegeben werden[583].

Überhaupt nur mit Marken, nicht mit Namen, rechnet die Gesetzgebung über die Edelmetalle, weil nur Symbole geeignet sind, in Barren und Schmuckstücke eingraviert oder eingeschlagen zu werden. Der Schmelzer hat seine Stempelzeichen, der Bijoutier seine Verantwortlichkeitsmarke anzubringen[584].

Verschiedentlich werden auch Herkunftsangaben nicht zur Aufklärung des Konsumenten, sondern zur Erleichterung der Aufsicht und Kontrolle der Behörden verlangt. Solche Angaben können sehr klein und an unscheinbarer Stelle angebracht werden; dafür sind sie in der Regel auf der Ware selbst und nicht nur auf ihrer Verpackung anzubringen. Bei Edelmetallwaren muss die Verantwortlichkeitsmarke des Herstellers oder das Stempelzeichen des Schmelzers eingraviert werden[585]; schweizerische Uhren müssen mit einem Produzentenkennzeichen versehen sein[586]. Auch Schankgefässe und andere Raummasse müssen ein Kennzeichen des Herstellers tragen[587] und an Motorfahrzeugen und Fahrrädern ist der Name des Herstellers oder dessen Fabrikmarke unverwischbar aufzutragen[588].

5. Preisangaben

Literatur: M. *Zumstein* / M. *Gertsch* / N. *Hochreutener*, Probleme der Preis-, Lohn- und Gewinnüberwachung, WuR 27/1975 1–108; Guido *Sutter*, Preisbekanntgabepflicht als Instrument der Konsumenteninformation, JKR 1999 199–235; *Staatssekretariat für Wirtschaft (seco)*, Preisbekanntgabeverordnung – Wegleitung für die Praxis, Bern 2000.

---

[581] Art. 35 Stoffverordnung (StoV, SR 814.03).
[582] Art. 22 lit. d LMV (Fn 571).
[583] Art. 322 Abs. 2 Strafgesetzbuch (StGB, SR 311.0).
[584] Art. 9 Edelmetallkontrollgesetz (EMKG, SR 941.31).
[585] Art. 9 und Art. 31 EMKG (Fn 584).
[586] Art. 51 Markenschutzgesetz (MSchG, SR 232.11), Art. 53 Markenschutzverordnung (MSchV, SR 232.111).
[587] Art. 6, und 21 V über Raummasse vom 3.12.1973 (SR 941.211).
[588] Art. 44 Abs. 1 und 3, Art. 91 Abs. 4, Art. 175 Abs. 4 und Art. 213 Abs. 2 V über die technischen Anforderungen an Strassenfahrzeuge (VTS, SR 741.41).

a) Detailpreise

(1) Bedeutung

Die heutige Verordnung über die Bekanntgabe von Preisen[589] regelt die Art und Weise der Preisanschrift. Sie stützt sich auf das Bundesgesetz gegen den unlauteren Wettbewerb und das Bundesgesetz über das Messwesen und soll dem Konsumentenschutz dienen, indem sie die Klarheit und Vergleichbarkeit von Preisen und damit Markttransparenz und Preisbewusstsein fördert. Sie befasst sich mit der Bekanntgabe der Detailpreise und Grundpreise, während für die Angabe der Menge des Bundesgesetz über das Messwesen massgebend bleibt.

Die Verordnung über die Bekanntgabe von Preisen behält weiter gehende Bestimmungen über die Spezifizierung der Produkte vor. Solche finden sich namentlich in der Lebensmittelverordnung[590] und in den Informationsblättern, die das Staatssekretariat für Wirtschaft (seco) für gewisse Waren veröffentlicht hat[591].

(2) Ort der Angabe

Die Pflicht zur vorschriftsgemässen Preisanschrift obliegt dem Detaillisten, Filialleiter oder demjenigen, der sonst als Geschäftsführer bezeichnet werden kann. Die Anschrift muss leicht sichtbar und gut lesbar sein. Der Preis ist in Zahlen anzugeben[592]. Doch braucht deshalb die Ware nicht beschädigt zu werden. Aus praktischen Gründen wird daher toleriert, den Preis bei Büchern im Buchinnern und bei Schuhen an der Sohle anzubringen. Er muss jedoch so angebracht sein, dass das Publikum sich über die Höhe des Preises ohne Rückfrage vergewissern kann. Die Preisanschrift soll an der Ware durch Aufdruck oder Aufschrift angebracht werden.

(3) Anzugebender Preis

Der Preis ist in arabischen Zahlen und in Schweizerfranken anzugeben; die zusätzliche Angabe in ausländischer Währung ist jedoch gestattet. Anzuschreiben ist der tatsächlich zu bezahlende Preis, d.h. der Nettoverkaufspreis pro Verkaufseinheit. Überwälzte öffentliche Abgaben (Mehrwertsteuer) müs-

---

[589] SR 942.211.
[590] SR 817.02.
[591] Es gibt zurzeit Informationsblätter für Blumen und Pflanzen, Heimelektronik, handgeknüpfte Orientteppiche, Mobiltelefone in Verbindung mit Abschluss eines Mobil-Abonnements und Personenwagenreifen. Für Dienstleistungen siehe hinten, Fn 628, S. 157.
[592] Art. 8 Abs. 1 Preisbekanntgabeverordnung (PBV, SR 942.211).

III. Besondere Vorschriften für einzelne Werbemedien

sen im Preis bereits einkalkuliert sein. Dabei sind feste Preise zu verwenden; Angaben wie «ca. Fr. 20.–», «Fr. 10.– bis 15.–», «ab Fr. 25.–» sind unzulässig. Werden Rabattmarken abgegeben, ist der Bruttoverkaufspreis mit der Angabe des Rabattsatzes anzuschreiben. Unzulässig ist einerseits der generelle Hinweis «Reduktion bis 92%», wenn nicht auf allen Produkten der gleiche Reduktionssatz genannt wird[593], andererseits auch Hinweise auf unbestimmte, erst noch auszuhandelnde Preisreduktionen[594]. Sind Barskonti (Mitnahmepreise) gebräuchlich, wie z.b. in der Radio- und Fernsehbranche oder im Handel mit Foto- und Filmapparaten, wird auch die Angabe des Bruttopreises, wie er bei Teilzahlungs- und Mietkaufverträgen angewendet wird, nebst Skonto toleriert.

Grundsätzlich darf nur ein Preis angeschrieben werden, nämlich der massgebende Detailpreis, zu welchem der Kunde im betreffenden Geschäft kaufen kann[595]. Wird die Ware jedoch zu verschiedenen Bedingungen angeboten, so dürfen die verschiedenen Preise einander gegenübergestellt werden (z.B. bei Möbeln: Mitnahmepreis, Lieferpreis, Preis fertig montiert). Wird der Preis geändert, so dürfen beide Preise während längstens zwei Monaten nebeneinander angeschrieben werden[596]

b) Grundpreise

(1) Anwendungsbereich

Die Detaillisten haben nicht nur die Pflicht, Detailpreise anzuschreiben, sondern sie müssen beim Verkauf von messbaren Waren auch den Grundpreis bekannt geben[597]. Unter messbaren Waren versteht man Güter, bei denen der Preis von der Menge abhängt, die durch Messung bestimmt wird (Gewicht, Länge, Oberfläche, Volumen). Sie können in drei Kategorien eingeteilt werden:

a) die teilbaren, aber nicht einzeln verkauften Waren (z.B. Reis, Käse, Farben, Benzin, Nägel),

b) die nicht teilbaren Waren, die in irgendeiner Grösse hergestellt werden können (z.B. Würste, Schokoladentafeln, Teppichplatten),

---

[593] BGE 108/1982 IV 130 = Praxis 72 Nr. 13: Reduktionen bis 92%.
[594] BGE 112/1986 IV 128: Wär besser määrtet, kauft günschtiger ii.
[595] Art. 3 Abs. 1 Preisbekanntgabeverordnung (PBV, SR 942.211).
[596] Art. 5 PBV (Fn 595).
[597] Art. 11 Abs. 3 BG über das Messwesen, 8 Abs. 3 und 11 Abs. 2 Deklarationsverordnung (DV, SR 941.281).

c) die nicht teilbaren Waren, deren Grösse zwar gegeben, aber unterschiedlich ist, und die einzeln nach Menge verkauft werden (z.B. Melonen, Fasane, Edelsteine).

Unter Grundpreis ist der Preis je Liter, Kilogramm, Meter, Quadratmeter, Kubikmeter zu verstehen, wobei diese Masseinheiten auch durch andere dezimal abgeleitete Masse ersetzt werden können (Deziliter, Zentimeter, Gramm usw.). Keine zulässige Grundpreisangabe ist somit der Preis pro Pfund, Unze, Karat usw., da diese in keinem dezimalen Verhältnis zum Grundmass Kilogramm stehen. Bezieht sich der Grundpreis auf das Gewicht, so ist das genaue Nettogewicht (Abtropfgewicht) massgebend.

(2) Ausnahmen

Keine Grundpreise müssen angegeben werden, wenn der Verbraucher auch ohne diese die Preise mit anderen Waren leicht vergleichen kann. Dies ist dann der Fall, wenn er die Preisangabe leicht selbst in Grundpreise umrechnen kann[598], oder wenn Fertigpackungen mit bestimmten Massen üblich sind[599].

Die Pflicht zur Angabe von Grundpreisen entfällt sodann, wenn deren Angabe nichts sagend wäre, insbesondere wenn verschiedene Waren zusammen zu einem Einheitspreis verkauft werden. Dies ist der Fall bei Kombinationspackungen, welche verschiedene getrennt verwendbare Waren enthalten (z.B. Beauty Sets), oder bei Mehrteilpackungen, deren verschiedene Elemente für ein und dieselbe Verwendung vorgesehen sind (z.B. Puddingpulver mit Caramelguss), sowie bei Geschenkpackungen, bei denen das Behältnis einen besonderen Verkaufswert hat (z.B. Tabak in keramischem Topf). Das gleiche gilt für Lebensmittelkonserven, die aus einer Mischung von verschiedenen festen Produkten bestehen (z.B. russischer Salat, Fertigmahlzeiten), ist doch bei diesen nicht der Grundpreis des Gemisches, sondern vielmehr dessen Zusammensetzung von Interesse[600].

Schliesslich besteht auch keine Pflicht zur Angabe von Grundpreisen beim Kleinstverkauf (CHF 2 und weniger) sowie beim Verkauf besonders teurer Waren. Als solche werden gegenwärtig Lebensmittel mit einem Preis von

---

[598] Z.B. bei Angabe der Preise je 0.1, 0.2, 0.5, 2, 5 usw. einer Masseinheit.
[599] Z.B. Flaschen mit Nettoinhalt von 25, 35, 37.5, 70, 75 oder 150 cl; Fertigpackungen mit Nettogewichten von 25 g, Viertelpfund, Halbpfund, Pfund oder 2,5 kg; vgl. Art. 5 Abs. 3 lit. a, b und c PBV (Fn 595).
[600] Vgl. Art. 5 Abs. 3 lit. e und f PBV (Fn 595).

über CHF 150 und übrige Produkte mit einem Preis von über CHF 750 je Kilogramm oder Liter betrachtet[601].

Der Grundpreis wird oft schon vom Fabrikanten errechnet und zusammen mit seinem Richtpreis auf der Packung angegeben. Verkauft ein Discounter Fertigpackungen unter dem Richtpreis, hätte er neben dem Discountpreis auch den reduzierten Grundpreis anzugeben. Dies würde für den Discounter die Anschaffung teurer Preisauszeichnungsmaschinen bedingen. Die Praxis hat daher früher meistens toleriert, dass die Discounter nur ihren Detailpreis anschreiben, während sich die Grundpreisangabe auf den für Fabrikanten aufgedruckten Richtpreis bezieht. Heute werden auch von Discountern in der Regel genaue Grundpreisangaben verlangt, obwohl dem Verbraucher wenig gedient ist, wenn der Discounter auf eine Preisreduktion verzichten muss, nur weil er von der ihn treffenden Pflicht zur Neuberechnung und Angabe des Grundpreises überfordert wird.

(3) Sanktionen

Widerhandlungen gegen die Preisbekanntgabeverordnung und die von ihr verlangte Anschrift der Detailpreise und Grundpreise können bei Vorsatz mit Haft bis zu drei Monaten oder Busse bis zu CHF 20'000, bei Fahrlässigkeit mit Busse bis zu CHF 5'000 geahndet werden. Das Missverhältnis zu den Sanktionen bei Zuwiderhandlungen gegen Pflicht zur Anschrift von Grundpreisen ist offensichtlich.

6. Weitere Angaben

a) Kontrollnummer

Zu Kontrollzwecken wird oft die Angabe der Bewilligungsnummer verlangt. So haben Arzneimittel die Kontrollnummer und eine der Verkaufsart entsprechende Vignette auf der äusseren Verpackung aufzuweisen[602]. Chemikalien haben ebenfalls eine Kontrollnummer zu tragen, und auch bewilligungspflichtige Erzeugnisse, die umweltgefährdend oder umweltgefährlich sind, müssen die Registernummer aufweisen[603]. Schliesslich verlangt das Bundes-

---

[601] Art. 5 Abs. 3 lit. h PBV (Fn 595).
[602] Bisher Art. 17 Abs. 2 lit. g, Art. 18 Abs. 1 IKS-Regulativ.
[603] Art. 35 Abs. 1 Stoffverordnung (StoV, SR 814.03).

amt für Gesundheit das Anbringen der Bewilligungsnummer auch auf den Packungen von Speziallebensmitteln[604].

b) Beteiligungen

Zeitungen und Zeitschriften müssen im Impressum namhafte Beteiligungen an anderen Unternehmungen bekannt geben[605].

c) Verwendungshinweise und Warnaufschriften

Notwendig können Hinweise zum Gebrauch sein. Solche werden verlangt für Arzneimittel[606] und umweltgefährdende Stoffe[607], aber erstaunlicherweise auch für Pudding- und Crèmepulver[608]. Oft werden auch besondere Anweisungen zur zweckdienlichen Lagerung verlangt, wie z.B. für Milchprodukte[609], Eier und Eiprodukte[610], Konfitüren[611]. Hinweise über die Aufbewahrungsart sind auch bei Arzneimitteln zu geben[612]. Bei diesen sind auch Angaben über Karenzfristen und Warnhinweise zu machen[613].

Besonders wichtig sind die bei den umweltgefährdenden Stoffen vorgeschriebenen Aufschriften über Gefahren und Schutzmassnahmen[614] und die für Chemikalien verlangten Risiko- und Sicherheitssätze. Auch die Warnaufschriften auf Tabakerzeugnissen sind hier zu erwähnen, deren Inhalt und Grösse genauestens vorgeschrieben sind[615].

---

[604] Art. 169 Abs. 1 lit. c Lebensmittelverordnung (LMV, SR 817.02).
[605] Art. 322 Abs. 2 Strafgesetzbuch (StGB, SR 311.0).
[606] Bisher Art. 17 Abs. 2 lit. e IKS-Regulativ.
[607] Art. 35 Abs. 1 und Art. 37 Stoffverordnung (StoV, SR 814.03).
[608] Art. 151 Lebensmittelverordnung (LMV, SR 817.02).
[609] Art. 54 Abs. 4 lit. b, 55 Abs. 5 lit. a, 67 Abs. 3 lit. c LMV (Fn 608).
[610] Art. 160 Abs. 1 lit. a, Art. 162 lit. a LMV(Fn 608).
[611] Art. 274 Abs. 1 lit. c LMV (Fn 608).
[612] Bisher Art. 17 Abs. 2 lit. f IKS-Regulativ.
[613] Bisher Art. 17 Abs. 2 lit. e IKS-Regulativ.
[614] Art. 35 Abs. 3 Stoffverordnung (StoV, SR 814.03); sie müssen in mindestens zwei Amtssprachen abgefasst sein und können gemäss Art. 35 Abs. 4 StoV durch Piktogramme ergänzt werden.
[615] Art. 11 Tabakverordnung (TabV, SR817.06).

7. Möglichkeit des Umpackens

a) Grundsatz

Detaillisten, insbesondere auch Warenhäuser, beschäftigen sich oft mit der Frage, ob sie ein eingepacktes Produkt umpacken sollen. Dies kann sich aus zweierlei Gründen aufdrängen. Einmal mag es gerechtfertigt oder notwendig sein, den Hinweis auf die Herkunft des Originalproduktes verschwinden zu lassen, und zum anderen ist es sehr oft vorteilhaft, die Aufmachung der Produkte dem Image des Handelshauses anzupassen und mit einer gemeinsamen Handelsmarke zu versehen.

Gemäss schweizerischer Rechtsauffassung ist jeder Händler frei, Originalpackungen abzuändern und die Fabrikmarken des Herstellers oder die Handelsmarken des Zwischenhändlers zu entfernen. Das Markenrecht verleiht dem Markeninhaber nicht das Recht, zu bestimmen, dass seine Marke auf der Ware bleibt und nie entfernt wird[616]. Will der Händler die Originalware ohne Einverständnis des Markeninhabers ab- oder verändern, so ist er sogar verpflichtet, die Marke des Herstellers zu entfernen, da dieser nicht zu dulden braucht, dass die von dritter Seite umgepackte oder veränderte Ware weiterhin unter seiner Marke in Verkehr gesetzt wird[617]. Das Inverkehrbringen abgeänderter Markenartikel kann sogar den Straftatbestand der Warenfälschung im Sinne von Art. 155 StGB erfüllen[618].

b) Verbot des Umpackens

Vereinzelte Ausnahmen bestätigen auch hier die Regel. So wird verlangt, dass ausländische Likörspezialitäten nur in Originalflaschen verkauft werden dürfen[619]. Da Chemikalien mit vielfältigen Warnaufschriften versehen werden müssen, die am ehesten vom Hersteller eines Markenartikels richtig angebracht werden, durften sie bis anhin ebenfalls nicht umgepackt werden.

Verboten ist selbstverständlich auch das Umfüllen von Waren in leere Originalgebinde anderer Hersteller. Dieses Vorgehen, auch Warenunterschiebung genannt, findet hin und wieder im Gastgewerbe Anwendung, wo am Buffet in die Spirituosenflaschen mit bekannten Firmen und Marken billigere Er-

---

[616] Vgl. MSchG-David, Art. 13 Rz 28, unter Hinweis auf BGE 86/1960 II 282: Philips.
[617] BGE 32/1906 I 703: Pyramidon; CJ GE in SJZ 33/1936 136 Nr. 104: Rodier; KGer VD in Mitt. 1966 71: Chanel No. 5.
[618] BGE 101/1975 IV 39: Omega.
[619] Art. 430 Lebensmittelverordnung (LMV, SR 817.02).

satzprodukte nachgefüllt werden, um die Marge des Wirtes zu vergrössern. Solche Praktiken sind zwar keine Warenfälschungen, da eine Substanzveränderung der Ware nicht vorliegt, können aber in der Regel als Betrug oder gar gewerbsmässiger Betrug verfolgt und mit Gefängnis bestraft werden[620].

Nicht nur das heimliche Ersetzen von Originalinhalten durch andere Ware ist unstatthaft, sondern auch das Nachfüllen von Originalpackungen mit anderem als dem ursprünglichen Inhalt im Auftrage eines Kunden. Wohl wird dadurch der Kunde nicht getäuscht, da er ja ein solches Vorgehen gewünscht hat. Indessen besteht keine Gewähr dafür, dass nicht andere in Gemeinschaft mit dem Kunden lebende Personen oder Arbeitnehmer des Kunden über den Packungsinhalt irregeführt werden. Der Inhaber einer Marke, welche auf einer Flasche angebracht worden ist, kann sich daher dagegen zur Wehr setzen, dass in die betreffenden Flaschen andere als die von ihm in Verkehr gesetzten Flüssigkeiten nachgefüllt werden[621]. Wer Originalflaschen nachfüllen will, hat somit Originalware zu verwenden oder die Marke auf der Flasche zu entfernen. Hat die Flasche eine für das Originalprodukt charakteristische Form[622], genügt die Entfernung der Marke freilich nicht, da auch ohne Marke jeder Benützer annehmen wird, sie enthalte die charakteristische Originalware.

c) Arzneimittel

Das Umpacken von Arzneimitteln und deren Abgabe unter der eigenen Marke oder Bezeichnung des Apothekers ist wegen des Registrierungszwangs nicht mehr möglich.

B. Werbung durch Auslage

Literatur: Hubert P. *Hess*, Der Schutz von Schaufensterdekorationen, Diss. BE 1955.

---

[620] Vgl. z.B. BGE 99/1973 IV 82: Féchy.
[621] BGE 50/1924 II 200: Vin de Vial, 56/1930 II 34: Maggi, 57/1931 II 444: Vichy; TribCant NE in Mitt. 1975 111: Rémy Martin.
[622] Z.B. Coca-Cola-Flaschen.

III. Besondere Vorschriften für einzelne Werbemedien

1. Allgemeines

a) Bedeutung

Die geschickte Präsentation von Waren und Dienstleistungen ist wohl die ursprünglichste Form der Werbung überhaupt. Die Marktfahrer im frühesten Altertum haben schon erkannt, dass die verlockende Zurschaustellung der angebotenen Landesprodukte umsatzfördernd wirkt. Aber erst das Aufkommen der klar durchsichtigen Glasfenster in der Neuzeit hat erlaubt, die Präsentationswerbung zu verfeinern und die angebotenen Waren oder Symbole für die angebotenen Dienstleistungen in Vitrinen und Schaufenstern auszustellen.

b) Bewilligungspflicht für Auslagen

Die Anlage von Vitrinen und Schaufenstern untersteht gewöhnlich aus baupolizeilichen Gründen einer kommunalen oder kantonalen Bewilligungspflicht. Diese erstreckt sich freilich nur auf Lage und Ausmass der Fenster und Vitrinen, nicht aber auf die Anordnung der im Schaufensterinnern ausgestellten Ware. Denn wenn schon der Ausbruch eines Schaufensters oder die Aufstellung eines Schaukastens erlaubt wird, ist in Kauf zu nehmen, dass diese in der Folge ihrer Bestimmung gemäss benützt werden. In der Regel wird ja nicht die Art der Auslage stören, sondern höchstens die Tatsache, dass überhaupt eine Auslage vorgenommen wird. Daraus erhellt, dass z.B. Plakate, die in einem Schaufenster aufgehängt werden sollen, nicht noch einer besonderen Aushangbewilligung unterstellt werden dürfen, auch wenn sonst vielleicht eine kantonale oder kommunale Plakatverordnung eine solche Bewilligungspflicht statuiert. Denn es wäre unverhältnismässig, das Aufhängen von Plakaten in einem bewilligten Schaufenster von einer zusätzlichen Bewilligung abhängig zu machen.

Anders darf jedoch entschieden werden, wenn die Plakate direkt auf das Fenster aufgeklebt werden, wird doch so das Schaufenster als Plakatwand gebraucht, die sich auf das Strassenbild viel intensiver auswirkt als die wechselnde Zurschaustellung von Waren im Inneren eines Fensters[623].

---

[623] VerwGer BS in BJM 1975 26: Schaufensterreklame.

2. Preisangaben

Literatur: M. *Zumstein* / M. *Gertsch* / N. *Hochreutener,* Probleme der Preis-, Lohn- und Gewinnüberwachung, WuR 27/1975 1–108; *Bundesamt für Industrie, Gewerbe und Arbeit,* Empfehlungen betreffend den Vollzug der PBV vom 1.3.1988.

a) Bedeutung

Bis zum 1. Juli 1973 waren die Kaufleute grösstenteils noch frei, die von ihnen präsentierten Waren mit einer Preisanschrift zu versehen oder nicht. Die Auslage einer Ware ohne Angabe des Preises gilt nicht als verbindliche Verkaufsofferte. Der Kaufmann ist vielmehr in seinem Entscheid frei, ob er eine nicht mit einem bestimmten Preis angezeichnete Ware einem Interessenten verkaufen will oder nicht. Diese Freiheit hat er mit der Einführung der Preisanschriftpflicht weit gehend verloren, hat er doch nun die für Konsumenten bestimmten Waren mit ihren Detailpreisen anzuschreiben. Die von ihm ausgelegten Waren gelten daher als offeriert und sind jedem Interessenten abzugeben.

b) Anwendungsbereich

Der Detailpreis ist für sämtliche Güter bekannt zu geben, welche dem Letztverbraucher zum Kaufe angeboten werden. Letztverbraucher sind alle natürlichen oder juristischen Personen, die Güter zu ihrem persönlichen Gebrauch erwerben. Nicht als Letztverbraucher gelten Personen, die Waren gewerbsmässig erwerben, um sie zu bearbeiten, zu verarbeiten oder an Dritte weiterzuverkaufen[624]. Auch Behörden und Verwaltungen sowie Vereine, die Waren für eine Vereinsaktion im Rahmen des Vereinszwecks erwerben, sind keine Letztverbraucher.

Der Ort, wo die Waren zum Verkauf aufliegen, ist nicht entscheidend. In Frage kommen Ladenlokale, dem Publikum zugängliche Lagerräumlichkeiten, Schaufenster, Vitrinen, Messestände, Ausstellungen, d.h. alle Orte, wo aufgrund von Mustern Letztverbraucher zu Käufen angehalten oder Bestellungen entgegengenommen werden. Nicht anzuschreiben sind freilich Dekorationsgegenstände im Schaufenster. Die Bekanntgabepflicht trifft auch jene Geschäfte, die zwar keine Waren verkaufen, diese aber dennoch dem Interessenten langfristig überlassen, wie etwa mittels Mietkaufverträgen, Leasing-

---

[624] Art. 11 Abs. 3 BG über das Messwesen (SR 941.20); vgl. Art. 3 BG über den Konsumkredit (KKG, SR 221.214.1).

verträgen oder Eintauschaktionen[625]. Auch ist sukzessive ein grosses Angebot von Dienstleistungen in die Pflicht zur Preisangabe eingeschlossen worden[626]. Gerade bei Dienstleistungen ist es besonders wichtig, dass sie genau spezifiziert werden; insbesondere muss aus der Preisbekanntgabe hervorgehen, auf welche Art und Einheit (h, km, Stück) der Dienstleistung oder auf welche Verrechnungssätze (z.B. Stunden- oder km-Ansatz) sich der Preis bezieht[627]. Das Staatssekretariat für Wirtschaft (seco) hat zur Frage der Spezifizierung verschiedene Informationsblätter herausgegeben, die nähere Auskünfte zur notwendigen Beschreibung der Leistungen geben[628].

Die Liste der Dienstleister mit obligatorischer Preisbekanntgabe umfasst zurzeit:

– Ausstellungen, Messen sowie Sportveranstaltungen;
– ausgewählte Bank- und bankähnliche Dienstleistungen, nämlich Kontoeröffnung, -führung und -schliessung, Zahlungsverkehr im Inland und grenzüberschreitend, Zahlungsmittel (Debit- und Kreditkarten, Travellers- und ec-kartengarantierte Checks) sowie Kauf und Verkauf ausländischer Währungen (Change-Geschäfte am Schalter);
– Coiffeurgewerbe;
– ausgewählte Telekommunikationsdienstleistungen, nämlich Fernmeldedienste[629] und auf Fernmeldediensten aufbauende Mehrwertdienste wie Informations-, Beratungs-, Vermarktungs-, Gebührenteilungsdienste (immer soweit im Mobilfunkbereich nicht Dienste von anderen Fernmeldedienstanbietern im Ausland mitbenützt werden, sog. Roaming); der Preisbekanntgabepflicht nicht unterstellt sind Roaming und R-Gespräche (Anruf wird vom Angerufenen bezahlt);
– Fitnessinstitute, Schwimmbäder, Eisbahnen und andere Sportanlagen;

---

[625] Art. 2 Abs. 2 lit. b Preisbekanntgabeverordnung (PBV, SR 942.211).
[626] Art. 10 Abs. 1 lit. m–s PBV (Fn 625); vgl. AS 1999 1637.
[627] Art. 11 Abs. 2 PBV (Fn 625); als Anwendungsbeispiel vgl. BGE 113/1987 IV 36: Reiseangebote.
[628] Es gibt zurzeit Informationsblätter für folgende Dienstleistungen: Autoleasingangebote, Bank- und bankähnliche Dienstleistungen, Blumen und Pflanzen, chemische Reinigungsbetriebe, Coiffeurgewerbe, Fernemeldedienste und auf Fernmeldediensten aufbauende Mehrwertdienste, Garagegewerbe, Heimelektronik, Hotellerie und Gastgewerbe, Mobiltelefone in Verbindung mit Abschluss eines Mobil-Abonnements, handgeknüpfte Orientteppiche, Personenwagenreifen, Reiseangebote, Taxigewerbe.
[629] Zum Begriff der Fernmeldedienste vgl. Art. 3 lit. b und c Fernmeldegesetz (FMG, SR 784.10).

- Fotobranche (standardisierte Leistungen in den Bereichen Entwickeln, Kopieren, Vergrössern);
- Garagegewerbe für Serviceleistungen;
- Gastgewerbe und Hotellerie;
- kosmetische Institute und Fusspflege;
- Parkieren und Einstellen von Autos;
- ausgewählte Dienstleistungen von Reisebüros, nämlich Angebote für Pauschalreisen[630] sowie die mit der Buchung einer Reise zusammenhängenden und gesondert in Rechnung gestellten Leistungen (Buchung, Reservation, Vermittlung);
- Taxigewerbe;
- Teilzeitnutzungsrechte an Immobilien;
- Unterhaltungsgewerbe (Theater, Konzerte, Kinos, Dancings und dergleichen), Museen;
- Vermietung von Fahrzeugen, Apparaten und Geräten;
- Wäschereien und chemische Reinigungsbetriebe (Hauptverfahren und Standardartikel).

Ausgenommen bleibt jedoch das Angebot von Dienstleistungen und Waren an Personen, die sie nicht als Private zu ihrem persönlichen Gebrauch, sondern als Berufstätige zur weiteren Verarbeitung und zum Weiterverkauf an Dritte (beruflicher oder gewerblicher Gebrauch) erwerben.

Demzufolge findet die Preisanschriftpflicht keine Anwendung auf Cash & Carry-Betriebe, welche ihre Waren ausschliesslich an Wiederverkäufer und Grosshaushalte abgeben. Weiter sind jene Verkaufsarten von der Preisanschriftpflicht ausgenommen, bei denen nur eine mündliche Bekanntmachung des Preises möglich ist. Darunter fallen Versteigerungen, Auktionen, Werbeverkäufe («billiger Jakob») und dergleichen. Die Preisanschriftpflicht entfällt auch, wenn wegen der Vielzahl von Kombinationsmöglichkeiten einzelner preisbestimmender Elemente der Preis in jedem konkreten Fall eigens errechnet werden muss. Eine derartige Situation liegt etwa vor bei Computern, komplizierten landwirtschaftlichen Maschinen und bei mannigfach kombinierbaren Elementmöbeln. Immerhin kann wenigstens verlangt werden, in Schaufenstern jeweils den Gesamtpreis der ausgestellten Kombination anzuschreiben.

---

[630] Zum Begriff der Pauschalreise vgl. Art. 1 Abs. 1 Pauschalreisengesetz (SR 944.3).

c) Ort der Angabe

Die Pflicht zur vorschriftgemässen Preisanschrift für Waren und in der Werbung obliegt dem Detaillisten, Filialleiter oder demjenigen, der sonst als Geschäftsführer bezeichnet werden kann. Die Anschrift muss leicht sichtbar und gut lesbar sein. Der Preis ist in Zahlen anzugeben[631]. Bei Schaufenstern, die auch von innen betrachtet werden können, hat der Preis von aussen lesbar zu sein, da den Kunden nicht zugemutet werden soll, den Preis nur vom Ladeninnern aus zu erfahren, was ja zudem ausserhalb der Ladenöffnungszeiten unmöglich wäre. Die Preisanschrift soll – soweit sie nicht auf der Ware oder ihrer Verpackung erfolgt – unmittelbar daneben durch Preisschild oder Etikette angebracht werden. Die Anschrift an Regal, Tablar, Korb, kombiniert mit einer Preisliste bei der Kasse, ist zulässig, wenn der Detaillist wegen der grossen Zahl der angebotenen gleichen oder ähnlichen Waren mit deren Etikettierung übermässig belastet würde. So kann nicht verlangt werden, dass eine Papeterie jeden Bleistift oder Radiergummi, eine Eisenwarenhandlung jedes Pack Nägel und jede Schraube und ein Discountgeschäft jeden Kaugummi und jedes Multipack einzeln mit dem Preis auszeichnet. Wohl aus dem gleichen Grunde müssen Optiker ihre Halbfabrikate (Brillengestelle) nicht auszeichnen.

Die Anbieter von Dienstleistungen müssen ihre Preise ebenfalls leicht zugänglich und gut lesbar bekannt geben; entsprechend sind sie entweder in den Geschäftsräumlichkeiten mit Kundenverkehr an jenen Stellen aufzulegen oder anzuschlagen, wo sich der Kunde normalerweise aufhält, sowie in Schaufenstern und Auslagen vor solchen Räumlichkeiten aufzuhängen; eine bloss mündliche Information genügt den Bestimmungen über die Preisbekanntgabe nicht.

Luxuswaren sind nicht mehr privilegiert. Es liegt auch kein technischer Grund vor, solche von der Auszeichnungspflicht auszunehmen[632].

d) Anzugebender Preis

Der Preis ist in Schweizerfranken anzugeben; die zusätzliche Angabe in ausländischer Währung ist jedoch gestattet[633]. Anzuschreiben ist der tatsächlich zu bezahlende Preis, d.h. der Nettoverkaufspreis pro Verkaufseinheit, bei offenem Verkauf pro Masseinheit (Stück, Dutzend, Kilogramm, Liter, Meter

---

[631] Art. 8 Abs. 1 PBV (Fn 625).
[632] BGE 108/1982 IV 124: Uhren und Bijouteriewaren.
[633] Art. 8 Abs. 1 PBV (Fn 625).

usw.). Überwälzte öffentliche Angaben (z.B. Mehrwertsteuer) müssen im Preis enthalten sein. Dabei sind feste Preise zu verwenden; Angaben wie «ca. Fr. 20.–», «Fr. 10.– bis 15.–», «ab Fr. 25.–» sind unzulässig.

Grundsätzlich darf nur ein einziger Preis angeschrieben werden, sollen doch den Käufern keine Rechenaufgaben gestellt werden[634]. Bei unterschiedlichen Abgabebedingungen sind jedoch mehrere Preise zulässig, ja sogar erforderlich. So kann eine Ware verschiedene Preise haben, je nachdem sie mitgenommen oder geliefert wird, ob sie allein oder im Set mit weiterem Zubehör abgegeben wird[635] etc. Diese verschiedenen Preise dürfen einzeln aufgelistet werden. Sind Barskonti (Mitnahmepreise) gebräuchlich, wie z.B. in der Radio- und Fernsehbranche oder im Handel mit Foto- und Filmapparaten, wird auch die Angabe des Bruttopreises (wie er bei Teilzahlungs- und Mietkaufverträgen angewendet zu werden pflegt) nebst Skonto für Barzahlung toleriert. Ebenso darf bei Zigarettenautomaten ein Hinweis angebracht werden, dass bei Bedienung durch das Personal ein Servicezuschlag von einem bestimmten Prozentsatz zum Selbstbedienungspreis hinzugeschlagen werde.

Im Servicegewerbe ist ohnehin zu präzisieren, ob das Trinkgeld inbegriffen ist. Zulässig sind Angaben wie «Trinkgeld inbegriffen», «15% Trinkgeld nicht inbegriffen», nicht aber «Trinkgeld nicht inbegriffen» oder «Trinkgeld freiwillig», da hier die genaue Bezifferung fehlt.

e) Sanktionen

Widerhandlungen gegen die Preisbekanntgabeverordnung können bei Vorsatz mit Haft bis zu drei Monaten oder Busse bis zu CHF 100'000, bei Fahrlässigkeit mit Busse bis zu CHF 50'000 geahndet werden. Das Missverhältnis zu den Sanktionen bei Zuwiderhandlungen gegen die Pflicht zur Anschrift von Grundpreisen ist offensichtlich.

3. Sprache der Anschrift

Literatur: Fritz *Fleiner*, Ein tessinisches Sprachendekret, ZBl 31/1930 385–389; Mario M. *Pedrazzini,* La lingua italiana nel diritto federale svizzero, Locarno 1952, S. 232–239.

Die Wirtschaftsfreiheit darf zur Erhaltung der sprachlichen Eigenart und Identität dahin gehend eingeschränkt werden, dass werbende Angaben ent-

---

[634] Z.B.: 15% Discount auf dem Katalogpreis von CHF 345.
[635] ER in Strafsachen am BezGer Zürich in SMI 1987 179: Set-Angebot.

weder nur in der Ortssprache erfolgen dürfen oder in der Ortssprache, begleitet von einer in kleinerer Schrift gehaltenen Übersetzung in eine Verkehrssprache. Der Kanton Tessin hat schon sehr früh eine Vorschrift erlassen, dass alle Anschriften in italienischer Sprache abgefasst sein müssen, dass aber eine Übersetzung in eine andere schweizerische Nationalsprache zulässig ist, wenn die hierfür gewählten Buchstaben höchstens halb so gross sind als diejenigen für die italienische Originalankündigung. Das Bundesgericht hielt den Übersetzungszwang für nichtitalienischsprachige Anschriften für grundsätzlich unbedenklich, und dies trotz des Umstandes, dass besonders bekannte, aber nicht italienischsprachige Anschriften hiervon ausgenommen worden waren[636]. Demgegenüber erklärte das Tessiner Verwaltungsgericht, die Aufschrift «Yves Saint Laurent rive gauche» müsse als «Reklame internationalen Stils der Fabrikanten» zugelassen werden[637].

C. Werbung mittels Inseraten

1. Allgemeines

Literatur: *International Chamber of Commerce,* ICC International Code of avertising practice (1997 Edition), Paris 1997.

a) Bedeutung

Das Inserat in Zeitungen oder Zeitschriften ist sicher die populärste Reklame, die sich denken lässt. Die Inserate sind für die Zeitungsverlage derart wichtig geworden, dass die daraus fliessenden Einnahmen oft ein Mehrfaches des Ertrages aus Abonnenten- und Handverkauf ausmachen. Diese Entwicklung hat bis zu den Gratisanzeigern geführt, die ihre Kosten nur noch durch Inserateneinnahmen decken.

Die Schweiz ist bekanntlich ein sehr zeitungsfreudiges Land. Daher ist zwar das einzelne Inserat aus Gründen des funktionierenden Wettbewerbs verhältnismässig billig. Dennoch sind Werbekampagnen in Printmedien recht teuer, muss doch meistens in einer ganzen Anzahl von Zeitungen und Zeitschriften inseriert werden, um eine vernünftige Abdeckung eines Einzugsgebietes zu

---

[636] Urteil vom 3.7.1932 i.S. *Zähringer,* zitiert in BGE 116/1990 Ia 353: Bar Amici.
[637] TribCant amm. TI in Repertorio di giurisprudenza patria 1976 271.

gewährleisten. Diese Vielfalt begünstigt natürlich die Gratisanzeiger, welche als einzige von sich behaupten können, in praktisch alle Haushaltungen eines bestimmten Gebietes verteilt zu werden. Dagegen werden solche Blätter sehr oft ungelesen fortgeworfen, was bei abonnierten Zeitungen gewöhnlich nicht der Fall ist.

Der Bestand einer leistungsfähigen Tagespresse wird vom Recht verschiedentlich stillschweigend vorausgesetzt. So benötigen Kapitalgesellschaften und Genossenschaften ein öffentliches Blatt als Publikationsorgan, in welchem die von der Gesellschaft ausgehenden Erklärungen veröffentlicht werden müssen[638]. Die Eintragungen im Handelsregister werden sodann im Schweizerischen Handelsamtsblatt veröffentlicht[639]. Öffentliche Aufforderungen an Gläubiger und Schuldenrufe haben u.a. ebenfalls durch Publikation im Schweizerischen Handelsamtsblatt zu erfolgen[640]. Weitere Veröffentlichungen sind in Bezug auf Zivilstandsfälle vorgesehen, sind doch die Kantone ermächtigt, die Publikationen von Verkündungen, Trauungen, Geburten und Todesfällen in der Presse zuzulassen[641]. Andererseits kann eine Ankündigung in der Presse einen Eingriff in die persönliche Freiheit darstellen, z.B. ist die Publikation der Namen fruchtlos gepfändeter Schuldner unangemessen, selbst wenn er der Information künftiger Gläubiger dienlich ist[642].

Die meisten Gemeinwesen haben denn auch ein oder mehrere amtliche Publikationsorgane, in welchen amtliche Mitteilungen wie neue Vorschriften, Organisation von Urnengängen, Verkehrsbeschränkungen[643], Baugesuche, Vorladungen usw. veröffentlicht werden. Um die Verbreitung dieser Blätter zu verbessern, wird teilweise sogar deren Auflage in den Wirtschaftsbetrieben vorgeschrieben[644]. Je nach dem Umfang der amtlichen Bekanntmachungen kann das Gemeinwesen ein eigenes Amtsblatt herausgeben, in welchem keinerlei Privatanzeigen oder redaktionelle Mitteilungen erscheinen dürfen, oder es kann ein privates Presseorgan zum Abdruck der amtlichen Mitteilungen verhalten und diesem die Befugnis erteilt werden, sich Amtlicher Anzeiger nennen zu dürfen.

---

[638] Art. 626, 776, 832 Obligationenrecht (OR, SR 220); Art. 82 Handelsregisterverordnung (HRegV, SR 221.411).
[639] Art. 931 Obligationenrecht (OR, SR 220).
[640] Art. 733, 742 Obligationenrecht (OR, SR 220); Art. 35, 232 SchKG.
[641] Art. 29 Abs. 5 Zivilstandsverordnung (ZStV, SR 211.112.1).
[642] BGE 107/1981 Ia 52: Betreibungsamt Olten-Gösgen.
[643] Art. 82 Abs. 4 Signalisationsverordnung (SSV, SR 741.21).
[644] Vgl. § 20 ZH Gastgewerbegesetz vom 1.12.1996 (ZGS 935.11).

b) Besondere Vorschriften

Es gibt kaum Vorschriften, die sich ausschliesslich auf die Inseratenwerbung beziehen. Wohl gibt es viele Bestimmungen, die auch bei der Gestaltung von Inseraten mit berücksichtigt werden müssen. Da sie jedoch nicht auf diese beschränkt sind, werden sie bei den entsprechenden Produkten und Dienstleistungen erörtert.

c) Vorzensur von Inseraten

Die Schweiz steht der Vorzensur von Presseerzeugnissen seit je negativ gegenüber. Demzufolge wurde schon in der ersten Bundesverfassung von 1848 die Pressefreiheit verankert, und in der Bundesverfassung von 1874 hiess es kurz und prägnant, dass die Pressefreiheit gewährleistet sei[645]. Ebenso deutlich ist die Sprache der neuen Bundesverfassung, wo lakonisch zu lesen ist, Zensur sei verboten[646]. Zwar war bis anhin nicht restlos geklärt, ob sich die Pressefreiheit nur auf redaktionelle Beiträge erstreckt oder auch Inserate umfasse[647]. Doch selbst wenn noch die Inserate nicht unter die Medienfreiheit fallen sollten, so könnte dennoch nicht darüber hinweggesehen werden, dass aus historischen Gründen in der Schweiz eine starke Abneigung gegen jede Art von Pressezensur verwurzelt ist, so dass Vorzensuren, wenn überhaupt, nur mit grösster Zurückhaltung verordnet werden dürfen.

Das Bundesgericht hat die im Jahre 1952 vom Genfer Regierungsrat verfügte Vorzensur für Kinoinserate nur unter dem Blickwinkel der Verletzung der Handels- und Gewerbefreiheit geprüft, nicht aber unter jenem der Verletzung der Pressefreiheit. Es erachtete dabei Massnahmen zur Vorbeugung gegen Störungen der öffentlichen Ordnung und insbesondere solche gegen unsittliche Kinoreklame als grundsätzlich zulässig, war jedoch der Meinung, dass eine Vorzensur aller Kinoinserate weit über das Ziel hinaus schiesse. Eine solche sei höchstens zeitweise gegenüber solchen Unternehmen zu verfügen, welche gegen das Verbot unanständiger oder irreführender Anzeigen verstossen hätten, wobei bei schweren Verstössen oder bei Rückfall auch ein vorübergehendes Verbot von Zeitungsinseraten überhaupt oder gar die Schliessung des Betriebes in Frage kommen könne. Solche Massnahmen des Verwaltungszwanges, welche sich gezielt gegen den Störer wenden würden,

---

[645] Art. 55 altBV 1874.
[646] Art. 17 Abs. 2 BV; gemäss Botschaft des BR vom 20.11.1996 über eine neue Bundesverfassung soll jedoch nur die Vorzensur absolut verboten sein, während die Nachzensur als zulässige Einschränkung möglich bleibt, BBl 1997 I 160.
[647] Vgl. hierzu vorne, Kap. I.B.3.a), S. 28.

seien gegenüber einer allgemeinen Vorzensur bei weitem vorzuziehen, die auch jene Unternehmen berühre, welche bis anhin klaglos geworben hätten[648]. Damit wird die Verhältnismässigkeit einer generellen Vorzensur zur Bekämpfung einzelner Verstösse verneint. Obwohl dem Ergebnis durchaus zuzustimmen ist, ist es bedauerlich, dass das Bundesgericht diesen Sachverhalt nicht auch unter dem Blickwinkel der Pressefreiheit gewürdigt hat, wäre es doch dabei kaum um die Feststellung herumgekommen, dass sich eine Vorzensur auch mit der Pressefreiheit nicht verträgt. Präventivmassnahmen gegenüber der Presse dürfen höchstens bei unmittelbaren Gefahren für die öffentliche Ordnung und Sicherheit zugelassen werden[649].

Um so erstaunlicher ist es, dass sich die von der seinerzeitigen Interkantonalen Kontrollstelle für Heilmittel (IKS) ausgeübte Zensur (Vorkontrolle) für Heilmittelinserate bis Ende 1995 halten konnte. Obwohl sie – soweit ersichtlich – von der betroffenen Pharmaindustrie nie angefochten wurde, ist sie ab 1996 für die Printwerbung grösstenteils dahin gefallen; sie blieb einzig noch für einige wenige sensible Arzneimittelgruppen bestehen[650].

d) Erkennbarkeit der Werbung

Redaktionelle Nachrichten und Meinungen pflegen in Zeitungen und Zeitschriften eng mit Reklame vermischt zu sein. Nun verlangt aber der Grundsatz der Lauterkeit der Werbung, dass Werbemassnahmen als solche klar erkennbar sind. Zeitungen und Zeitschriften müssen daher im Zweifelsfall Inserate als solche durch die Überschrift «Reklame», «Anzeige» usw. kennzeichnen. Dies wird denn auch von den Selbstkontrollorganen der Werbung ausdrücklich verlangt[651].

Dennoch versuchen einzelne Werbung Treibende immer wieder, ihren Inseraten das Gepräge eines redaktionellen Beitrages zu geben, indem mittels Public Relations-Botschaften, deren grafische Gestaltung der redaktionellen Form entspricht, in erzählendem Ton bestimmte Waren oder Dienstleistungen

---

[648] BGE 78/1952 I 309: Kinoinserate Genf.
[649] BGE 60/1934 I 121: Kämpfer, 96/1970 I 589: Aleinick; BGer in ZBl 78/1977 359: Oktober.
[650] Art. 32 Abs. 2 Heilmittelgesetz (HMG), Art. 19 Abs. 1 Arzneimittel-Werbeverordnung (AWV); bisher Art. 37 Abs. 2 IKS-WerbeRL: Analgetika (Schmerzmittel) inkl. Heilmittel mit Ibuprofen 200 mg, Schlafmittel und Sedativa (Beruhigungsmittel), Laxantia (Abführmittel), Anorexica (Schlankheitsmittel).
[651] Art. 11 IHK-Werbepraxis (Int. RL für die Werbepraxis); Grundsatz 3.12 Ziff. 1 der Schweiz. Lauterkeitskommission betr. Trennung zwischen redaktioneller Information und kommerzieller Kommunikation.

empfohlen werden. Bei dieser Art der Werbung ist von den Zeitungsverlegern besonders darauf zu achten, dass sie eindeutig als bezahlte Inseratenwerbung bezeichnet wird. Sie als Inserat zu kennzeichnen, mag unter Umständen nicht genügen; empfohlen wird beispielsweise der Vermerk «Wirtschaftsreportage im Auftrag der Firma X.», wiederzugeben am Anfang der Botschaft und in genügend grossen und auffälligen Buchstaben.

Um im redaktionellen Teil, dem im Allgemeinen eine grössere Glaubwürdigkeit zukommt als dem Inseratenteil, empfohlen zu werden, wird denn auch im Rahmen der Public Relations oft versucht, die Presse nicht nur über Buchbesprechungen (Rezensionen) oder Film- und Theaterkritiken, sondern auch über Neueröffnungen von Betrieben oder Neukreationen im Warenangebot berichten zu lassen. Ein solches Vordringen in den redaktionellen Teil ist nicht unlauter, da die journalistische Sorgfaltspflicht, die auch hier tätig werden muss, der überbordenden Werbung im redaktionellen Teil einer Zeitung enge Grenzen setzt. Unzulässig ist der Versuch, die Kaufkraft der Öffentlichkeit auf ein bestimmtes Produkt zu lenken (Schleichwerbung). Public Relations-Texte dürfen daher in Betriebsreportagen Markenbezeichnungen und Produktqualifikationen sowie den Firmennamen nicht in aufdringlicher Weise wiederholen; namentlich ist es unnötig, Telefonnummern des Unternehmens oder Preise der Produkte zu erwähnen. Auch sind werbende Bezeichnungen und Qualifikationen von Produkten in Marktrundschauen und Messeberichten wegzulassen. In Texten von allgemeinem Interesse, z.B. Kochrezepten, sollen überhaupt keine Produktmarken und Firmennamen eingeschoben werden.

Die Überprüfung der zu veröffentlichenden Inserate durch den Leiter der Annoncenabteilung darf sich auf offensichtliche und eindeutige Fälle beschränken. Sie ist jedoch dann einlässlich durchzuführen, wenn aus der Anzeige nicht ersichtlich ist, von wem sie stammt, oder wenn die Adressangabe so ist, dass kurzfristig keine Erfolg versprechende Inanspruchnahme des Inserenten möglich ist[652].

e) **Anonyme und falsche Inserate**

Oft werden Inserate anonym (Chiffre-Inserate) oder gar mit unrichtiger Unterschrift aufgegeben. Die Publikation von Chiffre-Inseraten durch Unternehmen, die im Handelsregister eingetragen sind, scheint auf den ersten Blick der Firmengebrauchspflicht zu widersprechen, die für Bekanntma-

---

[652] OLG Düsseldorf in GRUR 1982 623, E. III: Schweizer Schlankinstitut.

chungen von Unternehmen gilt[653]. Mit einer solch weiten Auslegung der Firmengebrauchspflicht würde jedoch das Kind mit dem Bade ausgeschüttet; es muss genügen, wenn die inserierende Firma eindeutig identifizierbar bleibt[654]. Zu Recht verlangt denn auch der Gesetzgeber nur in ganz vereinzelten Fällen, dass in öffentlichen Bekanntmachungen die eigene Firma ausdrücklich genannt wird[655].

Die Annoncenverwaltungen nehmen Chiffre-Inserate unter Zusicherung einer vertraglichen Geheimhaltungspflicht gegenüber dem Inserenten entgegen. Diese Geheimhaltungspflicht kann jedoch bei Zeugeneinvernahmen durch Gerichte und Untersuchungsbehörden nicht geltend gemacht werden, da sie entgegen dem Redaktionsgeheimnis[656], das die journalistischen Quellen des redaktionellen Teils abschirmt, keinen besonderen Schutz geniesst.

Besonders in Heiratsinseraten wird gerne mit der Ich-Form aufgetreten, obwohl es sich dabei nicht um Selbstinserenten, sondern um professionelle Vermittlungsinstitute oder von diesen beauftragte Personen handelt. Die Lauterkeitskommission erklärt derartige Praktiken, die gegen die Wahrheit und Klarheit verstossen, als unlauter[657]. Das Einsenden von falschen Inseraten oder von solchen mit unrichtiger Unterschrift kann unter Umständen sogar als Urkundenfälschung verfolgt werden[658]. Die Sorgfaltspflicht des Leiters der Anzeigenabteilung erscheint den auch höher, wenn aus aufgegebenen Inseraten nicht ersichtlich ist, von wem sie stammen, oder wenn die Adressangabe derart ist, dass kurzfristig keine erfolgversprechende Kontaktnahme oder gar Inanspruchnahme des Inserenten möglich ist[659].

f) Vergleichende Werbung in Inseraten

Um keinen Inserenten vor den Kopf zu stossen, nehmen Zeitungsverleger nur ungern Inserate entgegen, die vergleichende Angaben enthalten. Der Schweizerische Zeitungsverleger-Verband pflegte seinen Mitgliedern überdies nahe zu legen, nicht nur die Gegenüberstellung von namentlich erwähnten Pro-

---

[653] Art. 47 Handelsregisterverordnung (HRegV SR 221.411).
[654] Gl.M. Schwenninger/Senn/Thalmann, Werberecht, Zürich 1999, S. 95.
[655] Art. 3 lit. k UWG: Abzahlungskäufe, Art. 3 lit. l UWG: Konsumkredite; Art. 7 Abs. 1 Arbeitsvermittlungsgesetz (AVG, SR 823.11): Arbeitsvermittler.
[656] Art. 17 Abs. 3 BV, vgl. Art. 27bis Strafgesetzbuch (StGB, SR 311.0).
[657] Grundsatz Nr. 5.12 der Schweiz. Lauterkeitskommission betr. Werbung für Heirat.
[658] OGer AR in SJZ 61/1965 79 Nr. 42: Ein Bergbauer für viele, OGer SH in SJZ 61/1965 280 Nr. 127: Rücktritt als Gemeinderat; a.A. GPräs Schlosswil in SJZ 39/1943 557 Nr. 76: Trämel ganz billig.
[659] OLG Düsseldorf in GRUR 1982 623: Schweizer Schlankinstitut.

dukten hinsichtlich Qualität, Preis usw. abzulehnen, sondern überhaupt auf die Wiedergabe jedes Preisvergleiches zu verzichten, unabhängig davon, ob das Vergleichsprodukt leicht identifiziert werden könne oder nicht. Als zulässig wurde einzig die Aufforderung an die Leserschaft betrachtet, die vom Inserenten angebotenen Waren mit denjenigen der Konkurrenz zu vergleichen. Bereits der Hinweis, dass die angebotenen Waren um einen bestimmten Prozentsatz oder Bruchteil des Preises billiger seien als die entsprechenden Konkurrenzprodukte, wurde als verpönte preisvergleichende Werbung betrachtet, auch wenn die Konkurrenzfirmen oder ihre Produkte nicht namentlich erwähnt wurden. Preisvergleichende Werbung lag nach Ansicht des Schweizerischen Zeitungsverleger-Verbandes schon dann vor, wenn ein Inserat so formuliert war, dass beim Leser Unklarheit darüber entstehen konnte, ob der vorteilhafte Preis auf die Konkurrenzprodukte gemünzt oder ganz einfach als blosser Mengenrabatt zu betrachten war[660]. Die Zeitungsverleger pflegten sich lange an diese Richtlinien zu halten und liessen daher vergleichende Werbung in Zeitungen und Zeitschriften in der Regel nicht zu. Obwohl die Verleger damit den Begriff der unlauteren Werbung bewusst weiter fassten als die Gerichte, wollten sie diese strenge Haltung nicht unbedingt auch auf sich selbst angewendet wissen, sah man doch immer wieder Eigeninserate von Verlegern, in welchen Auflagenhöhe, Leserzahlen, Inseratenpreise usw. des eigenen Blattes den entsprechenden Angaben konkurrenzierender Presseerzeugnisse gegenübergestellt wurden. Mittlerweile sind aber die Zeitungsverleger liberaler geworden, und die Inserenten scheinen sich mit der vergleichenden Werbung abgefunden zu haben.

2. Territoriale Ausbreitung

a) Interkantonale Verhältnisse

Es gibt Tätigkeiten, die in einem Kanton erlaubt, im anderen aber verboten sind (z.B. Filmvorführungen, Arzneimittelverkauf, ärztliche Tätigkeit usw.). Die Gewerbetreibenden, die ihr Gewerbe in einem bestimmten Kanton ohne Bewilligung ausüben dürfen, sind daher oft versucht, hierfür auch in anderen Kantonen Reklame zu machen und die Kunden und Klienten der dortigen Bewilligungsinhaber abzuwerben. Dies brauchten die Kantone, die für bestimmte Gewerbe polizeiliche Beschränkungen aufgestellt haben, lange Zeit nicht zu dulden, weshalb sie in ihrer Gesetzgebung zu verbieten pflegten, dass in den auf ihrem Gebiet erscheinenden Zeitungen von Personen inseriert

---

[660] Vgl. SJZ 59/1963 384: Rundschreiben des Schweiz. Zeitungsverleger-Verbandes.

wird, die nicht im Besitze des von ihnen anerkannten Fähigkeitsausweises sind[661]. Seit Inkrafttreten des Binnenmarktgesetzes sind die Voraussetzungen, unter denen die Kantonsgrenzen überschreitende Werbung beschränkt werden kann, bedeutend strenger und rechtfertigen Interventionen einzelner Kantone kaum mehr[662].

b) Grenzüberschreitende Werbung

Zeitungsinserate neigen wie wenige andere Werbemittel dazu, die Landesgrenzen zu überschreiten. Wohl sind z.B. Radio- und Fernsehreklamen in der Regel auch im Ausland zu hören, doch werden die meisten Radio- und Fernsehsendungen vorab für ein nationales Publikum ausgestrahlt, während Zeitungen und Zeitschriften oft darauf ausgelegt sind, ein internationales Publikum zu befriedigen. Es stellt sich daher die Frage, ob ein Inserent einer in der Schweiz herausgegebenen Zeitschrift darauf Rücksicht nehmen muss, dass sie auch ins Ausland gelangt und dass Inserate dort möglicherweise Rechte Dritter oder verwaltungsrechtliche Vorschriften verletzen.

Das Problem kann nur durch Interessenabwägung gelöst werden. Auf der einen Seite ist das Interesse des Werbung Treibenden zu berücksichtigen, die ihm zur Verfügung stehenden Werbemittel möglichst umfassend einzusetzen und nicht auf Verhältnisse Rücksicht zu nehmen, die durch eine zufällige und nicht gewollte Verbreitung des von ihm gewählten Mediums entstehen. Zum anderen ist aber auch an die Wettbewerber im Ausland zu denken, welche sich an die dort geltenden Vorschriften halten müssen und welche schlechter gestellt wären, wenn ein Fremder auf diese Vorschriften keine Rücksicht zu nehmen hätte. Schliesslich ist aber auch das Interesse des Lesers zu berücksichtigen, der unter Umständen eine Zeitschrift gerade deshalb kauft, weil er hofft, darin einen repräsentativen Querschnitt der Werbung treibenden Branche eines bestimmten ausländischen Landes zu finden.

Einzelne Richtlinien für die Beurteilung solcher Konflikte lassen sich immerhin geben. Wird eine Zeitschrift in verschiedenen Ausgaben publiziert, die auf einzelne Regionen zugeschnitten sind, so haben die in einer solchen Ausgabe eingerückten Inserate auf die Verhältnisse in den entsprechenden Regionen Rücksicht zu nehmen unabhängig davon, ob der Erscheinungsort innerhalb oder ausserhalb dieser Region liegt. Zeigt schon die Sprache einer Zeitschrift, dass sie nur auf eine bestimmte sprachliche Region zugeschnitten

---

[661] BGE 70/1944 I 74: Dentist in SG, ebenso 87/1961 I 456: Kinoinserat in FR.
[662] Art. 3 Binnenmarktgesetz (BGBM, SR 943.02); vgl. BGE 125/1999 I 481: Versandapotheke MediService.

ist, haben die darin erscheinenden Inserate nicht auf Verhältnisse ausserhalb dieser Sprachregion Rücksicht zu nehmen. So braucht sich wohl ein Inserent einer deutschen Zeitschrift nicht um italienische Vorschriften zu kümmern, selbst wenn die Zeitschrift auch in Italien Abonnenten hat. Umgekehrt hat ein Inserent einer englischen Zeitschrift auf schweizerische Vorschriften Rücksicht zu nehmen, wenn diese hier derart populär ist, dass sie an hiesigen Kiosken verkauft wird. Ist der im Ausland verkaufte Teil einer Zeitung nur unbedeutend, darf wohl nicht ernsthaft erwartet werden, dass dies von den Inserenten berücksichtigt wird. Handelt es sich dagegen um eine Massenillustrierte, die sich an ein internationales Publikum richtet, haben sich die Inserenten damit abzufinden, dass ihre Inserate bei allen angesprochenen Bevölkerungskreisen dem dort geltenden Recht entsprechen müssen.

Das Bundesgericht hatte sich nur zweimal mit solchen Fällen zu befassen. 1961 hat es festgestellt, dass auch durch Artikel in der westdeutschen Zeitschrift «Ölfeuertechnik» in der Schweiz unlauterer Wettbewerb begangen werden könne, da diese Zeitschrift auch in die Schweiz geliefert werde und hier bekannt sei[663].

Fünf Jahre später verurteilte es einen deutschen Inserenten, welcher der Allgemeinen Papier-Rundschau, Frankfurt, ein Flugblatt beilegen liess, das zu einer Verwechslung mit einer schweizerischen Marke eines schweizerischen Konkurrenten Anlass gab[664]. Da die Allgemeine Papier-Rundschau nur in ca. 300 Exemplaren in die Schweiz gelangt und hier als deutsche Fachzeitschrift bekannt ist, wurde das Urteil zu Recht stark kritisiert[665].

In Deutschland wurden beispielsweise ausländische Inserenten ins Recht gezogen, welche in der Neuen Zürcher Zeitung und Weltwoche[666] oder in einer deutschsprachigen schweizerischen Frauenzeitschrift[667] inserierten, da diese Presseerzeugnisse im regelmässigen Geschäftsverkehr in der Bundesrepublik vertrieben würden. Auch in den Niederlanden wurde erkannt, dass ein von einem Südafrikaner aufgegebenes Inserat in der in den Niederlanden in einer Auflage von etwa 8'000 Exemplaren verbreiteten Zeitschrift «Life International» geeignet sei, die Markenrechte eines Niederländers zu verletzen[668]. Das Gegenteil galt indessen in der Bundesrepublik mit Bezug auf Inserate amerikanischer Firmen in den amerikanischen Zeitschriften «US News and World Report» und «Fortune», da diese Zeitschriften keine regio-

---

[663] BGE 87/1961 II 115 Oil-Therm ca. Örtli.
[664] BGE 92/1966 II 265 = GRUR Int. 1967 364: Sihl/Silbond.
[665] Vgl. *Usteri* in SJZ 63/1967 145 und *Kummer* in ZBJV 104/1968 123.
[666] OLG Köln in GRUR 1953 396: Echtes Eau de Cologne.
[667] BGH in GRUR 1971 153: Tampax.
[668] Hoge Raad NL in GRUR Int. 1965 275 Nr. 872: Lexington.

nal differenzierten Ausgaben besässen und nur zu einem geringen Teil ihrer Gesamtauflage in Deutschland verbreitet würden[669].

Inserenten in Zeitungen und Zeitschriften mit Auslandsverbreitung muss daher empfohlen werden, sich zuvor über die Gesetzgebung im Ausland zu erkundigen und hierauf Rücksicht zu nehmen. Darf die propagierte Ware im Ausland nicht oder nur unter einer anderen Marke verkauft werden, so wäre im Inserat mit aller Deutlichkeit auf die Herkunft des Markenproduktes aus einem bestimmten Land und einem namentlich genannten Betrieb hinzuweisen, damit Verwechslungen mit anderen Markenprodukten im Ausland möglichst vermieden werden. Auch könnte ein Hinweis angebracht werden, dass das inserierte Markenprodukt im Ausland unter einer anderen Marke oder gar nicht erhältlich sei. Nur so besteht Aussicht, dass bei der teilweise sehr engen Rechtsprechung keinerlei Rechte Dritter im Ausland verletzt werden.

Wer im Ausland überhaupt nicht tätig ist, wird zwar in der Regel den Standpunkt einnehmen können, es bestehe kein Wettbewerbsverhältnis zum verletzten Konkurrenten im Ausland, so dass die Anwendung des Gesetzes gegen den unlauteren Wettbewerb entfalle. Doch verletzt die Verwendung von Marken in Inseraten sehr oft auch ausländisches Markenrecht, so dass eine Verfolgung des Inserenten aufgrund dieser Bestimmungen möglich bleibt. Demgegenüber ist festzustellen, dass aufgrund einer diskutablen Praxis des Bundesgerichtes ein blosses Inserat nicht geeignet ist, ein schweizerisches Markenrecht zu verletzen[670].

D. Werbung mit audiovisuellen Mitteln (FFF: Film, Funk, Fernsehen)

1. Kinowerbung

a) Bedeutung

In der Schweiz gibt es einige hundert Kinos. Die meisten von ihnen zeigen vor Beginn des Hauptfilmes Werbefilme und -diapositive, wobei die entsprechenden Vorführrechte an einzelne Spezialfirmen verpachtet worden sind.

---

[669] LG Mannheim in GRUR Int. 1968 236: Tannenzeichen.
[670] BGE 87/1961 II 42: Quick/Blick, 87/1961 II 111: Narok, 88/1962 II 34: Au Bûcheron, 92/1966 II 262: Sihl/Silbond.

Damit wird zwar ein organisatorisch einfacher Einsatz erreicht, der gezielte Einsatz aber erschwert, indem in der Regel nur Werbeaufträge für eine grössere Zahl von Kinos und über eine Zeitdauer von mehreren Monaten oder gar Quartalen entgegengenommen werden. Die Kinowerbung erfolgt in jedem Fall unabhängig vom Hauptfilm, so dass der Auftraggeber sein Zielpublikum nicht auswählen kann. Daher unterscheidet sich die Kinoreklame von der Inseratenwerbung. Während diese, örtlich und zeitlich konzentriert, genau auf die Leserschaft abgestimmt und auch mit Schaufensterauslagen von Detaillisten koordiniert werden kann, ist dies bei Kinowerbung kaum möglich. Wohl kennt man einigermassen die Zusammensetzung der durchschnittlichen Kinobesucher, doch schwankt diese natürlich stark je nach der Art des gezeigten Hauptfilmes. Dafür sind die Kontaktchancen bei der Kinoreklame bedeutend höher als bei Inseraten, werden doch Werbefilme und -dias in der Regel bei verdunkeltem Saal gezeigt, so dass die Zuschauer nicht umhin können, die ihnen dargebotene Reklame zur Kenntnis zu nehmen.

b) Besonderheiten

Kinowerbung ist speziell für die Produzenten von Spirituosen und Zigaretten interessant, da diese von der Radio- und Fernsehwerbung ausgeschlossen ist. Die Tabakbranche beobachtet dabei freiwillig die Usanz, Werbefilme und -diapositive in Kinos nicht vor 19 Uhr auszustrahlen. Für einzelne sensible Arzneimittelgruppen[671] wird sodann die Kinowerbung gänzlich untersagt. Selbstverständlich sind auch in der Kinowerbung am Schluss die obligatorischen Pflichthinweise einzublenden, und zwar mindestens in der für Untertitel üblichen Schriftgrösse[672].

2. Radio- und Fernsehwerbung

Literatur: Helmut *Müller*, Rechtsfragen der Werbung am Fernsehen, Diss. ZH 1964; Rolf H. *Weber*, Neues Radio- und Fernsehgesetz in der Schweiz, ZUM 1992 25–29; Manfred *Rehbinder*, Das neue schweizerische Bundesgesetz über Radio und Fernsehen, recht 1992 99–103; Michael *Düringer*, Radio- und Fernsehwerbung unter besonderer Berücksichtigung ihrer Funktion als Finanzierungsinstrument der elektronischen Medien, Diss. ZH 1994; Bertil *Cottier*, Wo beginnt Schleichwerbung am Radio?, Medialex 1997 166–169; Christoph *Graber*, Zur Vermischung von Werbung und Programm in Radio und Fern-

---

[671] Art. 32 Abs. 2 Heilmittelgesetz (HMG), Art. 19 Abs. 1 Arzneimittel-Werbeverordnung (AWV); bisher Art. 37 Abs. 2 IKS-WerbeRL: Analgetica (Schmerzmittel), Schlafmittel und Sedativa (Beruhigungsmittel), Laxantia (Abführmittel), Anorexica (Schlankheitsmittel).
[672] Art. 16 Abs. 1 Arzneimittel-Werbeverordnung (AWV); bisher Art. 4 IKS-WerbeRL.

9; Christoph *Graber*, Zur Vermischung von Werbung und Programm in Radio und Fernsehen, Medialex 1998 35–43; Max *Furrer*, Der Unterschied zwischen Sponsoring und Werbung in Radio und Fernsehen, Medialex 1998 179–181.

a) Allgemeines

(1) Begriff und Bedeutung

Man sollte zwar meinen, der Begriff von Radio und Fernsehen bedürfe keiner weiteren Definition. Doch ist lange nicht alles, was aus einem Lautsprecher ertönt oder über einen Bildschirm flimmert, auch dem Bundesgesetz über Radio und Fernsehen und seinen Werbeeinschränkungen unterstellt. Nur solche Programme sind nämlich konzessionspflichtig, die an die Allgemeinheit gerichtet sind[673]. Keinerlei Einschränkungen unterstehen damit Programme, die nicht von jedermann empfangen werden können, wie etwa In-house-Programme von Hotels, TV-Werbung an POS-Standorten von Warenhäusern sowie die «Fernsehberieselung» an Postschaltern.

Die Werbung am Fernsehen ist zwar teuer, doch kann damit ein Grossteil der schweizerischen Bevölkerung in einem Mal erreicht werden. Das Fernsehen ist somit das gegebene Medium für finanzstarke Unternehmen, die in der ganzen Schweiz oder doch zum Mindesten in einem bestimmten Sprachraum tätig sind. Die Einnahmen aus der elektronischen Werbung haben sich mittlerweile zu einer wichtigen Einnahmequelle jeder Fernsehanstalt und aller Privatradios entwickelt.

(2) Grundsatz

Radio und Fernsehen kommen in den Genuss der in der neuen Bundesverfassung stipulierten Medienfreiheit und des Verbots jeglicher Zensur[674]. Nach wie vor soll indessen eine Vorkontrolle über Werbespots für rezeptfreie Arzneimittel gelten[675]. Nachdem aber die vormalige IKS geltend gemacht hat, sie habe bis zu 90% der vorgelegten Spots beanstanden müssen, erscheint eine solche Zensur einstweilen noch nicht als unverhältnismässig, auch wenn sie gegen das verfassungsmässige Zensurverbot für Medien verstösst.

Genau wie in der Printwerbung, muss sich auch die elektronische Werbung in jeder Hinsicht vom übrigen Programm unterscheiden, denn sie darf nicht vom Vertrauen profitieren, welches das Publikum den redaktionell gestalte-

---

[673] Art. 2 Abs. 2 und 3 Radio- und TV-Gesetz (RTVG, SR 784.40).
[674] Art. 17 Abs. 1 und 2 Bundesverfassung (BV, SR 101).
[675] Art. 22 Abs. 1 Arzneimittel-Werbeverordnung (AWV); bisher Art. 37 Abs. 2 IKS-WerbeRL.

ten Programmen entgegenbringt. Der Gesetzgeber ist daher peinlich darauf bedacht, dass die Werbesendungen eindeutig erkennbar sind und von den anderen Programmen streng getrennt werden. Aus diesem Grunde dürfen ständige Programmmitarbeiter des Veranstalters nicht in Werbesendungen mitwirken[676], geht es doch nicht an, dass Ansagerinnen oder Nachrichtensprecher in einem Werbefilm für die Wirtschaft Reklame machen. Der Bundesrat hat diesen Grundsatz einzig für Lokalradios gelockert, wo wenigstens solche Programmmitarbeiter als Sprecher für Werbesendungen amten dürfen, die nicht regelmässig Nachrichtensendungen oder Sendungen zum politischen Zeitgeschehen moderieren[677]. Auch die Verwendung des Signets oder Pausenzeichens eines Senders in einem Werbespot ist nicht gestattet. Da Radio- und Fernsehprogramme den verschiedensten Ansprüchen zu genügen haben, ist es freilich unvermeidlich, dass in einzelnen Sendungen auch Aussagen gemacht werden, die als Nebeneffekt eine gewisse Werbewirkung erzielen. Dies gilt nicht nur für Informationen über Bücher, Filme, Theater usw., sondern auch bei vielen Sendungen von allgemeinem Interesse aus den Gebieten des Sports und der Nachrichten. Der Grundsatz der deutlichen Trennung von Programm und Werbung wird dadurch nicht berührt[678].

Um Verwechslungen zwischen Fernsehprogrammen und Werbeprogrammen zu verhindern, dürfen in Werbefilmen keine Zwischenblenden und typischen Figuren der Inserts verwendet werden; auch dürfen keine Schauspieler in Kostümen von Personen aus ständigen Serien auftreten. Natürlich können bekannte Stars und Darsteller auch im Werbefernsehen eingesetzt werden, aber nur so, dass keine Verwechslungen mit Spielprogrammen möglich sind.

Werbesendungen dürfen in Inseraten der Tagespresse oder in anderen Werbeträgern nur angekündigt werden (Trailer), wenn ausdrücklich darauf hingewiesen wird, dass es sich dabei um Werbung handelt. Unzulässig sind Formulierungen, welche die Werbesendungen mit einem Sender zu identifizieren versuchen, wie z.B. «das Schweizer Fernsehen zeigt», «bekannt vom Fernsehen» usw.

(3) Sponsoring

Literatur: *International Chamber of Commerce,* ICC International code on sponsorship, Paris 1992; Thomas *Hauser,* Der Sponsoring-Vertrag im schweizerischen Recht, Diss. ZH 1989; Rolf H. *Weber,* Rechtliche Grundlagen für Werbung und Sponsoring, SMI 1993 220–230; Gabriel *Boinay,* La contestation des émissions de la radio et de la télévision, Porrentruy 1996.

---

[676] Art. 18 Abs. 1 RTVG (Fn 673).
[677] Art. 12 Abs. 3 Radio- und Fernsehverordnung (RTVV, SR 784.401).
[678] UBI in VPB 48/1984 IV 469 Nr. 73: VCS-Mitfahrzentrale.

173

Die Gesetzgebung über Radio und Fernsehen befasst sich als bisher einzige auch mit Dritt-Zuwendungen, dem sog. Sponsern oder Sponsoring. Darunter versteht der Gesetzgeber die Finanzierungshilfe eines aussenstehenden Dritten, der an der Produktion der Sendungen im Gegensatz zum Koproduzenten nicht beteiligt ist; damit sollen Name, Marke, Dienstleistung oder Erscheinungsbild (Corporate image) des oder der Sponsoren (Geldgeber, Stifter) gefördert werden. Sponsoring kann direkt, meistens durch Bezahlung eines namhaften Beitrages, oder indirekt durch unentgeltliche Lieferung von Waren oder Dienstleistungen erfolgen[679]. Letzteres ist namentlich im Zusammenhang mit dem Stiften von Wettbewerbspreisen für eine Sendung von Bedeutung.

Das Bundesamt für Kommunikation (Bakom) hat im Juni 1999 neue Richtlinien für das Programm-Sponsoring in Radio und Fernsehen herausgegeben. Diese erlauben, dass der Sponsor selbst Thema der gesponserten Sendung sein darf und dass dessen Name sogar im Titel der Sendung[680] verwendet und sein Produkt auf neutrale Weise in der Sponsornennung gezeigt wird. Aus der Nennung muss hervorgehen, dass der Hinweis im Hinblick auf ein Sponsoring erfolgt[681]. Ebenso dürfen genannt oder gezeigt werden sein Firmenzeichen (Logo, Jingle), bei einem wenig bekannten Sponsor allenfalls ergänzt durch dessen Haupttätigkeitsgebiet, sein Markenzeichen (Signet) und seine Ware oder Dienstleistung. Dauert die Sendung länger als 60 Sekunden, muss (oder darf) die Sponsornennung nicht nur zu Beginn, sondern auch am Ende der Sendung erfolgen. Gleichzeitig ist über allfällige Bedingungen, die der Sponsor zum Inhalt der gesponserten Sendung stellte, zu informieren. Für das Publikum muss jederzeit nachvollziehbar sein, welche Teile der Sendung gesponsert sind und wer der Sponsor ist[682]. Zulässig ist die Nennung des Sponsors auch als Einblendung im Verlaufe der Sendung (insert, reminder) sowie im Zusammenhang mit Programmhinweisen (Trailer), solange die Wiederholung nicht aufdringlich ist.

In gesponserten Sendungen darf nicht zum Abschluss von Rechtsgeschäften über Waren oder Dienstleistungen angeregt werden; vor allem dürfen keine gezielten Aussagen werbenden Charakters über diese Waren oder Dienstleistungen gemacht werden[683]. Aussagen werbenden Charakters, wie z.B. Hin-

---

[679] Art. 16 Abs. 1 RTVV (Fn 677).
[680] Z.B. NZZ-Format, Cash-TV.
[681] Mögliche Formen der Sponsornennung: «Diese Sendung ermöglicht Ihnen ...», «... widmet Ihnen ...», «... wird gesponsert von ...», «Sponsor: ...» etc.
[682] Vgl. Grundsatz 3.12 Ziff. 4 der Schweiz. Lauterkeitskommission betr. Trennung von redaktioneller Information und kommerzieller Kommunikation.
[683] Art. 19 Abs. 3 RTVG (Fn 673).

III. Besondere Vorschriften für einzelne Werbemedien

weise auf deren Anwendung, Eigenschaften oder Auswirkungen, gehören in den Werbeteil, der vom übrigen Programm deutlich getrennt sein muss[684]. Denn es ist zu berücksichtigen, dass für gesponserte Sendungen allein der Programmveranstalter verantwortlich ist. Entsprechend dürfen in solchen Sendungen auch keine Slogans (selbst wenn sie auf Produktpackungen erscheinen) oder Kontaktangaben zum Sponsor erwähnt werden, wie Angaben zur genauen Adresse und zu Öffnungszeiten, Telefon- oder Faxnummern, E-Mail-Adressen. Zulässig sind allerdings Hinweise auf die Homepage des Sponsors, da diese nicht primär der Kontaktnahme dient.

Sendungen mit politischen Wirkungen wie Nachrichtensendungen, nachrichtenbezogene Sendungen zum politischen Zeitgeschehen und Magazine und Sendungen, die mit der Ausübung politischer Rechte in Bund, Kantonen und Gemeinden zusammenhängen, dürfen nicht gesponsert werden[685]. Das Sponsoring solcher Sendungen könnte den Anschein erwecken, wirtschaftliche Interessen des Sponsors würden den Inhalt der Sendung beeinflussen. Auch Sendungen, die sich mit Sachgeschäften des Parlaments befassen, dürfen in der Zeit von der Ansetzung eines Abstimmungsdatums oder der Ankündigung einer Initiative bis zum Entscheid nicht gesponsert werden. Keine politischen Nachrichten sind Wetterprognosen, Verkehrsinformationen, Lawinenbulletins etc.; auch dürfen die ständigen Strassenzustandsberichte von Automobilverbänden selbst während der Abstimmungskampagne über die Finanzierung der Infrastruktur des öffentlichen Verkehrs gesponsert werden[686].

Zudem dürfen Sendungen generell nicht durch solche Sponsoren finanziert werden, die in den Augen des Publikums hauptsächlich Produkte herstellen oder verkaufen oder Dienstleistungen erbringen, für die ein Werbeverbot besteht[687]. Nicht als Sponsoren zugelassen werden daher die Hersteller von alkoholischen Getränken und Tabak sowie die politischen Parteien, wohl aber Verbände und andere Interessenvertreter[688].

Auch Product Placement, womit das auffällige Positionieren von Markenartikeln im Rahmen einer Sendung gemeint ist, ist eine Form des Sponsorings und muss daher deklariert werden. Dies ist bei eingekauften Spielfilmen

---

[684] Gemäss Strafverfügung BAKOM vom 1.3.2000 sind z.B. schon die folgenden Hinweise in der Ansage unzulässig: «Verkehrsinfo DRS mit dem neuen Citroën Xsara – einer, dem man vertraut» oder «Verkehrsinfo DRS und Unileasing – wir bringen Sie weiter».
[685] Art. 19 Abs. 4 RTVG (Fn 673).
[686] BGE 126/2000 II 19: Verkehrsinformationen DRS mit TCS und ACS.
[687] Art. 19 Abs. 5 RTVG (Fn 673).
[688] BGE 126 / 2000 II 19: ACS und TCS sind keine politischen Parteien.

freilich nicht möglich, da der Filmproduzent über seine Finanzierungsquellen keine Rechenschaft ablegt.

b) Einschränkungen

(1) Allgemeine Einschränkungen

Literatur: Pierre-Ami *Chevalier*, L'interdiction de la «propagande politique» à la radio-TV: Un casse-tête, Medialex 1996 61–63.

Nur die Absatzwerbung ist im Radio oder Fernsehen gestattet. Das Werbefernsehen soll einen wirtschaftlichen Zweck im Sinne der ökonomischen Förderung des Werbenden haben. Daher steht die elektronische Werbung der religiösen oder politischen Propaganda nicht zur Verfügung[689]. Darunter fallen auch Empfehlungen oder gar Mitgliederwerbung von Umweltschutzorganisationen und dergleichen. Politiker dürfen entsprechend zum Mindesten während der Phase ihres Wahlkampfes, die mit der Festlegung des Datums des Urnengangs beginnt und mit dem Wahltag endet, nicht als Sprecher einer Werbesendung auftreten, selbst wenn diese von einer gemeinnützigen Organisation ausgeht. Das Bundesgericht hat aber bisher zur Abgrenzung zwischen der erlaubten Wirtschaftswerbung und unzulässiger politischer Propaganda nicht klar Stellung genommen[690].

Hingegen ist Spenden- und andere Werbung für Wohlfahrtsunternehmen und öffentliche Institutionen im Werbefernsehen durchaus gestattet. Deren Werbeauftritt wird sogar dadurch erleichtert, dass sich deren Werbespots nach dem bezahlten Tarif und nicht nach der benötigten Sendezeit richten dürfen[691] und damit das für die Werbung reservierte Zeitbudget entlasten. Da die SRG für gemeinnützige Organisationen gegenwärtig nur den halben Tarif verlangt, dürfte die Spotwerbung sogar 16 statt acht Prozent der täglichen Sendezeit dauern, wenn das Werbefernsehen nur Spots solcher Organisationen ausstrahlen würde.

Natürlich sind auch im Radio und Fernsehen Werbespots unzulässig, die unwahr, irreführend oder unlauter sind[692]. Das Verbot der irreführenden Werbung ist nach der Auffassung des Bundesgerichts rundfunkrechtlicher Natur; irreführende oder den Interessen der Konsumenten schadende Werbung ist

---

[689] Art. 18 Abs. 5 RTVG (Fn 673), Art. 15 Abs. 1 lit. a RTVV (Fn 677).
[690] BGE 111/1985 Ib 60: Bankeninitiative.
[691] Art. 13 Abs. 3 RTVV (Fn 677).
[692] Art. 15 lit. d RTVV (Fn 677).

namentlich solche, die das Vertrauen oder die Unkenntnis der Konsumenten ausnützt, nicht aber solche, die ein Werbeverbot umgeht[693].

Auf den guten Geschmack wird im Werbefernsehen besonderer Wert gelegt. Immerhin sind die Zeiten vorbei, als für Büstenhalter überhaupt nicht oder nur anhand von Stoffpuppen geworben werden durfte, und selbst Werbung für Präservative wird heutzutage ohne weiteres toleriert. Dennoch sind die Massstäbe je nach Sendezeit («Familienprogramm») besonders streng. Da die Werbeblöcke teilweise in unmittelbarer Nähe von Kindersendungen platziert sind, ist auf die jugendlichen Zuschauer und deren Beeindruckbarkeit besonders Rücksicht zu nehmen; der Bundesrat ist denn auch ermächtigt, zum Schutze der Jugend zusätzliche Werbeverbote zu erlassen[694]. Bereits im Jahre 1963 hat die Internationale Handelskammer Verhaltensregeln für Fernsehwerbung erlassen, in welchen die Werbung Treibenden verpflichtet werden, auf die Leichtgläubigkeit und die Loyalität der Kinder Rücksicht zu nehmen. So dürfen Kinder nicht in den Glauben versetzt werden, mit dem Kauf eines bestimmten Produkts erfüllten sie eine sittliche Pflicht oder zeigten damit die von ihnen geforderte Ehrerbietung[695]. Auch soll ihnen nicht nahe gelegt werden, sie würden von ihren Kameraden verachtet oder ausgelacht, falls sie ein bestimmtes Produkt nicht kauften. Aus nahe liegenden Gründen sollen Kinder auch nicht veranlasst werden, ihnen unbekannte Orte aufzusuchen oder mit fremden Leuten zu sprechen.

(2) Produktspezifische Einschränkungen

Unzulässig ist die Fernsehreklame für alkoholische Getränke, Tabakwaren und rezeptpflichtige Arzneimittel[696]. Diese Einschränkung ist damit begründet worden, dass es doch wenig verständlich wäre, wenn der Staat auf der einen Seite seine staatlichen Einrichtungen zur Werbung zur Verfügung stellt, während er auf der anderen Seite enorme Summen aufwenden muss, um die Folgen des übermässigen Konsums dieser Genuss- und Suchtmittel zu beheben[697]. Nachdem aber Radio und Fernsehen schon längst nicht mehr eine reine Staatsangelegenheit darstellen – gibt es doch nicht nur im Ausland Privatradios und private Fernsehstationen – hat dieses Argument etwas an Überzeugungskraft verloren, ganz abgesehen davon, dass sich der Staat auch nicht schämt, seine Sozialwerke mit Tabak- und Alkoholsteuern zu finanzie-

---

[693] BGE 126/2000 II 25 E. 2.d.dd: Schlossgold-Werbung.
[694] Art. 18 Abs. 5 RTVG (Fn 673).
[695] Art. 15 lit. e RTVV (Fn 677); vgl. auch Art. 13 IHK-Werbepraxis (Int. RL für die Werbepraxis 1997).
[696] Art. 18 Abs. 5 RTVG (Fn 673), Art. 15 lit. b und c RTVV (Fn 677).
[697] A.M. *Saladin,* Recht auf Werbung, S. 336.

Erster Teil: Vorschriften für Werbung und Vertrieb

ren. International scheint sich dahingehend ein Konsens anzubahnen, dass nur Tabakerzeugnisse und ärztlich zu verschreibende Medikamente von der Bildschirmpräsenz ausgeschlossen werden[698], weshalb in der Schweiz das Werbeverbot für alkoholische Getränke unter Beschuss zu geraten droht.

Radio- und Fernsehwerbung für Arzneimittel, die nicht rezeptpflichtig sind (Verkaufskategorien C, D und E), ist zulässig, untersteht aber der Vorkontrolle durch das Heilmittelinstitut[699]; auf jeden Fall ist ein Pflichthinweis mit folgendem Wortlaut einzuschalten: «Präparat X. ist ein Heilmittel. Lassen Sie sich von einer Fachperson beraten und lesen Sie die Packungsbeilage.» In der Fernsehwerbung muss dieser Hinweis einen Drittel des Gesamtbildes einnehmen, bei Radiospots muss er gut verständlich gesprochen werden[700].

Es bedeutet keine Umgehung des Werbeverbots, wenn unter einer bekannten Zigarettenmarke eine Uhr beworben wird, wenn diese Uhr tatsächlich vertrieben wird und nicht die Förderung des Verkaufs von Tabakwaren bezweckt wird[701], wohl aber wenn unter dem bekannten Logo und dem Firmennamen einer Brauerei für ein bierartiges Getränk mit einer relativ unbekannten Marke geworben wird und erst in der letzten Sequenz der Vermerk «alkoholfrei» in der rechten unteren Ecke des Bildschirms auftaucht[702].

(3) Zeitliche Einschränkungen

In den Programmen der SRG darf die Dauer der Spotwerbung 8% der täglichen Sendezeit, in den Programmen der anderen Veranstalter 15% der täglichen Sendezeit und zwölf Minuten pro Stunde nicht überschreiten. Zusätzlich dürfen noch 5% Verkaufssendungen, längstens aber eine Stunde pro Tag, ausgestrahlt werden[703]. Das frühere Werbeverbot für Feiertage ist weggefallen.

---

[698] Vgl. Art. 15 Europäisches Übereinkommen über das grenzüberschreitende Fernsehen vom 5. Mai 1989 (SR 0.784.405).

[699] Art. 22 Abs. 1 Arzneimittel-Werbeverordnung (AWV); bisher Art. 37 Abs. 2 IKS-WerbeRL.

[700] Art. 16 Abs. 2 Arzneimittel-Werbeverordnung (AWV); bisher Art. 4 IKS-WerbeRL.

[701] BGE 118/1992 Ib 356.: Camel-Trophy-Uhr.

[702] Vgl. BGE 126/2000 II 23: Feldschlösschen-Schlossgold; das Bakom hat die Fernsehanstalt deswegen mit CHF 5'000 gebüsst und den aus der umstrittenen Werbung erwirtschafteten Gewinn von CHF 548'023 eingezogen. Demgegenüber hat die Schweiz. Lauterkeitskommission diesen TV-Spot nicht als unlauter beurteilt, da er auf Grund des Gesamteindrucks als auch wegen der formalen Bezeichnung «alkoholfrei» den relevanten Durchschnittskonsumenten weder zu täuschen noch irrezuführen vermöge (SLK in sic! 2/2000 154).

[703] Art. 13 Ab. 1 RTVV (Fn 677).

Verkaufssendungen (sog. Teleshopping) sind Sendungen mit direkten Angeboten an die Öffentlichkeit zum Abschluss von Rechtsgeschäften über die vorgestellten Waren und Dienstleistungen[704]. Wird Werbung für Wohlfahrtsunternehmen und öffentliche Institutionen zu verbilligtem Tarif gesendet, so darf die Werbedauer entsprechend erhöht werden: In solchen Fällen richtet sich die Dauer des Spots nach dem bezahlten Tarif und nicht nach der Sendezeit[705]. Die Werbung ist in Blöcke zusammenzufassen, welche von den redaktionell gestalteten Sendungen durch ein besonderes akustisches oder optisches Erkennungssignal getrennt werden müssen. Unterbrecherwerbung ist bloss in Sendungen von über 90 Minuten Dauer und dann höchstens einmal zulässig[706]. Übertragungen von Anlässen, die Pausen enthalten, wie zum Beispiel Übertragungen von kulturellen oder sportlichen Veranstaltungen, dürfen in den Pausen mit Werbung unterbrochen werden[707].

(4) Territoriale Ausbreitung

Fernsehsendungen machen naturgemäss an den Landesgrenzen nicht Halt und werden, soweit sie über den Äther ausgestrahlt werden, auch im Ausland empfangen. Umgekehrt werden auch viele ausländische Fernsehsendungen in der Schweiz konsumiert. Die staatlichen Behörden sind jedoch gegenüber der Einstrahlung ausländischer Sendungen ziemlich machtlos. Die Schweiz hat daher die im Jahre 1989 abgeschlossene Konvention des Europarates über das grenzüberschreitende Fernsehen[708] ratifiziert und sich gegenüber den Vertragspartnern verpflichtet, für die Konformität der schweizerischen Fernsehprogramme mit der Konvention zu sorgen. Daher findet auf alle schweizerischen Fernsehprogramme, die über den Äther ausgestrahlt werden, neben der Landesgesetzgebung auch die genannte Konvention des Europarates Anwendung. Der Geltungsbereich des Übereinkommens beschränkt sich indessen im Wesentlichen auf Frankreich, Grossbritannien und Italien; die Nachbarstaaten Deutschland und Österreich sind ihm nicht beigetreten. Diese sind indessen an die Fernseh-Richtlinie der EU gebunden, die im Wesentlichen die Kriterien des Europarates übernommen hat.

Die Konvention des Europarates befasst sich nur mit der Fernsehwerbung; die Radiowerbung wird von ihr nicht geregelt. In verschiedenen Punkten ist

---

[704] Art. 11 RTVV (Fn 677).
[705] Art. 13 Ab. 3 RTVV (Fn 677); die Publisuisse SA verrechnet zurzeit für gemeinnützige Werbung nur den halben Tarif.
[706] Art. 18 Ab. 2 RTVG (Fn 673).
[707] Art. 12 Ab. 2 RTVV (Fn 677).
[708] Europäisches Übereinkommen über das grenzüberschreitende Fernsehen vom 5. Mai 1989 (SR 0.784.405).

jedoch die schweizerische Gesetzgebung strenger als die Konvention. So ist Unterbrecherwerbung schon bei Sendungen, die länger als 45 Minuten dauern, erlaubt. Auch wird die Alkoholwerbung nur eingeschränkt, aber nicht gänzlich verboten. Die schweizerischen TV-Stationen sind daher in diesen Belangen schlechter gestellt als ihre ausländischen Konkurrenten, doch darf das Ungleichgewicht nicht überschätzt werden.

c) Werbung im Teletext

Die Werbung im Teletext untersteht den gleichen Schranken wie die Werbung im Fernsehen. Dies würde sich zwar nicht unbedingt aufdrängen, da Fernsehwerbung oft ungewollt angeschaut werden muss, während Teletext-Werbung in der Regel explizit gesucht wird; sie ist vielmehr punkto Erreichbarkeit und Präsenz mit der Internet-Werbung vergleichbar. Da sie aber viel leichter zu beaufsichtigen ist, gelten die Werbeverbote für alkoholische Getränke, rezeptpflichtige Arzneimittel und Tabakwaren auch für die Werbung im Teletext.

3. Werbung im Internet

Literatur: *International Chamber of Commerce,* ICC Guidelines on advertising and marketing on the internet, Paris 1998; Yvonne *Jöhri,* Werbung im Internet, Diss. ZH 2000.

a) Allgemeines

Werbung im Internet gilt als ausgesprochen zukunftsgerichtet und effizient. Ob dies wirklich zutrifft, kann im Moment noch nicht beurteilt werden. Sicher ist jedenfalls, dass es momentan noch wenig Einschränkungen für das Internet gibt, da schon Uneinigkeit darüber herrscht, nach welchen nationalen Regeln Internetauftritte zu beurteilen sind. Daher scheint sich einstweilen eine Angleichung an das tiefste Schutzniveau anzubahnen.

b) Einschränkungen

In der schweizerischen Gesetzgebung wird zurzeit nur ein einziges Mal auf das Internet verwiesen, nämlich im neuen Spielbankengesetz vom 18. Dezember 1998. Hier wird die telekommunikationsgestützte Durchführung von Glücksspielen, insbesondere mittels Internet, verboten[709].

Die sachlichen Werbeverbote für die übrigen elektronischen Medien (rezeptpflichtige Arzneimittel, Tabakwaren und alkoholische Getränke) gelten für das Internet nicht. Informationen über Arzneimittel im Internet werden so lange nicht als Werbung gewertet, als der Informationsgehalt einen allfälligen Werbeeffekt deutlich überwiegt. So stellt beispielsweise die vollständige und unveränderte Wiedergabe von Arzneimittelinformationen, wie sie in der vom Heilmittelinstitut genehmigten Packungsbeilage oder im Arzneimittel-Kompendium enthalten sind, für sich allein noch keine Werbung dar. Enthält die Internet-Information aber Elemente der Publikumswerbung, so muss sie den Anforderungen der Arzneimittel-Werbeverordnung genügen; sie untersteht jedoch einzig der Nachkontrolle.

c) **Anforderungen**

Angebote im Internet sind in der Regel keine verbindlichen Anträge im Sinne des Obligationenrechts, sondern Einladungen an den Leser, dem Anbieter einen entsprechenden Kaufsantrag (Bestellung) zu unterbreiten[710]. Einzig in Fällen, wo keine Waren bereitzustellen sind, wie zum Beispiel beim Herunterladen von Programmen, kann schon das Angebot auf der Website als verbindliche Offerte gewertet werden. Der Anbieter tut gut daran, in Zweifelsfällen seinem Angebot einen Vorbehalt beizufügen.

Im Gegensatz zu den übrigen Medien ist das Streugebiet von Internet-Werbung grundsätzlich unbeschränkt. Nun unterstehen aber Verträge mit Konsumenten auch nach schweizerischem internationalem Privatrecht zum Mindesten dann dem Wohnsitzrecht des Konsumenten, wenn dort dem Vertragsschluss ein Angebot oder eine Werbung vorangegangen ist und der Konsument dort auch bestellt hat[711]. Wird daher hiesige Internet-Werbung im Ausland beachtet und von dort aus bestellt, so untersteht das daraus hervorgehende Vertragsverhältnis zwingend dem ausländischen Recht, das auch vertraglich nicht ausgeschlossen werden kann[712]. Hierzu gehören auch ausländische Formvorschriften sowie Informations- und Deklarationspflichten. Sodann müssen schweizerische Exporteure damit rechnen, dass sie in Ver-

---

[709] Art. 5 Spielbankgesetz (SBG, SR 935.52).
[710] Sog. invitatio ad offerendum.
[711] Art. 120 Abs. 1 lit. b BG über das Internationale Privatrecht (IPRG, SR 291).
[712] Art. 120 Abs. 2 IPRG (Fn 711).

brauchersachen am ausländischen Wohnsitz des Konsumenten eingeklagt werden können[713].

Die EU-Fernabsatzrichtlinie[714] verlangt beispielsweise, dass schon vor Vertragsabschluss auf das Bestehen des Widerrufsrechts bei Distanzkäufen hingewiesen und dem Abnehmer eine Bestätigung dieser und weiterer Informationen schriftlich oder auf dauerhaftem Datenträger ausgehändigt wird; wird dies versäumt, so kann dies eine mehrmonatige Widerrufsfrist auslösen.

Anbieter, welche diese Besonderheiten nicht in Kauf nehmen wollen, müssen auf ihrer Website die Reichweite des eigenen Angebots und damit den potenziellen Kundenkreis geografisch begrenzen. Dies kann am besten durch den Hinweis erreicht werden, dass die beworbenen Angebote nur für Kunden in der Schweiz oder in ganz bestimmten Ländern Gültigkeit haben. Die Verwendung einer bestimmten Sprache oder Währung ist jedenfalls für sich allein kaum je geeignet, um auf eine räumliche Eingrenzung hinzuweisen, da man sich auch im Ausland hiesiger Sprachen (mit Ausnahme des Rätoromanischen) und Schweizer Währung bedient.

d) Bannerwerbung, Comet Cursors

Immer grösserer Beliebtheit erfreut sich die Bannerwerbung im Internet. Unter Bannerwerbung versteht man ein kleines Inserat auf der Homepage oder einer Unterseite eines Internet-Dienstes, die einen Link zur Homepage oder einer speziellen Inseratenseite des Inserenten enthält. Oft wird der Banner durch Animationen besonders attraktiv gestaltet, um die neugierigen Surfer zu einem Klick zu veranlassen.

Ähnlich funktioniert der Comet Cursor, der seinen Namen vom amerikanischen Unternehmen Comet Systems erhalten hat. Diese neue Werbeform verleiht dem Pfeilcursor ein anderes, dem beworbenen Objekt angepasstes Aussehen. Neben der produkt- oder markenverwandten Form kann der Cursor so auch Werbebotschaften oder Zusatzinformationen vermitteln.

Wegen der beschränkten Grösse dieser Werbemittel eignen sie sich nur zur Erinnerungswerbung, in welcher hauptsächlich die Marke eines Produktes und ein paar kurze Hinweise dazu wiedergegeben werden. Dies ist weiter nicht schlimm, wenn durch Anklicken des Banners rasch weitere Informationen abgerufen werden können. Daher wird toleriert, dass in der Bannerwer-

---

[713] Art. 14 Abs. 1 Lugano-Übereinkommen (SR 0.275.11).
[714] Richtlinie 97/7/EG vom 20.5.1997 über den Verbraucherschutz bei Vertragsabschlüssen im Fernabsatz (ABl EG Nr. L 144 S. 19).

bung und auf Comet Cursors keine Produkteinformationen, Pflichthinweise, Warntexte oder weitere obligatorische Angaben[715] gegeben werden, solange diese auf der Seite stehen, die sich mit einem Klick auf den Banner öffnen lässt.

In den USA hat sich schon die Frage gestellt, ob es zulässig ist, wenn einzelne Suchmaschinen je nach dem gesuchten Schlüsselbegriff selektiv Werbebanner einblenden, die zum Schlüsselbegriff passen könnten. Dies wurde von einem Werbung treibenden Unternehmen als Eingriff in sein persönliches Recht, selbst über seine Reklame zu entscheiden, angesehen. Von den amerikanischen Gerichten ist diese Auffassung bisher aber nicht geschützt worden.

e) Metatags

Literatur: Stefan *Day*, Kennzeichenrechtsverletzungen durch Metatags, AJP 1998 1463–1482.

Die Wirkung der Werbung im Internet lässt sich verbessern, wenn die Suchmaschinen bei Anfragen nach Unternehmensinformationen auch Websites mit der eigenen Werbung auflisten. Dies kann dadurch erreicht werden, dass im Werbeauftritt verborgene Hinweise (Tags) auf die Konkurrenz aufgenommen werden. Die Suchmaschinen registrieren diese Hinweise und werden bei Suchaufträgen nach der Konkurrenz auch die eigene Website als Treffer hinstellen. So kann sich die betreffende Website als Kuckucksei in ein fremdes Nest einschleichen.

Solch schmarotzerische Metatags widersprechen dem Leistungswettbewerb und sind unlauter. In den USA sind solche Praktiken bereits mit Erfolg eingeklagt worden, und es ist zu hoffen, dass dies bald auch einmal in der Schweiz geschieht.

f) Interstitials

Interstitials, eine Art von Unterbrecherwerbung, erscheinen unaufgefordert eine kurze Zeit auf dem Bildschirm, bevor sich die vom User gewünschte Html-Seite öffnet. In Erwartung der gesuchten Seite wird der Nutzer «in Ermangelung eines Besseren» dem Interstitial hohe Aufmerksamkeit widmen. Wegen der beschränkten Zeit eignet es sich weniger für eingehende Produkteinformationen, wohl aber für Erinnerungswerbung.

---

[715] Vgl. z.B. 16 Arzneimittel-Werbeverordnung (AWV), Art. 3 lit. k und l UWG.

Bis anhin bestehen keinerlei gesetzlichen Einschränkungen für Interstitials. Sie können indessen beim Surfer auch eine gewisse Verärgerung bewirken, weil sie den Aufbau der Html-Seiten verzögern und das Surfen spürbar verlangsamen.

E. Aussenwerbung

Literatur: Rudolf *Hug,* Das Recht des Plakatanschlags, Diss., ZH 1970; Schweizerische Kartellkommission, Bericht über die Wettbewerbsverhältnisse auf dem Markt für Aussenwerbung, VSK 17/1982 231–268.

1. Allgemeines

a) Bedeutung

Bis zum Ende des 19. Jahrhunderts war die Aussenwerbung die Domäne von eigentlichen Künstlern. Viele prächtige Wirtshausschilder zeugen noch heute vom hohen Niveau des seinerzeitigen Kunsthandwerks. Demgegenüber ist die Plakatkunst noch verhältnismässig jung und nahm erst Mitte der Siebzigerjahre des vorletzten Jahrhunderts in Paris ihren Anfang, fand aber sehr bald in den unvergleichlichen lithographierten Affichen von Toulouse-Lautrec ihren ersten Höhepunkt. Die Künstlerplakate wurden so zu eigentlichen «Galerien der Strasse».

Diese künstlerische Tradition der Aussenwerbung hat sich glücklicherweise zum Teil bis heute erhalten. Dank des recht hohen graphischen Niveaus einzelner Plakate und Geschäftsschilder tragen diese oft zur Belebung, wenn nicht gar zur Verschönerung eines Dorfbildes bei, können doch damit auch hässliche Fassaden oder öde Bauwände abgedeckt werden. Zur Auszeichnung der künstlerischen Aussagekraft, der Druckqualität und – soweit beurteilbar – der Werbewirkung verleiht denn auch das Eidg. Departement des Innern seit 1941 jährlich einigen Dutzend Plakaten eine Anerkennungsurkunde. Diese Plakate werden anschliessend im Rahmen einer Wanderausstellung in vielen Schweizer Städten gezeigt.

Der Aussenwerbung kann sich der Konsument wohl am wenigsten entziehen. Inserate in Zeitungen und Zeitschriften erreichen auch bei hohen Leserzahlen nur einen Bruchteil der Bevölkerung. Verführerische Auslagen und Schaufenster haben nur lokalen Einfluss. TV-Spots werden von vielen Leuten abgedreht und ignoriert.

Demgegenüber drängt sich die Aussenwerbung ins Blickfeld jedes Passanten und es kann mit relativ wenigen, aber geschickt ausgewählten Plakatstellen ein Grossteil der Bevölkerung erreicht werden. Gebrauch von dieser Erkenntnis machen etwa die verschiedenen militärischen Aufgebotsplakate, für welche die Gemeinden noch heute unentgeltliche Anschlagstellen zur Verfügung stellen müssen[716], bis gegen Ende des 20. Jahrhundert auch der öffentliche Anschlag des Verkündaktes[717]. Zurzeit scheint leider die Wirksamkeit von nur einigen wenigen Plakatstellen weit gehend vergessen zu sein, geht doch die Zahl der Plakataushangstellen in der Schweiz bereits in die Hunderttausende, und gelegentlich ist man versucht, anzunehmen, weniger wäre eigentlich mehr. Umgekehrt beginnen aber auch einzelne Gemeinden wiederum damit, die Wirkung des «Schwarzen Brettes» zu entdecken und hängen ihre Informationen gezielt nur noch an einzelnen wenigen Anschlagstellen aus, um so die Bürger zur aktiven Informationsbeschaffung zu bewegen.

Ganz besonders sind die politischen Parteien auf die Aussenwerbung angewiesen, da deren Inserate von Zeitungen anderer politischer Richtungen nicht immer aufgenommen und noch weniger beachtet werden. Auch Radio und Fernsehen steht ihnen für ihre Propaganda nicht zur Verfügung. Indessen sind gerade die Wahl- und Abstimmungsplakate von der staatlichen Auszeichnung ausgenommen. Dafür geniessen sie bei Plakatanschlagunternehmen in der Regel für die Zeit von 14 Tagen vor dem Wahl- oder Abstimmungstag die Priorität und kommerzielle Plakate können während dieser Zeit überdeckt werden.

b) **Begriff**

(1) Aussenwerbung

Unter den Begriff der Aussenwerbung fällt jede der Werbung dienende Massnahme, welche ausserhalb von Räumen oder Gebäuden erfolgt. Zu denken ist vor allem an Geschäfts- und Reklameschilder, Aufschriften, Abbildungen, Plakate, Lichtreklamen, Transparente, Reklamevorhänge, doch kann auch mit anderen Mitteln die Aufmerksamkeit auf sich gezogen werden, wie

---

[716] Art. 132 lit. e Militärgesetz (MG, 510.10), vgl. Ziff. 89 Dienstreglement der Schweizerischen Armee (DR 95, SR 510.107.0).
[717] Vgl. den alten Art. 154 Zivilstandsverordnung, abgeändert per 1.1.2000, AS 1999 3028.

z.B. mit Wimpeln, Girlanden, Fassaden- und Konturbeleuchtungen, Laternen, Fassaden-Dekorationsverkleidungen usw.

Vom Begriff der Aussenwerbung werden mit der vorgenannten Definition einzig Werbemassnahmen im Inneren von Schaufenstern und Schaukästen ausgeschlossen, nicht aber deren Überkleben mit Plakaten und Affichen[718]. Diese Differenzierung ist gerechtfertigt. Vitrinen und Schaufenster werden ja meistens als Teil eines Gebäudes konzipiert und sind von Anfang an für die Werbung durch eine wechselnde Warenausstellung bestimmt, während Plakatträger, Ladenschilder, Lichtschriften und andere Reklamen oft erst nachträglich an einem Gebäude angebracht werden und dieses seinen Zweck auch ohne solche Anlagen erfüllt.

(2) Eigenwerbung und Fremdwerbung

Es ist sinnvoll, bei den Bewilligungsvoraussetzungen für Strassenreklamen nach Fremdwerbung und Eigenwerbung zu differenzieren[719]. Eigenwerbung im engeren Sinne ist Reklame, die vom Werbung Treibenden direkt an seinem Geschäftsgebäude selbst oder in dessen unmittelbarer Nähe angebracht wird[720]. Sie beinhaltet entweder die Firmenanschrift, bestehend aus dem Firmennamen und Branchenhinweisen nebst Signet[721] oder das Hauptprodukt und die Hauptdienstleistung. Sie will auf das Geschäftslokal und seine typischen Waren oder Dienstleistungen aufmerksam machen, die im betreffenden Gebäude oder auf dem betreffenden Grundstück erzeugt und erbracht werden. Entscheidend ist, dass die Liegenschaft, auf welcher die Reklame angebracht ist, in unmittelbarem Zusammenhang mit deren Inhalt steht und dass dort auch tatsächlich die propagierten Waren und Dienstleistungen erhältlich sind. Keine Eigenwerbung im Sinne dieser Definition wäre daher z.B. die Anschrift «Bank» auf einem Gebäude, in welchem zwar die Buchhaltung der betreffenden Bank geführt wird, aber keine Bankschalter zur Verfügung stehen.

Eigenwerbung im weiteren Sinne umfasst auch Reklame auf betriebseigenen Fahrzeugen sowie Reklamen für Produkte, die zwar am Ort der Reklame nicht erzeugt, wohl aber vermittelt oder vertrieben werden (Warenreklamen). Hierunter fallen insbesondere Warenlager und Handelshäuser mit Reklamen für die dort umgesetzten Waren. Als Eigenreklamen gelten zum Teil auch Hinweise auf öffentlichen Strassen, die den kürzesten Weg zu Industrie-, Gewerbe- und Handelsbetrieben, Ausstellungen und dergleichen weisen, die

---

[718] VerwGer BS in BJM 1975 26: Schaufensterreklame.
[719] Ebenso RR ZH in ZR 88/1989 Nr. 13 E. 2.
[720] Art. 95 Abs. 5 und 7 Signalisationsverordnung (SSV, SR 741.21).
[721] Z.B. Baustoffe, Metzgerei, Café, Restaurant, vgl. Art. 95 Abs. 6 SSV (Fn 720).

abseits von Durchgangsstrassen und wichtigen Nebenstrassen liegen und ohne besondere Wegweisung schwer auffindbar sind (Betriebswegweiser)[722].

Im Gegensatz dazu ist Fremdwerbung jede Reklame für Firmen, Betriebe oder Veranstaltungen, die mit dem Ort der Reklame keine Beziehung haben, sowie für Produkte, Dienstleistungen, Ideen oder dergleichen, die dort weder produziert noch vertrieben oder vermittelt werden[723]. Es kommt nicht darauf an, ob solche Werbung vom Werbung Treibenden selbst betrieben wird. Fremdwerbung ist nicht nur die von Dritten im Auftrag des Werbung Treibenden durchgeführte Werbung, wie z.B. die Werbung mittels Plakatgesellschaften. Darunter fällt auch die Tätigkeit des Werbung Treibenden selbst, der Grundstücke und Fahrzeuge kauft oder mietet mit dem einzigen oder überwiegenden Zweck, darauf Werbung zu betreiben. Selbst wenn solche für Werbeträger angeschaffte Einrichtungen noch anderen Zwecken dienstbar gemacht werden, indem darauf noch ein Lagerplatz oder eine Nebenbetriebsstätte eingerichtet wird, kann so lange nicht von Eigenwerbung gesprochen werden, als nicht die eigentliche Betriebsstätte, sondern nur die darauf angebrachte Werbung im Vordergrund steht.

c) Bewilligungspflicht

(1) Im Allgemeinen

Die Kantone oder die Gemeinden können die Einrichtung von Anlagen der Aussenwerbung und dergleichen einer Bewilligungspflicht unterwerfen und sie aus verkehrspolizeilichen, ästhetischen und baupolizeilichen Gründen verbieten. In vielen kantonalen Rechten finden sich daher generelle Verbote gegen das Anbringen von Reklamen auch auf privaten Grundstücken, durch welche die Verkehrssicherheit auf den öffentlichen Strassen gefährdet oder das Landschaftsbild verunstaltet wird[724].

Der Gesetzgeber ist in der Schaffung einer Bewilligungspflicht zwar nicht frei und darf das Einholen einer Polizeierlaubnis nur dann verlangen, wenn sich die Frage des behördlichen Eingreifens ernsthaft stellt[725]. Die bundesgerichtliche Rechtsprechung verlangt neben der gesetzlichen Grundlage als Voraussetzung für eine allgemeine Bewilligungspflicht das Vorliegen eines öffentlichen Interesses, die Einhaltung der Verhältnismässigkeit und die Be-

---

[722] Art. 54 Abs. 4 SSV (Fn 720).
[723] Art. 95 Abs. 4 SSV (Fn 720).
[724] Vgl. die Übersicht bei F. *Riklin*, Schweiz. Presserecht, Bern 1996, S. 99.
[725] VerwGer ZH in ZBl 75/1974 479: Lichtreklamen; *Imboden/Rhinow*, Verwaltungsrechtsprechung 11, Nr. 132 VII.

achtung der Rechtsgleichheit. Angesichts der übermässigen Beeinträchtigung, welche nach Zahl, Grösse und Ausgestaltung nicht proportionale Werbeanlagen für Verkehrssicherheit und Landschaftsbild darstellen, kann das öffentliche Interesse an einer rigorosen, präventiven Kontrolle nicht zweifelhaft sein. Polizeiliche Vorschriften dürfen überdies für den Ort der Gewerbeausübung gemacht werden[726] und damit auch für den Ort des Anbringen von Plakatträgern. Eine hierfür aufgestellte Bewilligungspflicht lässt sich zudem nach dem Grundsatz der Verhältnismässigkeit rechtfertigen[727], würde doch sonst die Kontrolle der polizeilichen Vorschriften übermässig erschwert und die nachträgliche Abänderung oder Beseitigung einer bereits aufgestellten Plakatwand oder einer eingerichteten Lichtreklame eine unverhältnismässige Belastung des Eigentümers und unter Umständen sogar eine Entschädigungspflicht des Staates mit sich bringen[728]. Die Frage der Rechtsgleichheit stellt sich allein im Zusammenhang mit dem Durchbrechen der allgemeinen Bewilligungspflicht. Solange die vorgesehenen Ausnahmen hierzu sachlich begründet sind, weil in tatsächlicher oder rechtlicher Hinsicht andere Verhältnisse nachgewiesen werden können, ist die Rechtsgleichheit nicht verletzt. Einzelne zulässige Ausnahmen werden weiter unten dargelegt. Eine allgemeine Bewilligungspflicht für Werbeeinrichtungen kennen beispielsweise die Kantone Bern[729] und Basel-Stadt[730], während der Kanton Zürich die Gemeinden dazu anhält, in Landschaftsschutzgebieten alle Vorkehren und Einrichtungen zu verbieten, welche das Landschaftsbild beeinträchtigen, und für Objekte des Ortsbild- und Denkmalschutzes auch Vorschriften über die Bewilligung und Beseitigung von Reklameeinrichtungen aufzustellen[731]. Von dieser Ermächtigung haben leider bis heute nur wenige Gemeinden Gebrauch gemacht.

Seit 1975 unterstehen endlich auch die Plakatständer auf Privatgrund in der Stadt Zürich der generellen Bewilligungspflicht, während für die Einrichtung von Lichtreklamen schon lange eine eigentliche Baubewilligung notwendig ist.

---

[726] *Marti,* Wirtschaftsfreiheit, S. 112.
[727] BGE 60/1934 I 271: Stadt Zug.
[728] Baudirektion ZH in ZR 18/1919 Nr. 71: Reklametafeln; RR ZH in ZBl 63/1962 536: Stadt Winterthur.
[729] § 22 ff. BE V über die Aussen- und Strassenreklame.
[730] § 46 BS V z. EG ZGB.
[731] § 21 Abs. 2 und § 25 Abs. 2 ZH Natur- und Heimatschutzverordnung (ZGS 702.11).

III. Besondere Vorschriften für einzelne Werbemedien

(2)   Bewilligungspflicht für Eigenwerbung?

Solange Fremdwerbung im oben beschriebenen Sinn definiert wird, ist eine allfällige auf diese beschränkte Bewilligungspflicht sachlich vertretbar und damit angängig[732].

Die Ladenschilder der Eigenwerbung sind auf das Gebäude des Gewerbetreibenden beschränkt und dienen weniger der Reklame als der Orientierung. Da sie eine wichtige Hinweisfunktion erfüllen und dem öffentlichen Informationsbedürfnis entsprechen, sind sie in einem Geschäftsviertel kaum wegzudenken. Erfahrungsgemäss beeinträchtigen sie die Verkehrssicherheit oder ein Ortsbild nur selten. Demgegenüber sucht die Fremdwerbung abseits des Geschäftslokals naturgemäss die auffallendsten Standorte aus und ist daher besonders geeignet, den Fahrzeuglenker abzulenken oder das ästhetische Empfinden zu verletzen[733].

(3)   Weitere Ausnahmen

Es ist sachlich vertretbar, dass Schilder unter einer gewissen Grösse nicht unter die Bewilligungspflicht fallen. So mag es sich rechtfertigen, unbeleuchtete Fassadenschilder zum Hinweis auf die ansässigen Betriebe und Personen von weniger als 0,5 m Höhe oder 0,5 m^2 Fläche von der Bewilligungspflicht auszunehmen, solange sie nicht von der Fassade abstehen oder nicht über die ganze Fassade wiederholt werden. Selbstverständlich können auch solche Reklamen nachträglich verboten und entfernt werden, wenn sie wider Erwarten den Verkehr oder das Ortsbild beeinträchtigen.

Selbst wenn alle von aussen wahrnehmbaren Werbemassnahmen unter den Begriff der Aussenwerbung subsumiert werden, wird aus praktischen Gründen jeweils die übliche Ausstattung von Schaufenstern und Schaukästen keiner Bewilligungspflicht unterworfen. Nicht nur muss der Aussteller frei sein, seine Auslagen kurzfristig abzuändern, sondern es könnten auch die Behörden mit dem steten Wechsel des Schaufensterinhaltes nicht Schritt halten. Werden jedoch Schaufenster nicht mehr zur Präsentation von Waren, sondern beispielsweise zum Bekleben mit Plakaten und Reklameaufschriften verwendet, liegt keine übliche Benutzung mehr vor. Solche Massnahmen

---

[732] Das EJPD hält den Verzicht auf eine Bewilligung vertretbar für Angebotstafeln bis 1,2 m^2 Fläche und bis zu 0,5 m Abstand von der Fassade sowie für unbeleuchtete Firmenanschriften bis 0,5 m^2 Fläche, die an der Fassade und parallel zu dieser angebracht sind (Weisungen v. 20.10.1982).
[733] A.M. *Saladin,* Recht auf Werbung, S. 281, 314.

bleiben daher der Bewilligungspflicht unterstellt und können entsprechend beanstandet werden[734].

Schliesslich soll auch das Anschlagen von Plakaten an den bewilligten Plakatanschlagstellen nicht einer nochmaligen Bewilligungspflicht unterworfen werden. Der Aufwand hierfür stünde in keinem sinnvollen Verhältnis mehr zum erstrebten Ziel.

d) Sachliche Einschränkungen

Für die Behörden stellt sich oft die Frage, ob sie mit der Bewilligung bestimmte Bedingungen für den Inhalt der Plakate verknüpfen darf.

Eine erste sachliche Beschränkung fand sich bereits im Rahmen der Konjunkturdämpfungsmassnahmen vorübergehend in der Verordnung über die Kleinkredite und Abzahlungsgeschäfte[735]. Danach durfte für Kredite, Abzahlungsgeschäfte, Kundenkonten, Kreditkarten und für die Miete beweglicher Sachen nicht mit öffentlichen Plakaten geworben werden[736]. Seit 1980 darf sodann für Spirituosen nicht mehr an Gebäuden, die öffentlichen Zwecken dienen, und auf deren Areale geworben werden[737].

Daneben wird gerne das Anliegen verfolgt, keine Aussenwerbung generell für alkoholische Getränke und für Tabak zuzulassen, während Plakate für andere Waren und Dienstleistungen ohne weiteres toleriert werden. Dieses Anliegen lässt sich auf direktem Weg nicht durchsetzen, da die Behörden das Aufstellen von Plakatträgern nur aus polizeilichen, nicht aber aus wirtschaftspolitischen Gründen verweigern können. Nachdem aber Plakate für Raucherwaren und alkoholische Getränke weder den Strassenverkehr noch das ästhetische Gefühl vermehrt beeinträchtigen, lässt sich der Inhalt der Aussenwerbung nicht durch polizeiliche Mittel beeinflussen. Indessen sollte es jedem Grundeigentümer und insbesondere einem Gemeinwesen als Eigentümer des öffentlichen Grundes freistehen, sein Eigentum nur unter den ihm zusagenden Bedingungen für die Aussenwerbung zur Verfügung zu stellen. Da die Inanspruchnahme des öffentlichen Grundes durch Plakate nicht bloss einen gesteigerten Gemeingebrauch, sondern eine Sondernutzung darstellt, kann das Gemeinwesen als Grundeigentümer diese Sondernutzung von sachlich begründeten Bedingungen abhängig machen, insbesondere darf

---

[734] VerwGer BS in BJM 1975 26: Reklamen in Vorgärten.
[735] AS 1973 88, 1974 235, aufgehoben in AS 1975 2420.
[736] Art. 1 lit. c Verordnung über die Kleinkredite und Abzahlungsgeschäfte (KAV, AS 1973 88; aufgehoben durch AS 1975 838, 2420).
[737] Art. 42b Abs. 3 lit. b BG über die gebrannten Wasser (Alkoholgesetz, SR 680).

der Zwecksetzung des öffentlichen Grundes Rechnung getragen werden[738]. Eine Gemeinde kann daher verlangen, dass auf öffentlichem Grund keine Werbung für Tabak und Alkohol betrieben wird, gehört doch die Aussenwerbung nicht zur Zwecksetzung des öffentlichen Grundes, noch kann das Aufstellen von Litfasssäulen und anderen Plakatanschlagstellen als Aufgabe des Gemeinwesens betrachtet werden.

Die Einschränkung der Werbung für Tabak- und Alkoholprodukte auf öffentlichem Grund ist zwar eine wirtschaftspolitische Massnahme, liegt aber im öffentlichen Interesse. Es würde kaum verstanden, wenn eine Gemeinde zulassen müsste, dass vor ihren Schulhäusern und Sportanlagen Plakate aufgehängt werden, welche zum Kauf von Zigaretten und Spirituosen animieren, und dass die öffentliche Hand einerseits jährlich Millionen für die Folgen des übermässigen Konsums von Tabak und Alkohol (Krebsforschung, Alkoholikerheime usw.) ausgeben muss, andererseits aber der schrankenlosen Absatzwerbung hierfür tatenlos zusehen müsste. Gestützt auf die Lebensmittelgesetzgebung[739] kann eine Behörde sogar Plakate für alkoholische Getränke auf Privatgrund vor Schulanlagen anderer öffentlicher Korporationen, z.B. Schulgemeinden, und vor privaten Schulhäusern verbieten, da sich derartige Reklamen nicht «speziell an Jugendliche unter 18 Jahren richten» dürfen. Dies wäre aber der Fall, wenn Bierplakate direkt beim Eingang zu Lokalen der Volksschule platziert würden.

e) Bedingungen und Auflagen an den Bewilligungsinhaber

Mit der Standortbewilligung können Bedingungen verknüpft werden, die sich auf den Unterhalt der Anlagen oder auf deren Wirkung beziehen. So kann verlangt werden, dass die Plakatträger sicher befestigt und stets in einwandfreiem Zustand gehalten werden, dass Plakate mit reflektierender oder lumineszierender Farbe nicht zugelassen werden, dass Leuchtplakate keine übermässige Leuchtintensität und keine grellen oder wechselnden Leuchteffekte aufweisen dürfen usw. Wird der Plakatanschlag einem Plakatanschlagunternehmer übertragen, wird er gewöhnlich auch verpflichtet, amtlichen und politischen Plakaten während einer beschränkten Zeit den Vorrang einzuräumen. Der Unternehmer kann auch gebeten werden, freiwillig und verbindlich auf jegliche direkte und indirekte Art von Reklamen und Plakaten für Tabak- und Alkoholprodukte zu verzichten; ein Druckmittel, solche frei-

---

[738] BGE 101/1975 Ia 477 = ZBl 77/1976 221: Prostituierte in Genf, VerwGer ZH in ZBl 80/1979: 227: Gde. Wallisellen.
[739] Art. 24 lit. a Lebensmittelverordnung (LMV, SR 817.02).

willige Verzichte für Plakatanschläge auf privatem Grund zu erlangen, gibt es freilich nicht.

f) Ausführungsvorschriften

Die Anlagen der Aussenwerbung unterstehen den üblichen Bauvorschriften. Plakatträger und andere Werbeeinrichtungen sind demgemäss jederzeit in gehörigem baulichem Zustand zu erhalten. Die Impressumspflicht für Plakate wurde 1998 aufgehoben[740].

Generell gilt für die Aussenwerbung, dass der Betrieb von Lautsprechern an Motorfahrzeugen untersagt ist[741]. Im Kanton Zürich können Ausnahmen durch das Polizeikommando, im Zusammenhang mit motor- und radsportlichen Veranstaltungen durch das Strassenverkehrsamt bewilligt werden. Der Betrieb von stationären Lautsprechern unterliegt gewöhnlich den Vorschriften der örtlichen Lärmschutz- oder Polizeiverordnung und dürfte in der Regel bewilligungspflichtig sein.

2. Einschränkungen aus verkehrspolizeilichen Gründen

Literatur: Manfred *Küng*, Strassenreklamen im Verkehrs- und Baurecht; mit besonderer Berücksichtigung der Bestimmungen und der Praxis in Stadt und Kanton Zürich, Diss. ZH 1990, Bern 1991.

a) Werbung an Autobahnen

Im Bereich von Autobahnen und Autostrassen, d.h. im Bereich von dem Motorfahrzeugverkehr vorbehaltenen Strassen[742], sind Reklamen und Ankündigungen nur nach Massgabe des Strassenverkehrsgesetzes zulässig; der Bundesrat hätte die Kompetenz, solche überhaupt zu untersagen[743]. Es ist jedoch Sache der Kantone, zu bestimmen, wann eine Werbung als im Bereich von Autobahnen und Autostrassen gelegen gilt. Dies hängt einerseits

---

[740] Vgl. die Neufassung von Art. 322 Abs. 2 Strafgesetzbuch (StGB, SR 311.0), AS 1998 852, 856.
[741] Art. 42 Abs. 2, 99 Ziff. 6 Strassenverkehrsgesetz (SVG, SR 741.01).
[742] Art. 1 Abs. 3 Verkehrsregelnverordnung (VRV, SR 741.11).
[743] Art. 53 Nationalstrassengesetz (NSG, SR 725.11); Art. 6 Abs. 2 Strassenverkehrsgesetz (SVG, SR 741.01); Art. 80 Abs. 6 Signalisationsverordnung (SSV, SR 741.21); einschränkend jedoch BGE 98/1972 Ib 341: Autobahnraststätte Fuchsberg-Nord.

davon ab, an wen sie sich richtet, anderseits aber auch von ihrer Grösse, Gestaltung und Distanz[744]. Unter diesem Gesichtspunkt können Aussenreklamen an Gebäuden nicht beanstandet werden, wenn sie sich vor allem an die Benützer einer anliegenden Sammelstrasse richten, daneben aber auch von einer Autobahn aus wahrgenommen werden können. Doch rechtfertigt sich an Nationalstrassen auch die Ausdehnung des Reklameverbots auf den Bereich der Rastplätze. Das Bundesgericht lässt hier allerdings Eigenreklamen für Tankstellen und Gaststätten zu, da sie wichtige Hinweisfunktion für Fahrzeuglenker erfüllen[745]. Das EDI hat in Empfehlungen festgehalten, dass für die Benzinmarke einzig ein beleuchtetes Markenzeichen im Flächenmass von max. 3 m^2 und für die Ölmarken eine Tafel von 1 m Höhe und 0.75 m Breite aufgestellt werden darf[746].

Das Bundesgericht beurteilt die dem Bundesrat übertragene Kompetenz als recht weit gefasst und räumt ihm einen weiten Ermessensspielraum ein[747]. Der Bundesrat lässt im Bereich von Autobahnen und Autostrassen einzig Firmenanschriften zu, die entweder als Fassadenanschrift oder als mindestens zehn Meter vom äusseren Rand des Pannenstreifens stehende Firmentafel ausgestaltet werden können. Sie dürfen selbstleuchtend oder angeleuchtet sein; je Fahrtrichtung ist nur eine Firmenanschrift zulässig[748].

b) Werbung und Strassensignale

Selbstverständlich geniessen im Bereich der öffentlichen Strassen die Verkehrssignale die Priorität. Dieser Bereich lässt sich nicht abstrakt eingrenzen, sondern geht jeweils so weit, als eine Reklame auf den Verkehrsteilnehmer zu wirken vermag. Da sich die Werbung den Verkehrssignalen unterzuordnen hat, dürfen in deren Nähe keine Reklamen oder Ankündigungen aufgestellt werden; Fahrbahn und Trottoir sind ausserhalb von Fussgängerzonen überhaupt den Markierungen vorbehalten und können für Werbeaufschriften nicht zur Verfügung gestellt werden[749]. Auch von Privaten aufgestellte Signale dürfen nicht durch Reklamen ergänzt werden, soweit sie von der öffentlichen Strasse aus sichtbar sind. Verboten ist somit der Hinweis auf einen Parkplatz zusammen mit einer Getränkereklame; höchstens der Name einer Gaststätte

---

[744] Vgl. *Saladin*, Recht auf Werbung, S. 278.
[745] BGE 98/1972 Ib 340.
[746] V des EDI vom 3. Dezember 1973 über Technische Richtlinien und Empfehlungen für den Bau und Betrieb von Nebenanlagen an Nationalstrassen.
[747] BGE 99/1973 Ib 384: Schöller-Plast.
[748] Art. 99 SSV (Fn 743).
[749] Art. 96 Abs. 2 SSV (Fn 743).

wird zugelassen[750]. Bildplakate dürfen nicht zu Verwechslungen mit Verkehrssignalen Anlass geben; das ausgezeichnete Plakat «Trink lieber Eptinger» (1947) mit dem zerbeulten Gefahrensignal wäre aufgrund der heutigen Bestimmungen[751] nicht mehr zulässig. Aber auch bestimmte Wörter, die für den Verkehr charakteristisch sind, wie z.B. das Wort «Stopp», dürfen in der Strassenreklame nicht herausgestrichen werden, da sonst die Gefahr einer Verwechslung entsteht und die Verkehrssicherheit gefährdet würde.

Werbung und Strassensignale sind streng zu trennen[752]. Werbeanlagen sollten daher wenigstens 50 m von Signalen entfernt aufgestellt sein; ausserorts ist überdies ein Abstand von mindestens 3 m zum Fahrbahnrand einzuhalten[753]. Die Praxis scheint für die Tafeln mit den Zeiten der örtlichen Gottesdienste Ausnahmen zuzulassen, obwohl gerade diese Tafeln, wenn überhaupt, nur eine verschwindend kleine Zahl von Automobilisten interessieren. Für die touristische Signalisation und Hotelwegweiser erlässt das UVEK zusätzliche Weisungen[754]. Für Betriebe, die einen grossen Verkehr ortskundiger Besucher aufweisen und schwer auffindbar sind, können auch Betriebswegweiser mit rotem Punkt aufgestellt werden. Da sie primär einem verkehrspolizeilichen Bedürfnis zu dienen haben, sind sie nur bei der letzten Verzweigung innerhalb einer Ortschaft oder Industriezone anzubringen.

Aus einem unerfindlichen Grund sind auf Passstrassen unter der Hinweistafel «Telephon» irgendwelche Reklamen zulässig, solange sie höchstens einen Drittel der Signalfläche einnehmen[755]. Es ist aber nicht einzusehen, warum hier eine Ankündigung weniger ablenken oder weniger mit einem Strassensignal verwechselt werden soll als bei den übrigen Signalen.

c) Ablenkende Werbung

Werbeeinrichtungen dürfen die Verkehrssicherheit nicht einmal potenziell gefährden[756]. Ob Reklamen den Strassenverkehr gefährden, ist ausschliesslich nach Bundesrecht zu beurteilen, wobei ein strenger Massstab anzulegen ist[757]. Sie sind an unübersichtlichen Stellen generell verboten[758], besonders in

---

[750] Art. 96 Abs. 1 lit. d SSV (Fn 743).
[751] Art. 6 Abs. 1 SVG (Fn 743); Art. 96 Abs. 1 SSV (Fn 743).
[752] RR ZH in ZBl 57/1956 303: Gde. Horgen.
[753] Art. 97 Abs. 2 und 98 Abs. 5 SSV (Fn 743).
[754] Art. 54 Abs. 9 SSV (Fn 743).
[755] Art. 96 Abs. 1 lit. d SSV (Fn 743).
[756] BGE 99/1973 Ib 379; BGer in ZR 76/1977 Nr. 86 S. 227: Leuchtkasten Löwenbräu.
[757] BGer in SJZ 71/1975 181 Nr. 89: Kt. Tessin.
[758] Art. 96 Abs. 1 lit. a SSV (Fn 743).

Kurven, wenn sie bei deren Befahren direkt in das Gesichtsfeld des Strassenbenützers geraten. Indessen kann auch an solchen Stellen Eigenwerbung nicht schlechthin unterdrückt werden, ist doch die Kennzeichnung eines dort stehenden Betriebes ein legitimes Bedürfnis. Immerhin darf keine Ankündigung übermässig ablenken[759], so dass sie weder blenden noch durch Bewegung oder wechselnde Lichteffekte wirken soll.

Auch retroreflektierende, fluoreszierende oder lumineszierende Farben dürfen nicht verwendet werden; ebenso sind blendende, blinkende oder sich bewegende Reklamen untersagt[760]. Selbstleuchtende oder angeleuchtete Ankündigungen sind innerorts zulässig, falls sie nicht die Erkennbarkeit von Fussgängern in gefährlichem Masse beeinträchtigen[761]. Indessen können nicht nur Art und Ort der einzelnen Werbeanlage eine Verkehrsgefährdung bedeuten, sondern auch deren Häufigkeit. Je intensiver die Werbung betrieben wird, desto ablenkender ist sie. Untersagt ist daher jede dichte Folge von Ankündigungen, insbesondere Kettenreklame, aber auch die übermässig grosse und aussergewöhnlich auffallende Werbeanlage[762]. Unzulässig sind somit auch Reklamen, die über die Fahrbahn gespannt (Transparente, Girlanden), auf Überführungen angebracht sind oder auch nur in den Luftraum der Fahrbahn hineinragen[763]. Der Luftraum von Gehwegen ist wenigstens auf eine Höhe von 2,50 m freizuhalten.

Das EJPD hält in Weisungen an die Kantone über Strassenreklamen fest, dass die Schrifthöhe innerorts 2 m, ausserorts 3,5 m nicht übersteigen soll. Freistehende Strassenreklamen dürfen höchstens 7 m^2 Reklamefläche (ohne Rahmen) aufweisen, Baureklamen und temporäre Reklamen für Veranstaltungen von lokaler oder regionaler Bedeutung dürfen eine Reklamefläche von 9 m^2, solche von überregionaler oder nationaler Bedeutung sogar eine solche von 12 m^2 aufweisen; die Sponsorfläche darf dabei nicht überwiegen[764].

d) Werbung an Gebäuden

Besondere Zurückhaltung ist bei Dachreklamen angebracht, da deren Häufung das Ortsbild ausserordentlich stark beeinträchtigt[765]. Bei Einkaufszent-

---

[759] RR ZH in ZBl 57/1956 303: Gde. Horgen.
[760] Art. 96 Abs. 1 lit. e, f und g SSV (Fn 743).
[761] Art. 96 Abs. 1 lit. h und Art. 97 Abs. 1 SSV (Fn 743).
[762] Art. 80 Abs. 5 SSV (Fn 743).
[763] Art. 96 Abs. 1 lit. b und c sowie Abs. 3 SSV (Fn 743).
[764] Art. 96 Abs. 5 SSV (Fn 743); Weisungen des EJPD vom 20.10.1982.
[765] BGer in ZBl 60/1959 365: Dachreklame SO; SG GVP 1956 176: Philips.

ren und Hochhäusern besteht ein Anspruch auf Eigenreklamen an Aussenfassaden höchstens für jene Betriebe, die darin über die grössten Verkaufsflächen verfügen[766]. Trägt das Gebäude einen Geschäftsnamen, so soll er anstelle der Reklamen treten[767].

Reklamen auf quer zur Fassade stehenden Tafeln und Schildern werden zugelassen, sofern die Grösse des Gebäudes und die Bedeutung des Betriebes dies rechtfertigen. Ebenfalls ist gegen die Vergrösserung der Schaufensterfläche nach oben durch Tafeln und Schilder nichts einzuwenden.

Fremdreklamen werden in der Regel nur auf Bahnhöfen und Stationen der Verkehrsbetriebe, unter Umständen auch auf Sportplätzen bewilligt. Fremdreklamen sind auch Werbetafeln für Biermarken oder Kamerafilme, wenn diese in den betreffenden Lokalitäten nur verkauft werden, deren Hersteller dort aber kein eigenes Geschäft unterhält[768]. Baureklamen kann entsprochen werden, wenn sie die Aufmerksamkeit des Strassenbenützers nicht übermässig beanspruchen. Sie sollten daher parallel zur Fahrbahn stehen.

e) **Tankstellen**

Für Tankstellen hat die Vereinigung Schweizerischer Strassenfachleute (VSS) im November 1988 das Normblatt SNV 640 625c beschlossen, das vom EJPD genehmigt und als generell anwendbar erklärt worden ist[769]. Ein solcher Verweis auf Normen von unabhängigen Fachleuten ist rechtsstaatlich nicht ganz unbedenklich[770].

Die Vereinigung Schweizerischer Strassenfachleute sieht vor, dass pro Tankstelle höchstens mit einer Treibstoffmarke, den Preisangaben und sechs akzeptierten Kreditkarten auf den zufliessenden Verkehr geworben werden dürfe. Für andere Reklamen, insbesondere auch Hinweise auf weitere Dienstleistungen (Kiosk usw.), gelten die allgemeinen Reklamevorschriften der Strassensignalisationsverordnung. Die Kantone gehen zum Teil noch weiter und gestatten ausser der Zweckbezeichnung nur die Firmenreklame des Treibstofflieferanten.

---

[766] RR AG in ZBl 78/1977 142 = AGVE 1976 511 Nr. 11: Cardinal Bier.
[767] Art. 96 Abs. 6 SSV (Fn 743).
[768] RR AG in ZBl 78/1977 142 = AGVE 1976 511 Nr. 11: Cardinal Bier.
[769] Gestützt auf Art. 115 Abs. 2 SSV (Fn 743); Weisung des EJPD vom 18.8.1989 über die Normung von Signalen, Markierungen und Leiteinrichtungen im Strassenverkehr sowie von Strassenreklamen bei Tankstellen, BBl 1989 III 359.
[770] Vgl. *Huber* in ZBJV 98/1962 348, *Saladin* in ZSR 82/1963 I 438; a.A. BGE 105/1979 IV 268.

III. Besondere Vorschriften für einzelne Werbemedien

Das Bundesgericht hat eine kantonale Beschränkung der Werbung an Tankstellen auf je eine Werbeeinrichtung für die vertretene Benzin- und Automarke als zulässig erklärt[771]. Dieser Entscheid wurde dahingehend kritisiert, dass zwar die Beschränkung der Zahl der Werbeeinrichtungen aus verkehrspolizeilichen Gründen vor Art. 31 BV haltbar sei, nicht aber die Beschränkung des Inhaltes[772]. Der Kritik ist grundsätzlich zuzustimmen, da aus gewerbepolizeilichen Gründen allein die ablenkende, nicht aber die missliebige Werbung verboten werden kann. Man kann sich sogar auf den Standpunkt stellen, dass bei der heutigen Kompatibilität der Treib- und Schmierstoffe für den Autofahrer weniger die benützte Marke als vielmehr der Benzinpreis und der angebotene Service von Interesse sind. Damit sind jene Vorschriften unhaltbar, die allein die Ankündigung einer Treibstoffmarke zulassen wollen. Es ist im Gegenteil jeweils unter Berücksichtigung des Gesamteindruckes zu prüfen, ob die beabsichtigten Werbemassnahmen ablenkend sind oder nicht. Fixe Normen können dabei als Richtlinien zu Hilfe gezogen, nicht aber ein für alle Male als massgebend erklärt werden[773].

f) Entscheide über die Zulässigkeit

Über die Zulässigkeit von Strassenreklamen entscheiden die von den Kantonen bezeichneten Behörden, im Kanton Zürich beispielsweise die Statthalterämter für Staats- und Gemeindestrassen und die Direktion für Soziales und Sicherheit für Autobahnen und Autostrassen[774]. Soweit diese die Aussenwerbung nicht einer generellen Bewilligungspflicht unterstellt haben, haben sie auf Gesuch hin einen Vorentscheid über die strassenverkehrsrechtliche Zulässigkeit einer beabsichtigten Strassenreklame zu treffen. Erweist sich eine Werbeeinrichtung, die ohne behördliche Zustimmung errichtet wurde, nachträglich als vorschriftswidrig, muss sie wieder entfernt werden. Geschieht dies auf Belehrung hin nicht freiwillig, muss die Behörde die Entfernung durch einen Beschluss unter Androhung von Haft oder Busse wegen Ungehorsams im Sinne von Art. 292 StGB anordnen. Notfalls können solche Einrichtungen auch auf Kosten des Verpflichteten durch die Behörden beseitigt werden[775].

---

[771] BGE 87/1961 I 351: Valvoline.
[772] VerwGer BE in ZBl 67/1966 292: Reklamen bei Tankstellen.
[773] In diesem Sinne auch *Saladin*, Recht auf Werbung, S. 283 f.
[774] § 18 ZH Kantonale Signalisationsverordnung vom 12.11.1980 (ZSG 741.2).
[775] Art. 81 Signalisationsverordnung (SSV, SR 741.21).

3. Einschränkungen aus ästhetischen Gründen

Literatur: Theodor *Bühler,* Der Natur- und Heimatschutz nach schweizerischen Rechten, Zürich 1973; Carlos *Lema Devesa,* Aussenwerbung und Landschaftsschutz im spanischen, amerikanischen und schweizerischen Recht, GRUR Int 1981 25–30.

a) Grundlagen

Das Wort Plakat hängt mit dem deutschen Ausdruck «Placken» (= Fleck) zusammen. Es könnte daher nicht besser zum Ausdruck bringen, dass Plakate oft als störende Fremdkörper empfunden werden. In Zeiten, wo dem Landschaftsschutz wiederum ein erhöhter Stellenwert beigemessen wird, mangelt es daher nicht an Versuchen, die Aussenwerbung aus ästhetischen Gründen zu untersagen. Art. 702 ZGB überlässt es Bund, Kantonen und Gemeinden, Beschränkungen des Grundeigentums «zum allgemeinen Wohl» aufzustellen, wie namentlich die Sicherung der Landschaft vor Verunstaltung. In Übereinstimmung damit erklärt Art. 78 Abs. 1 der Bundesverfassung den Natur- und Heimatschutz zur Sache der Kantone.

Der Hinweis auf das allgemeine Wohl ist identisch mit dem öffentlichen Interesse[776]. Darunter sind alle dringend erwünschten, zweckmässigen Massnahmen zu verstehen, hinter denen billigerweise das private Interesse an der Unverletzlichkeit des Grundeigentums zurückzustehen hat. Namentlich ist das öffentliche Interesse nicht nur gefährdet, wenn zusammenhängende Landschaften verunstaltet werden, sondern schon dann, wenn einzelne einen einheitlichen Anblick bietende Landschaftsbilder, wie etwa ein See- oder Flussufer, ein Weiher mit Umgelände, eine Berg- oder Hügelkuppe[777], gestört oder wenn Baudenkmäler und andere Bauten von historischer oder künstlerischer Bedeutung beeinträchtigt werden. Das Bundesgericht hat mit wenig Erfolg versucht, den Begriff der Verunstaltung näher zu definieren. Es verlangt eine erheblich ungünstige Wirkung auf das Landschaftsbild; ein blosses «nicht verschönern» oder «leicht beeinträchtigen» genügt nicht[778]. Die Kantone sind jedoch nicht gehalten, einzig verunstaltende Eingriffe in die Landschaft zu verhindern. Da Art. 702 ZGB die Gründe des allgemeinen Wohls nicht abschliessend aufzählt, sind die Kantone frei, entweder selbst oder durch entsprechende Ermächtigung der Gemeinden alle natürlichen Land-

---

[776] BGE 98/1972 Ia 47 E. 2c: Quartierstrasse Meggen; zustimmend ZGB-Rey, Art. 702 N. 8.
[777] BGE 90/1964 I 341: Sempachersee.
[778] BGE 90/1964 I 342: Sempachersee, 82/1956 I 107 f.: Chalet in Füllinsdorf; BGer in ZBl 65/1964 537: Warenautomat.

schafts- als auch Ortsbilder, wie insbesondere einzelne Plätze, Strassen und Bauwerke, vor jeglicher Beeinträchtigung zu schützen[779]. Als unzulässig können daher Reklamen erklärt werden, die infolge ihrer Grösse, Ausführung, Farbe, Wirkung und Häufung in keinem tragbaren Verhältnis zur Örtlichkeit ihres Standortes stehen, die den besonderen Charakter einer Liegenschaft oder deren Umgebung verändern oder sich nicht dem Landschafts- oder Ortschaftsbild unterordnen. Im Besonderen dürften Plakatanschlagstellen ausserorts und auf Parkanlagen und Grünflächen immer störend wirken.

Je nach dem Grad der Schutzwürdigkeit eines Orts- oder Landschaftsbildes können Werbevorrichtungen entweder völlig untersagt werden oder nur dann, wenn sie das erhaltenswerte Objekt nachteilig beeinflussen[780]. Das zum Schutze des Orts- und Strassenbildes erlassene Verbot, Plakate und Reklametafeln an beliebigen Stellen anzubringen, stellt keine materielle Enteignung dar und löst daher keine Entschädigungspflicht des Gemeinwesens aus[781]. Eine Beeinträchtigung kann indessen auch vorliegen, wenn zwar eine einzelne Vorrichtung oder ein einzelner Anschlag für sich allein nicht zu beanstanden wäre, aber in deren Häufung eine Gefährdung des Landschafts- oder Ortsbildes läge[782]. Das Bundesgericht hat wiederholt erkannt, dass die behördliche Praxis des «Wehret den Anfängen» aus Gründen der Rechtsgleichheit nicht willkürlich sei und darüber hinaus sogar einer freien Überprüfung standhalte[783]. Zu Recht hat daher der Kanton Basel-Stadt Fremdreklamen in Vorgärten generell verboten, da diese als städtebaulich erwünschte Grünflächen zu erhalten sind[784].

b) Plakatmonopol der öffentlichen Hand

Das Bundesgericht hat anerkannt, dass die Sicherung des Landschafts- und Ortsbildes vor Verunstaltung einer Gemeinde erlaube, die ausschliessliche Befugnis zum Anschlag an den Plakatanschlagstellen im öffentlichen Eigentum und an solchem in Anspruch zu nehmen, über welche ihr kraft einer Vereinbarung mit dem Grundeigentümer die Verfügung zustehe. Das Willkürverbot verpflichtet die Gemeinden nicht, anderen die Benützung solcher

---

[779] BGE 94/1968 I 57: Eigental in Zürich; RR ZH in ZBl 61/1962 535: Gde. Wallisellen.
[780] RR ZH in ZBl 57/1956 457: Gasthofreklame.
[781] BGE 60/1934 I 271: Stadt Zug; zustimmend *Meier-Hayoz*, Berner Kommentar, Systematischer Teil zum Eigentum, N. 250bis f.
[782] Vgl. z.B. RR ZH in ZBl 57/1956 370 E. 2b: Nähmaschinenmodell.
[783] BGE 87/1961 I 352: Lichtreklame, 89/1963 I 477 und 90/1964 I 342: Hemmental SH, BGer in ZBl 32/1931 464: Plakatwesen Bülach, BGer in ZBl 80/1979 265: Landschaftsschutz GL.
[784] VerwGer BS in BJM 1975 211: Reklame in Vorgärten.

Anschlagstellen zu gestatten[785]. Die Gemeinde kann solchermassen ein faktisches Monopol begründen und dieses durch Konzession an Plakatanschlagunternehmer übertragen. Immerhin ist daran zu erinnern, dass Kantone und Gemeinden Monopole nur in dem Umfange schaffen dürfen, als die Kantonsverfassung oder die kantonalen Gesetze das Monopol als autonome Aufgabe nicht ausschliessen. Die gesetzliche Grundlage eines beanspruchten Monopols kann deshalb auch in der autonomen Rechtsetzungsbefugnis der Gemeinde liegen[786]. Dies ist beispielsweise für die zürcherische Gemeinde Bassersdorf[787] sowie für die Kantonshauptstädte Zug[788], Basel[789] und Lausanne[790] bejaht worden. Im Kanton Luzern sind die Gemeinden sogar ausdrücklich zur Ausübung des Plakatmonopols ermächtigt[791].

Das Bundesgericht hat sogar bestätigt, dass verfassungsrechtlich nichts entgegensteht, wenn eine Gemeinde das ihr vorbehaltene Recht zum Plakatanschlag ausschliesslich an eine einzelne Privatperson oder Gesellschaft zur Ausübung übertrage, so dass diese in den Genuss eines Rechtsmonopols gelangt[792]. Denn abgesehen davon, dass bei mehreren Anschlagsberechtigten Streitigkeiten über die Benützung der verschiedenen, naturgemäss nicht gleichwertigen Anschlagstellen unvermeidlich und schwierig zu schlichten wären, vermöchte auch eine solche konkurrierende Benützung nicht dieselbe Gewähr für eine nach einheitlichen Grundsätzen erfolgende und dem Schutze des Ortsbildes möglichst Rechnung tragende Verteilung der Anschläge zu bieten wie das Vorhandensein nur eines Konzessionärs[793]. Zudem bedeutet die Benutzung des öffentlichen Grundes zu privaten Werbezwecken eine Sondernutzung, auf die niemand einen Rechtsanspruch erheben kann[794]. Will man jedoch schon nur einen einzigen Plakatanschlager zulassen, so wäre auch zu fordern, dass die Alleinkonzession öffentlich zur Submission ausgeschrieben wird, damit die Bewerber gleiche Chancen bei der Vergebung ha-

---

[785] BGer in ZBl 32/1931 467: Plakatwesen Bülach, bestätigt von BGer in ZBl 50/1949 593: Reklamefahrzeuge; ebenso BGE 100/1974 Ia 450: Stadt Lausanne, a.A. VerwGer ZH ZBl 80/1979 229: Gde. Wallisellen.
[786] BGer in ZBl 61/1960 164: Kirschenfliegenbekämpfung SO.
[787] RR ZH in ZBl 31/1930 437 und BGer in ZBl 32/1931 466: Plakatwesen Bülach.
[788] BGE 60/1934 I 271: Stadt Zug.
[789] RR BS in ZBl 29/1928 114: Reklame-Personenwaage.
[790] BGE 100/1974 Ia 450: Stadt Lausanne, kritisiert in ZBJV 113/1977 37 und von *Müller/Müller*, Grundrechte, BT, Bern 1985, S. 334 Fn 113.
[791] *Saladin*, Recht auf Werbung, S. 341 N. 57.
[792] BGE 60/1934 I 277: Stadt Zug, 100/1974 Ia 450: Stadt Lausanne; BGer in ZBl 32/1931 467: Plakatwesen Bülach; a.A. VerwGer ZH in ZBl 80/1979 229: Gde. Wallisellen.
[793] BGer in ZBl 32/1931 468: Plakatwesen Bülach.
[794] BGE 99/1973 Ia 398: Taxihalterbewilligungen BS; BJM 1975 213.

ben. In diesem Sinne sind die in einzelnen «Pachtverträgen» über die Verleihung einer ausschliesslichen Konzession enthaltenen Bestimmungen unhaltbar, wonach bei Neuverpachtung der bisherige Pächter von der Gemeinde über die Konditionen allfälliger Gegenofferten zu unterrichten sei.

Als Gegenleistung wird vom Konzessionär neben einer angemessenen Gebühr manchmal verlangt, dass alle Plakate vor dem Anschlag zur Zensur vorgelegt, dass Plakate des Gemeinwesens jederzeit und unentgeltlich angeschlagen werden müssen, dass der Plakatanschlag im Übrigen allen Werbung Treibenden zu gleichen Bedingungen zu offerieren und dass der Tarif zur Genehmigung vorzulegen sei. In den zürcherischen Landgemeinden hat sich die Übung herausgebildet, für Plakate auf öffentlichem Grund eine Gebühr von ca. CHF 25, für solche auf privatem Grund eine Gebühr von ca. CHF 15 pro Plakat und Jahr zu verlangen.

c) Ausnahmen vom Plakatmonopol

Vernünftigerweise sind von einer ausschliesslichen Konzession zum Plakatanschlag immerhin jene Reklamen auszunehmen, für welche dem Werbenden der Umweg über einen Alleinkonzessionär nicht zuzumuten ist. Hierzu gehören vor allem die so genannten temporären Reklamen. Unter diesen Begriff fallen die Baureklamen, d.h. die in der Regel auf einer Reklamewand zusammengefassten Firmentafeln der an einem Bau beteiligten Firmen, aber auch die örtliche Ankündigung von besonderen Verkaufsangeboten oder die vorübergehenden Anschläge von Kleinplakaten ortsansässiger und regionaler Organisationen und Vereine für gesellschaftliche oder sportliche Anlässe, Ausstellungen und dergleichen. Gerade diese Werbung Treibenden sind darauf angewiesen, ihre Propaganda rasch und einfach anschlagen zu können. Indessen können selbstverständlich auch sie einer Bewilligungspflicht unterworfen und bezüglich Ausgestaltung, Standort und Grösse Schranken gesetzt werden. Mit der Bewilligung wird vorzugsweise die Bedingung verbunden, dass bestimmte öffentliche Einrichtungen[795] nicht zum Anschlag benutzt werden dürfen, dass für die Befestigung weder Leim noch Kleister verwendet werden darf, dass vor dem Anschlagen das Einverständnis des privaten Grundeigentümers eingeholt werden muss, dass eine bestimmte Höchstzahl von Anschlägen pro Strasse oder Quartier nicht überschritten werden darf und dass der Veranstalter verpflichtet ist, die Anschläge unverzüglich nach dem Anlass restlos und sauber zu entfernen, unter Androhung der Ersatzvornahme durch das Gemeinwesen auf Kosten des Veranstalters.

---

[795] Z.B. Kandelaber, Hochkamine, Brücken, Überführungen, Signalträger usw.

Da auch bei einer rigoros gehandhabten Bewilligungspflicht immer wieder mit dem heimlichen Anschlag nicht bewilligter Plakate zu rechnen ist, wobei die Schuldigen kaum je ermittelt werden können, rechtfertigt sich in den Allgemeinen Polizeiverordnungen eine Bestimmung, wonach bei Nichtermittlung der Täter auch juristische Personen als Schuldige gebüsst werden können. Solche Bestimmungen sind nicht willkürlich[796].

4. Einschränkungen aus sprachlichen Gründen

Literatur: Fritz *Fleiner,* Ein tessinisches Sprachendekret, ZBl 31/1930 385–389.

Die Wirtschaftsfreiheit darf zur Erhaltung der sprachlichen Eigenart dahingehend eingeschränkt werden, dass werbende Angaben entweder nur in der Ortssprache oder in der Ortssprache, begleitet von einer in kleinerer Schrift gehaltenen Übersetzung in eine Verkehrssprache, erfolgen dürfen. Die Behörden sind frei, diese Vorschriften entweder auf alle Anschriften einschliesslich Auslagen, Menükarten etc. anzuwenden oder sie nur auf Aussenwerbung einer bestimmten Grösse anwendbar zu erklären. Der Kanton Tessin wählte die erste Variante, die Gemeinde Disentis/Mustér die zweite, indem sie die obligatorische Verwendung der romanischen Sprache auf Reklameanlagen und Gebäudeanschriften beschränkte. Das Bundesgericht erklärte diese Bestimmung als verfassungsmässig[797].

Somit ist grundsätzlich nichts dagegen einzuwenden, wenn sich die Bestimmungen zur Verwendung der Ortssprache auf die Aussenwerbung beschränken, da diese am ehesten auffällt und den Charakter eines Ortes schon von weitem prägt. Der Schutz der sprachlichen Eigenart wird weit weniger beeinträchtigt, wenn Verkehrssprachen nur in Auslagen und auf kleinformatigen Firmentafeln, nicht aber auf Reklameanlagen zugelassen werden.

5. Bewegliche Reklame

a) Werbung durch Fussgänger

Werbung durch Fussgänger wird im wirtschaftlichen Bereich von der Wirtschaftsfreiheit, im religiösen Bereich von der Glaubensfreiheit beherrscht.

---

[796] BGE 101/1975 Ia 110: Ligue marxiste révolutionnaire.
[797] BGE 116/1990 Ia 350 E. 5: Bar Amici, BGer in SMI 1993 266 E. 4: Turitg Segiradas.

Da die Methoden zur Bewerbung von kommerziellen Produkten und Dienstleistungen vom Lauterkeitsrecht abschliessend geregelt werden, dürfen die Kantone höchstens noch Bestimmungen zum Anwerben von Mitgliedern durch Organisationen ideeller Natur aufstellen; in jedem Fall kann ein Kanton seine Polizeiorgane ermächtigen, Anwerbende von einzelnen Orten oder generell wegzuweisen, wenn Anzeichen dafür bestehen, dass Passanten in unzumutbarer Weise belästigt werden[798].

Der bewilligungsfreie Gemeingebrauch von öffentlichen Strassen und Plätzen richtet sich in erster Linie nach deren Zweckbestimmung. Strassen sind gewöhnlich dem Verkehr unter Einschluss des kurzfristigen Abstellens von Fahrzeugen gewidmet, Plätze und Anlagen oft auch dem geruhsamen Verweilen und Zirkulieren, aber auch der zwischenmenschlichen Kommunikation. Ein bewilligungsfreier Gemeingebrauch liegt vor, wenn die Benützungsform durch den Hauptzweck gedeckt oder diesen zum Mindesten nicht beeinträchtigt und keine Kontrolle oder geregelte Überwachung erfordert[799]. Diese Voraussetzungen treffen für das Verteilen von Flugblättern ideellen und politischen Inhalts auf Trottoirs und weiteren Fussgängerbereichen[800] sowie möglicherweise noch bei der Strassenprostitution[801] und den Sandwich-Männern zu. Doch kann das Sammeln von Unterschriften für Initiativen, Referenden und Petitionen auf öffentlichem Grund auch ohne gesetzliche Grundlage zum Zwecke der Rotation zeitlich befristet werden[802]. Ebenso dürfen das Aufstellen von Informationsständen der Bewilligungspflicht unterstellt[803] und Auflagen bezüglich der an solchen Ständen abzugebenden Flugblätter gemacht werden[804]. Dagegen sind generelle Verbote zur Benützung von Lautsprechern vor Wahlen und Abstimmungen unverhältnismässig[805].

Anders liegen die Verhältnisse bei der kommerziellen Werbung. Reklame durch Reiter und Flugblattverteiler kann das Gemeinwesen einer Bewilligungspflicht unterstellen und die Bewilligung von bestimmten Bedingungen und Auflagen abhängig machen. Auch ist selbstverständlich, dass der Strassenverkehr gegenüber der kommerziellen Werbung die Priorität hat, weshalb

---

[798] BGE 125/1999 I 377: Scientology Kirche BS.
[799] *Grisel,* Droit administratif suisse, S. 298; zu den Regelungen für Flugblätter vgl. hinten S. 213 ff.
[800] BGE 96/1970 I 590: Aleinick; VerwGer AG in ZBl 77/1976 42: Verteilen von Flugblättern.
[801] BGE 101/1975 Ia 477: Prostituierte GE.
[802] BGE 102/1976 Ia 59: Stadt Zürich.
[803] BGE 105/1979 Ia 94: AKW-Gegner Schaffhausen.
[804] BGE 105/1979 Ia 22: Gösgen, wir kommen wieder.
[805] BGE 107/1981 Ia 68: POB.

beispielsweise Werbeveranstaltungen mit Tieren verboten und solche mit Fussgängern auf das Trottoirgebiet verwiesen werden können. Den Reklameträgern kann zur Verhütung übermässiger Ansammlungen untersagt werden, Megaphone und Verstärkeranlagen[806] sowie Musik- und Lärminstrumente zu verwenden, Werbeparolen auszurufen, stehen zu bleiben und Geschäftsempfehlungen, Werbeartikel usw. zu verteilen, insbesondere an Autofahrer[807]. Selbstverständlich kann auch die Zahl der Reklameträger oder deren Alter (keine schulpflichtigen Kinder) beschränkt werden.

Nach der Rechtsprechung des Bundesgerichtes können sich Marktteilnehmer, die öffentlichen Grund gesteigert in Gebrauch nehmen, um darauf eine entgeltliche berufliche Tätigkeit auszuüben oder hierfür zu werben, in dem Masse auf die Wirtschaftsfreiheit berufen, als die Zwecksetzung des öffentlichen Grundes dies zulässt[808]. Die Benützung des öffentlichen Grundes darf daher nicht nach wirtschaftspolitischen Gesichtspunkten geordnet werden; Einschränkungen haben den Grundsatz der Verhältnismässigkeit zu wahren[809].

b) Werbung mit Tieren

Das Verwenden von Tieren zur Werbung sowie zu Werbeaufnahmen ist verboten, wenn damit für das Tier offensichtlich Schmerzen, Leiden oder Schäden verbunden sind. Werbemassnahmen, bei denen mittels lebenden Tieren Aufmerksamkeit erregt wird, sind daher bewilligungspflichtig[810]. Bewilligungsbehörde ist der Kanton (Kantonstierarzt); das Gesuch ist vom Veranstalter unter Nennung von Art und Zahl der Tiere und der Dauer ihrer Verwendung einzureichen. Die Bewilligung muss erteilt werden, wenn gesichert ist, dass die Tiere nicht leiden und keinen Schaden nehmen können; sie wird jedoch befristet[811]. Leiden und Schäden können in der Regel ausgeschlossen werden, wenn die Tiere von einem Tierpfleger mit Fähigkeitsausweis oder einer anderen Person begleitet werden, die über ausreichende Kenntnisse in der Haltung der betreffenden Tiere verfügt.

---

[806] BGE 97/1971 I 897: Küpfer, 100/1974 Ia 405: Komitee für Indochina, 109/1983 Ia 211: Groupe Action Prison.
[807] Vgl. z.B. Art. 20 und 21 Zch. V über die Benützung des öffentlichen Grundes zu Sonderzwecken vom 16.6.1972 (VBöGS).
[808] BGE 101/1975 Ia 480: Prostituierte GE, 105/1979 Ia 95: Standaktion SH.
[809] BGE 105/1979 Ia 2: Gösgen, wir kommen wieder, 109/1983 Ia 211: Groupe Action Prison.
[810] Art. 8 Abs. 1 Tierschutzgesetz (TSchG, SR 455).
[811] Art. 46, Art. 47 Abs. 3 und Art. 48 Abs. 2 Tierschutzverordnung (TSchV, SR 455.1).

c) Demonstrationen und Prozessionen

Literatur: A. *Rhinow,* Die bundesgerichtliche Praxis der Demonstrationsfreiheit, ZBl 72/1971 33–38, 57–57; Jürg *Bosshart,* Demonstrationen auf öffentlichem Grund, verfassungs- und verwaltungsrechtliche Aspekte zum Problem der Demonstrationsfreiheit, Diss. ZH 1973; René Fritz *Falb,* Demonstrationen und Strafrecht, ZStrR 91/1975 231–304; Giorgio *Malinverni,* L'exercice des libertés sur le domaine public, in: Mélanges André Grisel, Neuchâtel 1983, S. 145–159; Urs *Saxer,* Die Grundrechte und die Benutzung öffentlicher Strassen, Diss. ZH 1988; Tobias *Jaag,* Gemeingebrauch und Sondernutzung öffentlicher Sachen, ZBl 93/1992 145–168.

Geht es um kulturelle oder politische Propaganda (Prozessionen und Demonstrationen), braucht die Priorität des Verkehrs nicht mehr als Axiom hingenommen zu werden. Der Begriff der Demonstration kann dabei nicht weit genug gefasst werden und umfasst jede durch die besondere Art und Weise des Auftretens in der Öffentlichkeit erfolgende Meinungsäusserung[812]. Zwar verneint die Rechtsprechung ausserhalb der Versammlungsfreiheit[813] das Bestehen einer besonderen, durch ungeschriebenes Verfassungsrecht gewährleisteten Demonstrationsfreiheit[814] oder eines verfassungsmässigen Rechts auf freie politische Propaganda[815]. Andererseits hat das Bundesgericht die Frage, ob in der verfassungsmässigen Glaubens- und Kultusfreiheit ein Recht auf die Benützung öffentlicher Strassen und Plätze für Prozessionen enthalten ist, grundsätzlich bejaht[816]. Ein Rechtsstaat ist denn auch darauf angewiesen, dass die Meinungsbildung, namentlich auch die politische, möglichst umfassend erfolgt, und zwar auch unter Einbezug von Strassentheatern, Umzügen und Demonstrationen, welche auf und von öffentlichen Strassen und Plätzen aus gesehen und gehört werden können[817]. Doch darf die Benützung des öffentlichen Grundes für politische Zwecke, wenn sie über den Gemeingebrauch hinaus geht, einer Bewilligungspflicht unterstellt werden[818]. Doch müssen allfällige verkehrspolizeiliche Gründe schon sehr gewichtig sein, wenn ihretwegen eine Demonstration verboten werden soll. Ein generelles Demonstrationsverbot aus verkehrspolizeilichen Gründen mag höchstens für Fussgängerunterführungen gerechtfertigt sein[819]. Viel eher

---

[812] Gutachten Justizabt. EJPD in VPB 35/1971 7 Nr. 2 betr. Demonstrationsfreiheit.
[813] Art. 22 BV.
[814] BGE 96/1970 I 224: Stadt Zürich, 100/1974 Ia 401: Stadt Zug, 107/1981 Ia 294: Graben BE; a.M. Gutachten Justizabt. EJPD in VPB 35/1971 11 Nr. 2 betr. Demonstrationsfreiheit.
[815] OGer und BGer in ZR 73/1974 Nr. 107: Zeitschrift Oktober.
[816] BGE 49/1923 I 151: Prozessionen ZH, 108/1982 Ia 44: Paroisse Ste. Thérèse.
[817] BGE 105/1979 Ia 95: Stadt Schaffhausen, 113/1987 Ia 297: Gde. Kleinandelfingen.
[818] BGE 107/1981 Ia 293: Graben BE.
[819] RR ZH in ZBl 73/1972 292: Fussgängerunterführungen Zch.

kann eine Bewilligung für Demonstrationen aus Gründen der öffentlichen Ruhe, Sicherheit und Ordnung oder der zweckmässigen Nutzung der öffentlichen Anlagen verweigert oder mit entsprechenden Auflagen versehen werden. Namentlich dürfen die Behörden der von ihnen als wünschbar erachteten, spezifischen Verwendung des öffentlichen Grundes z.B. für Märkte, Konzerte oder als Erholungsraum Rechnung tragen und eine vernünftige Planung vornehmen und durchsetzen[820]. Auch können sie den Organisatoren Auflagen machen und z.B. ein Verbot jeglicher Bewaffnung aussprechen, das Mitführen bestimmter Embleme verbieten[821] oder die Organisation eines eigenen, ausreichenden Ordnungsdienstes verlangen[822]. Dagegen geht es nicht an, eine Versammlung einzig wegen der an ihr zu erwartenden Meinungsäusserungen zu verbieten[823].

Die Durchführung politischer Veranstaltungen auf öffentlichem Grund kann zur Nachtzeit und an öffentlichen Ruhetagen, nicht aber an Vortagen hoher Feiertage untersagt werden. Doch geht es nicht an, Veranstaltungen zu Wahlen und Abstimmungen auf eine bestimmte Zeit vor dem Urnengang zu beschränken oder sie gar während dieser Zeit einzuschränken[824]. Zudem ist die Bewilligungsbehörde nicht nur an das Willkürverbot und den Grundsatz der Rechtsgleichheit gebunden, sondern sie hat die entgegenstehenden Interessen nach objektiven Gesichtspunkten abzuwägen und dabei dem legitimen Bedürfnis, Veranstaltungen mit Appellwirkung an eine breitere Öffentlichkeit durchführen zu können, angemessen Rechnung zu tragen[825]. Deshalb wird es sich kaum rechtfertigen lassen, das Verteilen von Flugblättern politischen Inhalts und Einladungen zu bewilligten politischen Veranstaltungen einer besonderen Bewilligungspflicht zu unterstellen, wohl aber den Verkauf von politischen Schriften[826].

---

[820] BGE 105/1977 Ia 95: Stadt Schaffhausen.
[821] BGE 107/1981 Ia 62: Verbot des Mitführens der jurassischen Fahne.
[822] BezGer Zch. in ZR 85/1986 Nr. 51: Erzbischof Romero.
[823] BGE 105/1979 Ia 21: Gösgen, wir kommen wieder, 108/1982 Ia 303: Cannabis Fest.
[824] BGE 102/1976 Ia 60: Stadt Zürich; 107/1981 Ia 68: POB.
[825] BGE 96/1970 I 232: Stadt Zürich, 97/1971 I 898 E. 6a: Stadt Genf, 99/1973 Ia 693 E. 7, 100/1974 Ia 402: Stadt Zug, 105/1979 Ia 95: Stadt Schaffhausen; vgl. aber die Kritik des Zuger Entscheides durch *Moser* in ZBl 76/1975 270.
[826] Vgl. z B. Zch. V über die Benützung des öffentlichen Grundes zu Sonderzwecken vom 16.6.1972 (VBöGS), angewandt vom OGer ZH in ZR 73/1974 Nr. 107: Zeitschrift Oktober.

d) Werbung auf Strassenfahrzeugen

Die gleichen verkehrspolizeilichen Grundsätze, welche die Werbung an Strassen regelt, finden auch Anwendung auf die Werbung auf Strassenfahrzeugen. So sind alle Werbeanlagen verboten, welche die Aufmerksamkeit anderer Strassenbenützer übermässig ablenken, wie insbesondere selbstleuchtende, beleuchtete, lumineszierende und retroreflektierende Aufschriften, Schaukästen, gegenständliche Reklamen und eigentliche Reklamekarosserien[827]. Obwohl das Bundesgericht anerkannt hat, dass die verschiedene Behandlung der Eigen- und Fremdwerbung auf Motorfahrzeugen nicht rechtsungleich ist[828], ist heute die Fremdwerbung auf Strassenfahrzeugen generell zugelassen. Freistehende Werbetafeln auf Personenwagen dürfen einzig nicht höher als 0,2 m sein und das Fahrzeug um höchstens 0,3 m überragen; auch dürfen sie, besonders in der Fahrtrichtung, keine Spitzen, Schneiden oder scharfen Kanten aufweisen; Tafeln auf den Seitenwänden müssen zudem vorn möglichst an die Karosserie anschliessen[829].

Die verkehrspolizeilichen Einschränkungen des Bundes für die Werbung mit Strassenfahrzeugen sind abschliessend[830]. Die Kantone und Gemeinden dürfen dagegen bei gesteigertem und damit bewilligungspflichtigem Gemeingebrauch von öffentlichem Grund zusätzliche Auflagen machen. Strassenfahrzeuge dürfen auf öffentlichem Grund nur im Rahmen ihrer normalen Verwendung verkehren; diese bezieht sich nur auf den Transport von Personen und Sachen, nicht aber auf die Besorgung eines Reklamedienstes durch Plakate und Affichen[831]. Zu Recht hat daher der Kanton Basel-Stadt das Herumfahren von eigentlichen Reklamewagen verboten, wenn solche den Verkehr störten[832]. Andererseits können Kantone und Gemeinden auch auf den für den öffentlichen Verkehr bestimmten Fahrzeugen gewisse Anschriften verlangen, so namentlich Leuchtsignete für Taxis[833].

---

[827] Art. 69 V über die technischen Anforderungen an Strassenfahrzeuge (VTS; SR 741.41).
[828] BGer in ZBl 50/1949 593: Reklamen auf Privatbussen.
[829] Art. 70 Abs. 2 und Anhang 8 Ziff. 23 VTS (Fn 827).
[830] OGer BE in ZBJV 91/1955 29: sowie BR in VEB 26/1956 194 Nr. 87: Fahrzeugreklame.
[831] BGE 73/1947 I 209: Migros Luzern; BGer in ZBl 50/1949 593: Reklame auf Privatbussen.
[832] *Burckhardt* II, Nr. 433 III.
[833] Vgl. z.B. Art. 22 Zch. Taxivorschriften (AS Zch. 38, 81).

e) Werbung auf öffentlichen Verkehrsmitteln

Werden öffentliche Verkehrsmittel von einem privaten Unternehmer betrieben, ist es klar, dass er sich die Auftraggeber und die Art ihrer Werbung frei auswählen kann. Niemand wird ihn zwingen können, Hand für eine ihm missliebige Werbung auf seinen Fahrzeugen bieten zu müssen. Fraglich ist indessen, ob die öffentliche Hand als Transportunternehmerin die gleiche Freiheit geniesst. Unseres Erachtens kann von ihr, wenn man sie schon ihre Einrichtungen für die Werbung zur Verfügung stellen lassen will[834], kein grundsätzlich anderes Verhalten verlangt werden als von Privaten. Wohl ist die Verwaltung auch in diesem Bereich an das Prinzip der Gesetzmässigkeit und insbesondere an das Gebot der rechtsgleichen Behandlung aller Bürger gebunden. Das heisst aber nicht, dass die Verwaltung deswegen verpflichtet wäre, mit jedem Werbeinteressenten, unbesehen seiner Branche und seines Verkaufsgebarens, zu kontrahieren. Genau so gut wie eine Gemeinde eigenes Industrieland nur an ihr genehme Gewerbe oder auch überhaupt nicht zu verkaufen braucht und den abgewiesenen Interessenten keine Rechenschaft über ihr Auswahlverfahren schuldig ist, kann sie auch nicht gezwungen werden, alle Interessenten für die Verkehrsmittelwerbung zu berücksichtigen, selbst wenn sie deren Tätigkeit aus sozialen oder anderen Gründen ablehnt. Dem Gebot der Rechtsgleichheit ist Genüge getan, wenn die Bedingungen für alle Bewerber gleich sind, was beispielsweise durch Erlass einer Gebührenordnung bewerkstelligt werden kann. Eine Gleichheit in dem Sinne, dass alle Bewerber nach Massgabe des verfügbaren Platzes berücksichtigt werden müssten, kann nicht verlangt werden. In diesem beschränkten Rahmen kann daher ein Gemeinwesen auch wirtschaftspolitisch tätig sein.

f) Werbung auf Eisenbahnen

Die Werbung auf Eisenbahnen, insbesondere auch auf Strassenbahnen und Seilbahnen, ist bundesrechtlich abschliessend geregelt. Postulate zur Verkehrssicherheit sind in die Konzessionsbedingungen aufzunehmen; fehlen darin Bestimmungen über die Werbung auf oder an den Wagen, ist davon auszugehen, dass einer solchen verkehrspolizeilich nichts entgegensteht. Gründe des Naturschutzes werden im Allgemeinen ebenfalls nicht angeführt werden können, da eine allfällige Verunstaltung des Landschafts- oder Ortsbildes höchstens vorübergehend und kurzfristig eintritt. Eine Verunstaltung muss aber dauernden Charakter haben, um verboten werden zu können[835].

---

[834] Was nicht ganz unbestritten ist; vgl. *Saladin,* Recht auf Werbung, S. 342.
[835] *Bühler,* Natur- und Heimatschutz, S. 47.

g) Werbung in der Luft

Mit dem Aufkommen des Flugzeuges glaubte man, ein neues und vielversprechendes Werbemittel gefunden zu haben. Nachdem sich die Begeisterung für die neuen technischen Errungenschaften gelegt hatte, verlor die Werbung mit Hilfe von Flugzeugen mehr und mehr an Bedeutung. Das neue Luftfahrtgesetz verlieh daher im Jahre 1948 dem Bundesrat die Kompetenz, Reklame und Propaganda unter Verwendung von Luftfahrzeugen zu verbieten[836]. So konnten Reklame- und Propagandaflüge mittels Abwurf von Flugblättern, Himmelsschrift, Schleppen von Werbebändern usw., untersagt werden[837].

Zulässig sind heute einzig noch Werbeaufschriften und bildliche Darstellungen an Luftfahrzeugen. Nach wie vor beliebt ist die Taufe von Ballonen auf klingende Namen von Markenartikeln. Dies ist zulässig, solange die Hoheits- und Eintragungszeichen in jedem Fall deutlich erkennbar bleiben[838]. Da Fesselballone nicht ins Luftfahrzeugregister aufgenommen werden[839], können sie ohne weiteres für die kommerzielle Werbung eingesetzt werden, sofern deren Gewicht 30 kg nicht übersteigt und die Steighöhe weniger als 60 m über Grund beträgt; einzig das Steigenlassen solcher Ballone in einem Abstand von weniger als 3 km von den Pisten eines zivilen oder militärischen Flugplatzes ist untersagt[840].

F. Werbung im Inneren, namentlich in Gebäuden

1. Begriff und Bedeutung

Im Gegensatz zur Aussenwerbung kann man auch von Innenwerbung sprechen und darunter jene Werbemassnahmen verstehen, die im Inneren von Gebäuden sichtbar oder hörbar sind. Von Interesse ist dabei namentlich jene Werbung, die für Dritte betrieben wird und die mit dem betreffenden Gebäude direkt nichts zu tun hat. Zu denken ist vor allem an beleuchtete und unbe-

---

[836] Art. 14 Abs. 3 Luftfahrtgesetz (LFG, SR 748.0).
[837] Art. 83 Luftfahrtverordnung (LFV, SR 748.01).
[838] Art. 82 LFV (Fn 837).
[839] Art. 3 LFV (Fn 837), Art. 2 Abs. 1 Verordnung über Luftfahrzeuge besonderer Kategorien (VLK, SR 748.941).
[840] Art. 15 VLK (Fn 839).

leuchtete Plakate in öffentlich zugänglichen Gebäuden und in Fahrzeugen der Verkehrsbetriebe, an Bandenwerbung in Zirkussen und Stadien, an Bildschirmwerbung und «Geräuschberieselungen» in Poststellen und Schalterhallen, sowie an POS-Werbung (Point of sale) in Warenhäusern und Supermärkten. Eigentlich gehört auch die Kinoreklame hierzu, doch wird sie ihrer Bedeutung wegen unter dem Stichwort «FFF» (Film, Funk, Fernsehen) besonders dargestellt.

Die Innenwerbung nimmt ständig an Bedeutung zu. Nachdem die Aussenwerbung von einzelnen grossen Gesellschaften weit gehend monopolisiert worden ist, suchten verschiedene Werbeagenturen mit Erfolg auf die Innenwerbung auszuweichen und im Inneren von Gebäuden ein weit verzweigtes Netz von Werbekontakten zu schaffen. Dies ist um so leichter, als für die Innenwerbung keinerlei Einschränkungen in verkehrspolizeilicher oder ästhetischer Hinsicht gemacht werden können. Daher wird systematisch versucht, mit den Eigentümern öffentlich zugänglicher Gebäude und Anlagen einen Exklusivvertrag zur Ausgestaltung ihrer Räume mit Drittwerbung abzuschliessen. Die einen Agenturen spezialisieren sich auf Bahnhöfe und Flughäfen, andere auf Seilbahnen, Postämter, Einkaufszentren, Parkhäuser, Sportanlagen, Messehallen, Zirkusse usw.

2. Zulässigkeit

Massgebend für die Innenwerbung sind vorwiegend jene Vorschriften, die der Besitzer eines Gebäudes oder einer Anlage macht. Er allein hat zu bestimmen, ob und in welchem Umfang er Werbemassnahmen in seinem Gebäude oder in seiner Anlage dulden will und welche Gegenleistung ihm dafür zu bezahlen ist. Wegen der Massenverträge, die viele Werbeagenturen für Innenwerbung abzuschliessen pflegen, bleibt freilich für Preisverhandlungen oft wenig Raum, haben doch die Agenturen ihre festen Tarife, von denen abzuweichen sie nicht gewillt sind.

Zu beachten sind im Übrigen die bau- und feuerpolizeilichen Vorschriften und – soweit es sich um Vitrinen handelt – die Preisanschriftpflicht. So ist es selbstverständlich, dass Notausgänge oder Hinweise auf solche durch Werbeeinrichtungen nicht beeinträchtigt werden dürfen. Kanton und Stadt Zürich haben denn auch die Fasnachtsdekorationen von Wirtschaften, Sälen, Unterhaltungs-, Tanz- und Freizeitlokalen sowie in Ausstellungen und Verkaufsgeschäften der Bewilligungspflicht unterstellt; sie sind jeweils von der örtlichen

Feuerpolizei abzunehmen[841]. Eine solche Bewilligungspflicht entspricht zweifellos dem allgemeinen Interesse, wenn man die schweren Unglücke bedenkt, die bei Dekorationsbränden entstehen können. Bei audiovisuellen Werbemitteln ist die Nutzung der Urheberrechte allfälliger Begleitmusik zuvor mit der Suisa, Schweizerische Gesellschaft für Urheberrechte an Musikaufführungen und -sendungen, Zürich, zu regeln.

G. Direktwerbung

1. Allgemeines

Literatur: Walter *Schluep,* Ausgewählte Rechtsfragen der Direct Mail, in: Zum Wirtschaftsrecht, Bern 1978, S. 167–176.

a) Begriff

Unter Direktwerbung (direct mailing) versteht man die schriftliche Reklame, die den Adressaten oder seinen Haushalt durch die Post oder eine Verteilorganisation unaufgefordert und ohne sein Zutun erreicht. Dies kann geschehen durch in die Hand gedrückte Flugblätter, durch in den Briefkasten gelegte unadressierte Drucksachen (z.B. Preislisten, Einladungen) oder durch persönlich gestaltete und per Post vertragene Briefe, oftmals begleitet von Warenmustern und Gutscheinen. Als Direktwerbung ist vom Bundesgericht auch die Verteilung von Prospekten als Beilage einer Zeitung oder Zeitschrift bezeichnet worden, da der durchschnittliche Käufer oder Abonnent nicht mit einer solchen Beilage rechne und somit deren Zustellung nicht verlange[842]. Eine Mittelstellung zwischen Zeitungswerbung und Direktwerbung nehmen die Gratisanzeiger ein. Mit der Direktwerbung haben sie gemeinsam, dass sie dem Adressaten unaufgefordert zugestellt werden; im Unterschied zur traditionellen Direktwerbung ist jedoch der Herausgeber nicht der Werbung Treibende selbst, sondern ein selbständiger Zeitungsverleger, der gemeinsam für eine ganze Anzahl von Werbung Treibenden tätig ist und deren Inserate gewöhnlich mit aktuellen Textbeiträgen begleitet.

---

[841] § 36 Abs. 3 ZH V über den allg. Brandschutz vom 18.8.1993 (ZGS 861.12); Zch. StRB betr. Vorschriften über die Dekoration von Wirtschaftsräumen vom 11.11.1971 (BS Zch. 1, 559).
[842] BGE 101/1975 IV 97: Hazy Osterwald.

b) Bedeutung

Die Direktwerbung war ursprünglich die Domäne der Versandhäuser. Diese sind auf kein eigenes Ladenlokal angewiesen, sondern nehmen ihre Bestellungen telefonisch oder auf dem Korrespondenzweg entgegen und besorgen die Auslieferungen per Post oder Bahn. Da die Adressenauslese jedoch durch spezialisierte Verleger immer raffinierter gestaltet wird und die Adressaten nach Berufen, Kaufkraftklassen, Nationalität, Religion und vielen anderen Kriterien ausgewählt werden können, wird die Direktwerbung auch von anderen Branchen, wie namentlich Bijouterien, Banken, Zeitungen und politischen Parteien, in Anspruch genommen.

Dass die Form der Direktwerbung auch vom Gesetzgeber als wirksamer Werbeträger betrachtet wird, zeigt sich z.B. daran, dass die Behörden in der Regel verpflichtet werden, ihre Anträge und Weisungen für Abstimmungen den Stimmberechtigten direkt zuzustellen; Publikationen in der Tagespresse oder am amtlichen Anschlagbrett genügen nicht. Um ganz sicher zu gehen, verlangen einzelne Gesetze sogar die Zustellung der Abstimmungsunterlagen an jeden Stimmberechtigten einzeln, unabhängig davon, ob mehrere im gleichen Haushalt leben[843]. Derartige Vorschriften sind heute nicht mehr zeitgemäss; durch die Wahl eines gemeinsamen Haushaltes und eines gemeinsamen Briefkastens bekunden die Mitglieder einer Wohngemeinschaft, dass sie gewillt sind, die eingehende Post zu sortieren und den Adressaten zur Verfügung zu stellen; es ist daher kaum zu befürchten, dass bei zwei oder mehr Stimmberechtigten im gleichen Haushalt der Haushaltsvorstand das Abstimmungsmaterial den anderen vorenthalten könnte. Der Gesetzgeber sollte daher seinerseits etwas zur Eindämmung der Drucksachenflut tun, ist es doch eine Materialvergeudung sondergleichen, wenn jedem Stimmberechtigten einzeln die identischen Wortlaute von Anträgen und Weisungen zugestellt werden. Eine Ausnahme könnte sich höchstens bei Grosshaushalten (Altersheimen usw.) oder dann rechtfertigen, wenn dies ein Stimmbürger ausdrücklich verlangt.

c) Gemeinsame Vorschriften

Soweit die Werbung für einzelne Waren oder Dienstleistungen besonderen Vorschriften unterliegt[844], sind diese auch von der Direktwerbung zu beachten. Ein Unternehmen, das in seinem Sitzkanton Direktwerbung und Versandhandel betreiben darf, kann jedoch seine Werbedrucksachen in der Regel

---

[843] Vgl. z.B. § 100 ZH Gemeindegesetz vom 6.6.1926 (ZGS 131.1).
[844] Z.B. für Leistungen der Gesundheitspflege.

in die ganze Schweiz versenden, selbst wenn einzelne Kantone den Direktversand oder den Versandhandel einer Bewilligung unterstellt haben. Kantonale Verbote von Direktwerbung können nämlich gegenüber ausserkantonalen Versendern auf Grund des Binnenmarktgesetzes kaum mehr durchgesetzt werden[845].

Direktwerbung ist auf Drucksachen als Träger angewiesen, kann doch nur auf diesem Wege eine genügende Verbreitung erzielt werden. Soweit Direktwerbung via eigene Haus- oder Kundenzeitschriften erfolgt, sind daher die Vorschriften zu beachten, welche für Zeitungen und Zeitschriften aufgestellt worden sind[846]. Diese müssen in einem Impressum den Sitz des Medienunternehmens, namhafte Beteiligungen an anderen Unternehmungen sowie den verantwortlichen Redaktor angeben.

2. Flugblätter

a) Zulässigkeit

Das Verteilen von Flugblättern an Passanten durch Freiwillige gehört wohl zu den billigsten Werbemethoden und wird hauptsächlich für die kulturelle und politische Propaganda eingesetzt. Da solche Aktionen in der Regel nur auf öffentlichem Grund erfolgreich durchgeführt werden können, sind die Vorschriften der Gemeinden über die Benützung des öffentlichen Grundes zu Sonderzwecken zu beachten[847]. Um den genannten Zwecken entgegenzukommen, erlaubt beispielsweise die Stadt Zürich das Verteilen von Flugblättern politischen Inhaltes und Einladungen zu politischen Veranstaltungen jederzeit und ohne besondere Erlaubnis[848]. Dieser äusserst liberalen Regelung stehen u.a. die Vorschriften in den Kantonen Thurgau und Genf gegenüber, wo die Verteilung von Flugblättern unmittelbar vor dem Sitzungsgebäude des kantonalen Parlaments der Bewilligungspflicht unterstellt wurde, um die Störungen des parlamentarischen Betriebs in Grenzen zu halten[849], bzw. wo vor der Verbreitung einer politischen Schrift der Name eines ortsansässigen Verantwortlichen genannt und ein Exemplar der Schrift der Staats-

---

[845] Art. 2 und 3 Binnenmarktgesetz (BGBM, SR 943.02), vgl. BGE 125/1999 I 481 E. 2c: MediService; anders noch OGer ZH in ZR 54/1955 Nr. 57: Naturheilinstitut AR.
[846] Art. 322 Abs. 2 Strafgesetzbuch (StGB, SR 311.0).
[847] Vgl. darüber Näheres in Kap. III.C.1.b), S. 163.
[848] Art 9 Zch. Vorschriften über die Benützung des öffentlichen Grundes zu politischen Zwecken (VBöGpZ, AS Zch. 39, 147).
[849] BGE 110/1984 Ia 48: Kanton Thurgau.

kanzlei eingereicht werden muss[850]. Dessen ungeachtet sind nach Meinung des Bundesgerichts das Trottoirgebiet und öffentliche Anlagen zur Ausübung des Rechts auf freie Meinungsäusserung bewilligungsfrei zur Verfügung zu stellen, höchstens das Einrichten von eigentlichen Informationsständen zur Auflage von Flugblättern ist bewilligungspflichtig[851]. Dennoch ist die Bewilligungspflicht für das Verteilen von Flugblättern, die für kulturelle Aktionen (Konzerte usw.) werben, in der Stadt Zürich einstweilen noch nicht aufgehoben worden, doch ist das hier gänzlich verbotene Verteilen von Druckerzeugnissen, die Erwerbszwecken dienen, vom Bundesgericht als unverhältnismässig und gegen die Gewerbefreiheit verstossend beurteilt worden[852]. Nunmehr sind die öffentlichen Interessen an unbehindertem Fussgängerverkehr und geringem Reinigungsaufwand gegen die privaten Interessen an der Bekanntmachung eigener beruflicher oder gewerblicher Aktivitäten abzuwägen; einzig das Verteilen von eigentlichen Werbeartikeln auf öffentlichem Grund ist in der Stadt Zürich einstweilen noch völlig untersagt[853]. Auch darf auf jeden Fall aus verkehrspolizeilichen Gründen das Verteilen von Flugblättern ab oder an zirkulierende Fahrzeuge verboten werden.

b) Konfiskation

Es hat sich schon die Frage gestellt, ob Druckerzeugnisse, die ohne Bewilligung oder in Abweichung der mit einer Bewilligung verbundenen Auflagen verteilt werden, durch die Polizei konfisziert werden dürfen. Der Bezirksrat Zürich hat in einem unveröffentlichten Entscheid festgestellt, dass dies mit dem Grundsatz der Eigentumsgarantie nicht vereinbar sei; zulässig sei einzig die Beschlagnahme von Flugblättern, die zu einer nicht bewilligten Demonstration aufrufen würden. Art. 58 StGB gestattet denn auch nur die Einziehung «gefährlicher» Gegenstände, d.h. solcher, welche die Sicherheit von Menschen, die Sittlichkeit oder die öffentliche Ordnung gefährden. Dies ist bei einem Flugblatt in der Regel nicht der Fall. Eine fehlende Verteilbewilligung kann allenfalls nachgeholt werden[854], und auch das Fehlen der obligatorischen Angabe von Drucker und Druckort[855] kann durch einen Überdruck korrigiert werden. Zur strafprozessualen Beweissicherung, in deren Rahmen

---

[850] Art. 102 f. GE Loi sur les votations et élections.
[851] BGE 96/1970 I 586: Aleinick GE, 105/1979 Ia 21: Gösgen, wir kommen wieder SG; VerwGer AG in ZBl 77/1976 37: Flugblattverteilung.
[852] BGE 126/2000 I 141: Scientology Kirche ZH.
[853] Art. 20 Zch. V über die Benützung des öffentlichen Grundes zu Sonderzwecken (VBöGS, BS Zch. 1, 503).
[854] Vgl. z.B. OGer ZH in SJZ 59/1963 56 Nr. 9: Pistole.
[855] Art. 322 Ziff. 1 Strafgesetzbuch (StGB, SR 311.0).

die Kantone ebenfalls eine Beschlagnahme vorsehen können, genügen jedenfalls die Konfiskation einiger Muster des Flugblattes und allenfalls die Feststellung von dessen Auflage.

3. Drucksachen zur Verteilung in alle Haushalte (Briefkastenwerbung)

a) Verteilung

Adressierte und unadressierte Drucksachen unterstehen im Gegensatz zu adressierten Briefpostsendungen nicht dem eidgenössischen Postregal und dürfen daher auch von privaten Verteilorganisationen, Zeitungsverträgern usw. ins Haus gebracht werden[856]. Als Drucksachen gelten Abdrucke und Vervielfältigungen von wenigstens 20 gleichen Kopien. Soweit sie privaten Organisationen zur Verteilung übergeben werden, ist es an diesen, zu bestimmen, unter welchen Bedingungen die Drucksachen entgegengenommen und vertragen werden.

b) Unerwünschte Briefkastenwerbung

Literatur: Elias *Wolf,* Zum Selbstbestimmungsrecht des Destinatärs von Gratisblättern usw. und zur Problematik des Rechtsschutzes gegen unerwünschte Zustellungen, SJZ 66/1970 97–100.

Die Direktwerbung wird heute in der Regel unter Zuhilfenahme von Adressverlagen (letter shops) oder Adressvermittlern (list brokers) für das Adressieren der Briefe oder von privaten Verteilorganisationen für die Verteilung unadressierter Drucksachen durchgeführt. Der Kampf gegen die oft unerwünschte Drucksachenflut im Briefkasten kann daher hier ansetzen. In der Tat nehmen denn auch Adressenzentralen und Verteilorganisationen gerne Verzichte von Privaten auf Zustellung von Publikationen der Direktwerbung entgegen, da dadurch die Streuverluste eingeschränkt werden können. Solche Verzichtlisten (sog. Robinsonlisten) führen beispielsweise die Schweizerische Vereinigung für Direktwerbung[857] als Adressenzentrale für adressierte Direktwerbung oder die Direct Mail Company[858] als regionale Verteilorganisation der Arbeitsgemeinschaft schweizerischer Verteilorganisationen. Dem Vernehmen nach figurieren aber bei ihnen nur wenige Leute; bei der SVD

---

[856] Art. 3 Abs. 1 Postgesetz (PG, SR 783.0).
[857] Postfach, 8708 Männedorf.
[858] Delsbergerallee 78, 4000 Basel.

sollen es keine tausend Personen sein. Die Adressenverleger sind verpflichtet, Verzichterklärungen entgegenzunehmen und zu verarbeiten, verletzt doch die Weitergabe der Adresse nebst Angabe der Kaufkraft und allfälliger weiterer persönlicher Angaben (z.B. Vereinsmitgliedschaften) die Privatsphäre des Betroffenen. Ja sogar ein Verein kann aufgrund der ihm zustehenden Privatsphäre verlangen, dass seine Mitgliederverzeichnisse nicht vertrieben werden[859].

Stattdessen kann aber auch die Annahme der Sendungen verweigert werden, besteht doch keine Annahmepflicht von Postsendungen[860]. Selbst amtliche Mitteilungen, wie Gerichtsurkunden und Konkursandrohungen, dürfen zurückgewiesen werden; um so mehr muss dies auch für unadressierte Sendungen gelten. Die Verweigerung kann durch eine schriftliche Erklärung auf dem Briefkasten mitgeteilt werden, aus der hervorgeht, dass der Einwurf bestimmter Sendungen unerwünscht ist. Beachtet das Verträgerpersonal diese klare Willensäusserung des Briefkastenbesitzers nicht, kann beim Richter ein allgemeines Verbot angestrebt werden, das den Einwurf von unadressierten Drucksachen und unabonnierten Zeitungen mit Polizeibusse bedroht[861].

c) Erleichterungen im Postversand

Drucksachen werden von der Post zu einer reduzierten Drucksachentaxe spediert. Enthält aber die Druckschrift kleine Warenproben (Musterkataloge), findet nicht mehr die Drucksachentaxe Anwendung, sondern die Taxe für Warenmuster[862]. Dies gilt auch für Prospekte, die mit Parfum durchtränkt sind, da der dem Papier anhaftende Parfumduft zum Bemustern genügt[863]. Nach wie vor geniesst Werbematerial Zollerleichterungen bei der Einfuhr[864].

Zur Erhaltung einer vielfältigen Presse muss die Post Vorzugspreise für die Beförderung für abonnierte Zeitschriften und Zeitungen, vor allem für die Regional- und Lokalpresse gewähren[865]. Nach dem Sinn dieser Vorschrift kommen nur solche Periodika in den Genuss dieser Vorzugspreise, die in der

---

[859] BGE 97/1971 II 100: Mitgliederverzeichnisse.
[860] BezGer Zch. in SJZ 72/1976 278 Nr. 84: Verbotene Eigenmacht.
[861] OGer ZH in ZR 73/1974 Nr. 103: Direct Mail Co.
[862] BGE 98/1972 Ib 160: Warenmustertaxe.
[863] Generaldirektion PTT in VEB 27/1957 272 Nr. 126: Parfumduft.
[864] Art. II Int. Abk. zur Erleichterung der Einfuhr von Handelsmustern und Werbematerial vom 7.11.1952, SR 0.631.244.52.
[865] Art. 15 Postgesetz (PG, SR 783.0).

Schweiz redigiert und herausgegeben werden. Zusätzlich müssen sie bestimmte quantitative und qualitative Anforderungen erfüllen[866].

Klar messbar sind die Anforderungen, dass auf Taxvergünstigungen nur solche Periodika Anspruch haben, die abonniert worden sind, die vierteljährlich mindestens einmal erscheinen, die samt ihren Beilagen nicht mehr als 1 kg wiegen und die zur Beförderung an mindestens 1'000 Abonnenten aufgegeben werden.

Schwieriger zu beurteilen sind die qualitativen Anforderungen. Ein Vorzugsporto soll im Interesse der Pressevielfalt nur der Informations- und Meinungspresse, nicht aber Werbeorganen zukommen; Förderungskriterium ist der Beitrag des jeweiligen Presseerzeugnisses zu der im öffentlichen Interesse liegenden Berichterstattung über Tagesereignisse, Zeit- oder Fachfragen[867]. Der Staat geniesst bei der Förderung verfassungsmässiger Rechte einen weiteren Handlungsspielraum als bei deren Beschränkung: die Meinungs- und Medienfreiheit verbietet ihm nur, an Meinungen oder Tendenzen von Presseerzeugnissen anzuknüpfen und sich auf diese Weise Einfluss auf den gesellschaftlichen Meinungs- und Willensbildungsprozess zu verschaffen; es steht ihm indessen frei, meinungsneutrale Presseförderung zu betreiben, solange die gewählten Kriterien sachbezogen und nicht diskriminatorisch sind[868]. Daher verlangt die Postverordnung, dass zum Vorzugspreis spedierte Zeitungen und Zeitschriften nicht überwiegend Geschäfts- und Reklamezwecken dienen dürfen und jede Ausgabe redaktionelle Beiträge von wenigstens 15% aufweisen müsse[869].

Namentlich bei Kundenzeitschriften ist der Geschäfts- oder Reklamecharakter oft umstritten. Massgebend ist der Gesamteindruck, wobei der vom Herausgeber bezweckte Erfolg aufgrund der Gesamtheit der Umstände zu ermitteln ist[870]. Der Geschäfts- und Reklamecharakter eines Mitteilungsblattes ist dann zu bejahen, wenn der Informationsteil lediglich den Zweck hat, mit der Werbung besser beim Leser anzukommen. Demgegenüber enthält die Informationspresse auch einen der bezahlten Werbung vorbehaltenen Teil (auf welchen kaum eine Tages- oder Wochenzeitung mehr verzichten kann), um überhaupt Informationen aufbereiten und vermitteln zu können. Als Indizien eignen sich u.a. der statutarische Zweck des Herausgebers, die Höhe des Abonnementspreises (billige Blätter dürften eher Reklamezwecken dienen), die Aufmachung des Produkts, das Zielpublikum, das redaktionelle Konzept,

---

[866] Art. 11 Postverordnung (VPG, SR 783.01).
[867] BGE 120/1994 Ib 152: MacWorld Schweiz.
[868] BGE 120/1994 Ia 145: Obersee Nachrichten.
[869] Art. 11 lit. d und e VPG (Fn 866).
[870] BGE 99/1973 Ib 287: NSB-Revue; BGE 101/1975 Ib 188: PRO.

die zur Verfügung stehenden Mittel, die Beziehungen des Herausgebers zu den Inserenten und die Verzahnung des redaktionellen Teils mit den Inseraten; nicht massgebend ist die Qualität des informativen Teils. Aber selbst relativ teure Zeitungen mit professioneller Redaktion können vorwiegend Geschäftszwecken dienen, wenn sich die redaktionellen Beiträge hauptsächlich den in den Inseraten beworbenen Produkten widmen, so dass die Abgrenzung von redaktionellen und der Promotion dienenden Teilen schwer fällt[871].

Schliesslich gelangen nur solche Zeitungen und Zeitschriften in den Genuss der Zeitungstaxe, die in jeder Ausgabe redaktionelle Beiträge von wenigstens 15% aufweisen. Redaktionelle Beiträge sind solche, welche die verantwortliche Redaktion zur Information, Unterhaltung oder Bildung der Leser auswählt, bearbeitet oder gestaltet. Nicht dazu gehören aber Arten von verdeckter Werbung, die in auffälliger Weise und über das übliche Informationsbedürfnis der Leser hinaus hauptsächlich namentlich genannte Waren oder Dienstleistungen unter Angabe der Bezugsquellen hervorheben. Gerade die Nennung von Produkten sowie von Firmen- und Markenbezeichnungen spricht gegen einen redaktionellen Beitrag, wenn redaktionelle oder künstlerische Interessen eine solche Nennung nicht rechtfertigen. Schleichwerbung dürfte beispielsweise die Nennung von Lebensmittelmarken in Kochrezepten darstellen, wenn dies für die Ausführung des Rezeptes nicht notwendig ist. Auch können etwa Abbildungen und Beschreibungen von Haushaltsprodukten Werbecharakter haben, wenn für diese in der gleichen Nummer Inserate abgedruckt werden: Redaktionelle Beiträge dürfen nur in den seltensten Fällen einen gewissen Zusammenhang mit den bezahlten Inseraten haben.

4. Werbung mit Warenmustern (Sampling)

a) Allgemeines

Heute ist es nicht mehr attraktiv, unaufgefordert Waren zum Erwerb zu übersenden, ist doch zu berücksichtigen, dass ein Empfänger unbestellt zugestellter Ware von Gesetzes wegen nicht gehalten ist, diese zurückzusenden oder auch bloss zur Abholung bereit zu halten. Unbestellt zugesandte Sachen dürfen ohne Bezahlung gebraucht oder verbraucht werden; höchstens bei

---

[871] BGE 120/1994 Ib 154: MacWorld; CHF 9.50 pro Einzelnummer.

einem offensichtlichen Irrtum ist der Empfänger gehalten, den Absender darüber zu benachrichtigen[872].

Warenmuster geniessen bei der Einfuhr Zollerleichterungen[873].

b) Sachliche Einschränkungen

Warenmuster dürfen mit wenigen Ausnahmen unbeschränkt abgegeben werden. Unzulässig sind sie grundsätzlich für Spirituosen, wo sie höchstens für Lebensmittelmessen und -ausstellungen bewilligt werden[874]. Beschränkt sind sie für Arzneimittel, da solche nur aus aktuellem Anlass und nicht zum Degustieren eingenommen werden sollen; Arzneimittel der Verkaufskategorien A und B dürfen überhaupt nicht, solche der Kategorien C und D nur in medizinisch-pharmazeutisch begründeten Fällen unentgeltlich abgegeben werden.

Ebenso ist die unentgeltliche Abgabe von Tabakerzeugnissen an Jugendliche schon aus Gründen des Jugendschutzes gänzlich verboten. Die Tabakbranche ist zudem übereingekommen, unadressierte Massensendungen mit Gratismustern an Erwachsene nicht zuzulassen. Adressierte Sendungen an erwachsene Empfänger sind nur gestattet, wenn diese zuvor in kontrollierbarer Weise den Wunsch geäussert haben, Gratiszigaretten zu erhalten. In solchen Fällen darf nur ein einziges Päckchen mit höchstens 20 Zigaretten abgegeben werden, wobei eine Wiederholung mit dem gleichen Modul einer Marke frühestens nach drei Monaten erfolgen darf. Das Verteilen von Gratiszigaretten an Erwachsene ist im Übrigen nur durch Angestellte der Zigarettenfabrikanten und nur an Tabakverkaufsstellen (einschliesslich Gaststätten) zulässig; toleriert wird die Abgabe von Gratiszigaretten in Restaurants ohne Tabakverkauf einzig in Gaststätten mit temporärem Charakter, die sich auf Arealen von Messen und Ausstellungen befinden; die Verteilung von Gratismustern in Rekrutenschulen und Militärkasernen ist somit grundsätzlich nicht zulässig. In jedem Fall dürfen pro Raucher nur einzelne Zigaretten aus einem Päckchen (ohne das Päckchen zu überlassen) oder eine Verpackung mit höchstens drei Zigaretten abgegeben werden. Einzig beim Lancieren eines neuen Produkts ist es gestattet, während sechs Monaten jeweils höchstens ein Päckchen zu 20 Stück an erwachsene Raucher abzugeben. Die Frist von sechs Monaten

---

[872] Art. 6a Abs. 2 Obligationenrecht (OR, SR 220).
[873] Art. II Int. Abk. zur Erleichterung der Einfuhr von Handelsmustern und Werbematerial vom 7.11.1952, SR 0.631.244.52.
[874] Art. 41 Abs. 1 lit. k und Abs. 2 lit. c BG über die gebrannten Wasser (Alkoholgesetz, SR 680).

beginnt mit dem Tag zu laufen, an dem die Werbe- oder Promotionsaktivitäten zu laufen beginnen; diese dürfen auch regionsweise gestaffelt werden.

5. Telemarketing (Schreibtischverkäufe)

Literatur: Jochen *Glöckner*, Lauterkeitsrechtliche Behandlung des Telemarketing. Zur verbraucherschützenden Wirkweise des UWG, JKR 1998 49–84; David *Rosenthal*, Unverlangte Werbe-E-Mail ohne Rechtsfolgen?, Medialex 1999 203–204; Mischa C. *Senn*, Zur Praxis der Schweiz. Lauterkeitskommission auf dem Gebiet des Telemarketing, JKR 1998 99–112; Yvonne *Jöhri*, Werbung im Internet, Diss. ZH 2000.

Telemarketing nennt man die kommerzielle Kommunikation mittels Telefon, Telex, Telefax, Television oder Internet[875]. In Deutschland ist vor allem der Begriff Schreibtischverkäufe üblich, der gut zum Ausdruck bringt, dass der Geschäftsabschluss zwischen Personen statt findet, die nicht physisch anwesend sind. Der Anbieter, der für das Geschäft die Initiative ergreift, wird sich dabei meistens in seinen Geschäftsräumlichkeiten oder in einem Call Center aufhalten, der überraschte Kunde dagegen zu Hause oder an seinem Arbeitsplatz.

a) Telex- und Telefaxwerbung

Zur Telefax- und Telexwerbung bestehen in der Schweiz weder Vorschriften noch – soweit ersichtlich – Entscheide. Im Gegensatz zur Telefonwerbung dürften diese Werbemittel sowohl gegenüber Privatpersonen als auch im beruflichen und gewerblichen Bereich mit Ausnahme einiger weniger Nachtstunden unlauter sein, da sie den Telekommunikationsanschluss des Umworbenen während längerer Zeit und ohne Abschaltmöglichkeit belegen und ihn damit in seiner Kommunikationsfähigkeit und Geschäftstätigkeit beeinträchtigen; auch beanspruchen sie seine Papiervorräte, die nicht für unbestellte Werbung zur Verfügung gestellt werden müssen.

b) Telefonwerbung

Telefonwerbung gilt in der Schweiz grundsätzlich als zulässig, da sie den Kunden in seiner Entscheidungsfreiheit nicht mehr als ein unerwünschter Hausierer- oder Vertreterbesuch beeinträchtigt. Zwar wird der Telefonabonnent unvermutet in ein Verkaufsgespräch verwickelt, was sicher Überra-

---

[875] Grundsatz Nr. 4.1 der Schweiz. Lauterkeitskommission betr. Fernabsatz.

schungs- und Überrumpelungseffekte auslöst, doch steht es ihm frei, das Gespräch jederzeit durch Auflegen des Hörers zu beenden. Wer jedoch aus Anstand weiter zuhört, ist unter Umständen rasch einmal geneigt, die ihm unterbreitete Kaufofferte anzunehmen, vor allem um nicht weiter zuhören zu müssen, weniger aber deshalb, weil er das Angebot annehmen will. Daher sieht das Obligationenrecht für Telefonverkäufe gegenüber Privatpersonen ein siebentägiges Widerrufsrecht vor, soweit die Leistung des Kunden CHF 100 übersteigen wird[876]. Diese Frist beginnt gemäss Obligationenrecht[877] dann zu laufen sobald der Kunde sein Widerrufsrecht sowie die Adresse des Anbieters kennt und er dem Vertragsabschluss zugestimmt hat; gemäss Lauterkeitskommission[878] soll diese Frist bei Warenverkäufen allerdings erst mit Eingang der bestellten Ware zu laufen beginnen. Diese Auffassung ist zu bevorzugen, ist doch das Widerrufsrecht auch dazu da, den Käufer nicht an seine Bestellung zu binden, wenn er sich auf Grund der telefonischen Beschreibung etwas ganz anderes als die zugesandte Ware vorgestellt hat,

Telefonmarketing kann leicht in eine besonders aggressive Verkaufsmethode im Sinne von Art. 3 lit. h UWG ausarten. Die Lauterkeitskommission erachtet eine Aggressivität im Verkehr mit Privatpersonen schon dann als gegeben, wenn diese auf den Empfang des Angebots keinen Einfluss nehmen können, weil z.B. der wesentliche Teil der Werbebotschaft durch das Abspielen eines Tonträgers vermittelt wird, und wenn zwischen Anbieter und Kunde entweder keine besondere Beziehung oder zwischen Angebot und Tätigkeit des Kunden kein Sachzusammenhang besteht[879]. Dagegen wird im kaufmännischen Verkehr das Bestehen einer Kundenbeziehung vermutet.

Nach der Überzeugung der Lauterkeitskommission[880] muss lautere Telefonwerbung zudem eine Reihe von Anforderungen erfüllen. Generell wird verlangt, dass der kommerzielle Zweck des Anrufs klar kommuniziert und die telefonische Bestellung schriftlich bestätigt wird, bevor das bestellte Produkt zugestellt oder die Dienstleistung ausgeführt wird, es sei denn, der Kunde verzichte ausdrücklich darauf und seine Leistung erreiche keine CHF 100. Sodann hat der Anrufer dem Kunden deutlich seinen Namen und jenen seiner Firma, einschliesslich deren genauer Adresse bekannt zu geben; die Verwendung von Deckadressen oder Postfachnummern ist unzulässig. Schliesslich

---

[876] Art. 40b lit. a Obligationenrecht (OR, SR 220) i.V.m. Art. 41a Abs. 1 OR.
[877] Art. 40e Abs. 2 Obligationenrecht (OR, SR 220).
[878] Grundsatz Nr. 4.3 Abs. 2 der Schweiz. Lauterkeitskommission betr. Bestätigung und Widerruf beim Fernabsatz.
[879] Grundsatz Nr. 4.4 der Schweiz. Lauterkeitskommission betr. Aggressive Verkaufsmethoden im Fernabsatz.
[880] Grundsatz Nr. 4.2 der Schweiz. Lauterkeitskommission betr. Informationspflichten beim Fernabsatz.

ist die angebotene Ware oder Dienstleistung klar und allgemein verständlich zu beschreiben unter Angabe der wesentlichen Eigenschaften, des Nettopreises, der Lieferbedingungen einschliesslich der ungefähren Lieferfrist, der Zahlungsweise, der Rückgabemöglichkeit oder des Widerrufsrechts, der Garantiefristen und des Kundendienstes.

6. E-Mail Advertising, Spamming

Literatur: Yvonne *Jöhri,* Werbung im Internet, Diss. ZH 2000.

Auch E-Mail-Werbung ist Direktwerbung, da sie vom werbenden Unternehmen direkt dem Empfänger zugeht. Die heutigen Kommunikationsmöglichkeiten erlauben nicht nur den gleichzeitigen Versand an eine beliebige Anzahl von Adressaten, sondern auch die Personalisierung der Anrede. Unter Spamming wird das massenweise Versenden von E-Mail-Werbung verstanden. Der Begriff stammt aus einem Sketch von Monty Python, in welchem das Wort «spam» bis zur Bewusstlosigkeit wiederholt wird.

Der Empfang einer unerbetenen E-Mail beeinträchtigt die Entscheidungsfreiheit des Empfängers nicht in signifikanter Weise. Die Übertragung, das Lesen und Löschen solcher Werbung nimmt nur unwesentliche Sekunden in Anspruch, so dass ernsthafte Nachteile nicht zu befürchten sind. Anders verhält es sich jedoch, wenn unerbetene E-Mails zu Dutzenden oder gerade zu Hunderten eintreffen; in solchen Fällen erfordert die Trennung der Spreu vom Weizen einige Zeit, was auch Privatleuten nicht mehr zuzumuten ist. Vor allem die deutsche Praxis verlangt daher, dass Spams nur an Nutzer versandt werden, die sich ausdrücklich damit einverstanden erklärt haben, vom betreffenden Absender bzw. von den benannten Listen (Mailinglisten, Themenlisten, Sammellisten) E-Mails empfangen zu wollen (Opt-in-Verfahren). Der Eintrag in solche Listen muss dem Nutzer durch ein Begrüssungs-E-Mail bestätigt werden, unter gleichzeitiger Mitteilung, wie der Nutzer seine Streichung aus der Liste veranlassen kann (Unsubscribe- oder Remove-Verfahren).

Gemäss dem Grundsatz, dass Werbung als solche erkennbar sein soll, ist zu fordern, dass Werbe-E-Mails im Header (Betreff-Feld) als solche zu kennzeichnen sind, beispielsweise mit dem Namen der Mailingliste (z.B. Immobilienmarkt). Zu verlangen sind auch die für ein Versandhaus notwendigen Angaben, wie namentlich die genaue Information über den Anbieter mit vollständigem Namen, Rechtsform, postalischer Adresse, URL und E-Mail-Antwortadresse.

Darüber hinaus ist der Werbende verpflichtet, die Opt-out-Register zu konsultieren und entsprechende Einträge von der Bedienung mit Spam-Mails zu verschonen. Unlauter handelt somit, wer seine Werbe-E-Mails nicht als solche kennzeichnet oder das Gebot zur Konsultation der Opt-out-Register missachtet.

H. Reklame auf Waren

Literatur: Robert *Preiss,* Die Werbung mit Persönlichkeiten und Figuren (Merchandising) nach schweizerischer Praxis, in FS E. Blum & Co., Bern 1978, S. 181–201; Lucas *David,* Die Werbefigur in der Praxis, Mitt. 1982 33–45.

1. Bedeutung

Als Werbeträger eignen sich nicht nur hierfür speziell geschaffene Medien, wie Plakate, Anzeiger usw., sondern unter Umständen auch eigene oder fremde Waren. Ist der Käufer einer solchen Ware zufrieden, wird er seine positive Einstellung auch auf die dort angepriesenen Produkte übertragen und sie beim nächsten Erwerb berücksichtigen. Hinzu kommt, dass die Verbreitung der Grundware automatisch auch für eine gute Streuung der Werbung für das angepriesene Produkt sorgt, weil die gleichen Käuferkreise angesprochen werden. Viele Firmen pflegen daher auf ihren gut eingeführten Waren Werbehinweise für neue oder weniger gut eingeführte Produkte anzubringen.

Oft wird aber auch eine fremde Ware als Werbeträger für eine Ware oder Dienstleistung in Anspruch genommen. Es bestehen in diesem Fall keinerlei wirtschaftliche Beziehungen zwischen dem Hersteller des Grundproduktes und dem Initianten der darauf angebrachten Werbung. Geradezu klassisch für Fremdwerbung sind Zündholzbriefchen und Zuckerportionen, die für die verschiedensten Reklamen eingesetzt werden. Neuerdings sind besonders auch T-Shirts beliebt geworden, welche sich dank ihrer grossen, hellen Flächen vorzüglich für Werbeaufdrucke eignen. Von dieser Möglichkeit profitieren nicht zuletzt gewisse Fussballmannschaften, die den Werbung Treibenden ihre Trikots gegen teure Bezahlung zur Verfügung stellen. Die Benutzung von Dritterzeugnissen zur Werbung ist heute derart populär geworden, dass sie für den Werbung Treibenden zum Teil nicht nur unentgeltlich ist, sondern die Inhaber bekannter Marken im Gegenteil noch für das Recht bezahlt werden, ihre Signete auf Aschenbechern, Sonnenschirmen, Kleidungsstücken usw. abdrucken zu dürfen (sog. Merchandising). Die Verhältnisse haben sich damit völlig geändert: Es ist nun die Werbung für die bekannte Ware oder Dienstleistung, die mithilft, das Grundprodukt zu verkaufen.

2. Zulässigkeit

Grundsätzlich darf jedes Produkt als Werbeträger für andere eingesetzt werden. Verboten ist einzig Spirituosenwerbung auf Packungen und Gebrauchsgegenständen, die keine gebrannten Wasser enthalten oder damit nicht im Zusammenhang stehen[881]. Selbstverständlich dürfen aber durch diese Werbung die verbindlichen Angaben, die eine Packung tragen muss[882], nicht beeinträchtigt oder verdeckt werden. Auch ist durch entsprechende Packungsgestaltung dafür zu sorgen, dass Angaben, die sich auf das propagierte Produkt beziehen, nicht für Angaben über die verkaufte Ware gehalten werden. So können in der Werbung auf Waren Mengen- und Preisangaben für angepriesene Produkte in der Regel nur gemacht werden, wenn sie beim Verkauf verdeckt sind, indem sie sich beispielsweise auf der Innenseite eines beigelegten Prospektes befinden. Auch geht es selbstverständlich nicht an, dass beim angepriesenen Produkt Qualitäten herausgestrichen werden, die das Grundprodukt nicht aufweist. Andererseits steht rechtlich nichts entgegen, wenn selbst die Hauptbeschriftungs- oder Hauptetikettierungsfläche einer Packung mit Werbung für ein Drittprodukt versehen wird.

3. Schutz der werbenden Unternehmen vor Drittwerbung

Es ist das legitime Interesse jedes Werbenden, dass für seine Leistungen und Werke nicht unbesehen Werbung betrieben wird. Dieses Interesse wird durch die gegenwärtige Mode, alles und jedes mit bekannten Firmensigneten zu verzieren, gefährdet. Die Werbung treibenden Unternehmen versuchen daher, die Verwendung ihrer Signete von ihrer vertraglichen Einwilligung abhängig zu machen, wobei die Einwilligung oft an bestimmte Bedingungen, namentlich auch finanzielle, geknüpft wird. Als billiges Mittel zum Schutz der eigenen Werbung bietet sich das Markenrecht an, weshalb sich eine gewisse

---

[881] Art. 42b Abs. 3 lit. g BG über die gebrannten Wasser (Alkoholgesetz, SR 680).
[882] Vgl. Kap. III.A.2, S. 143.

Tendenz zeigt, Marken und Signete auch für betriebsfremde Waren zu hinterlegen und für diese Merchandising- oder Lizenzverträge mit geeigneten Produzenten abzuschliessen. Für berühmte Marken ist die Eintragung für betriebsfremde Waren freilich nicht mehr notwendig, da sie auch ausserhalb der von ihnen beanspruchten Waren und Dienstleistungen geschützt sind[883]. Geniesst das Firmensignet urheberrechtlichen Schutz, so kann auch dieser angerufen werden, um den Nutzer zum Abschluss eines Lizenzvertrages zu zwingen. Der Urheber eines urheberrechtlich geschützten Werkes oder sein Rechtsnachfolger braucht sich ja nicht gefallen zu lassen, dass seine Schöpfung von anderen ohne seine Einwilligung genutzt wird, sei es auch nur zur Ausschmückung fremder Produkte. Werden daher bildliche Werke ohne Einwilligung des Urhebers auf Waren angebracht, kann der Urheber in der Regel die Entfernung dieser Abbildungen verlangen, selbst wenn dadurch die Ware unbrauchbar wird. So war die Walt Disney Productions erfolgreich, als sie von einem Café verlangte, die auf dessen Geschirr (Tellern, Tassen usw.) ohne Einwilligung angebrachten Darstellungen der Mickey Mouse zu entfernen, was nur durch Vernichtung möglich war[884].

Bildet die von Dritten verwendete Marke den Namen des Werbenden, so kann sich dieser unter Umständen auch gestützt auf sein Namensrecht dagegen zur Wehr setzen, dass sie nicht ohne seine Erlaubnis usurpiert wird. Die Voraussetzungen des Namensrechts sind jedoch ziemlich streng. Einmal muss der eigene Name originell sein[885] und sich im Verkehr durchgesetzt haben[886]. Sodann darf er von Dritten bis anhin auch nicht zur Kennzeichnung völlig anderer Produkte verwendet worden sein[887]. Und schliesslich muss der Berechtigte ein erhebliches Interesse an der Freihaltung seines Namens nachweisen, doch genügt es immerhin, dass die Namensverwendung durch Dritte eine Marktverwirrung hervorruft[888].

---

[883] Art. 15 Markenschutzgesetz (MSchG, SR 232.11).
[884] BGE 77/1951 II 384 E. 2: Mickey Mouse, ebenso OGer AG in SMI 1988 130 E. 4: Sportpiktogramme. Zur früheren Praxis vgl. namentlich die Kontroverse um das JPS-Monogramm: AppH BE in Mitt. 1980 84 und BGer in Mitt. 1984 300, kommentiert von *Zollinger* in SJZ 75/1979 282 und *Marbach* in GRUR Int. 1984 543.
[885] BGE 92/1966 II 309: Sheila.
[886] HGer BE in ZBJV 84/1948 234: Therma.
[887] BGE 72/1946 II 138: Lux.
[888] BGE 80/1954 II 145: Fiducia, 87/1961 II 111: Narok; BJM 1960 84: Solis.

IV. Vorschriften für Massnahmen zur Verkaufsförderung (Vertriebsmassnahmen)

A. Offener Verkauf

1. Begriff und Bedeutung

In der Regel werden heute Waren vorverpackt abgegeben, was unser Bestreben nach Ordnung und Reinlichkeit zum Ausdruck bringt. Andererseits lässt der offene Verkauf Gedanken an nostalgische Tante Emma-Läden aufkommen, und er wird auch oft wegen des wegfallenden und manchmal übertriebenen Verpackungsaufwandes geschätzt.

Während bei Fertigpackungen die verkaufte Ware in Abwesenheit des Käufers abgemessen und in eine individuelle Umhüllung abgepackt wird, geschieht dies beim offenen Verkauf in Anwesenheit des Käufers. Soweit es sich um messbare Waren handelt, muss sie mit geeichten Messgeräten oder Schankgefässen abgemessen werden.

2. Zulässigkeit

Grundsätzlich dürfen Waren nicht nur vorverpackt, sondern auch offen angeboten werden. Diese Freiheit des Händlers wird aber illusorisch, sobald bestimmte Packungsaufschriften als obligatorisch erklärt werden. So wird als selbstverständlich vorausgesetzt, dass Waren, die mit Warnhinweisen versehen werden müssen[889], nicht offen angeboten werden dürfen. Zu denken ist dabei etwa an Tabakwaren, Arzneimittel, Chemikalien und umweltgefährdende Stoffe.

Aus den unterschiedlichen Gründen untersagt namentlich die Lebensmittelgesetzgebung den offenen Verkauf einzelner Waren. So dürfen tiefgekühlte Produkte, Speziallebensmittel oder ausländische Spirituosen mit Ursprungsbezeichnung nur vorverpackt an Konsumenten abgegeben werden; doch

---

[889] Vgl. vorn, Kap. III.A.6.c), S. 152.

können Speziallebensmittel wenigstens dann offen abgegeben werden, wenn sie an Ort und Stelle konsumiert werden[890].

B. Vertrieb ausserhalb ständiger Geschäftsräume (Fernabsatz im weiteren Sinne)

1. Allgemeines

a) Bedeutung

Die Miete eines Ladengeschäftes an guter Passantenlage ist ein wesentlicher Unkostenfaktor für jeden Gewerbetreibenden. Je besser die Passantenlage des Ladenlokals, desto grösser ist im Allgemeinen auch die Miete oder, falls im Eigentum des Gewerbetreibenden, sein investiertes Eigenkapital. Seit je wurde daher versucht, auf ein eigenes Ladenlokal zu verzichten und das eigene Angebot an anderen Orten zur Schau zu stellen. Dies ist im Rahmen der gesetzlichen Bestimmungen ohne weiteres zulässig; einer besonderen Bewilligung bedarf es dazu nicht, es wäre denn, man würde hierfür den öffentlichen Grund in einem den üblichen Gemeingebrauch übersteigenden Masse in Anspruch nehmen.

Der Vertrieb ausserhalb eines ständigen Ladenlokals gehört zu den so genannten Alternative Trade Channels (ATC). Bei den dabei zu Stande gekommenen Geschäftsabschlüssen lässt sich die den Vertragsabschluss vorbereitende Werbung vom nachfolgenden Verkauf kaum mehr trennen. Kann beim sesshaften Handel die Absatzwerbung durch Auslage und Präsentation der Ware erfolgen, so ist dies ausserhalb von Ladenlokalen kaum mehr möglich. Auch ist es in Verkaufsläden der Kunde, der den Gewerbetreibenden aufsucht, was gewöhnlich nur bei Vorliegen einer inneren Kaufbereitschaft geschieht; demgegenüber sucht der Händler ausserhalb eines festen Lokals potenzielle Kunden oft unaufgefordert auf, so dass sie zuerst von der Nützlichkeit eines Vertragsabschlusses überzeugt werden müssen. Das Verkaufsgespräch zwischen Reisendem oder Hausierer und Kunden ist daher zugleich und in erster Linie Werbegespräch. Aus diesem Grunde rechtfertigt es sich, diesen Marketingmassnahmen in der Darstellung des Vertriebsrechts einen besonderen Abschnitt zu widmen.

---

[890] Art. 11 Abs. 3, 166 Abs. 3, 430 Lebensmittelverordnung (LMV, SR 817.02).

Die Kantone können die Führung eines ständigen Geschäftslokals nicht erzwingen, da den Marktteilnehmern die Wahl der Vertriebsform frei steht. Dies gilt auch, wenn ein Geschäftslokal zur Ausübung bestimmter öffentlich-rechtlicher Verpflichtungen vorausgesetzt wird, wie etwa bei der Übernahme von Pflichtverteidigungen. Jedenfalls können ausserkantonale Rechtsanwälte nicht gezwungen werden, ein Besprechungszimmer im Kanton zu mieten, einzig um dort die amtlich vertretenen Klienten empfangen zu können[891].

b) Interessenlage

Es ist schwierig, die Verträge ausserhalb der ständigen Geschäftsräume eines Anbieters in einem einheitlichen Schema darzustellen, denn die Interessenlage präsentiert sich allzu verschieden. So ist namentlich zu unterscheiden, von wem die Initiative zu Vertragsverhandlungen ausgeht. Bei den eigentlichen Haustürgeschäften, beim ambulanten Strassenverkauf und beim Telefonverkauf ist dies der Anbieter, der oft den Interessenten überrumpelt und ihn so in eine Situation hinein manövriert, in welcher er nur schwer nein sagen kann. Ähnlich ist die Interessenlage bei Vertriebsveranstaltungen, die mit einer Ausflugsfahrt, einem Partyverkauf oder einem ähnlichen Anlass verbunden sind, da hier oft aus kaufsfremden Motiven wie Dankbarkeit oder sozialen Rücksichten bestellt wird. Doch ist immerhin darauf hinzuweisen, dass solche Anlässe nicht unvorbereitet besucht werden, wobei aber auch einzuräumen ist, dass über den Zweck des Anlasses oft nicht ausreichend informiert wird. Schliesslich gibt es aber auch beim Vertrieb ausserhalb eines ständigen Geschäftslokals viele Varianten, in denen die Initiative zu Vertragsverhandlungen vom Kunden ausgeht, wie beim Angebot an Verkaufsautomaten, Wanderlagern, Markt- und Messeständen sowie beim Versandhandel und im elektronischen Geschäftsverkehr.

Sodann ist die Interessenlage je nachdem, ob die Verträge unter Anwesenden oder unter Abwesenden geschlossen werden, verschieden. Falls nicht beide Parteien gleichzeitig körperlich anwesend sind, können nur beschränkte und oberflächliche Informationen über die angebotenen Produkte ausgetauscht werden, weshalb hier die Gefahr eines unüberlegten Entscheides besonders gross ist.

Der Gesetzgeber hat namentlich bei der Gestaltung des Widerrufsrechts und der Informationspflichten versucht, auf die verschiedene Interessenlage der Parteien einzugehen und differenzierte Regelungen zu treffen. Dies erschwert aber wiederum die Darstellung dieses Rechtsgebiets.

---

[891] BGE 123/1997 I 262 E. 2d: Etude à Monthey.

c) Widerrufsrecht

Entsprechend der oben aufgezeigten Interessenlage ist das Widerrufsrecht von einer ganzen Anzahl positiver als auch negativer Merkmale abhängig, so dass in jedem einzelnen Fall geprüft werden muss, ob ein solches Recht geltend gemacht werden kann oder nicht.

Das vorgeschlagene, aber noch nicht in Kraft getretene Bundesgesetz über den elektronischen Geschäftsverkehr will überdies das Widerrufsrecht auf bestimmte Fernabsatzverträge ausdehnen. Dessen Regelungen werden im Folgenden ebenfalls berücksichtigt.

(1) Grundsatz

Das Widerrufsrecht ist anwendbar auf Verträge, die ausserhalb der Geschäftsräume des Anbieters über bewegliche Sachen oder die Erbringung von Dienstleistungen abgeschlossen werden, soweit der Anbieter im Rahmen einer beruflichen oder gewerblichen Tätigkeit handelt und der Kunde für seine persönlichen oder familiären Bedürfnisse erwirbt (sog. Konsumentenverträge). Dabei kommen nicht nur Kaufverträge und Aufträge in Betracht, sondern auch Mietverträge (z.B. für Autos, Fernseher, Handys etc.) oder unter Umständen sogar auch Werkverträge (z.B. Grabmalbestellungen, Reparaturaufträge etc.)[892].

Vom Widerrufsrecht betroffen sind zunächst Haustürgeschäfte und ähnliche Verträge, soweit der Kunde die Vertragshandlungen nicht selber angeregt oder gewünscht hat. Unter die ähnlichen Verträge fallen einerseits Angebote, die am Arbeitsplatz, auf öffentlichen Strassen und Plätzen und in öffentlichen Verkehrsmitteln gemacht werden, sowie andererseits Vertriebsveranstaltungen, die mit einer Ausflugsfahrt, einem Partyverkauf oder dergleichen verbunden sind[893].

Das neue Gesetz will sodann Verträge dem Widerrufsrecht unterstellen, die ohne gleichzeitige körperliche Anwesenheit der Vertragsparteien abgeschlossen werden und bei denen der Anbieter im Rahmen eines für den Fernabsatz organisierten Vertriebssystems ausschliesslich ein oder mehrere Fernkommunikationsmittel verwendet[894].

---

[892] Art. 40a Abs. 1 Obligationenrecht (OR, SR 220).
[893] Art. 40b Obligationenrecht (OR, SR 220).
[894] Art. 40c Abs. 1 VE Obligationenrecht (OR, SR 220).

(2) Ausnahmen

Voraussetzung für die Ausübung eines Widerrufsrechts ist aber immerhin, dass die Leistung des Kunden (einschliesslich Mehrwertsteuer) mehr als CHF 100 beträgt[895]. Verträge von geringer finanzieller Bedeutung sind vom Anwendungsbereich des Widerrufsrechts ausgenommen.

Bereits nach geltendem Recht unterstehen unter der Haustüre abgeschlossene Versicherungsverträge nicht dem Widerrufsrecht; nach neuem Recht sogar alle Verträge über Finanzdienstleistungen, d.h. Verträge im Zusammenhang mit der Tätigkeit von Banken, Versicherungen, Effektenhändlern und der Börse[896].

Kein Widerrufsrecht soll zur Verfügung stehen, wenn es den Anbieter zu stark belasten würde, weil er bereits Massnahmen getroffen hat um die Wünsche des Kunden zu befriedigen. Daher besteht für Waren, die auf Anlass des Kunden nach seinen genauen Angaben gefertigt sind, und für Dienstleistungen, die auf seine persönlichen Bedürfnisse zugeschnitten sind, kein Widerrufsrecht[897].

Schliesslich sollen nach neuem Recht auch Verträge über Wetten und Lotterien generell vom Widerrufsrecht ausgeschlossen werden, weil ihr ohnehin spekulativer Charakter nicht mit einem Widerruf vereinbar ist.

Bei den Haustürgeschäften sind Verträge, die an einem Markt- oder Messestand abgeschlossen werden, vom Widerrufsrecht ausgenommen, und zwar unabhängig von ihrer finanziellen Bedeutung[898]. Bei den Fernabsatzverträgen sollen Versteigerungen sowie Geschäfte an Waren- und Telefonautomaten[899] in Zukunft vom Widerrufsrecht ausgenommen sein.

2. Vertrieb an offenen Verkaufsstellen

Literatur: Urs *Saxer*, Die Grundrechte und die Benützung öffentlicher Strassen, Diss. ZH 1988.

---

[895] Art. 40a Abs. 1 lit. b Obligationenrecht (OR, SR 220); Art. 40a Abs. 2 lit. a VE OR.
[896] Art. 40a Abs. 2 Obligationenrecht (OR, SR 220); Art. 40a Abs. 2 lit. b VE OR.
[897] Art. 40c lit. a und b Obligationenrecht (OR, SR 220); Art. 40a Abs. 2 lit. c und d VE OR.
[898] Art. 40c lit. c Obligationenrecht (OR, SR 220); Art. 40b Abs. 2 VE VOR.
[899] Art. 40c Abs. 2 VE OR.

IV. Vorschriften für Massnahmen zur Verkaufsförderung (Vertriebsmassnahmen)

a) **Begriff und Bedeutung**

Die offenen Verkaufsstellen wurden bisher einzig in der Giftgesetzgebung definiert[900]. Sie versteht darunter Verkaufseinrichtungen, bei denen der Käufer kein Verkaufslokal zu betreten braucht, wie etwa freistehende Kioske, Marktstände, Verkaufsstellen an Wanderausstellungen und Messen (auch in Hallen), sowie Warenangebote ausserhalb von Geschäftslokalen und ab Fahrzeugen, sofern sie nicht für den Verkauf im Inneren eingerichtet sind. Nicht als offene Verkaufsstellen gelten Kioske innerhalb von Verkaufslokalen.

Den Umständen entsprechend verfügen offene Verkaufsstellen meist nur über ein beschränktes Angebot. Diese Besonderheit sollte indessen keinen Anlass geben, um die offenen Verkaufsstellen anders zu behandeln als die regulären. Auch lässt sich nicht generell sagen, dass offene Verkaufsstellen grössere Diebstahls- oder Feuerrisiken aufweisen würden als andere. Ebenso wenig braucht der Umstand den Gesetzgeber zu kümmern, dass der Käufer an offenen Verkaufsstellen in der Regel nicht vor Regen, Wind und Kälte geschützt ist. Dennoch verbot das bisherige Giftgesetz die Abgabe von Giften an solchen Orten. Diese Einschränkung erschien kaum als verhältnismässig, da nicht einzusehen war, warum die Verkäufer in Kiosken und an Markt- und Messeständen weniger sorgfältig sein sollten als ihre Kollegen in regulären Läden. Besonders eigenartig war der Umstand, dass der Giftverkauf an Kiosken innerhalb von Verbrauchermärkten gestattet, an Kiosken im Freien aber untersagt war.

b) **Vertrieb im Umherziehen, insbesondere ab Fahrzeugen**

(1) Begriff

Nicht immer sucht der Aussendienst die Kunden in ihren Häusern auf; oft begnügen er sich mit dem Verkauf ab Fahrzeugen, die entweder regelmässig bestimmte Haltestellen bedienen oder zu bestimmten Zeiten verkehren und nur bei Bedarf anhalten. Soweit sich diese Art der Gewerbeausübung auf den öffentlichen Strassen vollzieht, übersteigt dies den üblichen Gemeingebrauch einer öffentlichen Sache und kann daher als Sondergebrauch bewilligungspflichtig erklärt werden. Denn sobald ein Gebrauch einer öffentlichen Sache deren gleichzeitige und gleichartige Benützung durch andere Berechtigte

---

[900] Art. 2 altGiftverordnung vom 19.9.1983 (GV, AS 1983 1387).

ausschliesst, übersteigt er den Gemeingebrauch und wird zum gesteigerten Gemeingebrauch oder gar zur Sondernutzung[901].

Für die Bewilligung darf vom Gemeinwesen eine angemessene Gebühr verlangt werden. Im Kanton Zürich hat die Direktion der öffentlichen Bauten Mitte der Siebzigerjahre unter Hinweis auf einen Bundesgerichtsentscheid aus dem Jahre 1927[902] eine kommunale Gebühr von CHF 7 pro Haltestelle und Monat, mindestens aber CHF 175 pro Jahr empfohlen.

(2) Einschränkungen

Die Behörden können aus Gründen des öffentlichen Wohls, insbesondere aus verkehrspolizeilichen Gründen, Einschränkungen des Verkaufs im Umherziehen verfügen; vom Bundesgericht ist es sogar als zulässig erachtet worden, die Staatsstrassen überhaupt nicht dem Verkauf im Umherziehen zur Verfügung zu stellen und diesen höchstens auf den Gemeindestrassen zuzulassen[903]. Eine derart rigorose Praxis scheint jedoch heute unverhältnismässig, da es auf allen Staatsstrassen Orte gibt, wo gefahrlos angehalten werden kann.

Der Verkauf ab Fahrzeugen im regelmässigen Umherziehen unterscheidet sich kaum vom Verkauf im Ladenlokal. Weder ist eine Belästigung des Publikums zu befürchten, da dieses im Aufsuchen der Verkaufswagen frei ist, noch besteht eine grössere Gefahr der Übervorteilung von Kunden, da diese ja den Verkäufer schon aufgrund der vorher verteilten Fahrpläne kennen oder doch zum Mindesten leicht ermitteln können und so bei der Geltendmachung ihrer Rechte bei Täuschung, aus Garantie usw. nicht wesentlich behindert sind. Entsprechend wird denn auch der Verkauf in privaten Verkaufswagen vom Widerrufsrecht bei Haustürgeschäften ausdrücklich ausgenommen[904]. Auch die polizeiliche Kontrolle durch die Behörden kann aufgrund des im Voraus festgesetzten Fahrplanes in ähnlicher Weise erfolgen wie bei den festen Verkaufsstellen. Die Kantone sind daher nicht frei, den Verkauf im regelmässigen Umherziehen an besondere Voraussetzungen zu knüpfen, der nicht auch vom sesshaften Handel und Gewerbe zu beachten ist. Namentlich geht es nicht an, vom Verkauf im Umherziehen bestimmte Waren oder Dienstleistungen auszuschliessen, es wäre denn, es könnten besondere gesundheitspolizeiliche Gründe geltend gemacht werden[905]. Entsprechend ist

---

[901] BGE 73/1947 I 214: Migros LU, 76/1950 I 293: Markt Schwarzenburg BE, 77/1951 I 288: Migros ZG, 81/1955 I 18: Kleintaxis GE.
[902] BGE 53/1927 I 16: Migros ZH.
[903] BGE 73/1947 I 218: Migros LU.
[904] Art.40b lit. b Obligationenrecht (OR, SR 220).
[905] BGE 57/1931 I 111: Migros BE.

IV. Vorschriften für Massnahmen zur Verkaufsförderung (Vertriebsmassnahmen)

auch der Verkauf von Lebensmitteln im Umherziehen grundsätzlich erlaubt[906]. Daneben findet sich ein Verbot des Verkaufs von Spirituosen im Umherziehen sogar in der Bundesverfassung[907]. Immerhin fühlen sich die Kantone berechtigt, den Verkauf im regelmässigen Umherziehen als patentpflichtigen Hausierverkehr zu behandeln. Das Bundesgericht hat die Bewilligungspflicht damit begründet, dass sich das Publikum durch das örtliche Entgegenkommen des Händlers besonders leicht zu den angestrebten Geschäftsabschlüssen bewegen lasse und es deshalb der Gefahr der Täuschung und Übervorteilung in wesentlich höherem Masse ausgesetzt sei als im Verkehr mit einer festen Geschäftsniederlassung[908]. Diese Begründung ist nicht überzeugend, ist doch heute der «Laden um die Ecke» keine Verlockung, sondern eine dringende Notwendigkeit für den Konsumenten. Besondere Gefahren ergeben sich erst, wenn der Händler unregelmässig umherzieht und daher kaum mehr kontrolliert werden kann oder wenn er die Kunden unaufgefordert besucht oder anspricht.

(3) Widerrufsrecht

Für Verträge, die auf öffentlichen Strassen und Plätzen oder in öffentlichen Verkehrsmitteln geschlossen werden, kann das Widerrufsrecht in Anspruch genommen werden, soweit die Leistung des Kunden CHF 100 übersteigt[909]. Kein Widerrufsrecht besteht bei Verträgen, die in Verkaufswagen geschlossen werden.

c) **Vertrieb auf Märkten und Marktständen; Strassenverkauf (so genannter ambulanter Verkauf)**

Literatur: Beat *Zürcher*, Das Taxigewerbe aus verwaltungsrechtlicher Sicht, Diss. ZH 1978.

(1) Begriff

Ein Markt ist eine zeitlich beschränkte, aber wiederkehrende öffentliche Veranstaltung, an der im Rahmen der Marktordnung jedermann berechtigt ist, bewegliche Waren ausserhalb von ständigen Verkaufsräumen anzubieten und abzugeben. Märkte finden oft unter freiem Himmel statt.

---

[906] Art. 31 Abs. 3 Lebensmittelverordnung (LMV, SR 817.02).
[907] Art. 32^{quater} Abs. 6 altBV 1874, gemäss Schlussbestimmungen II der revidierten Bundesverfassung 1999 bis auf weiteres weiterhin in Kraft.
[908] BGE 57/1931 I 104: Rentsch (Migros BE).
[909] Art. 40b lit. b i.V.m. 40a Abs. 1 lit. b Obligationenrecht (OR, SR 220); Art. 40b Abs. 1 lit. b i.V.m. 40a Abs. 2 lit. a OR.

(2) Verkauf auf Privatgrund

Soweit Marktstände auf privatem Grund aufgestellt und zum Verkauf benützt werden, können die Behörden höchstens dann besondere Vorschriften erlassen, wenn sich solche wegen der bloss vorübergehenden Natur des Geschäftes aufdrängen. Immerhin sind auch von den Inhabern und Bewerbern von Marktständen die einschlägigen Polizeivorschriften zu beachten, wie insbesondere die Vorschriften der Baupolizei[910], Gesundheitspolizei[911] usw. Wegen der Gefahr von Verunreinigungen kann insbesondere verlangt werden, dass die Auslagen in einem gewissen Mindestabstand über dem Boden aufgestellt werden müssen.

(3) Verkauf auf öffentlichem Grund

Meistens wird für die Abhaltung von Märkten und Messen sowie für das Aufstellen von Marktständen öffentlicher Grund beansprucht; Gleiches gilt für das Aufstellen von Taxis und den Strassenverkauf, z.B. das Herumfahren mit Glacewagen an warmen Sommertagen. Auch diese Benützungsarten bilden eine Sondernutzung, gilt doch als solche in der Regel jede gewerbliche Nutzung des öffentlichen Grundes[912]. Sie kann daher vom Gemeinwesen, ohne dass es hierzu einer besonderen gesetzlichen Grundlage bedürfte[913], einer Bewilligungspflicht, verbunden mit den entsprechenden Auflagen, unterstellt werden. Dabei wird gewöhnlich festgehalten, dass die Bestimmungen für den sesshaften Handel auch für Märkte gelten.

Das Bundesgericht hat sich mit der Bereitstellung des öffentlichen Grundes bei Überhang der Nachfrage eingehend im Zusammenhang mit Spielbewilligungen für Zirkusse befasst. Es hat zwar anerkannt, dass die Platzzuteilung eine Auswahl unter den Interessenten notwendig mache, was bereits schon eine völlige Gleichbehandlung aller Bewerber ausschliesse. Indessen sind die Behörden dennoch verpflichtet, dem institutionellen Gehalt der Wirtschaftsfreiheit Rechnung zu tragen und ihre Bewilligungspraxis so auszugestalten, dass möglichst faire Wettbewerbsbedingungen geschaffen werden. Daher dürfen einzelnen Konkurrenten keine ungerechtfertigten wirtschaftlichen Vorteile verschafft werden[914]. So ist es noch zulässig, wenn der eine Zirkus zwar jährlich, alle anderen Zirkusse aber nur alle zwei Jahre gastieren dürfen,

---

[910] Z.B. Zufahrt, Parkplätze.
[911] Z.B. Lebensmittelverordnung, Ladenschlussverordnung.
[912] Vgl. BGE 99/1973 Ia 510: Prostituierte ZH.
[913] BGE 95/1969 I 249: Bootsliegeplätze TG.
[914] BGE 121/1995 I 135 E. 3d: Taxistandplätze ZH, 287 E. 6b: Zirkus Gasser Olympia BS.

IV. Vorschriften für Massnahmen zur Verkaufsförderung (Vertriebsmassnahmen)

nicht mehr aber, wenn die anderen Zirkusse dies nur alle 5–6 Jahre tun dürfen[915].

(4) Örtliche Einschränkungen

Insbesondere im Strassenverkauf können die Behörden aus verkehrspolizeilichen Gründen Einschränkungen verfügen. So kann bestimmt werden, dass verkehrsreiche Strassen und Plätze überhaupt zu meiden sind oder dass die verwendeten Fahrzeuge nicht länger als eine bestimmte Zeit am gleichen Ort stehen bleiben dürfen. Vielerorts wird auch den Taxis verboten, die Strassen zur Ausschau nach Kunden zu befahren[916]. Um übermässige Belästigungen der Wähler bei Abstimmungslokalen zu vermeiden, wird oft auch verfügt, dass Unterschriftensammlungen wenigstens 5–10 Meter vom Eingang zur Urne entfernt durchgeführt werden müssen.

(5) Sachliche Einschränkungen

Da auch beim Strassenverkauf die gleichen Missbräuche wie beim Hausieren auftreten können, lassen die Kantone gewöhnlich jene Waren, die vom Hausierverkehr ausgeschlossen sind[917], auch nicht zum Verkauf auf Märkten zu. Daneben hat der Bund im Alkoholgesetz den Kleinhandel mit Spirituosen auf öffentlichen Strassen und Plätzen untersagt[918]. Dagegen ist der ambulante Verkauf von Wein aufgrund des Bundesrechts nicht untersagt.

Zum Schutze der Touristen können weitere Waren oder Dienstleistungen vom Strassenverkauf ausgenommen werden. So kann beispielsweise das gewerbsmässige Photographieren von Passanten einer Bewilligungspflicht unterstellt[919] oder gänzlich verboten werden[920].

(6) Persönliche Einschränkungen

Obwohl Märkte gewöhnlich mit einer bestimmten Regelmässigkeit abgehalten werden, ändern Zahl und Inhaber der einzelnen Marktstände immer wieder. Dadurch erhöht sich die Gefahr, dass die Kunden die Anbieter nicht kennen oder doch nur schwer ermitteln können. Die meisten kommunalen

---

[915] BGE 119/1993 Ia 451 E. 4: Circus Gasser Olympia SH, 121/1995 Ia 289 E. 6b: Circus Gasser Olympia BS; BGer in ZBl 75/1974 270 und 79/1978 276: Taxigewerbe Zch.
[916] Verbot des sog. «Wischens»; vgl. Art. 14 Abs. 3 Taxivorschriften Zch. (AS 38, 81).
[917] Vgl. hinten, S. 242.
[918] Art. 41 BG über die gebrannten Wasser (Alkoholgesetz, SR 680).
[919] OGer ZH und BGer in ZR 29/1930 Nr. 57: Wanderfotograf.
[920] § 22 Zch. V über die Benützung des öffentlichen Grundes zu Sonderzwecken vom 16.6.1972 (VBöGS).

Marktreglemente und -ordnungen verpflichten daher die Marktfahrer, bei den Verkaufsständen ihren Namen und Wohnsitz gut sichtbar anzubringen. Aus dem gleichen Grunde können Strassenverkäufer zur Einholung einer kantonalen Wandergewerbebewilligung verhalten werden[921]. Da diese Gefahren unabhängig davon bestehen, ob der Markt auf privatem oder öffentlichem Grund abgehalten wird, können entsprechende Vorschriften auch gemacht werden, wenn kein öffentlicher Grund beansprucht wird. So wird es möglich, jeden vorübergehenden Verkaufsstand der Patentpflicht zu unterstellen.

Oft melden sich mehr Bewerber für Marktstände als hierfür Platz zur Verfügung steht. Die Behörden sind daher gezwungen, eine Auswahl unter den Marktfahrern zu treffen, ähnlich wie ein Vermieter eine Auswahl unter verschiedenen Mietinteressenten zu treffen hat. Sie kommen dabei um wirtschaftspolitische Entscheide nicht herum. Während die einen Behörden einfach das Los entscheiden lassen[922], geben andere dem ortsansässigen Handel und Gewerbe[923], dem Branchenälteren (Anciennitätsprinzip) oder jenem den Vorzug, der seine Tätigkeit vollberuflich ausübt; ja sogar Versteigerungen der Plätze sind denkbar. Ähnliche Auswahlkriterien sind bei der Verleihung von Taxistandplätzen auf öffentlichem Grund oder bei der Zuteilung von öffentlichen Plätzen an Schausteller und Zirkusse anzuwenden, da auch hier die Zahl der Bewerber oft grösser ist als die nach den gegebenen Verhältnissen mögliche oder vernünftige Zahl von Bewilligungen. Solange das Auswahlverfahren nicht willkürlich, sondern sachlich vertretbar ist und faire Wettbewerbsverhältnisse herrschen, ist es auch unter dem Gesichtspunkt der Wirtschaftsfreiheit zulässig und wird vom Bundesgericht geschützt[924].

(7) Weitere polizeiliche Einschränkungen

Der ambulante Vertrieb untersteht den einschlägigen Polizeivorschriften, wie insbesondere den kantonalen oder kommunalen Ladenschlussordnungen, soweit nicht Ausnahmen gestattet werden. Solche dürften in der Regel nur für traditionelle Jahrmärkte bewilligt werden.

---

[921] Vgl. z.B. § 11 ZH Markt- und Wandergewerbegesetz vom 18.2.1979 (ZGS 935.31).
[922] Vgl. z.B. Art. 4 Zch. Vorschriften über die Märkte vom 26.4.1972.
[923] Gemäss ständiger Praxis des Bundesgerichtes ist es zulässig, die in einem Gemeinwesen Niedergelassenen hinsichtlich der Benützung öffentlicher Anstalten oder öffentlicher Sachen besser zu stellen als Auswärtige: BGE 114/1988 Ia 13 E. 3b: Jagdpatente VS, 119/1993 Ia 128 E. 2b: Jagdpatente BE, 121/1995 Ia 286 E. 5c: Zirkus Gasser Olympia BS.
[924] BGE 99/1973 Ia 399: Taxi-Gesetz BS, 102/1976 Ia 448: Taxiverordnung Zch., 119/1993 Ia 445: Circus Gasser Olympia SH, 121/1995 Ia 286: Circus Gasser Olympia BS; BGer in ZBl 75/1974 270 und 79/1978 276: Taxigewerbe Zch.

Marktstände haben überdies den ordentlichen baupolizeilichen und gesundheitspolizeilichen Vorschriften zu entsprechen. In Marktordnungen wird gelegentlich verlangt, dass Verkaufsstände nicht mit Zeitungen belegt werden dürfen, wenn sie mit offen verkauften Lebensmitteln in Berührung gelangen.

(8) Widerrufsrecht

Der Verkauf an Marktständen kann vom Kunden nicht widerrufen werden, selbst wenn der Markt auf öffentlichem Grund abgehalten worden ist; dagegen unterstehen ambulante Verkäufe auf öffentlichen Strassen und Plätzen oder gar in öffentlichen Verkehrsmitteln dem Widerrufsrecht für Haustürgeschäfte[925], soweit die Leistung des Kunden CHF 100 übersteigt.

d) Vertrieb an Messen und Ausstellungen

Literatur: Heinz *Bachtler,* Rechtliche Probleme bei der Veranstaltung von Messen, SJZ 82/1986 89–97.

(1) Bedeutung

Die Schweiz ist ein messefreudiges Land, und nicht nur die grossen Frühjahrs- und Herbstmessen, sondern auch viele regionale und lokale Gewerbeausstellungen erfreuen sich regen Zuspruchs. Die Aussteller sind sich freilich oft nicht bewusst, dass auch für Messen und Ausstellungen polizeiliche Randbedingungen gelten.

(2) Begriff

Messen und Ausstellungen sind zeitlich beschränkte Veranstaltungen auf abgegrenztem Gebiet, an denen die Aussteller Waren, meistens anhand von Mustern, oder Dienstleistungen anbieten, wobei diese in der Regel erst nach der Ausstellung ausgeliefert oder erbracht werden. Messen werden oft im Rhythmus von ein oder zwei Jahren (Biennale) durchgeführt.

(3) Bewilligung

Veranstaltungen auf öffentlichem Grund dürfen einer Bewilligungspflicht unterstellt werden. Die Behörden, in der Regel die Gemeinden, können Marktreglemente aufstellen und darin Ort, Zeit, Angebot und Zutritt regeln.

---

[925] Art. 40b lit. b und Art. 40c lit. c Obligationenrecht (OR, SR 220); Art. 40b Abs. 1 lit. b und Abs. 2 VE OR.

Vorübergehende Veranstaltungen in geschlossenen Räumen unterscheiden sich von festen Verkaufsstellen insofern, als der Anlass nur kurzfristig ist und damit persönliche Erfahrungen über den Anbieter in der Regel fehlen. Die fehlende Erfahrung der Kunden wird aber wettgemacht durch die Routine des Veranstalters, der über seine Aussteller meistens weit mehr weiss als ein Kunde über sein Stammgeschäft. Eine Bewilligungspflicht für Messen und Ausstellungen kann sich daher kaum auf ein öffentliches Interesse stützen.

(4) Zeitliche Einschränkungen

Messen und Ausstellungen haben grundsätzlich ebenfalls die örtlichen Ladenschlusszeiten und die öffentlichen Ruhetage zu beachten. In der Regel werden jedoch Ausnahmebewilligungen gewährt.

(5) Persönliche Einschränkungen

Wer an Messen und Ausstellungen Waren anbietet, ohne sie gleich ausliefern zu können, muss im Besitze einer Handelsreisendenkarte sein. Dabei genügt es, wenn bloss der Standchef über eine solche verfügt.

(6) Widerrufsrecht

Der Verkauf an Messe- und Ausstellungsständen kann vom Kunden nicht widerrufen werden, selbst wenn die Messe oder Ausstellung auf öffentlichem Grund abgehalten wird[926].

e) Wanderlager

Als Wanderlager wird die vorübergehende Eröffnung eines Auslieferungslagers in fremden und nicht fest gemieteten Räumen, Kiosken, Ständen oder abgestellten Fahrzeugen bezeichnet. Der Betrieb eines solchen Lagers untersteht der kantonalen Gesetzgebung. Die Kantone können die Inhaber von Wanderlagern den Marktfahrern oder Hausierern (Wandergewerbe) gleichstellen, so dass zum Betrieb eines Wanderlagers unter Umständen ein kantonales Hausierpatent erforderlich ist.

Ein Kauf bei einem Wanderlager kann vom Kunden nicht widerrufen werden, da die Parteien persönlich anwesend sind.

---

[926] Art. 40c lit. c Obligationenrecht (OR, SR 220); Art. 40b Abs. 2 VE OR.

IV. Vorschriften für Massnahmen zur Verkaufsförderung (Vertriebsmassnahmen)

3. Hausieren und Bestellungsaufnahme durch Handelsreisende (so genannte Haustürgeschäfte)

Literatur: Ulrich *Luder,* Der Hausierhandel im schweiz. Recht, Diss. ZH 1945; *International Chamber of Commerce,* ICC International Code of Direct Selling (1999 Edition), Paris 1999.

a) Begriff

Unter Hausieren (Wanderhandel) wird das unaufgeforderte Feilbieten mitgeführter Waren im Umherziehen, meistens von Haus zu Haus, treppauf und treppab, verstanden. Der Hausierer sucht den Kunden ungerufen mit der noch nicht bestellten Ware auf, um sie ihm zum Kauf anzubieten und nach Vertragsabschluss sofort zu übergeben[927]. Hausieren lässt sich sowohl am Wohnsitz des Konsumenten (Domizilverkauf) als auch an dessen Arbeitsort. Dem Hausieren gleichzustellen ist die wandernde Ausübung eines Berufes[928]. Die Aufsicht über das Hausierwesen steht zurzeit den Kantonen zu. Seiner unterschiedlichen Bedeutung in den verschiedenen Landesgegenden wegen wollte es der Bund bis anhin nicht einer einheitlichen, eidgenössischen Ordnung unterstellen. Bemühungen, das Handelsreisendengesetz zu modernisieren und diesem auch das Hausierwesen zu unterstellen, haben noch nicht zum Ziel geführt.

Die Kantone können das Hausieren patentpflichtig erklären, da im Gegensatz zum sesshaften Handel und Gewerbe eine überhöhte Gefahr der Übervorteilung und Belästigung der Kunden besteht. Die meisten Kantone haben daher für den Hausierverkehr eine Bewilligungspflicht vorgesehen und deren Erteilung vom guten Leumund abhängig gemacht[929].

Die bisherige Legaldefinition des Wanderhandels in der Giftverordnung[930] ging zwar etwas weiter als die einleitend gegebene Umschreibung, da sie nur auf das Feilbieten im Umherziehen abstellte und keinen Unterschied machte, ob dieses auf Bestellung oder Anstoss vom Kunden ausgegangen ist. Kein typischer Hausierverkehr liegt jedoch vor, wenn der Kunde Anlass zum Ver-

---

[927] Bundesanwaltschaft in VEB 1/1927 33 Nr. 23: Hausierverbot, Justizabt. EJPD in VEB 7/1933 55 Nr. 38: Kundenbedienung, 30/1961 93 Nr. 53: Hausieren und 11/1937 58 Nr. 44: Sauerkraut.
[928] BGE 42/1916 I 256: Hausierhandel ZG, 55/1929 I 77: Hausierhandel AG; Justizabt. EJPD in VEB 6/1932 197 Nr. 156: Brennereien.
[929] Vgl. Burckhardt II Nr. 468 VII.
[930] Art. 2 altGiftverordnung vom 19. Sept. 1983 (GV, AS 1983 1387).

kauf gibt, indem er den Lieferanten (z.B. den Milchmann) zu regelmässigen Besuchen einlädt oder ihm gar eine schriftliche Bestellung bereitlegt[931]. Analog sieht auch das Handelsreisendengesetz vor, dass es keine Anwendung finden soll auf die Entgegennahme von Bestellungen, zu denen der Anstoss vom Kunden ausgegangen ist[932]. Kennzeichnend für das Hausieren ist somit nicht, dass dem Kunden örtlich entgegengekommen und so ein Geschäftsabschluss erleichtert wird[933], sondern dass Kunden unaufgefordert und überraschend angesprochen werden, um sie zu einem Geschäftsabschluss zu bewegen[934]. Die besondere Gefahr der Täuschung und Übervorteilung besteht nicht deshalb, weil der Kunde zu Hause oder an seinem Arbeitsplatz aufgesucht wird, sondern weil er unvorbereitet in ein Verkaufsgespräch verwickelt wird[935]. Hausieren lässt sich daher nicht nur an der Haustüre, sondern auch auf öffentlichen Strassen und Plätzen oder in Gaststätten. Auf öffentlichem Grund erfolgt es heute besonders in der Form von Abzeichenverkäufen und Unterschriftensammlungen, während in Wirtschaften vor allem der Verkauf von Zeitungen und Blumen üblich ist. Die Kantone betrachten diese Verkaufsarten in der Regel nicht als patentpflichtigen Hausierverkehr. Nicht als Hausieren kann das blosse Ausrufen von Tageszeitungen auf Plätzen und Bahnhöfen betrachtet werden, da dabei die Kunden nicht persönlich angesprochen werden und sich dieser Verkauf kaum vom Verkauf an einem stationären Kiosk unterscheidet[936]. Anders steht es freilich mit dem Verkauf in Wirtschaften, wo die Gäste persönlich angesprochen werden, und beim Kolportieren unbekannter Zeitschriften, die nur nach einem persönlichen Verkaufsgespräch vertrieben werden können[937]. Doch sind Verletzungen des Hausierverbots durch den Zeitungsverkauf als ausgesprochene Bagatellen zu betrachten und es wäre wohl richtiger, hierfür eine Bewilligungspflicht ganz fallen zu lassen[938].

Wer Waren nicht mitführt, aber zum Zwecke der Entgegennahme von Warenbestellungen, auch anhand von mitgeführten Mustern, Kunden aufsucht, ist Handelsreisender. Da bei dieser Vertriebsart die Gefahr der Übervortei-

---

[931] BGE 57/1931 I 104: Rentsch (Migros BE).
[932] Art. 2 Abs. 2 lit. c BG über die Handelsreisenden (sog. Hanelsreisendengesetz, SR 943.1).
[933] So noch BGE 42/1916 I 257: Hausierhandel ZG, bestätigt in BGE 57/1931 I 104: Rentsch (Migros BE).
[934] Vgl. Burckhardt II Nr. 468 IV, ebenso BGE 55/1929 I 78, 58/1932 I 159.
[935] A.A. BGE 84/1958 I 22: Verkauf vor der Ladentüre GR.
[936] A.A. BGE 58/1932 I 228: Eiserner Besen SG.
[937] OGer ZH u. BGer in ZR 73/1974 Nr. 107: Hausierverkehr; BGE 39/1913 I 22: Hausierhandel BE, 56/1930 I 435: Hausierhandel GR.
[938] BGer in ZBl 78/1977 360: Zeitungsverkauf BS.

lung des Käufers noch grösser ist als beim Hausierhandel, untersteht der Handelsreisende nicht den kantonalen Bestimmungen über den Hausierverkehr, sondern den bundesrechtlichen Vorschriften über die Handelsreisenden[939]. Unterschieden wird zurzeit noch zwischen Platzreisenden, Grossreisenden und Kleinreisenden. Platzreisende dürfen nur in der Gemeinde Bestellungen entgegennehmen, in denen die Verkaufsfirma eine Produktionsstätte oder einen Verkaufsladen besitzt. Diese Tätigkeit untersteht nicht dem Handelsreisendengesetz[940], ist es doch einem allfällig übervorteilten Käufer zuzumuten, beim ortsansässigen Geschäft zu reklamieren. Gross- und Kleinreisende bedürfen zur Ausübung ihrer Tätigkeit einer eidgenössischen Ausweiskarte. Diejenige für Grossreisende ist taxfrei, doch dürfen Grossreisende nur Bestellungen zum Wiederverkauf oder zur Bearbeitung entgegennehmen[941]. Kleinreisende haben für die Ausweiskarte eine Jahrestaxe von CHF 200 zu entrichten und dürfen Waren an Letztverbraucher anbieten. Der Bund macht die Ausstellung von Taxkarten für Kleinreisende vom unbescholtenen Leumund des Reisenden abhängig[942]. Auch die Bestellungsaufnahme an Ausstellungen und in fremden Geschäften fällt unter das Handelsreisendengesetz[943]. Die Waren, für die ein Handelsreisender Bestellungen aufnimmt, müssen nicht bei nächster Gelegenheit geliefert werden. Die Ware kann je nach der Art des Vertrages entweder in sukzessiven Lieferungen versandt werden (z.B. Zeitschriftenabonnement) oder auch erst in etlichen Jahren (z.B. Aussteuer-Sparvertrag). Auch wenn neben der bestellten Ware noch Dienstleistungen angeboten werden (z.B. Zeitschriften mit kombinierter Versicherung, Sprachlehrvertrag), entbindet das den Vertreter nicht, im Besitz einer Handelsreisendenkarte zu sein. Eine solche ist einzig entbehrlich, wenn an der Haustüre überhaupt keine Waren, sondern ausschliesslich Dienstleistungen angeboten werden (z.B. Versicherungsverträge). Da jedoch bei solchen Angeboten Missbräuche wie Übervorteilung und Belästigung genauso zu befürchten sind wie bei der Bestellungsaufnahme von Waren, wäre zu wünschen, dass jeglicher Vertreterbesuch in Privathaushalten entweder den Bestimmungen über das Hausierwesen oder über den Handelsreisendenverkehr unterstünde. Gleiches gilt für die telephonische Bestellungsaufnahmen (Verkäufe vom Schreibtisch aus), die keiner Bewilligungspflicht unterstehen[944].

---

[939] BG über die Handelsreisenden (sog. Handelsreisendengesetz, SR 943.1).
[940] Art. 2 Abs. 2 lit. b Handelsreisendengesetz (Fn 939).
[941] Art. 3 Abs. 1 Handelsreisendengesetz (Fn 939).
[942] Art. 4 Abs. 2 lit. b Handelsreisendengesetz (Fn 939).
[943] BGE 77/1951 IV 23: Mähmaschinen, 83/1957 IV 103: Hörberatungen.
[944] Justizabt. EJPD in VPB 38/1974 IV 92 Nr. 108: Telefonische Bestellungsaufnahme.

b) Sachliche Einschränkungen

Bund und Kantone können Waren vom Verkehr von Haus zu Haus ausschliessen, bei deren Angebot und Lieferung im Reisendenverkehr Missbräuche besonders leicht möglich sind. Demgemäss hat der Bundesrat verordnet, dass Kleinreisende keine Bestellungen aufnehmen dürfen für Edelmetallwaren, Doublewaren und Ersatzwaren für solche, Edelsteine und Perlen sowie deren Nachahmungen, Uhren, Brillen und andere optische Artikel, Wertpapiere, Spirituosen in Mengen von 40 Litern und darüber (Grosshandel) sowie medizinische Apparate wie Bruchbänder, orthopädische Apparate, Massageapparate, elektromedizinische Apparate, Apparate für Schwerhörige[945]. Weiterhin ist den Handelsreisenden im Detailverkauf die Aufnahme von Bestellungen für Lose bewilligter Prämienanleihen[946] und bisher auch für Gifte verboten. Diese Aufzählung entspricht den heutigen Anforderungen kaum mehr, sind doch jüngst auch Missbräuche bei Domizilverkäufen von Teppichen, Fernkursen und Grabzeichen bekannt geworden.

Vom Hausierverkehr sind zunächst sämtliche Produkte ausgenommen, zu deren Erwerb es eine Bezugsbewilligung[947] braucht, denn eine solche kann in der Regel nicht kurzfristig beschafft werden. Bezüglich der Gifte ging der Bund sogar noch einen Schritt weiter und verbot im Giftgesetz auch das Hausieren mit jenen Giften, die ohne Bezugsbewilligung gekauft werden konnten. Daneben hat der Bund Hausierverbote erlassen für Edelmetallwaren, Doublewaren und Ersatzwaren sowie für Uhren[948] und Lose[949]. Diese Verbote wurden offensichtlich wegen der Gefahr der Übervorteilung der Käufer an der Haustüre ausgesprochen. Da diese Gefahr aber gleichermassen oder noch mehr auch bei Bestellungsaufnahme durch Handelsreisende besteht, müsste deren Vertrieb durch Handelsreisende selbst dann verboten sein, wenn dies in den entsprechenden Erlassen nicht ausdrücklich angeordnet wäre. Das seuchenpolizeiliche Verbot des Hausierhandels mit Pferden, Kühen, Schafen, Ziegen, Schweinen, Kaninchen und Geflügel findet aus nahe liegenden Gründen nicht auf den Vertrieb durch Handelsreisende Anwendung[950].

Die Kantone können aus polizeilichen Gründen weitere Waren vom Hausierverkehr ausschliessen. In einzelnen Konkordaten haben die Kantone ihre

---

[945] Art. 14 VV zum BG über die Handelsreisenden (SR 943.11).
[946] Art. 32, 40 Lotteriegesetz (SR 935.51).
[947] Heilmittel; Waffen; bisher auch Gifte der Klassen 1 und 2.
[948] Art. 23 Edelmetallkontrollgesetz (EMKG, SR 941.31).
[949] Art. 9, 32, 40 Lotteriegesetz (SR 935.51).
[950] Art. 21 Tierseuchengesetz (TSG, SR 916.40).

IV. Vorschriften für Massnahmen zur Verkaufsförderung (Vertriebsmassnahmen)

Kompetenzen gemeinsam wahrgenommen. So wurde im Konkordat über den Handel mit Waffen und Munition das Hausieren mit solchen generell verboten[951]. Auch bezüglich des Arzneimittelverkehrs wurde eine gemeinsame Regelung getroffen. Aus dem Umstand, dass frei verkäufliche Arzneimittel in Geschäften abzugeben waren[952], konnte geschlossen werden, dass die Kantone den Strassen- und Hausverkauf solcher Präparate nicht zulassen sollten. Die eingebürgerte Bezeichnung «frei verkäufliche Arzneimittel» war daher ungenau; besser wäre die Umschreibung «in allen Geschäften verkäufliche Arzneimittel»[953]. Der Kanton Zürich verbietet daher jeglichen Vertrieb von Heilmitteln ausserhalb der ständigen Geschäftsräume[954]; ob dies auch nach neuem Heilmittelgesetz der Fall sein wird bleibt abzuwarten. Andere Kantone schliessen vom Hausierverkehr generell den Verkauf auf Abzahlung aus[955].

Auch das Anbieten von Dienstleistungen auf offener Strasse kann verboten werden, wenn dabei eine besondere Belästigung des Publikums zu erwarten ist. Die Stadt Zürich verbietet sogar das gewerbsmässige Photographieren von Passanten[956].

Neben diesen generellen Einschränkungen können aber auch von Fall zu Fall Einschränkungen für bestimmte Waren verfügt werden, falls das Hausieren mit diesen die öffentliche Ordnung und Sittlichkeit stört. Zu Recht konnte daher seinerzeit das Hausieren mit der Judenhetzschrift «Eiserner Besen» verboten werden[957].

Andererseits können die Kantone einzelne Waren von der Patentpflicht ausnehmen. So wird oft in Anlehnung an das Bundesrecht – das Handelsreisendengesetz findet keine Anwendung auf das Aufnehmen von Bestellungen auf selbsterzeugte Produkte durch Landwirte[958] – der hausiermässige Verkauf von pflanzlichen Erzeugnissen der Land- und Forstwirtschaft sowie des Gartenbaus, von Brot sowie von wildwachsenden Pflanzen und Früchten als frei erklärt[959]. Das Bundesgericht empfiehlt des Weiteren, den Verkauf politi-

---

[951] Art. 1 Abs. 3 Konkordat über den Handel mit Waffen und Munition (SR 514.542).
[952] Vgl. bisher Art. 16 Abs. 1 IKS-Regulativ, § 4 Abs. 1 ZH V über den Verkehr mit Heilmitteln vom 28.12.1978 (ZSG 821.1).
[953] Gl.M. *Wüst*, Interkantonale Vereinbarung, S. 193 A. 219.
[954] § 4 Abs. 1 Ziff. 1 ZH V über den Verkehr mit Heilmitteln (Fn 952).
[955] BGE 91/1965 I 197: Zug.
[956] Art. 22 Zch. V über die Benützung des öffentlichen Grundes zu Sonderzwecken vom 16.6.1972 (VBöGS).
[957] BGE 58/1932 I 228: Eiserner Besen SG.
[958] Art. 2 Abs. 2 lit. a Handelsreisendengesetz (Fn 939).
[959] § 17 ZH Markt- und Wandergewerbegesetz/MWG (LS 935.31).

scher Zeitungen von der Patentpflicht auszunehmen, erachtet aber die Anwendung der Hausiergesetzgebung auf den Zeitungsverkauf nicht geradezu als willkürlich[960].

Aus standesrechtlichen Gründen haben auch die Banken unter sich vereinbart, Domizilbesuche bei Nichtkunden zu unterlassen, falls solche nicht ausdrücklich gewünscht werden[961]. Das Handelsgericht des Kantons Zürich betrachtet ebenso den Einsatz von auf Provisionsbasis arbeitenden «Lehrberatern» im Fernunterrichtswesen als unangebracht und unstandesgemäss, vor allem, wenn deren Einsatz nicht deutlich vorher angekündigt wird[962].

c) Widerrufsrecht

Lauterkeitsrechtlich sind Verkaufsveranstaltungen unter der Haustüre deshalb bedenklich, weil der Kunde nicht den Anbieter aufsucht, sondern jener im Gegenteil unvorbereitet und möglicherweise gar zur Unzeit in ein Verkaufsgespräch verwickelt wird und so in eine Situation versetzt wird, die einen freien Kaufentschluss erschwert. Die Angesprochen fühlen sich möglicherweise entgegen ihrer inneren Überzeugung und nur um endlich Ruhe zu haben gezwungen, zu einem Vertragsabschluss Hand zu bieten. Im Jahre 1991 wurde deshalb für Verkaufsveranstaltungen am Arbeitsplatz, in eigenen und fremden Wohnräumen und deren unmittelbarer Umgebung sowie in öffentlichen Verkehrsmitteln und auf öffentlichen Strassen und Plätzen eingeführt. Es wirkt sich vor allem auch auf Handelsreisende und Hausierer aus. Es gilt für alle Angebote von Waren oder Dienstleistungen (mit Ausnahme von Versicherungsverträgen) von Gewerbetreibenden gegenüber Konsumenten, falls deren Gegenleistung CHF 100 übersteigt und das Angebot in Wohnräumen, in öffentlichen Verkehrsmitteln, auf öffentlichem Grund oder an einer Ausflugsfahrt gemacht wird[963]. Damit der Kunde sein Widerrufsrecht ausüben kann, müssen Handelsreisende und Hausierer ihren Namen und Adresse bekannt geben und den Kunden über dessen Widerrufsrecht sowie über Form und Frist des Widerrufs unterrichten.

---

[960] BGer in ZBl 78/1977 360: Zeitungsverkauf BS, BGer in ZBl 81/1980 39: Zeitungsverkauf ZH.
[961] Art. 2 Konvention III vom 1.2.1980.
[962] HGer ZH in ZR 75/1976 Nr. 75 E. A.II, a.M. BGer in BGE 102/1976 II 289: Mössinger.
[963] Art. 40a und 40b Obligationenrecht (OR, SR 220).

IV. Vorschriften für Massnahmen zur Verkaufsförderung (Vertriebsmassnahmen)

d) Weitere Einschränkungen

Die Kantone und die Gemeinden können den Hausierverkehr weiteren Beschränkungen in zeitlicher, örtlicher oder persönlicher Hinsicht unterwerfen. So kann das Hausieren auf bestimmte Tageszeiten und Werktage beschränkt oder auf öffentlichem Grund gänzlich verboten werden[964]. Im Weiteren können das Mindestalter und das Mitführen von Kindern geregelt werden, während das Verbot, dass ein unverheiratetes Paar nicht gemeinschaftlich umherziehen darf, sich polizeilich kaum mehr begründen lässt.

Obwohl der Bund ein Gesetz über die Handelsreisenden erlassen hat, bleiben Kantone und Gemeinden nach wie vor berechtigt, gewerbepolizeiliche Einschränkungen zu dekretieren zu Punkten, die der Bund nicht geregelt hat. So können die Kantone die Bestellungsaufnahme in Räumen, die dem Publikum allgemein zugänglich sind, auf die üblichen Ladenöffnungszeiten beschränken[965]. Auch können die Gemeinden Muster- und Modellausstellungen in behelfsmässigen Räumlichkeiten von einer Polizeibewilligung abhängig machen, haben doch die Behörden über die Einhaltung der öffentlichen Ruhe, Ordnung und Sicherheit zu wachen und daher solche Veranstaltungen in Bezug auf Feuergefahr, Lärmschutz usw. zu überprüfen[966].

Besonders beim Vertrieb durch Handelsreisende ist es für den Käufer wichtig zu wissen, mit wem er den Vertrag abschliesst. Der Bestellschein, von welchem dem Käufer ein Doppel zu belassen ist, hat daher die vollständige Firma und Adresse des Verkäufers zu enthalten. Auch muss darauf deutlich vermerkt werden, ob der Handelsreisende die Befugnis hat, eine Anzahlung entgegenzunehmen.

4. Vertriebsveranstaltungen in Gaststätten, Privathaushalten oder anlässlich von Werbefahrten

Literatur: *International Chamber of Commerce,* ICC International Code of Direct Selling (1999 Edition), Paris 1999.

---

[964] Vgl. z.B. Art. 2, 3 Zch. Vorschriften über das Hausieren vom 3.12.1971.
[965] BR in VEB 31/1962 260 Nr. 139: Zürich
[966] BR in VPB 32/1964 231 Nr. 160: Lausanne.

a) Grundsätzliches

Gelegentlich wird die Bevölkerung von einzelnen Dörfern, Quartieren usw. zu ambulanten Verkaufsveranstaltungen eingeladen, an denen bestimmte Güter demonstriert und zum Verkauf angeboten werden. Oft werden die Besucher gleichzeitig zu einer Carfahrt eingeladen und auf Kosten des Veranstalters verköstigt. Andere Unternehmen bewegen Laienhelfer (z.B. Hausfrauen) dazu, in ihren Räumen Parties zu geben, an denen ebenfalls Waren, insbesondere kosmetische und Küchenartikel, angepriesen werden.

Da bei solchen Veranstaltungen die Gefahr der Übervorteilung besonders gross ist, können sie die Kantone einer Bewilligungspflicht unterstellen und beispielsweise verlangen, dass in der Werbung auf die Bewilligung und die anzubietenden Waren oder Dienstleistungen hingewiesen wird[967].

Soweit die angepriesenen Waren nicht an Ort und Stelle abgegeben, sondern hierfür nur Bestellungen aufgenommen werden, hat der verantwortliche Demonstrant im Besitze der Taxkarte für Handelsreisende zu sein[968]. Umstritten ist die Frage, ob auch das Hilfspersonal im Besitze einer entsprechenden Ausweiskarte sein muss. Die Vollziehungsverordnung dehnt das Bundesgesetz über die Handelsreisenden auch auf Werbepersonal aus, das allfällige Besteller ausfindig zu machen hat, Waren anpreist oder Muster vorführt[969]. Das seinerzeitige Bundesamt für Industrie, Gewerbe und Arbeit hat sich früher auf den Standpunkt gestellt, ausweispflichtig sei jeder, der Bestellzettel einsammle oder sich sonst an der Bestellungsaufnahme beteilige. In einer Auskunft aus dem Jahre 1968 präzisierte es jedoch, dass Saalhilfen, die Geschenke verteilen und im Auftrag des ausweispflichtigen Demonstranten Bestellzettel austeilen und einsammeln, dem Handelsreisendengesetz nicht unterstellt würden. Diese Auffassung scheint dem Zweck des Gesetzes Genüge zu tun, solange das Hilfspersonal unter der direkten und unmittelbaren Kontrolle des verantwortlichen Demonstranten steht. Wenn sich dieser aber aus dem Saal entfernt, kann er seine Aufsichtspflicht nicht mehr ausüben, was zur Folge hat, dass auch das Hilfspersonal ausweispflichtig wird.

---

[967] Art. 21 BE Gewerbegesetz; vgl. OGer BE in ZBJV 112/1976 347: Schwarzwaldfahrten.
[968] Art. 1 BG über die Handelsreisenden (sog. Handelsreisendengesetz, SR 943.1).
[969] Art. 18 VV zum BG über die Handelsreisenden (SR 943.11).

b) Widerrufsrecht

Vom Standpunkt des lauteren Wettbewerbes aus sind Veranstaltungen anlässlich von Werbefahrten oder in Privathaushalten nicht unbedenklich. Durch die scheinbare Grosszügigkeit des Veranstalters (Einladung zu Carfahrt und Verpflegung) bzw. wegen der persönlichen Beziehungen zur privaten Gastgeberin werden die Interessenten in eine psychologische Zwangslage versetzt, die einen freien Kaufentschluss erschwert oder gar verunmöglicht. Die Interessenten fühlen sich «aus Anstand» und möglicherweise entgegen ihrer inneren Überzeugung gezwungen, wider Willen zu einem Vertragsabschluss Hand zu bieten. Im Jahre 1991 wurde deshalb für Verkaufsveranstaltungen anlässlich einer Ausflugsfahrt oder eines ähnlichen Anlasses ein Widerrufsrecht eingeführt[970]. Veranstaltungen in Gaststätten sind wohl dann als ähnliche Anlässe zu qualifizieren, wenn der Veranstalter die Bezahlung der Konsumation übernimmt oder ein entsprechendes Geschenk spendiert.

c) Vertrieb via Multilevelmarketing

(1) Begriff und Bedeutung

Unter Multilevelmarketing (MLM) versteht man ein Vertriebsnetz, in welchem die Vertreter durch wirtschaftliche Anreize dazu angehalten werden, möglichst viele Untervertreter anzuwerben oder anwerben zu lassen, wodurch die Anzahl der Vertriebspunkte und damit auch die Umsätze sprunghaft in die Höhe schnellen sollen.

Multilevelmarketing wird mit mehr oder weniger Erfolg für eine Vielzahl von Produkten eingesetzt, wie etwa Haushaltsgegenstände (z.B. Tupperware), Wasch- und Putzmittel (z.B. Amway), Kosmetika (z.B. Herbalife) oder auch Wertschriften (z.B. Kings Club).

(2) Einschränkungen

Die Organisatoren von Multilevelmarketing-Systemen sind in der Schweiz schon verschiedentlich gebüsst worden, weil sich diese Systeme als lotterieähnliche Veranstaltungen im Sinne der Lotterieverordnung präsentierten.

Multilevelmarketing-Systeme sind wie andere Marketingmassnahmen dann unzulässig, wenn sie alle vier Merkmale einer Lotterie oder einer lotterieähnlichen Unternehmung auf sich vereinen, nämlich den Abschluss eines Rechtsgeschäftes, das planmässige Einschränken des Risikos durch den Or-

---

[970] Art. 40b lit. a und c Obligationenrecht (OR, SR 220).

ganisator und das In-Aussicht-Stellen eines Gewinns, der wesentlich vom Zufall oder von Umständen abhängig ist, die der Teilnehmer nicht kennt.

MLM-Systeme binden die Teilnehmer durch Verträge an sich, in denen sie zu Repräsentanten (Einzelhändlern), Grosshändlern, Gebietsdirektoren etc. eingesetzt werden; das Element des Abschlusses eines Rechtsgeschäftes ist damit gegeben. Der Anbieter trägt kein Risiko, da die Umsatzprämien an die Teilnehmer erst dann abgeführt werden, wenn Bestellungen und Zahlungen von neuen Kunden eingegangen sind. Von der Gestaltung des Systems ist es jedoch abhängig, welche Rolle der Zufall spielt und ob ein Gewinn erzielt wird. Bei lotterieähnlichen Veranstaltungen genügt es sodann, dass der Zufall zwar nicht die entscheidende, wohl aber eine wesentliche Rolle spielt[971].

Die Merkmale des Zufalls und des Gewinns sind dann vorhanden, wenn der einzelne Teilnehmer keinen wesentlichen Einfluss mehr auf seine Eingänge hat, so dass sein Aufwand in keinem adäquaten Verhältnis mehr zum erzielten Erfolg steht. Ein solches Missverhältnis ist namentlich dann vorhanden, wenn der einzelne Teilnehmer (Gebietsdirektor etc.) diejenigen Personen, die ihm Umsatzprovisionen verschaffen, nicht mehr persönlich kennt, weil er sie weder selbst angeworben hat noch ihnen je begegnet ist, weshalb er dementsprechend auf deren Verkaufsbemühungen kaum Einfluss nehmen kann. In solchen Fällen wird das System zum reinen Glücksspiel, das bestimmten Personen einen Gewinn zuweist, dessen Höhe nicht vom Einsatz des Betroffenen und damit massgeblich vom Zufall abhängt[972]. In anderen Fällen kann sich aber die ausgerichtete Provision sehr wohl als Gegenleistung zur Honorierung von persönlichen Anstrengungen (Arbeit im weitesten Sinne), Beharrlichkeit, Talent oder Geschick entpuppen.

Multilevelmarketing-Systeme können unter Umständen auch verbotene Schneeballsysteme gemäss Lotterieverordnung darstellen[973], nämlich dann, wenn die vom Teilnehmer zu beziehenden Waren oder Dienstleistungen derart überteuert sind, dass deren Erwerb für den Teilnehmer nur dann interessant ist, wenn es ihm gelingt, weitere Personen zum Abschluss gleicher Geschäfte zu veranlassen, so dass sich der ursprüngliche Erwerbspreis (Einsatz) um die Umsatzbeteiligungen an den Bezügen der neu angeworbenen Personen vermindert. Solche Lawinensysteme sind deshalb unzulässig, weil wegen des explosiven Anwachsens der Teilnehmerzahlen sehr rasch eine Marktsättigung eintritt, die von den einzelnen Teilnehmern nicht erkannt werden kann. Die Marktsättigung tritt um so eher ein, wenn es sich bei den

---

[971] Art. 43 Ziff. 2 Lotterieverordnung (LV, SR 935.511); BGE 123/1997 IV 229: Megastar-Business.
[972] BezGer Bülach in SJZ 84/1988 179 Nr. 30: Schneeballsystem.
[973] Art. 43 Ziff. 1 Lotterieverordnung (Fn 971).

im MLM-System verkauften Waren um teure Investitionsprodukte oder langlebige Konsumgüter handelt, im Gegensatz etwa zu Verbrauchsartikeln. Die Voraussetzung des Veranlassens weiterer Personen zur Teilnahme war beispielsweise in einem Falle gegeben, wo die Teilnehmer zum Erwerb eines brutto nur CHF 1.10 kostenden Feuerzeuges CHF 220 auslegen mussten, um später von weiteren Verkäufen profitieren zu können[974].

5. Direct Marketing (insb. Versandhandel und Fernunterricht)

Literatur: *International Chamber of Commerce,* ICC International Code of Direct Marketing, Paris 1998.

a) Bedeutung

Um das Verkaufspersonal, das in flauen Zeiten oft zum Warten auf Kunden verurteilt ist, besser einsetzen zu können und um die teure Ladenmiete einzusparen, haben sich Detaillisten zum Teil auf den Versandhandel spezialisiert. Der Vertrieb wickelt sich dabei gewöhnlich auf dem Korrespondenzweg ab; zum Teil werden auch telefonische und neuerdings auch elektronische Bestellungen per Internet entgegengenommen. Die Kunden werden meistens durch Werbebriefe, Versandkataloge, Inserate und Websites eingeladen, Bestellungen (Anträge zum Vertragsabschluss) einzureichen, die vom Versandhaus akzeptiert und per Post oder durch eigenen Hauslieferungsdienst gegen Nachnahme oder Rechnungsstellung ausgeführt werden. Kennzeichnend für den Versandhandel ist somit, dass der Besteller ein Produkt kauft, das er vorher nicht in natura hat begutachten können. Analoge Überlegungen gelten für den Fernunterricht. Zwar ist es dem Unterricht eigen, dass er vorher nicht geprüft werden kann; doch kann der Veranstalter von Fernkursen die Lehrer und Korrektoren rationeller einsetzen und auch die Miete von Schulräumlichkeiten sparen.

b) Bewilligungspflicht

Soweit ein Gewerbetreibender berechtigt ist, bestimmte Waren zu verkaufen, ist er in der Regel auch berechtigt, solche auf schriftliche oder telefonische Bestellung hin zu versenden. Diese Regel gilt auch für Produkte, zu deren

---

[974] BezGer St. Gallen in SJZ 81/1985 44 Nr. 9: Goldfeuerzeug-Aktion.

Verkauf es einer kantonalen Bewilligung bedarf. So sah beispielsweise die bisherige Giftgesetzgebung den Distanzverkehr mit Giften ausdrücklich vor; und auch im Lebensmittelhandel ist der Versand von Geschenkpackungen namentlich vor Festtagen üblich. Gleiches muss auch für den Versand von Arzneimitteln gelten[975]. Denn ein Kanton ist nicht befugt, seine Kantonseinwohner durch protektionistische Massnahmen vor der Konkurrenz kantonsfremder Marktteilnehmer zu schützen[976]. Eine andere Betrachtungsweise ist höchstens dann zulässig, wenn in einem Kanton im Gegensatz zu anderen Kantonen ein kantonaler Fähigkeitsausweis zur Ausübung der Tätigkeit notwendig ist. Dann kann der betreffende Kanton verbieten, dass von ausserkantonalen Konkurrenten, die keinen entsprechenden Fähigkeitsausweis besitzen, Waren in den betreffenden Kanton hinein versandt werden[977]. Soweit der ausserkantonale Versender im Kantonsgebiet selbst tätig wird, beispielsweise durch Errichtung eines Konsignationslagers, untersteht der Versender hinsichtlich dieser Tätigkeit der Gesetzgebungs-, Verwaltungs- und Gerichtshoheit des betreffenden Kantons, der sie kraft dieser Hoheit einer Bewilligungspflicht unterstellen kann[978].

Der gewerbsmässige Versand von gebrannten Wassern in Mengen unter 40 Litern bedarf noch einer zusätzlichen Versandbewilligung der eidg. Alkoholverwaltung[979]. Statt dessen kann auch eine Kleinhandelsbewilligung in all jenen Kantonen eingeholt werden, nach denen die gebrannten Wasser versandt werden[980]. Für Bier und Wein dürfen sogar in einem Kanton Bestellungen aufgenommen werden, wenn dieser keine Kleinhandelsbewilligung erteilt hat, solange nur die Bestellung in einem Kanton zur Ausführung gelangt, in welchem der Versender eine Bewilligung hat.

---

[975] BGE 125/1999 I 483 E. 2c: MediService, a.M. noch Justizabt. EJPD in VEB 8/1934 14 Nr. 5.
[976] BGE 52/1926 I 310: Ausverkaufsinserate in GE, 59/1933 I 2: Liegenschafteninserate in AG, 125/1999 I 483 E. 2c: MediService.
[977] Art. 3 Binnenmarktgesetz (BGBM, SR 943.02); vgl. auch BGE 54/1928 I 29: Geheimmittel AG, 59/1933 I 2: Liegenschafteninserate AG, 70/1944 I 74: Zahnarzt SG, 87/1961 I 456: Filmreklame FR; OGer LU in SJZ 37/1941 315 Nr. 206: Unbefugtes Medizinieren; OGer in ZR 54/1955 Nr. 57: Naturheilinstitut.
[978] BGE 91/1965 I 465: Heilmittelschrank SO, 95/1969 I 427: Naturarzt AR; BGer in ZBl 67/1966 307: Arzneimittelherstellung ZH.
[979] Art. 42 Gesetz über die gebrannten Wasser (Alkoholgesetz, SR 680).
[980] Art. 99 Alkoholverordnung (AlkV, SR 680.11).

IV. Vorschriften für Massnahmen zur Verkaufsförderung (Vertriebsmassnahmen)

c) **Identität des Anbieters**

Bereits schon die Werbung von Versandhäusern und anderen Anbietern im Fernabsatz (und nicht erst die Auftragsbestätigung oder die Rechnung) soll die genaue Information über den Anbieter enthalten[981]. Der Anbieter ist gehalten, den Firmeneintrag gemäss Handelsregistereintrag zu benutzen und den wirklichen Sitz anzugeben. Insbesondere soll aus den Angaben hervorgehen, ob es sich beim Anbieter um einen Einzelkaufmann, eine Handelsgesellschaft oder eine juristische Person handelt. Der Besteller soll in die Lage versetzt werden, mit dem verantwortlichen Inhaber des Versandhauses ohne komplizierte Nachforschungen und ungebührliche Verzögerung in Verbindung zu treten, insbesondere auch, um allfällige Mängelrügen oder Willensmängel geltend machen und ihn notfalls ins Recht fassen zu können. Die Angabe einer Deckadresse oder einer blossen Postfachnummer genügt daher nicht als Zustelladresse. Eine solche muss wenigstens so ausführlich sein, dass dort rechtsgültig Zahlungsbefehle oder Gerichtsurkunden zugestellt werden können.

d) **Produktbeschreibung und weitere Informationen**

Da bei Versandhäusern und anderen Anbietern im Fernabsatz die Werbung die einzige Möglichkeit bildet, die zu bestellenden Güter kennen zu lernen, sind über die vorgestellten Waren, Werke und Leistungen in qualitativer und quantitativer Hinsicht besonders klare, detaillierte und genaue Angaben zu machen[982]. Anzugeben sind insbesondere die wesentlichen Eigenschaften wie Material, Herkunft, Zusammensetzung, Grösse, Qualität, Preis in Schweizer Franken (einschliesslich Mehrwertsteuer) und Kosten, die zu Lasten des Kunden gehen (Transportkosten, Zollgebühren). Die Beschreibung hat so abgefasst zu sein, dass Enttäuschungen beim Verbraucher vermieden werden. Fotos und Zeichnungen müssen daher den angepriesenen Artikel wirklichkeitsgetreu wiedergeben. Auch dürfen unwesentliche oder selbstverständliche Punkte nicht im Vordergrund stehen und die wesentliche Information überdecken. Zum Preis gehören auch die Zahlungsfrist und die Angabe, ob gegen Nachnahme oder Rechnung geliefert wird. Werden Ratenzahlungsmöglichkeiten angepriesen, so sind wenigstens der Barkaufpreis, die Anzahlung, Zahl, Höhe und Periodizität der Raten sowie der Gesamtkauf-

---

[981] Grundsatz Nr. 4.2 der Schweiz. Lauterkeitskommission betr. Informationspflichten beim Fernabsatz; vgl jetzt auch Art. 40d VE OR und Art. 3 lit. b^{bis} VE UWG.

[982] Art. 40d VE OR, Art. 3 lit. b^{bis} VE UWG.

preis anzugeben, und zudem ist auf die fünftägige Bedenkfrist[983] hinzuweisen. Aus der Werbung haben schliesslich auch die Lieferbedingungen hervorzugehen, wie Lieferfrist, Versand- und Verpackungskosten, Transportrisiko, allfällige Versicherung, Umtausch- und Rückgaberecht. Schliesslich wäre auch zu erwähnen, welche und unter was für Bedingungen Garantie- und Serviceleistungen erbracht werden, insbesondere auch, ob es sich um eine Fabrik- oder Händlergarantie handelt und ob ein eigener Reparaturdienst besteht, der auch nach Ablauf der Garantiezeit in Anspruch genommen werden kann[984].

Da die Versandware gewöhnlich von Lieferscheinen oder Fakturen begleitet wird, sollte es eigentlich genügen, wenn die gesetzlich vorgeschriebenen Mengen- und Grundpreisangaben auf diesen Begleitpapieren angegeben werden. Die Preisbekanntgabeverordnung sieht jedoch keine entsprechenden Erleichterungen vor.

e)   Abnahmeverpflichtungen

Kann Ware nur bestellt werden, wenn gleichzeitig in einen Club eingetreten oder wenn die Verpflichtung eingegangen wird, während einer bestimmten Zeit weiter Ware abzunehmen, so ist dies in der Reklame deutlich zu sagen. Es hat daraus hervorzugehen, welcher Art die dabei eingegangenen Verpflichtungen sind und wie diese wieder aufgelöst werden können. Auch im Falle von Serienverkäufen, wo Lieferung und Bezahlung gestaffelt erfolgen (Fernkurse, Zeitungs-Abonnements), müssen die Anzahl Lieferungen, der Lieferrhythmus und der Einheitspreis klar in Erscheinung treten. Diese drei zueinander gehörenden Informationen müssen en bloc publiziert werden, weil sie nur so Beurteilungskriterium für den Besteller sind[985]. Zur Anpreisung von Fernkursangeboten gehört auch eine Information darüber, auf welchen Zeitpunkt das Kursabonnement gekündigt werden kann und welche Kündigungsfrist das Kursinstitut gegen sich gelten lässt. Die Aktion Sauberer Fernunterricht, Zürich, empfiehlt in diesem Zusammenhang, nur Verträge abzuschliessen, die mindestens halbjährlich oder nach jeweils sechs Lehrbrief-Sendungen gekündigt werden können. Um die Kündigungsmöglichkeit nicht unbillig zu erschweren, sollte die Kündigungsfrist nicht mehr als sechs Wochen betragen. Soweit Fernkursverträge Vorauszahlungsverträge darstellen, ist von Gesetzes wegen im Fernkursvertrag (Anmeldung) darauf hinzu-

---

[983]   Vgl. Art. 226a Abs. 2 Ziff. 8 Obligationenrecht (OR, SR 220).
[984]   Vgl. Art. 13 IHK-Richtlinien für das Direktmarketing 1987; Art. 1 und 2 Ehrenkodex der Schweiz. Vereinigung für Direktwerbung.
[985]   Art. 1 lit. c Ehrenkodex der Schweiz. Vereinigung für Direktwerbung.

IV. Vorschriften für Massnahmen zur Verkaufsförderung (Vertriebsmassnahmen)

weisen, dass auf den Vertrag binnen fünf Tagen verzichtet werden kann[986]. Unlauter ist es jedenfalls, wenn einem Besteller in Aussicht gestellt wird, in Zukunft die Möglichkeit zu haben, aus einem verbilligten Clubsortiment zu bestellen, während dies in Wirklichkeit eine Verpflichtung darstellt.

f) Lieferfrist

Falls in der Ankündigung nichts anderes gesagt wird, ist davon auszugehen, dass das Versandhaus sofort liefern wird. Lockvogelangebote mit beschränktem Vorrat eignen sich daher nicht für Versandhäuser. Ist aus irgendeinem Grunde die fristgerechte Lieferung nicht möglich, soll der Kunde darüber informiert und ihm Gelegenheit gegeben werden, von seinen Verpflichtungen zurückzutreten. Es darf nicht davon ausgegangen werden, dass die oft rechtsunkundigen Besteller das Versandhaus in Verzug setzen und Nachfrist ansetzen können unter der Androhung, nach unbenutztem Fristablauf vom Vertrag zurückzutreten. Auf den gleichen Standpunkt stellt sich auch der Ehrenkodex der Schweizerischen Vereinigung für Direktwerbung[987].

g) Widerrufs- und Rückgaberecht

Das bereits für Haustürgeschäfte bestehende Widerrufsrecht soll nunmehr gemäss Entwurf des Bundesgesetzes über den elektronischen Geschäftsverkehr auch auf Fernabsatzverträge ausgedehnt werden, das heisst auf Verträge, die ohne gleichzeitige Anwesenheit der Parteien geschlossen werden. Es soll jedoch nur zur Anwendung gelangen, wenn ausschliesslich ein oder mehrere Telekommunikationsmittel verwendet werden, wie beispielsweise Briefpost, E-Mail, Telefon, Fax, Fernsehen oder Internet. Auch muss der Anbieter ein für den Fernabsatz organisiertes Vertriebssystem unterhalten, also eine Infrastruktur, die den Fernabsatz seiner Waren oder Dienstleistungen erleichtert, so dass dieser zu einer regelmässigen Praxis geworden ist. Demgegenüber soll der Kaufmann, der ausnahmsweise eine telefonische oder briefliche Bestellung entgegennimmt, nicht mit einem Widerrufsrecht des Kunden belastet werden[988].

---

[986] Art. 227a Abs. 2 Ziff. 7 Obligationenrecht (OR, SR 220).
[987] Art. 2 lit. c Ehrenkodex der Schweizerischen Vereinigung für Direktwerbung.
[988] Art. 40c Abs. 1 VE OR; Art. 3 lit. b^{bis} VE UWG.

Für Fernabsatzverträge über Finanzdienstleistungen, d.h. im Zusammenhang mit der Tätigkeit von Banken, Effektenhändlern und Versicherungen, sowie bei Versteigerungen soll kein Widerrufsrecht beansprucht werden können[989].

Bei Distanzkäufen soll in der Schweiz im Gegensatz zur EU nicht schon vor Vertragsabschluss auf das Bestehen eines solchen Widerrufsrechts hingewiesen werden; es soll genügen, wenn dies in der Verkaufsbestätigung, in der Rechnung oder gar erst bei der Auslieferung getan wird.

Das gesetzlich auf sieben Tage beschränkte Widerrufsrecht läuft gemäss dem zu revidierenden Obligationenrecht mit Abschluss des Vertrages, frühestens aber mit Erhalt der Adresse des Anbieters und der Informationen zum Widerrufsrecht[990]. Gemäss den Grundsätzen der Lauterkeitskommission[991], die in dieser Beziehung mit der europäischen Fernabsatzrichtlinie[992] übereinstimmen, beginnt die Frist zur Ausübung des Widerrufsrechts bei Warenlieferungen aber erst mit dem Tag des Empfangs der Ware zu laufen und nur bei Dienstleistungen (z.B. bei Fernunterricht) bereits schon mit dem Tag des Vertragsabschlusses. Nach schweizerischem Recht soll es daher möglich sein, durch vorzeitige Information des Kunden, beispielsweise durch vorgängige Vertragsbestätigung oder Rechnungstellung, das Widerrufsrecht noch vor Auslieferung der Ware ablaufen zu lassen, so dass es bei Nichtgefallen des bestellten Artikels nicht mehr ausgeübt werden kann. Damit werden aber die Vorteile des Widerrufsrechts weit gehend zunichte gemacht, ist doch die Durchsetzung korrekter Vertragserfüllung und die Geltendmachung von Mängelrügen und Willensmängeln weit komplizierter als die Erklärung des Widerrufs. Da aber trotz genauer Beschreibung eines Produktes nicht ausgeschlossen werden kann, dass sich ein Besteller ein falsches Bild davon macht, gilt es heute bei den schweizerischen Versandhäusern als Regel, dass die bestellten Produkte ohne Angabe von Gründen zurückgegeben werden können. Will sich das Versandhaus nicht an diese Übung halten, so ist dies in der Werbung deutlich anzugeben. Anderenfalls darf der Besteller davon ausgehen, dass er während wenigstens sieben Tagen berechtigt ist, die ihm nicht zusagende Ware in einwandfreiem Zustand auf eigene Kosten zu retournieren und sich damit seinen Verpflichtungen zu entschlagen. Dabei wird vorausgesetzt, dass binnen einer Frist von sieben Tagen das Produkt überhaupt geprüft werden kann. Dies ist bei Bekleidungsstücken und Haushaltgeräten

---

[989] Art. 40a Abs. 2 lit. b und Art. 40c Abs. 2 VE OR.
[990] Art. 40e Abs. 2 VE OR.
[991] Grundsatz Nr. 4.3 der Schweiz. Lauterkeitskommission betr. Bestätigung und Widerruf im Fernabsatz.
[992] Richtlinie 97/7/EG vom 20.5.1997 über den Verbraucherschutz bei Vertragsabschlüssen im Fernabsatz (ABl EG Nr. L 144 S. 19).

wohl der Fall, nicht aber unbedingt bei Kosmetika oder Schlankheitsmitteln. Die Rückgabefrist für solche Produkte muss daher so bemessen sein, dass die Überprüfung und Beurteilung der zugesicherten Eigenschaften oder angepriesenen Wirkungen effektiv möglich ist.

h) Besondere Informationspflichten im elektronischen Geschäftsverkehr

Wer seine Waren im elektronischen Geschäftsverkehr anbietet (Online-Anbieter), hat gemäss der vorgeschlagenen Gesetzesrevision besondere Pflichten zu erfüllen. Vor allem soll er neben den Informationen, die generell im Fernabsatz zu geben sind, eine elektronische Kontaktadresse angeben, an welcher er mittels E-Mail kontaktiert werden kann. Damit soll die Pflicht verbunden sein, auf die einzelnen technischen Schritte hinzuweisen, die zu einem Vertragsschluss führen, kann es doch nicht angehen, dass jemand eine Bestellung abschickt, ohne dass er sich dessen bewusst ist. Ferner soll der Anbieter angemessene technische Mittel zur Verfügung stellen, mit denen der Besteller Eingabefehler rechtzeitig erkennen und korrigieren kann[993].

i) Retouren

Ein zugesichertes Rückgaberecht ist vor allem auch dann anzunehmen, wenn die Rückgabe an nicht überprüfbare Bedingungen, wie z.B. durch die Wendung «bei Nichtgefallen Geld zurück», geknüpft wird. Werden so angepriesene Produkte unbeschädigt zurückgesandt, muss der Kaufpreis sofort und ohne jeglichen Abzug oder Vorbehalt zurückerstattet werden. Ist die Rückgabe an nähere, überprüfbare Bedingungen geknüpft, so müssen diese in der Produktbeschreibung klar und allgemein verständlich genannt werden. Der Empfänger ist lediglich gehalten, den Nichteintritt dieser Bedingungen glaubhaft zu machen[994].

Neben dem vom Versandhandel in der Regel bereits praktizierten Rückgaberecht, ist es selbstverständlich, dass Produkte, welche die im Angebot versprochenen Eigenschaften nicht besitzen, zurückgegeben werden können. Weigert sich das Versandhaus, auf die Reklamation und die Rückgabe einzutreten, so kann bei der Schweizerischen Vereinigung für Direktwerbung[995]

---

[993] Art. 6a lit. a–c VE UWG.
[994] Grundsatz Nr. 3.10 Ziff. 2 der Schweiz. Lauterkeitskommission betr. Garantierte Rückgabemöglichkeit.
[995] Bahnhofstrasse 35, 8001 Zürich.

ein Antrag auf Beurteilung der Reklamation durch den Überwachungsausschuss gestellt werden. Der Antrag muss schriftlich abgefasst, mit einer Begründung versehen und mit Fakten und Unterlagen belegt sein. Der Überwachungsausschuss besteht aus vier Mitgliedern, und zwar aus zwei Vertretern der Vereinigung für Direktwerbung und aus zwei Vertretern von Konsumentenschutzorganisationen, wie z.B. dem Schweizerischen Konsumentenbund oder der Schweizerischen Stiftung für Konsumentenschutz. Der Überwachungsausschuss will dafür sorgen, dass jene Arbeitsmethoden ausgemerzt werden, die dem Ehrenkodex der Schweizerischen Vereinigung für Direktwerbung widersprechen.

j) Zusendung unbestellter Ware

Der Empfänger ist nicht gehalten, unbestellt zugesandte Ware zu akzeptieren und zu bezahlen. Selbst wenn diese mit einem Vermerk versehen wird, dass diese bei Stillschweigen binnen eines bestimmten Zeitraumes als angenommen gelte, ist der Empfänger nicht zur ausdrücklichen Ablehnung verpflichtet. Der Empfänger ist auch nicht verpflichtet, die unbestellte Ware zurückzusenden oder sie aufzubewahren; er darf sie wegwerfen oder zerstören[996], ja sogar behalten und sich aneignen. Diese Regelungen gelten auch für die Zusendung unbestellter Kunstkarten, Kalender und dergleichen durch gemeinnützige Organisationen. Einzig wenn die unbestellte Sache offensichtlich irrtümlich zugesandt worden ist, hat der Empfänger den Absender zu benachrichtigen.

6. Schreibtischverkäufe (so genanntes Telemarketing)

Literatur: Jochen *Glöckner,* Lauterkeitsrechtliche Behandlung des Telemarketing. Zur verbraucherschützenden Wirkweise des UWG, JKR 1998 49–84; David *Rosenthal,* Unverlangte Werbe-E-Mail ohne Rechtsfolgen?, Medialex 1999 203–204; Mischa Ch. *Senn,* Zur Praxis der Schweiz. Lauterkeitskommission auf dem Gebiet des Telemarketing, JKR 1998 99–112; Yvonne *Jöhri,* Werbung im Internet, Diss. ZH 2000.

a) Bedeutung

Verschiedene Unternehmen versuchen mit Erfolg, ihre Waren und Dienstleistungen nicht mittels Print- oder elektronischer Werbung anzubieten, sondern

---

[996] Art. 6a Abs. 2 Obligationenrecht (OR, SR 220); zum alten Recht vgl. BGE 30/1904 II 301.

sie direkt via Telefon, Telefax oder E-Mail anzupreisen und zu verkaufen (sog. Telemarketing). Distanzverkäufe werden aber schon lange nicht mehr vom Schreibtisch des Geschäftsführers aus abgewickelt, sondern von modernst eingerichteten Call Centers. Der neue Beruf eines Telefonverkäufers oder einer Telefonverkäuferin scheint eine gewisse Attraktivität zu haben, da sich solche Tätigkeiten auch bestens für Teilzeitangestellte eignen.

b) **Zulässigkeit**

Besonders Telefonwerbung kann als aggressiv empfunden werden, zumal sie den Angerufenen ohne Vorbereitung in ein Verkaufsgespräch verwickelt. Da besonders aggressive Vertriebsmethoden unlauter sind[997], gilt Telefonmarketing gegenüber Privatpersonen als unzulässig, solange zwischen Anbieter und Abnehmer keine Kundenbeziehung oder zwischen dem Angebot und dem Abnehmer bzw. seiner Tätigkeit kein Sachzusammenhang besteht. Demgegenüber erscheint sie gegenüber Berufsleuten als zulässig, da von ihnen erwartet werden kann, dass sie sich gegen unerwünschte Anrufe zu wehren wissen; auch wird im kaufmännischen Verkehr eine Kundenbeziehung zwischen Anbieter und Abnehmer vermutet[998].

Telefax- und Telexwerbung dürfte in der Schweiz im Gegensatz zur Telefonwerbung unzulässig sein, da sie den Fernmeldeanschluss des Angerufenen während längerer Zeit und ohne Abschaltmöglichkeit belegt und diesen damit in seiner Geschäftstätigkeit beeinträchtigt; zudem wird Papier des Angerufenen verschwendet, das er nicht für unerwünschte Werbung Dritter zur Verfügung zu stellen braucht. Indessen bestehen in der Schweiz, soweit ersichtlich, weder Vorschriften noch Gerichtsentscheide zu diesem Thema.

c) **Mindestinhalt**

Der Anbieter hat als erstes seine Identität zu lüften und seinen Namen oder Firma sowie seine genaue Adresse bekannt zu geben (Deckadressen und Postfachnummern genügen nicht); auch muss der kommerzielle Zweck des Anrufs offen gelegt werden. Sodann sind die angebotenen Waren oder Dienstleistungen mit ihren wesentlichen Eigenschaften klar und allgemein verständlich zu erläutern, unter Bekanntgabe von Preis, Gültigkeitsdauer des Angebotes, Einzelheiten über Zahlung, Lieferung (wie Lieferkosten, Liefer-

---

[997] Art. 3 lit. h UWG.
[998] Grundsatz Nr. 4.4 Abs. 2 der Schweiz Lauterkeitskommission betr. Aggressive Methoden im Fernabsatz.

fristen) oder Erfüllung, Rückgabemöglichkeit oder Widerrufsrecht, Garantie und Kundendienst[999].

d) Bestätigung und Widerruf

Die Bestellung des Abnehmers ist schriftlich zu bestätigen, bevor die Ware zugestellt oder die Dienstleistung ausgeführt wird. Eine schriftliche Bestätigung kann einzig unterbleiben, falls die Leistung des Abnehmers CHF 100 nicht übersteigt und falls der Abnehmer ausdrücklich darauf verzichtet. In allen anderen Fällen ergibt sich das Erfordernis der schriftlichen Bestätigung schon aus der Orientierungspflicht des Anbieters über das Widerrufsrecht des Kunden[1000]. Ein solches Widerrufsrecht haben alle Konsumenten (nicht aber Berufsleute und Gewerbetreibende), denen ein Angebot für den persönlichen oder familiären Bedarf an ihrem Arbeitsplatz, in Wohnräumen (auch in solchen von Dritten) oder in deren unmittelbaren Umgebung gemacht wird[1001].

Die Frist des Widerrufs- und Rückgaberechts von sieben Tagen beginnt gemäss Obligationenrecht mit Abschluss des Vertrages, frühestens aber mit Erhalt der Adresse des Anbieters und der Informationen zum Widerrufsrecht[1002], gemäss den Grundsätzen der Lauterkeitskommission und der EU-Fernabsatzrichtlinie[1003] bei Warenlieferungen aber erst mit dem Tag ihres Eingangs und einzig bei Dienstleistungen mit dem Tag des Vertragsabschlusses[1004].

e) Spamming

Literatur: *International Chamber of Commerce,* ICC Guidelines on Advertising and Marketing on the Internet, Paris 1998.

Spamming nennt man das massenweise Versenden von Werbebotschaften per E-Mail. Das Lesen des Headers und das Löschen einer einzigen unerwünschten E-Mail-Botschaft führt zu keinen besonderen Unannehmlichkei-

---

[999] Grundsatz Nr. 4.2 der Schweiz. Lauterkeitskommission betr. Informationspflichten beim Fernabsatz; vgl. auch Art. 3 lit. b^{bis} VE UWG.
[1000] Art. 40e Abs. 2 lit. b Obligationenrecht (OR, SR 220).
[1001] Art. 40b lit. a Obligationenrecht (OR, SR 220).
[1002] Art. 40c Abs. 2 lit. b und c VE Obligationenrecht (OR, SR 220).
[1003] Richtlinie 97/7/EG vom 20.5.1997 über den Verbraucherschutz bei Vertragsabschlüssen im Fernabsatz (ABl EG Nr. L 144 S. 19).
[1004] Grundsatz Nr. 4.3 der Schweiz. Lauterkeitskommission betr. Bestätigung und Widerruf beim Fernabsatz.

ten beim Empfänger. Falls aber täglich Dutzende oder gar Hunderte solcher Spams eingehen, ist dies anders zu beurteilen.

Aus dem Grundsatz, dass Werbung als solche erkennbar sein soll, ergibt sich, dass Werbe-E-Mails deutlich als Reklame gekennzeichnet werden müssen. Zu Recht wird daher verlangt[1005], dass sich bereits aus dem Header ergeben soll, dass der Inhalt des Mails nicht ein persönlicher Brief, sondern eine Werbebotschaft darstellt. Dies ermöglicht es auch dem Empfänger, mittels geeigneter Filter die unerwünschte Werbung direkt schon bei ihrer Ankunft in den Papierkorb umzuleiten.

Sodann ist zu fordern, dass der Absender die notwendigen Mechanismen zur Verfügung stellt, mittels welchen der Empfänger dem Absender online mitteilen kann, dass er keine künftigen Werbebotschaften mehr empfangen will, und dass solche Mitteilungen auch verarbeitet und beachtet werden.

7. Automatenvertrieb

Literatur: Othmar *Burke*, Der Warenautomat im schweizerischen Recht, Diss. SG 1967.

a) Grundsätzliches

Da sich der Verkauf durch Reisende, Hausierer und Marktfahrer in der Regel nach den Ladenschlusszeiten zu richten hat, versuchen einzelne Gewerbetreibende, die Zeiten, während welcher kein Verkaufspersonal eingesetzt werden darf, durch den Einsatz von nicht zu beaufsichtigenden Automaten zu überbrücken[1006]. Dabei war nie streitig, dass auch der Automatenverkauf einen Gewerbebetrieb darstellt und daher die Grundsätze der Wirtschaftsfreiheit auch auf solche Verkäufe anzuwenden sind[1007]. Bei dieser Vertriebsart ist eine Belästigung der Kundschaft nicht zu erwarten, wohl aber deren Übervorteilung, da die im Automaten gelagerte Ware vor dem Kauf nicht geprüft werden und der Verkäufer weit gehend anonym bleiben kann. Gerade aus dem letzteren Grunde muss denn auch generell verlangt werden, dass auf allen öffentlich aufgestellten Automaten der verantwortliche Verkäufer angegeben wird, bei dem Mängelrügen und andere Reklamationen geltend gemacht werden können.

[1005] Ziff. 5.6 ICC Guidelines on Advertising and Marketing in the Internet (1998).
[1006] BGer in ZBl 59/1958 392: Warenautomaten SH.
[1007] BGer in ZBl 31/1930 398: Verkaufsautomaten BE.

Die Aufstellung von Automaten kann wie diejenige von Vitrinen von einer baupolizeilichen Bewilligung abhängig gemacht werden. Die zuständige Behörde kann daher insbesondere die Aufstellung von Verkaufsautomaten verbieten, wenn deren Betrieb namentlich zur Nachtzeit unzumutbare Immissionen durch das An- und Wegfahren von Motorfahrzeugen mit sich bringt[1008]. Zudem sind bei der Bewilligung von Warenautomaten, besonders im Vorgartengebiet, auch die Belange des Orts- und Heimatschutzes zu berücksichtigen, kann doch ein Warenautomat ein schutzwürdiges Strassenbild eklatant beeinträchtigen[1009].

Fabrikanten, die ihre Ware in Detailpackungen verkaufen, brauchen sich nicht gefallen zu lassen, dass ihre Markenware durch den Automaten in anderer Dosierung oder Verpackung abgegeben wird als der Originaldetailpackung. Wer Detailpackungen[1010] zusammenschüttet oder nur Teile davon verkauft[1011], hat auf Verlangen des Markeninhabers auf den Gebrauch des Markennamens zu verzichten, da der Fabrikant nicht die Gewähr dafür übernehmen muss, dass die Qualität des Markenartikels selbst nach veränderter Verpackung beibehalten wird. So kann beispielsweise Parfum durch die längere Lagerung in Sprühverteilautomaten einer erheblichen Qualitätsveränderung ausgesetzt sein, so dass bei solchem nicht mehr von Markenparfum gesprochen werden darf[1012].

Bei Ausschankautomaten für Getränke ist überdies anzugeben, ob es sich beim ausgeschenkten Getränk um ein Fertiggetränk oder um ein solches handelt, das im Automaten mit Wasser angesetzt worden ist. Fertiggetränke müssen entweder in geeichten Schankgefässen abgegeben werden oder die abgegebene Schankmenge ist durch amtlich geprüfte und geeichte Messgeräte zu ermitteln und auf dem Automaten anzugeben[1013].

b) Sachliche Einschränkungen

Die Gefahr der Abgabe von verdorbener Ware durch Automaten ist durch die Behörden möglichst klein zu halten. Aus diesem Grunde unterstehen die zum Verkauf in Automaten geeigneten Lebensmittel der üblichen amtlichen Kon-

---

[1008] RR AG in SJZ 62/1966 82 Nr. 50: Zigarettenautomat AG; a.M. BGer in ZBl 59/1958 394: Warenautomaten SH.
[1009] BGer in ZBl 65/1964 538: Warenautomaten ZG; VerwGer BS in BJM 1979 303: Blick-Box.
[1010] Z.B. von Markengetränken.
[1011] Z.B. Parfumsprühautomaten.
[1012] KGer VD in Mitt. 1966 71: Chanel No. 5.
[1013] Art. 25 Deklarationsverordnung (SR 941.281).

trolle. Den Kantonen bleibt es vorbehalten, weiter gehende Vorschriften für den Automatenverkauf von Lebensmitteln aufzustellen. Von diesen Möglichkeiten scheint leider kaum ein Kanton Gebrauch gemacht zu haben. Sie würden den Kantonen insbesondere ermöglichen, den Verkauf von Zuckerwaren und Zigaretten in Automaten wegen der damit verbundenen unkontrollierten Abgabe an Kinder und Jugendliche zu verbieten[1014].

Aus gesundheitlichen Gründen war auch verboten, Gifte in Automaten abzugeben; davon waren einzig Motorentreibstoffe ausgenommen, da ein Verbot von Schlüsseltankstellen und Selbstbedienungsautomaten nicht durchsetzbar gewesen wäre und sich denn auch bisher keine Missbräuche bemerkbar gemacht haben. Ebenso unterstellen einzelne Kantone die Abgabe von Heilmitteln in Automaten einer Bewilligung der Aufsichtsbehörde[1015].

c) Weitere Einschränkungen

Oft wird übersehen, dass auf den Automatenverkauf auch die übrigen Vorschriften über den Vertrieb Anwendung finden und namentlich auch die Gesetzgebung über die Lotterie und Wetten[1016] und die Spielbanken[1017]. So wird als Lotterie taxiert, wenn ein Automat wahllos Gegenstände verschiedener Art und verschiedenen Wertes abgibt, selbst wenn die Wertunterschiede nur wenige Rappen betragen[1018]. Gibt jedoch ein Apparat gleichartige, wenn auch leicht verschiedene Waren ab[1019], so fällt er nicht unter das Lotterieverbot, kann doch einem Händler nicht verwehrt werden, gleichartige Gegenstände, die in ihren Herstellungskosten leicht differieren, zu einem einheitlichen Preis anzubieten[1020].

Besonders oft hatte sich die Praxis früher mit den Geschicklichkeitsspielautomaten zu beschäftigen. Deren Aufstellung und Inbetriebsetzung bedürfen der vorgängigen amtlichen Bewilligung durch das Eidg. Justiz- und Polizeidepartement[1021]. Die Kantone können dabei die Verwendung selbst eidgenössisch bewilligter Spielautomaten verbieten oder deren Betrieb von beson-

---

[1014] BGer in ZBl 31/1930 398: Verkaufsautomaten BE.
[1015] Vgl. § 4 Abs. 1 Ziff. 1 ZH V über den Verkehr mit Heilmitteln (Fn 952).
[1016] Art. 43 Ziff. 3 Lotterieverordnung (LV, SR 935.511).
[1017] Art. 3 Spielbankengesetz (SBG, SR 935.52).
[1018] BGE 59/1933 I 101: Schnellverkaufsapparate.
[1019] Z.B. Spielfigürchen.
[1020] BGE 85/1959 I 179: Überraschungsapparate.
[1021] BGE 95/1969 I 74: Go-and-Stop; Polizeiabteilung EJPD in VEB 23/1953 127 Nr. 56: Spielapparat.

deren Bedingungen abhängig machen[1022]. Von dieser Möglichkeit haben bis anhin die Kantone Bern, Solothurn, Basel-Land, Graubünden, Tessin, Wallis, Waadt, Neuenburg und Genf Gebrauch gemacht[1023].

Eine eidgenössische Bewilligung darf nur noch erteilt werden, wenn der Spielablauf im Wesentlichen automatisch abläuft und der Gewinn von der Geschicklichkeit des Spielers abhängt[1024]. Wegen verschiedener Missbräuche, die dadurch entstanden waren, dass einzelne Aufsteller ihre zur Prüfung der Geschicklichkeit aufgestellten Spielautomaten unbemerkt so abänderten, dass das Spiel zum Zufallsspiel wurde[1025], sah sich das Bundesgericht veranlasst festzustellen, dass Spielautomaten immer schon dann unzulässig sind, wenn sie sich auch für das reine Glücksspiel eignen. Nur solche Apparate sind noch zulässig, die erkennbar vorwiegend zum Geschicklichkeitsspiel bestimmt sind; lassen sie sich ohne äussere Veränderung des Apparates so manipulieren, dass das Spiel eindeutig zum Zufallsspiel wird, sind sie grundsätzlich verboten[1026]. So mussten nach deren anfänglicher Zulassung durch das Bundesgericht die verbreiteten Spielautomaten GO-AND-STOP bzw. GO-N-STOP sowie etwas später das Gerät TIVOLI verboten werden[1027]. Auch Spielautomaten, die keinen Geldgewinn ausrichten, sondern höchstens Gratisspiele ausgeben, können unzulässig sein, wenn es nahe liegend ist, dass sie trotzdem zum Spiel um Geld missbraucht werden. Ein solcher Missbrauch ist insbesondere dann anzunehmen, wenn der Spielverlauf wegen seiner Kürze, Automatik und Eintönigkeit wenig Unterhaltung bietet und nur durch Einsatz von Geld durch Wetten mit Platzhalter, Wirten oder Mitspielern genügend Anreiz und Spannung geschaffen werden kann[1028].

d) Widerrufsrecht

Verträge, die an Waren- und Telefonautomaten geschlossen werden, können vom Kunden nicht widerrufen werden[1029].

[1022] BGE 101/1975 Ia 339: BL, 352: SO, 106/1980 Ia 194: BS; Polizeiabt. EJPD in VEB 23/1953 128 Nr. 58: Einschränkende kant. Massnahmen.
[1023] Vgl. vorne Kap. II.B.4.d), S. 98.
[1024] Art. 3 Abs. 3 Spielbankengesetz (Fn 1017).
[1025] BBl 1970 II 61.
[1026] BGE 97/1971 I 760: Go-and-Stop.
[1027] BGE 101/1975 Ib 326: EJPD.
[1028] BGE 56/1930 I 390: Fussballspiel-Automat, 60/1934 I 302: Coup, 64/1938 I 120: Warenautomat Reservprim, 97/1971 I 764: Big Apple.
[1029] Art. 40c lit. c Obligationenrecht (OR, SR 220); Art. 40b Abs. 2 VE OR.

IV. Vorschriften für Massnahmen zur Verkaufsförderung (Vertriebsmassnahmen)

C. Vertrieb ausserhalb der üblichen Öffnungszeiten

Literatur: Arthur *Haefliger*, Die Rechtsprechung des Bundesgerichtes zu kantonalen und kommunalen Ladenschlussbestimmungen, ZBl 76/1975 409–415; Tobias *Jaag*, Ladenöffnungszeiten in Bahnnebenbetrieben, AJP 1998 218–221.

1. Bedeutung

In vielen Fällen sind Umsatz und Gewinn eines Unternehmens proportional zu seinen Öffnungszeiten. Das Bestreben der Geschäftsleute ist daher verständlich, die Zeitdauer möglichst auszudehnen, während welcher sie ihre Kunden bedienen. Dies ist vor allem für grosse Geschäfte der Fall, die ihr Personal in verschiedenen Schichten einsetzen können. Durch die Verlängerung der Betriebsöffnungszeiten werden auch die fixen Kosten, namentlich die Geschäftsmiete, besser verteilt, so dass deren Einfluss auf die Kalkulation zurückgeht.

Ladenschlusszeiten sind ihrer Natur nach gewerbe- und konsumentenfeindlich. Mit Wehmut erinnert man sich an ausländische Touristenorte, wo die Läden erst geschlossen werden, wenn sich keine Kunden mehr einstellen. In der deutschen Schweiz sind wohl unter dem Einfluss der Zünfte seit je einheitliche Schliessungszeiten beobachtet worden. Diese waren früher ausschliesslich zur Einschränkung des Wettbewerbes festgesetzt, und erst im Zusammenhang mit dem Ausbau der Fabrikgesetzgebung wurden die Schliessungszeiten aus Gründen des Arbeitnehmerschutzes reglementiert. Seit 1966 steht denn auch das eidgenössische Arbeitsgesetz in Kraft, das den Arbeitnehmerschutz genügend wahrnimmt. Dennoch sind die verschiedenen kantonalen und kommunalen Ladenschlussverordnungen nicht aufgehoben worden; dies teilweise auf Druck der Gewerkschaften, teilweise aber auch, weil einzelne Branchenverbände nach wie vor ein Interesse daran haben, den Wettbewerb unter den Mitgliedern in Bezug auf die Ladenöffnungszeiten zu beschränken. Eine solche Beschränkung liegt jedoch nicht im öffentlichen Interesse. Ladenschlussbestimmungen wären gewerbepolizeilich nur zulässig, wenn an deren Einhaltung die Öffentlichkeit und nicht nur die Mitbewerber ein erhebliches, praktisch zwingendes Interesse hätte. Der Versuch, bestimmte Schliessungshalbtage rechtlich durchzusetzen, musste daher aufgegeben werden.

2. Verhältnismässigkeit

Öffentliche Einschränkungen der Betriebsöffnungszeiten müssen verhältnismässig sein, um nicht gegen die Wirtschaftsfreiheit zu verstossen. Im Besonderen ist darauf zu achten, dass sich branchenmässige Abweichungen sachlich begründen lassen und dass die verfügten Einschränkungen örtlich und zeitlich mit dem von ihnen verfolgten Zweck übereinstimmen. Soweit ein obligatorischer Ladenschluss an Werktagen nur für bestimmte Branchen angeordnet wird, muss dargetan werden, dass in dieser Branche wesentlich andere Verhältnisse herrschen und es sich daher rechtfertigt, hierfür eine andere Schliessungsdauer anzuordnen. So geht es beispielsweise nicht an, nur die Schuhbranche mit einem besonderen Schliessungshalbtag zu belegen, während gleichzeitig die übrigen Detailgeschäfte und insbesondere auch die Schuhe verkaufenden Warenhäuser dieser verkürzten Öffnungszeit nicht unterliegen[1030]. Aber auch die vielerorts anzutreffenden einheitlichen Schliessungszeiten für Verkaufsgeschäfte des Klein- und Grossdetailhandels lassen sich sachlich kaum rechtfertigen, ist doch nicht einzusehen, warum diese anders behandelt werden sollten als gewisse ähnlich strukturierte Dienstleistungsbetriebe[1031].

Wird die Notwendigkeit eines vorzeitigen Ladenschlusses nur mit dem Bedürfnis nach Ruhe und Ordnung begründet, ist auf die örtlichen Gegebenheiten Rücksicht zu nehmen und ein Ladenschluss nur in jenen Gebieten zu verordnen, in denen die Einwohner vor Lärm geschützt werden müssen. Im Hinblick auf die Regelung des eidgenössischen Arbeitsgesetzes hat das Bundesgericht auch erklärt, dass jede kantonale Vorschrift, die eine Schliessung der Verkaufsgeschäfte während mehr als einem halben Werktag verlangt, unzulässig sei[1032]. Aber selbst wenn die Gewerbetreibenden an einem Halbtag zu schliessen haben, ist ihnen wenigstens die Wahlmöglichkeit einzuräumen, an welchem Halbtag sie schliessen wollen[1033]. Eine solche liberale Regelung kommt auch den Bedürfnissen der Käuferschaft entgegen, da die einzelnen Ladeninhaber je nach Branche und örtlichen Verhältnissen wohl jenen Schliessungshalbtag wählen werden, an dem die geringsten Umsätze zu erwarten sind, und damit gleichzeitig den Interessen der Konsumenten Rechnung tragen.

[1030] BGE 98/1972 Ia 403: Ladenschlussvorschriften Zug.
[1031] Wie z.B. Schlüsseldienste, Sofortreinigungen oder Schuhmacher.
[1032] BGE 98/1972 Ia 403: Ladenschlussvorschriften Zug, 101/1975 Ia 486: Ladenschlussvorschriften SO.
[1033] BGE 96/1970 I 367: Ladenschluss für Apotheken TI, 101/1975 Ia 487: Ladenschlussvorschriften SO, 102/1976 Ia 456: Ladenschlussvorschriften SO.

IV. Vorschriften für Massnahmen zur Verkaufsförderung (Vertriebsmassnahmen)

3. Sachliche Einschränkungen

Im Rahmen der Rechtsgleichheit sind die Kantone und Gemeinden frei zu entscheiden, welche Betriebe sie den örtlichen Schliessungszeiten unterstellen wollen. In der Regel werden diese nicht in einem einheitlichen Erlass festgelegt, sondern in besonderen Bestimmungen, die sich mit den einzelnen Gewerbezweigen befassen, z.B. Detailhandel, Gastwirtschaftsgewerbe usw.

Das Bundesrecht sieht vereinzelt vor, dass die örtlichen Schliessungszeiten auf bestimmte Betriebe keine Anwendung finden dürfen. So sind die Bahnunternehmungen befugt, an Bahnhöfen und in Zügen Nebenbetriebe einzurichten, soweit diese auf die Bedürfnisse der Reisenden und des Dienstpersonals, ausserhalb der Ladenschlusszeiten Reiseverpflegung, -literatur und -andenken zu kaufen[1034], ausgerichtet sind. Auf die von den Bahnunternehmungen als Nebenbetriebe definierten Betriebe finden die Vorschriften von Kantonen und Gemeinden über die Öffnungs- und Schliessungszeiten keine Anwendung[1035]; das Bundesamt für Verkehr kann sogar im Gegenteil verlangen, dass die als Bahnnebenbetriebe bezeichneten Geschäfte während gewisser Verkehrsspitzen obligatorisch offen zu halten sind. Hingegen unterstehen die Bahnnebenbetriebe den übrigen Vorschriften über die Gewerbe-, Gesundheits- und Wirtschaftspolizei sowie den von den zuständigen Behörden verbindlich erklärten Regelungen über das Arbeitsverhältnis. Aber nicht nur die klassischen Bahnhofgeschäfte wie Kioske, Coiffeure, Blumenläden und Buffets können als Nebenbetriebe einer Bahn erklärt und von der Unterstellung unter die kantonalen oder kommunalen Ladenschlussverordnungen ausgenommen werden, sondern auch den heutigen Bedürfnissen entsprechende Weiterentwicklungen von solchen, analog den Verhältnissen bei Tankstellen und Autobahnraststätten («En-Passant-Käufe» ohne Zeitaufwand an kiosk- oder barartigen Geschäften mit entsprechendem Angebotssortiment, wie etwa ein kleineres Buchgeschäft mit erweitertem Lektüreangebot usw.). Der Kauf am Bahnhof in Nebenbetrieben soll aber Ausnahmecharakter haben: Er soll dem Bahnreisenden aus einer durch seine Reise begründeten oder damit zusammenhängenden momentanen Verlegenheitssituation helfen[1036]. Daher ist lange nicht alles, was in der Angebotspalette eines Bahnhofs wünschenswert erscheint, auch durch die Bedürfnisse des Bahnbetriebs und des Verkehrs gedeckt; geht das Angebot am Bahnhof über die

---

[1034] BR in VEB 30/1961 193 Nr. 120: Bahnhofkiosk.
[1035] Art. 39 Abs.1 Eisenbahngesetz (EBG, SR 742.101); vgl. schon BR in ZBl 43/1942 414: Bahnhofkiosk BS; EJPD in VEB 17/1945 278 Nr.145: Bahnhofkiosk.
[1036] BGE 117/1991 Ib 120 f. E. 7a: Bahnhof Stadelhofen, 123/1997 II 323: Zürich HB.

Befriedigung alltäglicher, kleinerer Bedürfnisse hinaus, ist hierfür auf die kommerzielle Nutzung gemäss Art. 39 Abs. 4 EBG zu verweisen.

Der Aufzählung des Bundesgerichts[1037] sind folgende Nebenbetriebe zu entnehmen:

- Buchhandlungen, Papeterien, Geschenkartikel- und Spielwarenboutiquen können Bahnnebenbetriebe sein, wenn sie von der Grösse und der Organisation her Kioskcharakter haben (Grösse max. 50–70 m^2) und ihr (beschränktes) Angebot einem erweiterten Kiosksortiment entspricht.
- Bäckereien, Konditoreien, Confiserien haben im Rahmen einer kioskartigen Organisation an grösseren Bahnhöfen Nebenbetriebsstatus. Das gleiche gilt für Metzgereien mit ausgebautem Traiteur-Service.
- Lebensmittelgeschäfte können an Pendler- und Grossstadtbahnhöfen Nebenbetriebscharakter haben, wenn sie nicht zu gross sind (max. ca. 100–120 m^2) und das Angebot auf den «normalen» täglichen Gebrauch der Bahnreisenden ausgerichtet ist (kein Spezialpublikum).
- Tabakwarengeschäfte, Blumenläden (Kauf von Schnittblumen, Arrangements usw., hingegen keine Gärtnereiartikel, Saatgut), Coiffeurläden, Restaurants, Sandwichverkaufsstellen und Take-Aways sind klassische Bahnnebenbetriebe oder können als zeitgemässe Fortbildung von solchen gelten.
- Apotheken, Drogerien und Parfümerien (soweit mit Drogerieprodukten verbunden) können an Grossbahnhöfen mit durchmischtem Publikumsverkehr (bei beschränkter Verkaufsfläche) als Nebenbetriebe gelten[1038].

Demgegenüber sind grundsätzlich keine Nebenbetriebe:
- Kleider- und Schuhgeschäfte;
- HiFi-, Platten- und Computerläden;
- Galerien, Reprografieunternehmen, Optiker-, Foto- und Elektrofachgeschäfte, Weinhandlungen usw.

Selbstverständlich können die Kantone über diese Regelung hinausgehen und auch anderen Betrieben in Zentren des öffentlichen Verkehrs, die sich auf Bahnhofliegenschaften und damit verbundenen Einkaufspassagen befinden, erlauben, ausserhalb der üblichen Geschäftszeiten offen zu halten. Solche Erleichterungen tangieren zwar das Gleichbehandlungsgebot unter Konkurrenten, müssen aber als systemimmanente Wettbewerbsverzerrungen hingenommen werden, da auf geografische Besonderheiten Rücksicht zu

---

[1037] BGE 123/1997 I 324: Zürich HB.
[1038] Vgl. schon BGE 98/1972 Ib 234: Apotheken im Hauptbahnhof Bern.

nehmen ist und an solchen Zentren ohnehin eine gewisse Hektik herrscht, so dass hier die von den Ladenschlussregelungen bezweckte Nacht- und Sonntagsruhe im Vergleich zu anderen Geschäftslagen ohnehin schon reduziert ist[1039].

Den Ladenschlusszeiten nicht unbedingt unterstellt sind sodann die Warenautomaten. Das Bundesgericht hat deren Ausnahme seinerzeit damit begründet, dass die Nachtruhe durch den Betrieb eines Automaten wohl kaum gestört werde[1040]. Dieser Schluss scheint heute jedoch in dieser generellen Formulierung nicht mehr gerechtfertigt, wenn man bedenkt, dass namentlich Banknoten- und Zigarettenautomaten hauptsächlich von motorisierter Kundschaft aufgesucht werden, welche die Nachtruhe durch Anlassen und Laufen lassen des Motors und Zuschlagen der Türen empfindlich beeinträchtigen kann[1041].

4. Einschränkungen zum Schutz der öffentlichen Ruhe und Ordnung

Das Gemeinwesen kann das Offenhalten von Geschäften mit grossem Publikumsverkehr des Nachts sowie an Sonntagen und allgemeinen Feiertagen einschränken[1042]. Damit soll dem legitimen Bedürfnis der Einwohner nach Ruhe entgegengekommen werden. Entsprechend kann es sich rechtfertigen, nur jenen Geschäften verlängerte Öffnungszeiten zuzubilligen, die nicht in Wohnquartieren liegen. Diese Möglichkeit ist vor allem für das Gastwirtschaftsgewerbe von Bedeutung[1043]. Den Inhabern von Bewilligungen für verlängerte Öffnungszeiten können zusätzliche Auflagen gemacht werden, um das ihre zur Aufrechterhaltung der Ruhe beizutragen[1044]. So können der Betrieb von Kegelbahnen und Musikboxen zu den späten Nachtstunden untersagt oder Polizeistundenverlängerungen entzogen werden[1045]. Werden nur für eine zum Voraus genau bestimmte Zahl von Wirtschaften Ausnahmen von der abendlichen Schliessungszeit gestattet, so muss aus Gründen der

---

[1039] BGE 125/1999 I 439 betr. § 8a ZH G über die öff. Ruhetage und über die Verkaufszeit im Detailhandel vom 14.3.1971 (heute aufgehoben).
[1040] BGer in ZBl 59/1958 394: Warenautomat SH.
[1041] Gl.M. jetzt auch RR AG in SJZ 62/1966 82 Nr. 50: Zigarettenautomat.
[1042] BGE 94/1968 I 600: Polizeistunde VS; BGer in ZBl 51/1950 543: Polizeistunde ZH.
[1043] VerwGer ZH in ZBl 76/1975 430: Polizeistunde ZH.
[1044] BGer in ZBl 76/1975 166: Polizeistunde BE.
[1045] Grosser Rat GR in ZBl 62/1961 231: Polizeistunde, Rekurskomm. Chur in ZBl 64/1963 190: Music-Box.

Gleichbehandlung ein Turnus unter allen interessierten Wirtschaften vorgesehen werden[1046].

Das Bundesgericht hat es bisher abgelehnt, dem Bürger auch am Samstagnachmittag ein vermehrtes Bedürfnis nach Ruhe zuzubilligen[1047]. In der Tat muss vor allem die Ruhe des Nachts und an Sonntagen, unter Umständen auch mit polizeilicher Hilfe, geschützt werden, während sich der Samstag trotz der Einführung der Fünftagewoche hinsichtlich Lärm und allgemeiner Betriebsamkeit nicht von einem anderen Werktag unterscheidet. Immerhin ist es üblich geworden, die Verkaufsgeschäfte an den Vorabenden von öffentlichen Ruhetagen einige Stunden früher zu schliessen.

Verschiedentlich ist auch versucht worden, einzelne Tätigkeiten während hoher kirchlicher Feiertage oder gar während ganzer Perioden zu untersagen. Wohl können Anlässe, die nur Vergnügungszwecken dienen, an hohen Feiertagen verboten werden, da sie sonst als öffentliches Ärgernis den religiösen Frieden stören könnten[1048]. Indessen geht es nicht an, solche Anlässe an gewöhnlichen Sonntagen und zu Zeiten, an denen in der Regel keine Kultushandlungen stattfinden, zu verbieten, und noch weniger, während der ganzen Advents- und Fastenzeit jede Lustbarkeit zu untersagen, da hierfür kein öffentliches Interesse mehr geltend gemacht werden kann und dies für verschiedene Gewerbetreibende eine völlige Stillegung ihrer Betriebe während vieler Wochen bedeuten würde[1049].

5. Einschränkungen zum Schutz der Gesundheit des Ladenpersonals

Offenbar auf Anregung einzelner Branchenverbände pflegten einzelne Kantone für bestimmte Branchen des Detailhandels obligatorische Schliessungshalbtage vorzusehen. Diese wurden vorab mit dem Schutz der Gesundheit der Arbeitnehmer begründet. Indessen kann das öffentliche Interesse für die Anordnung eines halbtägigen Ladenschlusses an Werktagen heute nicht mehr im Arbeitnehmerschutz liegen, da das eidgenössische Arbeitsgesetz vom 13. März 1964 für die ihm unterstellten Arbeitnehmer eine abschliessende Re-

---

[1046] BGE 100/1974 Ia 51: Polizeistunde TI.
[1047] BGer in ZBl 76/1975 166: Polizeistunde BE.
[1048] BGE 50/1924 I 177: Kinoverbot während der Fastenzeit in SZ.
[1049] BGer in ZBl 47/1946 177: Wanderkino GR, BGer in 49/1948 304: Kinovorführungen OW, BGer in 84/1983 498: Tanzverbot AI.

IV. Vorschriften für Massnahmen zur Verkaufsförderung (Vertriebsmassnahmen)

gelung enthält[1050]. Seither wird versucht, den obligatorischen Schliessungshalbtag mit dem Schutz jener Personen zu begründen, die ebenfalls im Verkaufsbetrieb tätig sind, aber nicht dem Arbeitsgesetz unterstehen, so die Ladeninhaber, ihre Familienangehörigen und gewisse leitende Angestellte[1051]. An einem besonderen Schutz dieser Personenkategorien besteht jedoch kein ernsthaftes öffentliches Interesse[1052]. Es ist das Recht jedes Ladeninhabers, seiner Familienangehörigen und der Leiter der Detailhandelsgeschäfte, für sich selbst länger zu arbeiten und damit mehr zu verdienen. Im Gegensatz zum wirtschaftlich schwächeren Ladenpersonal bedürfen sie nicht des öffentlichen Schutzes, sind sie doch selber wohl imstande, abzuwägen, ob ihnen die Gesundheit oder der Verdienst mehr wert ist. Auch steht es diesen Personen frei, beispielsweise auch Teilzeitpersonal einzustellen, um trotz Erfüllung ihres Anspruches auf Freizeit die ganze Woche offen halten zu können. Die Beschränkungen der Öffnungszeiten zum Schutze der Ladeninhaber sind damit nicht mehr zu rechtfertigen. Jeder Ladeninhaber ist ja ohnehin frei, von den ihm zugestandenen Ladenöffnungszeiten nur teilweise Gebrauch zu machen und sein Geschäft zu jenen Zeiten zu schliessen, in denen er seinen Freizeitbedürfnissen nachgehen will.

D. Vertrieb mittels Aktionen und Sonderverkäufen

Literatur: *International Chamber of Commerce,* ICC International code of sales promotion, Paris 1987.

1. Bedeutung

Ausverkäufe hatten schon seit je eine erhebliche volkswirtschaftliche Bedeutung, was denn auch zum Erlass bundesrechtlicher Vorschriften über das Ausverkaufswesen führte. Anlass der besonderen Regelung war nicht die besondere Art des Verkaufs, sondern vielmehr die besondere Art der Wer-

---

[1050] BGE 101/1975 Ia 486: Ladenschluss SO.
[1051] BGE 98/1972 Ia 401, 403: Ladenschluss ZG.
[1052] Gl.M. *Haefliger* in ZBl 76/1975 413 und dort zitierte Literatur.

bung, nämlich der Hinweis auf gerade jetzt und nur jetzt gewährte Vorteile[1053].

Im Zuge der Liberalisierung wurde jedoch die bundesrechtliche Regulierung des Ausverkaufswesens per 1.11.1995 ersatzlos aufgehoben. Das befürchtete Chaos in Bezug auf die Preisgestaltung und -ankündigung ist jedoch ausgeblieben. Sonderverkäufe und Aktionen sind aber zur Belebung des Umsatzes gerade in Branchen, die saisonalen oder modischen Schwankungen unterworfen sind, sowie im Lebensmittelhandel immer noch verbreitet.

2. Begriff

Unter Aktion oder Sonderverkauf wird die vom Anbieter hervorgehobene, vorübergehende Vergünstigung einer Ware oder Dienstleistung zur Belebung des Umsatzes verstanden. In der Regel wird die gleiche Ware oder Dienstleistung vor und/oder nach dem Aktionsverkauf zum alten («normalen») Preis angeboten. Ist Ware oder Dienstleistung vor der Aktion nicht erhältlich, so spricht man von einem Einführungs-, Probier- oder gar Subskriptionspreis; ist sie nachher nicht mehr erhältlich, so geht es offensichtlich um einen Inventur- oder Räumungsverkauf.

Bei Ausverkäufen oder Liquidationsverkäufen handelt es immer um die Schliessung eines Geschäftes oder wenigstens eines Geschäftsteils (Teilausverkauf), entweder definitiv infolge einer Geschäftsaufgabe oder eines Umzugs oder auch nur vorübergehend infolge eines Umbaus.

3. Einschränkungen

a) Grundsätzliches

Grundsätzlich ist jeder Marktteilnehmer frei, die Preise für seine Waren und Dienstleistungen nach eigenem Ermessen festzusetzen. Somit kann niemandem verwehrt werden, billiger zu verkaufen als seine Konkurrenten, unabhängig davon, ob der Grund des günstigeren Preises in der billigeren Beschaffung der Güter oder im bescheidenen Gewinn zu suchen ist. Ein Kaufmann darf seine Waren und Leistungen sogar mit Verlust verkaufen, wenn er sie anders nicht abbrächte oder er sich dadurch eine verbesserte Position im

---

[1053] B. *v. Büren,* Wettbewerbsrecht, S. 223.

IV. Vorschriften für Massnahmen zur Verkaufsförderung (Vertriebsmassnahmen)

Geschäftsverkehr verspricht[1054]. Aus dem Recht auf freie Kalkulation ergibt sich, dass der Kaufmann auch berechtigt sein muss, eine Mischkalkulation anzuwenden[1055]. Eine solche Kalkulation darf aber nur zum Risikoausgleich oder zur einmaligen Ankurbelung des Umsatzes eingesetzt werden; wird sie zum Zwecke der Werbung eingesetzt, verstösst sie gegen das Verbot der Lockvogelwerbung[1056].

Obwohl die gesetzliche Regelung von Ausverkäufen und Sonderverkäufen dahin gefallen ist, sind dennoch einige Randbedingungen zu beachten. Die Streichung der entsprechenden Bestimmungen im Gesetz gegen den unlauteren Wettbewerb bedeutete zwar nicht, dass nunmehr wiederum die Kantone die Lücken mit kantonalen Vorschriften schliessen dürften: Das Schweigen des eidgenössischen Gesetzgebers will vielmehr gewährleisten, dass diesbezügliche Einschränkungen überhaupt nicht mehr zulässig sind. Die allgemeinen Vorschriften des Lauterkeits- und Preisbekanntgaberechts finden jedoch immer noch Anwendung.

Bei der Verwendung der Begriffe Ausverkauf, Liquidation, Sonderverkauf, Aktion und dergleichen ist zu beachten, dass sie nur wahrheitsgemäss eingesetzt werden dürfen. So wäre es irreführend, den verbilligten Verkauf von Frischprodukten, die sich dem Verkaufsdatum nähern, als Liquidationsverkauf anzukündigen.

Bei der Bekanntgabe von zwei Preisen, dem normalen und dem verbilligten, sind die Bedingungen der Preisbekanntgabeverordnung zu beachten, wonach beim Eigenvergleich die beiden Preise höchstens während zwei Monaten einander gegenübergestellt werden dürfen; Aktionen werden damit auf die Höchstdauer von zwei Monaten beschränkt, wobei darauf zu achten ist, dass der normale (unverbilligte) Preis mindestens doppelt so lange verlangt werden muss als die Aktion dauert, d.h. bei einer zweimonatigen Verbilligungsaktion muss der dem Aktionspreis gegenüber gestellte Normalpreis vorher oder nachher wenigstens vier Monate in Rechnung gestellt werden (sog. Halbierungsregel)[1057]. Unter diesen Voraussetzungen dürfen zeitliche[1058] oder

---

[1054] BGE 85/1959 II 450: Gratiskleid, 107/1981 II 280 = GRUR Int. 1982 467: Denner-Preisaktionen.
[1055] VKK 13/1978 330 Nr.48: Rosinenstrategie.
[1056] Vgl. Kap. II.G, S. 128.
[1057] Art. 16 Abs. 3 Preisbekanntgabeverordnung (PBV, SR 942.211), vgl. Kap. II.D.2.c), S. 118.
[1058] Z.B. Weihnachtsaktion, Sommerverkauf, Oster-Hit, Einführungspreis, Jubiläumsverkauf, Eröffnungsangebot, Profitieren Sie heute, usw.

mengenmässige[1059] Einschränkungen von Preisvorteilen ohne weiteres angekündigt werden.

Liegt jedoch der angekündigte Aktionspreis unter dem Einstandspreis vergleichbarer Bezüge gleichartiger Waren, Werke oder Leistungen, so ist das lauterkeitsrechtliche Lockvogelverbot zu beachten, das die wiederholte und besonders hervorgehobene Ankündigung von Verkäufen unter Einstandspreis untersagt, wenn dadurch Kunden über die eigene Leistungsfähigkeit getäuscht werden[1060]. Als Einstandspreis gilt der Einkaufspreis (Fakturapreis), vermindert um Rechnungsabzüge wie Rabatte und Skonti sowie erhöht um die Bezugskosten wie Mehrwertsteuern, Fracht, Transportversicherung, Zoll, Vermittlungsprovisionen etc.; indessen enthält er weder Verkaufskosten (Einzelkosten, Gemeinkosten) noch eine Gewinnmarge.

b)   Sachliche Einschränkungen

Da Arzneimittel nur in medizinisch-pharmazeutisch begründeten Fällen eingenommen werden sollen, sind Marketingmassnahmen für Arzneimittel gegenüber Endverbrauchern unzulässig[1061]. Das Bundesgericht hat jedoch präzisiert, dass den Apothekern nicht untersagt werden könne, Rabatte auf den Arzneimittelpreisen zu gewähren und hierfür auch zu werben, solange dies nicht in marktschreierischer und übertriebener Weise erfolge[1062].

Das Gleiche gilt auch hinsichtlich der Spirituosen. Diese dürfen von Gesetzes wegen nicht zu Preisen verkauft werden, die keine Kostendeckung gewährleisten, noch dürfen sie mit irgendwelchen Vergünstigungen angeboten werden[1063]. Marketingaktionen sind daher für Spirituosen unzulässig.

E.   Vertrieb mit Teilzahlungsmöglichkeiten

Literatur: Raymond *Jeanprêtre,* Abzahlungskäufe, SJK 233, 233a, Genf 1966; Hellmut *Stofer,* Kommentar zum Schweizerischen Bundesgesetz über den Abzahlungs- und Vorauszahlungsvertrag, 2. Aufl. Basel 1972; Hans *Giger,* Systematische Darstellung des

---

[1059] Z.B. Lagerabbau, Restenverkauf usw.
[1060] Art. 3 lit. f UWG; vgl. Kap. II.G, S. 128.
[1061] Art. 20 Abs. Arzneimittel-Werbeverordnung (AWV); bisher Art. 7 Abs. 1 IKS-Regulativ.
[1062] BGE 123/1997 I 206 = Pra 87/1998 Nr. 18: Preissenkung bei Medikamenten.
[1063] Art. 41 Abs. 1 lit. g und h G über die gebrannten Wasser (Alkoholgesetz, SR 680).

IV. Vorschriften für Massnahmen zur Verkaufsförderung (Vertriebsmassnahmen)

Abzahlungsrechtes unter besonderer Berücksichtigung von Fernkurs-, Unterrichts-, Mietkauf- und Leasingvertrag, Zürich 1972.

1. Bedeutung

Die Bedeutung der Teilzahlungsgeschäfte ist weiterhin zunehmend. Offenbar ist es für viele Bevölkerungskreise einfacher, regelmässig Abzahlungen zu leisten, als zuvor regelmässig auf eine bestimmte Anschaffung hin zu sparen. Im Rahmen der Konjunkturdämpfungsmassnahmen waren Abzahlungsverkäufe eine Zeit lang auch verwaltungsrechtlich[1064] geregelt

2. Sachliche Einschränkungen

Die während der Hochkonjunktur zu Beginn der Siebzigerjahre untersagte Werbung für Abzahlungsgeschäfte durch Fernsehspots, Direktwerbung und Aussenwerbung und die Kompetenz des Bundesrates zu einem Verbot zum Abschluss von Abzahlungsgeschäften ausserhalb eines ständigen Geschäftslokals, insbesondere durch Handelsreisende und Hausierer, stehen heute nicht mehr in Kraft. Der Bundesrat begnügt sich einzig damit, beim Abzahlungsvertrag eine bestimmte Mindestanzahlung und Höchstdauer vorzusehen[1065], wobei für Möbelkäufe gewisse Erleichterungen vorbehalten werden. Unter Möbeln sind nur jene Zimmereinrichtungsgegenstände des unmittelbaren praktischen Bedarfs zu verstehen, die den Kategorien der Kasten-, Tafel-, Sitz- oder Liegemöbel zugeordnet werden können[1066]. Heute gibt es keine sachlichen Einschränkungen mehr für Abzahlungsverträge. Der Gesetzgeber blieb somit seiner Maxime treu, es sei nicht seine Aufgabe, den Bürger vor dem Geldausgeben zu bewahren.

[1064] Verordnung über die Kleinkredite und Abzahlungsgeschäfte (KAV, AS 1973 88; aufgehoben durch AS 1975 838, 2420).
[1065] Art. 226d Abs. 2 Obligationenrecht (OR, SR 220); vgl. V über die Mindestanzahlung und die Höchstdauer beim Abzahlungsvertrag (SR 221.211.43).
[1066] Gutachten Justizabt. EJPD in SJZ 71/1975 35 f.

3. Persönliche und inhaltliche Einschränkungen

Da Teilzahlungsgeschäfte mit ihren anscheinend kleinen Abzahlungsraten eine besondere Gefahr für unerfahrene Leute bedeuten, können die Kantone die gewerbsmässige Gewährung und Vermittlung von Darlehen und Krediten der Bewilligungspflicht unterstellen[1067]. Zur besseren Kontrolle kann verlangt werden, dass in der Werbung auf die Bewilligung oder deren Nummer verwiesen wird. Zur Verhinderung der Ausnützung der Käufer können Höchstzinsen und -provisionen festgelegt werden[1068]. Von dieser Möglichkeit haben namentlich jene Kantone Gebrauch gemacht, die sich zu einem interkantonalen Konkordat über Massnahmen zur Bekämpfung von Missbräuchen im Zinswesen[1069] zusammengeschlossen haben. Andere Kantone haben für sich ähnliche Bestimmungen erlassen[1070].

4. Sorgfaltspflichten des Verkäufers

Dem Verkäufer sollte zugemutet werden können, die vom Käufer in der Regel schriftlich abgegebene Selbstauskunft über seine Vermögenslage soweit als möglich zu überprüfen. Dem Verkäufer steht es daher kaum zu, sich über allfällige Inkassoverluste zu beklagen, wenn er solche durch Nichtüberprüfung der Kreditwürdigkeit des Käufers in Kauf genommen hat. Zu Recht wurde daher darauf hingewiesen, dass eine Auskunft bei der gemeinsamen Treuhandstelle schweizerischer Kreditinstitute oft unerlässlich sei[1071].

5. Einschränkungen für die Werbung

Wer für Teilzahlungsgeschäfte wirbt, hat seine Firma eindeutig zu bezeichnen; Werbung mit Postfachadressen oder Decknamen ist unlauter. Bei der Werbung für Abzahlungskäufe sind gleichzeitig auch der Bar- und der Gesamtkaufpreis klar anzugeben oder der Teilzahlungszuschlag in Franken und Jahresprozenten genau zu beziffern[1072]. Ebenso sind bei der Werbung für

---

[1067] Vgl. z.B. § 212 ZH EG ZGB vom 2.4.1911 (ZGS 230).
[1068] Art. 73 Abs. 2 Obligationenrecht (OR, SR 220).
[1069] SR 221.121.1.
[1070] § 213 ZH EG ZGB (Fn 1067).
[1071] Vgl. *Pesch,* Zum Begriff der Arglist im Kleinkreditgeschäft, SJZ 66/1970 323–325.
[1072] Art. 3 lit. k UWG.

IV. Vorschriften für Massnahmen zur Verkaufsförderung (Vertriebsmassnahmen)

Konsumkredite klare Angaben über den Nettobetrag des Kredites, die Gesamtkosten des Kredits und den effektiven Jahreszins zu machen[1073]. Die früher übliche Art der Anpreisung, nur Zahl und Höhe der Raten anzugeben, war geeignet, dem Käufer ein besonders günstiges Angebot vorzutäuschen und ihn zu veranlassen, einen Kauf abzuschliessen, ohne die Vertragsbedingungen genauer zu prüfen. Der Gesetzgeber sah sich daher genötigt, erstmals eine spezifisch auf den Konsumentenschutz ausgerichtete Vorschrift in das Lauterkeitsgesetz aufzunehmen. Zwar kann durch die Anwendung der früheren, wenig verbraucherfreundlichen Werbemethoden auch ein Mitkonkurrent verletzt sein, doch ist dies im Gegensatz zu den anderen Wettbewerbsdelikten nicht Voraussetzung für eine Bestrafung des Verantwortlichen. Die in der Botschaft zur Gesetzesnovelle ausgedrückte Hoffnung, die Konkurrenten des Verkäufers würden gegen dessen anreisserische Methoden vorgehen und damit den Rechtsschutz des Käufers wesentlich verbessern[1074], hat sich zwar kaum bewahrheitet, ist doch nur ein Fall bekannt geworden, in welchem ein Konkurrent seinen Mitbewerber wegen Umgehung dieser Bestimmungen verzeigt hatte[1075]. Sie sind nach wie vor zum eigentlichen sozialrechtlichen Bestand des UWG zu rechnen[1076].

Angaben über die Kreditkosten dürfen einzig bei der blossen Erinnerungswerbung unterbleiben. Darunter fällt solche Werbung, die sich darauf beschränkt, auf die Möglichkeit von Teilzahlungen oder die Existenz eines Kreditinstituts hinzuweisen. Wird aber auf die Vorteile von Teilzahlungen im Allgemeinen hingewiesen, so ist mindestens ein Zahlenbeispiel zu geben[1077].

Werden Konsumkredite von Banken gewährt, sind auch deren standesrechtliche Vorschriften über zurückhaltende Werbung zu beachten[1078].

6. Einschränkungen für den Vertrieb

Da das neue Teilzahlungsrecht eine Verzichtsmöglichkeit binnen fünf Tagen nach Abschluss eines Abzahlungs- oder Vorauszahlungsvertrages vorsieht[1079]

[1073] Art. 3 lit. l UWG.
[1074] BBl 1960 I 586.
[1075] BGE 95/1969 IV 102: Angaben in Mietkaufvertrag.
[1076] Vgl. *Knoepfel,* Der Beitrag des Bundesgesetzes über den unlauteren Wettbewerb zum Konsumentenschutz, RIC 126/1974 50, 58.
[1077] BGE 120/1994 IV 287: Kleinkreditwerbung.
[1078] Vgl. hinten, Kap. IV.E.5, S. 274.
[1079] Art. 226c, 228 Obligationenrecht (OR, SR 220).

und überdies die Kündigung der Vorauszahlungsverträge erleichtert[1080], sah sich der Gesetzgeber genötigt, gewisse Kundenschutzbestimmungen vorzusehen. Damit sollte verhütet werden, dass die im Interesse des Käufers aufgestellten Schutzvorschriften von Vertretern zur Ausschaltung eines Konkurrenten benützt werden, indem sie einem Kunden bessere Kaufbedingungen stellen oder ihm das Reuegeld schenken. Die Anstiftung zum Widerruf eines Abzahlungskaufs, eines Vorauszahlungsverkaufs oder eines Kleinkreditvertrags oder zur Kündigung eines überjährigen oder auf unbestimmte Zeit abgeschlossenen Vorauszahlungsvertrags ist daher unlauter, wenn sie in der Absicht erfolgt, mit dem Käufer seinerseits einen solchen Teilzahlungsvertrag zu vereinbaren[1081]. Dabei genügt es, dass der Käufer oder Kreditnehmer seinen Vertrag widerruft oder kündigt; nicht notwendig ist, dass er mit dem neuen Verkäufer wiederum einen analogen Vertrag abschliesst oder der neue Verkäufer einen Vertrag über den gleichen Gegenstand vorschlägt[1082]. Das Verbot der Abwerbung von Käufern scheint seine Wirkung erreicht zu haben; jedenfalls sind keine Anzeigen oder Verurteilungen deswegen bekannt geworden.

Zahlreiche Kantone haben den Abschluss von Abzahlungsgeschäften im Markthandel oder Hausierverkehr verboten[1083]. Das Bundesgericht erachtet ein solches Verbot trotz der im Jahre 1963 erfolgten Reform des Abzahlungsrechtes als zulässig, da die Schutzbestimmungen des Obligationenrechtes nicht auf alle Abzahlungsgeschäfte Anwendung finden und zudem damit zu rechnen sei, dass die Umstände, die dem Hausierer den Zugang zum Kunden geebnet hätten, es ihm auch erleichtern würden, den einmal gewonnenen Käufer zur Nichtausübung des Verzichtsrechtes zu bestimmen[1084].

[1080] Art. 227f Obligationenrecht (OR, SR 220).
[1081] Art. 4 lit. d UWG.
[1082] Botschaft BBl 1960 I 586.
[1083] BBl 1960 I 529.
[1084] BGE 91/1965 I 199: ZG.

IV. Vorschriften für Massnahmen zur Verkaufsförderung (Vertriebsmassnahmen)

F. Vertrieb mittels besonderer Vertriebsformen

1. Vertrieb durch Selbstbedienung

a) Begriff und Bedeutung

Selbstbedienung spart Verkaufspersonal und senkt damit die Verkaufskosten. Hinzu kommt, dass bei Selbstbedienung die Verlockung, Waren zu kaufen, die nicht unbedingt und sofort gebraucht werden, weit grösser ist. Selbstbedienung ist daher die geeignete Vertriebsform, um den Wunschbedarf der Konsumenten zu decken. Dafür ist mit besonders hohen Verlusten aus Diebstählen zu rechnen, die bis zu 3% des Umsatzes betragen können. Daher ist ein guter Teil der eingesparten Verkaufskosten für die Überwachung der Selbstbedienungsläden einzusetzen.

Unter Selbstbedienung versteht man den Vertrieb, bei dem der Kunde ohne Anwesenheit von fachkundigem Personal die gewünschte Ware selbst auswählt und höchstens an der Kasse mit Verkaufspersonal in Berührung kommt[1085]. Oft sind aber auch Zwischenformen anzutreffen, bei denen der Kunde zwar die gewünschte Ware selbst aus den Gestellen entnimmt, aber eine fachkundige Person, die als solche gekennzeichnet ist, jederzeit leicht erreichbar ist und die Kundschaft, falls dies nötig oder erwünscht ist, ohne Verzug beraten kann. Solche Vertriebsformen können vom Gesetzgeber je nach Ermessen der Selbstbedienung oder der Personalbedienung zugeordnet werden. Für den Giftverkehr galt sie beispielsweise nicht als Selbstbedienung[1086].

b) Einschränkungen

Nicht zur Selbstbedienung eignen sich in der Regel Waren, die offen verkauft werden, da sie hier in Gegenwart des Käufers zugemessen werden müssen. Zwar kann namentlich bei Flüssigkeiten das Zumesspersonal durch einen Automaten ersetzt werden, doch kommt eine Abgabe durch Automaten nur in Betracht, wenn geeignete Behältnisse zur Mitnahme der abgemessenen Ware zur Verfügung stehen, wie beispielsweise bei münzbetriebenen Tanksäulen. Das Verbot des Verkaufs in Fertigpackungen, wie es z.B. für genuss-

---

[1085] Vgl. Art. 2 altGiftverordnung vom 19.9.1983 (GV, AS 1983 1387).
[1086] Art. 2 altGV (Fn 1085).

fertige Milch besteht[1087], bewirkt damit in der Regel auch ein Verbot der Selbstbedienung.

Von Gesetzes wegen war die Abgabe der meisten Gifte durch Selbstbedienung verboten; der Bundesrat war indessen immerhin berechtigt, einzelne Gifte der Giftklasse 5 zur Selbstbedienung zuzulassen, wenn dies den Schutz von Leben oder Gesundheit nicht beeinträchtigte[1088].

Von der Selbstbedienung können zudem Produkte ausgeschlossen werden, die sich nicht für einen übermässigen Konsum eignen. Dabei ist nicht nur zu berücksichtigen, dass die Auslage in Verkaufsgestellen einen erhöhten Anreiz zum Kauf schafft, sondern dass sie auch leichter Entwendungen ermöglicht. Die Kantone pflegen daher den Vertrieb von Arzneimitteln der Verkaufskategorien A–D durch Selbstbedienung von einer besonderen Bewilligung abhängig zu machen, die nur zurückhaltend erteilt wird[1089]. Auch dürfen unentgeltliche Muster von Arzneimitteln der Kategorien C und D, wenn überhaupt, nicht zur Selbstbedienung angeboten werden[1090].

Es stellt der Schweiz ein eigenartiges Zeugnis aus, dass der Vertrieb von Waffen durch Selbstbedienung nirgends ausdrücklich verboten wird. Immerhin sind die Bestimmungen über den Erwerb von Waffen in Bezug auf Bezugsbewilligung (Waffenerwerbsschein) und Buchführungspflicht des Verkäufers (unterschriftliche Empfangsbestätigung) derart einschneidend, dass eine Selbstbedienung praktisch nicht in Frage kommt[1091].

2. Vertrieb durch Einkaufszentren

Literatur: Peter *Hess,* Einkaufszentrum, Raumplanung und Handels- und Gewerbefreiheit, Diss. FR 1976; Peter *Saladin*/Christoph *Lanz,* Rechtliche Probleme im Zusammenhang mit Einkaufszentren, ZBl 77/1976 89–123.

[1087] Art. 42 Abs. 1 Lebensmittelverordnung (LMV, SR 817.02).
[1088] Sog. Klasse 5 S.
[1089] § 4 Abs. 1 Ziff. 4 ZH V über den Verkehr mit Heilmitteln vom 28.12.1978 (ZGS 812.1).
[1090] Art. 18 Abs. 3 Arzneimittel-Werbeverordnung (AWV); bisher Art. 6 Abs. 2 IKS-WerbeRL.
[1091] Art. 5, 6 Konkordat über den Handel mit Waffen und Munition (SR 514.542).

IV. Vorschriften für Massnahmen zur Verkaufsförderung (Vertriebsmassnahmen)

a) Bedeutung

Einkaufszentren scheinen sich immer grösserer Beliebtheit zu erfreuen. Sie entstehen gewöhnlich «auf der grünen Wiese» und umfassen je nach Grösse bis zu Dutzenden von Geschäften, deren Ladenflächen in enger räumlicher Beziehung zueinander stehen und die zusammen mit dem gemeinsamen Parkplatz eine bauliche oder planerische Einheit bilden. Je nach der Grösse ihrer Verkaufsfläche, der Anzahl Parkplätze und Geschäfte werden sie in verschiedene Typen eingeteilt, die vom Kleinstzentrum bis zum überregionalen Zentrum reichen.

Die Einkaufszentren werden für das oft beobachtete Ladensterben verantwortlich gemacht und beeinflussen somit die Versorgungslage namentlich der nicht motorisierten Bevölkerung. Aus diesem Grunde haben verschiedene Kantone bereits Sondervorschriften für Einkaufszentren erlassen. Die Behörden dürfen zwar den Bau von Einkaufszentren nicht behindern, um das angestammte Kleingewerbe im Dorfzentrum vor Konkurrenz zu schützen. Jedoch dürfen raumplanerische Mittel eingesetzt werden, um die Konsumgüterversorgung der Wohngebiete sicherzustellen[1092]. Der Staat kann ja dafür sorgen, dass die Beschaffung von Gütern des täglichen Bedarfs auch nicht mobilisierten Personen ermöglicht wird. Die Sorge um die Dezentralisation in der Konsumgüterverteilung mag als Nebenwirkung einen Konkurrenzschutz für die bestehenden Betriebe zur Folge haben. Eine solche Nebenwirkung kann verfassungsrechtlich nicht beanstandet werden[1093]. Jedoch geht es nicht an, neben der generellen Planung und Zuweisung bestimmter Zonen für Einkaufszentren noch zu verordnen, dass bestimmte Unternehmensformen, wie z.B. Warenhäuser Kettengeschäfte, Discountläden, überhaupt verboten würden. Der traditionelle Spezialladen mit fachkundiger Bedienung darf nicht zugunsten der neuen Vertriebsform (billige Preise, fehlende Dienstleistungen) geschützt werden.

b) Einschränkungen

Um Überbelastungen des Strassennetzes zu verhindern, darf von den Kantonen die höchstzulässige Nettoladenfläche beschränkt werden. Die Beschränkung muss jedoch verhältnismässig sein und kann wohl kaum einheitlich für den ganzen Kanton festgelegt werden. Wenn man bedenkt, dass die überregionalen Zentren über 50'000 m² Verkaufsfläche und mehr als 4'000 Parkplätze aufweisen können, scheint eine generelle Beschränkung auf beispiels-

---

[1092] BBl 1972 I 1479.
[1093] BGE 102/1976 Ia 116: Einkaufszentren BL, 109/1983 Ia 267: Celerina.

weise 8'000 m² Verkaufsfläche kaum zulässig, da es sicher in jedem Kanton Strassen gibt, die ein grösseres Verkehrsaufkommen zu bewältigen vermögen[1094]. Dass Einkaufszentren im Übrigen nur aufgrund eines rechtskräftigen Quartierplanes erstellt werden dürfen und den Ortszentren gemäss Ortsplanung zugeordnet sein müssen, ist selbstverständlich. Auch von da her ergeben sich Schranken für die Lage und Grösse des Einkaufszentrums, haben sich doch diese nach der Funktion des Ortszentrums zu richten.

Es ist auch schon verlangt worden, dass Einkaufszentren bestimmter Grösse mit einem öffentlichen Verkehrsmittel gut erreichbar sein müssen. Dieses Erfordernis lässt sich nicht nur versorgungspolitisch, sondern auch verkehrstechnisch motivieren[1095]. Auch ohne Privatwagen soll eingekauft werden können. Mit der verlangten Erschliessung durch öffentliche Verkehrsmittel werden Einkaufszentren im Übrigen nicht an den Rand grösserer Ortschaften verwiesen, da öffentliche Verkehrsmittel auch kleinere oder abseits liegende Ortschaften bedienen. Die Standortwahl für Einkaufszentren wird dadurch eher erweitert.

3. Vertrieb durch Kioske und Tankstellen

a) Bedeutung

Kioske und Tankstellenläden geniessen besondere Privilegien hinsichtlich der Öffnungszeiten. Kioske dürfen meistens auch an Sonntagen, Tankstellen sogar meistens rund um die Uhr offen sein. Auch in Bezug auf das Arbeitsrecht sind Kioske sowie Betriebe des Autogewerbes und Tankstellen besser gestellt[1096]. Entsprechend wächst der Druck, an diesen attraktiven Verkaufspunkten auch andere Waren als das traditionelle Sortiment wie Zeitungen und Zeitschriften einerseits und Treibstoffe für Motorfahrzeuge, Motorboote und Flugzeuge andererseits anzubieten.

b) Einschränkungen

Um Wettbewerbsverzerrungen zu verhindern, dürfen Kioske im Kanton Zürich an öffentlichen Ruhetagen nur ein beschränktes Touristikangebot führen,

---

[1094] Vgl. BGE 102/1976 Ia 119: Einkaufszentren BL.
[1095] BGE 102/1976 Ia 120: Einkaufszentren BL.
[1096] Vgl. Art. 45–49 und 65–69 V II zum BG über die Arbeit in Industrie, Gewerbe und Handel (SR 822.112).

IV. Vorschriften für Massnahmen zur Verkaufsförderung (Vertriebsmassnahmen)

nämlich Zeitungen, Zeitschriften, Ansichtskarten, Esswaren zur Zwischenverpflegung, Früchte, alkoholfreie Getränke, Filme für Foto- und Filmapparate, Raucherwaren und ähnliche Waren, die im Ausflugsverkehr üblicherweise gekauft werden. Garagen, Reparaturwerkstätten und Servicestellen dürfen diese Warengruppen nebst Treibstoffen sogar während 24 Stunden anbieten, ebenso Bestandteile und Zubehör für Motorfahrzeuge, soweit solche Artikel geeignet sind, die Verkehrssicherheit dieser Fahrzeuge zu fördern[1097]. Diese Aufzählung ist recht umfassend, denn die meisten Lebensmittel, die zum sofortigen Verzehr bestimmt sind, eignen sich auch zur Zwischenverpflegung anspruchsvoller Reisender; man denke nur an Milchprodukte, Früchte, Konditorei- und Confiseriewaren, Wurstwaren usw. Zu den Waren, die im Ausflugsverkehr üblicherweise gekauft werden, gehören u.a. auch Souvenirs, Batterien, Sonnenschutzcrème und viele andere Gebrauchsartikel.

4. Service per Telebusiness

a) Bedeutung

Dienstleistungen werden heute gelegentlich via Telebusiness angeboten, das heisst unter Telefonnummern mit Extragebühr (Telekiosk, Telebusiness), bei denen neben der ordentlichen Verbindungstaxe zusätzlich ein der Zeitdauer des Gesprächs entsprechender Betrag dem Telefonabonnenten in Rechnung gestellt und dem Inhaber dieser Nummern gutgeschrieben wird.

b) Einschränkungen

Die Praxis erachtet es als unzulässig, dass ein Rechtsanwalt seine Beratung per Telebusiness anbietet, da eine derartige Arbeitsweise nicht mit seiner Pflicht vereinbar sei, seine Tätigkeit gewissenhaft auszuüben[1098]. Dieser Entscheid ist unverständlich, da viele Rechtsfragen sich durchaus eignen, um ohne lange Vorabklärungen am Telefon beantwortet zu werden. Gerade Fragen zum Werberecht werden meistens telefonisch gestellt und beantwortet, da jede andere Kommunikationsform in der heutigen, schnelllebigen Zeit viel zu langsam ist. Auch sind persönliche Besprechungen und Korrespon-

---

[1097] § 4 und 6 ZH V zum Gesetz über die öffentlichen Ruhetage und über die Verkaufszeit im Detailhandel vom 8.4.1971 (ZGS 822.41).
[1098] BGE 124/1998 I 313: Consulenza giuridica telefonica.

denzen geeignet, das Beratungshonorar unnötig in die Höhe zu treiben, was nicht im Sinne des Beratenen liegen kann.

5. Vertrieb an Grossisten

Es stellt der Schweiz ein liberales Zeugnis aus, dass sich kaum Vorschriften finden lassen, die den Verkauf an Grossisten reglementieren. So finden gerade die einschneidenden Einschränkungen des Detailvertriebes, wie die Preisbekanntgabeverordnung oder die kantonalen Ladenschlussverordnungen, keine Anwendung auf Verkäufe an Grossisten. Zu erinnern wäre beispielsweise auch an die verschiedenen Anforderungen für Publikums- und Fachwerbung in der Gesetzgebung über die Arzneimittel oder die Differenzierung zwischen Grossreisenden und Kleinreisenden im Bundesgesetz über die Handelsreisenden.

Dabei geht der Gesetzgeber in der Regel von einem leistungsfähigen Grossistenstand aus. Oft wird verlangt, dass auf Importprodukten der schweizerische Importeur angegeben wird, so dass Direktverkäufe vom Ausland an schweizerische Detaillisten ausgeschlossen sind. Dies wird namentlich bei gesundheitsgefährdenden Produkten verordnet. So können Arzneimittel nur von in der Schweiz domizilierten Personen registriert werden, so dass sich ausländische Hersteller einer schweizerischen Vertriebsfirma bedienen müssen[1099]. Aus fiskalischen Gründen haben sich auch ausländische Produzenten von Tabakfabrikaten eines inländischen Importeurs zu bedienen[1100].

G. Selektiver Vertrieb

Literatur: Bernard *Dutoit,* Concurrence déloyale: la jurisprudence du Tribunal fédéral relative à la distribution sélective, SAG 61/1989 111–115.

[1099] Bisher Art. 10 Abs. 1 i.V.m. Art. 17 Abs. 2 lit. c IKS-Regulativ.
[1100] Art. 16 Abs. 1 lit. b BG über die Tabakbesteuerung (SR 641.31).

IV. Vorschriften für Massnahmen zur Verkaufsförderung (Vertriebsmassnahmen)

1. Begriff und Bedeutung

Detailhandelsgeschäfte sollten in der Lage sein, alle massgebenden Artikel ihrer Branche anzubieten. Natürlich werden sie nie das ganze Sortiment einer Branche führen können, doch sollten sie zum Mindesten die Möglichkeit haben, es beim Fabrikanten zu beziehen. Doch sind nicht alle Artikel geeignet, in jedem Geschäft der Branche verkauft zu werden. Viele Artikel benötigen eine bestimmte Verkaufsberatung, die nur von gelernten Verkäufern erbracht werden kann. Andere sind reparaturanfällig, so dass vom Verkäufer auch erwartet wird, die notwendigen Serviceleistungen zu erbringen. Bei wieder anderen ist die Grösse des Lagers oder die Ausstattung der Verkaufsräumlichkeiten von Bedeutung. Der Fabrikant von solchen Produkten wird es daher ablehnen, seine Artikel an solche Detaillisten zu verkaufen, die nach seiner Ansicht keine Gewähr für eine optimale Bedienung des Kunden geben. Damit ist zwangsweise eine gewisse Auswahl der Vertriebsstellen gegeben. Niemand wird in Frage stellen, dass derartige Selektionspraktiken zulässig sind[1101].

2. Selektion durch Produzenten

Gewisse Produzenten beliefern jedoch nicht all jene Detaillisten, welche die vom Produzenten aufgestellten Normen erfüllen, sondern sie behalten sich vor, in jedem Falle nur eine bestimmte Zahl von Detaillisten zu beliefern, selbst wenn es mehr qualifizierte Vertriebsinteressenten gäbe. Sie befolgen damit ein Numerus-clausus-System und behindern damit all jene Vertriebsstellen im Wettbewerb, die sich erst um den Vertrieb bemühen, nachdem die vorgesehenen Verteilerzahlen bereits erreicht sind. Soweit ersichtlich, haben sich Lehre und Rechtsprechung in der Schweiz noch nie mit der Frage befasst, ob statt der qualitativen auch quantitative Selektionskriterien zulässig sind.

Bestimmte Produkte leben davon, dass sie nicht überall erhältlich sind. Ein Modellkleid verliert seinen Reiz, wenn es in jedem beliebigen Modegeschäft angeboten wird, und ein teures Parfum soll weniger Freude machen, wenn es auch in Vorstadt-Parfümerien erhältlich ist.

Es kann daher durchaus auch im Interesse des Verbrauchers liegen, wenn die von ihm gewünschten Produkte nur in einer beschränkten Zahl von Ge-

---

[1101] Vgl. hierzu z.B. BGE 91/1965 II 490: Whisky Black and White, Cognac Martell.

schäften erhältlich sind. Sie erhalten damit einen Hauch der Exklusivität, für welchen der Konsument gerne zu zahlen bereit ist. Die Detaillisten haben daher keinen Anspruch darauf, alle führenden Artikel ihrer Branche zu vertreiben, und sie müssen in Kauf nehmen, dass sie in den Augen des Konsumenten als weniger leistungsfähig betrachtet werden, weil ihnen ein bestimmtes Markenprodukt im Sortiment fehlt. Dies ist das Pendant dazu, dass gewisse Produkte eben nur so lange verkauft werden, als sie sich einer bestimmten Exklusivität rühmen.

Den Produzenten steht es auch frei, ihre Produkte nur über bestimmte Vertriebswege abzusetzen, unter Ausschluss anderer Möglichkeiten. Wer seine Produkte nur im Hausierhandel oder im Direktversand anbieten will, kann nicht verhalten werden, auch Ladengeschäfte zu beliefern. Zwar wäre dem Konsumenten gedient, wenn er Produkte des täglichen Bedarfs an jeder Vertriebsstelle seiner Wahl einkaufen könnte. Doch gibt es heute gerade für solche Produkte derart viele Substitutionsmöglichkeiten, dass der Verbraucher durch einseitige Vertriebsmethoden keinen Schaden erleidet.

3. Selektion durch Produzentenvereinigungen (Kartelle)

Wenn ein Parfumfabrikant beschliesst, selbst in einer Grossstadt nur einen einzigen Wiederverkäufer zu beliefern, werden die übrigen Parfümerien deswegen nicht wesentlich benachteiligt. Es kann ja davon ausgegangen werden, dass es noch viele andere gesuchte Parfummarken gibt, deren Fabrikanten, einem ebensolchen selektiven Vertrieb huldigend, einen anderen Detaillisten als die Vertriebsstelle ihrer Wahl bezeichnen werden. Schliessen sich aber die Fabrikanten führender Marken zusammen und beschliessen gemeinsam, bestimmte Detaillisten nicht zu beliefern, kommt dies einer wesentlichen Behinderung gleich, da ein renommiertes Geschäft auf eine Auswahl von führenden Markenprodukten angewiesen ist. Fachgeschäfte können sich daher mit Erfolg dagegen zur Wehr setzen, wenn sie von Produzentenvereinigungen boykottiert werden[1102].

Die Praxis machte früher einen Unterschied zwischen Fachgeschäften und solchen Geschäften, die ein breites Angebot verschiedenster Branchen präsentieren (Verbrauchermärkte). Sie ging davon aus, dass solche Geschäfte selbst durch eine entscheidende Sperre an Produkten einer bestimmten Branche nicht wesentlich in ihrer Tätigkeit behindert würden, da ihr gesamtes

---

[1102] VSK 2/1967 327 Nr. 10, 4/1969 313 Nr. 17, 340 Nr. 20, 345 Nr. 21.

Sortiment im Übrigen intakt bleibe[1103]. Diese Argumentation übersah, dass damit die Warenhäuser generell der Willkür der Kartelle unterworfen werden, kann sich doch bei Liefersperre jedes Kartell damit herausreden, sein Boykott sei als Einzelfall zu beurteilen und habe keinen wesentlichen Einfluss auf die Wettbewerbsfähigkeit des boykottierten Supermarktes.

4. Selektion durch Verbrauchermärkte und Verteilketten

Literatur: Otto *Anghern,* Nachfragemacht von Handelsunternehmungen als Problem der Wettbewerbsgestaltung, WuR 25/1973 227–251; *Schweiz. Kartellkommission,* Die Nachfragemacht und deren Missbrauch, VSK 11/1976 53–93.

Nicht immer sind es die Fabrikanten, die ihre Marktmacht ausspielen. Heute haben auch einzelne Detaillisten und Grossverteiler eine derart überragende Stellung, dass sie es sich leisten können, die Fabrikanten mit der Drohung, sie würden sonst nichts mehr von ihnen abnehmen, unter Druck zu setzen und ihnen ihre Bedingungen aufzuoktroyieren. Vor allem im benachbarten Deutschland verlangen bestimmte Verbrauchermärkte von den Fabrikanten eigentliche Eintritts- oder Regalgelder, damit sie deren Produkte überhaupt aufnehmen. Auch werden ihnen verschiedene Nebenleistungen abverlangt, die sonst dem Detaillisten obliegen[1104].

Soweit ersichtlich, hat die selektive Vertriebspolitik auf Seiten der Verteiler weder Lehre noch Rechtsprechung in der Schweiz bewegt. Grundsätzlich wäre auch hier zu sagen, dass es dem Detaillisten ebenso wie dem Fabrikanten freistehen muss, zu wählen, mit wem er seine Geschäfte abschliessen will. Unerlaubt bleibt freilich auch hier der Missbrauch einer Marktmacht. Aber selbst wenn noch eine Detaillistenkette gezwungen werden könnte, ihre Beziehungen mit einem bestimmten Fabrikanten im bisherigen Umfange weiter zu pflegen, hat sie eine reiche Palette von Möglichkeiten, die Umsätze der Artikel des missliebigen Fabrikanten zum Erliegen zu bringen. So kann sie seine Produkte schlecht platzieren, sie in unmittelbarer Nähe von billigeren Substitutionsprodukten anbieten oder auch nur die betreffenden Verkaufspreise erhöhen. Die Praxis wird noch einen weiten Weg zu gehen haben, bis eine Handhabe gefunden sein wird, um die marktmächtigen Grossverteiler zum loyalen Verhalten gegenüber den Fabrikanten anzuhalten.

[1103] VSK 2/1967 323 Nr. 9.
[1104] Wie z.B. die Preisauszeichnung, Regalüberwachung, Werbebeiträge usw.

Einstweilen bleibt es fraglich, ob sich die von der schweizerischen Kartellkommission gezogenen Folgerungen für die Beurteilung von Nachfragemacht-Sachverhalten[1105] in der Praxis durchsetzen lassen.

[1105] VSK 11/1976 91.

V. Vorschriften für einzelne Waren und Dienstleistungen

A. Lebensmittel und Gebrauchsgegenstände

1. Allgemeines

a) Bedeutung

Der Bund hat schon im Jahre 1897 die Kompetenz erhalten, über Nahrungs- und Genussmittel und andere Gebrauchs- und Verbrauchsgegenstände, die das Leben oder die Gesundheit gefährden können, zu legiferieren[1106]. Das Lebensmittelrecht wird heute im Wesentlichen durch das Lebensmittelgesetz und die Lebensmittelverordnung sowie die Verordnung über Gebrauchsgegenstände (namentlich bezüglich Kosmetika) und die Tabakverordnung geregelt. Die Koordination der Lebensmittelkontrolle in der ganzen Schweiz obliegt dem Bundesamt für Gesundheit (BAG), das dem Eidg. Departement des Inneren (EDI) unterstellt ist. Das Bundesamt ist gleichzeitig Bewilligungsstelle für bestimmte Lebensmittel, Zusatzstoffe und Sachbezeichnungen.

Die Lebensmittelgesetzgebung will aber nicht nur den hygienischen Umgang mit Lebensmitteln sicher stellen und den Konsumenten vor gesundheitlicher Gefährdung schützen, sondern ihn auch vor Täuschungen bewahren[1107]. Damit wird die Lebensmittelgesetzgebung direkt in den Dienst des Konsumentenschutzes gestellt. Dieser Schutz ist dann besonders notwendig, wenn der Käufer einer Ware nicht ohne weiteres selbst prüfen kann, ob er reell bedient worden ist und insbesondere ob die ihm verkauften Lebensmittel dem Angebot, so wie er es verstehen durfte, entsprechen.

b) Geltungsbereich und Begriff

Die Lebensmittelgesetzgebung bezieht sich nicht nur auf die eigentlichen Nahrungs- und Genussmittel vom Rohstoff bis zum Fertigprodukt ein-

---
[1106] Art. 69bis altBV 1874; heute Art. 118 BV.
[1107] Art. 1 Lebensmittelgesetz (LMG, SR 817.0).

schliesslich der Zutaten und Zusatzstoffe, sondern auch auf Haushalt- und Gebrauchsgegenstände, wie Geschirre und Geräte zur Herstellung von Lebensmitteln, als auch auf Gegenstände des allgemeinen Bedarfs, die das Leben oder die Gesundheit gefährden können, wie Textilien und Spielwaren[1108]. Schliesslich unterstehen der Lebensmittelgesetzgebung auch noch die Verbrauchsgegenstände für Haushalt oder Gewerbe, wie Packmaterialien für Lebensmittel, Wasch- und Reinigungsmittel sowie Kosmetika, aber auch Mal- und Anstrichfarben, Zündhölzchen und eigenartigerweise auch Benzin und Petroleum. Letztere dürften nunmehr jedoch dem neuen Chemikaliengesetz unterstellt werden statt der Lebensmittelkontrolle.

Gelegentlich werden unter der Bezeichnung Lebensmittel (im weiteren Sinne) alle oben angeführten Erzeugnisse verstanden. Relevante Vorschriften für Werbung und Verkauf finden sich aber praktisch nur zu Nahrungs- und Genussmitteln und Kosmetika.

Die Lebensmittel unterteilen sich in Nahrungs- und Genussmittel; als Nahrungsmittel werden alle Erzeugnisse definiert, die dem Aufbau oder dem Unterhalt des menschlichen Körpers dienen und nicht als Heilmittel angepriesen werden[1109]. Analog dazu findet die Lebensmittelgesetzgebung ebenfalls nur auf solche Gebrauchs- und Verbrauchsgegenstände Anwendung, die nicht als Heilmittel angepriesen werden. Damit wird die Schnittstelle zwischen Lebensmitteln und Arzneimitteln klar definiert: Sobald Heilanpreisungen gemacht werden, wird das Produkt entweder als Arzneimittel oder als Medizinprodukt betrachtet.

Genussmittel sind die alkoholischen Getränke sowie Tabak und andere Raucherwaren[1110].

c) Sanktionen

Wer vorsätzlich oder fahrlässig über Lebensmittel falsche oder täuschende Angaben macht oder vorgeschriebene Angaben über Lebensmittel weglässt oder unrichtig wiedergibt, wird mit Haft bis zu drei Monaten oder mit Busse bis zu CHF 20'000 bestraft[1111].

Falsche Packungsaufschriften können aber auch den Tatbestand der Falschbeurkundung im Sinne von Art. 251 StGB oder des Betruges im Sinne von

---

[1108] Nicht aber Tränengaspistolen, Justizabt. EJPD in VEB 31/1963 Nr. 60.
[1109] Art. 3 Abs. 1 und 2 Lebensmittelgesetz (LMG, Fn 1107).
[1110] Art. 3 Abs. 3 Lebensmittelgesetz (LMG, Fn 1107).
[1111] Art. 48 Abs. 1 lit. h und k Lebensmittelgesetz (LMG, Fn 1107).

Art. 148 StGB erfüllen. So haben namentlich das aufgedruckte Verpackungsdatum und der letzte Verkaufstermin Beweischarakter, da die meisten Verbraucher diese Daten beachten und die Ware nicht mehr kaufen, wenn das Verkaufsdatum abgelaufen ist. Die beim Betrug geforderte Arglist ist in diesen Fällen darin zu sehen, dass der Hersteller darauf vertraut, dass die Konsumenten die einschlägigen Vorschriften nicht kennen, geschweige denn nachprüfen, sondern sich auf den Datumstempel verlassen[1112]. Ob das fragliche Produkt auch nach dem letzten Verkaufsdatum noch haltbar ist, ist höchstens in Bezug auf das Inverkehrbringen gesundheitsschädlicher Waren von Bedeutung, nicht aber in Bezug auf eine allfällige Falschbeurkundung oder einen Betrug.

Lebensmittel und Prospekte hierfür, die nicht den Vorschriften entsprechen, können die Kantone beseitigen lassen oder einziehen[1113]. Indessen wird es kaum je vorkommen, dass solche Packungen vernichtet werden müssen, da dies nur gestattet ist, wenn sie gesundheitsschädlich oder lebensgefährlich wären. Sonst sind sie in geeigneter Weise zu verwerten, beispielsweise unter der Bedingung, dass sie durch Überkleben usw. den gesetzlichen Vorschriften angepasst werden[1114].

2. Gemeinsame Bestimmungen

a) Bezeichnung der Lebensmittel

Lebensmittel müssen mit einer Sachbezeichnung versehen werden, die der Natur, Art, Sorte, Gattung oder Beschaffenheit des Lebensmittels oder den für seine Herstellung verwendeten Rohstoffen zu entsprechen hat[1115]. Die Anforderungen an Lebensmittel, die mit einer bestimmten Sachbezeichnung zu versehen sind, werden in vielen Fällen von der Lebensmittelverordnung festgelegt. Lebensmittel, für die in der Lebensmittelverordnung eine Sachbezeichnung vorgesehen ist, und Mischungen solcher Mittel, dürfen ohne Bewilligung in Verkehr gebracht werden.

Die rasante Entwicklung in der Lebensmittelbranche und der stetige Wandel des Geschmackes bringen es jedoch mit sich, dass immer wieder ein Bedürf-

---

[1112] OGer ZH in ZR 75/1976 Nr. 38: Geändertes Endverkaufsdatum.
[1113] Art. 28 Abs. 1 LMG (Fn 1107); vgl. schon BGE 103/1977 Ib 124: Beschlagnahme einer Aphro-Öl-Badekur.
[1114] Art. 28 Abs. 1 lit. a LMG (Fn 1107).
[1115] Art. 20 Abs. 1 Lebensmittelverordnung (LMV, SR 817.02), vgl. auch Kap. II.C.2, S. 104.

nis nach neuen Produkten entsteht. Wenn solche nicht in der Lebensmittelverordnung unter einer Sachbezeichnung umschrieben sind, bedürfen sie einer Bewilligung der Abteilung Vollzug Lebensmittelrecht des Bundesamts für Gesundheit. Die Bewilligung wird nur an Personen mit Wohnsitz oder Geschäftsniederlassung in der Schweiz erteilt. Das Amt prüft Zusammensetzung, Verwendungszweck und Kennzeichnung des Neuprodukts und entscheidet über dessen Zulässigkeit und Sachbezeichnung[1116]. Auch auf internationaler Ebene werden allgemeine Normen für die Deklaration vorverpackter Nahrungsmittel empfohlen[1117].

b) Bewilligungspflicht für Anpreisungen

Angaben und Abbildungen auf den Etiketten, Packungen und Beipackzetteln von Lebensmitteln für Säuglinge und Kleinkinder sowie von Ergänzungsnahrungen bedürfen der Bewilligung des Bundesamts für Gesundheit[1118]. Die Bewilligung ist zuhanden der Lebensmittelkontrollorgane auf den Packungen, Prospekten und anderen Reklametexten anzubringen[1119], damit die Kontrollbehörden über die erfolgte Bewilligung orientiert werden und keine Beanstandungen erlassen.

c) Gesundheitliche Hinweise

Heilanpreisungen (sog. Health claims) sind für Lebensmittel a priori untersagt. Da Anpreisungen von krankheitsheilenden oder krankheitsverhütenden Wirkungen den Arzneimitteln vorbehalten sind, besteht kein Anlass, solche bei Lebensmitteln zu bewilligen. Die Lebensmittelverordnung verbietet Hinweise irgendwelcher Art, die einem Lebensmittel Eigenschaften der Vorbeugung, Behandlung oder Heilung einer menschlichen Krankheit oder als Schlankheitsmittel zuschreiben oder den Eindruck entstehen lassen, dass solche Eigenschaften vorhanden seien[1120]. Entsprechend ist es auch untersagt, einem Lebensmittel den Anschein eines Heilmittels zu geben[1121]; nicht statthaft ist ebenso die Verwendung von Angaben wie «ärztlich empfohlen», die auch nur auszugsweise Wiedergabe und Erwähnung von ärztlichen Gutachten, ja sogar der blosse Hinweis «vom Eidgenössischen Gesundheitsamt

---

[1116] Art. 3 Abs. 3 und 4 LMV (Fn 1115).
[1117] Sog. FAO-WHO-Kennzeichnungsstandard.
[1118] Art. 19, 20, 182 LMV (Fn 1115).
[1119] Art. 169 Abs. 1 lit. c LMV (Fn 1115).
[1120] Art. 19 Abs. 1 lit. c LMV (Fn 1115).
[1121] Art. 19 Abs. 1 lit. d LMV (Fn 1115).

genehmigt»[1122]. Unzulässig wäre auch die Verwendung von Abbildungen von Ärzten oder Krankenschwestern in der Werbung, da dies einer mittelbaren ärztlichen Empfehlung gleichkäme. Eine günstigere gesundheitliche Wirkung wird einem Lebensmittel nicht nur dann nachgerühmt, wenn behauptet wird, es vermöge die Gesundheit des Menschen zu verbessern, sondern auch, wenn es als weniger gesundheitsschädlich angepriesen wird, als andere Erzeugnisse gleicher Gattung von Natur aus sind. Verboten ist daher die Aufforderung «Rauchen Sie gesünder mit X»[1123].

Die Möglichkeiten für Hinweise auf gesundheitliche Wirkungen sind stark eingeschränkt. Erlaubt sind zwar Aussagen, die sich auf die Erhaltung der (bereits vorhandenen) Gesundheit[1124] oder auf das Wohlbefinden beziehen (Wellness-Anpreisungen). Hervorgehoben werden dürfen einzig zwei gesundheitliche Argumente, nämlich einerseits die Wirkung von Zusätzen essentieller oder ernährungsphysiologisch nützlicher Stoffe (z.B. Kamille) und andererseits die besondere Zweckbestimmung oder die ernährungsphysiologische Wirkung von Speziallebensmitteln (sog. Functional Food oder Food Supplements)[1125]. Obwohl die Gesetzgebung diesen gegenüber einigermassen grosszügig ist, wurde für das Grundnahrungsmittel Milch vom Bundesgericht die Werbebehauptung beanstandet, Milch helfe mit, der Knochenbrüchigkeit im Alter vorzubeugen[1126]. Selbstverständlich sind auch Übertreibungen aller Art verboten.

3. Nahrungsmittel

a) Begriff

Nahrungsmittel sind Esswaren, die dem Aufbau oder dem Unterhalt des menschlichen Körpers dienen und sich daher durch ihren Gehalt an den für den Körper notwendigen Stoffen auszeichnen.

[1122] Gesundheitsamt in VEB 31/1963 Nr. 59: Bewilligungsentzug.
[1123] BGE 81/1955 IV 184: Marocaine Filter.
[1124] Z.B. «Verstärken Sie Ihre natürlichen Abwehrkräfte / Renforcez vos défenses naturelles».
[1125] Art. 19 Abs. 1 lit. c Ziff. 1 (i.V.m. Art. 6) und Ziff. 2 (i.V.m. Art. 167) LMV (Fn 1115): Zulässig ist etwa der Hinweis «Zur besonderen Ernährung bei Diabetes mellitus im Rahmen eines Diätplans».
[1126] BGE 127/2001 I 95: Kuh-Lovely-Werbung.

b) Grundsatz

Die über Lebensmittel in der Werbung gemachten Angaben haben wahr und klar zu sei; das Gesetz präzisiert, dass die angepriesene Beschaffenheit sowie alle anderen Angaben über das Lebensmittel den Tatsachen entsprechen müssten. Anpreisung, Aufmachung und Verpackung der Lebensmittel sollen den Konsumenten nicht täuschen. Täuschend sind namentlich Angaben und Aufmachungen, die geeignet sind, beim Konsumenten falsche Vorstellungen über Herstellung, Zusammensetzung, Beschaffenheit, Produktionsart, Haltbarkeit, Herkunft, besondere Wirkungen und Wert des Lebensmittels zu wecken[1127].

c) Produktdeklaration

Die Produktdeklaration, in der Lebensmittelverordnung Kennzeichnung genannt, unterscheidet zwischen der Deklaration von vorverpackten und derjenigen von offen angebotenen Lebensmitteln. Vorverpackte Lebensmittel werden ausser Sichtweite der Konsumenten auf solche Weise in Verkaufseinheiten abgemessen und abgepackt werden, dass der Packungsinhalt nicht verändert werden kann, ohne dass die Packung geöffnet oder abgeändert wird[1128]. In jedem Falle muss die Produktdeklaration mindestens in einer Amtssprache an gut sichtbarer Stelle in leicht lesbarer und unverwischbarer Schrift angebracht werden; ist sie in einer anderen Sprache abgefasst, muss sie durch entsprechende Aufschriften in einer Amtssprache ergänzt werden, falls die Konsumenten sonst ungenügend oder missverständlich über das Lebensmittel orientiert würden[1129].

Für vorverpackte Waren sind schriftlich anzugeben die Sachbezeichnung (falls nicht ohne weiteres erkennbar), das Verzeichnis der Zutaten, Datierungsangaben, Name und Adresse des Herstellers, Importeurs oder Verkäufers, das Produktionsland, das Produktionsland des Hauptrohstoffs (falls nicht mit dem Produktionsland übereinstimmend)[1130], das Warenlos sowie Menge, Grundpreis und Detailpreis[1131]. Je nachdem sind weitere Hinweise zu geben, wie beispielsweise auf den Alkoholgehalt, den physikalischen Zu-

---

[1127] Art. 18 LMG (Fn 1107).
[1128] Art. 22 Abs. 1 LMV (Fn 1115).
[1129] Art. 21 LMV (Fn 1115).
[1130] Art. 1 V über die Angabe des Produktionslandes von Lebensmitteln etc. (Rohstoffdeklarationsverordnung/VAPR, SR 817.021.51).
[1131] Art. 22 LMV (Fn 1115) sowie Art. 11 Abs. 1 und 3 BG über d. Messwesen (SR 941.20) und Art. 5 Abs. 2 Preisbekanntgabeverordnung (PBV, SR 942.211).

stand, eine Gebrauchsanweisung, Hinweise zur Lagerung etc. Gegebenenfalls ist auch der Vermerk «mit ionisierenden Strahlen behandelt» oder «GVO-Erzeugnis» anzubringen.

Bei offen verkauften Lebensmitteln müssen die Hinweise «mit ionisierenden Strahlen behandelt» und «GVO-Erzeugnis» sowie der Grundpreis schriftlich angegeben werden[1132]. Das EDI kann auch die schriftliche Angabe des Produktionslandes verlangen, und es hat von dieser Kompetenz bereits für Fleisch und Fleischerzeugnisse Gebrauch gemacht[1133]. Die restlichen erforderlichen Angaben können auch mündlich gemacht werden.

d) Vitaminhaltige Nahrungsmittel

Die Anreicherung von Nahrungsmitteln mit Vitaminen oder Mineralstoffen zur Erhaltung oder Verbesserung des Nährwertes sowie aus Gründen der Volksgesundheit ist innerhalb gewisser Grenzen gestattet. Im Rahmen der fakultativen Nährwertkennzeichnung darf auf einen Gehalt an Vitaminen oder Mineralstoffen hingewiesen werden, wenn ein Lebensmittel signifikante Mengen davon enthält. Dies ist in der Regel dann der Fall, wenn in einer Portion oder in 100 g bzw. 1 dl eines Lebensmittel 15 Prozent der empfohlenen Tagesdosis vorhanden sind. Wird bei einem Lebensmittel auf einen besonders hohen Gehalt wie «reich an Vitamin C» hingewiesen, muss es in einer gebräuchlichen Tagesration die empfohlene Tagesdosis enthalten[1134].

Die physiologische Funktion von Vitaminen und Nährstoffen (sog. Nutrient function claims) darf besonders hervorgehoben werden, wenn in der Tagesration eines Lebensmittels mindestens 30 Prozent des empfohlenen Tagesbedarfes des betreffenden Vitamins oder Mineralstoffes enthalten ist, unabhängig davon, ob die betreffende Substanz von Natur aus vorhanden oder zugesetzt worden ist. Doch muss sich die Anpreisung klar auf den Nährstoff und darf sich nicht auf das ganze Lebensmittel beziehen[1135]. Die Eidg. Ernährungskommission hat im Juni 2000 eine Liste der in der Schweiz zulässigen Anpreisungen für die Vitamine A bis K und für neun Mineralstoffe verab-

---

[1132] Art. 23 Abs. 3 lit. a LMV (Fn 1115), Art. 5 Abs. 1 PBV (Fn 1131).
[1133] Art. 22a Abs. 5, 23 Abs. 3 lit. b LMV (Fn 1115); Art. 2 Rohstoffdeklarationsverordnung (Fn 1130).
[1134] Art. 5 Nährwertverordnung (NwV, SR 817.021.55) i.V.m. Art. 36 Abs. 1 LMV (Fn 1115).
[1135] Z.B «Vitamin A ist für das normale Wachstum notwendig», und nicht etwa «Das Produkt X ist für das normale Wachstum notwendig».

schiedet, die bei Bedarf erweitert werden kann[1136]. Die Liste hat zwar nur Empfehlungscharakter, doch darf in der Werbung nicht über den in der Liste zum Ausdruck gekommenen, allgemein anerkannten Konsens der Wissenschaft hinausgegangen werden.

e) Biologische Nahrungsmittel

Literatur: Olaf *Kiener,* Kennzeichnung von Bioprodukten. Rechtliche Grundlagen in der EU und in der Schweiz, Liz. BE 1998.

Lebensmittel, die im Wesentlichen pflanzliche Erzeugnisse enthalten, dürfen nur dann als «biologisch» gekennzeichnet werden, wenn sie nach der Verordnung über die biologische Landwirtschaft und die entsprechende Kennzeichnung der pflanzlichen Erzeugnisse und Lebensmittel produziert oder eingeführt sowie aufbereitet und vermarktet worden sind[1137]. Das Prädikat «biologisch» darf in der Sachbezeichnung nur geführt werden wenn zum Zeitpunkt der Verarbeitung mindestens 95 Massenprozent der Zutaten landwirtschaftlichen Ursprungs biologisch produziert oder eingeführt worden sind[1138]. Sind wenigstens 70 Massenprozent der Zutaten landwirtschaftlichen Ursprungs biologisch produziert, so darf im gleichen Sichtfeld wie die Sachbezeichnung der Vermerk stehen: «X % der Zutaten landwirtschaftlichen Ursprungs sind nach den Grundregeln für die biologische Landwirtschaft gewonnen worden»[1139].

Die Bestimmungen der Bio-Verordnung sind schon einzuhalten, sobald die Marke eines Erzeugnisses den Eindruck erweckt, dass es biologisch produziert wurde[1140]. Mit dieser Bestimmung werden mit dem beliebten Bestandteil «Bio-» gebildete Marken, die während Jahrzehnten in guten Treuen gebraucht worden sind, unter Umständen plötzlich rechtswidrig, was einer materiellen Enteignung gleich kommt.

[1136] Zurzeit publiziert unter der URL-Adresse <http://www.admin.ch/bag/verbrau/lebensmi/lmrecht/d/vitamine_mineralstoffe_anpreisungen.pdf>.
[1137] Art. 1 Abs. 1 Bio-Verordnung vom 22.9.1997 (SR 910.18).
[1138] Art. 18 Bio-Verordnung (Fn 1137).
[1139] Art. 19 lit. c Bio-Verordnung (Fn 1137).
[1140] Art. 1 Abs. 2 Bio-Verordnung (Fn 1137).

4. Alkoholische Getränke

a) Begriff

Ein Getränk gilt als alkoholfrei, wenn es weniger als 0,5 Volumenprozent Alkohol aufweist. Die Gehalte der üblichen alkoholischen Getränke liegen meistens weit über diesem Grenzwert. So pflegt Mostwein mindestens 3, Traubenwein sogar 5,5 und mehr Volumenprozente Alkohol aufzuweisen.

Getränke, deren Alkohol ausschliesslich aus Vergärung stammt (Bier, Wein, Schaumwein, Apfelwein etc.), unterstehen einzig der Lebensmittelverordnung. Stammt der Alkohol aber ganz oder teilweise aus einem Brennprozess oder aus der Behandlung von Wein mit umgekehrter Osmose[1141], so ist zusätzlich die Gesetzgebung über die gebrannten Wasser anwendbar. Darunter fallen nicht nur die eigentlichen Branntweine, sondern auch Wermut und Süssweine, soweit sie unter Spritbeigabe hergestellt wurden, sowie die Premixgetränke und Designerdrinks (Alco-Pops), die aus einem Gemisch von Trinkbranntwein und Süssgetränken zu bestehen pflegen.

Gebrannte Wasser sind identisch mit geistigen Getränken und Spirituosen; als solche werden sie in diesem Kapitel bezeichnet.

b) Grundsätzliches

Der Kleinhandel mit alkoholischen Getränken war unter der alten Bundesverfassung ausdrücklich von der Handels- und Gewerbefreiheit ausgenommen. Um die Kantone zum Kampf gegen die Trunksucht zu ermächtigen und hierfür auch wirtschaftspolitische Massnahmen und insbesondere die Beschränkung der Zahl der Wirtschaften anzuordnen, wurde jenen die Kompetenz erteilt, die Ausübung des Wirtschaftsgewerbes und des Kleinhandels mit geistigen Getränken den durch das öffentliche Wohl geforderten Beschränkungen zu unterwerfen[1142]. Die Bestimmung wurde später mit praktisch unverändertem Wortlaut in Art. 32^{quater} der früheren Bundesverfassung übernommen[1143]. Gemäss der neuen Bundesverfassung ist die Gesetzgebung über Herstellung, Einfuhr, Reinigung und Verkauf gebrannter Wasser Sache des Bundes; der Bund hat dabei insbesondere den schädlichen Wirkungen des Alkoholkonsums Rechnung zu tragen. Im Übrigen wird die Wirtschaftsfreiheit hinsichtlich alkoholischer Getränke nicht mehr besonders eingeschränkt.

[1141] Eidg. Alkoholrekurskommission in VPB 63/1999 III Nr. 82.
[1142] Art. 31 lit. c altBV 1874, AS 8 351.
[1143] AS 46 402.

Damit sind nun die speziellen Kompetenzen der Kantone dahingefallen. Dies heisst zwar nicht, dass die Kantone keine Kompetenz mehr hätten, im Rahmen des öffentlichen Interesses und der Verhältnismässigkeit Einschränkungen für den Vertrieb von Alkoholika in Gaststätten etc. anzuordnen. Solche Anordnungen dürfen aber keine wirtschaftspolitischen Interessen verfolgen, weshalb eine zahlenmässige Beschränkung der Abgabestellen (Bedürfnisklausel) nicht mehr zulässig ist. Doch ist es den Kantonen nach wie vor unbenommen, ein so genanntes Morgenschnapsverbot zu dekretieren und den Wirtschaften zu verbieten, während bestimmter Zeiten geistige Getränke auszuschenken oder über die Gasse zu verkaufen[1144].

Der eidgenössische Gesetzgeber fühlte sich bis heute bei alkoholischen Getränken ebenfalls nicht an die Wirtschaftsfreiheit gebunden. So hat er die Werbung in Radio und Fernsehen hierfür generell verboten[1145]. Diese Einschränkung ist zwar schon scharf kritisiert worden, weil sie dem Grundgedanken der freien Persönlichkeit widerspreche und den erwachsenen Menschen bevormunde[1146]. Diese Kritik übersieht, dass es Aufgabe des Staates ist, den Einzelnen vor den Gefahren des Alkohols zu schützen, was sich unter anderem auch durch eine Beschränkung der Werbung erreichen lässt. Zudem ist die Bevölkerung schon vor weit weniger ausgeprägten Gefahren geschützt worden[1147]. Die schädlichen Wirkungen im Sinne der Bundesverfassung könnte beispielsweise durch die Ausdehnung der für Spirituosen geltenden Werbeeinschränkungen auf alle alkoholischen Getränke vermindert werden. Es kann nicht bestritten werden, dass eine auf dem Prestige von Alkohol, namentlich auch von Schaumwein, aufbauende Werbung die sozialzeremonielle Funktion des Alkohols unterstreicht und so mithilft, den Alkoholmissbrauch zu fördern, statt diesen zu bekämpfen. Viele Stadt- und Gemeinderäte stellen bereits den öffentlichen Grund und die Verkehrsmittel nicht mehr zu Werbezwecken für geistige Getränke zur Verfügung.

c) Werbebeschränkungen

(1) Qualität

Alkoholische Getränke müssen mindestens durch Angabe des Alkoholgehalts, ergänzt durch das Symbol «% vol.», als solche gekennzeichnet sein.

[1144] Ein solches bestand früher z.B. im Kanton Zürich, vgl. § 95 altWirtschaftsgesetz.
[1145] Art. 18 Abs. 5 BG über Radio und Fernsehen (RTVG, SR 784.40), Art, 15 Abs. 1 lit. b Radio- und Fernsehverordnung (RTVV, SR 784.401).
[1146] Vgl. z.B. *Saladin*, Recht auf Werbung, S. 336.
[1147] Vgl. z.B. die Einschränkungen im Lotterie- und Abzahlungswesen.

V. Vorschriften für einzelne Waren und Dienstleistungen

(2) Gesundheitliche Anpreisungen

Um keine Entschuldigungsgründe für den Konsum von alkoholischen Getränken zuzulassen, sind selbst die harmlosesten Hinweise auf gesundheitliche Wirkungen verboten. Unzulässig sind daher Ausdrücke wie «stärkend», «kräftigend», «energiespendend», «für Ihr Wohl», «für Ihre Gesundheit», «für Ihren Magen», «fördert die Verdauung», «tonisch» usw.[1148]. Früher wurden noch Bezeichnungen wie «Kraftwein», «Diätbier» usw. zugelassen[1149], heute darf einzig noch Bier bis zu einem Alkoholgehalt von 3,0 Volumenprozent als «Leichtbier» bezeichnet werden[1150].

(3) Jugendschutz

Aufgrund der Lebensmittelgesetzgebung ist die Alkoholreklame, die sich speziell an Minderjährige richtet und bezweckt, diese zum Alkoholkonsum zu veranlassen, verboten worden[1151]. Dieses Verbot umfasst nicht nur Inserate in Schulbüchern, Jugendzeitschriften, Kinder- und Jugendbüchern, sondern auch blosse Hinweise und Empfehlungen, welche für den Konsum von geistigen Getränken werben. Selbst wenn sie humoristisch gemeint sind, wie z.B. Illustrationen in einem Kinderbuch, die beiläufig Tafeln mit Aufschriften «Trinkt mehr Rotwein» oder «am besten Bier» zeigen, ändert das an ihrer Unzulässigkeit nichts. Auch Orte, wo Jugendliche vorzugsweise verkehren[1152], dürfen für die Alkoholwerbung nicht ausgenützt werden. Ebenso soll die Darstellung von Personen, die offensichtlich noch nicht mündig sind, in der Alkoholwerbung unterbleiben, um keine falschen Ideale aufkommen zu lassen. Entsprechend müssen Verkaufsförderungsmassnahmen auf Erwachsene beschränkt werden. So dürfen beispielsweise Personen unter 18 Jahren nicht zur Teilnahme an Wettbewerben eingeladen werden, bei denen Alkoholika als Preise abgegeben werden, und selbstverständlich ist Alkoholwerbung auf Spielzeug untersagt. Darüber hinaus darf sie auch nicht auf unentgeltlich an Jugendliche abgegebenen Werbegegenständen erscheinen, wie Fähnchen, Mützen, T-Shirts und Badebälle.

[1148] Art. 19 Abs. 1 lit. f Lebensmittelverordnung (LMV, SR 817.02); BR in VEB 21/1951 75 Nr. 44: Gesundheitsfördernd; für Deinen Magen.
[1149] Vgl. BGE 100/1974 Ib 303: Diätbier.
[1150] Art. 396 Abs. 3 LMV (Fn 1148).
[1151] Art. 24 LMV (Fn 1148).
[1152] Wie Zugänge zu Lehranstalten, Ferienkolonien, Jugendhäusern, Freizeitzentren usw. sowie an Kultur-, Sport- oder anderen Veranstaltungen, die hauptsächlich von Jugendlichen besucht werden.

(4)   Besondere Bestimmungen für Spirituosen

Seit 1981 kennt der Bund für Spirituosen stark einschränkende Bestimmungen für Werbung und Vertrieb. Zu reden gegeben hat vor allem die Pflicht, für Spirituosen in Wort, Bild und Ton nur solche Elemente zu verwenden, die sich unmittelbar auf das Produkt und seine Eigenschaften, namentlich seine Herkunft, beziehen (Verbot der unsachlichen Werbung). Untersagt ist daher die Darstellung von Situationen, die Lebensfreude, Unbeschwertheit, Vitalität, Frische etc. zum Ausdruck bringen wollen und die Spirituosen als üblichen Bestandteil des sozialen Lebens hinstellen, wie namentlich Trink- und Partyszenen. Erlaubt sind demgegenüber sachliche Abbildungen der Früchte und Pflanzen, aus denen die Spirituose gebrannt wird, (z.B. Enziane für Kräuter, Artischocke für Cynar, Aprikosen für Slibovic). Da ausländische Spirituosen zum Teil in Originalflaschen in den Handel gebracht werden müssen[1153], kann sich die Verpflichtung zur sachlichen Werbung nicht auf Flaschenetiketten beziehen, da dies zu einem Einfuhrverbot ausländischer Spirituosen mit unsachlicher Etikette führen würde; die ausländischen Originaletiketten haben sich naturgemäss nicht an die schweizerische Gesetzgebung zu halten. Von der Werbeeinschränkung nicht betroffen sind daher Abbildungen von Originalflaschen, selbst wenn diese eine unsachliche Etikette aufweist. Auch die üblichen Zutaten wie Gläser, Eiswürfel, Zitronenschnitz dürfen in Inseraten abgebildet werden. Als unsachlich werden Slogans in jeder Sprache beurteilt (z.B. «sei trendy, trink ...»), auch vermenschlichte Früchte etc. haben nichts mehr mit einem unmittelbaren Hinweis auf das Produkt zu tun und sind daher verboten.

Nach einer generellen Regel vertragen sich Alkohol und Sport nicht. Spirituosenwerbung ist daher auf Sportplätzen und Sportveranstaltungen verboten. Spirituosenhersteller dürfen jedoch sportliche Veranstaltungen sponsern, wenn diese hauptsächlich von erwachsenen Personen besucht werden. In den Ankündigungen solcher Veranstaltungen darf zwar der Hersteller als Sponsor genannt, nicht aber für seine Spirituosen Werbung betrieben werden. Erlaubt ist daher nur die Wiedergabe des vollständigen Firmennamens einschliesslich der die Gesellschaftsform andeutende Zusätze, während schon der für die Spirituosenmarke verwendete Schriftzug nicht mehr gebraucht werden darf. Dagegen dürfen die Programmhefte neben der Sponsornennung natürlich auch produktbezogene Inserate enthalten; falls diese Programmhefte aber nur am Anlass selbst abgegeben werden, sind solche Inserate in das Innere des Programmheftes verbannt.

[1153]   Art. 430 LMV (Fn 1148).

Ausserhalb von Sportplätzen gibt es noch eine Reihe weiterer Örtlichkeiten, wo nicht für Spirituosen geworben werden darf. Namentlich ist Werbung unzulässig an öffentlichen Zwecken dienenden Gebäuden und auf ihren Arealen. Massgebend ist der Verwendungszweck, nicht das Eigentumsverhältnis. Darunter fallen von der öffentlichen Hand benutzte Verwaltungsgebäude, Bahnhöfe, Trafostationen, Parkhäuser etc. Da das Verbot auf Gebäude und deren Areale beschränkt ist, findet es keine Anwendung auf öffentliche Parks oder Parkplätze. Auch ist Spirituosenwerbung in und an öffentlichen Verkehrsmitteln einschliesslich Tram- und Bushaltestellen verboten. Zahlreiche Gemeinden haben überdies in ihren Konzessionsbestimmungen Aussenwerbung für Spirituosen auf öffentlichem Grund schlechthin untersagt. Sodann ist Spirituosenwerbung verboten in Räumlichkeiten und Schaufenstern von Unternehmen, die vorwiegend auf die Gesundheitspflege ausgerichtet sind, wie Apotheken, Drogerien und Reformhäuser. Diesen wird zwar (eigenartigerweise) gestattet, Spirituosen zu verkaufen, doch dürfen sie dafür nicht besonders werben.

Verboten sind Spirituosenreklamen auf anderen Waren, die nicht mit Spirituosen im Zusammenhang stehen[1154]. Solche Reklamen dürfen daher nicht auf Aschenbechern, Kühlschrankmagneten, Sonnenschirmen, Zuckertüten, Kaffeerahm etc. angebracht werden. Zulässig sind sie dagegen auf Eiswürfelbehältern und Lieferfahrzeugen von Spirituosenhändlern.

d) Vertriebsbeschränkungen

Auf Raststätten der Nationalstrassen darf kein Alkohol ausgeschenkt oder verkauft werden[1155]. Das Verbot, in Autobahnrestaurants Alkohol zu verkaufen, geht nicht über den im Nationalstrassengesetz vorgesehenen Delegationsrahmen hinaus, und verstösst auch nicht gegen das Verhältnismässigkeitsprinzip; das Verbot ist daher vom Bundesgericht als verfassungsmässig erachtet worden[1156].

Aus gesundheitspolizeilichen Gründen können die Kantone sogar vorschreiben, dass alkoholführende Gastwirtschaftsbetriebe eine Auswahl von bis zu drei alkoholfreien Getränken nicht teurer oder gar billiger anzubieten haben als das billigste alkoholhaltige Getränk in gleicher Menge. Die vorgeschriebene Preisparität ist ein geeignetes Mittel zur Bekämpfung des Alkoholkon-

---

[1154] Art. 42 b lit. g Gesetz über die gebrannten Wasser (Alkoholgesetz, SR 680).
[1155] Art. 4 Abs. 3 V über die Nationalstrassen (NSV, SR 725.111).
[1156] BGE 109/1983 Ib 285: Ct. de Vaud.

sums und verletzt das Gleichbehandlungsprinzip der Marktteilnehmer nicht[1157].

Erstaunlicherweise finden sich im Bundesrecht keine Einschränkungen bezüglich der Abgabe von alkoholischen Getränken an Kinder und Jugendliche. Ihnen dürfen zwar weder gebrannte Wasser überhaupt[1158] noch andere Alkoholika unentgeltlich[1159] abgegeben werden, doch dürfen ihnen Wein und Bier von Bundesrechts wegen ohne weiteres verkauft werden. Es ist nach wie vor Aufgabe der Kantone, namentlich in ihren Gastwirtschaftsgesetzen dafür zu sorgen, dass nicht gebrannte, alkoholische Getränke Jugendlichen nicht unbeschränkt ausgeschenkt werden dürfen.

Besonders stark ist das Spirituosenmarketing eingeschränkt worden[1160], sollen doch Spirituosen nicht zum Ankurbeln des Umsatzes eingesetzt werden. Entsprechend müssen Spirituosen mindestens zu Selbstkosten verkauft werden. Diese berechnen sich aus dem Einkaufspreis, vermindert um allfällige Rechnungsabzüge wie Rabatte und Skonti und erhöht um Bezugskosten wie Mehrwertsteuer, Fracht, Versicherungen, Zollprovisionen, zuzüglich 15,63% für Gemeinkosten und 7,6% Mehrwertsteuer beim Verkauf. Verboten ist es sodann, den Erwerb von Spirituosen durch Abgabe von Zugaben und anderen Vergünstigungen attraktiv zu machen; erlaubt sind einzig die Zugabe von Ausschank- und Barutensilien, wie Trinkgläser und Flaschenöffner, die jedoch 10% des Detailhandelspreises nicht überschreiten dürfen. Da bereits das Versprechen von Zugaben oder anderen Vergünstigungen verboten ist[1161], sind auch alle Ankündigungen von solchen Aktionen unstatthaft. Auch Veranstaltungen, an denen Spirituosen zu Werbezwecken unentgeltlich abgegeben werden (Degustationen, Abgabe von Warenmustern) sind verboten. Ebenso wenig dürfen Wettbewerbe durchgeführt werden, die sich mit Spirituosen befassen (z.B. die Wettbewerbsfrage, wie viel Kirschen es auf einer Kirschetikette habe) oder bei denen Spirituosen gekauft werden müssen oder als Preis winken[1162]. Für Tombolas scheint dieses Verbot allerdings zeitweise in Vergessenheit geraten zu sein.

[1157] BGE 109/1983 Ia 35 = ZBl 84/1983 355: Preisparität BE.
[1158] Art. 41 lit. i Alkoholgesetz (Fn 1154).
[1159] Art. 24 lit. f LMV (Fn 1148).
[1160] Art. 42 Abs. 1 lit. g – k Alkoholgesetz (Fn 1154).
[1161] Art. 42 b Abs. 2 Alkoholgesetz (Fn 1154).
[1162] Art. 42 b Abs. 4 Alkoholgesetz (Fn 1154).

5. Genussmittel, insbesondere Tabakwaren

a) Begriff

Genussmittel besitzen im Gegensatz zu Nahrungsmitteln keinen eigentlichen Nährwert und werden ähnlich den Gewürzen meist wegen ihrer anregenden Wirkung konsumiert. Die Lebensmittelgesetzgebung findet auf sie voll Anwendung[1163].

b) Werbebeschränkungen für Tabakwaren

(1) Grundsatz

Der Bund hat nicht nur die Werbung für Tabakwaren in Radio und Fernsehen verboten[1164], sondern er hat auch gestützt auf das Lebensmittelgesetz eine Verordnung über Tabak und Tabakerzeugnisse erlassen, welche die Werbung nicht nur gegenüber Jugendlichen einschränkt, sondern darüber hinaus auch Deklarationspflichten enthält und Warnaufschriften fordert.

(2) Jugendschutz

Die Bestimmungen zum Schutz der Jugend vor frühzeitigem Rauchen sind exakt die Gleichen wie Regelung in der Lebensmittelverordnung zum Schutz vor frühzeitigem Alkoholkonsum; es kann daher auf diese verwiesen werden[1165].

Interessant ist jedoch die Tatsache, dass in einer Vereinbarung, welche die Lauterkeitskommission mit der Vereinigung der schweizerischen Zigarettenindustrie (CISC) betreffend Selbstbeschränkungen der Zigarettenindustrie in der Werbung abgeschlossen hat, die gesetzlichen Bestimmungen präzisiert und weiter eingeschränkt wurden[1166]. So verzichtet die Branche freiwillig auf die Verwendung von Mannequins unter 25 Jahren oder solchen, die nicht so alt aussehen, auf die Abbildung von Film-, Schlager-, Revue- oder Sportidolen, auf provokative Szenen, namentlich auf solche, die offenkundig suggerieren, dass Rauchen den Erfolg im athletischen, sozialen und sexuellen Bereich erleichtere, auf die Abbildung von rauchenden Personen in Situationen,

---

[1163] BGE 81/1955 IV 183: Marocaine Filter.
[1164] Art. 18 Abs. 3 RTVG (Fn 1145), Art. 15 Abs. 1 lit. b RTVV (Fn 1145).
[1165] Art. 15 Tabakverordnung (TabV, SR 817.06); vgl. Art. 24 LMV (Fn 1148) und dessen Kommentierung vorn, Kap. V.A.4.c), (3), S. 299.
[1166] Die CISC-Vereinbarung ist abgedruckt in *Schwenninger/Senn/Thalmann*, Werberecht, S. 280 ff.

in denen das Rauchen unglaubwürdig wirkt, und auf die Präsenz von über 50% Rauchern in Szenen mit Gruppen von mehr als drei Personen.

(3)   Quantitative Einschränkungen

Sodann hat die Branche auch quantitative Einschränkungen auf sich genommen indem sie Zahl, Grösse und Platzierung ihrer Inserate in Zeitungen und Zeitschriften einschränkt und sich auch für andere Medien Beschränkungen auferlegt. So wird etwa die Kinowerbung erst ab 19.00 Uhr und mit höchstens zwei Werbefilmen pro Vorstellung gestattet, auf Werbung auf dem Rollmaterial der öffentlichen Betriebe verzichtet und Werbung auf Aussenautomaten und ausserhalb von Gaststätten ausgeschlossen. Analog zur Spirituosenwerbung verzichtet die Zigarettenbranche auch auf Werbung auf Kleidern, Gegenständen und Fahrzeugen, die hauptsächlich bei der Ausübung des Sports verwendet werden.

(4)   Vertriebsbeschränkungen

Auch Marketingmassnahmen werden eingeschränkt, so z.B. Werbetätigkeiten (Spiele, Wettbewerbe, Animationen) in den Hallen von Einkaufszentren, die Verteilung von Gratiszigaretten ausserhalb von Tabakverkaufsstellen (einschliesslich Gaststätten), das Verteilen von beweglichem Aussenwerbematerial (ausgenommen Aschenbecher) sowie die Abgabe von Werbegegenständen und Kleidern an Jugendliche unter 18 Jahren. Es ist erfreulich, dass die Branche eingesehen hat, dass übermässige Werbung auch kontraproduktiv wirken kann und dass es gescheiter ist, sich einer vernünftigen Selbstbeschränkung zu befleissigen, statt den Gesetzgeber herauszufordern; dies führt nur zu Gegenreaktionen wie Postulaten zu gänzlichen Werbeverboten etc.

Der Branche ist es indessen unbenommen, Veranstaltungen, die hauptsächlich von Erwachsenen frequentiert werden, zu sponsern. Doch bestehen auch hier gewisse Einschränkungen, und zwar nicht nur für den Sponsor, sondern auch für die Nutzniesser des Sponsorings, die von den Fabrikanten über die Einschränkungen zu informieren sind. So dürfen ausser bei einem Co-Sponsoring mit einem Zeitungsherausgeber nur ein einziges Inserat pro Veranstaltung und Publikation gesponsert werden; die Sponsorfläche in Inseraten soll dabei 10% nicht überschreiten.

(5)   Warnaufschriften

Packungen von Tabakerzeugnissen müssen allgemeine und spezifische Warnaufschriften tragen. Die allgemeine Warnaufschrift lautet «Warnung des Bundesamtes für Gesundheit: Rauchen gefährdet die Gesundheit» oder kurz «Rauchen gefährdet die Gesundheit». Sodann ist eine spezifische Warnaufschrift anzubringen, die aus fünf Mustern ausgewählt werden kann, aber in gleicher Häufigkeit und alternierend auf die Packungen aufgedruckt werden muss. Folgende Muster stehen zur Verfügung: «Rauchen verursacht Krebs/Rauchen verursacht Herz- und Gefässkrankheiten/Rauchen gefährdet die Gesundheit ihres Kindes bereits in der Schwangerschaft/Rauchen gefährdet die Gesundheit ihrer Mitmenschen/Rauchen führt zu Krebs, chronischer Bronchitis und anderen Lungenkrankheiten». Alle Warnaufschriften sind in den drei Amtssprachen anzubringen[1167]. Auf jeder Packung ist schliesslich noch der Teer- und Nikotingehalt des Rauches pro Zigarette anzugeben. Die Branche hat sich freilich verpflichtet, diese Angaben nicht zu kommentieren und für beide Substanzen die genau gleiche Druckschrift zu verwenden.

In der Werbung sind einstweilen keine Warnhinweise zu geben. Werden aber Zigarettenpäckchen in der Werbung abgebildet, so hat dies wirklichkeitsgetreu zu geschehen, d.h. insbesondere einschliesslich der auf den Packungen angebrachten Warnhinweise. Einzig auf Zigarettenautomaten dürfen die Warnaufschriften weggelassen werden.

(6) Gesundheitliche Anpreisungen

Anpreisungen für Tabak- und Tabakerzeugnisse, die sich in irgendwelcher Weise auf die Gesundheit beziehen, sind verboten[1168]. Erlaubt sind einzig die Qualitätsbezeichnungen «mild» und «leicht» sowie deren Abwandlungen, sofern sie im Zusammenhang mit der Beschreibung des Aromas oder des Geschmacks verwendet werden. Die Branche hat sich verpflichtet, auch andere gesundheitliche Begriffe, wie «Gesundheit», «Inhalation», «Gasphase», «unbesorgt», «vorsichtig» usw. sowohl in der Werbung wie auf den Packungen selbst zu unterlassen. Bereits im Jahre 1995 ist die Verwendung des Slogans «Rauchen Sie gesünder» bestraft worden[1169].

c) Zuckerwaren

Wegen der Ohnmacht des Bundes, den Genuss von schädlichen Produkten auf ein vernünftiges Mass einzuschränken, haben gewisse Kantone und Gemeinden versucht, Kioskinhaber zur freiwilligen Einschränkung des Verkaufs bestimmter Genussmittel zu bewegen. Dieses Vorgehen ist namentlich dann Erfolg versprechend, wenn das Gemeinwesen den Platz für Kioske zur Verfügung stellt, wie dies beispielsweise in öffentlichen Anlagen wie Strand-

---

[1167] Art. 8–11 Tabakverordnung (TabV, Fn 1165).
[1168] Art. 14 Abs. 2 Tabakverordnung (Fn 1165).
[1169] BGE 81/1955 IV 184: Marocaine Filter, die Zigarette, die nicht zum Husten reizt.

bädern, Sportanlagen usw. der Fall ist. Hier können die Verkäufer vertraglich verpflichtet werden, z.B. bestimmte Zuckerwaren nicht öffentlich auszulegen, um nicht die Begierde nach solchen zu wecken und die Nachfrage zu vergrössern. Befindet sich die Verkaufsstelle jedoch auf privatem Grund, ist leider das Interesse des Verkäufers an einem guten Umsatz oft grösser als dasjenige an der Hebung der Volksgesundheit.

6. Kosmetika

a) Begriff

Kosmetische Mittel unterstehen als Gebrauchsgegenstände, die eine Gefährdung für Leben oder Gesundheit darstellen können, der Aufsicht des Bundes. Als Kosmetika werden Präparate bezeichnet, die bestimmungsgemäss äusserlich mit den verschiedenen Teilen des menschlichen Körpers (Haut, Haare, Nägel, Lippen und äussere Genitalregionen) oder mit den Zähnen und den Schleimhäuten der Mundhöhle in Berührung kommen. Sie dienen ausschliesslich oder überwiegend deren Schutz, der Erhaltung ihres guten Zustandes, ihrer Reinigung, Parfümierung oder Desodorierung oder der Veränderung des Aussehens. Sie wirken lokal auf die gesunde Haut und ihre Organe, auf die Schleimhäute des Mundes oder der äusseren Genitalregionen oder auf die Zähne. Die darin enthaltenen Stoffe dürfen bei der Resorption keine inneren Wirkungen entfalten. Kosmetika sind weder melde- noch registrierpflichtig.

b) Grundsatz

Der Bundesrat ist gemäss Bundesgericht nicht nur ermächtigt, aus gesundheitspolizeilichen Gründen die Beschriftung von Kosmetika zu beschränken[1170], sondern auch deren Werbung[1171]. Wie für Lebensmittel sind auch für Kosmetika jegliche Hinweise in Form von Abbildungen oder Texten auf krankheitsheilende, -lindernde oder -verhütende Wirkungen verboten; erlaubt sind höchstens Hinweise auf kariesverhütende Eigenschaften[1172]. Damit wurde der Grundsatz aufgestellt: «Keine Arzneimittelwerbung auf Kosmetika – Keine Kosmetikwerbung auf Arzneimitteln». Da kosmetische Mittel nur

---

[1170] So der ausdrückliche Wortlaut von Art. 14 Abs. 2 Lebensmittelgesetz (LMG, SR 817.0).
[1171] BGer 2A.47/2000 vom 23.6.2000.
[1172] Art. 3 Abs. 2 und 3 V über Gebrauchsgegenstände (GebrV, SR 817.04).

lokal auf die gesunde Haut, das Haar, die äussere Genitalregion, die Mundhöhle und die Zähne wirken dürfen, haben sich auch die Anpreisungen auf diese lokale Wirkung zu beschränken.

Wie für Nahrungsmittel sind auch für Kosmetika gesundheitliche und hygienefördernde Anpreisungen erlaubt, solange sie sich auf die Erhaltung der (bereits vorhandenen) Gesundheit und das Wohlbefinden (Wellness-Anpreisungen) beziehen. Nach altem Lebensmittelrecht, das aber bezüglich der gesundheitlichen Anpreisungen gleich formuliert war, hatte das Bundesamt für Gesundheit folgende Anpreisungen als zulässig angesehen[1173]:
- Kräftigt, strafft, nährt, pflegt, schützt, reinigt, bleicht, bräunt die Haut;
- stärkt, kräftigt, strafft, festigt, entwickelt das Zahnfleisch;
- fördert die Regenerierung von irritiertem Zahnfleisch;
- zur Vorbeugung vor Zahnfleischschwäche;
- für gesundes Zahnfleisch;
- schützt, härtet und macht den Zahnschmelz widerstandsfähiger;
- regt die Hautdurchblutung und die Talgdrüsen an;
- stärkt den Haarboden, fördert den Haarnachwuchs;
- hemmt, mässigt, reduziert die Schweissbildung;
- erfrischt, entspannt, schenkt Wohlbefinden, verleiht Sicherheit; wirkt aufsaugend und trocknend.

Wegen der Kariesverhütung dürfen die Anpreisungen in Bezug auf Karies noch weiter gehen. Als unbedenklich angesehen wurden:
- Vermindert die Anfälligkeit gegen Karies;
- hilft bei der Bekämpfung und Prophylaxe von Karies.

Zu weit dürften dagegen folgende Werbebehauptungen gehen:
- Totaler Schutz vor Karies;
- bekämpft Karies-Anzeichen oder -Symptome.

c) Quasi-kosmetische Produkte

Neben den Arzneimitteln und den eigentlichen kosmetischen Produkten, die entweder unter die Aufsicht des Schweiz. Heilmittelinstituts oder des Bundesamtes für Gesundheit fallen, gibt es noch Erzeugnisse und Methoden, die

---

[1173] Richtlinien über die für kosmetische Mittel zulässigen Anpreisungen vom 12.2.1970, AS 1970 456.

ebenfalls Einfluss auf das Aussehen und Befinden haben, wie z.B. Massagen, Saunas, Textilien usw. Über die Werbung für solche quasi-kosmetischen Produkte bestehen keine besonderen gesetzlichen Vorschriften, doch können viele Grundsätze der Arzneimittel- und Lebensmittelwerbung analog angewendet werden. So darf selbstverständlich auch die Werbung für quasi-kosmetische Produkte nicht den Anschein erwecken, dass diesen eine krankheitsheilende, -lindernde oder -verhütende Wirkung zukommt, selbst wenn es auch nur ein Hinweis auf schmerzstillende oder schlaffördernde Wirkung wäre[1174].

Aus dem Gebot der Klarheit der Werbung ergibt sich sodann, dass klar und unmissverständlich anzugeben ist, welches Erzeugnis oder welche Methode angepriesen wird. Wer beispielsweise die Abnahme von Übergewicht anpreist, hat zu sagen, ob dieses Ziel durch Turnübungen, Schwitzdecken oder Diätvorschriften erreicht wird.

Die Schweizerische Lauterkeitskommission hat im Übrigen eingehende Grundsätze für die Werbung erlassen[1175]. Diese Grundsätze werden auch von den Behörden bei der Bewilligung von gesundheitlichen Hinweisen für Lebensmittel und Arzneimittel angewendet. Demgemäss dürfen Vibrationen, Massagen, Saunas und Schwitzkuren jeglicher Art nicht allein zur dauernden Gewichtsabnahme oder zur Erhaltung und Entwicklung von Muskeln angepriesen werden. Bei diesen Methoden darf höchstens darauf hingewiesen werden, dass sie als zusätzliche Massnahmen zu einer gleichzeitigen Nahrungskontrolle, d.h. Diät, und körperlicher Bewegung oder zu einem körperlichen Training dienen[1176]. Ebenso wenig darf der Eindruck erweckt werden, dass mit dem Einsatz dieser Methoden oder Erzeugnisse Hautfalten, Glatzen, Pigmentflecken dauernd beseitigt, Brüste gestrafft oder vergrössert und Hautfalten, anatomische Missbildungen oder andere irreversible Sachverhalte dauernd rückgängig gemacht werden könnten[1177]. Die Anpreisung von dauerhaften und bleibenden Veränderungen des Körpers ist ja der Arzneimittelwerbung vorbehalten.

Besonders beliebt waren eine Zeit lang bei Präparaten und Geräten der Körperpflege Bilder, die Personen vor und nach der Behandlung zeigten oder welche die Wirkungen eines neuen Markenproduktes mit den bisher im Handel befindlichen Mitteln verglichen. Solche Vergleiche müssen objektiv zutreffen und auf das angepriesene Produkt zurückzuführen sein. Sie sind dann

---

[1174] Vgl. Grundsatz Nr. 5.7 Ziff. 1 der Schweiz. Lauterkeitskommission betr. Werbung für quasi-kosmetische/-medizinische Erzeugnisse und Methoden.
[1175] Grundsatz Nr. 5.7 der Schweiz. Lauterkeitskommission (Fn 1174).
[1176] Grundsatz Nr. 5.7 Ziff. 3 der Schweiz. Lauterkeitskommission (Fn 1174).
[1177] Grundsatz Nr. 5.7 Ziff. 2 der Schweiz. Lauterkeitskommission (Fn 1174).

unzulässig, wenn kein eindeutig nachweisbarer Zusammenhang zwischen Ursache, verwendetem Produkt und Erfolg besteht oder wenn der Erfolg mit technischen Mitteln übertrieben dargestellt worden ist. Dies ist z.B. dadurch möglich, dass Aufnahmewinkel und Beleuchtung geändert werden oder dass Retuschen und andere Klischeeverbesserungen vorgenommen werden[1178].

7. Vertrieb

a) Bewilligungspflicht

Die Eröffnung von Lebensmittelläden bedarf einer kantonalen oder kommunalen Bewilligung. Die Bewilligung wird in der Regel nicht an bestimmte Voraussetzungen des Händlers, sondern nur an bestimmte Voraussetzungen des Ladenlokals geknüpft. Versuche, die Eröffnung von Supermärkten zu erschweren, sind bis heute gescheitert, während die Eröffnung von Einkaufszentren von gewissen raumplanerischen Einschränkungen abhängig gemacht werden kann[1179]. Einzig der Handel mit Spirituosen bedarf einer besonderen eidgenössischen oder kantonalen Bewilligung[1180].

b) Verkäufe ausserhalb des Ladenlokals

Das Hausieren mit Lebensmitteln ist grundsätzlich nicht verboten; gestattet ist auch der ambulante Verkauf. Jedoch dürfen Spirituosen auch nicht im Umherziehen oder auf öffentlichen Strassen und Plätzen verkauft werden[1181].

c) Verkäufe durch Automaten

Die Aufstellung von Automaten zur Abgabe von leicht verderblichen Lebensmitteln bedarf einer Bewilligung der Aufsichtsbehörde. Keiner Bewilligung der Gesundheitsbehörde bedarf die Aufstellung von Automaten für gut haltbare Lebensmittel, doch unterstehen diese der üblichen Aufsicht durch die amtliche Lebensmittelkontrolle. In Automaten dürfen keine alkoholhaltigen Lebensmittel angeboten werden, da sie so unkontrolliert und namentlich auch an Jugendliche abgegeben werden könnten.

[1178] Grundsatz Nr. 5.7 Ziff. 4 der Schweiz. Lauterkeitskommission (Fn 1174).
[1179] Vgl. vorne Kap. IV.F.2, S. 278.
[1180] Art. 39 ff. G über die gebrannten Wasser (Alkoholgesetz, SR 680).
[1181] Art. 41 Abs. 1 lit. a–e Alkoholgesetz (Fn 1180).

B. Heilmittel, insbesondere Arzneimittel

Literatur: Felix *Wüst,* Die interkantonale Vereinbarung über die Kontrolle der Heilmittel vom 16. Juni 1954, mit besonderer Berücksichtigung der Rechtsstellung, Organisation und Aufgaben der Interkantonalen Kontrollstelle für Heilmittel (IKS), Diss. SG 1969; Friedrich *Dorn,* Die Problematik der Arzneimittelabgabe und die Stellung von Apotheke, Drugstore und Drogerie, Diss. SG 1970; Susanne *Imbach,* Die Heilmittelkontrolle in der Schweiz aus staats- und verwaltungsrechtlicher Sicht, Diss. BE 1970; Theophil G. *Wirth,* Apotheken und Apotheker im schweizerischen Recht, Diss. BE 1972; Carl *Baudenbacher,* Zur gesundheitsbezogenen Werbung, Wettbewerb in Recht und Praxis (WRP) 1980 471; Peter *Schlegel,* Heilmittelgesetzgebung im Bund und im Kanton Zürich, Diss. ZH 1981.

1. Allgemeines

a) Bedeutung

Die neue Bundesverfassung gibt dem Bund die Kompetenz, Vorschriften zu erlassen über den Umgang mit Heilmitteln, Betäubungsmitteln, Organismen, Chemikalien und Gegenständen, welche die Gesundheit gefährden können[1182]. Ein neues Bundesgesetz über Arzneimittel und Medizinprodukte wurde Ende 2000 vom Parlament verabschiedet und ist während der Drucklegung in Kraft getreten. Bis anhin hatten sich die Kantone auf dem Konkordatswege zur Interkantonalen Heilmittelkontrolle zusammengeschlossen und eine gemeinsame Stelle geschaffen, welche die kontroll- und bewilligungspflichtigen Heilmittel untersuchte, begutachtete und registrierte sowie den Kantonen ihre Anträge über Zulassung, Verkaufsart, Art der Werbung und Preis unterbreitete. Diese Interkantonale Kontrollstelle wird nun im Zuge der Zentralisierung des Heilmittelwesens mit der Facheinheit Heilmittel des Bundesamtes für Gesundheit zusammengelegt und in ein selbständiges Institut des Bundes, das Schweizerische Heilmittelinstitut[1183] umgestaltet. Es weist die Rechtsform einer öffentlich-rechtlichen Anstalt auf.

[1182] Art. 118 Abs. 2 lit. a Bundesverfassung (BV; SR 101).
[1183] Das Schweiz. Heilmittelinstitut befindet sich an der Erlachstrasse 8, Bern. Gegenwärtige URL-Adresse: <www.iks.ch>.

b) Begriff

Unter die Aufsicht des Schweizerischen Heilmittelinstituts fallen die Arzneimittel und die Medizinprodukte[1184]. Arzneimittel sind Produkte chemischen oder biologischen Ursprungs, die zur Einwirkung auf den menschlichen oder tierischen Organismus bestimmt sind oder angepriesen werden, insbesondere zur Erkennung, Verhütung oder Behandlung von Krankheiten, Verletzungen oder Behinderungen[1185]. Diese weite Umschreibung, welche sich mit jener der Pharmakopöe deckt, umfasst beispielsweise auch Vitamin-C-Tabletten[1186]. Zu den Arzneimitteln zählen namentlich die pharmazeutischen Markenspezialitäten (Präparate), die im Voraus hergestellt und in verwendungsfertiger Form unter einer besonderen Bezeichnung (Marke) vertrieben werden. Als Medizinprodukte (früher auch Heilvorrichtungen genannt) werden die zur Anwendung beim Menschen bestimmten Instrumente, Apparate, Vorrichtungen, Stoffe und andere medizinisch-technischen Gegenstände definiert[1187]. Nicht der Heilmittelgesetzgebung unterstellt sind einstweilen Lehrgänge über Fitnessübungen, Joga-Kurse, Diätprogramme und deren Anpreisungen, wenn sie nicht gleichzeitig mit ergänzenden Heilapparaten angeboten werden. Auch Gegenstände, die allein geeignet sind, vor Kälte und Feuchtigkeit und deren Folgen zu schützen und damit ebenfalls eine vorbeugende, heilende oder lindernde Wirkung haben[1188], können nicht als Medizinprodukte bezeichnet werden[1189]. Doch durfte bisher die Anpreisung der Heilwirkung solcher Waren von den Kantonen einer besonderen Bewilligungspflicht unterstellt werden[1190].

c) Organisation

Bereits im Jahre 1900 schlossen fünf Kantone eine Vereinbarung betreffend Untersuchung und Begutachtung von Geheimmitteln, medizinischen Spezia-

---

[1184] Art. 2 Abs. 1 lit. a Heilmittelgesetz (HMG, SR 812.21); bisher Art. 2 Abs. 2 Interkant. Vereinb. über die Kontrolle der Heilmittel (IVH, SR 812.101).
[1185] Art. 4 Heilmittelgesetz (HMG, Fn 1184); bisher Art. 1bis IKS-Regulativ.
[1186] BGE 99/1973 Ia 375: MC Vit; a.A. VerwGer ZH in ZBl 74/1973 361: Vitamin-C-Tabletten ZH.
[1187] Art. 1 E Medizinprodukteverordnung (MepV); bisher Art. 4 IKS-Regulativ; z.B. In-vitro-Diagnostica wie Blutzuckermessgeräte, Schwangerschaftstests, Tierhalsbänder mit Insektiziden.
[1188] Z.B. Wärmedecken.
[1189] OGer ZH in ZR 65/1966 Nr. 68 und 69: Wärmedecken; KassGer SG in SJZ 64/1968 258 Nr. 140: Wärmedecken.
[1190] RR BE in ZBl 74/1973 168: 24-Kräuter-Öl.

litäten usw. Diese betrieben in Zürich eine unter der Leitung der Direktion des Gesundheitswesens des Kantons Zürich stehende Kontrollstelle. Der Vereinbarung traten später weitere 17 Kantone und Halbkantone bei. 1934 wurde die Interkantonale Kontrollstelle (IKS) nach Bern verlegt und die Vereinbarung revidiert, die in der Folge von allen Kantonen ratifiziert wurde. 1942 wurde sodann die Interkantonale Vereinbarung über die Kontrolle der Heilmittel abgeschlossen, die auch dem Bundesrat zur Genehmigung unterbreitet wurde und welcher im Jahre 1952 sogar das Fürstentum Liechtenstein beitrat. Weitere Ergänzungen, namentlich auch im Hinblick auf den Ausbau der Kontrollstelle zu einer allgemeinen Auskunftsstelle für Fragen der Heilmittelkontrolle, und die Verschärfung der Kontrolle über Herstellung und Vertrieb von Heilmitteln fanden in den Vereinbarungen der Jahre 1954 und 1971 ihren Niederschlag; auch dieser letzteren Vereinbarung sind sämtliche Kantone und das Fürstentum Liechtenstein beigetreten[1191].

Trotz der anerkannten Zuverlässigkeit der Untersuchungen und Begutachtungen der IKS stellten jedoch die meisten Kantone nicht einfach auf deren Antrag ab, sondern behielten sich die eigene Polizeibewilligung für den Vertrieb von Heilmitteln vor. Einzig die Kantone Basel-Stadt und Zürich pflegten das IKS-Gutachten der kantonalen Vertriebsbewilligung für Heilmittel gleichzusetzen, während die anderen Kantone ein Bewilligungsverfahren in vereinfachter Form durchführten, das sich auf die Kontrolle des IKS-Gutachtens und die Ausfertigung des behördlichen Ausweises über die Freigabe zum Verkauf und über die damit verbundenen Auflagen und Bedingungen beschränkte[1192]. Diese Doppelspurigkeit war Anlass, dass sich die Kantone Zürich und Appenzell Ausserrhoden weigerten, die jüngste Revision des Heilmittelkonkordates zu ratifizieren, so dass der Bund wohl oder über übel die ihm schon seit 1897 übertragene Kompetenz zum Erlass von Bestimmungen über den Verkehr von gesundheitsgefährdenden Gegenständen wahrzunehmen hatte[1193], was zum Erlass des neuen Heilmittelgesetzes führte[1194]. Auf dessen Bestimmungen wird – soweit sinnvoll und bekannt – in der vorliegenden Arbeit bereits Rücksicht genommen.

[1191] AS 1972 1031, 1973 573, 1974 1062.
[1192] Vgl. BGE 81/1955 I 360: Bewilligungsgebühr für Heilmittel.
[1193] Art. 69bis Abs. 1 lit. a altBV; jetzt Art. 118 Abs. 2 lit. a Bundesverfassung (BV, SR 101).
[1194] BG über die Heilmittel vom 15.12.2000 (HMG, Fn 1184).

d) Einteilung

Arzneimittel werden nach Bundesrecht in zwei Kategorien eingeteilt, nämlich in Mittel mit und ohne Verschreibungspflicht. Der Bundesrat kann weitere Einteilungskriterien festlegen; die bisherigen fünf Verkaufskategorien, die mit den Buchstaben A–E bezeichnet wurden und entsprechend zu vignettieren waren, werden vom neuen Arzneimittelrecht übernommen[1195]. Die Kategorie A entspricht dem höchsten, die Kategorie E dem niedrigsten Gefährlichkeitsgrad. Ausschlaggebend für die Einteilung sind die in den Präparaten enthaltenen Wirkstoffe. Je nach ihrer Natur ist es angezeigt, dass die daraus hergestellten Arzneimittel nur von ausgebildetem, die gefährdenden Wirkungen des Mittels erkennendem Personal abgegeben werden, denn so können gesundheitliche Schädigungen des Verbrauchers am ehesten vermieden werden.

Das Institut muss sämtliche Arzneimittel in Bezug auf ihre Zusammensetzung begutachten und die Verkaufskategorie festlegen. Die auf den Arzneimitteln angebrachte Vignette macht die Verkaufskategorie kenntlich und gibt gleichzeitig Auskunft über die Art der erlaubten Werbung.

Entsprechend dem Grad der notwendigen ärztlichen Überwachung fällt eine rezeptpflichtige Arznei entweder unter die verschärfte Rezeptpflicht (nicht repetierbar, Kat. A) oder unter die einfache Rezeptpflicht (Kat. B). Rezeptpflichtige Präparate dürfen nur in Apotheken oder von Ärzten im Rahmen der erlaubten Selbstdispensation abgegeben werden. Die Vignette für rezeptpflichtige Spezialitäten weist einen dicken rechteckigen Rahmen auf, bei Berechtigung zur bloss einmaligen Abgabe (Kat. A_1) ergänzt durch die Buchstaben NR[1196]. Für diese Arzneimittel, die durch einen Arzt verschrieben werden müssen, ist die sog. Publikumswerbung, d.h. jede an Laien gerichtete Werbung, verboten. Erlaubt ist dagegen Fachwerbung, die sich ausschliesslich an diejenigen Personen richtet, die zur Verschreibung, Abgabe oder eigenverantwortlichen beruflichen Anwendung des beworbenen Arzneimittels berechtigt sind. Als solche gelten primär Apotheker, aber auch Ärzte, Zahnärzte und Tierärzte im Rahmen der Bestimmungen über die Selbstdispensation, und schliesslich entsprechend ausgebildetes Personal unter der Kontrolle von Apothekern und Ärzten[1197].

Die rezeptfreien Präparate (sog. OTC-Präparate, «over the counter») unterteilen sich in die Verkaufskategorien C, D und E. Die Spezialitäten der Kat.

[1195] Art. 21–28 Arzneimittelverordnung (VAM).
[1196] = ne repetatur.
[1197] Art. 24 Heilmittelgesetz (HMG, Fn 1184); bisher Art. 10 und 27 IKS-Regulativ.

C dürfen nur in Apotheken abgegeben werden und weisen als Vignette einen dünnen, rechteckigen Rahmen auf. Arzneimittel der Kat. D sind mit einer Vignette mit schrägem Balken versehen und dürfen ausser in Apotheken auch in Drogerien verkauft werden. Die in dieser Kategorie enthaltenen Arzneien dürfen keine starken Wirkstoffe enthalten und nicht zur Behandlung ernsthafter Leiden bestimmt sein. Arzneimittel der Kat. E können in allen Geschäften abgegeben werden; man spricht daher von frei verkäuflichen Arzneimitteln. Deren Vignette zeichnet sich durch einen dicken kreisförmigen Rahmen aus. In diese Kategorie werden vor allem jene Mittel eingereiht, die im Grenzbereich zwischen Lebensmitteln und Arzneimitteln liegen. Für die Arzneimittel der Verkaufskategorien C (erst seit 1996), D und E ist Publikumswerbung grundsätzlich erlaubt; der Bundesrat darf jedoch zum Schutz der Gesundheit die Publikumswerbung auch für bestimmte rezeptfreie Arzneimittel oder Arzneimittelgruppen beschränken oder verbieten.

Schliesslich hat der Bundesrat überhaupt alle Arzneimittel, welche die Krankenkassen als Pflichtleistung übernehmen müssen, von der Publikumswerbung ausgenommen[1198]. Die Gesetzmässigkeit dieser Bestimmung ist freilich zweifelhaft, da für die Aufnahme in die Spezialitätenliste Wirkung und Zusammensetzung eines Präparates massgebend sein sollen, nicht aber die Art der dafür betriebenen Werbung[1199].

e) Sanktionen

Wer vorsätzlich gegen die Bestimmungen über die Werbung für Arzneimittel verstösst, wird mit Haft bis zu drei Monaten oder mit Busse bis zu CHF 50'000, und bei gewerbsmässigem Handeln sogar mit Busse bis zu CHF 100'000 bestraft; Versuch und Gehilfenschaft sind strafbar. Fahrlässige Begehung kann mit Busse bis zu CHF 10'000 geahndet werden; die übliche Verjährungsfrist von zwei Jahren ist jedoch auf fünf Jahre verlängert worden[1200].

2. Unzulässige Anpreisungen

Werbung ist nur für solche Arzneimittel gestattet, die in der Schweiz registriert sind und hier in Verkehr gebracht werden dürfen; der Bundesrat darf für

---

[1198] Art. 65 Abs. 6 V über die Krankenversicherung (KVV, SR 832.102).
[1199] Gl.M. *Saladin,* Recht auf Werbung, S. 196
[1200] Art. 87 Abs. 1 lit. b und Abs. 2–6 Heilmittelgesetz (HMG, Fn 1184).

V. Vorschriften für einzelne Waren und Dienstleistungen

grenzüberschreitende Werbung zusätzliche Bestimmungen erlassen[1201]. Generell unzulässig ist Arzneimittelwerbung, die irreführend ist oder der öffentlichen Ordnung und den guten Sitten widerspricht[1202]. Schliesslich darf Werbung zu keinem übermässigen, missbräuchlichen oder unzweckmässigen Einsatz von Arzneimitteln verleiten[1203].

Die IKS pflegte schon bisher keine Werbetexte zu genehmigen, welche zu einem übermässigen oder missbräuchlichen Arzneimittelkonsum verführen konnten[1204]. Je nach der Gefährlichkeit der Arzneimittel sind strengere oder weniger strenge Massstäbe anzuwenden. Vor allem für Sucht- und Schmerzmittel drängen sich einschränkende Praktiken auf, da solche häufig missbraucht werden oder zu Gewöhnung und Abhängigkeit führen können, so dass hier die öffentliche Gesundheit besonders stark gefährdet ist. Unzulässig sind daher etwa die Anpreisung solcher Mittel zu Geschenkzwecken, die bildliche Darstellung einer offenen Packung, welche zu beliebiger Einnahme von Tabletten einlädt, die Verwendung von Ausdrücken wie «gut verträglich», «vorzüglich», «mild», nicht aber «forte»[1205]. Doch ist die unbesonnene Einnahme von Arzneien nicht nur bei Mitteln unerwünscht, die süchtig machen können; grundsätzlich soll jedes Arzneimittel nur bei entsprechender Indikation eingenommen werden. Wollte man beispielsweise zulassen, dass Polyvitaminpräparate usw. generell als Vorbeugungsmittel angepriesen würden, so wäre eine Abgrenzung solcher Arzneimittel gegenüber den Genussmitteln kaum mehr möglich.

Zu übermässigem Gebrauch verleiten auch Anpreisungen über unfehlbare oder nicht belegbare Wirkungen[1206]. So gelten in der Praxis alle Heilungsversprechen als unzulässig, wie «wirkt in jedem Falle», «Heilt zuverlässig», «Erfolg garantiert», «bei Nichterfolg Geld zurück», «ohne Nebenwirkungen», «binnen kürzester Zeit schlank ohne Hunger», «Massage-Strümpfe», «gibt neue Jugend», «macht Ihre Büste formvollendet» usw.[1207]. Zulässig können noch Ausdrücke sein wie «erfolgreiche Bekämpfung», «Sie werden sich rasch wieder wohl fühlen», «erstaunliche Resultate», «prompte Wirkung». Da allein schon der Hinweis auf die Prüfung durch das Heilmittelinstitut zur Annahme einer überdurchschnittlichen Wirkung verleiten kann, darf weder das IKS-Gutachten zu Werbezwecken verwendet, noch auch nur die

---

[1201] Art. 32 Abs. 1 lit. c i.V.m. Art. 31 Abs. 3 Heilmittelgesetz (HMG, Fn 1184).
[1202] Art. 32 Abs. 1 lit. a i.V.m. Art. 31 Abs. 3 Heilmittelgesetz (HMG, Fn 1184).
[1203] Art. 32 Abs. 1 lit. b Heilmittelgesetz (HMG, Fn 1184).
[1204] Art. 32 Abs. 1 Heilmittelgesetz (HMG, Fn 1184); bisher Art. 7 IKS-Regulativ.
[1205] *Wüst*, S. 217.
[1206] Art. 21 lit. b Entwurf Arzneimittel-Werbeverordnung (AWV); bisher Art. 7 Abs. 1 lit. a IKS-Regulativ.
[1207] Vgl. *Saladin*, Recht auf Werbung, S. 222 ff.; *Wüst*, S. 214 ff.

IKS-Nr. in Inseraten angegeben werden[1208]. Die Annahme unfehlbarer oder doch überdurchschnittlicher Wirkungen kann auch hervorgerufen werden durch den Abdruck oder die Erwähnung von Dankes- und Empfehlungsschreiben behandelter Personen[1209], deren Abbildung oder auch nur durch die Angabe von Zahlen von erfolgreich behandelten Patienten[1210]. Dagegen dürfen Zeugnisse von bekannten Ärzten verwendet werden, wenn sie in die Publikation ihrer Atteste eingewilligt haben. Auch der Hinweis auf den Namen des Herstellers oder Erfinders ist zulässig; immerhin darf dessen Doktortitel nur verwendet werden, wenn es sich um einen Mediziner, Chemiker oder Pharmakologen handelt, würde doch sonst eine Täuschung über dessen wissenschaftliche Vorbildung und Erfahrungen bewirkt.

Zur unbesonnenen Verwendung verleiten schliesslich das Aufzählen von Symptomen und der Gebrauch von Wendungen und Abbildungen, die Angst erzeugen können[1211]. Das Aufzählen von Symptomen kann zu falschen Diagnosen verleiten; auch Anpreisungen von Instrumenten zur Selbstdiagnose[1212] bergen die gleichen Gefahren.

Den gleichen Effekt wie das Aufzählen von feststellbaren Symptomen können allgemeine, Angst einjagende Hinweise auf baldige Erkrankung oder verkürzte Lebensdauer bewirken; der Konsument fürchtet sich vor den noch nicht feststellbaren Symptomen und glaubt daher, rechtzeitig etwas zur Prophylaxe tun zu müssen. Unzulässig sind daher Ausdrücke wie «Nehmen Sie X, sonst könnte es zu spät sein» oder «Gehen Sie kein Risiko ein, lieber zu früh als zu spät»[1213].

[1208] Art. 21 lit. b Arzneimittel-Werbeverordnung (AWV, Fn 1206); bisher Art. 23 Abs. 2 IKS-Regulativ.
[1209] Art. 21 lit. m Arzneimittel-Werbeverordnung (AWV, Fn 1206).
[1210] Art. 21 lit. o Arzneimittel-Werbeverordnung (AWV, Fn 1206); bisher Art. 7 Abs. 1 lit. c und d IKS-Regulativ.
[1211] Art. 21 lit. l und p Arzneimittel-Werbeverordnung (AWV, Fn 1206); bisher Art. 7 Abs. 1 lit. b und d IKS-Regulativ.
[1212] Z.B. Blutdruck-Selbst-Messgeräte.
[1213] *Saladin,* Recht auf Werbung, S. 225.

3. Einschränkungen für die Publikumswerbung

a) Kontrolle des Instituts

Das Institut hat neben anderem auch die Arzneimittelinformation zu begutachten[1214]. Dagegen ist die Printwerbung für Arzneimittel der Human- und Veterinärmedizin nicht mehr genehmigen zu lassen; einzig die Radio- und Fernseh-Werbung für die Arzneimittel der Verkaufskategorien C–E sowie alle Inserate und die Kinowerbung für Analgetika, Schlafmittel und Sedativa, Laxantia sowie für Anorexika sollen vom Institut einer Vorkontrolle unterzogen werden[1215].

Die Publikumswerbung untersteht der direkten Kontrolle des Heilmittelinstituts[1216]. Demgegenüber unterstand bis anhin die Kontrolle der Fachwerbung zunächst der Schweizerischen Gesellschaft für die Chemische Industrie[1217]; erst falls dort keine Lösung gefunden wurde, wurde die IKS tätig; dies scheint bis heute allerdings kaum je vorgekommen zu sein.

Soweit das Institut keine Vorkontrolle praktiziert, untersteht die Arzneimittelwerbung grundsätzlich der Nachkontrolle, d.h. das Institut prüft erst, ob die bereits veröffentlichte Werbung den geltenden Bestimmungen entspricht. Entsprechend kann jede Person oder Organisation dem Institut vermutete Verstösse gegen die Bestimmungen über die Arzneimittelwerbung melden[1218].

Der Vorkontrolle untersteht namentlich die Werbung in Radio und Fernsehen.

b) Minimalinhalt der Werbung

Arzneimittelwerbung hat – ähnlich wie die Werbung für bestimmte Lebensmittel – obligatorisch einige wenige Angaben zu enthalten. Bei pharmazeutischen Spezialitäten steht der Name der Zulassungsinhaberin und die Marke im Vordergrund[1219]. Denn ein Arzneimittel wird erst dann zur registrierungsfähigen Spezialität, wenn ihm ein Präparatname (Marke, Fantasiename) ge-

---

[1214] Art. 11 lit. g Heilmittelgesetz (HMG, Fn 1184); bisher Art. 13 Abs. 2 IVH (Fn 1184).
[1215] Art. 22 Arzneimittel-Werbeverordnung (AWV, Fn 1206); bisher Art. 15 IKS-Regulativ.
[1216] Art. 30 Arzneimittelverordnung (VAM); bisher Art. 27bis Abs. 1 IKS-Regulativ.
[1217] Dies war gemäss Art. 27bis Abs. 7 IKS-Regulativ zulässig.
[1218] Art. 23 Arzneimittel-Werbeverordnung (AWV, Fn 1206); bisher Art. 38 IKS-WerbeRL.
[1219] Art. 7 lit. a und c, Art. 15 lit. a Arzneimittel-Werbeverordnung (AWV, Fn 1206).

geben worden ist. Die Marke ist so zu wählen, dass sie in Bezug auf Herkunft, Zusammensetzung oder therapeutische Wirkung nicht irreführend sein kann. Insbesondere darf die Marke nicht mit anderen Marken des gleichen oder eines anderen Herstellers verwechselbar sein, es wäre denn, die ähnlich benannten Präparate seien in ihrer Zusammensetzung und im Anwendungsgebiet identisch und würden sich höchstens in Bezug auf die Arzneiform unterscheiden[1220]. Immerhin sind neu jetzt auch Umbrellamarken für Arzneimittel zulässig, wenn sie durch für Laien verständliche Zusätze in Bezug auf Indikation oder Darreichungsform eindeutig identifiziert werden können.

Ferner muss mit Ausnahme der Arzneimittel der Verkaufskategorie E die Werbung Angaben über mindestens eine Indikation oder Anwendungsmöglichkeit machen und gut lesbar die Aufforderung enthalten, die Packungsbeilage zu lesen[1221]. Bisher war auch darauf hinzuweisen, wenn es sich um ein homöopathisches oder anthroposophisches Arzneimittel handelte; das Publikum sollte sich darüber Rechenschaft geben können, was aufgrund der allfällig angegebenen Zusammensetzung nicht ohne weiteres möglich ist[1222].

c) Anforderungen an die Publikumswerbung

(1) Grundsatz

Arzneimittelwerbung soll den besonderen Anforderungen gerecht werden, die ein verantwortungsbewusster Umgang mit Arzneimitteln nahe legt. Arzneimittel der Verkaufskategorien C und D müssen in der Werbung eindeutig als Arzneimittel dargestellt werden; die Darstellung des Arzneimittels muss sachlich zutreffend und im Einklang mit der vom Institut zuletzt genehmigten Arzneimittelinformation stehen. Unzulässig ist daher etwa die Bewerbung eines Einschlafmittels als Schlafmittel. Arzneimittelwerbung soll wie Spirituosenwerbung sachlich sein und in Wort, Bild und Ton nur Angaben und Darstellungen enthalten, die sich unmittelbar auf das Präparat und dessen Eigenschaften beziehen[1223]. Unzulässig sind daher unmotivierte Blickfänge wie entblösste Körper; zulässig sind aber Bilder, die Assoziationen auslösen.

Zwischen Arzneimitteln und Lebensmitteln besteht ein gewisser Graubereich, in welchem es der Hersteller in der Hand hat, sein Produkt der einen

---

[1220] Tabletten, Suppositorien usw.
[1221] Art. 7 lit. d und g, Art. 15 lit. b und c Arzneimittel-Werbeverordnung (AWV, Fn 1206); bisher Art. 3 Abs. 5 IKS-WerbeRL.
[1222] *Wüst*, S. 216.
[1223] Art. 15 Abs. 1–3 Arzneimittel-Werbeverordnung (AWV, Fn 1206).

oder anderen Kategorie zuzuteilen; solche Produkte sind beispielsweise Kräutertees, Kräuterbonbons, Vitaminpräparate, Ergänzungsnahrungen und Mittel zur Körperhygiene (sog. Nutraceuticals, Dermaceuticals oder Cosmaceuticals). Die Vertriebsfirma hat es in der Hand, ob sie diese Produkte der einschränkenden Arzneimittelkontrolle unterstellen will und dafür Heilanpreisungen (sog. Health claims) machen darf oder ob sie die Mittel als Lebensmittel oder Gebrauchsgegenstände deklarieren und auf Arzneianpreisungen verzichten will.

(2) Markenwerbung (Brand Name Advertising)

Statt der regulären Werbung ist auch eine blosse Markenwerbung, im Jargon der Werbefachleute Erinnerungswerbung genannt, zulässig. Diese hat sich darauf zu beschränken, lediglich die Marke des Arzneimittels in Erinnerung zu rufen. Daher darf sie nur den Präparatnamen, allenfalls noch ergänzt durch den Namen der sanitätspolizeilich verantwortlichen Vertriebsfirma, erwähnen. Markenwerbung ist in Printwerbung, Aussenwerbung (z.B. Bandenwerbung) oder als Reklame auf Waren zugelassen, nicht aber in Film, Funk und Fernsehen.

(3) Pflichthinweis

Werbung im FFF (Film, Funk, Fernsehen) ist obligatorisch mit einem so genannten Pflichthinweis zu versehen. Bei der Fernseh- und Kinowerbung ist er am Schluss als Lauftext einzublenden mit den Worten «Dies ist ein Arzneimittel. Lassen Sie sich von einer Fachperson beraten und lesen Sie die Packungsbeilage» bzw. «... und lesen Sie die Angaben auf der Packung» für Arzneimittel ohne Packungsbeilage. Dieser Hinweis muss gut verständlich gesprochen und gleichzeitig gut lesbar auf neutralem Hintergrund eingeblendet werden; bei der stummen Werbung kann der verbale Hinweis entfallen. Im Fernsehen muss die Schriftblockgrösse mindestens 1/3 des Gesamtbildes ausmachen, in der Kinowerbung mindestens die für Untertitel übliche Schriftgrösse haben. Bei Radiospots muss am Schluss ein Hinweis mit folgendem Wortlaut eingeschaltet werden: «Präparat X ist ein Arzneimittel. Lassen Sie sich von einer Fachperson beraten und lesen Sie die Packungsbeilage» bzw. «... und lesen Sie die Angaben auf der Packung» für Arzneimittel ohne Packungsbeilage. Auch dieser Hinweis muss gut verständlich gesprochen werden; die Sprechzeit soll fünf Sekunden nicht unterschreiten. Bei Werbung für Arzneimittel der Verkaufskategorie C kann statt auf eine Fachperson auf den Arzt und den Apotheker hingewiesen werden[1224].

[1224] Art. 16 Arzneimittel-Werbeverordnung (AWV, Fn 1206).

Auch die übrige Werbung für Arzneimittel der Verkaufskategorien C und D bedarf eines Pflichthinweises in Form einer gut lesbaren Aufforderung, die Packungsbeilage bzw. die Angaben auf der äusseren Packung (bei Arzneimitteln ohne Packungsbeilage) zu lesen. Bei Kleininseraten ist dieser Hinweis in einer Schriftgrösse von mindestens 8 Punkt zu setzen, für andere Werbemittel entsprechend grösser.

4. Einschränkungen für die Fachwerbung

a) Begriff und Zulässigkeit

Die Fachwerbung richtet sich ausschliesslich an Leute, die von Berufs wegen mit dem Vertrieb von Arzneimitteln zu tun haben, indem sie diese verschreiben oder abgeben[1225]. Diese sind die wichtigsten Absatzhelfer der Hersteller- und Vertriebsfirmen, lässt sich doch das Publikum vor dem Kauf von Arzneien meistens beraten. Als Fachleute gelten in erster Linie die Ärzte, Zahnärzte und Tierärzte, und zwar unabhängig davon, ob sie selbst dispensieren oder nicht. Des Weiteren sind die Apotheker und Drogisten zu nennen, auf deren Rat sich die Konsumenten nicht rezeptpflichtiger Präparate weit gehend verlassen. Schliesslich ist auch noch das medizinische Hilfspersonal zu erwähnen, freilich nur in dem Umfange, in welchem es bei Ausübung seines Berufes mit Arzneimitteln zu tun hat[1226].

Der Bundesrat lässt für die rezeptpflichtigen Arzneimittel der Verkaufskategorien A und B überhaupt nur Fachreklame zu[1227].

b) Mindestanforderungen

Von der Fachwerbung wird erwartet, dass sie den Präparatnamen (Marke) sowie Name und Adresse des Zulassungsinhabers nennt, die Wirkstoffe mit Kurzbezeichnung aufzählt, wie die Publikumswerbung mindestens eine Indikation oder Anwendungsmöglichkeit sowie die Dosierung und Art der Anwendung mitteilt, die Anwendungseinschränkungen, die unerwünschten Wirkungen und die Interaktionen zusammenfasst sowie die festgelegte Verkaufskategorie nennt. Im Sinne eines Pflichthinweises ist noch anzugeben, dass ausführliche Informationen dem Arzneimittel-Kompendium der

---

[1225] Vgl. Art. 31 Abs. 1 lit. a Heilmittelgesetz (HMG, Fn 1184).
[1226] Art. 24 lit. c Heilmittelgesetz (HMG, Fn 1184); bisher Art. 6 IKS-Regulativ.
[1227] Art. 32 Abs. 2 lit. a Heilmittelgesetz (HMG, Fn 1184).

Schweiz oder einer vom Institut als gleichwertig anerkannten Publikation zu entnehmen sind[1228]. Bei der Erinnerungswerbung können Anwendungsmöglichkeiten, Anwendungseinschränkungen und Nebenwirkungen weggelassen und die Indikation auf einen Hinweis auf die therapeutische Kategorie reduziert werden. Bei der Markenwerbung (brand name advertising) werden nur noch Präparatname und allenfalls die Vertriebsfirma sowie die Wirkstoffe genannt[1229]; mehr ist auch gar nicht notwendig, genügt es doch dabei, ein an und für sich bekanntes, aber vielleicht nicht mehr so gefragtes Präparat in den Vordergrund zu stellen.

Unzulässig sind Hinweise in der Fachwerbung, das Arzneimittel sei sicher (ausgenommen in Verbindung mit einer sachgerechten Qualifikation), es habe keine unerwünschten Wirkungen, es sei gefahrlos oder unschädlich und es erzeuge keine Gewöhnung. Vergleiche und Alleinstellungen müssen substanziert und belegt werden.

c) Arzneimittelmarketing bei Fachleuten

Promotionsmaterial des Aussendienstes muss so vollständig sein, dass die Empfänger die Möglichkeit haben, sich persönlich vom therapeutischen Wert des Arzneimittels ein Bild zu machen. Soweit die vom Institut genehmigte Arzneimittelinformation noch nicht publiziert ist, ist sie den Aussendungen beizulegen.

Arzneimittelmuster dürfen in kleiner Anzahl abgegeben werden, aber nur bei genauer Buchführung und auf schriftliche Anforderung hin. Die Muster müssen deutlich sichtbar und dauerhaft als Muster gekennzeichnet sein sowie die üblichen Aufschriften und Packungsbeilagen aufweisen; auch dürfen sie nicht grösser sein als die kleinsten im Handel befindlichen Originalpackungen[1230].

Verkaufsförderungen bei Fachleuten sind heikel. Daher verbietet schon das Gesetz, geldwerte Vorteile weder zu gewähren noch zu fordern; vorbehalten bleiben einzig betriebswirtschaftlich gerechtfertigte Rabatte[1231]. Jedenfalls hat sich der Repräsentationsaufwand in vertretbarem Rahmen zu halten und muss in Bezug auf den Hauptzweck der Veranstaltung von untergeordneter Bedeutung sein. Er darf sich nur auf die Fachperson selbst und nicht auf

---

[1228] Art. 7 Arzneimittel-Werbeverordnung (AWV, Fn 1206); bisher Art. 12 und 29 IKS-WerbeRL.
[1229] Art. 8 und 9 Arzneimittel-Werbeverordnung (AWV, Fn 1206).
[1230] Art. 10 Arzneimittel-Werbeverordnung (AWV, Fn 1206).
[1231] Art. 33 Heilmittelgesetz (HMG, Fn 1184).

deren Begleitung beziehen[1232]. Aufforderungen zur Teilnahme an oder Durchführung von Feldstudien sind unzulässig, soweit sie nicht wissenschaftlichen Zwecken oder der Fortbildung dienen.

5. Vertrieb

a) Allgemeines

Der Vertrieb von Arzneimitteln muss aus gesundheitlichen Gründen auf bestimmte Verkaufsgeschäfte, namentlich Apotheken und Drogerien, beschränkt werden. Obwohl schon das Gesetz bezüglich der Arzneimittel der Kategorie E von «frei verkäuflichen Arzneimitteln» spricht[1233], wird doch davon ausgegangen, dass diese in Ladengeschäften abgegeben werden. Der Ausdruck «frei verkäufliche Arzneimittel» ist daher ungenau, richtiger wäre wohl «in allen Geschäften verkäufliche Arzneimittel». Die Kantone pflegen denn auch in den kantonalen Regelungen des Arzneimittelverkehrs vorzusehen, dass Arzneimittel im Detailhandel nicht im Strassenverkauf, auf Märkten und Ausstellungen, nicht durch Hausierer, Handelsreisende, Vortragsredner und Demonstranten und nicht durch Automaten oder Selbstbedienung vertrieben werden dürfen[1234]. Entsprechend untersagt der Bund die Bestellungsaufnahme durch Handelsreisende für medizinische Apparate[1235].

Das Bundesrecht untersagt grundsätzlich den Versandhandel mit Arzneimitteln; der Bundesrat kann nähere Einzelheiten festlegen, doch sind die Kantone für Versandhandelsbewilligungen zuständig[1236].

b) Durch Apotheken und Drogerien abzugebende Arzneimittel

Arzneimittel, die nur in Apotheken und Drogerien verkäuflich sind[1237], unterstehen einigen wenigen einschränkenden Vorschriften, welche den unbedachten Konsum verhindern wollen. Verboten sind etwa die Abgabe einer Gratispackung bei Bezug einer bestimmten Anzahl von Packungen (Natural-

---

[1232] Art. 11 Arzneimittel-Werbeverordnung (AWV, Fn 1206); bisher Art. 18 IKS-WerbeRL.
[1233] Art. 23 Abs. 2 Heilmittelgesetz (HMG, Fn 1184).
[1234] § 4 ZH V über den Verkehr mit Heilmitteln vom 28.12.1978 (ZGS 812.1).
[1235] Art. 14 VV zum BG über die Handelsreisenden (sog. Handelsreisendenverordnung, SR 943.11).
[1236] Art. 27 Heilmittelgesetz (HMG, Fn 1184).
[1237] Verkaufskategorien A, B, C und D.

rabatte), Ideenwettbewerbe für Kinder, um gute Skizzen oder Bilder zu einem Werbeslogan zu erhalten, die Durchführung von Lotterien mit Arzneimitteln und die Beilage von Arzneimittelmustern zu den Drucksachen der Direktwerbung[1238].

c) Apothekenpflichtige Arzneimittel

Die Kantone haben zu bestimmen, was als Apotheke zu gelten hat. In der Regel fallen darunter die von Apothekern geleiteten Geschäfte, welche freilich auch auf Rechnung einer Aktiengesellschaft geführt werden können[1239].

Indessen sind nicht nur Apotheker zur Abgabe von pharmazeutischen Spezialitäten befähigt. Diese Möglichkeit muss vielmehr auch den ausgebildeten Ärzten zuerkannt werden. Viele Kantone der Deutschschweiz gestatten daher den Ärzten, Zahnärzten und Tierärzten die Selbstdispensation. Die Ärzte sind ohnehin frei, jene Arzneimittel abzugeben, die unter ihrer Kontrolle angewendet werden müssen oder deren sofortige Applikation medizinisch angezeigt erscheint. Der Arzt ist zudem auch für die Verschreibung der Arzneimittel verantwortlich. Seine Fachkenntnisse befähigen ihn durchaus, die in seiner Spezialrichtung gebrauchten Spezialitäten zu lagern und vor Abgabe auf deren Erhaltungszustand zu prüfen. Es kann ihm daher gewerbepolizeilich nicht verboten werden, eine Privatapotheke zu führen und daraus die bei ihm in Behandlung stehenden Patienten mit zugelassenen pharmazeutischen Spezialitäten in Originalpackung zu versorgen. In der Bewilligung sind freilich die erforderlichen Einschränkungen, Bedingungen und Auflagen zu machen, wie beispielsweise die Pflicht, die abgegebenen Arzneimittel hinlänglich zu kennzeichnen und mit einer unmissverständlichen, schriftlichen Verwendungsanleitung zu versehen[1240].

Doch haben die Ärzte keinen Anspruch darauf, Arzneimittel auch selbst herzustellen und zu verarbeiten, reicht doch die pharmakologische Ausbildung des Arztes nicht an jene des Apothekers heran. Eine Ausnahme rechtfertigt sich höchstens dann, wenn ein Arzt durch den Besuch von zusätzlichen Ausbildungskursen spezielle Kenntnisse über Herstellung und Anwendung von Arzneimitteln erlangt hat, wie dies beispielsweise für ho-

---

[1238] Art. 20 Abs. 1 lit. e–h Arzneimittel-Werbeverordnung (AWV, Fn 1206); bisher Art. 8 Abs. 1 lit. b–f IKS-WerbeRL.
[1239] BGE 91/1965 I 308: TI, 99/1973 Ia 516: FR.
[1240] BGE 91/1965 I 308: TI, 99/1973 Ia 516: FR.

möopathische Ärzte der Fall sein kann. Ihnen kann die Herstellung von homöopathischen Arzneimitteln kaum verboten werden[1241].

d) Grosshandel

Auch der Engroshandel von gefährlichen und insbesondere von suchtgefährdenden Medikamenten kann an einschränkende Bedingungen geknüpft werden. So ist es zulässig, dem Fabrikanten solcher Präparate nur die Belieferung von diplomierten Ärzten und Apothekern zu gestatten und ihm die Führung einer Produktions-, Lager- und Versandkontrolle vorzuschreiben[1242].

C. Gefährliche Stoffe und Zubereitungen (Chemikalien)

Literatur: *International Chamber of Commerce,* ICC International Code of Environmental Advertising, Paris 1998; *Bundesamt für Gesundheit, Abt. Gifte,* Kommentar zur Giftverordnung, Bern 1995.

1. Allgemeines

a) Bedeutung

Es scheint, dass nicht so sehr die einheitliche Kontrolle des Gifthandels, sondern im Besonderen der Schutz des ökologischen Gleichgewichtes vor der unkontrollierten Ablagerung von Giften Anstoss zum bundesrätlichen Entwurf zum Giftgesetz gab. Dieser wurde denn auch ohne grosse Änderungen von den Räten am 21.3.1969 angenommen und vom Bundesrat nach umfangreichen Vorbereitungen auf den 1.4.1972 in Kraft gesetzt. Der Alleingang der Schweiz erwies sich aber je länger je mehr als Fremdkörper in der internationalen Rechtsentwicklung, weshalb das Parlament nicht umhin kam, mit dem am 15.12.2000 erlassenen Chemikaliengesetz das Giftgesetz abzulösen und den Verkehr mit gefährlichen Chemikalien weit gehend zu liberalisieren. Da jedoch die Ausführungsverordnungen hierzu noch nicht ausgear-

---

[1241] VerwGer ZH in ZR 72/1973 Nr. 94: Selbstdispensation.
[1242] BGE 93/1967 I 220: Heilmittelherstellung AR.

beitet sind, können im gegenwärtigen Zeitpunkt erst generelle Hinweise auf das neue Recht gegeben werden.

b)   **Begriff**

Das Chemikaliengesetz ist auf alle gefährlichen (und nicht mehr nur auf die giftigen) chemischen Elemente und deren Verbindungen, Gemenge, Gemische und Lösungen sowie generell auf Biozid-Produkte und Pflanzenschutzmittel anwendbar. Stoffe und Zubereitungen gelten als gefährlich, sobald sie das Leben oder die Gesundheit von Menschen und Tieren durch physikalisch-chemische oder toxische Wirkung gefährden können[1243]. Unwesentlich ist, ob es sich dabei um einen chemischen Grundstoff handelt oder um ein im Hinblick auf eine ganz bestimmte Verwendung zusammengesetztes gewerbliches oder Publikumsprodukt.

c)   **Giftliste**

Bisher waren alle Gifte in eine Giftliste aufzunehmen, die von der Giftabteilung des Bundesamts für Gesundheit geführt wurde. Diese umfasste drei Verzeichnisse. Im Verzeichnis der giftigen Stoffe (Giftliste 1) wurden die chemischen Namen der Stoffe und deren Giftklasse aufgenommen. Die Liste der giftigen Publikumsprodukte (Giftliste 2) und diejenige der giftigen gewerblichen Produkte (Giftliste 3) enthielten u.a. die Marke oder die Sachbezeichnung des Produkts, dessen chemische oder handelsübliche Bezeichnung der giftigen Bestandteile, die Giftklasse, die Kontrollnummern des Bundesamtes und allfälliger weiterer Ämter und nähere Angaben über den Anmelder. Die Aufnahme in die Giftliste wird in der Regel an Bedingungen und Auflagen geknüpft; insbesondere legte das Bundesamt für Gesundheit bei der Einteilung auch fest, was für besondere Hinweise auf der Packung und in der Reklame gemacht werden mussten.

In den Giftlisten sind bereits über 140'000 chemische Produkte registriert worden. Im Rahmen des Chemikaliengesetzes wird jedoch auf die Weiterführung des Produktregisters verzichtet.

[1243] Art. 3 Abs. 1 Chemikaliengesetz (ChemG, SR 813.0).

d) Einteilung

Die Verzeichnisse wurden von der bisherigen Giftgesetzgebung in fünf Giftklassen eingeteilt, wobei die Klasse 1 dem höchsten, die Klasse 5 dem niedrigsten Gefährlichkeitsgrad entsprach. Die Klasse 5 hatte noch eine Unterabteilung 5S für Gifte, die für die Selbstbedienung zugelassen waren. Die Giftklasse war in der Werbung und auf den Packungen deutlich anzuführen. Auf den inneren und äusseren Packungen war die Giftklasse überdies durch ein besonderes farbiges Band zu kennzeichnen, dessen Farbe bei Giften der Klassen 1 und 2 schwarz, der Klasse 3 gelb und der Klassen 4 und 5 rot sein musste. Die Giftklasse war, ähnlich wie die Einteilung der Arzneimittel in verschiedene Verkaufskategorien, für die Art der zugelassenen Werbung und des Vertriebs von Bedeutung.

Neu soll jetzt das Einstufungs- und Kennzeichnungssystem gefährlicher Chemikalien der EG übernommen werden, das bereits im gesamten EWR zur Anwendung gelangt. Es operiert mit Gefahrensymbolen, Risikosätzen (R-Sätze) und Sicherheitssätzen (S-Sätze). Die Chemikalien werden demgemäss in 15 Kategorien eingeteilt, die durch sieben verschiedene Gefahrensymbole[1244] charakterisiert werden. Auf der Etikette sind jeweils neben den Stoffdeklarationen, der Herstellerangaben und der EWG-Nummer höchstens drei Gefahrensymbole mit dazu gehöriger Gefahrenbezeichnung sowie in der Regel nicht mehr als vier Risikosätze (von insgesamt 67) und vier Sicherheitssätze (von insgesamt 64) anzubringen.

e) Sanktionen

Wer Deklarationspflichten und Vorschriften über die Werbung von gefährlichen Chemikalien missachtet, riskiert bei Vorsatz Haft oder Busse bis zu CHF 20'000, bei Fahrlässigkeit Busse bis CHF 5'000[1245]. Unrichtig gekennzeichnete Chemikalien können beschlagnahmt und eingezogen werden[1246].

[1244] Verwendet werden die Symbole: Explosionsgefährlich, Brandfördernd, Hochentzündlich/Leicht entzündlich, Umweltgefährlich, Sehr giftig/Giftig, Gesundheitsschädlich/Reizend und Ätzend.
[1245] Art. 50 Abs. 1 und 2 Chemikaliengesetz (ChemG, Fn 1243).
[1246] Art. 42 Abs. 3 Chemikaliengesetz (ChemG, Fn 1243).

2. Werbung

a) Mindestanforderungen

Das Chemikaliengesetz verlangt, dass Anpreisungen und Angebote von gefährlichen Stoffen und von Zubereitungen, die gefährliche Stoffe enthalten, nicht Anlass zu Irrtümern über die Gefährlichkeit geben oder zu unsachgemässem Umsatz verleiten dürfen; bei Biozid-Produkten dürfen auch keine irreführenden Angaben über die Wirksamkeit gemacht werden[1247]. Zweck dieser Vorschriften ist der Gesundheitsschutz des Verbrauchers: Anpreisungen dürfen keinen Anlass zu Verharmlosung, Irrtum oder Täuschung über die Gefährlichkeit der beworbenen Produkte geben. Unter Anpreisung wurde bisher jede Werbung verstanden, also Verkaufsgespräche, Direktwerbung am Ort der Präsentation, Offerten, Inserate, Prospekte, Plakate, Warenlisten, Kataloge, Radio- und Fernseh-, Film-, Internet- und Lichtreklame sowie das Ausstellen in Schaufenstern.

Der Bundesrat wird nähere Vorschriften darüber zu erlassen haben, wie beim Anpreisen und Anbieten auf die Gefährlichkeit von Chemikalien hingewiesen werden soll[1248]. Er wird sich dabei weit gehend an das in diesem Bereich eher knappe EG-Recht halten.

Bisher waren in Werbetexten die Giftklassen nicht nur deutlich sichtbar oder hörbar anzuführen, sondern noch mit Warntexten zu ergänzen. Bei Giften der Klassen 1–3 war beizufügen «Unbedingt Vorsichtsmassnahmen beachten», wobei das Erzeugnis noch ausdrücklich als «Giftiges Produkt» oder «Ätzendes Produkt» zu charakterisieren war. Bei Giften der Klassen 4 und 5 war der Giftklasse wenigstens noch der Zusatz «Warnung auf den Packungen beachten» beizufügen. Bei der Fernsehwerbung hatte der Werbende die Wahl, Giftklasse und Warntext entweder auf dem Bildschirm deutlich lesbar erscheinen zu lassen oder sie lautlich klar vorlesen zu lassen. Diese Hinweise werden nun durch die weit detaillierteren Risiko- und Sicherheitssätze abgelöst werden.

Da in der Werbung die Gefährlichkeit von Giften nicht verharmlost werden sollte, durften bisher giftige Produkte nicht als «nur wenig giftig», «praktisch ungiftig», «nicht giftig» bezeichnet werden[1249]; das Bundesamt für Gesundheit hatte sich überdies auf den Standpunkt gestellt, auch Bezeichnungen wie «unschädlich», «wenig schädlich» usw. seien verboten.

[1247] Art. 20 Abs. 1 Chemikaliengesetz (ChemG, Fn 1243).
[1248] Art. 20 Abs. 2 Chemikaliengesetz (ChemG, Fn 1243).
[1249] Art. 52 Abs. 3 altGiftverordnung vom 19.9.1983 (GV, AS 1983 1387).

b) Verbotene Werbemassnahmen

Um den Verbrauch von Giften nicht übermässig zu fördern, war bisher an das Publikum gerichtete Wertreklame nur für Gifte gestattet, welche in Selbstbedienungsgeschäften verkauft werden durften. Es war demzufolge ausdrücklich verboten, an private Haushaltungen Muster, Originalpackungen oder Gutscheine für Gifte der Klassen 1–5, mit Ausnahme der Unterklasse 5S, abzugeben. Indessen war die Abgabe von unentgeltlichen Giftmustern an Zwischenhändler und gewerbliche Verbraucher gestattet; Musterpackungen mussten aber die gleichen Aufschriften tragen wie die Originalpackungen. Ähnlich wie bei Arzneimitteln war auch bei Giften die Verwendung von Gutachten, Zeugnissen oder Empfehlungen von Laien verboten.

Zur Vermeidung von Verwechslungen durften Gifte nicht in Form von Lebensmitteln, Arzneimitteln oder Gebrauchsgegenständen in Verkehr gebracht werden. Diese Einschränkung war gerechtfertigt, wäre es doch ein Unding gewesen, z.B. Meta-Tabletten in Form von Tafelschokolade auf den Markt zu bringen.

c) Werbung mit Umweltargumenten

Nicht nur Chemikalien werden gerne als wenig schädlich angepriesen, sondern auch bei anderen umweltgefährdenden Stoffen ist ein Trend festzustellen, sie mit den Attributen «ungefährlich» oder gar «umweltfreundlich» verharmlosen zu wollen. Damit wird aber ein unsachgemässer Umgang mit diesen Stoffen gefördert und unter Umständen Mensch und Umwelt gefährdet. Daher verbietet die Stoffverordnung nicht bloss Angaben, die zu Irrtum über die Umweltverträglichkeit oder zur Verharmlosung Anlass geben, sondern auch nicht näher umschriebene Aussagen wie «abbaubar», «ökologisch ungefährlich», «umweltfreundlich», «gewässerfreundlich» etc.[1250] Solche Angaben werden zwar nicht grundsätzlich verboten, doch müssen sie eingehend präzisiert und erläutert werden.

Namentlich die Abbaubarkeit ist nach drei Kriterien zu präzisieren, nämlich durch die Bezeichnung des angewendeten Tests (z.B. OECD-Test 301B), durch den Namen der Komponenten, die getestet wurden (z.B. Lösemittel, Tenside) und durch das Ausmass der Abbaubarkeit. So ist zum Beispiel das Argument «95% biologisch abbaubar» für sich allein unzulässig; zusammen mit der Präzisierung «waschaktive Stoffe zu 95% biologisch abbaubar gemäss OECD-Test 302B» ist es jedoch zulässig.

[1250] Art. 39 Stoffverordnung (StoV, SR 814.013).

Andere Werbeargumente wie «umweltschonend», «Ökopackung» etc. sind näher zu begründen. Dabei ist zu erläutern, warum nach Meinung des Herstellers das Produkt dieses Prädikat verdient hat. Die Gründe hierfür können vielfältig sein. So kann die Verpackung möglicherweise nachgefüllt und mehrmals verwendet werden, sie kann unschädlich vernichtet werden oder sie kann gegenüber herkömmlichen Produkten weniger Abfall verursachen usw. Blosse plakative Behauptungen, das Produkt sei jetzt noch umweltfreundlicher, die Belastung sei jetzt noch geringer etc., klingen zwar schön, besagen aber für sich allein noch nichts. Die Behörden (und Verbraucher) möchten denn auch gerne wissen, inwiefern sich das angepriesene Produkt von gleichartigen Produkten unterscheiden soll. Das Bundesamt für Umwelt, Wald und Landschaft (BUWAL) hat hierzu ein Merkblatt mit Beispielen herausgegeben.

3. Vertrieb

a) Bewilligungspflicht

Das bisherige System mit seinen zahlreichen Bewilligungspflichten, unterteilt in Verkehrsbewilligungen (Bewilligungen A–E) und Bezugsbewilligungen (Giftscheine, Giftbücher), ist oft als administrative Schikane empfunden worden und wird daher abgeschafft. Gefährliche Stoffe und Zubereitungen sollen in Zukunft abgegeben werde dürfen, ohne dass die Abnehmer eine behördliche Bezugsbewilligung vorweisen müssen. Einzig die Abgabe besonders gefährlicher Chemikalien an private Verbraucher soll sachkundigen Personen vorbehalten bleiben, verbunden mit der Pflicht, die Abnehmer über mögliche Risiken aufzuklären. Bereits bisher hatte der Detailverkäufer von Giften der Klassen 1–3 den Käufer noch persönlich auf die Gefährlichkeit des Giftes aufmerksam zu machen.

Ohne eine besondere Bewilligung durften bisher einzig Gifte der Klassen 5 oder 5S vertrieben werden. Der Vertrieb der Gifte der Klassen 1–4 war zur Hauptsache auf Apotheken und Drogerien eingeschränkt, wobei selbst die Drogerien nicht einmal alle Gifte der Klasse 1 verkaufen durften. Für Gifte der Klassen 1 und 2 bedurfte es bis anhin einer Bezugsbewilligung in Form eines Giftscheins oder Giftbuchs. Für Gifte der Klasse 3 war eine Empfangsbestätigung zu unterzeichnen; Postsendungen an nicht-berufsmässige Verwender mussten als Einschreib- oder Wertsendung aufgegeben werden. Gifte der Klasse 4 durften nur an Leute abgegeben werden, von denen angenommen werden konnte, dass sie damit keinen Missbrauch treiben würden.

b) Verbotene Vertriebsarten

Wegen der Gefährlichkeit der Gifte war deren Vertrieb bisher durch das Giftgesetz ziemlich erschwert worden. Allein schon die Entgegennahme von Giftscheinen, die Ausfüllung von Empfangsbestätigungen, die Information des Käufers über die Gefährlichkeit des gekauften Giftes und die Prüfung, ob der Käufer die erforderliche Urteilsfähigkeit besitze, schlossen es aus, dass Gifte durch Automaten oder Selbstbedienung abgegeben wurden. Diese war denn auch nur für bestimmte, genau bezeichnete Produkte der Giftklasse 5 zugelassen. Aus Automaten durften einzig Treibstoffe bezogen werden. Um den Konsumenten vor unbedachten Giftkäufen zu schützen, war auch deren Vertrieb durch Hausierer und Kleinreisende verboten. Der Gesetzgeber wollte offensichtlich den Verbrauchern mit den Verkaufsstellen örtlich nicht allzusehr entgegenkommen.

D. Edelmetalle

1. Allgemeines

a) Bedeutung

Durch das seit dem Jahre 1932 bestehende Edelmetallkontrollgesetz, das auch auf das Fürstentum Liechtenstein und die deutsche Gemeinde Büsingen Anwendung findet, werden die Edelmetalle einer amtlichen Kontrolle und Stempelung unterstellt. Die Aufsicht führt das der Oberzolldirektion unterstellte Zentralamt für Edelmetallkontrolle[1251]. Die Kontrolle wird durch zwölf Kontrollämter in den grösseren Grenzorten versehen, die einem bestimmten Zollamt angeschlossen sind. Die Kontrollämter führen die amtliche Prüfung der Edelmetallwaren durch und stempeln die Ware nach Gutbefund mit einer Punze (poinçon de garantie) oder – bei niedrigem Goldgehalt – mit einer Kontermarke (poinçon de petite garantie). Für Uhrgehäuse aus Edelmetall ist die Kontrolle obligatorisch, für Schmuck- und Schmiedewaren aus Edelmetall oder Mehrmetallwaren dagegen fakultativ[1252]. Zur Erleichterung des internationalen Verkehrs hat die Schweiz das EFTA-Übereinkommen

---

[1251] Monbijoustrasse 40, 3003 Bern.
[1252] Art. 12 Edelmetallkontrollgesetz (EMKG, SR 941.31).

betreffend die Prüfung und Bezeichnung von Edelmetallgegenständen ratifiziert[1253].

b) Begriff

Edelmetalle sind Gold, Silber, Platin und Palladium. Goldwaren müssen einen Mindestfeingehalt von 375 Tausendsteln (9 Karat) aufweisen. Bei Silberwaren liegt der Mindestfeingehalt bei 800 Tausendsteln, bei Platinwaren bei 850 Tausendsteln und bei Palladium bei 500 Tausendsteln[1254]. Werden diese Gehalte nicht erreicht, sind die Waren als Ersatzwaren zu bezeichnen[1255].

In den letzten Jahren wurden vermehrt Edelmetalle mit unedlen Metallen kombiniert (z.B. Uhren aus Gold/rostfreiem Stahl oder Schmuck aus Silber/Titan). Mit der Revision von 1995 wurde auch einem Begehren der Industrie, speziell der Uhrenindustrie, Rechnung getragen, solche Waren der wirklichen Zusammensetzung entsprechend zu bezeichnen und anpreisen zu können. So wurde neu die Kategorie der Mehrmetallwaren geschaffen.

Als Plaquéwaren gelten Waren bei denen eine Schicht aus Edelmetall mit einer Unterlage aus einem anderen Material fest verbunden ist[1256]. Als Unterlage dienen heutzutage nicht nur unedle Metalle, sondern auch andere Materialien wie Kunststoff, Glas oder Porzellan. Die Mindestanforderungen an Dicke und Feingehalt der Edelmetallschicht sollen vom Bundesrat möglichst rasch den internationalen Verhältnissen angepasst werden können; die Auflage aus Gold muss wenigstens fünf Mikrometer betragen und bei gewalztem Gold einen Feingehalt von 417 Tausendsteln (10 Karat), sonst von 585 Tausendsteln (14 Karat) aufweisen[1257]. Unzulässig sind Feingehaltsangaben auf Plaquéwaren, Angaben über den Anteil oder das Gewicht des verwendeten Edelmetalls sowie jede Bezeichnung in Verbindung mit dem Namen von Edelmetallen oder andere Angaben, die zur Täuschung über den wirklichen Wert oder die wirkliche Zusammensetzung der Ware geeignet sind[1258].

[1253] SR 0.941.31.
[1254] Anhang 2 zum EMKG (Fn 1252).
[1255] Art. 2 Abs. 3 lit. a EMKG (Fn 1252).
[1256] Art. 2 Abs. 1 EMKG (Fn 1252).
[1257] Anhang 1 zum EMKG (Fn 1252).
[1258] Art. 50 Abs. 1 Edelmetallkontrollverordnung (EMKV, SR 941.311).

c) Sanktionen

Die Verwendung falscher Feingehaltsangaben wird mit Gefängnis oder Busse bis zu CHF 100'000, bei Fahrlässigkeit bis zu CHF 50'000 bestraft[1259]. Auch das Fehlen von Feingehaltsangaben, Verantwortlichkeitsmarken und Punzierungen zieht Gefängnis oder Busse bis zu CHF 100'000 nach sich[1260].

2. Werbung

a) Feingehalt und Warenbezeichnung

Edelmetallwaren müssen die Angabe eines gesetzlichen Mindestfeingehaltes tragen. Diese ist vom Hersteller gleichzeitig mit seiner Verantwortlichkeitsmarke anzubringen[1261]. Die Angabe muss eine Mindesthöhe von 0.5 Millimetern aufweisen; römische Ziffern sind nicht zulässig[1262]. Die Ziffern müssen auf den Waren selbst – und nicht etwa nur auf deren Verpackung – deutlich lesbar und dauerhaft eingeschlagen oder eingraviert sein. Um Verwechslungen zu vermeiden, dürfen Referenz- oder Seriennummern, Grössenangaben usw. nicht den üblichen Feingehaltzahlen entsprechen oder müssen dann durch Symbole wie «Ref.», «Nr.», «No.», «mm» ergänzt werden.

Auf Goldwaren darf neben der Angabe des Feingehaltes in Tausendsteln auch der Feingehalt in Karat angegeben werden, also z.B. «18 K», «K 18», «18 C», «C 18». 14-karätiges Gold darf in der Werbung als «garanti», «warranted» oder dergleichen bezeichnet werden, 18-karätiges als «premier titre», «first gold» usw.[1263] Silberwaren mit einem Feingehalt von 0,800 dürfen die Zusätze «argent», «silver», «garanti argent» oder gleichbedeutende Übersetzungen tragen, solche mit einem Feingehalt von 0,925 Zusätze wie «premier titre», «Sterling Silver», «first silver» usw.[1264].

Auf Gegenständen aus Platin oder Palladium müssen vor, hinter oder über der Angabe des Feingehaltes entsprechende Bezeichnungen des Metalls oder

---

[1259] Art. 44 EMKG (Fn 1252), vgl. z.B. BGE 108/1982 IV 71: Zinkspritzgussbesteck.
[1260] Art. 47 EMKG (Fn 1252).
[1261] Art. 9 Abs. 4 EMKG (Fn 1252).
[1262] Art. 46 Abs. 1 EMKV (Fn 1258).
[1263] Art. 46 Abs. 4 EMKV (Fn 1258).
[1264] Art. 46 Abs. 4 EMKV (Fn 1258).

dessen Abkürzungen «Pt» oder «Pd» angebracht werden. Andere Angaben sind unzulässig[1265].

Aus der Bezeichnung der Mehrmetallwaren muss die tatsächliche Zusammensetzung hervorgehen. Die Edelmetallteile müssen durch den gesetzlichen Feingehalt in Tausendsteln, die übrigen Metallteile gesondert mit der Angabe der Art des Metalls oder dem Wort «Metall» kenntlich gemacht werden[1266].

Für Plaquéwaren aus Gold und Platin ist die Angabe der Fabrikationsart wie «aufgewalzt», «laminé», «galvano», abgekürzt «L» oder «G», obligatorisch. Silberwaren, welche die englische Bezeichnung «Silvered» oder «Silver Plate» tragen, müssen daneben noch mit einer gleich gross geschriebenen schweizerischen Bezeichnung wie «versilbert», «argenté» oder «argentato» versehen werden; dies gilt auch für die Werbung. Überdies sind Garantie- und Qualitätsangaben und andere Bezeichnungen in Verbindung mit den Wörtern Gold, Silber oder Platin verboten, da sie zu Täuschungen über die Natur der damit versehenen Waren Anlass geben könnten. Verboten sind somit beispielsweise:

– *für Goldplaquéwaren*
Tubor, Orfixe, Oria, Goldold, Goldin, Goldoid, Orinox, Orideal, Or américain, Kombinor, Ia vergoldet, doré à l'or fin, dorure garanti 24 carats (a.A.: Mitt. 1969, 64: zulässig Swissor für Füllhalter ohne Goldfedern), Golden Race (BGer in PMMBl 26/1987 I 11), Flash Gold 999,9 (BGE 106/1980 IV 305), Goldbesteck (BGE 111/1986 IV 184);

– *für Silberplaquéwaren*
Alpacca-Silber, Hotel-Silber, Argentor, Silver-plated, Nickel-Silver, echte Silberauflage, feinversilbert, Silber 90, chargé d'argent fin 1er titre, plate, silver plate, flash Silver 0,999 (BGE 106/1980 IV 305), Silberbesteck (BGE 111/1985 IV 184);

– *für Platinplaquéwaren*
Platinon, Platinin, Platinor, Novoplatin; Platinimit (EFZD in VPB 35/1971 270 Nr. 111: Personna Platinum).

b) Verantwortlichkeitsmarke

Edelmetallwaren, Mehrmetall- und Plaquéwaren müssen neben den obligatorischen Feingehaltsangaben auch eine gleichzeitig anzubringende Verantwortlichkeitsmarke (poinçon de maître) des Herstellers tragen. Diese ist ebenfalls auf den Waren selbst in der Nähe des Feingehaltes anzubringen.

[1265] Art. 7 Abs. 3 EMKG (Fn 1252); Art. 46 Abs. 5 EMKV (Fn 1258).
[1266] Art. 7a Abs. 2 EMKG (Fn 1252).

Fabrikanten, welche die von ihnen vertriebenen Waren nicht alle selbst herstellen, können ihre Marke bereits vom Zulieferanten anbringen lassen. Die Verantwortlichkeitsmarken sind beim Zentralamt für Edelmetallkontrolle zu hinterlegen; sie werden in der Regel so gestaltet, dass sie sich zum Einprägen oder Eingravieren eignen.

Auf Schmelzgold hat der Inhaber der Schmelzbewilligung ebenfalls sein Stempelzeichen anzubringen. Der Druckstock des Stempelzeichens ist beim Zentralamt zu hinterlegen[1267].

c) Amtliche Stempel

Uhrgehäuse müssen, andere Edelmetallwaren dürfen einen amtlichen Kontrollstempel (Garantiepunze) tragen, aus dem sich das Kontrollamt ergibt, das die amtliche Prüfung vorgenommen hat[1268].

3. Vertrieb

a) Handel mit Schmelzgut und Schmelzprodukten

Der gewerbsmässige Handel mit Schmelzgut (Abfälle, Halbfabrikate) oder Schmelzprodukten (Barren, Blöcke, Klumpen) unterliegt der Bewilligungspflicht (Art. 24 EMKG). Zum Handel gehören nicht nur Ankauf und Wiederverkauf, sondern auch Einfuhr, Ausfuhr, Maklergeschäfte, Tausch und das Raffinieren. Der Handel mit ausländischen Kunden ist dann bewilligungspflichtig, wenn die Rechnung in der Schweiz ausgestellt wird.

Geschäfte der Uhren- und Bijouteriebranche dürfen von Privatpersonen persönliche Gebrauchsgegenstände als Altgold oder Altsilber ohne Bewilligung erwerben und dieses dem Inhaber einer Handelsbewilligung zum Einschmelzen weiter veräussern. In der Werbung ist jedoch darauf hinzuweisen, dass der Geschäftsinhaber nur gebrauchte Gegenstände aus Edelmetallen (Occasionsschmuck) zu erwerben beabsichtigt.

Der Inhaber einer Handelsbewilligung ist verpflichtet, auf die Tatsache der erhaltenen Handelsbewilligung auf Firmenschildern, Briefköpfen sowie in

---

[1267] Art. 31 Abs. 1 EMKG (Fn 1252).
[1268] Art. 15 EMKG (Fn 1252).

Zeitungsinseraten hinzuweisen[1269]. Keiner Bewilligung bedürfen die Banken für den Handel mit gestempelten Münzbarren[1270].

Das Hausieren mit Schmelzgut und Schmelzprodukten ist untersagt[1271]. Als Hausieren gilt hier jedes Aufsuchen von Privatpersonen, um dort Kaufs- oder Verkaufsangebote zu stellen[1272]. Unter das Hausieren fällt hier somit auch die Bestellungsaufnahme durch Handelsreisende.

b) Handel mit Fertigwaren

Der Handel mit Edelmetallwaren ist nicht bewilligungspflichtig. Indessen ist das Hausieren mit Edelmetallwaren, Plaquéwaren, Mehrmetallwaren und Uhrgehäusen aus Edelmetallen und Plaqué verboten[1273]. Auch das Hausieren mit solchen Waren, die den gesetzlichen Anforderungen bezüglich Mindestfeingehalt und Schichtdicke bei Plaquéwaren nicht entsprechen (so genannte Ersatzwaren), ist verboten. Unter dieses Verbot fällt gemäss ausdrücklicher Vorschrift auch der Vertrieb durch Kleinreisende[1274].

E. Finanzdienstleistungen

Literatur: Daniel *Bodmer*/Beat *Kleiner*/Benno *Lutz,* Kommentar zum Bundesgesetz über Banken und Sparkassen, Zürich 1976; Bernard *Dutoit*, La réglementation juridique de la publicité bancaire et financière, ZSR 104/1985 I 145–162.

1. Allgemeines

Vermögensverwaltung und Kreditvergabe sind Dienstleistungen, die für Wirtschaft und Private von besonderer Bedeutung sind und die nur vertrauenswürdigen Personen überlassen werden dürfen. Die Behörden haben daher schon verhältnismässig früh Vorschriften über Banken und Anlagefonds

---

[1269] Art. 154 EMKV (Fn 1258).
[1270] Art. 24 Abs. 2 EMKG (Fn 1252).
[1271] Art. 28 EMKG (Fn 1252).
[1272] Art. 159 EMKV (Fn 1258).
[1273] Art. 23 EMKG (Fn 1252).
[1274] Art. Art. 23 EMKG (Fn 1252).

erlassen und diese einer staatlichen Aufsicht unterstellt. Sie wird von der Eidg. Bankenkommission ausgeübt, welche dem Finanz- und Zolldepartement angeschlossen ist. Die Bankenkommission legt ihr Augenmerk insbesondere auch darauf, dass das unerfahrene Publikum nicht durch irreführende Werbung zu riskanten Vermögensanlagen verleitet wird.

2. Banken und Privatbankiers

Das Bankengesetz gewährt denjenigen Privatbankiers, sie sich nicht öffentlich zur Annahme fremder Gelder empfehlen, gewisse Erleichterungen[1275]. Eine öffentliche Empfehlung zur Annahme fremder Gelder liegt nicht vor, wenn sich die Werbung der Privatbankiers einzig auf ihre Tätigkeit als Vermögensverwalter oder Effektenhändler bezieht, ohne das Einlagengeschäft zu umfassen[1276]. Öffentlich ist die Werbung dann, wenn sie sich an Personen richtet, die nicht oder noch nicht zur Kundschaft gehören, unabhängig vom Ort der Werbung. Selbst ein Anschlag im Schalterraum oder eine mündliche Empfehlung im Besprechungszimmer gegenüber einem Nichtkunden wird von der Bankenkommission als öffentlich betrachtet. Eine Empfehlung zur Annahme fremder Gelder ist jedes Angebot zur Eröffnung eines Kontos oder von Dienstleistungen, die ein Konto voraussetzen (Abgabe von Checks oder Bancomatkarten); ja sogar die Ankündigung der Ausführung sämtlicher oder nahezu aller Bankgeschäfte schliesst die öffentliche Empfehlung zur Annahme von fremder Gelder ein. Anders ist jedoch zu urteilen, wenn indifferente Bankdienstleistungen angepriesen werden, welche die Eröffnung eines Kontos nicht unbedingt voraussetzen, wie beispielsweise Börsengeschäfte, das Emissionsgeschäft, das Couponinkasso, die Vermietung von Banksafes, Steuerberatung, Testamentsvollstreckung etc. Selbst wenn in deren Folge ein Konto zur Gutschrift von Barguthaben eröffnet wird, so ist doch primäres Ziel der genannten Anpreisungen die Vermögensverwaltung und nicht die Geldannahme. Privatbankiers dürfen zudem auch für die Gewährung von Krediten werben oder für den Namen und das Ansehen ihrer Bank werben, ohne auf die Erleichterungen des Bankengesetzes verzichten zu müssen.

Das Bankengesetz hält fest, dass alle der schweizerischen Bankaufsicht unterstehenden Banken im In- und Ausland jede irreführende und jede aufdringliche Werbung mit ihrem schweizerischen Sitz oder mit schweizerischen Einrichtungen (Bankgeheimnis, Nummernkonti, Steuervorteile) zu

---

[1275] Vgl. Art. 5 Abs. 2 und Art. 6 Abs. 6 Bankengesetz (BankG, SR 952.0).
[1276] Art. 3 Abs. 2 Bankenverordnung (BankV, SR 952.02).

unterlassen haben[1277]. Damit soll verhindert werden, dass bei den staatlichen Stellen des Auslandes ein falsches Bild über die Schweizer Banken entsteht. Auf der anderen Seite ist auch die Schweizerische Bankiervereinigung darauf bedacht, die Werbung der Banken aus Standes- und Konkurrenzierungsgründen einzuschränken und die aufdringliche und marktschreierische Reklame zu verhindern. Doch fehlt es an einer näheren Konkretisierung des Begriffes «aufdringlich». Hierunter sind wohl kaum Inserate und Direktwerbung zu subsumieren, sondern viel eher solche Werbemethoden, die psychologisch auf den Interessenten einwirken, wie Vertreterbesuche, Eröffnungsgeschenke und Zugaben.

Die Bezeichnungen «Bank» oder «Bankier» sind allein oder in Wortverbindungen reserviert für Unternehmen, die von der Bankenkommission eine Bankbewilligung erhalten haben; sie dürfen von Unberechtigten weder in der Firma, in der Bezeichnung des Geschäftszweckes noch in der Werbung gebraucht werden[1278].

Selbstverständlich dürfen ausländisch beherrschte Banken keine Firma verwenden, die auf einen schweizerischen Charakter der Bank hinweist oder darauf schliessen lässt[1279]. Indessen kann von ihnen nicht einfach verlangt werden, dass sie ihr Ursprungsland in die Firma aufnehmen. Die eidgenössischen Räte haben denn auch davon abgesehen, von ausländisch beherrschten Banken die Verwendung einer Firma zu verlangen, die auf ihren ausländischen Charakter hinweist, und sich damit begnügt, die Verwendung von Hinweisen auf typische schweizerische Einrichtungen, Industrien oder Erzeugnisse zu verbieten, während die Benützung neutraler Fantasiebezeichnungen gestattet ist[1280].

3. Spargelder

Der Ausdruck «Sparen» darf nur von Banken benutzt werden, die öffentlich Rechnung ablegen[1281].

Die Bankenkommission hat in strikter Anwendung des Bankengesetzes stets den Standpunkt vertreten, der Ausdruck «sparen» dürfe nur von den hierzu berechtigten Banken verwendet werden. Die Benutzung dieses Ausdruckes

---

[1277] Art. 4^{quater} BankG (Fn 1275).
[1278] Art. 1 Abs. 4 BankG (Fn 1275).
[1279] Art. 3bis Abs. 1 lit. b BankG (Fn 1275).
[1280] BGE 98/1972 Ib 379: Econ Bank.
[1281] Art. 15 BankG (Fn 1275).

durch andere Vermögensverwaltungsinstitute, wie insbesondere durch Fondsleitungsgesellschaften, ist nicht gestattet. So sind insbesondere Ausdrücke wie «Investment-Sparpläne», «Aktiensparen» usw. im Zusammenhang mit Anlageplänen von Investmenttrusts unzulässig.

Selbstverständlich darf das Wort «sparen» in einem Zusammenhang, der eine Verwechslung mit Bankspareinlagen ausschliesst, verwendet werden. So darf es beispielsweise dann gebraucht werden, wenn keine Einlagen zu machen sind[1282] oder wenn die entgegennehmende Gesellschaft unzweifelhaft keine Bank ist[1283].

4. Anlagefonds

a) Begriff

Literautr: Jacques B. *Schuster,* (Altes) Anlagefondsgesetz, 2. Aufl. Zürich 1975; Kommentar zum Schweiz. Kapitalmarktrecht, Basel 1999.

Anlagefonds sind Vermögen, die aufgrund öffentlicher Werbung bei mehr als 20 Anlegern zwecks gemeinschaftlicher Kapitalanlage aufgebracht worden sind. Die Bezeichnungen «Anlagefonds» oder «Investmentfonds» sind reserviert für Vermögen, die dem Anlagefondsgesetz unterstehen[1284]. Auch ähnliche Bezeichnungen, z.B. Investmenttrust, dürfen für Vermögen, die keine Anlagefonds sind, nicht verwendet werden. Bereits die Bezeichnung «Fonds» ist nur den Sondervermögen vorbehalten, die alle Merkmale eines Anlagefonds erfüllen und dem Anlagefondsgesetz unterstehen[1285], während für andere Vermögen der Begriff Anlagefonds oder ähnliche Bezeichnungen nicht verwendet werden dürfen[1286].

Öffentliche Werbung ist für einen Anlagefonds wesenseigen. Nur auf diesem Wege lässt sich in der Regel ein gemeinschaftliches Kapital aufbringen, das nach dem Grundsatz der Risikoteilung von der Fondsleitung verwaltet werden kann[1287]. Unter öffentlicher Werbung versteht der Gesetzgeber ohne Rücksicht auf die Form jede Werbung, die sich nicht bloss an einen eng umschriebenen Kreis von Personen richtet; die bestehende Kundschaft eines

---

[1282] Z.B. Rabattsparmarken, Sparangebot.
[1283] Z.B. Sparversicherung.
[1284] Art. 5 Anlagefondsgesetz (AFG, SR 951.31).
[1285] BGE 93/1967 I 480: Mittelständischer Solidaritätsfonds.
[1286] Art. 5 AFG (Fn 1284).
[1287] Art. 2 Abs. 1 AFG (Fn 1284).

Unternehmens gilt nicht von vornherein als eng umschriebener Personenkreis[1288]. Öffentliche Fondswerbung liegt vor, wenn an einen unbegrenzten und jedenfalls 20 Adressaten übersteigenden Personenkreis[1289], namentlich auch unter Einbezug von Vermittlern oder Wiederverkäufern, appelliert wird. Werbung bei der eigenen Kundschaft gilt mindestens dann nicht als öffentlich, wenn sich diese Werbung ausschliesslich an Kunden richtet, die schon bisher hinsichtlich ihrer Vermögensanlage beraten wurden oder von denen gar ein Mandat zur Vermögensverwaltung besteht[1290]; Banken dürfen denn auch zur kollektiven Verwaltung von Vermögen ihrer Kunden Sondervermögen schaffen, die nicht dem Anlagefondsgesetz unterstehen, soweit sie hierfür nicht öffentlich werben[1291]. Öffentliche Werbung heisst auch in diesem Zusammenhang Werbung bei Nichtkunden[1292].

b) Name

Vor Aufnahme der Geschäftstätigkeit und damit auch vor Aufnahme der öffentlichen Werbung bedarf die Fondsleitung einer Bewilligung der Eidg. Bankenkommission[1293]. Diese hat auch das Fondsreglement zu genehmigen und dabei besonders zu beurteilen, ob der gewählte Name zu Täuschungen Anlass gibt[1294]. Der Name eines Fonds enthält ja oft Hinweise auf Ort (Japan, Pazifik) oder Art (Aktien, Immobilien) der Anlagen. Die Aufsichtsbehörde erwartet, dass wenigstens zwei Drittel der Anlagen die durch den Fondsnamen geweckten Erwartungen zu erfüllen haben. Ein Obligationenfonds soll keine wesentliche Anlagen in Aktien oder Liegenschaften pflegen, und ein Fonds für Wertschriften eines bestimmten Landes darf nur untergeordnete Anlagen in anderen Währungen tätigen; diese Beschränkungen müssen auch im Fondsreglement zum Ausdruck kommen.

Analog zur früheren firmenrechtlichen Praxis verbietet die Bankenkommission reklamehafte Ausdrücke im Namen eines Fonds[1295]. Sie schaut auch darauf, dass sich die Namen der in der Schweiz tätigen Anlagefonds deutlich voneinander unterscheiden, insbesondere wenn sie nicht unter der gleichen Leitung stehen. Dabei kommt den Kurznamen erhöhte Bedeutung zu, da sie

---

[1288] Art. 2 Abs. 2 AFG (Fn 1284).
[1289] Vgl. Botschaft des BR vom 14.12.1992, BBl 1993 I 217–319, S. 261.
[1290] AFG-Steiner, Art. 2 N. 37.
[1291] Art. 4 Abs. 1 und 2 AFG (Fn 1284).
[1292] AFG-Trippel, Art. 4 N 20.
[1293] Art. 10 Abs. 1 AFG (Fn 1284).
[1294] Art. 7 Abs. 4 AFG (Fn 1284).
[1295] Z.B. Bestinvest.

im mündlichen Verkehr, wie namentlich bei telephonischen Käufen, oft ausschliesslich gebraucht werden. So schlossen sich Romit und Romat-Invest schon nach altem Anlagefondsgesetz gegenseitig aus[1296].

Ausländische Anlagefonds müssen ebenfalls einen Namen tragen, der nicht zu Täuschung oder Verwechslung Anlass gibt[1297]. Auch hier wird die Bewilligung verweigert, wenn der Name des Anlagefonds zu Verwechslungen mit einem anderen Fonds oder zu Irreführungen, insbesondere über die Anlagen, Anlass geben kann. Unzulässig war daher nach altem Anlagefondsgesetz der Name Canagex-Actions neben Canasee[1298].

c) Mindestinhalt der Werbung

Die Fondsleitung muss in jeder Werbung für einen Anlagefonds auf den der Bankenkommission eingereichten Prospekt und dessen Bezugsstelle(n) hinweisen[1299]. Die Angaben in der Werbung haben selbstverständlich mit den Prospektangaben übereinzustimmen. Die gesetzlich vorgeschriebenen Publikationen betr. Reglementänderungen sowie der Ausgabe- und Rücknahmepreise stellen für sich allein jedoch noch keine Werbung dar[1300].

d) Warnklausel

Enthalten Anlagen von Fonds, die weder Effektenfonds noch Immobilienfonds sind, ein besonderes Risiko, das nicht mit demjenigen eines Effektenfonds zu vergleichen ist, so ist darauf in Verbindung mit dem Fondsnamen sowie im Prospekt und in der Werbung hinzuweisen; die Anteile solcher Fonds dürfen nur aufgrund eines schriftlichen Vertrags verkauft werden, in welchem auf das besondere Risiko hingewiesen wird[1301]. Ein solcher Hinweis wird Warnklausel genannt und bedarf in seinem exakten Wortlaut der Genehmigung der Bankenkommission. In der Werbung muss die Warnklausel stets in der Form verwendet werden, in der sie von der Bankenkommission genehmigt wurde[1302]. Die Warnklausel muss die Art der Anlage (z.B. in derivativen Finanzinstrumenten) und die damit verbundenen Risiken (z.B.

[1296] Schuster, Anlagefondsgesetz, S. 41.
[1297] Art. 45 Abs. 4 AFG (Fn 1284).
[1298] Schuster, Anlagefondsgesetz, S. 194.
[1299] Art. 50 Abs. 2 Satz 2 AFG (Fn 1284).
[1300] AFG-Weber, Art. 50 N. 49.
[1301] Art. 36 Abs. 6 AFG (Fn 1284).
[1302] Art. 45 Anlagefondsverordnung (AFV, SR 951.311).

Totalverlust der investierten Beträge) nennen sowie vom Anleger die Bereitschaft verlangen, diese besonderen Risiken zu akzeptieren.

5. Effektenhändler

a) Begriff

Die Bezeichnungen «Effektenhändler» oder «Investment broker» sind für Personen oder Gesellschaften reserviert, die von der Bankenkommission eine Bewilligung als Effektenhändler erhalten haben; sie dürfen von Unberechtigten weder in der Firma, in der Bezeichnung des Geschäftszweckes noch in der Werbung gebraucht werden[1303].

b) Freiwillige Werbeeinschränkungen

Standesgemäss enthalten sich die Effektenhändler der Verwendung von Ergebnissen einzelner oder fiktiver Dossiers für Werbezwecke. Zwar darf auf bisher erzielte Ergebnisse hingewiesen werden, aber nur, falls diese wirklich repräsentativ und zudem von einer unabhängigen und anerkannten Stelle überprüft worden sind.

6. Konsumkredite

a) Bedeutung

Konsumkredite können nicht nur Einfluss auf die Inflation haben, sondern sie verführen auch einzelne Konsumenten dazu, über ihre Verhältnisse zu leben. Das Parlament beschäftigte sich in den Achtzigerjahren in vielen Sessionen mit diesem Problem, konnte sich aber zu keiner Lösung durchringen. Erst unter dem Druck der Europäischen Gemeinschaft wurde dann im Jahre 1993 ein Gesetz über den Konsumkredit erlassen.

[1303] Art. 10 Abs. 7 Börsengesetz (BEHG, SR 954.1).

b) Begriff

Als Konsumkredite gelten Darlehen zwischen Kreditgebern und Privatleuten zwischen CHF 350 und CHF 40'000. Dem Gesetz unterstehen auch Geschäfte wie Leasing mit Drittfinanzierung oder Kreditkartenkonti[1304].

Obwohl der Bund das Recht über die Konsumkreditverträge abschliessend geregelt hat, dürfen die Kantone weiterhin öffentlich-rechtliche Bestimmungen gegen Missbräuche im Zinswesen aufstellen[1305] und insbesondere einen Höchstzins festlegen. Vom diesem Recht haben einige Kantone durch Abschluss eines Zinsenkonkordats Gebrauch gemacht[1306]. Dieses Konkordat ist freilich nur noch für die Kantone Bern, Zug, Freiburg, Schaffhausen, Wallis und Jura gültig; es sieht einen Höchstzins von 18% p.a. vor. Demgegenüber hat beispielsweise der Kanton Zürich den Höchstsatz für Konsumkredite auf 15% reduziert[1307].

c) Mindestanforderungen an die Werbung

Erstaunlicherweise enthält das Konsumkreditgesetz keine Vorschriften über die Werbung für Konsumkredite. Diese wurden vielmehr ins Gesetz gegen den unlauteren Wettbewerb eingefügt[1308]. Dies hat zur Folge, dass das Konsumkreditrecht zersplittert wird und die Werbebestimmungen nicht von Amtes wegen, sondern nur auf Antrag eines Konkurrenten oder eines geschädigten Kunden verfolgt werden können.

Öffentliche Ankündigungen über einen Konsumkredit müssen auf jeden Fall die Firma des Kreditgebers klar und eindeutig bezeichnen. Anonyme Werbung und Decknamen sind daher nicht gestattet.

Überdies verlangt das Gesetz, dass klare Angaben über den Nettobetrag des Kredits, die Gesamtkosten des Kredits und den effektiven Jahreszins gemacht werden müssen. Diese Begriffe und ihre Berechnung werden im Konsumkreditgesetz eingehend definiert[1309]. Da die Werbung nicht alle verschiedenen Kreditmöglichkeiten nach Kredithöhe und Laufzeit detailliert anführen kann, ist wenigstens ein aktuelles Zahlenbeispiel zu geben. Einzig bei der

---

[1304] Art. 6 BG über den Konsumkredit (KKG, SR 221.214.1).
[1305] Art. 73 Abs. 2 Obligationenrecht (OR, SR 220).
[1306] Interkantonales Konkordat vom 8.10.1957 über Massnahmen zur Bekämpfung von Missbräuchen im Zinswesen (SR 221.121).
[1307] § 213 Abs. 2 ZH EG ZGB vom 2.4.1911 (ZGS 232).
[1308] Art. 3 lit. l UWG.
[1309] Art. 4, 5, 16 und 17 KKG (Fn 1304).

sog. Erinnerungswerbung, die sich darauf beschränkt, die Existenz eines Kreditinstituts in Erinnerung zu rufen, kann auf Zahlenbeispiele verzichtet werden. Solche sind jedoch nötig, wenn die Werbung die Vorteile des Konsumkredites oder des Kreditgeschäftes im Allgemeinen anpreist[1310].

d) Zurückhaltende Werbung

Kreditinstitute und Konsumentenorganisationen legen Wert darauf, dass Konsumkredite nicht leichtfertig gewährt werden. Daher wurden Verbandsregelungen zum Schutze von Kreditnehmern ausgearbeitet, welche nicht nur die Verwendung irreführender Argumente untersagt, sondern auch Aussagen, die in der Öffentlichkeit Anstoss erregen oder missverstanden werden könnten[1311]. Diese Regelungen sind nicht nur auf Kreditgeber, sondern auch auf Kreditvermittler anwendbar.

Die Schweiz. Bankiervereinigung legt ihren Mitgliedern nahe, keine adressierte oder unadressierte Direktwerbung für Konsumkredite zu streuen; vorbehalten bleiben einzig Werbebriefe an bestehende oder ehemalige Kunden. Die Bankiervereinigung hält ihre Mitglieder auch an, die Zeitungs- und Zeitschriftenwerbung auf ein vernünftiges Mass zu reduzieren: In Tageszeitungen darf nur ein einziges Inserat in der Grösse einer Viertelseite pro Zeitung eingerückt werden, und es soll jedenfalls pro Woche mindestens ein inseratfreier Tag beobachtet werden; in Zeitschriften darf die maximale Grösse der Inserate eine 3/8-Seite nicht überschreiten. Auch werden Mitglieder verpflichtet, auf Werbespots für Konsumkredite in Radio und Fernsehen zu verzichten; keinerlei Einschränkungen werden für die Internetwerbung gefordert.

Irreführend wäre etwa die Verwendung von Begriffen wie «Sparkredite» oder «Sponsorkredite», da sie dem Kreditnehmer besonders vorteilhafte Konditionen suggerieren. Auch Formulierungen wie «Sie bestimmen die Höhe Ihrer Monatsrate selber» oder «Sie bestimmen die Höhe Ihres Kredites selber» fallen darunter, da diese Elemente im Wesentlichen vom Kreditgeber festgelegt werden.

Verpönt sind sodann Argumente, die ein unwirtschaftliches Verhalten anregen. Hierzu gehört etwa die Empfehlung von Krediten zur Schonung des Sparheftes oder zur Bezahlung von Steuern, sind doch Sparheftzinse und

---

[1310] BGE 120/1994 IV 287: Banque Procrédit u. Bank Finalba.
[1311] VSKF-Konvention über die Einschränkung der Werbung im Konsumkreditgeschäft vom 1.6.1990; Konvention der Schweiz. Bankiervereinigung über Werbebeschränkungen im Konsumkreditgeschäft vom 16.12.1993, in Kraft seit 1.1.1994.

Verzugszinse für Steuerschulden niedriger als die Zinse für Konsumkredite. Aber auch Angebote für Mehrfachkredite oder zur Kreditgewährung trotz bestehender Betreibungen oder anderer Ratenverpflichtungen sind anstössig.

Die Kreditnehmer sollen vor allem nicht in die Meinung versetzt werden, ihr Kreditantrag würde unbesehen angenommen und bedingungslos erteilt. Eine seriöse Abklärung der Kreditwürdigkeit bedarf einige Zeit. Daher sollen Ausdrücke wie «Expresskredit», «Bestellformular» oder dergleichen nicht verwendet werden, da solche Bezeichnungen den Eindruck vermitteln können, den Kreditgesuchen würde umgehend und ohne Bonitätsabklärungen entsprochen.

F. Gastwirtschaftsgewerbe

Literatur: Fritz *Leuch,* Der Bedürfnisnachweis im Wirtschaftsgewerbe nach den neuen Wirtschaftsartikeln, Diss. BE 1950; Hans *Nef*/Martin *Hunziker,* Wirtschaftsgewerbe (Handels- und Gewerbefreiheit VI), SJK 621, Genf 1973; Marcel *Mangisch,* Die Gastwirtschaftsgesetzgebung der Kantone im Verhältnis zur Handels- und Gewerbefreiheit, Diss. BE 1982.

1. Allgemeines

a) Bedeutung

Über die Bedeutung des Gastwirtschaftsgewerbes braucht nicht lange diskutiert zu werden. Dennoch ist es auffallend, dass die dafür geltenden Bestimmungen nicht in einem Erlass vereinigt, sondern auf eine Vielzahl von kantonalen und eidgenössischen Bestimmungen verteilt sind. Je nach Art der Regelung sind denn auch deren Sanktionen von Fall zu Fall verschieden, so dass darüber nichts Einheitliches gesagt werden kann.

b) Begriff

Zum Gastwirtschaftsgewerbe gehören alle Betriebe, die gewerbsmässig alkoholische oder alkoholfreie Getränke und Verpflegung zum Konsum an Ort und Stelle abgeben. Dazu zählen auch Hotels, wenn ihnen ein Wirtschaftsbetrieb angegliedert ist[1312], nicht aber Pensionen ohne öffentliche Verpflegungsmöglichkeit oder die Vermietung von Ferienwohnungen. Nicht als Gaststätten wird man jene offenen Verkaufsstellen betrachten können, die ohne Wirtspatent betrieben werden können[1313].

c) Bewilligungspflicht

Die Kantone dürfen bestehende Bedürfnisklauseln zur Sicherung der Existenz eines bestimmten Zweigs des Gastgewerbes noch bis zum Ende des Jahres 2009 beibehalten[1314]. Zudem kann die Bewirtung von Gästen, d.h. die Abgabe von Speisen und Getränken zum Genuss an Ort und Stelle auf dafür bereitgestellten Sitzplätzen, einer Polizeibewilligung unterstellt werden, wobei Gastwirtschafts- und Wirtspatente erteilt werden dürfen.

2. Werbung

a) Name

Die Kantone können verlangen, dass die Gastwirtschaftsbetriebe mit einem Aushängeschild zu versehen sind, dessen Kennzeichnung von der zuständigen Gemeindebehörde zu genehmigen ist. Diese darf überprüfen, ob der Name nicht irreführend ist (z.B. Restaurant für Konditorei) und ob er für die Polizei eindeutig ist. Gelegentlich wird daher verlangt, dass in der gleichen Gemeinde oder im gleichen Stadtkreis nicht mehrere Wirtschaften die gleiche Bezeichnung führen dürfen. Aus verwaltungsrechtlicher Sicht müssen freilich schon geringfügige Unterschiede genügen[1315].

b) Preisanschrift

Das Gastgewerbe muss die verlangten Preise in Form von gut lesbaren Speise- und Getränkekarten in genügender Zahl an einem leicht zugänglichen Ort auflegen und dem Gast auf Wunsch hin bringen; bei beschränktem Angebot

---

[1312] *Marti*, Wirtschaftsfreiheit, S. 162.
[1313] Z.B. Kioske, Verpflegungsautomaten usw.
[1314] Art. 196 Ziff. 7 BV: Übergangsbestimmung zu Art. 103 (Strukturpolitik).
[1315] Vgl. Altes Klösterli/Neues Klösterli, Vorderer Sternen/Hinterer Sternen, Waldhaus Dolder/Grand Hotel Dolder etc.

genügen auch gut sichtbare Wandanschläge[1316]. Sind die Menükarten bebildert, muss sich die Preisangabe auf den ganzen Bildinhalt beziehen: Ist ein Beefsteak mit Pommes frites abgebildet, soll sich der Preis auf beides beziehen.

Soweit das Angebot schon vor dem Eingang in Anschlagkästen bekannt gegeben wird, hat die Preisbekanntgabe analog zur Schaufensterwerbung schon dort zu erfolgen. Daneben ist aber auf alle Fälle auch der Preis im Inneren des Lokals bekannt zu geben. In sämtlichen Preisen muss heute das Bedienungsgeld inbegriffen sein oder als bezifferter Zuschlag bekannt gegeben werden[1317]. Ankündigungen wie «Trinkgeld inbegriffen» oder «Trinkgeld 15% zusätzlich» sind zulässig, nicht aber «Trinkgeld nicht inbegriffen» (ohne ziffernmässige Bezeichnung).

In gastgewerblichen Betrieben muss in Menükarten, Preislisten etc. für die meisten Getränke auch die Menge angegeben werden, auf die sich der Preis bezieht; dies gilt insbesondere für Spirituosen, Liköre, Aperitifs, Wein, Bier, Mineralwasser, Süssgetränke, Obst-, Frucht- und Gemüsesäfte sowie für kalte Milch und kalte Milchmischgetränke[1318]. Diese Pflicht sollte auch für warme Milch, Schokolade- und Malzgetränke gelten, ist doch auch bei diesen die Angabe der Menge gerade so erheblich wie bei den aufgezählten Fertiggetränken. Ausgenommen von der Pflicht zur Mengenangabe sind Mischungen mehrerer Fertiggetränke sowie mit Wasser angesetzte (Kaffee, Tee) oder mit Eis vermischte Getränke. Für Speisen, die in Gaststätten serviert oder zum Mitnehmen verkauft werden, ist keine Mengenangabe erforderlich[1319].

3. Vertrieb

a) Getränke

Fertiggetränke wie kalte Milch, Frucht- und Gemüsesäfte, Mineralwasser, Süssgetränke, Wein, Bier und Spirituosen dürfen nur in geeichten oder markierten und bis zum unteren Rand des Füllstrichs gefüllten Schankgefässen abgegeben werden, da dem Glas nicht bloss die Eigenschaft eines Trinkge-

---

[1316] Art. 11 Abs. 1 Preisbekanntgabeverordnung (PBV, SR 942.211).
[1317] Art. 12 Abs. 1 PBV (Fn 1316).
[1318] Art. 11 Abs. 3 PBV (Fn 1316).
[1319] Art. 9 Abs. 3 Deklarationsverordnung (SR 941.281).

fässes, sondern auch eines Messgerätes zukommt[1320]. Ausgenommen sind Mischungen mehrerer Fertiggetränke sowie mit Wasser angesetzte oder mit Eis vermischte Getränke. Bei temporären gastgewerblichen Betrieben (Festhütten) wird dieser Vorschrift zu Recht nicht nachgelebt, da hier die soziokulturelle Ambiance und nicht das Preis-/Leistungsverhältnis im Vordergrund steht.

Für geeichte Ausschankautomaten dürfen ungeeichte Einwegbecher benutzt werden[1321]. Ebenso brauchen Getränke, bei denen feste Stoffe in Wasser aufgebrüht werden, nicht in geeichten Gefässen serviert zu werden, da es dem Gast überlassen ist, ob er Suppe, Kaffee und Tee mit mehr oder weniger Wasser verdünnt geniessen will.

b) Öffnungszeiten

Aus Gründen der öffentlichen Gesundheit wie auch zum Schutze gegen übermässige Immissionen (Lärm) dürfen Wirtschaften nicht unbeschränkt offengehalten werden. Die Kantone pflegen gewöhnlich Rahmenöffnungszeiten oder zum Mindesten den Wirtschaftsschluss (Polizeistunde) festzusetzen; zusätzlich können die Gemeinden ermächtigt werden, die Schliessungszeiten noch weiter einzuschränken. Andererseits kann für besondere Anlässe von der Ortspolizeibehörde die Polizeistunde hinausgeschoben oder überhaupt aufgehoben (Freinacht) werden. Neben diesen allgemeinen Schliessungszeiten erlassen die Kantone zum Teil noch weitere Einschränkungen für den Verkauf gebrannter Wasser (so genanntes Morgenschnapsverbot).

c) Verkauf über die Gasse

Die kantonalen Patente können auch zum Klein- und Mittelverkauf alkoholhaltiger Getränke über die Gasse berechtigen. Jedenfalls dürfen in der Regel alkoholfreie Getränke und Speisen, die üblicherweise in Wirtschaften verkauft werden, auch über die Gasse abgegeben werden. Denn es macht für die gesundheitspolizeiliche Zulassung keinen Unterschied, ob jene Speisen, die üblicherweise in Wirtschaften zum Verkauf gelangen, zum Genuss an Ort und Stelle verabreicht oder zum Mitnehmen verkauft werden. Oft verkaufen aber Wirtschaften auch einzelne Lebensmittel, wie insbesondere Schokolade, Kaffeebohnen, Teebeutel, Cakes in Dosen usw. Der Handel mit solchen Ess-

---

[1320] Art. 9 Abs. 1 Deklarationsverordnung (SR 941.281), vgl. OGer ZH in SJZ 67/1971 258 Nr. 123: Trinkgefäss.
[1321] Art. 10 Abs. 2 Deklarationsverordnung (SR 941.281).

waren hat aus Gründen der Rechtsgleichheit die gleichen Vorschriften zu beobachten, welche auch auf Ladengeschäfte Anwendung finden, d.h. insbesondere die Bestimmungen der eidgenössischen und kantonalen Lebensmittelgesetzgebung über Verkaufsläden sowie die kantonalen Ruhetagsgesetze[1322]. Diese Letzteren sehen freilich für Kioske oft bestimmte Erleichterungen vor, von denen auch die Wirtschaften profitieren. So dürfen Esswaren zur Zwischenverpflegung, Früchte und alkoholfreie Getränke in der Regel auch an Sonntagen über die Gasse angeboten werden, nebst ähnlichen Waren, die im Ausflugsverkehr üblicherweise gekauft werden[1323].

d) Preisvorschriften

Die Behörden können zur Bekämpfung des Alkoholismus verlangen, dass alkoholführende Betriebe eine Auswahl von bis zu drei alkoholfreien Getränken billiger oder wenigstens nicht teurer als das billigste alkoholhaltige Getränk in der gleichen Menge anzubieten haben. Eine solche Vorschrift verfolgt sozialmedizinische Zwecke und verletzt den Grundsatz der Verhältnismässigkeit nicht[1324].

4. Warenunterschiebungen

a) Allgemeines

Unter Warenunterschiebung versteht man das Verkaufen von Waren und insbesondere Lebensmitteln unter falscher Bezeichnung, beispielsweise unter falscher Sachbezeichnung (der angebotene Café crème ist in Wirklichkeit nur ein Milchkaffee), unter falscher Herkunftsangabe (der bestellte Cognac entpuppt sich als hiesiger Branntwein) oder unter falscher Marke (das ausgeschenkte Coca Cola ist eigentlich Pepsi Cola). Bei der so genannten betrügerischen Warenunterschiebung kann ein unaufmerksamer Käufer kaum erkennen, dass er bezüglich der bestellten Ware getäuscht wird, weil er vom Verkäufer durch eine geschickte Tarnung der verkauften Produkte irregeführt wird. Die einfache oder offene Warenunterschiebung könnte der Besteller indessen ohne weiteres erkennen, doch nimmt er sie entweder aus Angst vor Umtrieben in Kauf oder sie entgeht ihm mangels Aufmerksamkeit überhaupt.

[1322] VerwGer ZH in ZBl 74/1973 118: Verkauf über die Gasse.
[1323] Vgl. z.B. § 6 ZH V zum G über die öffentlichen Ruhetage und über die Verkaufszeit im Detailhandel (ZGS 822.41).
[1324] BGE 109/1983 Ia 35: Preisparität BE, BGer in ZBl 88/1987 364: BS.

V. Vorschriften für einzelne Waren und Dienstleistungen

b) Betrügerische Warenunterschiebung

Gerade weil die betrügerische Warenunterschiebung vom Durchschnittskäufer nicht festgestellt werden kann, hat sich der Staat zur Aufgabe gemacht, zum Mindesten in der Lebensmittelbranche und im Gastgewerbe durch regelmässige Kontrollen für Ordnung zu sorgen. Die Lebensmittelgesetzgebung bezweckt ja nicht nur den Schutz des Konsumenten vor Gesundheitsschädigung, sondern auch vor Irreführung und Täuschung. Zwar wird kaum jemand auf den Gedanken kommen, Wein als Bier zu verkaufen, doch stellen die Behörden gelegentlich fest, dass Cressier statt des angebotenen Epesses, dass Hirschpfeffer statt Rehpfeffer[1325], dass in den bekannten «Maggi»-Flaschen die Würze eines anderen Herstellers[1326] oder dass in «Rémy Martin»-Flaschen ein billiger Cognac[1327] feilgehalten wird. Dem typischsten Fall der verdeckten Warenunterschiebung kommen die Inspektoren freilich kaum je auf die Spur; so wird es wohl meistens unbemerkt bleiben, wenn ein Gast ein bestimmtes Markengetränk, z.B. einen «Pernod» bestellt, im neutralen Glas jedoch ein anderes, markenloses Getränk vorgesetzt erhält[1328]. In der Regel wird der Verkäufer aus einer verdeckten Warenunterschiebung einen wirtschaftlichen Vorteil ziehen, ist doch das gelieferte Ersatzprodukt oft preisgünstiger als das bestellte; dies ist indessen keineswegs Voraussetzung. Eine Warenunterschiebung liegt z.B. auch dann vor, wenn ein Gast einfach «ein Bier» bestellt und er in einem «Feldschlösschen»-Glas auf entsprechendem Bierteller ein «Haldengut» erhält. Immerhin wird durch eine solche Täuschung die Bestellung des Gastes nicht falsch ausgeführt, hat doch dieser durch die blosse Nennung der Sachbezeichnung «ein Bier» zu erkennen gegeben, dass ihm die Biermarke einerlei sei.

Auf betrügerischer Warenunterschiebung beruhende Beanstandungen der Lebensmittelkontrolle sind recht selten. Es ist höchstens der offene Spirituosen-Ausschank am Buffet, der einzelne Gastwirte zu verlocken scheint, die Originalflaschen mit anderen, meist billigeren Getränken nachzufüllen. Derartige Praktiken werden indessen streng bestraft, da sie das Vertrauen in die Wahrhaftigkeit des Angebotes erschüttern. Allein schon die Lebensmittelgesetzgebung ahndet die Warenunterschiebung mit Haft bis zu drei Monaten oder mit Busse bis zu CHF 20'000[1329]. Doch ist zu bedenken, dass krasse Fälle der Warenunterschiebung auch als Betrug verfolgt werden können, der ja mit Zuchthaus bis zu fünf Jahren oder mit Gefängnis bestraft wird. Da-

---

[1325] BGE 99/1973 IV 83: Féchy.
[1326] BGE 56/1930 II 34: Maggi.
[1327] TribCant NE in Mitt.1975 111: Rémy Martin.
[1328] Vgl. CJ GE in Mitt.1953 93: Un Pernod.
[1329] Art. 48 Abs. 1 lit. h Lebensmittelgesetz (LMG, SR 817.0).

rüber hinaus kann die betrügerische Warenunterschiebung auch eine Verletzung des Markenrechtes des geschädigten Markeninhabers bilden, wird doch seine Marke nachgemacht, um ein fremdes Produkt zu decken[1330]. Markenverletzungen werden freilich nur auf Antrag des geschädigten Markeninhabers oder des geschädigten Käufers verfolgt. Dagegen werden Übertretungen der Lebensmittelgesetzgebung sowie der Betrug von Amtes wegen verfolgt; eine Bestrafung wegen dieser Delikte wird daher selbst dann erfolgen, wenn sowohl der geschädigte Markenartikelfabrikant als auch der getäuschte Gast ausdrücklich ihr Desinteresse an einer Bestrafung des Gastwirtes erklären. Wie Beispiele aus der Gerichtspraxis zeigen, muss auch mit einem Vorgehen des Markeninhabers gerechnet werden, steht doch für diesen der gesamte Goodwill seiner Marke auf dem Spiel, wenn unter ihr Waren von anderer Qualität verkauft werden, welche er nicht deckt und für welche er keine Gewähr übernehmen kann.

c) Offene Warenunterschiebung

Wesentlich häufiger als die betrügerische Warenunterschiebung ist die offene Warenunterschiebung, bei welcher dem Käufer statt des bestellten Markenproduktes ein anderes deutlich gekennzeichnetes Produkt vorgesetzt wird, ohne dass er speziell darauf aufmerksam gemacht worden wäre. Zwar pflegt der Schweizerische Wirteverein das Servieren von Ersatzprodukten ohne das ausdrückliche Einverständnis des Gastes immer wieder scharf zu verurteilen, doch geschieht es dennoch, dass statt des gewünschten «Schweppes» ein «Queen's» oder statt des gewünschten «Kaffee Hag» irgendein anderer koffeinfreier Kaffee aufgetischt wird. Solche Unterschiebungen geschehen meistens aus Unbekümmertheit. Das Bedienungspersonal ist, manchmal sogar durchaus zu Recht, der Ansicht, die substituierten Produkte seien ohnehin von ungefähr gleicher Qualität und der Gast werde daher den Unterschied gar nicht bemerken oder sich damit abfinden. Auf die fehlerhafte Ausführung der Bestellung aufmerksam gemacht, reagiert das Personal oft unwirsch, ist es doch der Auffassung, den Gast so gut als möglich bedient zu haben. Doch ist es nicht Sache des Bedienungspersonals oder des Gastwirtes, seine – vielleicht sogar besser begründete – Qualitätsvorstellung anstelle derjenigen des Gastes zu setzen. Der Konsument darf erwarten, dass er das vorgesetzt erhält, was er bestellt hat. Er weiss, warum er ein bestimmtes Markenprodukt und nicht einfach eine bestimmte Warengattung verlangt. Ob seine

---

[1330] Vgl. BGE 50/1924 II 200: Vin de Vial, 57/1931 II 445: Vichy; CJ GE in SJZ 32/1936 378 Nr. 283: Markenlikör; CJ GE in Mitt.1953 93: Un Pernod, TribCant NE in Mitt. 1975 111: Rémy Martin.

Bestellung auf einer begründeten Qualitätserwartung beruht oder auch nur die Folge einer übermässigen oder geschickten Reklame ist, ist nicht entscheidend. Denn in jedem Falle hiesse es, den Hersteller des bestellten Markenproduktes um die Früchte seiner Arbeit bringen, wollte man zulassen, dass entsprechende Bestellungen eigenmächtig abgeändert werden[1331].

Auch durch die offene Warenunterschiebung wird der Gast getäuscht. Er erwartet ein Produkt bestimmter Herkunft, meistens ein Getränk, erhält aber ein anderes. Da das Bedienungspersonal ohne Widerspruch, d.h. zustimmend, die betreffende Bestellung des Gastes angenommen hat, enthält die schweigende Ausführung der Bestellung die Bestätigung des Auftrags. Der Gast wird daher zu Recht erwarten dürfen, dass er die bestellte Marke erhält, und wird deshalb nicht kontrollieren, wie seine Bestellung im Einzelnen ausgeführt wird. Ist somit der durch die Haltung des Bedienungspersonals veranlasste Eindruck, es handle sich beim servierten Getränk um das bestellte, unrichtig, so wird der Gast über den wahren Sachverhalt irregeführt. Die Irreführung bezieht sich auch auf einen Umstand, der für den Kaufentschluss des Gastes wesentlich ist, wird dies doch durch die Bestellung eines ganz bestimmten Markengetränkes erkennbar. Aber selbst wenn der Gast im letzten Moment noch erkennt, dass ihm nicht das bestellte Getränk kredenzt wird, ist er immerhin das Opfer einer versuchten Irreführung geworden. Rechtlich gesehen macht es freilich keinen Unterschied, ob der Versuch gelungen oder misslungen ist, kommt es doch bei der Warenunterschiebung auf das Handeln des Bedienungspersonals und des Gastwirtes, nicht aber auf dasjenige des Gastes an.

Strafbar macht sich auch, wer fahrlässig falsche oder täuschende Angaben über Lebensmittel macht. Das stillschweigende Substituieren von echten Markenartikeln dürfte wohl aber meistens als besonders leichter Fall beurteilt werden, so dass auf Strafverfolgung oder Bestrafung verzichtet werden kann[1332]. Indessen begeht derjenige, der dem Kunden liefert, was dieser gar nicht wünschte, eine unlautere Beeinflussung, welche gegen die Grundsätze von Treu und Glauben verstösst. Selbst wenn der Gastwirt keinen direkten Gewinn hat, wird man ihm doch vorhalten, er erspare sich durch sein Vorgehen die Aufwendungen für ein grösseres Sortiment, mit dem er alle Wünsche der Gäste befriedigen könnte. Der Wirt und sein Personal machen sich daher durch ein solches Vorgehen des unlauteren Wettbewerbes schuldig. Wichtig ist dabei zu wissen, dass diese nicht nur vom getäuschten Gast, sondern auch vom geschädigten Markeninhaber zur Rechenschaft gezogen werden kön-

---

[1331] BGE 56/1930 II 34: Maggi.
[1332] Art. 48 Abs. 3 Lebensmittelgesetz (Fn 1329).

nen[1333]. Der Wirt müsste daher mit einer Unterlassungs- und Schadenersatzklage und bei vorsätzlichem Handeln sogar mit einer Strafklage rechnen. Dies wird indessen in der Regel unterbleiben, denn welcher Lebensmittelfabrikant will es schon mit den Wirten, seinen wichtigsten und besten Abnehmern, verderben?

d) Markenrechtliche Folgen

Durch die offenen Warenunterschiebungen werden die Fabrikanten nicht nur um die Vorteile gebracht, die ihnen infolge der Popularität ihrer Produkte zukommen, sondern es besteht auch die Gefahr, dass deren Marken, ein wertvoller Besitz jedes Unternehmens, sich langsam zu Sachbezeichnungen entwickeln und damit ins Gemeingut fallen. Denn wenn sich das Publikum daran gewöhnt, auf die Bestellung von «Henniez» irgendein Mineralwasser, auf die Bestellung von «Orangina» irgendein Süssgetränk mit Orangenaroma und auf die Bestellung von «Café Hag» irgendeinen koffeinfreien Kaffee vorgesetzt zu erhalten, wird es mit der Zeit diese Marken nicht mehr einer ganz bestimmten Herstellerfirma zuschreiben. Sobald aber die Marke nicht mehr auf eine bestimmte Betriebsherkunft verweist, hat sie jegliche Unterscheidungskraft verloren und ist für das entsprechende Unternehmen wertlos geworden. Diese Entwicklung vom Individualzeichen zur Sachbezeichnung haben in der Schweiz beispielsweise die ehemaligen Marken Antipyrin, Saccharin oder Vaseline durchgemacht. Noch häufiger ist sie bei den Herkunftsangaben: Frankfurterli wurden ursprünglich einzig in Frankfurt hergestellt und Berliner Pfannkuchen in Berlin gebacken, Emmentaler Käse nur im Emmental produziert, Wiener Café in Wien geröstet und Selterswasser in Selters gewonnen. Heute hat man die Beziehung der genannten Produkte zu ihrem früheren Herstellungsort weit gehend vergessen und nimmt kaum mehr Anstoss daran, wenn sie unter gleichem Namen an einem anderen Ort hergestellt werden. Die gleiche Gefahr besteht auch für Markenprodukte, wenn an deren Stelle andere, qualitätsgleiche Produkte verkauft werden.

Die Fabrikanten von Markenartikeln müssen daher darauf achten, dass ihre Getränkemarken vom Servierpersonal nicht als Sortenbezeichnungen verwendet werden. Diese Bemühungen werden leider oft missverstanden und als unnötige Schikane aufgefasst.

[1333] CJ GE in Mitt.1953 93: Un Pernod.

G. Hotellerie und Tourismus

1. Bedeutung

Es gibt verschiedene Vorschriften, die den Fremdenverkehr fördern und die Sicherheit und Zufriedenheit der Reisenden gewährleisten sollen. Ausdruck dieser Bestrebungen zur Erleichterung des Reiseverkehrs bildet beispielsweise das internationale Zusatzprotokoll betreffend Zollerleichterungen für die Einfuhr von Werbeschriften und Werbematerial für den Fremdenverkehr[1334].

Es gehört zum Ansehen des Fremdenverkehrs, dass Touristen nicht übervorteilt oder belästigt werden. Verschiedene Fremdenkurorte sehen daher in ihren Allgemeinen Polizeiverordnungen besondere Bestimmungen zum Schutze von Passanten vor. Namentlich können beispielsweise die kommerzielle Strassenwerbung (Ansprechen von Passanten) und der Strassenverkauf eingeschränkt oder untersagt werden[1335].

2. Preisangaben und Preisvorschriften

Bei der Beherbergung von Gästen ist der Übernachtungspreis am Empfang mündlich oder schriftlich, z.B. durch Schlüsselbüchlein, bekannt zu geben und in den Gästezimmern anzuschlagen. Die verschiedenen Preise für Haupt- und Nebensaison, Sommer- und Winteraufenthalt dürfen auf einem Formular vereinigt werden. Selbstverständlich ist jedoch der Hotelier frei, trotz des verbindlichen Preisanschlages im Zimmer einen niedrigeren Preis zu verrechnen, um Familienrabatte, Mehrtagesrabatte usw. zu berücksichtigen. Überhaupt ist darauf zu achten, dass die Preisbekanntgabepflicht nicht als Ausrede dafür verwendet wird, überall gleich hohe statt individuelle Preise zu verrechnen.

Die Festsetzung von Höchstpreisen widerspricht grundsätzlich der Wirtschaftsfreiheit, sind doch Marktteilnehmer in der Festsetzung ihrer Gewinne und Preise frei[1336]. Dieser Grundsatz kann von den Behörden höchstens dann

---

[1334] SR 0.631.250.211.
[1335] Vgl. z.B. Art. 22 Zch. V über die Benützung des öffentlichen Grundes zu Sonderzwecken vom 16.6.1972 (VBöGS); OGer ZH und BGer in ZR 29/1930 Nr. 57: Wanderfotograf; BGE 87/1961 I 274: Privatzimmer UR.
[1336] BGE 82/1956 IV 52: Bicyclette d'enfant.

durchbrochen werden, wenn die Gefahr einer Übervorteilung besonders gross ist. Dies kann der Fall sein, wenn sich die Leistungen einzelner Berufe hauptsächlich an Ortsfremde richten, die sich aus sprachlicher Unbeholfenheit oder aus Unkenntnis der tatsächlichen Verhältnisse nur beschränkt gegen übersetzte Preisforderungen wehren können. Aus diesem Grunde ist es erlaubt, Höchstpreise für Kutscher und Taxihalter festzusetzen[1337]. Viele Bergkantone kennen auch Tarifvorschriften für Berg- und Fremdenführer oder Skilehrer.

3. Erleichterte Vertriebsbedingungen

Der Inhaber von Betrieben, die den Bedürfnissen des Fremdenverkehrs dienen, darf seine Arbeitnehmer ohne behördliche Bewilligung zur Sonntagsarbeit und zu vorübergehender Nachtarbeit bis 22.30 Uhr heranziehen[1338]. Der Freizeitbedarf und das Shopping stellt indessen für sich allein noch keine Form des Fremdenverkehrs dar[1339].

4. Pauschalreisen

Literatur: Alessandro *Martinelli*, Die Haftung bei Pauschalreisen, Diss. BS 1997.

Das schweizerische Pauschalreisengesetz stellt eine hiesige, im Jahr 1993 im Eilverfahren verabschiedete Adaption der EG-Richtlinie über Pauschalreisen dar. Es findet Anwendung auf Reisen, die entweder länger als 24 Stunden dauern oder eine Übernachtung einschliessen, und die mindestens zwei Hauptleistungen aus einem koordinierten Paket umfassen; hierzu können etwa gehören Beförderung, Unterbringung, organisierte Führungen, Ausflüge, Unterrichtsstunden, Kurse oder auch die Bereitstellung eines Mietwagens. Der schweizerische Gesetzgeber stuft das Bundesgesetz über Pauschalreisen nicht als Ergänzungsgesetz zum Obligationenrecht ein, sondern als selbständigen Beitrag zum Konsumentenschutz[1340]. Die Vertragsbedingungen einer Pauschalreise sind vom Veranstalter vor Vertragsschluss entweder

---

[1337] BGE 79/1953 I 340: Autotaxis GE.
[1338] Art. 42–44 V II zum Arbeitsgesetz (SR 822.112) i.V.m. Art. 27 Abs. 2 lit. c Arbeitsgesetz (SR 822.11).
[1339] BGE 126/2000 II 109 E. 5: Foxtown Villeneuve.
[1340] Was sich beispielsweise an der verwendeten Terminologie, aber auch an der SR-Nummer ablesen lässt: BG über Pauschalreisen vom 18.6.1993, SR 944.3.

schriftlich mitzuteilen oder im Prospekt wiederzugeben und schriftlich zu bestätigen[1341].

Ähnlich wie bei Fernkursen lässt sich bei der Tourismuswerbung das Angebot im Einzelnen im Voraus nur unvollständig prüfen. Unterbringung und Verpflegung können erst an Ort und Stelle in Augenschein genommen werden, wenn es für einen Vertragsrücktritt zu spät ist. Während die internationalen Verhaltensregeln für die Werbepraxis verlangten, dass Werbung für Pauschalreisen so abgefasst sein soll, dass Enttäuschungen des Reisenden vermieden werden, so beschreitet das Bundesgesetz über Pauschalreisen einen neuen Weg: Es erklärt kurzerhand die vom Veranstalter der Reise veröffentlichten Prospekte mit allen darin enthaltenen Angaben als verbindlich[1342]. Damit wird die traditionelle Kluft zwischen Werbung und Vertrieb überbrückt, indem der Vertrieb schon mit der Werbung beginnt. Die Bestimmung signalisiert zwar, dass die Klagen der Touristen über schönfärberisch beschriebene Destinationen ernst genommen werden, doch gibt sie dem enttäuschten Konsumenten keine besonderen Klageansprüche beim Auseinanderklaffen zwischen Werbung und Tatsachen; sein Ferienfrust lässt sich damit nicht in Geld ummünzen[1343]. Andere Vorschriften über die Werbung für Pauschalreisen hat der Bund nicht erlassen; auffallend ist auch, dass das Bundesgesetz über Pauschalreisen explizit nur von Prospekten, nicht aber von Werbung schlechthin spricht. Damit bleiben beispielsweise Inserate in Tageszeitungen unverbindlich, obwohl sie meist aktueller sein könnten als Prospekte, die in der Regel lange Zeit im Voraus gedruckt werden müssen.

Immerhin darf Werbung, und ganz besonders auch Werbung für Pauschalreisen, nicht irreführen. Daher müssen nicht nur die verwendeten Abbildungen und Beschreibungen der Wahrheit entsprechen, sondern es sind zum Mindesten in den Reiseprospekten und den ausführlich gehaltenen Inseraten vollständige, nichts beschönigende Informationen zu geben. Inserate mit Preisangaben haben sich wegen der Bestimmungen über die Preisbekanntgabe nicht nur über den verantwortlichen Veranstalter, sondern auch über die Destination, die Art des Transports (Fluggesellschaft, Klasse, Linienflug/ Charter), die Art der Unterkunft (* – *****, EZ/DZ), die Verköstigung (ZF, HP, VP) und die weiteren Leistungen des Organisators auszusprechen[1344]. Bei Katalogangeboten soll sich der Interessent ein Bild machen können, mit was für zusätzlichen Ausgaben er noch zu rechnen hat. Er muss deshalb wis-

---

[1341] Art. 3 BG über Pauschalreisen, SR 944.3.
[1342] Art. 3 BG über Pauschalreisen, SR 944.3.
[1343] Vgl. HGer ZH in SMI 1988 246: Swiss Residence I, BGer in SMI 1990 193: Swiss Residence II.
[1344] Art. 14 PBV; vgl. BGE 113/1987 IV 36: Reiseangebote.

sen, ob Eintritte, Flughafen- und Transfergebühren, Getränke, Trinkgelder usw. im Gesamtpreis inbegriffen sind oder nicht. Schliesslich wären auch die Bedingungen für den Rücktritt, namentlich bei Unfall oder Krankheit, zu definieren. Von einer Reise, die unter dem Stichwort «Alles inbegriffen» angeboten wird, ist zu erwarten, dass ein Teilnehmer, ohne sich unzumutbare Enthaltsamkeit auferlegen zu müssen, kein zusätzliches Geld in die Hand nehmen muss. Unzumutbar wäre jedenfalls das Zurücklegen grösserer Distanzen zu Fuss und mit Gepäck, während Getränke nicht unbedingt zu einem Essen gehören, zum Mindesten dann nicht, wenn Trinkwasser zur Verfügung steht.

5. Organisierte Pilz-Reisen

Das Sammeln wildwachsender Pflanzen und das Fangen freilebender Tiere zu Erwerbszwecken bedürfen der Bewilligung der zuständigen kantonalen Behörde; diese kann auch das organisierte Sammeln oder Fangen sowie die Werbung dafür verbieten[1345]. Diese Regelung visiert insbesondere organisierte Fahrten in Pilzgebiete an, die deshalb schon bald übernutzt sind. Dank ihr können beispielsweise Bündner oder Tessiner Behörden organisierte Pilzreisen in ihren Wäldern verhindern; da solche Reisen jedoch in aller Regel in anderen Kantonen organisiert und beworben werden, wären diese Behörden machtlos, wenn ein Zürcher Carunternehmer in hiesigen Medien Reisen für Pilzfreunde in den Süden anbieten sollte.

6. Auswanderung

Für die Vermittlung von Arbeitsangeboten ins Ausland ist neben der kantonalen Bewilligung[1346] zusätzlich eine Betriebsbewilligung des Staatssekretariats für Wirtschaft (seco) notwendig. In das Bundesgesetz über die Arbeitsvermittlung und den Personalverleih wurde auch das Verbot irreführender Auswanderungspropaganda aus Artikel 24 des aufgehobenen Bundesgesetzes über den Geschäftsbetrieb von Auswanderungsagenturen übernommen. Irreführende Auswanderungspropaganda ist jede öffentliche Ankündigung oder Veranstaltung, die auswanderungswillige Erwerbstätige über die Ar-

---

[1345] Art. 19 BG über den Natur- und Heimatschutz (NHG, SR 451).
[1346] Art. 2 und 12 Arbeitsvermittlungsgesetz (AVG, SR 823.11), vgl. hinten, Kap. V.I, S. 360.

beits- und Lebensbedingungen in ausländischen Staaten irreführen kann[1347]. Übertretungen dieser Vorschrift werden mit einer Busse bis zu CHF 40'000 geahndet[1348], wobei der Richter nicht an diesen Höchstbetrag gebunden ist, wenn der Täter aus Gewinnsucht handelt[1349]. Zwar wird die Irreführung bereits in allgemeiner Form durch das Bundesgesetz gegen den unlauteren Wettbewerb geregelt[1350], doch wollte der Gesetzgeber auf diese spezielle Norm nicht verzichten, weil sie sich anscheinend wegen der Vermeidung von kostspieligen Repatriierungsaktionen bewährt hat[1351]; auch stellt die irreführende Auswanderungspropaganda im Gegensatz zum lauterkeitsrechtlichen Irreführungsverbot ein Offizialdelikt dar.

H. Spendenmarketing und Fundraising

Literatur: Thomas *Jäggi,* Spendensammlungen im schweizerischen Recht, Diss. FR 1981.

1. Bedeutung und Bewilligungspflicht

Viele gemeinnützige und wohltätige Institutionen sind auf ständige Zuwendungen des Publikums angewiesen und werben daher ununterbrochen für Spenden. Auch gibt es Unternehmen, wie namentlich Unterstützungsvereine, deren einziger Zweck darin besteht, für bestimmte Organisationen Geld zu beschaffen. Oft wird ihnen dabei von Profis eines relativ jungen Industriezweiges geholfen, der sich darauf spezialisiert hat, der Bevölkerung mit modernsten Kommunikationsmitteln reichliche Spenden zu entlocken. Beinahe täglich flattern heute Einzahlungsscheine für diese oder jene karitative Institution ins Haus, und schätzungsweise beträgt das gesamtschweizerische Spendenvolumen mindestens eine Milliarde Franken.

Aufrufe für Spenden, die auf dem Korrespondenzweg, mittels Inseraten oder gar via Fernsehen unter Bekanntgabe eines Postcheck- oder Bankkontos verbreitet werden, sind in der Schweiz grundsätzlich zulässig, aber in den

---

[1347] Art. 30 AVG (Fn 1346).
[1348] Art. 39 Abs. 2 lit. e AVG (Fn 1346).
[1349] Art. 106 Abs. 2 Strafgesetzbuch (StGB, SR 311.0).
[1350] Art. 3 lit. b UWG.
[1351] BBl 1985 III 626.

meisten Kantonen bewilligungspflichtig, unabhängig davon, ob reine Bettelbriefe, meistens unter Beilage eines Einzahlungsscheines, versandt werden oder ob dem Adressaten unbestellte Warensendungen (wie Karten, Etiketten, Bücher etc.) mit der Bitte zugestellt werden, diese durch Einzahlung eines bestimmten Betrages zu honorieren.

Anders verhält es sich unter Umständen mit Sammelaktionen, wie beispielsweise Strassensammlungen, Abzeichen- oder Markenverkäufen, Hauskollekten, Standaktionen, Bazaren oder Tombolas. Das Einsammeln von Spenden an der Haus- oder Wohnungstüre kann zwar weder als Hausieren noch als Handelsreisendentätigkeit betrachtet werden, da keine Handelswaren mitgeführt oder angeboten werden. Doch können Kantone und Gemeinden für Strassensammlungen und Spendenbesuche in ihren Allgemeinen Polizeiverordnungen einschränkende Vorschriften erlassen oder sie von einer Bewilligung der Polizeibehörde abhängig machen. Dagegen geht es wohl nicht an, die örtlichen Vereine in ihrer Sammeltätigkeit gegenüber auswärtigen Institutionen zu bevorzugen.

Da von Spendewilligen kaum geprüft werden kann, ob die sammelnden Organisationen wirklich seriös sind und der von ihnen betriebene Administrativaufwand in einem angemessenen Verhältnis zum Sammelergebnis steht, können gemeinnützige Institutionen, die sich sozialen, humanitären, kulturellen oder ökologischen Aufgaben widmen, ein Gesuch um Anerkennung durch die bereits im Jahre 1936 gegründete Zentralstelle für Wohlfahrtsunternehmen (ZEWO)[1352] stellen. Diese prüft die Gesuchsteller in Bezug auf Zweckerfüllung, Uneigennützigkeit, Jahresrechnung, Sammelergebnis und Information. Dabei wird Wert darauf gelegt, dass das leitende Organ in der Regel ehrenamtlich arbeitet, dass die Buchhaltung nach dem Bruttoprinzip geführt wird, dass die Jahresrechnung durch eine unabhängige, fachlich befähigte Revisionsstelle geprüft wird und dass Aufwand und Ertrag im Zusammenhang mit der Mittelbeschaffung in einem vertretbaren Rahmen stehen. Nach bestandener Prüfung wird ihnen das Gütesiegel der Zentralstelle verliehen und damit die Seriosität der Institution unterstrichen; sie sind von da an verpflichtet, auf allen ihren Spendenaufrufen und Spendenquittungen obligatorisch das Gütesiegel anzubringen. Darüber hinaus sind sie auch berechtigt, die Schutzmarke auf Einzahlungsscheinen, Werbemitteln, Waren und Geschäftspapieren zu verwenden. Zurzeit sind rund 300 Organisationen berechtigt, das Gütesiegel zu verwenden. Ein Missbrauch dieser Garantiemarke

---

[1352] Adresse: Zentralstelle für Wohlfahrtsunternehmen (ZEWO), Lägernstrasse 27, 8042 Zürich; URL-Adresse: <www.zewo.ch>.

durch Unberechtigte kann mit Gefängnis bis zu einem Jahr oder mit Busse bis zu CHF 100'000 bestraft werden[1353].

2. Sponsoring

Oft arbeiten gemeinnützige Werke mit Sponsoren zusammen, was durchaus zulässig ist. Neuerdings sind aber auch andere Formen der Zusammenarbeit auszumachen, wie etwa die Kooperation mit Telefonanbietern, Kreditkartenfirmen und Fotolabors, bei denen die Spende nicht direkt erfolgt, sondern erst durch den Erwerb eines Konsumguts ausgelöst wird. Dadurch wird unter Umständen der Sammlungsaufwand beträchtlich reduziert. Solche Aktionen sind gemäss ZEWO zulässig, wenn den Käufern die entsprechenden Zusammenhänge offen gelegt werden und der kommerzielle Partner dank den Spenden keine zusätzliche Gewinne erzielt. Auch dürfen aus Datenschutzgründen die Spenderadressen nicht missbraucht werden.

3. Schranken

a) Grundsätzliches

Das Widerrufsrecht bei Haustürgeschäften und ähnlichen Verträgen[1354] findet nur auf Angebote von beweglichen Sachen und Dienstleistungen Anwendung, nicht aber auf blosse Schenkungen. Auch sonst sind keinerlei eidgenössische Vorschriften auszumachen, welche sich mit den Randbedingungen des Spendenmarketings beschäftigen. Eine ganze Anzahl von Kantonen hat jedoch die Haus- und Strassensammlungen als bewilligungspflichtig erklärt; vorstellbar ist auch, dass einzelne Gemeinden zeitliche Einschränkungen verordnen oder ein bestimmtes Mindestalter für die Sammler vorschreiben.

Selbstverständlich untersteht jedoch die Sammeltätigkeit den allgemeinen Bestimmungen des Rechts; namentlich sind die Grundsätze der Wahrheit und Klarheit im Marktauftritt auch hier zu beachten. So ist es irreführend, wenn gemeinnützige Stiftungen ihre Aufsichtsbehörde herausstreichen, da jede Stiftung eine Aufsichtsbehörde haben muss[1355]. Auch ist es betrügerisch, wenn Spenden, die angeblich für eine bestimmte Organisation gesammelt

---

[1353] Art. 63 Markenschutzgesetz (MSchG, SR 232.11).
[1354] Art 40a ff. Obligationenrecht (OR, SR 220).
[1355] BGE 105/1979 II 73: Gemeinsam-Stiftung.

worden sind, nicht an diese weitergeleitet werden; dies kann unter Umständen sogar als gewerbsmässiger Betrug geahndet werden[1356].

b) ZEWO-Richtlinien für Haus- und Strassensammlungen

Die Zentralstelle für Wohlfahrtsunternehmen (ZEWO) hat Richtlinien für Haussammlungen und Sammlungen auf öffentlichem Grund erlassen[1357], die für Institutionen mit ZEWO-Gütesiegel verbindlich sind und für die übrigen gemeinnützige Organisationen, die Spenden sammeln, wenigstens empfehlenden Charakter haben. Sie können indessen heute weit gehend als Minimalstandard für lautere Sammelaktionen betrachtet werden. Sie finden zwar keine Anwendung auf Abzeichenverkäufe, da dabei in der Regel nur einige wenige Franken gespendet werden, wohl aber auf alle übrigen Haustürgeschäfte, wie Hauskollekten für einmalige und periodische Spenden (Patenschaften, Gönner), sowie auf persönliche Werbeaktionen für Gönnermitglieder oder andere Geschäfte, bei denen die Gönnerschaft im Vordergrund steht[1358]. Vor allem wird Wert darauf gelegt, dass Haussammlungen nur montags bis freitags von 9 bis 20 Uhr und samstags von 9 bis 16 Uhr, nicht aber an Sonn- und Feiertagen durchgeführt werden.

Zunächst hat der Sammler seinen Ausweis und eine allfällige Sammlungsbewilligung unaufgefordert vorzuweisen. Ist er Angestellter eines kommerziellen Unternehmens, das im Auftrag eines Spenden sammelnden Werkes arbeitet, so ist dieses Verhältnis offen zu legen, wobei der überwiegende Teil seines Lohnes nicht erfolgsabhängig sein darf: Das Werk muss Herr seiner Sammeltätigkeit bleiben. Auf Wunsch sind den Spendern Unterlagen über die sammelnde Organisation und den Zweck der Sammlung oder das zu unterstützende Projekt abzugeben; bei Mitgliederwerbungen sind auch die Statuten des werbenden Vereins und die Kopie des unterschriebenen Beitrittsformulars auszuhändigen, aus dem die Austrittsmodalitäten (namentlich Kündigungsfrist und Austrittstermin) entnommen werden können. Gibt die angesprochene Person zu erkennen, dass eine Spende für sie nicht in Frage kommt, so ist das Gespräch sofort abzubrechen.

[1356] BGE 107/1981 IV 173: Spendenaufruf zugunsten der Erdbebengeschädigten von El Asuan, Algerien.
[1357] Richtlinien für Haussammlungen vom Januar 2000, zu beziehen bei der ZEWO (vgl. Fn 1352).
[1358] Z.B. Mischformen zwischen Gönnerschaft und Verträgen mit Versicherungsleistung, wie etwa REGA-Mitgliedschaft, Gönnervereinigung der Schweizer Paraplegiker-Stiftung etc.

Früher war es üblich, dass sich Spender samt dem von ihnen gespendeten Betrag in eine offene Liste einzutragen hatten, die Bekannte und Nachbarn animieren sollte, ebenfalls eine Spende in ähnlicher Höhe zu erbringen. Bewusst wurden an die Spitze solcher Spenderlisten grosszügige Spender gesetzt, gelegentlich sogar auch fiktive Personen. Heute sind solche Listen, nicht zuletzt auch aus datenschutzrechtlichen Gründen, nicht mehr zulässig. Aus den gleichen Gründen muss der Spender sein ausdrückliches Einverständnis dazu geben, dass seine Adresse in eine Gönnerkartei der sammelnden Institution aufgenommen wird[1359].

In Analogie zum Widerrufsrecht bei Haustürgeschäften verlangt die ZEWO, dass auch bei Kontakten, bei denen mit einer Gönnerschaft kombinierte Verträge im Gesamtbetrag von über CHF 100 abgeschlossen werden, schriftlich ein Widerrufsrecht während sieben Tagen gewährt wird; ein solches soll auch den an der Haustüre oder auf öffentlichem Grund angeworbenen Neumitgliedern eines gemeinnützigen Vereins mit Jahresbeiträgen von über CHF 100 eingeräumt werden. Nicht zuletzt auch zum Schutz der Sammler wird sogar empfohlen, Spenden über CHF 100 gar nicht erst in bar entgegen zu nehmen, sondern hierfür einen Einzahlungsschein abzugeben. Wird gar um Spenden mittels Lastschriftverfahren geworben, so darf kein rechtsverbindlicher Abschluss getätigt werden, sondern es sollen lediglich Unterlagen zum Studium und zur späteren Einsendung an die beauftragte Bank übergeben werden.

c) Schweizer Sammlungskalender

Zum Zwecke der zeitlichen Koordination der allgemeinen Sammelaktionen stellt die ZEWO einen schweizerischen Sammlungskalender auf, in welchem den grossen nationalen Institutionen (gegenwärtig ca. 45) eine bestimmte Sammelzeit zugeteilt wird. Voraussetzung für die Aufnahme in den Sammlungskalender ist die Einhaltung der ZEWO-Standards. Jede der grossen gemeinnützigen Organisationen darf je Kalenderjahr nur eine einzige öffentliche Sammlung durchführen; Unterorganisationen oder Sektionen eines gesamtschweizerischen Vereins dürfen daneben in ihrem regionalen Bereich einzeln pro Jahr eine weitere Sammlung durchführen. Keiner solchen Begrenzung unterstellt sind Sammlungen in Katastrophenfällen in der Schweiz oder im Ausland, Naturalsammlungen wie Altpapier- oder Alttextilsammlungen sowie örtlich beschränkte Haus- und Strassensammlungen, Standaktionen, Bazare, Tombolas etc. Auch dürfen Sammlungen gemeinnütziger Institutionen, die sich ausschliesslich an Mitglieder, Paten oder frühere Gön-

---

[1359] Art. 4 Abs. 3 Datenschutzgesetz (DSG, SR 235.1).

ner richten, jederzeit durchgeführt werden; dabei ist darauf zu achten, dass nur solche Personen angeschrieben werden, die wenigstens in einem der letzten vier vorangehenden Jahre der betreffenden Organisation einen Betrag gespendet haben. Nicht als Sammlung gilt dagegen Werbung, Information oder Öffentlichkeitsarbeit sowie die Gewinnung freiwilliger Helfer.

I. Personalanwerbung und Personalabwerbung

Literatur: Monika *Roth,* Integrität und Fairplay im Private Banking, Zürich 2000; Markus *Frick,* Abwerbung von Personal und Kunden, Zürich 2000.

1. Bedeutung und Bewilligungspflicht

Personalinserate nehmen traditionsgemäss einen beachtlichen Anteil des Inseratenteils einer Zeitung in Anspruch. Je nach der Lage des Arbeitsmarktes finden sich darin nicht nur Stellenangebote und Inserate von Stellensuchenden, sondern auch solche von Vermittlern.

Die regelmässige und entgeltliche Arbeitsvermittlung und der gewerbsmässige Personalverleih bedürfen einer Betriebsbewilligung des kantonalen Arbeitsamtes[1360]. Der Vermittler muss in seiner Werbung für Stellensuchende (Inserate, Radio-Spots etc.) seinen Namen und seine genaue Adresse angeben; die in der Ankündigung gemachten Angaben müssen zudem den tatsächlichen Verhältnissen entsprechen[1361]. Die Verpflichtung der Personalvermittler zu wahrheitsgemässen Angaben bringt freilich keine Besonderheit, da die irreführende Werbung bereits in allgemeiner Form durch das Bundesgesetz gegen den unlauteren Wettbewerb geregelt wird, und der Gesetzgeber die täuschende Werbung im Arbeitsvermittlungsgesetz nicht als Offizialdelikt unter Strafe gestellt hat.

[1360] Art. 2 und 12 AVG (Fn 1346).
[1361] Art. 7 Abs. 1 und 18 Abs. 1 AVG (Fn 1346).

2. Abwerbung von Personal

Unter Personalabwerbung versteht man die Einflussnahme auf einen vertraglich gebundenen Arbeitnehmer in der Absicht, diesen zur Beendigung seines bestehenden Arbeitsvertrages und zum Abschluss eines neuen Vertrages mit dem Abwerbenden oder einem diesem nahe stehenden Dritten zu veranlassen. Sie umfasst nicht nur die Verleitung zum Vertragsbruch und die Ausnützung desselben, sondern auch die Anstiftung zur ordnungsgemässen Vertragsauflösung.

Es gibt keine direkten gesetzlichen Bestimmungen über die Lauterkeit der Personalabwerbung. Während die Verleitung zum Verrat von Geschäftsgeheimnissen und anderem pflichtwidrigen Verhalten auch gegenüber Arbeitnehmern erfolgen kann, findet die im Gesetz gegen den unlauteren Wettbewerb verpönte Verleitung zum Vertragsbruch und zur anschliessenden Ausnützung dieses Vertragsbruchs[1362] nur auf Abnehmer und damit auf die Kundenabwerbung Anwendung. Personalabwerbung fällt daher in der Regel höchstens unter die Generalklausel, und auch nur dann, wenn besondere Umstände hinzutreten.

Überbordende und unverhältnismässige Personalanwerbemethoden können gar zu einem inflatorischen Anstieg des Lohnniveaus führen und damit volkswirtschaftlich unerwünscht sein[1363]. Die Arbeitgeber neigen naturgemäss dazu, jede Art von Abwerbung als Störung des eigenen Betriebes zu betrachten, weshalb die Arbeitgeberorganisationen das Anwerben von fremden Arbeitnehmern, die sich bei anderen Firmen in ungekündigter Stellung befinden, kurzerhand in gemeinsamen Grundsätzen als unzulässig deklariert haben[1364]. Diese Grundsätze sind von den Arbeitgebern auch Dritten (Werbeberater, Personalvermittlungsagenturen, Personalberater, Mitarbeiter usw.) zu überbinden.

Die Praxis ist bis heute aber bedeutend zurückhaltender als die Wunschvorstellungen der Arbeitgeber und erachtet die vereinzelte Abwerbung von Personal der Konkurrenz nicht als unlauter[1365]. Die Schwelle der Lauterkeit wird jedoch überschritten, wenn die Abwerbung systematisch zum Zwecke der

---

[1362] Art. 4 lit. a UWG.
[1363] BGE 73/1947 II 76: Coiffeurmeister.
[1364] Grundsätze für Anwerbung und Anstellung von Arbeitnehmern und Lehrlingen vom November 1989, zu beziehen beim Schweiz. Arbeitgeberverband, Hegibachstr. 47, Postfach, 8032 Zürich, oder beim Schweiz. Gewerbeverband, Schwarztorstr. 26, 3007 Bern.
[1365] Vgl. etwa OGer LU in sic! 2000 222: Vertragsbruch, mit Anmerkung von *Frick*.

Behinderung oder gar Lahmlegung der Konkurrenz erfolgt oder falls der Abwerbende den Bruch des Arbeitsvertrages vom Abzuwerbenden oder eine Verletzung von dessen Konkurrenzverbot in Kauf nimmt[1366]. Auch andere Begleitumstände können eine Abwerbung als unlauter erscheinen lassen, so etwa, wenn der Abzuwerbende eingeladen wird, einzelne Unterlagen oder gar Geschäftsgeheimnisse des früheren Arbeitgebers mitzunehmen und sie dem neuen zur Verfügung zu stellen.

[1366] AppGer BS in BJM 1965 191: Verletzung Konkurrenzverbot.

VI. Vorschriften für einzelne Personenkategorien von Werbenden

A. Grundsatz

An und für sich kommt es nicht darauf an, wer Werbung betreibt, sind doch deren Auswirkungen immer die gleichen. Ob Werbung von einem Privaten oder dessen Werbebeauftragten ausgeht oder ob sie vom Staat betrieben wird, sie wird sich dem Adressaten immer ähnlich präsentieren. Vorschriften, die sich auf die Person des Werbenden beziehen, bilden daher die Ausnahme.

Auch in der Schweiz gibt es verschiedene Regelungen, welche die Werbung der freien Berufe beschränken. Nach der Rechtsprechung des Gerichtshofs für Menschenrechte verstossen Werbeverbote für freie Berufe gegen die Freiheit der Meinungsäusserung[1367]. Solche Verbote beziehen sich aber in erster Linie auf die von diesen wissenschaftlichen Berufsarten angebotenen Dienstleistungen, für welche die Erbringer häufig ein staatliches Monopol besitzen. Solange sich dieses mit der ausgeübten Tätigkeit deckt, wie das beispielsweise bei den Ärzten und Tierärzten der Fall ist, sind dies weniger Einschränkungen für bestimmte Personen, sondern weit eher solche für eine bestimmte Branche. Mediziner sind denn auch frei, Werbung wie andere Personen zu betreiben, sobald es nicht um die Werbung für die von ihnen angebotenen ärztlichen Dienstleistungen geht. So unterstehen sie beispielsweise bei Miet- und Stelleninseraten keinen besonderen Einschränkungen. Anders liegen die Verhältnisse, wenn das staatliche Dienstleistungsmonopol nur einen kleinen Teil der jeweiligen beruflichen Tätigkeit abdeckt: In solchen Fällen können sich Werbebeschränkungen als persönliche Einengungen der Werbefreiheit auswirken[1368].

In diesem Zusammenhang verdient vermerkt zu werden, dass an Werbung, die von einem professionellen Werbeberater ausgeht, keine anderen Massstäbe angelegt werden als an Werbung, die ein Unternehmen für sich selbst kreiert. Immerhin wird man den anerkannten Werbeberatern eine erhöhte Verantwortung bei der Gestaltung ihrer Werbung zusprechen in der Überlegung, dass diese in erster Linie die Zulässigkeit ihrer Arbeit beurteilen kön-

---

[1367] Urteil des Europäischen Gerichtshofes für Menschenrechte vom 25.3.1985 (Serie A Nr. 90), EuGRZ 1985 170: Tierarzt Dr. Barthold.
[1368] Vgl. hinten, Einschränkungen für Rechtsanwälte, S. 366.

nen sollten und dass die Lauterkeit der Werbung im Interesse aller Werbenden liege. Die Schweizerische Lauterkeitskommission begnügt sich denn auch nicht damit, unlautere Werbepraktiken bei den entsprechenden Werbeauftraggebern zu rügen, sondern sie macht ihren Einfluss auch bei den Werbeberatern und Werbemedien, insbesondere bei den Zeitungsverlegern, geltend, um unfaire Werbung zu verhindern. Folgerichtig werden von ihr alle Personen des unlauteren Wettbewerbes bezichtigt, die einem Werbenden bei der Verbreitung der beanstandeten Werbung trotz Kenntnis der Empfehlung der Kommission helfen.

B. Die Identität des Werbenden

Der Werbende darf in der Regel anonym bleiben und sich erst bei Abschluss des durch die Werbung angebahnten Geschäftes zu erkennen geben. Ausnahmen mögen gerechtfertigt sein, wenn sich eine behördliche Abklärung aufdrängt, ob die in der Werbung angepriesenen Leistungen mit den wirklich angebotenen übereinstimmen oder ob der Werbende überhaupt im Besitze der allenfalls notwendigen Vertriebsbewilligung ist. Doch sollten alle Marktteilnehmer gleich behandelt werden. So ginge es beispielsweise nicht an, wenn nur von Tanzlehrern, nicht aber von Massageinstituten verlangt würde, dass sie in der Werbung mit vollem Namen zu zeichnen hätten.

Indessen soll schon aus der Werbung ersichtlich sein, ob es sich beim Werbenden um einen Geschäftsmann oder einen Privaten handelt. Es wäre täuschend, wenn sich ein Kaufmann als Privatmann ausgeben würde, da bei Käufen von diesen viel mehr die Erwartung einer günstigen Gelegenheit mitschwingt[1369].

Besonders bei Abstimmungs- und Wahlinseraten ist darauf zu achten, dass keine Verwechslungen zwischen amtlichen Aufrufen, wie sie etwa auch im Zusammenhang mit gedruckten Wahlzetteln erfolgen können, und privaten Komitees möglich werden. Politische Propaganda ist daher so zu gestalten, dass sie nach Aufmachung und Unterschrift als solche erkannt wird.

[1369] BGE 84/1958 IV 43: Aussteuer aus Privathand.

C. Einschränkungen für Ausländer

Literatur: Max Bernhard *Marti,* Die Handels- und Gewerbefreiheit der Ausländer in der Schweiz, Diss. BE 1963; François *Dessemontet,* Le nom commercial des entreprises étrangères en Suisse, in «Les étrangers en Suisse», Recueil de travaux, Lausanne 1982, S. 171–198.

Da sich Ausländer bis anhin nicht auf die Handels- und Gewerbefreiheit berufen konnten, wurde für jene Vertriebsarten, die ein Patent benötigen, in der Regel das schweizerische Bürgerrecht oder wenigstens der Besitz einer Niederlassungs- oder Aufenthaltsbewilligung verlangt. So macht die gegenwärtige Gesetzgebung über Handelsreisende die Abgabe von Ausweiskarten an ausländische Reisende noch ausdrücklich von der Einräumung des Gegenrechtes oder vom Bestehen staatsvertraglicher Verpflichtungen abhängig[1370]. Auch kantonale Hausierpatente dürfen an analoge Voraussetzungen geknüpft werden.

D. Einschränkungen für Wehrmänner

Auch die Angehörigen der Armee geniessen während ihres Dienstes das Recht auf freie Meinungsäusserung. Entsprechend dürfen sie ihre Stellungnahmen zu politischen Fragen bekannt geben, soweit dadurch nicht die Erfüllung der militärischen Aufträge, der Gehorsam gegenüber den Vorgesetzten, die Disziplin, der Zusammenhalt der Truppe und der geordnete Dienstbetrieb beeinträchtigt wird. Aus Gründen des Ansehens unserer Armee ist es dagegen Militärpersonen nicht gestattet, politisches Propagandamaterial zu verteilen. Dieses Verbot gilt auch für den Urlaub, soweit Uniform getragen wird, da gerade hier die unrichtige Meinung aufkommen könnte, die Armee unterstütze gewisse politische Strömungen. In Uniform dürfen denn auch weder politische Versammlungen, Kundgebungen oder Propaganda irgendwelcher Art organisiert oder besucht noch Unterschriften für Wahlvorschläge, Volksinitiativen, Referenden und Petitionen gesammelt werden. Einzig an politischen Veranstaltungen, die von Behörden durchgeführt werden, darf die Uniform getragen werden[1371].

[1370] Art. 5 BG über die Handelsreisenden (SR 943.1).
[1371] Art. 96 Dienstreglement der Schweizerischen Armee (DR 95; SR 510.107.0).

E. Einschränkungen für Rechtsanwälte

Literatur: Werner *Dubach,* Das Disziplinarrecht der freien Berufe ZSR 70/1951 II 1a–135a, insb. S. 59a ff.; Alice *Wegmann,* Der Begriff der aufdringlichen Reklame nach zürcherischem Anwaltsrecht, SJZ 53/1957 305–306; Urs *Baumgartner,* Werbeverbot für Anwälte in den USA und in der Schweiz, SJZ 76/1980 357–367; Max P. *Oesch,* Gerichtspraxis zur Frage von Werbung durch Anwälte, Der Schweizer Anwalt 131/1991 19–21; Christof *Bernhart,* Die Werbeschränkung für wissenschaftliche Berufsarten als Problem der Grundrechte, Diss. BE 1992; *derselbe,* Werbung der Rechtsanwälte – Ansätze für verfassungsrechtliche Neubewertung, Plädoyer 1/1993 32–40; Karl-Franz *Späh,* Aus der neueren Rechtsprechung der Aufsichtskommission über die Rechtsanwälte, SJZ 91/1995 397–406; Pierre *Tercier,* Anwälte und Wettbewerb, Der Schweizer Anwalt 161/1996 3–17; Michael *Pfeifer,* Der Rechtsanwalt in der heutigen Gesellschaft, ZSR 115/1996 II 253–393, insb. 343–351; Ludwig A. *Minelli,* Das «Reklameverbot» für Anwälte im Kanton Zürich, Der Schweizer Anwalt 168/1997 20–39; Walter *Fellmann,* Recht der Anwaltswerbung im Wandel, AJP 1998 175–182; Mirko *Roš,* Anwalt und Werbung – Ein Tabu im Wandel der Zeit, in: Schweiz. Anwaltsrecht, Bern 1998, S. 307–325; Maja *Stutzer,* Der Anwalt zwischen Werbung und Würde, in: Anwaltswerbung und -Marketing, Köln/Zürich 1999, S. 79–102.

1. Allgemeines

Die Werbeeinschränkungen, denen die Rechtsanwälte unterstehen, treffen nicht die ganze Branche. Banken, Wirtschaftsprüfer und Revisionsgesellschaften dürfen für die Dienstleistungen ihrer Rechtsabteilungen unbeschränkt werben, während das Gleiche den Rechtsanwälten untersagt ist. Entsprechend können sich Banken für Beratungen in Erbschaftsfragen anpreisen, Treuhänder zur Aufteilung einer Liegenschaft in Stockwerkeigentum und Revisionsgesellschaften zur Gründung und Organisation neuer Aktiengesellschaften. Diese ungleich langen Spiesse benachteiligen vor allem jene Rechtsanwälte, die vom Prozessführungsmonopol allein nicht leben können oder nicht leben wollen.

Etwas salopp ausgedrückt, war die Stellung der Rechtsanwälte in Werbefragen lange Zeit mit derjenigen der Prostituierten vergleichbar. Beide betrieben ein durchaus legales Gewerbe, durften jedoch hierfür praktisch keine Werbung betreiben. Während jedoch die Werbung für Unzucht mit der Revision des Sexualstrafrechts zulässig geworden ist, scheint die Zeit für eine Liberalisierung des Werberechts für Anwälte noch nicht reif zu sein.

Anwälten wird im Allgemeinen jede aufdringliche Werbung (toute publicité excessive) von Gesetzes oder Standesrechts wegen verboten. In diesem Verbot ist wenigstens der Grundsatz vorhanden, dass nicht aufdringliche Werbung gestattet sein soll und dass einzig lästige Reklame zu unterlassen sei[1372]. Die Praxis der Aufsichtsbehörden und Gerichte geht jedoch dahin, den Begriff der aufdringlichen Empfehlung zu strapazieren und den Anwälten jede Selbstdarstellung zu verwehren. Dies soll dem Schutz von Treu und Glauben im Geschäftsverkehr sowie der Erhaltung von Vertrauenswürdigkeit und Unabhängigkeit des Anwaltsstandes dienen[1373]. Diese Argumentation basiert freilich auf Wertvorstellungen des letzten Jahrhunderts und würde, wenn überhaupt, auf die ganze Branche der Rechtsberatung und nicht bloss auf die Rechtsanwälte zutreffen.

2. Einschränkungen

a) Printwerbung

Das Bundesgericht pflegt die kantonalen Einschränkungen der Anwaltswerbung in erster Linie unter dem Blickwinkel der Erwerbsfreiheit und nicht unter demjenigen der Meinungsfreiheit zu beurteilen[1374]; diese und die Praxis des Europäischen Gerichtshofes für Menschenrechte sollen keine weiterführenden Gesichtspunkte enthalten[1375]. Diese Einschätzung lässt unberücksichtigt, dass die Erwerbsfreiheit in erster Linie die Marktteilnehmer vor Eingriffen des Staates schützt und nur indirekt der Schaffung von Konkurrenz dient, während die Meinungs- und Informationsfreiheit vorab der Allgemeinheit dient, die ihre Entscheidungen nur im Kontext umfassender Information aus einer Vielzahl von Quellen treffen kann.

Das Bundesgericht lehnt zwar ein striktes Werbeverbot für Anwälte ab, erachtet es aber andererseits unter dem Blickwinkel der Erwerbsfreiheit als zulässig, die anwaltliche Werbetätigkeit besonderen Schranken zu unterwerfen[1376]. Viele Kantone verbieten jegliche Empfehlungen durch Rechtsanwälte und meinen damit jedes Werbeinserat, das nicht anlässlich eines besonderen

---

[1372] Gleicher Meinung *Minelli,* Der Schweizer Anwalt 168/1997 26.
[1373] BGE 125/1999 I 426: Spezialist der Lex Friedrich.
[1374] BGE 123/1997 I 16: The largest Swiss law firm; 125/1999 I 425: Spezialist der Lex F.
[1375] Art. 10 Europ. Menschenrechtskonvention (EMRK, SR 0.101); Art. 16 BV; Urteil des Europäischen Gerichtshofes für Menschenrechte vom 24.2.1994 (Serie A Nr. 285-A); BGE 123/1997 I 18: The largest Swiss law firm.
[1376] BGE 67/1941 I 87 E.3: Anwalt GE, 68/1942 I 14 E.1 und 68 E.1: Anwälte ZH, 87/1961 I 265 E.2, 123/1997 I 16 E.2c.aa: The largest Swiss law firm.

Anlasses wie Eröffnung oder Verlegung der Praxis und Änderungen in der Bürogemeinschaft veröffentlicht wird. Andere Inserate sind zurzeit tabu. Auch Interviews in Zeitungen und Zeitschriften, in denen die eigenen Vorzüge herausgestrichen werden, werden zurzeit noch gerne beanstandet; solche Interviews haben gemäss aktueller Praxis auf reklamehaftes Sich-Herausstellen des Interviewten gegenüber Berufskollegen zu verzichten und müssen zudem von hohem Informationsgehalt sein; verständlich ist einzig, dass sie keine unrichtigen Erwartungen wecken und nicht sensationell wirken dürfen[1377].

Immerhin sind von Anwälten verfasste Zeitschriften- und Zeitungsartikel, in denen zu aktuellen Rechtsfragen Stellung genommen wird, neuerdings zulässig, selbst wenn sie mit dem Hinweis auf den Beruf des Verfassers und dessen Foto versehen sind. Massgebend bleibt allerdings, dass die Werbewirkung gegenüber der sachlichen Information nicht überwiegen soll[1378]. Ebenso dürfen sich Kanzleien mit Broschüren einem grösseren Klientenkreis vorstellen und diese in der eigenen Kanzlei auflegen oder einzelnen Interessenten zustellen; unzulässig ist jedoch die ungezielte Streuung solcher Informationsbroschüren. Entsprechend dürfen nunmehr Newsletters und andere periodischen Zirkulare nicht nur von Wirtschaftsprüfern und Treuhandgesellschaften, sondern auch von Anwälten versandt werden.

Doch werden auch Werbebroschüren mit Akribie daraufhin geprüft, ob sie keine aufdringliche Empfehlung enthalten. Zwar ist plausibel, dass auch solche Broschüren keine übertriebenen oder gar falschen Behauptungen enthalten dürfen[1379]. Zu weit geht jedoch die Meinung, schon jede Selbstbewertung und Anpreisung in einer Werbebroschüre sei für einen Anwalt unzulässig, und Ausdrücke wie «kompetent», «umfassend», «sorgfältig», «effizient», «ergebnisorientiert» seien höchstens als Zielvorstellung, nicht aber zur Beschreibung des Ist-Zustandes zulässig[1380].

Nach anfänglichem Zögern werden nunmehr Eintragungen von Rechtsanwälten in Berufsverzeichnissen zugelassen, wobei gleichzeitig auch die bevorzugten Tätigkeitsgebiete, die Sprachkenntnisse, die Mitgliedschaften und Ämter in Berufsvereinigungen und die Publikationen in Zeitschriften und von Monographien aufgezählt werden dürfen. Entsprechend dürfen sich Anwälte auch mit Berufsbezeichnung und Titel in die Mitgliederlisten von Ge-

---

[1377] BGE 125/1999 I 426: Spezialist der Lex F.
[1378] *Späh* in SJZ 91/1995 402.
[1379] BGE 123/1997 I 16: übertrieben die Bezeichnung «The largest Swiss law firm» für die Rechtsabteilung einer grossen schweizerischen Revisionsgesellschaft; falsch die Behauptung, sämtliche Rechtsberater seien Anwälte.
[1380] Aufsichtskommission ZH in ZR 94/1995 Nr. 31: Büro-Porträt.

werbe- und Arbeitgebervereinen eintragen lassen. Bald wird auch der Zeitpunkt kommen, wo die bevorzugten Tätigkeitsgebiete auch in Telefonbüchern bekannt gegeben werden dürfen, nützt doch dem Recht Suchenden eine blosse Adressliste wenig, wenn er nicht weiss, ob sich der betreffende Anwalt auch befähigt fühlt, sein Problem zu lösen.

b)   Elektronische Werbung

Mit der selbstverständlichen Pflicht eines jeden Rechtsanwalts, seine Tätigkeit gewissenhaft auszuüben, soll es unvereinbar sein, Rechtsberatung per Telebusiness anzubieten[1381]. Die hinter dieser Praxis stehenden Motive sind nur schwer verständlich, bildet doch die aufgewendete Zeit in jedem Fall die Grundlage für die Rechnungsstellung des Anwalts, und es ist keine Schande, wenn dem Klienten diese Tatsache auch beim Telefonieren drastisch vor Augen geführt wird.

Die Branche hat sich immerhin damit abgefunden, dass grössere Kanzleien im Internet ausgedehnte Websites unterhalten und dort Bilder, Lebensläufe und Veröffentlichungen ihrer Mitarbeiter publizieren. Hätten die konservativen Aufsichtskommissionen über die Rechtsanwälte den Trend der Zeit früher erkannt, wäre wohl auch dieser Art von Werbung ein Riegel geschoben worden. Das Rad der Zeit lässt sich freilich nicht mehr zurück drehen, so dass Internetwerbung heute generell geduldet wird.

c)   Namen von Anwaltssozietäten

Auch bezüglich des Namens einer Anwaltskanzlei haben sich besondere Regeln herausgebildet. Zwar sind aus unerfindlichen Gründen Fantasienamen, wie z.B. Jurisconsult, als Geschäftsbezeichnung von Anwaltssozietäten unzulässig; doch dürfen in deren Namen auch ausgeschiedene Partner ohne Zusatz genannt werden, solange die Namen der aktiven Anwälte auf dem Briefpapier ersichtlich werden. Diese Gepflogenheit widerspricht der handelsrechtlichen Firmenbildung, laut welcher ausgeschiedene Teilhaber einer Personengesellschaft in der Firma nur genannt werden dürfen, sofern in einem Zusatz auf das Nachfolgeverhältnis hingewiesen und der neue Inhaber genannt wird[1382].

Entsprechend dürfen auf Briefköpfen die Namen einzelner ehemaliger Partner, auch in einem Atemzug mit aktiven Partnern, im Sinne einer Dienstleis-

---

[1381] BGE 124/1998 I 313: Consulenza giuridica telefonica.
[1382] Art. 953 Abs. 2 Obligationenrecht (OR, SR 220).

tungsmarke erwähnt werden. Aus der auf dem Briefkopf ersichtlichen Liste der juristischen Mitarbeiter und Konsulenten muss jedoch klar hervorgehen, welche von diesen noch aktiv sind und welche allenfalls über kein Anwaltspatent verfügen.

F. Werbung durch Behörden und öffentliche Unternehmen

Literatur: Werner *Stauffacher,* Die Stellung der Behörden im Wahl- und Abstimmungskampf, ZBl 68/1967 361–376, 385–392; Theodor *Bühler,* Ist eine amtliche Stellungnahme bei Abstimmungen erwünscht?, ZBl 72/1971 521–529; Etienne *Grisel,* L'information des citoyens avant les votations, in FS H. *Nef,* Zürich 1981, S. 55–72; Andreas *Auer,* L'intervention des collectivités publicques dans les campagnes référendaires, RDAF (Revue de droit administratif et de droit fiscal) 41/1985 185212; Georg *Müller,* Die innenpolitische Neutralität der kantonalen öffentlichen Unternehmen, ZBl 88/1987 425441; Tomas *Poledna,* Wahlrechtsgrundsätze und kantonale Parlamentswahlen, Zürich 1988; Stephan *Widmer,* Wahl- und Abstimmungsfreiheit, Diss. ZH 1989, S. 178 ff.; Christoph *Hiller,* Die Stimmrechtsbeschwerde, Diss. ZH 1990, S. 157 ff.; Gion-Andri *Decurtins,* Die rechtliche Stellung der Behörde im Abstimmungskampf, Diss. FR 1992; Robert *Levi,* Das Stimmenverhältnis als Kriterium für den Entscheid über Stimmrechtsbeschwerden, in Verfassungsrechtsprechung und Verwaltungsrechtsprechung, Zürich 1992, S. 85 ff.; Jeanne *Ramseyer,* Zur Problematik der behördlichen Information im Vorfeld von Wahlen und Abstimmungen, Basel 1992; Laurent *Goetschel,* Zwischen Effizienz und Akzeptanz – Die Information der Schweizer Behörden im Hinblick auf die Volksabstimmung über den EWR-Vertrag vom 6. Dezember 1992, Bern 1994; Pierre *Tschannen,* Stimmrecht und politische Verständigung, Basel 1995, S. 99 ff.; Gerold *Steinmann,* Interventionen des Gemeinwesens im Wahl- und Abstimmungskampf, AJP 1996 255–269; Patrick *Nützi,* Kriterien rechtsmässiger staatlicher Information, Medialex 1996 151–155; Hans-Rudolf *Arta,* Die Rechtsfolgen unzulässiger behördlicher Einflussnahmen auf kantonale und kommunale Wahlen und Abstimmungen, AJP 1996 278–285; Andreas *Kley-Struller,* Beeinträchtigung der Wahl- und Abstimmungsfreiheit durch Dritte (einschliesslich öffentliche Unternehmungen), AJP 1996 286–292; Pierre *Tschannen,* Amtliche Warnungen und Empfehlungen, ZSR 118/1999 II 353–455.

1. Allgemeine Werberegeln für Gemeinwesen und öffentliche Unternehmen

Die öffentliche Hand ist so lange nicht an besondere Werberegeln gebunden, als sie nicht als Trägerin hoheitlicher Gewalt auftritt. So darf sie sich insbesondere der gleichen Methoden wie Private bedienen, wenn sie Angestellte braucht oder Sachen zu vermieten oder zu verkaufen sucht. Aber auch wenn sie als Inhaberin eines Monopols am Wirtschaftsleben teilnimmt, besteht kein Anlass, ihrer Werbung dafür besondere Schranken aufzuerlegen. Selbstverständlich sind Bund, Kantone und Gemeinden ebenso frei wie Private, für die Dienstleistungen der von ihnen betriebenen öffentlichen Unternehmen wie die Schweizerischen Bundesbahnen, die Post, Elektrizitätswerke, Transportverbände und andere Transportmittel, Kantonalbanken, Kehrichtverbrennungsanlagen, Bibliotheken, Bäder usw. zu werben und brauchen sich dabei keine besondere Vorschriften gefallen zu lassen. Deren Publizitätsdienste bedienen sich denn auch regelmässig der verschiedensten Kommunikationsmittel wie Internet-Seiten, Inserate in der Presse, Fernsehspots, Flugblätter, Kundenzeitschriften und Plakate. Zudem haben bspw. die Schweizer Armee und die eidgenössische Alkoholverwaltung auch schon Messestände eingerichtet.

2. Einschränkungen für behördliche Informationen bei Wahlen, Abstimmungen sowie im politischen Tagesgeschehen

Anders verhält es sich jedoch, wenn der Staat in Bereichen zu werben beginnt, welche der demokratischen Meinungsbildung der stimmberechtigten Bevölkerung vorbehalten sind. Die verfassungsrechtliche Garantie der Stimm- und Wahlfreiheit schliesst grundsätzlich jede direkte Einflussnahme der Behörden aus, die geeignet wäre, die freie Willensbildung der Stimmbürgerinnen und Stimmbürger im Vorfeld von Wahlen und Abstimmungen zu verfälschen[1383]. So geht es üblicherweise nicht an, dass das Gemeinwesen selbst in den Kampf für eine von ihm organisierte Abstimmung eingreift und dazu auch noch Steuermittel einsetzt. Bei Wahlen haben sich Behörden parteipolitisch neutral zu verhalten und dürfen sich nicht mit einzelnen Gruppen oder Richtungen identifizieren, selbst wenn es um die (Wieder-)Wahl der betreffenden Behörde geht oder Kampfkandidaten auftreten[1384]. Der Grundsatz der Rechtsgleichheit verlangt zudem, dass sich der Staat auch nicht indi-

---

[1383] Art. 34 Abs. 2 BV; ebenso Art. 25 Int. Pakt über bürgerliche und politische Rechte (sog. UNO-Pakt II, SR 0.103.2); vgl. auch die ständige Rechtsprechung des Bundesgerichts vor Inkrafttreten der neuen Bundesverfassung: BGE 113/1987 Ia 295: Geissberger, 114/1988 Ia 432: Heinz Aebi I, 117/1991 Ia 46: Heinz Aebi II, 121/1995 I 142: Willy Rohner.
[1384] BGE 113/1987 Ia 295: Geissberger.

rekt in Wahl- und Abstimmungskämpfe einmischt, indem er z.b. genehmen Aktionskomitees Beiträge zuwendet oder den öffentlichen Grund nur für solche Propaganda zur Verfügung stellt, die seine Anträge unterstützt. Auch öffentliche Unternehmen sind, unabhängig von ihrer konkreten Rechtsform, an diese Beschränkungen gebunden, sofern es sich dabei um staatlich beherrschte Unternehmen handelt[1385].

Ausnahmen bestehen zunächst, wo es die gesetzliche Aufgabe von Behörden ist, bestimmte Staatsangestellte, wie Lehrer oder Pfarrer, zur Wahl vorzuschlagen. Ist es die Behörde, die solche Personen zur Wahl durch die Stimmberechtigten vorschlägt, darf sie auch ihrer Überzeugung von der Qualifikation ihrer Wahlvorschläge öffentlich Ausdruck verleihen[1386]. Ebenso steht es einer politischen Instanz grundsätzlich frei, in Abstimmungen anderer Instanzen aktiv einzugreifen, sofern sie davon direkt betroffen ist, sie ihre Stellungnahme sowie die entsprechenden Werbeausgaben im dafür vorgesehenen Verfahren auf ihrer eigenen Stufe politisch korrekt legitimiert hat und diese Ausgaben nicht unverhältnismässig sind[1387]. Selbst ausserhalb von Wahlen und Abstimmungen haben sich die Behörden bei der Werbung für ihre Sache tunlichst zurückzuhalten, denn schnell wird die Werbung für eine Behörde zur staatlich bezahlten Propaganda für einzelne Parteien, die jeweils die Vertreter in diese Behörden stellen. Zulässig ist einzig die so genannte Öffentlichkeitsarbeit von Behörden und Ämtern, soweit diese – bezogen auf ihre Organtätigkeit – der Öffentlichkeit ihre Politik, ihre Massnahmen und Vorhaben sowie die künftig zu lösenden Fragen ausserhalb des Vorfeldes einer Volksabstimmung darlegen oder erläutern und sich dadurch an der politischen Diskussion beteiligen[1388]. Es gehört zu ihrer Führungsaufgabe, bei der Bevölkerung für ihre Projekte zu werben. Erst wenn sich der Zeitpunkt eines Volksentscheids nähert, d.h. wenn z.B. die Projektierung eines Bauprojektes ausgearbeitet ist und dem Volk in Form einer (Kredit-)Vorlage unterbreitet

---

[1385] BGer in ZBl 97/1996 233: Aareschutzinitiative betr. Bernische Kraftwerke AG und Wasserverbund Bern AG, obwohl beide als privatwirtschaftliche Aktiengesellschaften organisiert sind.

[1386] BGE 119/1993 Ia 175: Lehrerwahlen im Kanton Zürich; BGer in ZBl 97/1996 222: VPM.

[1387] Grundlegend BGE 114/1988 Ia 432: Heinz Aebi I betr. die unzulässige Einmischung des Kantons Bern in der Abstimmung über den Anschluss des Laufenthals an den Kanton Basel-Landschaft durch heimliche Zuwendungen von total CHF 330'000 an ein privates Abstimmungskomitee ohne gesetzliche Grundlage; BGE 108/1982 Ia 161: Ruppli.

[1388] So z.B. Art. 10 Regierungs- und Verwaltungsorganisationsgesetz (RVOG, SR 172.010).

wird, hat die Behörde von einer über die sachliche Information der Stimmberechtigten hinaus gehenden Beeinflussung des Stimmvolkes abzusehen[1389].

Die obigen Grundsätze werden hiernach für die einzelnen genannten Bereiche vertieft dargestellt.

3. Gestaltungsspielraum für behördliche Interventionen zu Abstimmungen

a) Kantonale Schranken

Die meisten Kantone verfügen über eine ausdrückliche gesetzliche Grundlage für amtliche Informationen bei Urnengängen[1390]. Wird von Parlament und Regierung dem Stimmvolk eine Vorlage zur Annahme oder Ablehnung empfohlen und werden entsprechende amtliche Erläuterungen zu Abstimmungsvorlagen verfasst, haben diese objektiv und sachlich zu bleiben und namentlich dem Bürger in leicht verständlicher Weise ein richtiges Bild über den Zweck und die Tragweite der Volksbefragung zu geben[1391]. Behördeninformation darf nicht zur Irreführung der Stimmbürger oder für blosse Propaganda missbraucht werden, sondern muss über Tatsachen, Beschlüsse und deren Motivierung objektiv zutreffend orientieren, beispielsweise dürfen Abstimmungsfragen nicht suggestiv formuliert werden[1392]. Diese Verpflichtung zur Objektivität, welche von derjenigen zur Neutralität zu unterscheiden ist, ergibt sich aus der hervorragenden Stellung, die den Behördenmitgliedern zukommt, aus den Mitteln, über die sie verfügen, und aus dem Vertrauen, das sie gegenüber den Bürgern zu bewahren haben, damit das gute Funktionieren der demokratischen Institutionen gewährleistet ist[1393].

[1389] BGE 121/1995 I 252: Alliance de gauche et consorts.
[1390] Vgl. die Zusammenstellung bei *Widmer,* S. 257. Wo die kantonale Regelung eine konkrete Frage nicht beantwortet, sind ergänzend die Regeln des Bundesrechts heranzuziehen.
[1391] BGE 105/1979 Ia 153: Reinhardt, 112/1986 Ia 335: Kritisches Forum Uri, 113/1987 Ia 295: Geissberger, 114/1988 Ia 432: Heinz Aebi I, 117/1991 Ia 41: Heinz Aebi II; BGer in ZR 75/1976 Nr. 52 = ZBl 77/1976 197: Schulreform-Initiative.
[1392] BGE 106/1980 Ia 20 betr. der als suggestiv beurteilten Formulierung der Abstimmungsfrage nach der Haltung des Kantons Zürich im Vernehmlassungsverfahren des Bundes über die Errichtung des Kernkraftwerkes Kaiseraugst; BGE 121/1995 I 1: SVP Luzern, 138: Willy Rohner.
[1393] BGE 114/1988 Ia 432: Heinz Aebi I, 117/1991 Ia 41: Heinz Aebi II, 121/1995 I 252: Alliance de gauche et consorts.

Doch darf sich die Verwaltung darauf beschränken, in den Erläuterungen einer Abstimmungsvorlage jene Gründe darzulegen, die für die Mehrheit von Parlament und Regierung bestimmend waren, die den zur Volksabstimmung gelangenden Beschluss gefasst haben. Es brauchen daher von Bundesrechts wegen weder die Argumente der Minderheit erläutert, noch sonst alle möglichen Gesichtspunkte berücksichtigt und sämtliche Einwendungen, die gegen die fragliche Vorlage vorgebracht werden können, erwähnt zu werden[1394]. Doch können die Kantone weiter gehen und vorschreiben, dass auch der Standpunkt einer beachtlichen Minderheit der Legislative angemessen zu berücksichtigen sei[1395]. Die würdige Zurückhaltung, die von einer Behörde bei der Vertretung ihrer Anträge vor dem Volk verlangt wird[1396], darf freilich nicht dazu führen, dass gewichtige Argumente gegen die Vorlage totgeschwiegen werden. Doch soll sich die Zurückhaltung der Behörde zumindest darin zeigen, dass sie sich nicht auf den Stil des von Parteien und anderen Interessengruppen geführten Abstimmungskampfes einlässt, sondern sich nach wie vor an die für die Form und den Inhalt amtlicher Drucksachen geltenden Regeln hält[1397].

b) Eidgenössische Schranken

Im Bund sieht das Bundesgesetz über die politischen Rechte vor, dass den Abstimmungsvorlagen eine kurze, sachliche Erläuterung beizugeben sei, welche auch den Auffassungen wesentlicher Minderheiten Rechnung zu tragen hat[1398]. In Abstimmungssendungen des Radios sowie des Fernsehens hat der Bundesrat das Recht, zu jeder Abstimmungsvorlage seine Meinung durch den zuständigen Departementsvorsteher kundzutun. Dies geschieht bei eidgenössischen Vorlagen häufig in Form einer fünfminütigen Sondersendung vor den abendlichen Hauptnachrichten. Im Übrigen kann jedoch selbst der Bundesrat keinem Sender vorschreiben, ob und in welcher Form die Abstimmungsvorlagen präsentiert und kommentiert werden[1399]. Dasselbe gilt für die übrigen Informationen aus dem Bundeshaus. In kritischen Situationen

---

[1394] BGE 93/1967 I 439: Erlenbach, 98/1972 Ia 622: Schuhmacher; BGer in ZR 75/1976 Nr. 52 = ZBl 77/1976, 198: Schulreform-Initiative.
[1395] Z.B. § 37 Abs. 1 LU Abstimmungsgesetz; vgl. BGE 101/1975 Ia 242: Liberale Partei des Kantons Luzern.
[1396] BGE 98/1972 Ia 622: Schuhmacher.
[1397] *Stauffacher*, S. 390, mit weiteren Hinweisen.
[1398] Art. 11 Abs. 2 BG über die politischen Rechte (SR 161.1), sowie die Verordnung über die politischen Rechte (SR 161.11).
[1399] Zum Ganzen ausführlich Franziska Barbara *Grob*, Die Programmautonomie von Radio und Fernsehen, Zürich 1994, insbesondere S. 174 f.

steht dem Bundesrat jedoch das Recht zu, eine bestimmte Meldung als «Amtlichen Text» zu bezeichnen, worauf die Informationsdienste des Radios und Fernsehens verpflichtet sind, diese Meldung einmal wörtlich durchzugeben. Davon wird aber nur sehr sparsam Gebrauch gemacht. Hingegen wurde im Rahmen der EWR-Abstimmung gar ein telefonischer Auskunftsdienst des Bundesrates betrieben[1400].

Oft wird einer Initiative von Stimmbürgern ein Gegenvorschlag der Behörde gegenübergestellt. In solchen Fällen ist ganz besonders die von den Initianten gegebene Begründung kurz und sachlich wiederzugeben, samt der Meinung der den Gegenvorschlag vertretenden Behörde[1401]. Indessen setzt die Wahl zwischen zwei Vorlagen eine Wertung voraus, über die selten Einmütigkeit zu erzielen sein wird. Die amtlichen Erläuterungen hiezu werden daher in der Regel in weitem Umfange Ermessenselemente enthalten, die dem aufmerksamen Stimmbürger als solche erkennbar sind. Eine amtliche Botschaft darf denn auch Ermessensfragen würdigen, ohne dass darin eine Verletzung der Pflicht zur sachlichen Information gesehen werden könnte, ist es doch Sache des Bürgers, sich insoweit eine eigene Meinung zu bilden[1402]. Die Chancengleichheit ist jedoch insofern zu wahren, als den Initianten hinreichend Gehör verschafft wird und ihre Anliegen und Gründe korrekt zusammengefasst werden[1403]. Zusammenfassend soll sich das Stimmvolk im «freien Wettbewerb der Meinungen» durch die Abstimmungserläuterungen zuverlässig orientieren können[1404].

c) Interventionen von Gemeinden bei kantonalen Abstimmungen

Das Bundesgericht lässt die indirekte Intervention einer Gemeinde in einem kantonalen Abstimmungskampf zu, wenn die Gemeinde bzw. deren Stimmbürger am Ausgang der Abstimmung ein unmittelbares und besonderes Interesse haben, das jenes der übrigen Gemeinden des Kantons bei weitem übersteigt, wie insbesondere beim Bau von Kernkraftwerken, Umfahrungs-

---

[1400] Vgl. zur entsprechenden Informationspraxis ausführlich *Goetschel,* 128 ff. und 224 ff.
[1401] Vgl. z.B. § 8 ZH G über das Vorschlagsrecht des Volkes (Initiativgesetz, ZGS 162).
[1402] BGE 98/1972 Ia 622: Schuhmacher, 105/1979 Ia 151: POCH, 106/1980 Ia 197: Franz Weber; BGer in ZBl 77/1976 197 = ZR 75/1976 Nr. 52: Schulreform-Initiative.
[1403] BGE 105/1979 Ia 151: POCH, 113/1987 Ia 54: Für eine gerechte Besteuerung von Familien und Alleinstehenden.
[1404] BGE 98/1972 Ia 622: Schuhmacher; zum Ganzen ausführlich *Steinmann,* 255 ff., 261 m.w.H.

strassen und ähnlichem in unmittelbarer Nähe der Gemeinde[1405]. Ein Eingreifen kann weiter zur Richtigstellung offensichtlich falscher oder irreführender Behauptungen zulässig sein: So durfte sich die Gemeinde Etagnières dagegen wehren, dass in einem Referendum gegen den Bau einer diese Gemeinde umfahrenden Kantonsstrasse unzutreffenderweise geltend gemacht wurde, die Umfahrungsstrasse diene als Zubringer für einen künftig in Etagnières zu erstellenden Flughafen[1406]. Fälle von derartigen behördlichen Richtigstellungen sind jedoch eher selten, nimmt doch die Praxis Übertreibungen von privater Seite in bestimmten Grenzen bewusst in Kauf[1407]. Bei Vorliegen triftiger Gründe können Behörden zudem gar in eigene Sachabstimmungen eingreifen, so weit sie damit indirekt der Abstimmungsfreiheit selbst dienen[1408]. Bspw. darf eine Gemeinde auf sich kurz vor einer Abstimmung ergebende wichtige neue Fakten bzw. geänderte Umstände hinweisen, selbst wenn die Gegner einer Vorlage darauf in der knappen zur Verfügung stehenden Zeit nicht mehr reagieren können[1409]. Unter gewissen Umständen ebenfalls zulässig sind Massnahmen zur Verdeutlichung komplexer Sachverhalte, welche in den Abstimmungserläuterungen aus Platzgründen nicht dargestellt werden können[1410].

Diese Ausnahmen sind jedoch besonders für eigene Abstimmungen restriktiv anzuwenden, keinesfalls dürfen Informationen den Zweck verfolgen, das Stimmvolk zur Annahme der Vorlage zu bewegen oder diese für den Abstimmungsgegenstand zu sensibilisieren[1411]. Entsprechend geht es auch nicht an, dass sich Amtsstellen an Aktionen von Referendumskomitees beteiligen, für diese Unterschriften sammeln oder sich sonst wie in die Phase der Unterschriftensammlung für ein Referendum einschalten[1412]. Dadurch würde das Ansehen der Behörden für politische Zwecke missbraucht. Denn gerade

---

[1405] BGE 116/1990 Ia 468: Association contre l'aérodrome d'Etagnières; 108/1982 Ia 161: Umfahrung Eglisau, 105/1979 Ia 243: Umfahrung Richterswil, RR AG in ZBl 86/1985 201: KKW Kaiseraugst. Ein Beispiel aus neuester Zeit bildet das konzertierte Vorgehen diverser Zürcher Gemeinden gegen den Unique Zurich Airport.
[1406] BGE 116/1990 Ia 468: Association contre l'aérodrome d'Etagnières.
[1407] BGE 117/1991 Ia 456: Andelfingen.
[1408] BGE 113/1987 Ia 291: Geissberger; BGer in ZBl 93/1992 316: Schulmodell Kt. Bern.
[1409] BGE 89/1963 I 437: Meier, betreffend einer privaten Landabtretung kurz vor einer Abstimmung über ein Bauvorhaben, welche ein besseres Projekt ermöglichte.
[1410] BVR 1983 7: Thuner Schaufensterplakate, betreffend vergrösserte Plandarstellungen eines Überbauungsplans mit Sonderbauvorschriften.
[1411] BGE 114/1988 Ia 432: Heinz Aebi I; 112/1996 Ia 332: Kritisches Forum Uri, 89/1963 I 437: Meier.
[1412] BGE 112/1996 Ia 332: Kritisches Forum Uri, 114/1988 Ia 432: Heinz Aebi I; 116/1990 Ia 466: Cheseaux, 119/1993 Ia 273: Verbot von Geldspielautomaten.

wegen der von ihnen verlangten Zurückhaltung und Objektivität kommt ihrer Meinung in der Öffentlichkeit vermehrtes Gewicht zu, das sie aus Gründen der Rechtsgleichheit nicht ohne weiteres einsetzen dürfen[1413].

Voraussetzung für das Eingreifen ist zudem in allen Fällen, dass sich das betroffene Gemeinwesen keiner verwerflichen Mittel bedient, d.h., in Bezug auf Art und Weise sowie Aufmachung seiner Werbung sachlich und korrekt vorgeht. So dürfen Behörden Argumente nicht absichtlich zurückhalten, um die Stimmbürger in letzter Stunde zu beeinflussen und eine Entgegnung zu verunmöglichen[1414]. Weiter müssen offizielle Stellungnahmen sowie die entsprechenden Werbeausgaben im dafür vorgesehenen Verfahren auf der eigenen Stufe politisch korrekt legitimiert und dadurch entstehende Ausgaben nicht unverhältnismässig sein[1415]. Besonders verpönt ist schliesslich eine verdeckte Einflussnahme in Form von finanzieller Unterstützung eines privaten Abstimmungskomitees, weil sie für das Stimmvolk nicht ohne weiteres erkennbar ist und ohne demokratische Kontrolle erfolgt[1416].

d) Die Stellung von Behördenmitgliedern

Indessen ist es Behördenmitgliedern erlaubt, als Privatperson an einem Abstimmungs-Feldzug teilzunehmen und von dem ihnen als Stimmbürger zustehenden Recht auf freie Meinungsäusserung Gebrauch zu machen, soweit dies nicht mit verwerflichen Mitteln, z.B. unter Verwendung öffentlicher Gelder, irreführender Angaben usw., erfolgt[1417]. Dies gilt selbst dann, wenn bekannte Exekutivmitglieder oder Spitzenbeamte gerade in Hinblick auf ihre amtliche Eigenschaft und ihren Sachverstand zu Veranstaltungen beigezogen werden und dort ihren an sich privaten Äusserungen mit dem Hinweis auf

---

[1413] BGE 114/1988 Ia 432: Heinz Aebi I, 117/1991 Ia 41: Heinz Aebi II, 121/1995 I 252: Alliance de Gauche et consorts.
[1414] BGE 104/1978 Ia 238: Richterswil, BGer in ZBl 91/1990 120: Zonenplan Adliswil.
[1415] BGE 108/1982 Ia 161: Ruppli; grundlegend BGE 114/1988 Ia 432 betr. die unzulässige Einmischung des Kantons Bern in der Abstimmung über den Anschluss des Laufenthals an den Kanton Basel-Landschaft durch heimliche, ohne gesetzliche Grundlage erfolgte Zuwendungen von total CHF 330'000 an ein privates Abstimmungskomitee.
[1416] BGE 114/1988 Ia 432: Heinz Aebi I, 119/1993 Ia 271: Verbot von Geldspielautomaten.
[1417] BGE 98/1972 Ia 624: Schuhmacher, 112/1986 Ia 335: Kritisches Forum Uri, 119/1993 Ia 275: Verbot von Geldspielautomaten. Wendet sich ein Behördenmitglied jedoch öffentlich gegen die von seiner eigenen Behörde vertretene Ansicht, kann es mit dem Kollegialitätsprinzip in Konflikt kommen und muss eine Disziplinarstrafe der Mehrheit gewärtigen.

berufliche Stellung und Qualifikation ein grösseres Gewicht verleihen[1418]. Ebenfalls als zulässig erachtet werden Publikationen von Exekutivmitgliedern und Spitzenbeamten, sofern diese nicht einen amtlichen Anstrich aufweisen oder den Anschein erwecken, es handle sich um eine offizielle Verlautbarung einer Behörde, sowie zudem dem Objektivitätsgebot genügen[1419]. Schliesslich kann sich eine gewisse Zurückhaltung aus der beamtenrechtlichen Loyalitätspflicht ergeben, wobei diese in der Praxis jedoch nicht leichthin bejaht wird[1420].

Zusammenfassend unterliegen somit Behördenmitglieder im Vergleich zu Bundes-, Kantons- und Gemeindebehörden weniger Einschränkungen für ihre Stellungnahmen bei Abstimmungen.

4. Gestaltungsspielraum für behördliche Interventionen bei Wahlen

Im Gegensatz zu den obigen Regeln für Sachabstimmungen haben sich Behörden bei Wahlen parteipolitisch grundsätzlich neutral zu verhalten und dürfen sich nicht mit einzelnen Gruppen oder Richtungen identifizieren, und zwar nicht nur dann, wenn es um die (Wieder-)Wahl der betreffenden Behörde geht oder Kampfkandidaten auftreten[1421]. Vielmehr muss sich jeder einzelne Kandidat mit gleichen Chancen an der Wahl beteiligen können; es sind daher grundsätzlich nur äusserst selten triftige Gründe denkbar, welche eine Einmischung der Behörden rechtfertigen könnten[1422].

Ausnahmen bestehen höchstens dort, wo sich Interventionen der Behörden im Wahlkampf im Interesse der freien und unverfälschten Willensbildung als unerlässlich erweisen, wofür strenge Voraussetzungen bestehen. Dies wurde z.B. für Fälle bejaht, in denen es eine gesetzliche Aufgabe von Behörden ist, bestimmte Staatsangestellte wie Lehrer oder Pfarrer zur Wahl vorzuschlagen. Ist es die Behörde, die solche Personen zur Wahl durch die Stimmberechtigten vorschlägt, darf sie auch ihrer Überzeugung von der Qualifikation ihrer Wahlvorschläge öffentlich Ausdruck verleihen[1423]. Ebenfalls als zulässig

---

[1418] BGE 119/1993 Ia 275: Verbot von Geldspielautomaten; BGer in ZBl 93/1992 317: Schulmodell Kt. Bern.
[1419] BGE 119/1993 Ia 275: Verbot von Geldspielautomaten.
[1420] BGer in ZBl 93/1992 317: Schulmodell Kt. Bern.
[1421] BGE 113/1987 Ia 295: Geissberger.
[1422] BGE 113/1987 Ia 296: Geissberger.
[1423] BGE 119/1993 Ia 174: Lehrerwahlen im Kanton Zürich.

angesehen wurde die Intervention eines Obergerichtspräsidenten in Bezirksrichterwahlen, da dem Stimmvolk die Beurteilung der fachlichen Qualitäten eines Bezirksrichterkandidaten schwer fällt und für sie daher Informationen über die bisherige Art und Weise der Prozessführung wertvoll sind, indem sie ihnen erlauben, die Wahl verantwortungsvoll und in Kenntnis der Sachlage zu treffen[1424]. Schliesslich ist eine Intervention immer dann unerlässlich, wenn sie der Richtigstellung offensichtlich falscher Informationen dient, die im Verlaufe eines Wahlkampfes verbreitet werden[1425].

Selbst wenn eine behördliche Intervention in Wahlen ausnahmsweise als zulässig erachtet wird, sind jedoch die für Abstimmungen entwickelten Grundsätze der Objektivität, der Sachlichkeit, der Zurückhaltung sowie der Verhältnismässigkeit zu beachten[1426]. Insbesondere dürfen Stellungnahmen keinen Propagandacharakter aufweisen, sondern müssen in einem gemässigten, sachlichen Ton gehalten sein[1427].

Zulässig sind jedoch blosse Hilfeleistungen der Behörden. Dazu gehören z.B. organisatorische Massnahmen, wie das Drucken und Verteilen von Wahlzetteln, sofern diese hinsichtlich der Willensbildung und Willensbetätigung der Wähler neutral sind und im Sinne der Chancengleichheit keine Kandidaten oder Gruppierungen bevorzugen oder benachteiligen[1428]. Dagegen ist das Gemeinwesen von Bundesrechts wegen nicht verpflichtet, die Wahlvorschläge der Parteien zu drucken, sondern kann ihnen, ohne das Diskriminierungsverbot zu verletzen, deren Druckkosten überbinden oder sich anderenfalls mit amtlichen Anschlägen der von einer Partei vorgeschlagenen Kandidaten begnügen[1429]. Immerhin ist es willkürlich, die Rückerstattung von Kosten für Wahllisten auf Parteien zu beschränken, welche mehr als 7,5 % der Wählerstimmen eines Wahlkreises erreichen[1430].

Zusammenfassend sind somit sämtliche Umstände des konkreten Falles gegeneinander abzuwägen, um zu bestimmen, ob und in welchem Umfang ein Gemeinwesen ausnahmsweise in eine Wahl eingreifen kann.

[1424] BGE 117/1991 Ia 458: Andelfingen, wonach der Präsident des Zürcher Obergerichts aus Sicht der Aufsichtsbehörde die Prozessverzögerungen des bisherigen Gerichtspräsidenten von Andelfingen in einem Zeitungsinterview erwähnen durfte.
[1425] BGE 113/1987 Ia 296: Geissberger, 117/1991 Ia 452: Andelfingen, 118/1992 Ia 259: Evangelisch-reformierte Landeskirche.
[1426] *Steinmann,* S. 266 f. mit weiteren Hinweisen.
[1427] BGer in ZBl 97/1996 222: VPM, hier wurde allerdings die Intervention der Schulbehörde als nicht entscheidend für den Wahlausgang angesehen.
[1428] BGE 113/1987 Ia 291: Geissberger; BGer in ZBl 96/1995 467: Kreisschulpflege Zürichberg.
[1429] BGer in ZBl 98/1997 355: Grosser Rat des Kantons Freiburg I.
[1430] BGE 124/1998 I 55: Grosser Rat des Kantons Freiburg II.

5. Stellungnahmen öffentlicher Unternehmen im Wahl- und Abstimmungskampf

Den gleichen Einschränkungen wie Behörden sind auch staatliche Unternehmen in ihrer Einflussnahme auf Wahlen oder Abstimmungen unterworfen, sie haben sich grundsätzlich neutral zu verhalten[1431]. Unerheblich ist in diesem Zusammenhang, ob die im Wahl- oder Abstimmungskampf eingesetzten Mittel direkt aus Abgaben oder aus selbst erwirtschafteten Mitteln herrühren[1432]. Diese Schranken gelten insbesondere dann, wenn der eigentliche öffentliche Auftrag an das Unternehmen in Frage steht und die Stimmbürger in die Lage versetzt werden sollen, diese Frage ohne Zutun von Behörden und öffentlichen Unternehmen zu entscheiden[1433]. Bspw. dürfte eine Kantonalbank nicht in einen Abstimmungskampf betreffend Abschaffung der Staatsgarantie für ihre Einlagen eingreifen.

Unter besonderen Umständen können jedoch auch öffentliche Unternehmen auf Wahlen und Abstimmungen einwirken, insbesondere dort, wo sie in der Umsetzung ihres gesetzlichen oder statutarisch umschriebenen Auftrags betroffen sind, ihre (wirtschaftlichen) Interessen vertreten und somit ähnlich wie ein Privater berührt sind[1434]. Jedoch müssen sie auch in solchen Fällen ihre Interessen in sachlicher Art und Weise darlegen und insbesondere einem höheren Grad an Objektivität genügen wie private politische Gruppierungen. Zudem darf ihre Intervention nur mit einer gewissen Zurückhaltung erfolgen und sind sie bezüglich der eingesetzten Mittel an den Grundsatz der Verhältnismässigkeit gebunden[1435]. Immerhin sind sie nicht den gleich strengen Einschränkungen unterworfen, welche bspw. durch ein Gemeinwesen bei Abgabe eines erläuternden Berichts zu einer eigenen Vorlage zu beachten wären[1436], sondern ihre Stellung ist eher einer Gemeinde vergleichbar, welche von einer kantonalen Vorlage besonders betroffen ist und daher eine

---

[1431] BGer in ZBl 97/1996 233: Aareschutzinitiative betr. Bernische Kraftwerke AG und Wasserverbund Bern AG, obwohl beide als privatwirtschaftliche Aktiengesellschaften organisiert sind.
[1432] BGer in ZBl 94/1993 119: HB Südwest.
[1433] BGer in ZBl 94/1993 119: HB Südwest.
[1434] BGer in ZBl 94/1993 119: HB Südwest betr. des – hier als verhältnismässig angesehenen – Eingreifens der SBB in die stadtzürcherische Abstimmung über den Gestaltungsplan Hauptbahnhof-Südwest; BGer in ZBl 97/1996 233: Aareschutzinitiative, wo der Einfluss gemischtwirtschaftlicher Unternehmen auf einen Abstimmungskampf als unzulässig erachtet wurde.
[1435] BGer in ZBl 94/1993 119: HB Südwest.
[1436] BGE 108/1982 Ia 161: Umfahrung Eglisau; BGer in ZBl 97/1996 233: Aareschutzinitiative.

eigene Stellungnahme abgeben darf[1437]. Schliesslich hat die im Sinne einer Ausnahme zulässige Intervention einer öffentlichen Unternehmung selbständig zu erfolgen, d.h., das öffentliche Unternehmen darf mit seinen Mitteln nicht verdeckt werben und bspw. ein Abstimmungskomitee oder eine Partei finanziell oder logistisch unterstützen[1438].

Auch öffentliche Unternehmen haben somit zu prüfen, ob und inwieweit sie in einem konkreten Fall in eine Wahl oder eine Sachabstimmung eingreifen dürfen, ohne die Stimm- und Wahlfreiheit der Stimmbürger zu verletzen.

6. Rechtsfolgen der Verletzung und Würdigung

Wie oben gezeigt wurde, haben Behörden und öffentliche Unternehmen bezüglich ihres Verhaltens bei Abstimmungen und Wahlen eine ganze Reihe von Vorschriften zu beachten. Nicht jede Verletzung derartiger Verfahrensregeln führt jedoch zur Kassation des Wahl- oder Abstimmungsergebnisses. Vielmehr wird das Abstimmungsergebnis nur dann aufgehoben, wenn es die Intervention beeinflusst hat bzw. wenigstens dazu geeignet war[1439]. Dabei genügt es, wenn ein Mangel das Abstimmungsergebnis nur schon mit einer gewissen Wahrscheinlichkeit verfälschen könnte, wobei diese Frage vom Bundesgericht und von jeder anderen Beschwerdeinstanz von Amtes wegen zu prüfen ist, also eine Beeinflussung nicht vom Beschwerdeführer nachgewiesen werden muss[1440]. Nur wenn die Möglichkeit, dass die Wahl oder Abstimmung ohne die Einmischung des Gemeinwesens oder einer öffentlichen Unternehmung anders ausgefallen wäre, nach den gesamten Umständen als derart gering erscheint, dass sie nicht mehr in Betracht kommt, kann von einer Aufhebung des Urnengangs abgesehen werden[1441]. Rechtfertigt sich

---

[1437] BGE 108/1982 Ia 161: Umfahrung Eglisau; BGer in ZBl 97/1996 233: Aareschutzinitiative, wo die Einflussnahme gemischtwirtschaftlicher Unternehmen auf einen Abstimmungskampf als unzulässig erachtet wurde.

[1438] BGer vom 20.12.1991, Urteil 1P.52/1991: Bahnhof 2000, nicht veröffentlicht, E. 6c, zitiert nach *Kley-Struller,* S. 291.

[1439] *Arta,* S. 282, mit weiteren Hinweisen.

[1440] BGE 118/1992 Ia 263: Evangelisch-reformierte Landeskirche im Kanton Zürich; BGer in ZBl 97/1996 222: VPM.

[1441] BGer vom 20.12.1991, Urteil 1P.52/1991: Bahnhof 2000, nicht veröffentlicht, E. 6c, zitiert nach *Kley-Struller,* S. 291.

diese Schlussfolgerung jedoch nicht, so ist der Mangel als erheblich zu betrachten und die Wahl oder Abstimmung zu kassieren[1442].

Ebenfalls aufzuheben sind Wahlen und Abstimmungen bei besonders groben Verstössen gegen die behördliche Objektivitätspflicht, bspw. bei einer heimlichen Unterstützung privater Abstimmungskomitees mit öffentlichen Geldern[1443] oder bei Unterstützung gewisser Kandidaten durch Inserate des Gemeinwesens[1444]. Schliesslich sind für das richterliche Ermessen sämtliche weiteren Umständen des gesamten Verfahrens wesentlich[1445], bspw. ob es sich um Abstimmungen oder Wahlen handelt, ob das fragliche Gemeinwesen oder die öffentliche Unternehmung selbst betroffen ist, ob der Intervenient in Wahlen der betreffenden Behörde selbst angehört, wie bekannt ein Kandidat ist sowie welcher Propagandaaufwand insgesamt betrieben wurde bzw. welchen Einfluss der finanzielle Beitrag des Gemeinwesens auf die Abstimmung überhaupt haben konnte. Dabei können mehrere vorhandene Mängel, auch wenn sie jeder für sich allein die Aufhebung eines Wahl- oder Abstimmungsergebnisses nicht rechtfertigen würden, in ihrer Gesamtheit derart schwer wiegen, dass die Willenskundgabe der Stimmbürger nicht mehr als unverfälscht angesehen werden kann und damit eine Kassation rechtfertigen.

Zusammenfassend zeigen die Ausführungen in diesem Kapitel, dass aufgrund der neueren Entwicklung der massgebenden Rechtsprechung eine Tendenz zur Lockerung des absoluten Werbeverbots für Gemeinwesen und öffentliche Unternehmungen auch im Bereich der politischen Willensbildung bei Wahlen und Abstimmungen festzustellen ist. Wie weit diese in einem konkreten Fall geht, hängt jedoch von allen sachlich massgebenden Umständen sowie zudem von der Beachtung sämtlicher anwendbarer Verfahrensvorschriften ab. Behörden und öffentliche Unternehmen müssen somit darauf achten, nicht durch unzulässige Informationen und Interventionen in Wahlen und Abstimmungen die Anerkennung der betreffenden Wahl- bzw. Abstimmungsergebnisse zu gefährden. In Zweifelsfällen ist es ihnen daher zu empfehlen, jeweils bereits vor der Veröffentlichung der entsprechenden Informationen bzw. vor Beginn ihrer jeweiligen Interventionen in einen Wahl- oder Abstimmungskampf deren Zulässigkeit anhand der massgebenden Bestimmungen und der Gerichtspraxis auf Bundes-, Kantons- und Gemeindeebene

---

[1442] BGE 117/1991 Ia 460: Andelfingen, 118/1992 Ia 263: Evangelisch-reformierte Landeskirche im Kanton Zürich, 119/1993 Ia 284: Gemeinderat Wallisellen.
[1443] BGE 114/1988 Ia 443: Heinz Aebi I.
[1444] BGE 113/1987 Ia 291: Geissberger.
[1445] BGE 118/1992 Ia 263: Evangelisch-reformierte Landeskirche im Kanton Zürich, 119/1993 Ia 274: Gemeinderat Wallisellen.

zu prüfen. Gegebenenfalls ist die Art und Weise ihrer Information bzw. Stellungnahme dieser Praxis anzupassen. Dies gilt schliesslich auch für Behördenvertreter, da sich diese nicht in allen Fällen auf ihre persönliche Meinungsfreiheit berufen können, sondern bei ihren öffentlichen Auftritten die Stimm- und Wahlfreiheit der Stimmberechtigten ebenfalls zu respektieren haben.

Zweiter Teil:

Werbevertragsrecht

Literatur: Heinz *Nauer,* Der Annoncenpachtvertrag nach schweizerischem Recht, Diss. ZH 1927; Hans Georg *Auer,* Der Insertionsvertrag, Diss. ZH 1949; Rudolf *Hug,* Das Recht des Plakatanschlages, Diss. ZH 1970; Hans Georg *Graf Lambsdorff/*Bernd *Skora,* Handbuch des Werbeagenturrechts, Frankfurt a.M. 1975; Rémy *Wyler,* Les relations de droit privé entre l'annonceur, l'agence de publicité et l'éditeur, Diss. VD, Genf 1988; Florina *Krecke,* Verträge zwischen Stadtzürcher PR-Agenturen und ihren Kunden, Diss. ZH 1992; Tobias *von Tucher,* Urheberrechtliche Fragen im Spannungsverhältnis zwischen Werbeagentur und Kunde, München 1998; *Kreifels/Breuer/Maidl,* Die Werbeagentur in Recht und Praxis, München 2000.

VII. Wesen und Rechtsnatur des Werbevertrags

A. Schwierigkeit der Typisierung und tatsächliche Grundlagen

1. Vielfalt der Erscheinungsformen

Die Verträge, welche eine Werbeagentur abschliesst, erscheinen in verschiedensten Facetten. Gemeinsam ist allen Werbeverträgen, dass sie in irgendeiner Art Leistungen der Werbeagentur für die Produkt- und Dienstleistungswerbung ihres Kunden umfassen. Ein präzis zu umschreibender Typus des Werbevertrags besteht dabei aber kaum. Die Bezeichnung «Werbung» ist zudem ein Oberbegriff, welcher den Gegenstand des Werbevertrags alleine nicht genau beschreiben kann.

Für die Erfassung bzw. nähere Typisierung des Werbevertrags ist vor allem auf die tatsächliche Bedeutung der Werbung, deren Erscheinungsformen, die von der Werbeagentur in diesem Bereich wahrgenommenen Aufgaben sowie auf weitere Aspekte der Werbung und deren Verwirklichung abzustellen.

2. Begriff und Erscheinungsformen der Werbung

Werbung kann etwa in Wirtschaftswerbung, Propaganda und Public Relations unterteilt werden[1446]. Wirtschaftswerbung verfolgt einen rein ökonomischen Zweck. Propaganda ist ausser-wirtschaftliche Werbung, namentlich im privaten, politischen, kulturellen und ethischen Bereich. Public Relations ist Öffentlichkeitsarbeit und dient der Bewerbung eines Unternehmens oder einer Organisation als Ganzes. Im vorliegenden Zusammenhang wird vor allem auf den Vertrag Bezug genommen, welcher Leistungen im Rahmen der Wirtschaftswerbung zum Gegenstand hat. Die Wirtschaftswerbung ist das bedeutendste Mittel zur Förderung des Absatzes von Produkten und Dienstleistungen eines Anbieters.

[1446] Vgl. etwa *von Tucher,* Urheberrechtliche Fragen im Spannungsverhältnis zwischen Werbeagentur und Kunde, München 1998, S. 5, mit Verweisen.

Vom Aufgabenumfang her, geht es bei der Werbung vor allem um die Bekanntmachung (Aufbauwerbung) bzw. in einer späteren Phase um die Erhaltung und Vergrösserung des Bekanntheitsgrades (Erhaltungswerbung) eines beworbenen Gegenstands sowie um die Übermittlung von Informationen über diesen Gegenstand und/oder über das dahinter stehende Unternehmen.

Vom Ziel her kann Werbung kurzfristig oder langfristig orientiert sein. Sie kann sich auf einzelne Projekte bzw. Gegenstände beziehen oder umfassend für einen Kunden betrieben werden.

3. Stellung der Werbeagentur

Die Werbeagentur nimmt im Rahmen der oben umschriebenen Bedeutung und Erscheinungsformen der Werbung umfassende oder auch nur einzelne Aufgaben im Bereiche der Planung und Verwirklichung wahr. Die Leistungen der Werbeagentur können dabei namentlich einerseits in der kreativen Werbekonzeption sowie andererseits in der Realisierung dieser Konzeption bestehen.

Eine Werbeagentur kann als Vollserviceagentur auftreten, welche ein umfassendes Angebot in Bezug auf Konzeption, Gestaltung, Realisierung und Beratung bietet, was sogar Forschung und weiteres einschliessen kann. Als Spezialagentur nimmt sie nur einzelne und enger umschriebene Aufgaben wahr oder betreut nur Teilbereiche der Werbung des Kunden; zu denken ist an den blossen Werbeberater, an selbständige Texter, Grafiker, Fotografen, an blosse Mediaagenturen und dergleichen.

B. Gegenstand und Inhalt des Werbevertrags

Den «Werbevertrag» als solchen kann es nach dem oben Ausgeführten nicht geben. Die Ausgestaltung des Werbevertrags hängt zwangsläufig immer von den konkreten Vereinbarungen wie auch von den Geschäftätigkeiten der Parteien ab, welche im Einzelfall äusserst unterschiedlich sein können.

Generell können die Leistungen der Werbeagentur für den Kunden in zwei verschiedene Blöcke bzw. Arten unterteilt werden:
– Einerseits erarbeitet die Werbeagentur Konzepte für die Lösung von Marketingbelangen zur Optimierung des Produktabsatzes des Kunden.

Dabei entwickelt und definiert sie Marketing- und Mediastrategien sowie Gestaltungskonzeptionen und -methoden und Werbeideen, verstanden als Ausdruck von Werbemotiv, Werbestil und Werbeaussage.

– Andererseits kann die Werbeagentur die Realisation und Implementierung der Werbekonzepte übernehmen, veranlassen und organisieren, d.h., die Werbeaktion vorbereiten und durchführen.

Im Einzelnen sind in tatsächlicher wie auch in rechtlicher Hinsicht und im zeitlichen Ablauf namentlich die folgenden möglichen und nach Phasen aufgegliederten Aufgaben der Werbeagentur zu unterscheiden:

– **Konzeptarbeit (Phase 1):** Erarbeiten von Analysen, Strategien, Konzepten, Werbeideen und Planungen sowie von Kampagnen für Kommunikation, Media oder Marketing.

– **Kreative Gestaltung (Phase 2):** Entwurf, Schaffung und Gestaltung der Werbemittel[1447] und Werbetexte.

– **Verwirklichung (Phase 3):** Implementierung und Durchführung der Werbekampagnen samt Mediaeinkauf wie Annoncenpacht, Plakatanschlag, Platzierung in elektronischen Medien und im Internet sowie Produktion von Werbemitteln.

– **Auswertung (Phase 4):** Controlling, Datenauswertung und Reporting.

Die Geschäftsbeziehung zwischen der Werbeagentur und ihrem Kunden beginnt häufig mit einem Vertrag, der sich nur auf Konzeptarbeit bezieht[1448]. Die Aufgabe der Werbeagentur unter einem solchen Vertrag findet ihren Abschluss in der Präsentation. Erst nachfolgend einigen sich die Parteien möglicherweise auch darüber, was und welche Aufgaben die Werbeagentur im Bereich der kreativen Gestaltung, Verwirklichung und Auswertung übernehmen soll. Ebenso sind in der Praxis aber Vereinbarungen zwischen der Werbeagentur und dem Kunden anzutreffen, welche von Beginn an die verschiedenen möglichen Aufgaben und Leistungen der Werbeagentur, allenfalls in gestaffelter Form, breiter umfassen.

[1447] Werbemittel sind die Mittel, welche die Werbebotschaft tragen. Darunter fallen etwa Anzeigen, Plakate, Kataloge, Spots in Radio, Fernsehen und Kino, Werbebanner auf dem Internet etc. Die vermittelnden Träger der Werbemittel (Zeitschriften, elektronische Medien etc.) werden als Werbeträger oder Werbemedien bezeichnet.

[1448] Der BSW, Bund Schweizer Werbeagenturen, hat zusammen mit der ASW, Allianz Schweizer Werbeagenturen, und dem SWA, Schweizer Werbe-Auftraggeberverband, einen Leitfaden für die Wahl einer Werbeagentur herausgegeben. Dieser Leitfaden ist ein nützliches Arbeitsinstrument für die Evaluation einer Werbeagentur und für die Anbahnung der Geschäftsbeziehung mit einer solchen. Die ASW hat ausserdem noch eine Checkliste zur Agenturselektion verfasst. Vgl. dazu die URL-Adressen <www.bsw.ch> und <www.asw.ch> sowie Fn 1484.

C. Vertragsparteien

Vertragsparteien des Werbevertrags sind die Werbeagentur und der Kunde. Die Werbeagentur ist die charakteristische Partei des Werbevertrags. Sowohl natürliche als auch juristische Personen oder rechtsfähige Personengesellschaften wie Kollektiv- und Kommanditgesellschaften bezeichnen sich als Werbeagentur oder auch als Werbeberater[1449] und werden für den Werbung treibenden Kunden im Rahmen kommunikativer Aufgaben tätig. Der Begriff der Werbeagentur ist gesetzlich nicht umschrieben und nicht geschützt. Zudem darf der Begriff «Agentur» nicht zur Annahme verleiten, dass es sich bei der Werbeagentur um eine Agentur bzw. beim Werber um einen Agenten im Sinne des Obligationenrechts[1450] handelt. Der Agent im Sinne des Obligationenrechts beschäftigt sich damit, für den Auftraggeber Geschäfte zu vermitteln oder abzuschliessen. Aufgaben eines Agenten in diesem Sinne nimmt die Werbeagentur für den Werbekunden kaum wahr[1451].

Abzugrenzen mit Blick auf die Vertragsparteien ist der Werbevertrag, unter welchem die Werbeagentur Aufgaben für den Kunden übernimmt, von denjenigen Verträgen, welche die Werbeagentur im Zusammenhang mit dem Werbevertrag mit Dritten abschliesst. Darunter können einerseits diejenigen Verträge fallen, mit welchen die Werbeagentur Dritte für die Erfüllung ihrer eigenen Aufgaben beizieht, wie etwa Verträge mit unabhängigen Grafikern, Textern, Gestaltern, Fotografen etc. Andererseits zählen dazu insbesondere aber auch die als Ausführungsgeschäfte zu bezeichnenden Verträge. Mit diesen Ausführungsgeschäften überlässt die Werbeagentur, zumeist im Namen des Kunden handelnd, Dritten Aufgaben im Bereich der Ausführung der Werbung. Dabei wird namentlich die Produktion und Platzierung der Werbemittel veranlasst. Zu den Ausführungsgeschäften sind u.a. Produktionsverträge, Insertionsverträge sowie Verträge für die Distribution der Werbung zu zählen[1452].

[1449] Vorliegend wird einheitlich der Begriff «Werbeagentur» verwendet, welcher auch die für Werbetreibende als Vertragspartei gelegentlich verwendete Bezeichnung Werbeberater einschliessen soll.

[1450] Art. 418a ff. Obligationenrecht (OR, SR 220).

[1451] Denkbar ist hingegen, dass die Werbeagentur für einen Dritten als Agentin tätig ist, wenn sie etwa für Herausgeber von Medien Insertionsverträge oder für Dritte Verträge über Werberaum vermittelt. Die gleichzeitige Tätigkeit für den Kunden und für einen solchen Dritten kann aber einen Interessenkonflikt herbeiführen; vgl. dazu hinten Kap. X.F, S. 419 f.

[1452] Vgl. dazu hinten Kap. VII.G, S. 402.

D. Rechtsnatur des Werbevertrags

1. Vertrag auf Arbeitsleistung

Die Leistungen der Werbeagentur unter dem Werbevertrag umfassen in weiten Bereichen die Besorgung von Diensten zugunsten des Kunden. Sie können aber auch die Erbringung von Resultaten und Ergebnissen für den Kunden enthalten. Die Art der charakteristischen Leistungen der Werbeagentur sowie allfällige andere wesentliche Bestandteile des Vertrags sind massgebend für die rechtliche Zuordnung der Werbevertrags, d.h. für seine Qualifikation. Die Rechtsnatur bestimmt sodann auch die Beurteilung der einzelnen konkreten Rechte und Pflichten der Parteien.

In allgemeiner Form ausgedrückt, ist der Werbevertrag ein Vertrag auf Arbeitsleistung. Die Hauptpflicht der Werbeagentur besteht darin, Arbeit zugunsten des Kunden zu erbringen. Die von der Werbeagentur erbrachte Leistung erfolgt in selbstständiger Tätigkeit und nicht unter Eingliederung in eine fremde Arbeitsorganisation. Der Werbevertrag ist daher nicht etwa als Arbeitsvertrag im Sinne des Obligationenrechts zu qualifizieren[1453]. Vielmehr ist er einem anderen Typus von Verträgen auf Arbeitsleistung zuzuordnen, wobei primär eine Zuordnung zu den gesetzlich geregelten Verträgen Auftrag oder Werkvertrag in Frage kommt[1454].

[1453] Art. 319 ff. OR (Fn 1450).

[1454] Anzumerken ist in dieser Hinsicht, dass die von den Werbebranchenverbänden herausgegebenen Vertragsmuster (vgl. hinten Kap. VIII.) wie auch die spärliche Literatur offenbar eher davon ausgehen, dass der Werbevertrag umfassend dem Auftragsrecht unterzuordnen ist (vgl. dazu etwa Sigmund *Pugatsch,* Werberecht für den Praktiker, Zürich 1998, § 2). Diese Ansicht ist kaum zutreffend und zu wenig differenziert.
Einzig François *Dessemontet,* Le contrat de service, ZSR 106/1987 II 140 f., sowie Bruno *Glaus,* Das Recht der kommerziellen Kommunikation, Rapperswil 2001, S. 60 f. und 78, erwähnen, dass unter dem Werbevertrag auch ein Ergebnis geschuldet sein kann.
Der sich im Entwurfsstadium befindende neue «Werbeleistungsvertrag» der ASW wird hingegen berücksichtigt, dass eine Zuordnung sowohl unter Auftrags- als auch unter Werkvertragsrecht in Frage kommt, und somit mit der Möglichkeit anderer Qualifikationen rechnen; vgl. dazu auch <www.asw.ch> sowie <www.werbeleistungsvertrag.ch>.

2. Unterschied Auftrag – Werkvertrag

Sowohl der Auftrag als auch der Werkvertrag sind auf Arbeitsleistung ausgerichtete Verträge. Sie unterscheiden sich aber durch den konkreten Inhalt der Leistungspflichten sowie durch die resultierende Haftung unter dem entsprechenden Vertrag:

«Durch die Annahme eines Auftrages verpflichtet sich der Beauftragte, die ihm übertragenen Geschäfte oder Dienste vertragsgemäss zu besorgen.» (Art. 394 Abs. 1 OR)

«Durch den Werkvertrag verpflichtet sich der Unternehmer zur Herstellung eines Werkes und der Besteller zur Leistung einer Vergütung.» (Art. 363 OR)

Der Beauftragte schuldet im Unterschied zum Unternehmer im Werkvertrag nicht ein konkretes Ergebnis, sondern das blosse Tätigsein in eine bestimmte Richtung, d.h. die Erbringung der Dienstleistung als solche. Im Effekt kann auch hier ein Resultat vorliegen, dieses wird aber nicht zugesichert. Entsprechend haftet der Beauftragte nicht für den Erfolg seiner Arbeit, sondern für getreue und sorgfältige Ausführung derselben[1455].

Das Werk im Sinne des Werkvertrags ist als Arbeitsergebnis aufzufassen. Entsprechend wird unter Werkvertragsrecht nicht für die Arbeit als solche, sondern für deren Resultat gehaftet. Diese Erfolgshaftung des Werkvertragsrechts gleicht der Gewährleistung beim Kaufvertrag.

Die beiden Vertragsverhältnisse unterscheiden sich nicht nur durch die Art der geschuldeten Leistung und die damit zusammenhängende Haftung. Im Zusammenhang mit dem Werbevertrag sind vor allem auch die unterschiedlichen Möglichkeiten zum Rücktritt[1456] sowie die konkrete Ausgestaltung von vertraglichen Nebenpflichten von Bedeutung[1457].

3. Rechtsprechung

Die bundesgerichtliche Rechtsprechung in Bezug auf die Qualifikation von Werbeverträgen ist spärlich. Das Bundesgericht hat in einem Entscheid vom 17.1.1989[1458] einen Vertrag, mittels welchem ein selbständiger Reklamebe-

---

[1455] Art. 398 OR (Fn 1450).
[1456] Vgl. dazu hinten Kap. XV, S. 447 ff.
[1457] Vgl. dazu hinten Kap. X.B ff., S. 413 ff.
[1458] BGE 115/1989 II 58 f. E.1.

VII. Wesen und Rechtsnatur des Werbevertrags

rater mit der Beratung bezüglich der Platzierung von Inseraten sowie mit dem Abschluss der entsprechenden Insertionsverträge mit den Herausgebern der Medien betraut wurde, in Präzisierung seiner früheren Rechtsprechung umfassend als Auftrag qualifiziert.

Der Beklagte hatte es unter dem in Frage stehenden Vertrag übernommen, die Klägerin in der Auswahl der Werbemittel, der Anzahl der Inserate sowie der Wahl der Publikationen, in welchen diese erscheinen sollten, zu beraten. Ausserdem musste er die entsprechenden Freiräume in den Publikationen reservieren und die Bearbeitung der Vorlagen veranlassen, welche von einem von der Klägerin unter Vertrag genommenen Dritten erstellt wurden. Zudem hatte er das Erscheinen der Inserate und die Rechnungen zu kontrollieren.

Das Bundesgericht bezeichnete den Beklagten als unabhängig arbeitenden Berater in Mediafragen sowie als Käufer von Inseratraum. Damit erscheine er als Beauftragter, der Ratschläge erteilen, Verträge abschliessen und deren Einhaltung überprüfen sollte. Entsprechend habe der Vertrag nicht die Erstellung eines Werkes zum Gegenstand. Im Vergleich mit den Verträgen im Architekturbereich erscheine der Beklagte nicht als Generalunternehmer. Vielmehr habe er einem dem so genannten Baubetreuungsvertrag vergleichbaren Vertrag abgeschlossen.

Der vom Beklagten in diesem Fall abgeschlossene Vertrag ist differenzierend als Mediavertrag zu bezeichnen. Der Berater hatte einige der Aufgaben übernommen, welche einer Werbeagentur im Rahmen der Implementierung und Auswertung der Werbung des Kunden, also der Phasen 3 und 4 der vorne in Kapitel VII.B dargestellten möglichen Aufgaben der Werbeagentur, übertragen werden können. Das Bundesgericht streicht im zitierten Entscheid heraus, dass der Reklameberater nicht mit der kreativen Gestaltung – und damit mit Aufgaben in den Phasen 1 und 2 – betraut worden ist.

Dem Urteil des Bundesgerichts kann insoweit beigepflichtet werden, als vorliegend, anders als bei einem Insertionsvertrag[1459], keine Pflicht des Mediaberaters in Bezug auf das Zurverfügungstellen von Anzeigenraum sowie auf die Qualität der Inserate niedergelegt war. Übernimmt eine Vertragspartei zusätzlich Verpflichtungen in Bezug auf das Erscheinen der Inserate selbst, kann der entsprechende Vertrag nämlich auch Werkvertragsrecht unterliegen[1460].

Ebenso kann dem Urteil beigepflichtet werden, wonach Aufgaben der Werbeagentur im Rahmen der Verwirklichung und Auswertung (Phasen 3 und 4)

[1459] Vgl. dazu hinten Kap. VII.G, S. 402.
[1460] Vgl. dazu BGE 59/1933 II 262 f.

unter Auftragsrecht fallen können, dies aber nicht unbedingt müssen. Aus der zitierten bundesgerichtlichen Rechtssprechung lassen sich kaum weitere und allgemeine Schlüsse in Bezug auf die Qualifikation des Werbevertrags ziehen. Dem Entscheid ist aber zu entnehmen, dass die Anwendbarkeit des Werkvertragsrechts bei der Beurteilung solcher Verträge ebenfalls in Betracht gezogen werden muss und dass nur im Einzelfall schlüssige Qualifikationen vorgenommen werden können. Selbst der Umstand, dass das Bundesgericht in diesem Entscheid offenbar mögliche werkvertragliche Elemente im Verhältnis der Parteien als von untergeordneter Natur betrachtete und daher das Verhältnis umfassend dem Auftragsrecht unterstellte, lässt nicht den allgemeinen Schluss zu, der Werbevertrag habe schlechthin Auftragsrecht zu unterstehen.

Vielmehr erscheint es als angebracht, für die rechtliche Untersuchung des Werbevertrags auf die Lehre und Rechtsprechung zum Architekturvertrag abzustellen, welche in ihren Nuancen bedeutend differenzierter sind und – ungeachtet der vielen um die Qualifikation bestehenden Kontroversen – die nötige Anschauung vermitteln, welche für eine differenzierte und sachgerechte Qualifikation auch des Werbevertrags erforderlich ist[1461].

E. Problematik der Qualifikation

1. Gemischte Verträge auf Arbeitsleistung

Die Vielfalt der Tätigkeiten der Werbeagentur lässt keine allgemeine Aussage zu, ob diese unter dem Werbevertrag bloss ein Tätigwerden in eine bestimmte Richtung oder aber auch die Erbringung von Resultaten schuldet. Die Konzeptarbeit (Phase 1 der vorne in Kapitel VII.B dargestellten möglichen Aufgaben der Werbeagentur) kann sowohl reine Auftragsarbeit umfassen als auch die Erbringung von Resultaten enthalten. Die kreative Gestaltung der Werbemittel (Phase 2) resultiert in der Schaffung (geistiger) Werke. Die Verwirklichung der Werbekampagnen und deren Auswertung (Phasen 3

[1461] Vgl. zur Qualifikation des Architekturvertrags statt vieler Peter *Gauch*, Vom Architekturvertrag, seiner Qualifikation und der SIA-Ordnung 102, in: Das Architektenrecht, Freiburg 1995, N 1 ff.; ebenso Robert *Tausky*, Wesen- und Rechtsnatur von Architektur- und Ingenieurverträgen, und Hans *Briner*, Die Architekten- und Ingenieurverträge im einzelnen, beide in: Das private Baurecht der Schweiz, Zürich 1994, S. 5 ff. (Tausky), S. 23 ff. (Briner).

und 4) ist eher als Dienstbesorgung zu bezeichnen, wobei auch hier einige Tätigkeiten, wie etwa die Produktion von Werbemitteln durch die Werbeagentur selbst, wiederum als ergebnisorientiert erscheinen können. Einzeln betrachtet, fallen die Tätigkeiten der Werbeagentur in einigen Bereichen unter Auftragsrecht. In anderen Bereichen können sie aber auch werkvertraglicher Natur sein.

Gemäss Obligationenrecht stehen Verträge über Arbeitsleistung, die keiner besonderen Vertragsart des Gesetzes unterstellt sind, unter den Bestimmungen über den Auftrag[1462]. Daraus hat das Bundesgericht früher geschlossen, dass das Obligationenrecht im Bereich der Arbeitsleistungen Verträge sui generis[1463] ausschliesse[1464]. In seiner neueren Rechtsprechung lässt das Bundesgericht immerhin aus Nominatelementen gemischte Verträge über Arbeitsleistungen zu, d.h. Verträge, bei denen Elemente eines anderen gesetzlichen Vertragstypus neben solchen des Auftragsrechts gegeben sind. In einem Entscheid zum Architekturvertrag stellte das Bundesgericht dazu fest, das Obligationenrecht schliesse die Anerkennung gemischter Verträge auf Arbeitsleistung nicht aus und zwinge nicht dazu, ein komplexes Vertragsverhältnis wie den Architekturvertrag entweder ganz als Auftrag oder ganz als Werkvertrag zu beurteilen[1465]. Beim Architekturvertrag könnten etwa das Erstellen von Ausführungsplänen und Kostenvoranschlägen, allenfalls sogar das Ausarbeiten von Bauprojekten, den Regeln des Werkvertrags unterstellt werden. Arbeitsvergebung und Bauaufsicht seien dagegen nur als Auftrag rechtlich erfassbar. Eine Spaltung der Rechtsfolgen in Bezug etwa auf die Mängelhaftung sei daher nicht ausgeschlossen.

Die vom Bundesgericht für den Architekturvertrag aufgezeigte Qualifikationslösung ist wohl auch für den Werbevertrag zutreffend. Je nach Ausgestaltung im Einzelfall kann ein umfassender Werbevertrag in gewissen Bereichen dem Auftragsrecht unterstehen, in anderen Belangen aber nach werkvertraglichen Regeln beurteilt werden. Übernimmt die Werbeagentur nur einzelne Aufgaben, ist häufig eine Zuordnung alleine unter Auftrags- oder Werkvertragsrecht möglich.

[1462] Art. 394 Abs. 2 OR (Fn 1450).
[1463] Ein Vertrag eigener Art (sui generis) ist ein Innominatvertrag und zeichnet sich dadurch aus, dass er aufgrund seiner wesentlichen Bestandteile keinem gesetzlich geregelten Vertrag zugeordnet werden kann und dass er eine völlig neue Schöpfung darstellt. Vgl. dazu Walter *Schluep,* Innominatverträge, in: Schweizerisches Privatrecht, Bd. VII/2, Basel 1979, S. 763 ff., S. 770 ff.
[1464] BGE 106/1980 II 159 E.2a und BGE 104/1978 II 110 E.1.
[1465] BGE 109/1983 II 464 E.3.

Eine Erfassung des Werbevertrags als Innominatvertrag drängt sich kaum auf, da eine Zuordnung des Werbevertrags mit seinen jeweiligen wesentlichen Bestandteilen unter gesetzlich geregelte Verträge damit möglich ist. Zudem wäre eine solche Erfassung auch solange ungerechtfertigt, als selbst der Architekturvertrag nicht als Innominatvertrag behandelt wird.

2. Problematik des Geist-Werkvertrags

Eine weitere, in diesem Zusammenhang hervorzuhebende Kontroverse liegt darin, dass sich Lehre und Rechtsprechung uneinig sind, ob auch Geisteswerke vom Werkbegriff erfasst werden oder nicht und ob die werkvertraglichen Gewährleistungsbestimmungen auf Geisteswerke sinnvoll angewendet werden können. Die von der Werbeagentur geschaffenen Werke sind in weiten Bereichen immaterielle bzw. Geisteswerke. Dies trifft v.a. auf die von der Werbeagentur im Bereich der Konzeptarbeit und der kreativen Gestaltung (Phasen 1 und 2) erarbeiteten Resultate zu. Die Anwendung von werkvertraglichen Regeln auf den Werbevertrag kommt damit nur soweit in Frage, als diese auch die Schaffung von Geisteswerken erfassen bzw. erfassen können.

Das Bundesgericht[1466] und eine Anzahl von Autoren[1467] vertreten die Meinung, dass das vom Unternehmer geschuldete Werk sowohl ein körperlicher als auch ein unkörperlicher (immaterieller) Arbeitserfolg sein kann. Nuancierend wird aber gefordert, dass das Geisteswerk erst dann vom Werkbegriff erfasst werden soll, wenn sich sein geistiger Gehalt durch die Vermittlung eines Trägers äussert[1468], es also seinen immateriellen Gehalt durch eine Körperlichkeit irgendwie manifestiert. Das Bundesgericht lehnt jedoch dieses zusätzliche Erfordernis ab[1469].

Im Lichte der bundesgerichtlichen Rechtsprechung können damit auch von der Werbeagentur geschaffene Geisteswerke nach Werkvertragsrecht beurteilt werden. Da die unter den Werkvertrag fallenden Elemente des Werbe-

---

[1466] BGE 109/1983 II 37 E.3b führte mit einer Praxisänderung diese bis heute vertretene Ansicht nach einigen entgegengesetzt lautenden Entscheiden wieder ein.
[1467] Vgl. *Gauch* (Fn 1461) N 31 ff.; Ivan *Cherpillod*, Le droit d'auteur en Suisse, Lausanne 1986, S. 84 f.; Peter *Jäggi*, Bemerkungen zu einem Urteil über den Architekturvertrag, SJZ 69/1973, S. 301–305.
[1468] Vgl. *Oser/Schönenberger*, Kommentar zum Schweizerischen Zivilgesetzbuch, Bd. V 2, Zürich 1936, Art. 363 OR N 2 und N 4; Peter *Gauch*, Zurück zum Geist-Werkvertrag!, in: recht 1/1983, S. 132–139, insb. S. 134 f.
[1469] BGE 112/1986 II 43 E.1a.

vertrags jedoch kaum als typisch für einen solchen erscheinen, sollte zusätzlich im Einzelfall geprüft werden, ob die Anwendung der einzelnen werkvertraglichen Regeln auch als sinnvoll und zweckmässig erscheint[1470]. Der Blick sollte dabei vor allem auf die Angemessenheit und Zweckmässigkeit der werkvertraglichen Mängelhaftung[1471] geworfen werden.

Eine werkvertragliche Mängelhaftung ist m.E. dann vertretbar und sinnvoll, wenn der Kunde der Werbeagentur Vorgaben gemacht hat, deren Einhaltung möglich und angemessen überprüfbar ist. Der Kunde nimmt in diesem Fall Einfluss auf die Gestaltung der Werbung oder verlangt gewisse messbare Ergebnisse der Werbung, indem er beispielsweise Vorgaben für deren Gestaltung macht oder deren Eignung für eine bestimmte Verwendung fordert. Der Werbeagentur wird nicht volle Gestaltungsfreiheit belassen, sondern sie unterwirft sich nach Massgabe des Kunden dessen Vorstellungen bis zu einem gewissen Grade. Wenn bei Vertragsschluss solche überprüfbare Vorgaben an die Werbeagentur gemacht werden, hat sie auch für deren Einhaltung einzustehen.

Wo aber der Werbeagentur Gestaltungsfreiheit eingeräumt und keine anderen messbaren Vorgaben gemacht werden, sollte keine werkvertragliche Mängelhaftung zur Anwendung gelangen, da eine solche nicht sachgerecht wäre. Hier kann die subjektivierte Sorgfalts- und Treueverpflichtung des Auftragsrechts als angemessenere Norm zur Anwendung gelangen. Die Werbeagentur ist zur Sorgfalt und zur Berücksichtigung der Interessen des Kunden verpflichtet[1472], bewahrt aber im Übrigen ihre gestalterische und kreative Freiheit.

3. Ergebnis

Einen Werbevertrag schlechthin gibt es nicht. Entsprechend kann es auch keine allgemeine Qualifikation des Werbevertrags geben. Zu betonen ist auch, dass alleine die individuelle Vertragsgestaltung für die Qualifikation massgebend ist. Die von den Parteien gewählte Vertragsbezeichnung spielt in dieser Hinsicht zumeist keine massgebende Rolle[1473]. Ein von den Parteien abgeschlossener «Beratungsvertrag» kann daher sehr wohl auch Werkvertrag

---

[1470] Vgl. Mario M. *Pedrazzini,* Werkvertrag, Verlagsvertrag, Lizenzvertrag, in: Schweizerisches Privatrecht, Bd. VII/1, Basel 1977, S. 495 ff., S. 503 ff.
[1471] Art. 367–371 OR (Fn 1450).
[1472] Art. 398 Abs. 2 OR (Fn 1450).
[1473] Vgl. dazu Art. 18 Abs. 1 OR (Fn 1450).

sein. Massgebend für die Qualifikation eines Werbevertrags ist zudem auch, ob die Werbeagentur nur einzelne Aufgaben für die Planung oder Realisierung der Werbung übernimmt oder ob sie weiter gehend oder umfassend für den Kunden tätig wird.

Selbst wenn ein beachtlicher Teil der Aufgaben der Werbeagentur unter Auftragsrecht fällt, können leistungsmässige Vorgaben an die Werbeagentur wie auch die Natur bestimmter von der Werbeagentur zu erbringender Leistungen werkvertragliche Anforderungen an die Leistung mit sich bringen. Dies gilt insbesondere für die Phasen der Konzeptarbeit und der kreativen Gestaltung. Aber auch im Rahmen der Verwirklichung kann sich unter Umständen der Einbezug werkvertraglicher Regeln zur Beurteilung der Erfüllung durch die Werbeagentur aufdrängen.

In Anlehnung an die zum Architekturvertrag entwickelte Lehre und Rechtsprechung[1474] wäre die Übernahme der Konzeptarbeit wie auch der kreativen Gestaltung, also der Phasen 1 und 2 der vorne in Kapitel VII.B dargestellten möglichen Aufgaben der Werbeagentur, eher dem Werkvertragsrecht unterzuordnen. Aufgaben im Rahmen der Phasen 3 und 4, also für die Verwirklichung der Werbekampagne sowie deren Auswertung, wären hingegen eher unter Auftragsrecht einzuordnen. Umfassendere Werbeverträge und Gesamtwerbeverträge wären entsprechend der bundesgerichtlichen Rechtsprechung als gemischte Vertragsverhältnisse aufzufassen und die Leistungen der Werbeagentur einzeln jeweils nach Auftrags- oder Werkvertragsrecht zu beurteilen.

Ungeachtet der Ähnlichkeiten und Vergleichbarkeiten zum Architekturvertrag ist es aber nicht in jedem Fall sachgerecht, die Konzeptarbeit und kreative Gestaltung jedenfalls im Bereich des Werkvertragsrechts anzusiedeln. Die individuellen Vereinbarungen der Parteien lassen nämlich sehr häufig darauf schliessen, dass überwiegend die Erbringung von Beratung durch die Werbeagentur im Vordergrund steht, und nicht die Ablieferung von Ergebnissen. In diesen Fällen können die werkvertraglichen Regeln dem Verhältnis der Parteien häufig nicht gerecht werden, und es sollte eher von einer Prädominanz des Auftragsrechts ausgegangen werden[1475].

Vor der Annahme der Anwendbarkeit von Werkvertragsrecht auf eine individuelle Vereinbarung ist also immer auch zu prüfen, ob die Vorgaben des Kunden darauf schliessen lassen, dass die Werbeagentur resultatorientierte Pflichten treffen sollen. Die Abgrenzung im Einzelfall kann aber schwierig

---

[1474] Vgl. dazu *Gauch* (Fn 1461), N 30 ff.
[1475] Vgl. dazu *Gauch* (Fn 1461), N 38 ff., der den Architekturgesamtvertrag ungeteilt dem Auftragsrecht unterstellen will.

sein. Werden nämlich qualitative oder quantitative Anforderungen an die Leistung der Werbeagentur definiert, kann diese Definition sowohl eine genauere Umschreibung des für die Arbeit der Werbeagentur massgebenden Sorgfaltsmassstabes als auch ein werkvertragliches Arbeitserfolgskriterium darstellen. Im ersteren Falle wird nicht nur das allgemein sorgfältige Verhalten der Agentur verlangt, sondern es werden bestimmte Anforderungen an die Sorgfalt ausdrücklich festgelegt, ohne dass dabei das Tätigwerden mit Hinblick auf die Erzielung eines bestimmten Erfolgs stipuliert wird.

F. Abschluss des Werbevertrags

Zum Abschluss eines Vertrags ist die übereinstimmende, ausdrückliche oder stillschweigende Willensäusserung der Parteien erforderlich[1476]. Diese ist an keine Form gebunden, sofern das Gesetz nicht eine solche vorschreibt[1477]. Weder der Auftrag noch der Werkvertrag unterliegen einer Formvorschrift. Damit ist der Werbevertrag nicht formbedürftig, d.h., er kann auch mündlich, mit elektronischen Kommunikationsmitteln (per E-Mail, über Internet), stillschweigend oder durch konkludentes Verhalten abgeschlossen werden.

Voraussetzung für das Zustandekommen eines Werbevertrags ist ein Konsens der Parteien (Übereinstimmung der Willensäusserungen) bezüglich derjenigen Punkte, die als objektiv wesentlich und somit begriffsnotwendig für diesen betrachtet werden können[1478]. Das entscheidende Gepräge erhält der Werbevertrag durch die Vereinbarung der Parteien, dass die Werbeagentur in irgendeiner Form für Werbungsbelange des Kunden tätig werden soll. Diese Vereinbarung ist als objektiv wesentliches Element zu betrachten, welches vom Konsens jedenfalls erfasst werden muss. Sofern die Parteien weiteren Punkten des Vertrags nicht ein solches Gewicht beimessen, dass diese als subjektiv wesentlich betrachtet werden müssten, können diese einer späteren Vereinbarung überlassen werden[1479]. Insbesondere die konkrete Regelung der Modalitäten der Tätigkeit der Werbeagentur für den Kunden muss daher nicht unbedingt bei Vertragsschluss erfolgen.

[1476] Vgl. Art. 1 OR (Fn 1450); dazu allgemein Hans *Merz,* Vertrag und Vertragsschluss, Freiburg 1992, N 160 ff.
[1477] Art. 11 Abs. 1 OR (Fn 1450).
[1478] Theo *Guhl/*Alfred *Koller/*Anton *Schnyder/*Jean Nicolas *Druey,* Das Schweizerische Obligationenrecht, 9. Aufl., Zürich 2000, S. 106, N 8; *Merz* (Fn 1476), N 174 f.
[1479] Vgl. Art. 2 Abs. 1 OR (Fn 1450).

G. Abgrenzungen

Abzugrenzen ist der Werbevertrag einerseits von werbeverwandten Verträgen und andererseits von den weiteren von der Werbeagentur oder auch vom Kunden im Zusammenhang mit der Realisierung der Werbung abzuschliessenden Verträgen mit Dritten. Die letzteren Verträge können, soweit deren Abschluss von der Werbeagentur betreut wird, als Ausführungsgeschäfte der Werbeagentur bezeichnet werden. Unter diesen Ausführungsgeschäften sind vor allem Produktions- und Insertionsverträge, Verträge zur Verbreitung der Werbung sowie weitere Verträge mit werbedurchführenden Medien exemplarisch zu nennen.

Produktionsverträge verpflichten den Vertragspartner zur Herstellung von Werbemitteln, Werbematerialien und dergleichen. Diese Verträge sind dem Werkvertragsrecht unterzuordnen. Darunter fällt zum Beispiel ein Druckvertrag, mit welchem der Drucker verpflichtet wird, ein druckreifes Werk herzustellen.

Durch einen *Insertionsvertrag* verpflichtet sich eine Partei, Inserate in einem Medium (das von ihr oder von einem Dritten herausgeben wird) erscheinen zu lassen, während der Inserent den Preis der Inserate bezahlen muss. Gleichgültig ob der Herausgeber des Mediums selbst oder eine Inseratagentur Vertragspartei ist, liegt eine Verpflichtung zur Platzierung des Inserates vor, welches der Inserent überlässt. Diese Verpflichtung umfasst je nach dem auch die Pflicht, den erforderlichen Raum zur Verfügung stellen, das Inserat zu drucken und zu verteilen. Der Insertionsvertrag ist eher dem Werkvertragsrecht zuzuordnen, da er die Verpflichtung zur Erbringung eines Ergebnisses mit sich bringt[1480].

Ein Vertrag über *Direct Mailing* wie auch andere Verträge zur Distribution von Werbung verpflichten den Vertragspartner, das Mailing bzw. die Distribution der Werbung durchzuführen. Auch solche Verträge sind zumeist Werkvertragsrecht unterzuordnen.

Als Beispiel eines werbeverwandten Vertrags ist vor allem der *Annoncenpachtvertrag* zu nennen. Ein solcher liegt vor, wenn der Herausgeber eines Mediums dem Pächter Ausgaben oder Teile eines Mediums zur Verfügung stellt, damit der Pächter darin Inserate, zu deren Veröffentlichung er sich

---

[1480] Vgl. BGE 59/1933 II 262 f.; BGE 115/1989 II 59 E.1b sowie Rémy *Wyler,* Les relations de droit privé entre l'annonceur, l'agence de publicité et l'éditeur, Genève 1988, S. 156 ff.

VII. Wesen und Rechtsnatur des Werbevertrags

gegenüber Dritten in eigenem Namen und auf eigene Rechnung verpflichtet, erscheinen lassen kann. Der Pächter bezahlt dem Herausgeber für dieses Recht eine Vergütung, den Pachtzins[1481]. Der Annoncenpachtvertrag wird zum Teil als Vertrag sui generis bezeichnet, unter welchem Dienstleistungselemente zusammen mit der Verfügung über die sachenrechtliche Gewalt über den Werberaum zusammenfliessen[1482]. Dem Annoncenpachtvertrag verwandt ist der Vertrag, mit welchem dem Pächter die Nutzung von Plakatraum für den Plakatanschlag eingeräumt wird.

Unter einem *Mediavertrag* übernimmt es die Media Agentur, Media Strategien zu entwickeln und die Abwicklung des Einsatzes der Werbemittel zu organisieren. Ein solcher Vertrag ist gemäss Bundesgericht nach Auftragsrecht zu beurteilen[1483]. Aufgaben einer Mediaagentur können auch von der Werbeagentur im Rahmen des Werbevertrags wahrgenommen werden.

[1481] Vgl. BGE 83/1957 II 34 E.1a.
[1482] Vgl. *Dessemontet* (Fn 1454), S. 141, samt Verweisen.
[1483] Vgl. BGE 115/1989 II 58 E.1, sowie vorne Kap. VII.D.3, S. 304.

VIII. Branchenempfehlungen und Richtlinien

A. Herausgebende Verbände und Struktur

Sowohl die ASW, Allianz Schweizer Werbeagenturen, als auch der BSW, Bund Schweizer Werbeagenturen, geben ihrem Inhalt nach vergleichbare Arbeitsgrundsätze und Honorarordnungen heraus[1484]. Die Grundsätze der ASW sind in einigen Punkten ausführlicher als diejenigen des BSW[1485]. Diese Grundsätze umschreiben jeweils in allgemeiner Form die Rechte und Pflichten der Parteien eines Werbevertrags und legen insbesondere auch die Grundlagen der Honorierung von Werbeagenturen fest. Bei diesen Grundsätzen handelt es sich um von den Interessenverbänden der Werbeagenturen erarbeitete Branchenempfehlungen und Richtlinien bzw. um Musterverträge.

Der Schweizer Werbe-Auftraggeberverband, SWA, hat seinerseits mit einem Leitfaden «Verträge mit Werbeagenturen individuell gestalten, Empfehlungen SWA, Beratungsverträge in der Unternehmenskommunikation» auf die Herausgabe dieser Grundsätze durch die Interessenverbände der Werbeagenturen reagiert. Die Empfehlungen des SWA sollen dem Werbeauftraggeber dazu verhelfen, die Grundsätze der Branchenverbände im Rahmen der individuellen Vereinbarung in solcher Form anzupassen bzw. zu verändern, dass auch den Bedürfnissen des Kunden vermehrt Rechnung getragen werden kann.

Die Grundsätze der Werbebranchenverbände wie auch die darauf antwortenden Empfehlungen des SWA gehen davon aus, dass sich das Vertragswerk zwischen dem Kunden und der Werbeagentur einerseits aus einem «Bera-

---

[1484] Arbeitsgrundsätze und Honorarordnung der ASW sowie der Leitfaden für die Wahl einer Werbeagentur, die Checkliste Agenturselektion sowie die Checkliste Agenturbriefing sind auf der Website der ASW, <www.asw.ch>, abrufbar. Die Arbeitsgrundsätze und Honorarordnung des BSW sind nur auf Bestellung hin erhältlich, vgl. <www.bsw.ch>. Die Adressen der Verbände lauten: ASW Geschäftsstelle, Ankerstrasse 53, Postfach 1035, 8026 Zürich und BSW, Winkelriedstrasse 35, 8033 Zürich.

[1485] Sämtliche Regelungspunkte der Grundsätze des BSW sind auch in den Grundsätzen der ASW enthalten. Darüber hinaus behandeln die Grundsätze der ASW noch Arbeitsleistungen, die sich aus der ersten Besprechung ergeben (Ziff. 11 Abs. 2), unterscheiden ausdrücklich zwischen Dauerverhältnissen und Einzelverträgen (Ziff. 13), führen ein Honorarberechnungsbeispiel auf und verweisen auf Eigenleistungen des Auftraggebers (Ziff. 15, Abs. 4 und 5).

tungsvertrag» und andererseits aus den Arbeitsgrundsätzen und der Honorarordnung zusammensetzt. Der Beratungsvertrag legt in einem solchen Fall die im Rahmen des Werbevertrags individuell umschriebenen Rechte und Pflichten der Parteien, namentlich in Bezug auf die Übertragung der Werbung, das Werbebudget und dergleichen fest, während die Arbeitsgrundsätze und die Honorarordnung allgemeine Rechte und Pflichten der Parteien umschreiben sollen.

Die ASW hat im Frühjahr 2000 ein Projektteam ins Leben gerufen, welches den (nach Würdigung der ASW) in die Jahre gekommenen Beratungsvertrag, die Arbeitsgrundsätze und die Honorarordnung durch ein neues Gesamtwerk ersetzen soll[1486]. Dieses Gesamtwerk soll sich aus einem «Werbeleistungsvertrag» (anstelle des Beratungsvertrags), dazugehörenden Zusatzvereinbarungen zu Budget und Kostendach, Einzelaufträgen sowie aus so genannten Rahmenbedingungen zum Werbeleistungsvertrag und Tarifen und Honoraren zusammensetzen. Der Werbeleistungsvertrag soll dabei gewisse rahmenvertragliche Funktionen übernehmen, in dessen Umfang einzelne Aufgaben der Werbeagentur formuliert werden können. Im Vertragswerk sollen vor allem geänderte Geschäftsgewohnheiten und die Gestaltung in der Praxis bessere Berücksichtigung finden sowie Unklarheiten der vertraglichen Verhältnisse behoben werden. Zudem soll der rechtlichen Qualifikation des Verhältnisses zwischen Werbeagentur und Kunde besser Rechnung getragen werden. Der Werbeleistungsvertrag war bei Drucklegung dieses Buches noch nicht verfügbar.

B. Bedeutung und Inkorporierung von Branchenempfehlungen in die individuelle Vereinbarung

Die von der ASW und vom BSW herausgegebenen Grundsätze[1487] sind Branchenempfehlungen und damit privatrechtliche Regelwerke. Sie werden nur dann und nur insoweit Bestandteil des individuellen, zwischen der Werbeagentur und dem Kunden abgeschlossenen Vertrags, als sie ausdrücklich zu dessen Inhalt erhoben werden. Die Grundsätze weisen überdies ihrer

---

[1486] Vgl. dazu <www.werbeleistungsvertrag.ch/html/de/home.htm>.
[1487] Die ASW wird in ihrem neuen Regelwerk «Werbeleistungsvertrag» die Bezeichnung «Rahmenvereinbarungen» bzw. «Rahmenbedingungen» verwenden.

Qualität nach die Eigenschaften von Allgemeinen Geschäftsbedingungen (AGB) auf.

Ohne Aufnahme in die individuelle Vereinbarung kommt diesen Branchenempfehlungen und Grundsätzen keine rechtserhebliche Bedeutung zu. Allerhöchstens können sie als Ausdruck der Branchenüblichkeit Berücksichtigung finden[1488]. Gerade die Empfehlungen des Schweizer Werbeauftraggeberverbands SWA zu den von der ASW und vom BSW herausgegebenen Grundsätzen zeigen aber auf, dass diesen Regelwerken kaum die Qualität des Ausdrucks der Branchenüblichkeit zukommen kann. Der SWA will mit seinen Empfehlungen auch genau darauf hinweisen, dass die Grundsätze nicht in jeder Hinsicht die Branchenüblichkeit ausdrücken und dass sie kaum der erforderlichen Ausgeglichenheit in der vertraglichen Beziehung der Parteien gerecht werden. Daher schlägt der SWA in Bezug auf die meisten Klauseln der Grundsätze modifizierende Regelungen vor. Gegen die Branchenüblichkeit der Grundsätze spricht schliesslich auch die Erkenntnis der ASW selbst, dass die Grundsätze «in die Jahre gekommen sind» und durch ein neues Regelwerk ersetzt werden sollen[1489].

Voraussetzung der Rechtsverbindlichkeit der Grundsätze als AGB ist damit, dass die Parteien diese durch übereinstimmende Willenserklärungen zum Bestandteil des zwischen ihnen geschlossenen Vertrags machen. Die Übernahme von AGB kann sowohl ausdrücklich als auch stillschweigend erfolgen. Die ausdrückliche Übernahme ihrerseits kann sowohl mündlich als auch schriftlich erfolgen. Eine schriftliche Übernahme kommt durch Unterschrift auf das Formular, welches die AGB enthält (unmittelbare Übernahme), zustande oder durch Unterschrift auf ein anderes Formular, welches auf diese verweist (mittelbare Übernahme)[1490]. Ein stillschweigender Einbezug von AGB kommt insbesondere dann in Frage, wenn beide Parteien über einige Geschäftserfahrenheit verfügen und wenn die Parteien vom Bestand und der Üblichkeit des Einbezugs der AGB in die individuelle Vereinbarung wissen oder wissen müssen.

[1488] Vgl. dazu BGE 117/1991 II 283 E.4b sowie BGE 118/1992 II 296 E.2, wo das Bundesgericht in Bezug auf die vom Schweizerischen Ingenieur- und Architekten-Verein herausgegebenen Normen (SIA-Normen) feststellte, dass diese nicht regelbildende Übung darstellen, sondern nur dann Berücksichtigung finden, wenn sie zum Vertragsinhalt erhoben wurden.
[1489] Vgl. dazu vorne Kap. VIII.A., S. 404.
[1490] Die Lösung des Verweises auf AGB wird im Formular «Beratungsvertrag» vorgesehen, welches Bestandteil des Regelwerks der Verbände ist. In diesem Formular akzeptiert der Kunde durch Unterschrift nicht nur den Beratungsvertrag, sondern auch die Verbindlichkeit der Grundsätze.

Auch wenn die Grundsätze zum Bestandteil des einzelnen Werbevertrags gemacht wurden, muss ihnen nicht in jedem einzelnen Werbevertrag die gleiche Bedeutung zukommen. Ist im Streitfall eine Auslegung erforderlich, werden nämlich AGB individuell und anhand der Umstände des Einzelfalls ausgelegt[1491]. Die Bedeutung der Grundsätze kann damit durchaus eine andere sein als dies bei der Abfassung vorgesehen war. Soweit die Parteien bestimmte Punkte des Werbevertrags individuell aushandeln, gehen diese allfällig ebenfalls inkorporierten AGB jedenfalls vor[1492]. Im Falle der mittelbaren Übernahme ist zudem erforderlich, dass sich der Kunde über den Inhalt in zumutbarer Weise informieren konnte. Dies bedingt jedenfalls, dass die Werbeagentur dem Kunden die Grundsätze genügend frühzeitig vor dem Vertragsschluss zugänglich macht, damit sich dieser ein Bild davon machen kann[1493]. Im Zeitalter elektronischer Kommunikation kann eine solche Zugänglichmachung wohl auch durch Verweis auf Veröffentlichung der AGB auf dem Internet erfolgen.

AGB als Formularverträge werden zudem von der Gerichtspraxis in einigen Aspekten speziell behandelt. Zu erwähnen sind insbesondere die so genannte Unklarheits- sowie die Ungewöhnlichkeitsregel. Die Unklarheitsregel besagt, dass Unklarheiten in Formulierungen zulasten desjenigen gehen, welcher die AGB vorformuliert hat. Nach der Ungewöhnlichkeitsregel sind Bestimmungen in AGB nicht bindend, mit welchen der Betroffene nach den Umständen nicht rechnen musste. Zudem schützt Art. 8 UWG die betroffene Vertragspartei vor vorformulierten Geschäftsbedingungen, welche in irreführender Weise zu ihrem Nachteil von der unmittelbar oder sinngemäss anwendbaren gesetzlichen Ordnung erheblich abweichen oder eine der Vertragsnatur erheblich widersprechende Verteilung von Rechten und Pflichten vorsehen[1494]. Unklar ist die Rechtsfolge des Verstosses gegen Art. 8 UWG, d.h. namentlich die Frage, ob missbräuchliche Geschäftsbestimmungen nichtig sind oder ob der betroffene Vertragspartner sich alleine auf die ihm nach UWG zustehenden Rechtsbehelfe berufen kann. Auszugehen ist zumeist davon, dass solche Geschäftsbedingungen nichtig sind.

Problematisch an den Arbeitsgrundsätzen und Honorarordnungen erscheint auch, dass diese für die Berechnung des Honorars der Werbeagentur von scheinbar gefestigten Grundlagen ausgehen wollen und für den Fall der Honorarberechnung aufgrund des Werbebudgets relativ starre Vorgaben, inklu-

---

[1491] Vgl. BGE 115/1989 II 268 E.5.
[1492] Vgl. dazu etwa BGE 93/1967 II 324 E.4.
[1493] Vgl. dazu etwa BGE 100/1974 II 208 E.5.
[1494] Vgl. dazu allg. zur Gültigkeit und Auslegung der SIA-Ordnung *Gauch* (Fn 1461), N 61 ff.

sive der anwendbaren Prozentschlüssel, machen. Von Branchenverbänden herausgegebene Honorarberechnungsvorlagen können nämlich vor allem dann kartellrechtlich bedenklich sein, wenn sie die Preisbildung indirekt oder direkt fördern oder Ausdruck einer Preisabrede zwischen den Mitgliedern von Verbänden sind. In einem solchen Falle können solche Veröffentlichungen der Branchenverbände als unzulässige Wettbewerbsabreden im Sinne von Art. 5 KG erscheinen. Zur Zulässigkeit bedürfen sie dann einer besonderen Rechtfertigung, welche wohl kaum gegeben ist und welche zudem bei horizontalen Preisvereinbarungen, die den Wettbewerb vermutungsweise vollständig beseitigen, ohne Umstossung der Vermutung ausgeschlossen ist[1495].

[1495] Art. 5 Abs. 3 Kartellgesetz (KG, SR 251); vgl. dazu die Bekanntmachung der Wettbewerbskommission vom 4.5.1998 «Voraussetzungen für die kartellgesetzliche Zulässigkeit von Abreden über die Verwendung von Kalkulationshilfen», in: Recht und Politik des Wettbewerbs, RPW 1998/2, S. 441 ff.

IX. Einzelvertrag, Dauer- und Rahmenvertrag

Eine Werbeagentur kann für den Kunden entweder nur im Rahmen eines bestimmten Werbeprojekts oder nur für einzelne Aufgaben innerhalb eines solchen Projekts tätig werden oder vom Kunden in weiterem Umfang mit der Betreuung seiner Werbung betraut werden. Die Grundsätze der ASW[1496] unterscheiden in dieser Hinsicht die Erbringung der Leistungen für den Kunden im Dauerverhältnis (Beratungsvertrag) von fallweise zu erledigenden einzelnen Arbeiten (Einzelvertrag). Die Regelwerke der Branchenverbände scheinen damit im Beratungsvertrag vor allem den Werbevertrag zu sehen, welcher sich auf verschiedene und zeitlich aufeinander folgende Leistungen der Agentur im Rahmen der Realisierung der Werbung des Kunden bezieht. Der so verstandene Beratungsvertrag wird vorliegend je nach Umfang als umfassenderer Werbevertrag oder als Gesamtvertrag bezeichnet. Davon grenzen die Grundsätze der ASW den Einzelvertrag ab, welcher nur einzelne Aufgaben der Werbeagentur umschreibt. Der sich im Entwurf befindende neue Werbeleistungsvertrag der ASW samt dazugehörenden weiteren Dokumenten wird diese Unterscheidung nicht mehr treffen, sondern soll so konzipiert sein, dass sowohl Einzelverträge als auch umfassendere Verträge erfasst werden können.

In rechtlicher Hinsicht liegt ein Dauerverhältnis der Parteien (d.h. ein Dauervertrag) vor, wenn die typischen Hauptleistungspflichten unter einem Vertrag für eine bestimmte Dauer bestehen und der Vertrag nicht auf das Ende durch Erfüllung, sondern auf den Ablauf der Vertragsdauer hin konzipiert ist. Der Einzelvertrag erschöpft sich im Gegensatz dazu in einer einmal zu erbringenden Leistung. Eine andere Abgrenzung wird zwischen kurz- und langfristigen Verträgen gemacht. Diese Unterscheidung stellt auf den Zeitraum zwischen Vertragsschluss und letzter Leistungshandlung ab. Einzelverträge können langfristige Verträge sein, und Dauerverträge ihrerseits können auch kurzfristig sein[1497].

Wollen die Parteien ein umfassenderes, auf eine längere Zeitspanne bezogenes und damit dauerndes Verhältnis eingehen, ist eine Festlegung der einzelnen Rechte und Pflichten der Parteien bei Vertragsschluss häufig kaum mög-

---

[1496] Vgl. Ziff. 13 der Grundsätze. Der BSW hat seinerseits in Ziff. 4 des Formulars Beratungsvertrag einen Passus eingefügt, wonach die Grundsätze auch für Einzel- oder künftige Aufträge, die im Beratungsvertrag nicht erwähnt sind, gelten sollen.
[1497] Vgl. Peter *Gauch*/Walter *Schluep*/Jörg *Schmid*/Heinz *Rey*, Schweizerisches Obligationenrecht, Allgemeiner Teil, 7. Aufl., Zürich 1998, N 261 ff.

lich. Die Parteien können in einem solchen Fall einen Rahmenvertrag abschliessen, anhand dessen nachfolgend die einzelnen Werbeprojekte bzw. Aufgaben der Werbeagentur genauer umschrieben und vereinbart werden. Ein Rahmenvertrag ist nicht mit dem oben beschriebenen Dauervertrag gleichzusetzen. Ein Dauervertrag kann, muss aber nicht, rahmenvertragliche Elemente enthalten. Mit einem Rahmenvertrag werden die Grundsätze der Zusammenarbeit festgelegt, ohne dass auch die Modalitäten der einzelnen Werbeprojekte abschliessend festgelegt werden. Der Rahmenvertrag präsentiert sich als übergeordnete Stammverpflichtung, die zum Abschluss der einzelnen Verträge in Bezug auf die Durchführung der Werbung für den Kunden verpflichtet[1498]. Im Gegensatz zu einem Vorvertrag[1499] wird beim Abschluss des Rahmenvertrags auf die Konkretisierung der nachfolgenden Einzelverträge verzichtet. Nur die Pflicht der Parteien zum Abschluss weiterer Verträge wird festgelegt, aber man kann und will noch nicht vereinbaren, in welcher Form und zu welchen Konditionen die Zusammenarbeit erfolgen soll. Im Rahmen dieses Vertrags werden dann einzelne Verträge nach Bedarf und Umständen geschlossen. Durch eine rahmenvertragliche Regelung ihrer Beziehung können die Parteien ein stabiles und dauerndes Verhältnis begründen, ohne die Flexibilität bei der konkreten Ausgestaltung zu verlieren[1500].

[1498] Vgl. zu Wesen und Funktion von Rahmenverträgen Rolf H. *Weber,* Rahmenverträge als Mittel zur rechtlichen Ordnung langfristiger Geschäftsbeziehungen, in: ZSR 106/1987 I 403–434 m.w.H.

[1499] Vgl. zum Vorvertrag statt vieler *Guhl/Koller/Schnyder/Druey* (Fn 1478), S. 107, N 13 ff.

[1500] Vgl. dazu auch *Weber* (Fn 1498), S. 404 ff.

X. Pflichten der Werbeagentur im Einzelnen

A. Leistungspflichten der Werbeagentur

1. Allgemeine Umschreibung

Im Einzelnen ergeben sich die Leistungspflichten der Werbeagentur erst aus der individuellen Vereinbarung der Parteien. Bezogen auf die vorne[1501] umschriebenen und im zeitlichen Ablauf nach vier Phasen unterschiedenen Aufgaben der Werbeagentur, lassen sich die vertraglichen Hauptpflichten und die zu erbringenden Leistungen der Werbeagentur allgemein und illustrativ wie folgt näher umschreiben[1502].

a) Konzeptarbeit

Im Rahmen der Konzeptarbeit hat die Werbeagentur die Situation des Kunden im Markt sowie allfällige bestehende Marketingziele und Strategien zu untersuchen, darzustellen und zu bewerten. Gestützt auf diese Analyse sind Strategien, Ziele, Ideen und Lösungen für die Gestaltung und Verwirklichung der Werbung des Kunden zu entwerfen. Ausdruck findet die Leistungspflicht v.a. im Werbekonzept.

b) Kreative Gestaltung

Gestützt auf das (vom Kunden zu genehmigende) Werbekonzept hat die Werbeagentur die zu verwendenden Werbemittel in kreativer Hinsicht zu gestalten und dafür Texte, Bilder, Layouts, Vorlagen, Skripts und dergleichen zu entwerfen. Weitere Aufgaben, z.B. die Erstellung von Mediaplänen und die weitere Planung des Werbeeinsatzes, sind ebenfalls in dieser Phase zu erledigen, soweit dies nicht bereits im Rahmen der Konzeptarbeit erfolgt ist.

[1501] In Kapitel VII.B, S. 388 f.
[1502] Vgl. für eine Umschreibung der Aufgaben der Werbeagentur auch Ziff. 14 der Arbeitsgrundsätze der Branchenverbände, vgl. dazu vorne Fn 1484.

c) Verwirklichung

In der Verwirklichungsphase ist die Agentur für die Realisierung der Werbekampagne des Kunden verantwortlich. Dazu kann die Produktion von Werbemitteln, die Terminierung, die Einholung von Offerten, die Vergabe und Platzierung der Werbung in Medien (Werbeträgern), der Einbezug Dritter für die sonstige Verbreitung der Werbung, die Organisation und Durchführung von Anlässen und dergleichen gehören.

In dieser Phase ist vor allem auch eine Kontrolle und administrative Dokumentation der Verwirklichung geschuldet, damit der Kunde den Ablauf der Werbekampagne in finanzieller, technischer, qualitativer und terminlicher Hinsicht überprüfen kann.

d) Auswertung

Im Rahmen der Auswertung schuldet die Werbeagentur dem Kunden eine rückblickende Würdigung und Beurteilung der Werbekampagne. Sie hat dabei die dem Konzept zugrunde liegenden Ziele und Vorstellungen mit den erreichten Resultaten zu vergleichen und zu bewerten. Insbesondere sind auch Reaktionen und Masszahlen in die Beurteilung einzubeziehen, welche die Werbeagentur in Bezug auf die Kampagne etwa von Meinungsforschungs- oder Medienauswertungsbüros erhalten hat.

2. Einzelvertrag, umfassenderer Werbevertrag und Gesamtvertrag

Unter einem Einzelvertrag wird die Werbeagentur nur für eine oder einige wenige der oben umschriebenen Aufgaben für Werbungsbelange des Kunden tätig. Im Rahmen eines umfassenderen Werbevertrags nimmt die Werbeagentur entweder innerhalb einer oder mehrerer Phasen verschiedene Aufgaben wahr. Unter einem Gesamtwerbevertrag übernimmt die Werbeagentur Leistungspflichten im Rahmen aller vier Phasen. Eine weitere Unterscheidung kann danach getroffen werden, ob eine Werbeagentur nur die Werbung einzelner Produkte bzw. Dienstleistungen, nur einzelne Bereiche der Werbung eines Kunden betreut (Teilbudget) oder umfassend Aufgaben für die Werbung des Kunden wahrnimmt (Gesamtbudget).

Im Rahmen des umfassenderen Werbevertrags und des Gesamtvertrags hat die Werbeagentur dabei nicht nur Eigenleistungen zu erbringen, sondern auch im Zusammenhang mit der Verwirklichung der Werbung erforderliche Fremdleistungen einzubeziehen und zu koordinieren. Dieser Einbezug von Fremdleistungen durch die Werbeagentur kann, vergleichbar den Verträgen im Baubereich, auf unterschiedliche Art erfolgen. Ist die Werbeagentur wie ein Generalunternehmer im Baubereich tätig, kann sie die übernommenen Aufgaben aufteilen und Teilausführungen an Dritte vergeben. Sie beschäftigt Dritte als Sub-Vertragsnehmer und ist dem Kunden für die Gesamtleistung unter dem Vertrag alleine verantwortlich[1503]. Die andere Möglichkeit besteht darin, dass die Werbeagentur vergleichbar einem Baubetreuer oder einem Architekten nicht die umfassende Verantwortung für die Gesamtheit der erbrachten Leistungen übernimmt, sondern einerseits eigene, vor allem auf die Gestaltung und Planung der Werbung bezogene Leistungen erbringt und andererseits nur die Koordination und Abwicklung von direkt zugunsten des Kunden erbrachten Leistungen von Dritten übernimmt. Die Pflichten der Werbeagentur unter diesen zwei verschiedenen Arten der Vertragsgestaltung unterscheiden sich grundlegend. Während im ersten Fall die Werbeagentur unter Umständen auch direkte Verantwortung für Leistungen von Dritten selbst übernimmt, sind im zweiten Fall die Dritten dem Kunden verantwortlich, und die Aufgabe und damit auch Verpflichtung der Werbeagentur beschränkt sich darauf, die ihr obliegenden Koordinations- und Überwachungsaufgaben wahrzunehmen[1504].

B. Persönliche Erfüllung

Sowohl als Beauftragte[1505] als auch als Unternehmer in einem Werkvertrag[1506] hat die Werbeagentur grundsätzlich die Pflicht, ihre Leistungen persönlich zu erbringen. Der Kunde betraut eine Werbeagentur mit Aufgaben zur Verwirklichung seiner Werbung zumeist gestützt auf das Vertrauen in die persönlichen Eigenschaften der Werbeagentur bzw. der bei dieser arbeitenden

---

[1503] Vgl. etwa Theodor *Bühler,* Der Werkvertrag, in: Kommentar zum Schweizerischen Zivilgesetzbuch, Bd. V 2d, Zürich 1998, Art. 363 OR N 117 ff.

[1504] Vgl. dazu auch hinten lit. I und Kap. XIII.

[1505] Art. 398 Abs. 3 OR (Fn 1450); dazu ausführlich Georg *Gautschi,* Der einfache Auftrag, in: Berner Kommentar, Bd. VI/2/4, Bern 1971, Art. 398 OR N 39 ff., sowie *Guhl/Koller/Schnyder/Druey* (Fn 1478), S. 551, N 15 ff.

[1506] Art. 364 Abs. 2 OR (Fn 1450); vgl. dazu *Guhl/Koller/Schnyder/Druey* (Fn 1478), S. 524, N 15.

Personen[1507]. Entsprechend darf der Kunde auch erwarten, dass die Werbeagentur die von ihr als Eigenleistungen geschuldeten Aufgaben persönlich erfüllt bzw. unter persönlicher Aufsicht und Weisung erfüllen lässt. Diese Erwartung des Kunden ist in den meisten Fällen für die Werbeagentur erkennbar und daher ist sie auch daran gebunden. Aus diesem Grunde ist auch für den Werkvertrag in diesem Bereich vom Grundsatz der persönlichen Ausführung auszugehen[1508].

Die Erfüllung ihrer Aufgaben kann seitens der Werbeagentur aber auch den Rückgriff auf Leistungen Dritter erforderlich machen. Dies gilt namentlich für Aufgaben, für deren Erfüllung die Werbeagentur nicht genügend geeignet bzw. eingerichtet ist. Dazu gehören insbesondere Leistungen im Bereich der Marktforschung, gewisser kreativer Tätigkeiten, der Produktion von Werbemitteln, der Auswertung, der Marktanalyse, der Beurteilung der rechtlichen Zulässigkeit der Werbung und dergleichen. Es kann davon ausgegangen werden, dass die Werbeagentur berechtigt[1509] und allenfalls auch geradezu verpflichtet ist, von der Werbeagentur unabhängige Dritte beizuziehen, wenn ihre eigenen Fähigkeiten und Kapazitäten anerkanntermassen auch für den Kunden nicht darin bestehen, solche Leistungen persönlich zu erbringen. Ebenso dürfte die Werbeagentur befugt sein, bloss administrative und ausführende Arbeiten an Dritte zu übertragen. Überall wo es aber auf die persönliche Fähigkeit besonders ankommt, wie etwa im schöpferischen Bereich, im strategisch planerischen Bereich wie auch in der Oberaufsicht, ist eine Vergabe an Dritte eher als nicht zulässig zu betrachten.

Soweit in einem solchen Fall *Auftragsrecht* zur Anwendung kommt, beschränkt sich die Verpflichtung der Agentur bei befugter Substitution auf die sorgfältige Auswahl, Instruktion und Überwachung beigezogener Dritter, wenn sie nicht vertraglich die volle Verantwortung auch für deren Handlungen übernommen hat[1510]. Kommt *Werkvertragsrecht* zur Anwendung, kann der Unternehmer die Ausführung delegieren, wenn er nicht zur persönlichen Erfüllung verpflichtet ist. Auch er ist zur sorgfältigen Auswahl, Instruktion

---

[1507] Vgl. dazu auch Peter *Gauch,* Der Werkvertrag, 4. Aufl., Zürich 1996, N 613.
[1508] Vgl. dazu Gaudenz *Zindel*/Urs *Pulver,* in: Kommentar zum Schweizerischen Privatrecht, Obligationenrecht I, Basel 1996, Art. 364 OR N 30.
[1509] Vgl. *Gauch* (Fn 1507), N 612 sowie Walter *Fellmann,* Der einfache Auftrag, in: Berner Kommentar, Bd. VI/2/4, Bern 1992, Art. 398 OR N 528 ff.
[1510] Vgl. Art. 399 Abs. 2 OR (Fn 1450), dazu aber auch BGE 112/1986 II 353 E 2 samt Verweisen, wonach die beschränkte Haftung gem. Art. 399 Abs. 2 OR unter Umständen nur dann gerechtfertigt ist, wenn ein Beizug Dritter im Interesse des Auftraggebers erfolgte, bei einem Beizug allein im Interesse des Auftragnehmers hingegen die allgemeine Regel von Art. 101 OR (Fn 1450) zur Anwendung kommen sollte.

und Überwachung verpflichtet. Darüber hinaus besteht aber jedenfalls die Erfolgshaftung des Unternehmers für das von ihm abzuliefernde Ergebnis, weshalb diese Verpflichtung sich weniger konkret aktualisiert als im Auftragsrecht[1511].

C. Sorgfaltspflichten

Nach dem Wortlaut des Gesetzes haften sowohl der Unternehmer unter dem Werkvertrag als auch der Beauftragte für die gleiche Sorgfalt[1512]. Die nachfolgenden Ausführungen beziehen sich vor allem auf die Konkretisierung der Sorgfaltspflicht, wie sie für das Auftragsverhältnis erfolgt. Die Konkretisierung der Sorgfaltspflicht unter Werkvertragsrecht[1513] ist dem Wortlaut nach zwar der auftragsrechtlichen[1514] vergleichbar. Die Sorgfaltspflicht unter Werkvertragsrecht ist aber, anders als im Auftragsrecht, nur beschränkt Kriterium zur Beurteilung der Leistungserbringung. Das Hauptaugenmerk der Leistungsbeurteilung richtet sich auf das schliesslich vorliegende Ergebnis, und der Unternehmer unter dem Werkvertrag haftet bei Mängeln primär nach den Gewährleistungsregeln resp. bei Verzug nach den Verzugsregeln[1515].

Allgemein wird in Bezug auf den im *Auftragsrecht* zur Anwendung kommenden Sorgfaltsmassstab etwa ausgeführt, dass der Beauftragte in der Ausübung seiner Tätigkeit dem allgemein anerkannten Wissensstand und Standard der Branche zu genügen hat, welcher er angehört. Zur Anwendung kommt damit ein abstrakter, nach einem gruppenspezifischen Durchschnitt abgestufter Massstab. Berufstypische Verhaltensregeln und Usanzen werden

---

[1511] Vgl. dazu *Zindel/Pulver* (Fn 1508), Art. 364 OR N 33 ff.
[1512] Vgl. Art. 364 Abs. 1 und Art. 398 Abs. 1 OR (Fn 1450): Der Unternehmer/Beauftragte haftet im Allgemeinen für die gleiche Sorgfalt wie der Arbeitnehmer im Arbeitsverhältnis. Der Verweis der auftrags- und werkvertraglichen Gesetzesbestimmungen auf das Arbeitsrecht wird von Lehre und Rechtsprechung sehr differenzierend verstanden und ausgelegt.
[1513] Zur Sorgfaltspflicht im Werkvertrag vgl. *Zindel/Pulver* (Fn 1508), Art. 364 OR N 4 ff.
[1514] Vgl. dazu etwa *Guhl/Koller/Schnyder/Druey* (Fn 1478), S. 549 f, N 11 ff.
[1515] Vgl. dazu hinten Kapitel X.H, S. 420.

ebenso berücksichtigt wie die besonderen Verhältnisse des Einzelfalls und der Art des Auftrags[1516].

Die Werbeagentur ist damit zur sorgfältigen Erfüllung und Besorgung der ihr übertragenen Aufgaben verpflichtet und hat alles zu unternehmen, um die vom Kunden erhofften und erstrebten Resultate der Beauftragung bzw. der Werbung, herbeizuführen.

Eine konkrete Umschreibung des Massstabes der Sorgfaltspflicht, welcher für die Werbeagentur gilt, erweist sich als schwierig. Allgemein kann ausgeführt werden, dass die Werbeagentur über die Fähigkeiten, Ausbildung und die Erfahrung verfügen muss, die eine Umsetzung der Werbung und der Werbeziele des Kunden unter branchenüblichen Standards ermöglichen[1517]. Die Werbeagentur hat bei der Ausübung ihrer Tätigkeiten die eigene Erfahrung wie auch allgemeine Kenntnisse in Bezug auf die Umsetzung von Werbemassnahmen zu berücksichtigen und muss selber über genügend Kenntnisse darüber verfügen, wie Werbung in einem zeitgemässen Umfeld gestaltet und umgesetzt wird. Sie hat sich über den aktuellen Stand der Marketingwissenschaft auf dem Laufenden zu halten und die entsprechenden Kenntnisse in ihre Arbeit für den Kunden einfliessen zu lassen. Was die Umsetzung der Werbung betrifft, hat sie dem Kunden denjenigen Mix von Werbemitteln und Werbeträgern vorzuschlagen, welcher aufgrund aktueller Marktgegebenheiten und Marktbedürfnisse als angemessen erscheint. Im Zeitalter neuer Medien gehört dazu beispielsweise auch, dass die Werbeagentur neue Werbeformen, wie etwa über das Internet, SMS oder dergleichen, bei der Konzeption und Realisierung der Werbung nicht ausser Acht lässt. Entwicklungen der Branche wie auch des Marktes sind daher von der Werbeagentur kontinuierlich zu verfolgen und in die Umsetzung der Werbung für den Kunden mindestens insoweit einzubeziehen, dass dem Kunden ein orientierter Entscheid in dieser Hinsicht ermöglicht wird.

Stets zu berücksichtigen ist das vom Kunden vorgegebene Budget, welches nicht nur einzuhalten und jederzeit zu kontrollieren, sondern auch optimal einzusetzen ist. Zur optimalen Einsetzung des Budgets gehört auch das Einholen von vergleichenden Offerten beim Beizug von Leistungen Dritter und bei der Vergabe von Ausführungsgeschäften. Unter vergleichbaren Offerten ist diejenige zu berücksichtigen, die in Anbetracht der Bedürfnisse des Kunden und des vorhandenen Budgets die effektivste Umsetzung der Werbung des Kunden ermöglicht.

[1516] Vgl. dazu etwa Rolf *Weber,* Aktuelle Probleme des einfachen Auftrags, in: AJP/PJA 1992, 177 ff., 183 f.; *Fellmann* (Fn 1509), Art. 398 OR N 355 sowie BGE 115/1989 II 64 E.3.
[1517] Vgl. *Weber* (Fn 1516), Art. 398 OR N 25.

Nimmt die Werbeagentur einen Auftrag des Kunden an, obwohl sie den Anforderungen etwa wegen mangelhafter Ausbildung und Erfahrung, fehlender Zeit oder ungenügender Hilfsmittel nicht gewachsen ist, trifft sie der Vorwurf des so genannten Übernahmeverschuldens[1518]. Die Sorgaltspflicht erfordert auch, dass eine Werbeagentur nur dann einen Auftrag annimmt, wenn sie davon ausgehen kann, diesen ordnungsgemäss zu erfüllen. Die Werbeagentur sollte über genügend fachliche, persönliche und personelle Qualifikation und auch über eine ausreichende finanzielle Grundlage verfügen, dass eine Erfüllung der eingegangenen Pflichten nicht von vornherein als höchst unwahrscheinlich erscheint.

Aus der Sorgfaltspflicht der Agentur ist auch abzuleiten, dass die Agentur dafür verantwortlich ist, dass die von ihr begleitete Werbung rechtlich zulässig ist und nicht gegen Bestimmungen des Werberechts, des Lauterkeitsrechts oder gegen andere Normen verstösst. Darum hat die Agentur auch die Pflicht, sich über die Zulässigkeit der von ihr entworfenen Werbung zu vergewissern. Im Zweifelsfalle hat sie sich dazu an einen Spezialisten zu wenden und einen Rechtsanwalt oder anderen Kenner des Werberechts beizuziehen.

Die Pflicht der Werbeagentur zur Vergewisserung darüber, dass die von ihr gestaltete Werbung zulässig ist, reicht mindestens soweit, als Normen des engeren und weiteren Werberechts betroffen sind. Die von der Werbeagentur vorgenommene Gestaltung der Werbung kann darüber hinaus aber noch weitere und in ihren Konsequenzen sehr schwierig abzuschätzende Folgen haben. Dies hat der «Swissair-Entscheid» des Bundesgerichts[1519] aufgezeigt. In diesem Entscheid wurde eine Konzernhaftung der Muttergesellschaft unter anderem auch darum bejaht, weil die Tochtergesellschaft in ihrer Werbung auf eine klare Verbindung zur Muttergesellschaft hingewiesen hatte. Auch wenn damit ein spezieller Fall angesprochen ist, dürfte von der Werbeagentur auch in dieser Hinsicht die Anwendung genügender Sorgfalt gefordert werden dürfen und hat sie daher den Kunden auch über die Risiken solcher Gestaltung der Werbung aufzuklären. Anderenfalls riskiert die Werbeagentur, dem Kunden gegenüber ersatzpflichtig zu werden, wenn dieser zufolge allzu weit reichender Werbegestaltung oder Werbeaussagen unerwarteterweise Dritten ersatzpflichtig wird.

[1518] Vgl. dazu illustrativ BGE 124/1998 III 161 E.3.
[1519] Vgl. BGE 120/1994 II 331.

D. Aufklärungs-, Beratungs- und Informationspflichten

Als vom Kunden für Werbebelange beigezogene Vertrauens- und Fachinstanz hat die Werbeagentur sicherzustellen, dass der Kunde sich eine realistische Vorstellung über die Verwirklichung seiner Werbung macht und deren Vorteile, Nachteile und Möglichkeiten abschätzen und formulieren kann. Die Werbeagentur hat den Kunden in das ihr eigene Wissen, ihre Kenntnisse und Erfahrungen im Bereich der Werbung einzubeziehen und ihn in dieser Hinsicht über alle Aspekte der Werbung wie auch über die Modalitäten der Ausführung des Auftrags aufzuklären. Diese Pflicht zum Einbezug konkretisiert sich durch der Sorgfalts- und Treuepflicht inhärente Aufklärungs-, Beratungs- und Informationspflichten der Werbeagentur.

Aufklärungs- und Beratungspflichten[1520] der Werbeagentur äussern sich darin, dass diese den Kunden umfassend und laufend in Bezug auf die für seine Zwecke in Frage kommenden Werbemöglichkeiten wie auch die damit verbundenen Kosten und sonstigen Vor- und Nachteile aufklären und beraten muss. Die Werbeagentur hat dem Kunden alle diejenigen Mitteilungen zu machen und Informationen zu übermitteln, die für die Erfüllung und Abwicklung des Vertrags von einiger Bedeutung sein könnten. Sie hat den Kunden über Möglichkeiten, Vor- und Nachteile verschiedener Varianten, Grenzen und weitere Aspekte der Werbung aufzuklären. Die Verwertbarkeit der beworbenen Produkte und Dienstleistungen ist abzuschätzen, und allfällige neue Absatztendenzen oder Ideen sind dem Kunden zur Kenntnis zu bringen.

Die Pflicht zur Aufklärung, Beratung und Information besteht für die ganze Dauer der Beziehung[1521] der Werbeagentur zum Kunden und gilt, wenn auch in unterschiedlichem Ausmass, für alle Phasen bzw. zeitlich aufeinander folgenden Aufgaben der Werbeagentur.

[1520] Vgl. allg. dazu *Fellmann* (Fn 1509), Art. 398 OR N 158 ff. sowie illustrativ auch BGE 115/1989 II 64 E.3.

[1521] Dazu gehören auch vorvertragliche Aufklärungspflichten, vgl. *Fellmann* (Fn 1509), Art. 398 OR N 150 ff., sowie *Weber* (Fn 1516), Art. 398 OR N 9.

E. Rechenschaftspflicht

Als Beauftragte hat die Werbeagentur dem Kunden Rechenschaft über die Ausführung des Auftrags abzulegen und dem Kunden alles zu erstatten, was ihr infolge der Geschäftsführung für den Kunden zugekommen ist; die Pflicht zur Rechenschaft besteht jederzeit auf entsprechendes Verlangen des Kunden hin[1522]. Über den blossen Wortlaut des Gesetzes kann aber davon ausgegangen werden, dass die Rechenschaftspflicht ebenfalls eine dauernde ist und diese sich nicht sich nur auf Verlangen des Auftraggebers hin konkretisiert. Vielmehr ist dem Kunden immer dann Rechenschaft abzulegen, wenn dies die Führung der Geschäfte für den Kunden erfordert.

Umfang und Ausmass abzulegender Rechenschaft bestimmen sich im Übrigen aufgrund ihres Zweckes. Eine Rechenschaftsablegung hat so zu erfolgen, dass dem Kunden die Bildung eines Urteils über die Art und Weise der Vertragserfüllung durch die Werbeagentur ermöglicht wird.

F. Treuepflichten

1. Begriff und Umfang

Die *auftragsrechtliche* Treuepflicht äussert sich allgemein auch darin, dass die verpflichtete Partei nicht entgegen der Interessen der anderen Vertragspartei handeln darf[1523]. Die Treuepflicht leitet sich aus dem einem Auftragsverhältnis inhärenten Vertrauensverhältnis ab. Allgemein muss der Beauftragte die Interessen, zu deren Wahrung er sich im Rahmen des Auftrags verpflichtet hat, allen anderen Interessen, inklusive seinen eigenen, voranstellen.

Im Umfang der Anwendbarkeit von *Werkvertragsrecht* sind Treuepflichten hingegen nur mit Zurückhaltung anzunehmen. Sie bestehen nur soweit, als

---

[1522] Art. 400 Abs. 1 OR (Fn 1450); vgl. ausführlich zu Inhalt und Umfang der Rechenschaftspflicht *Fellmann* (Fn 1509), Art. 400 OR N 19 ff. samt Verweisen.
[1523] Vgl. statt vieler *Gautschi* (Fn 1505), Art. 398 OR N 3 f. sowie *Fellmann* (Fn 1509), Art. 398 OR N 23 ff., m.w.H.

im konkreten Verhältnis der Parteien spezifisch auf solche geschlossen werden kann[1524].

Relevanter Ausfluss der Treuepflichten der Werbeagentur sind vor allem das Doppelvertretungsverbot und die Geheimhaltungspflicht.

2. Doppelvertretungsverbot und Konkurrenzverbot

Als Beauftragte darf die Werbeagentur auch dann, wenn kein ausdrückliches Konkurrenzverbot vereinbart wurde, nicht für andere Werbekunden tätig werden, wenn sich daraus eine unvermeidbare Interessenkollision ergibt.

Die Begründung des Doppelvertretungsverbots[1525] liegt darin, dass der Beauftragte unter gegebenen Umständen nicht weitere Interessen vertreten soll, welche denjenigen des Kunden und damit des Auftraggebers entgegengesetzt sind. Die Konkretisierung der entsprechenden Treuepflichten lässt sich nur im Einzelfall vornehmen. Eine Interessenkollision der Werbeagentur in dieser Hinsicht kann etwa dann vorliegen, wenn die Werbeagentur neben den für einen Kunden angenommenen Aufgaben andere Aufgaben wahrnimmt, welche in erheblichem Widerspruch zu den angenommenen Aufgaben stehen oder diese konkurrenzieren. Liegen solche Konflikte vor, ist es die Pflicht der Werbeagentur, den Kunden unverzüglich über die Interessenkollision zu informieren[1526]. Stimmt der Kunde in einem solchen Fall der weiteren Zusammenarbeit nicht zu oder unterlässt es die Agentur pflichtwidrig, den Kunden über bestehende Interessenkonflikte zu informieren, verletzt sie ihre Treuepflicht. Lassen sich allfällige Konflikte in dieser Hinsicht nicht vermeiden, ist die Werbeagentur gehalten, allenfalls auf ein Vertragsverhältnis oder auch auf beide Vertragsverhältnisse zu verzichten.

Die Frage, ob eine Werbeagentur gleichzeitig Konkurrenten betreuen kann, lässt sich nicht allgemein beantworten. Einerseits ist anerkanntermassen davon auszugehen, dass ein bezüglich einer Branche angeeignetes Knowhow einer Werbeagentur ohne weiteres im Rahmen weiterer Aufgaben verwertet werden darf, ohne dass dabei eine Verletzung von vertraglichen Pflichten vorliegen würde. Umgekehrt ist im Falle divergierender Interessen

---

[1524] Vgl. Eugen *Bucher*, Obligationenrecht, Besonderer Teil, 3. Auflage, Zürich 1988, S. 206; eine weiter gehende, allgemein bestehende Treuepflicht nimmt *Gauch* an (Fn 1507), N 820.

[1525] Vgl. dazu *Fellmann* (Fn 1509), Art. 398 OR N 107 ff. oder *Weber* (Fn 1516), Art. 398 OR N 15 ff.

[1526] Vgl. *Fellmann* (Fn 1509), Art. 398 OR N 113.

verschiedener Kunden davon auszugehen, dass sich die Werbeagentur sehr wohl dem Risiko einer Interessenkollision aussetzt, wenn sie solche Mandate gleichzeitig annimmt. Ein solches Risiko besteht etwa, wenn die Werbeagentur gleichzeitig für verschiedene Kunden tätig werden will, welche Produkte oder Dienstleistungen im gleichen Marktsegment offerieren. Ebenso ist ein Fall der Interessenkollision gegeben, wenn die Werbeagentur in der Werbung Produkte verschiedener Kunden vergleichen will. Die Vermeidung solcher Interessenkollisionen kann nur dadurch erreicht werden, dass einerseits der Kunde über die Interessenkollision ins Bild gesetzt wird und andererseits das Ausmass nicht die Grenzen des Erlaubten übersteigt.

3. Verschwiegenheitspflicht und Geheimhaltung

Ausdruck der Treuepflicht ist auch die Geheimhaltungspflicht[1527]. Die Werbeagentur darf vertrauliche Informationen des Kunden nicht an die Öffentlichkeit oder Dritte weitergeben, es sei denn, dies wäre sachlich begründbar und erforderlich für die Erfüllung des Werbevertrags. Auch ohne ausdrückliche vertragliche Grundlage dürfte die Werbeagentur zur Geheimhaltung in dem Umfang verpflichtet sein, als der Kunde erkennbar ein solches Interesse zur Geheimhaltung hat.

Im Zweifelsfall sollte immer das Einverständnis des Kunden zur Weitergabe von Informationen eingeholt werden. Erforderlich ist eine ausdrückliche Zustimmung des Kunden insbesondere immer dann, wenn sich die Weitergabe vertraulicher Informationen aufgrund der Vertragserfüllung nicht aufdrängt bzw. nicht erforderlich ist[1528].

G. Weisungsrechte des Kunden

Sowohl unter Auftragsrecht[1529] als auch unter Werkvertragsrecht[1530] steht dem Kunden ein Weisungsrecht gegenüber der Werbeagentur zu. Wiederum

---

[1527] Zum Umfang und zu den Grenzen der Geheimhaltungspflicht vgl. allg. *Fellmann* (Fn 1509), Art. 398 OR N 72 ff. m.w.H.
[1528] Vgl. etwa Josef *Hofstetter*, Der Auftrag und die Geschäftsführung ohne Auftrag, in: Schweizerisches Privatrecht, Bd. VII/2, Basel 1979, S. 84.
[1529] Art. 397 Abs. 1 OR (Fn 1450); vgl. hierzu *Weber* (Fn 1516), Art. 397 OR N 4 f.

sind die Ausprägungen des Weisungsrechts unter Auftrags- und Werkvertragsrecht unterschiedlich, kommt dem Weisungsrecht doch im Rahmen des Auftrags bedeutend grössere konkretisierende Wirkung in Bezug auf die Leistungspflichten zu als im Werkvertragsrecht. Das Weisungsrecht im Werkvertragsrecht ist insofern als beschränkt zu bezeichnen, als sich Weisungen nur im Rahmen des einmal umrissenen, gewünschten bzw. verlangten Arbeitsresultates bewegen dürfen.

Weisungen des Kunden sind nicht nur zu befolgen. Die Werbeagentur hat auch aktiv darauf hinzuwirken, dass der Kunde die Möglichkeit zur Abgabe von Weisungen hat und diese wahrnimmt. Daher muss sie dem Kunden die für die Ausübung allfälliger Weisungen erforderlichen Informationen zukommen lassen und den Kunden auffordern, seine Weisungen zu erteilen.

Erachtet die Werbeagentur ihrerseits Weisungen als unsachgemäss, hat sie den Kunden davon in Kenntnis zu setzen. Sie darf sich also nicht allein mit der Weisungsbefolgung begnügen. Weisungen sind vielmehr kritisch entgegenzunehmen und Vorbehalte gegen unsachgemässe Weisungen sind klar zum Ausdruck zu bringen. Nur wenn der Kunde trotz den angebrachten Vorbehalten an solchen unsachgemässen Weisungen festhält, ist die Werbeagentur von ihren Verpflichtungen zur sorgfältigen Ausführung entbunden[1531].

H. Werkvertragliche Erfolgspflichten

Soweit Werkvertragsrecht zur Anwendung kommt, hat die Werbeagentur dem Kunden die geschuldeten Resultate und Ergebnisse abzuliefern. Anders als unter Auftragsrecht sind nicht die Art und Weise der Diensterbringung und die dabei angewendete Sorgfalt relevant, sondern das Ergebnis als solches ist massgebend zur Beurteilung, ob die Werbeagentur ihren Leistungspflichten genügt.

In erster Linie muss das geschuldete Ergebnis entsprechend den Ausführungsbestimmungen des Kunden erstellt worden sein und hat den Anforderungen zu entsprechen, die der Kunde vorgegeben und vorausgesetzt hat.

[1530] Art. 369 OR (Fn 1450); vgl *Zindel/Pulver* (Fn 1508), Art. 369 OR N 7.
[1531] Vgl. *Zindel/Pulver* (Fn 1508), Art. 369 OR N 8 ff. für den Werkvertrag; *Fellmann* (Fn 1509), Art. 397 OR N 101 ff. für den Auftrag.

Zudem muss den Regeln der Branche Nachachtung verschafft worden sein und müssen Gesetze und Verordnungen eingehalten werden[1532].

Die Werbeagentur hat damit Resultate vorzulegen, die für die Werbung in der vorgesehenen Form verwendet werden können, und welche diejenigen Eigenschaften, Qualitäten und Besonderheiten aufweisen, die vom Kunden vorgegeben wurden. Zudem darf die Werbung nicht Rechte Dritter verletzen.

I. Die Bedeutung des Briefings

Das Briefing ist wesentliches Element der Beziehung zwischen der Werbeagentur und dem Kunden und der Konkretisierung des Werbevertrags. Jedes Briefing zielt dahin, die Ziele von Werbemassnahmen und den Aufgabenbereich der Werbeagentur zu definieren. Das Briefing ist, ob es im Rahmen der Anbahnung des Vertragsverhältnisses oder später vorgenommen wird, massgebende Grundlage zur Bestimmung der konkreten Rechte und Pflichten der Parteien. Es ist in der Praxis häufig konkretester Ausdruck der Vereinbarungen der Parteien und daher in seiner Bedeutung nicht zu unterschätzen.

Die Branchenverbände ASW und BSW haben für das Agenturbriefing Checklisten entworfen[1533]. In diesen Checklisten wird klar hervorgehoben, dass Ziel des Briefings und damit der Instruktion und der Festlegung der Aufgaben der Werbeagentur ist, dieser einen möglichst umfassenden Einblick in die Grundlagen und Ziele des Marketings des Kunden, unter Berücksichtigung des zur Verfügung stehenden Budgets, zu geben. Zu diesem Zweck klärt der Kunde auch im eigenen Interesse die Werbeagentur möglichst umfassend über sein Unternehmen, dessen Tätigkeit, Organisation und Marktstellung auf. Zudem sollte der Kunde seine Unternehmenspolitik darlegen und seine Erwartungen an die Tätigkeit der Werbeagentur ausformulieren. Aufgabe der Werbeagentur gemäss dieser Checkliste ist es, gestützt auf das Briefing aufzuzeigen, welche Ziele mit Hilfe welcher Massnahmen unter Berücksichtigung des Budgets erreicht werden können. Folgen die Parteien den Empfehlungen einer solchen Checkliste, legen sie damit eine optimale Grundlage für eine Zusammenarbeit, welche von gleichen Vorstellungen ausgeht.

[1532] Vgl. dazu *Bühler* (Fn 1503), Art. 364 OR N 18 ff.
[1533] Die Checkliste Agenturbriefing ist auf der Website der ASW, <www.asw.ch>, abrufbar. Beim BSW ist sie auf Bestellung hin erhältlich, vgl. <www.bsw.ch>.

Nicht zu unterschätzen ist die Bedeutung des Briefings für die konkrete Beurteilung der Rechte und Pflichten der Parteien unter einem Werbevertrag. Was im Rahmen des Briefings dargelegt wird bzw. was in der Replik zum Briefing durch die Werbeagentur zum Ausdruck gebracht wird bildet nämlich die Konkretisierung der Anforderungen, welche an die Leistungserfüllung der Werbeagentur gestellt werden. Beide Parteien müssen sich auf die im Briefing gemachten Angaben behaften lassen. Nicht im Briefing genannte Umstände können umgekehrt im Rahmen der Beurteilung der Leistungserbringung nur dann angerufen werden, wenn diese Umstände in anderer und rechtsgenügender Form der anderen Partei zur Kenntnis gebracht wurden. Auch wenn das Briefing nicht ausdrücklich zum Vertragsbestandteil erklärt wird, ist es für die Beurteilung der Beziehung der Parteien von massgebender Bedeutung. Im Einzelfall kann das Briefing ohne weiteres als direkter Bestandteil der Vereinbarung der Parteien erscheinen. Wird es nicht direkter Bestandteil, ist es im Rahmen der Beurteilung der Beziehung jedenfalls in Betracht zu ziehen. Im Umfang, in dem Auftragsrecht zur Anwendung kommt, ist das Briefing Ausdruck der Weisungen und Instruktionen des Kunden, zu deren Erteilung dieser jederzeit befugt ist. Ist Werkvertragsrecht relevant, konkretisiert das Briefing die Anforderungen an die von der Werbeagentur zu erbringenden Resultate.

XI. Pflichten des Werbekunden

A. Hauptpflicht: Leistung der Vergütung

1. Allgemein

Die vertragliche Hauptpflicht des Werbekunden gegenüber der Werbeagentur äussert sich in der Pflicht zur Bezahlung der vereinbarten Vergütung.
Der Werbevertrag wird zumeist entgeltlicher Vertrag sein. Soweit Auftragsrecht zur Anwendung kommt, ist vom Auftraggeber eine Vergütung geschuldet, wenn sie verabredet oder üblich ist[1534]. Die Übung der Entgeltlichkeit kann wohl für von Werbeagenturen angenommene Aufträge bejaht werden. Somit ist eine Vergütung selbst dann geschuldet, wenn sie nicht ausdrücklich vereinbart wurde[1535]. Neben dem Anspruch auf Vergütung hat die Werbeagentur als Beauftragte auch Anspruch auf Ersatz ihrer Auslagen und Verwendungen[1536]. Dem Werkvertragsrecht fehlt eine vergleichbare Regelung, wonach eine Übung zur Annahme der Entgeltlichkeit genügt. Vielmehr muss sich in einem solchen Fall die Entgeltlichkeit direkt aus der Vereinbarung ergeben.

Haben sich die Parteien zwar über die Entgeltlichkeit, nicht aber über die Höhe der Vergütung geeinigt, wird die unter Werkvertragsrecht geschuldete Vergütung nach Massgabe des Wertes der Arbeit und der Aufwendungen festgesetzt[1537]. Wurde für unter Auftragsrecht erbrachte Leistungen die Höhe der Vergütung nicht festgelegt, kann sich deren Umfang aus der branchenüb-

---

[1534] Art. 394 Abs. 3 OR (Fn 1450).
[1535] Die Grundsätze der ASW (Ziff. 11 Abs. 2) enthalten auch eine Bestimmung, welche die Entgeltlichkeit von sich aus der ersten Besprechung ergebenden Arbeitsleistungen regeln wollen. Danach soll die erste Besprechung für den Kunden unentgeltlich und unverbindlich sein (Art. 10) und erst darauf eine entgeltliche Tätigkeit der Werbeagentur vorliegen (Art. 11 Abs. 1). Arbeitsleistungen, die sich aus der ersten Besprechung ergeben, sollen aber verrechnet werden können (Art. 11 Abs. 2). Diese Regelung erscheint widersprüchlich und kann insbesondere keine Anwendung finden, wenn es gar nie zum Vertragsschluss unter Einbezug der Grundsätze kommt.
[1536] Art. 402 Abs. 1 OR (Fn 1450).
[1537] Art. 374 OR (Fn 1450).

lichen Übung ergeben[1538]. Wie beim Architekturvertrag und den vom SIA herausgegebenen Normen sowie bei anderen Verbandstarifen, ist auch beim Werbevertrag davon auszugehen, dass die Honorarordnungen der Werbebranchenverbände keinen Ausdruck bezüglich einer Übung der Höhe der Vergütung darstellen[1539].

Berechnung und Höhe der Vergütung bestimmen sich im Übrigen nach der individuellen Vereinbarung der Parteien. In der Praxis können dabei namentlich das Provisionssystem, das Prozentsystem und das Honorarsystem als unterschiedliche Vergütungssysteme unterschieden werden. Diese Systeme können auch als Kombination vereinbart werden.

2. Provisionssystem

Unter einem Provisionssystem wird die Werbeagentur nicht direkt vom Kunden, sondern über Vermittlungsprovisionen, welche von den werbedurchführenden Medien bezahlt werden, entlöhnt. Dieses System findet seinen Ursprung im Anzeigevermittlungswesen. Die Werbeagentur bezieht dabei für ihre Leistungen eine prozentual bestimmte Provision, welche sich am vermittelten Werbevolumen bzw. am Werbebudget orientiert. Der Werbekunde erhält so keine Vergünstigungen für seinen Mediaeinkauf. Die Leistungen der Werbeagentur werden dafür direkt von den Werbeträgern an die Werbeagenturen und damit indirekt für den Kunden bezahlt.

Der Provisionsanspruch berechnet sich aufgrund des ganzen Werbevolumens, wenn die Parteien nicht etwas Abweichendes vereinbaren. Nicht honorarberechtigte Werbemittel sind daher ausdrücklich festzuhalten.

Rechtlich betrachtet ist die von den werbedurchführenden Medien an die Agentur bezahlte Entschädigung, welche sich zumeist in einer Höhe um 15% bewegt, als Provision für vermittelte Geschäfte bzw. als Retrozession zu qualifizieren. Die werbedurchführenden Medien überlassen der Werbeagentur einen Teil ihres Ertrags aus vom Kunden für die Durchführung der Werbung bezogenen Mitteln als Vergütung.

[1538] Zur Kontroverse, ob die Übung auch den Umfang der geschuldeten Vergütung bestimmen kann, vgl. *Gauch* (Fn 1461), N 18 Fn 19.

[1539] Vgl. BGE 117/1991 II 290 E.5 in Bezug auf Verbandstarife im Allgemeinen.

3. Prozentsystem

Aus dem Provisionssystem hat sich das in der Praxis lange vorherrschende System entwickelt, die Werbeagentur in Prozenten des Werbebudgets zu entschädigen. Im Unterschied zum Provisionssystem wird die Vergütung der Werbeagentur unter dem Prozentsystem vom Kunden selbst bezahlt. Das Budget ist als Gesamtwerbeaufwand des Kunden zu verstehen, inkl. des Honorars der Werbeagentur. Gemäss den Grundsätzen und Honorarordnungen der Branchenverbände soll der prozentuale Anteil der Werbeagentur 15% des Gesamtwerbebudgets betragen, was wiederum 17.65% der Medienkosten (ohne Honorar der Werbeagentur) entspricht[1540].

Wie beim Provisionssystem berechnet sich das Entgelt der Werbeagentur aufgrund des ganzen Werbeaufwandes, wenn die Parteien nicht etwas Abweichendes vereinbaren. Nicht honorarberechtigter Werbeaufwand ist daher ausdrücklich festzuhalten. Umgekehrt ist zu vermuten, dass mit dieser Entschädigung nach Prozenten sämtliche Leistungen der Werbeagentur abgegolten werden, weshalb zusätzlich vergütungspflichtige Leistungen ausdrücklich festgehalten werden müssen.

4. Honorarprinzip

Unter dem Honorarprinzip rechnet die Werbeagentur ihre Leistungen unabhängig vom Werbevolumen ab.

Die Vergütung der Werbeagentur unter dem Honorarprinzip kann eine Pauschalvergütung, eine Vergütung nach Aufwand (Zeittarif) oder eine Mischform zwischen diesen beiden Vergütungsarten sein. Wird eine Pauschalvergütung vereinbart, werden damit alle Aufwendungen und Kosten der Werbeagentur abgedeckt, sofern nicht etwas anderes ausdrücklich vereinbart wurde. Eine allfällige Pflicht des Werbekunden zur separaten Begleichung von Spesen sollte der Klarheit halber in einem solchen Fall ausdrücklich vereinbart werden. Ebenso ist eine Pflicht des Kunden zur Bezahlung der Rechnungsbeträge von Dritten, welche die Werbeagentur zur Erfüllung von Eigenleistungen beigezogen hat, ausdrücklich festzuhalten.

[1540] Nämlich 15/85 der Rechnungsbeträge Dritter, vgl. Ziff. 15 der Arbeitsgrundsätze und Honorarordnungen der Branchenverbände sowie das am Ende der Grundsätze angefügte Berechnungsbeispiel. Siehe dazu auch vorne, Fn 1484.

Da unter dem Honorarprinzip nicht auf das Werbevolumen abgestellt wird, ist die Werbeagentur unter diesem Prinzip verpflichtet, die von den Werbeträgern eingeräumten Vergünstigungen an den Werbekunden weiterzugeben und darf diese nicht für sich selbst einbehalten, wenn nicht ausdrücklich etwas anderes vereinbart wurde[1541].

Ist eine Vergütung nach Aufwand geschuldet, ist die Werbeagentur verpflichtet, über ihre Leistungen in solcher Form und detailliert Buch zu führen, dass dem Kunden die Kontrolle ermöglicht wird, ob die Werbeagentur ihre Aufgaben vertragsgemäss erfüllt hat.

5. Leistungsänderungen bei Pauschalhonoraren

Haben die Parteien ein Pauschalhonorar verabredet – eine solche Verabredung ist zumeist auch dann anzunehmen, wenn eine Vergütung nach dem Provisions- oder Prozentsystem erfolgt –, gehen im Zweifelsfalle über das Erwartete hinausgehende Leistungen zu Lasten der Werbeagentur. Umgekehrt wirkt es sich zugunsten der Werbeagentur aus, wenn sie weniger als die vereinbarten Leistungen erbringen muss, da sie das ganze Pauschalhonorar beziehen kann.

Werden hingegen von der Werbeagentur über den ursprünglichen Leistungsbeschrieb hinausgehende Leistungen gefordert und liegt damit eine Erweiterung der Leistungen vor, dürfte die Werbeagentur Anspruch auf zusätzliche Entlöhnung haben, da der Grundleistungsumfang des Pauschalhonorars überschritten wird. Sind hingegen zusätzliche Leistungen erforderlich, welche an sich durch den vereinbarten Pauschalumfang abgedeckt sind, kann die Werbeagentur im Falle der Anwendbarkeit von Werkvertragsrecht nur dann eine über die Pauschale hinausgehende Vergütung fordern, wenn der Mehraufwand auf vom Kunden zu vertretende Umstände zurückzuführen ist[1542]. Im Auftragsrecht fehlt eine entsprechende Bestimmung. Dennoch dürften vergleichbare Grundsätze wie unter Werkvertragsrecht zur Anwendung kommen.

[1541] Vgl. Art. 400 Abs. 1 OR (Fn 1450), wonach der Beauftragte alles, was ihm zufolge seiner Geschäftstätigkeit für den Auftraggeber zugekommen ist, zu erstatten hat.
[1542] Art. 373 Abs. 2 OR (Fn 1450).

B. Nebenpflichten des Kunden

1. Unterstützungs- und Mitwirkungspflicht

Die Werbeagentur kann ihre Aufgaben kaum effektiv erfüllen, wenn sie vom Kunden nicht im erforderlichen Ausmass unterstützt wird. Namentlich ist die Werbeagentur auch darauf angewiesen, dass der Kunde die erforderlichen Unterlagen, Dokumente und Grundlagen zur Verfügung stellt, welche die Basis für die Erstellung und/oder Verwirklichung des Werbekonzepts bilden sollen. Ebenso ist die Werbeagentur auf eine zeitgerechte Festlegung und Bekanntgabe des Werbebudgets angewiesen.

Diese Mitwirkung des Kunden kann sowohl die Erfüllung einer Pflicht im Rechtssinne als auch das Befolgen einer blossen Obliegenheit bedeuten. Liegt eine Rechtspflicht des Kunden zur Mitwirkung vor, steht der Werbeagentur ein klagbarer Erfüllungsanspruch zu; die Verletzung einer Obliegenheit bringt den Kunden hingegen einzig in Annahmeverzug[1543].

2. Prüfungs- und Rügeobliegenheiten

Im Umfang, in dem *Werkvertragsrecht* zur Anwendung kommt, treffen den Kunden die umfassenden werkvertraglichen Prüfungs- und Rügeobliegenheiten[1544]. Soweit die Prüfungs- und Rügeobliegenheiten nicht befolgt werden, geht der Kunde seiner werkvertraglichen Mängelrechte verlustig und verliert insbesondere auch gewisse Ansprüche auf Schadenersatz. Der Kunde ist entsprechend gehalten, wenn er seiner Rechte nicht verlustig gehen will, jederzeit die von der Werbeagentur abgelieferten Ergebnisse auf deren Konformität hin zu überprüfen und erforderlichenfalls unverzüglich seine Einwendungen darzulegen. Immerhin ist in dieser Hinsicht zugunsten des Kunden hervorzuheben, dass dem Kunden gar nicht in jedem Einzelschritt zugemutet werden kann, eine umfassende Beurteilung der Leistungen der Werbeagentur vorzunehmen. Aus diesem Grunde darf es ihm nicht verwehrt sein, erst zu einem späteren Zeitpunkt, zu welchem er sich ein abschliessendes Bild bezüglich der von der Werbeagentur gelieferten Ergebnisse machen

---

[1543] Sog. Gläubigerverzug, Art. 91 ff. OR (Fn 1450).
[1544] Vgl. Art. 367 und 370 OR (Fn 1450).

kann, auch bereits früher aufgetretene, aber noch nicht erkannte Mängel zu rügen.

3. Genehmigung des Werbekonzepts und der Werbemittel

Die Phasen 1 (Konzeptarbeit) und 2 (Kreative Gestaltung) der vorne[1545] dargestellten möglichen Aufgaben der Werbeagentur finden ihren Abschluss in der Vorlage des Werbekonzeptes bzw. in der Vorstellung der Werbemittel an den Kunden. Der Abschluss dieser Phasen erfordert eine positive Stellungnahme des Kunden zu den Leistungen der Agentur. Seine Genehmigung oder auch Nichtgenehmigung kann über Abschluss bzw. Fortbestand der vertraglichen Beziehung entscheiden bzw. je nach Ausgestaltung den Abschluss eines Werbevertrags in Bezug auf die Phasen 3 und 4 erforderlich machen. Umgekehrt wird der Werbeagentur im Umfang der Genehmigung auch die Konformität der Leistungserbringung bestätigt und kann sie ohne Genehmigung kaum mit ihrer Arbeit weiterfahren. Unterlässt es der Kunde, die in solchen Fällen erforderliche Mitwirkung zu erbringen, kann unter Umständen eine positive Vertragsverletzung vorliegen und kann die Werbeagentur zudem nach den Regeln über den Schuldnerverzug gegen ihn vorgehen[1546].

[1545] In Kapitel VII.B, S. 388 f.
[1546] Vgl. *Gauch/Schluep/Schmid/Rey* (Fn 1497), N 2523 ff.

XII. Urheberrechte

A. Schutzumfang

Die von einem Werber geschaffenen Arbeitsergebnisse und Werbemittel können unter urheberrechtlichen Schutz fallen. Der Werber geniesst als Schöpfer für die von ihm geschaffenen Werke dann Schutz nach dem URG, wenn diese vom urheberrechtlichen Werkbegriff erfasst werden.

Ein geschütztes Werk im Sinne des Urheberrechtsgesetzes (URG) liegt nur dann vor, wenn die allgemeinen Schutzvoraussetzungen[1547] erfüllt sind, nämlich:
– das Werk muss einen *gestalteten geistigen Inhalt* aufweisen;
– das Werk muss irgendwie *festgelegt* sein, d.h. der Inhalt ist greifbar objektiviert bzw. verkörpert[1548];
– das Werk muss über eine gewisse *Individualität* verfügen, mit anderen Worten eine gewisse Originalität im Sinne des «ästhetischen/geistigen Überschusses» aufweisen.

Urheberrechtsschutz besteht in den Worten des Bundesgerichts für Darstellungen, die als Ergebnis geistigen Schaffens von individuellem Gepräge oder als Ausdruck einer neuen originellen Idee zu werten sind. Individualität oder auch Originalität sind damit Wesensmerkmale des urheberrechtlich geschützten Werkes[1549].

1. Sprachliche Gestaltungen

Unter den sprachlichen Gestaltungen der Werbeagentur können Titel, Slogans und Werbetexte unterschieden werden. Titel sind zumeist kurz. An sich hindert das einen urheberrechtlichen Schutz nicht. Titel können dann den erforderlichen individuellen Charakter aufweisen und urheberrechtlichen

---

[1547] Art. 2 Abs. 1 Urheberrechtsgesetz (URG, SR 231.1).
[1548] Die Festlegung stellt zwar streng genommen kein Merkmal des urheberrechtlich geschützten Werks dar. Sie wird hier dennoch erwähnt, um zum Ausdruck zu bringen, dass blosse Ideen keinen urheberechtlichen Schutz geniessen.
[1549] Vgl. BGE 113/1987 II 196 E.2.

Schutz erlangen, wenn sie nicht bloss alltägliche Anpreisungen enthalten. Das Gleiche gilt für knappe Kombinationen von Einzelworten, d.h. Slogans, wenn diese nicht bloss beschreibend sind, sondern als Resultat geistiger Fantasie erscheinen oder überraschende Assoziationen schaffen, welche ihnen den individuellen Charakter verleihen[1550]. Schriftzüge können ausserdem auch in ihrer bildlichen Erscheinungsform unter urheberrechtlichen Schutz fallen[1551]. Längere Werbetexte, wie etwa solche in Prospekten, vermitteln häufig eher Information denn Individualität und Originalität. Soweit der Informationscharakter überwiegt, ist wohl nur erschwert auf individuelle Leistung zu schliessen.

2. Visuelle Gestaltungen

Entwirft der Werber bildliche Darstellungen, wie Plakate und Anzeigen, ist sein gestalterischer Spielraum zumeist grösser als beim Entwurf sprachlicher Gestaltungen. Die Möglichkeit, dass die von der Werbeagentur in diesem Bereich geschaffenen Erzeugnisse unter Urheberrechtschutz fallen, kann als grösser bezeichnet werden. Auch für diesen Fall ist aber der Vorbehalt zu machen, dass schematische Abbildungen, einfache Wiederholungen und rein grafische Darstellungen nicht bis zum Schutz gelangen müssen. Nötig ist wiederum ein eigenständiger Stil, welcher das Mass der erforderlichen Individualität erreicht. Dasselbe gilt für Figuren, Clichés und Vorlagen, Werbefilme, Fotografien, Werbespots und weitere grafische Gestaltungen[1552]. Namentlich in Bezug auf Werbefotografie ist die Gerichtspraxis eher zurückhaltend bei der Annahme von urheberrechtlichem Schutz[1553].

Werbekampagnen, Werbeideen und Werbemethoden sind ihrem Inhalt nach urheberrechtlichem Schutz nicht zugänglich. In ihrem konkreten Ausdruck und Erscheinungsbild, d.h. in der Form, wie sie dargestellt und wahrgenommen werden, kann aber ein urheberrechtlicher Schutz bestehen[1554].

[1550] Vgl. Roland *von Büren,* Der Werkbegriff, in: Schweizerisches Immaterialgüter- und Wettbewerbsrecht, Bd. II/1, Urheberrecht und verwandte Schutzrechte, Basel 1995, S. 80 ff. und S. 85 ff.
[1551] Vgl. *von Büren* (Fn 1550), S. 95.
[1552] Vgl. zum urheberrechtlichen Schutz der Werbung auch Jörg *Blum,* Schutz der Werbung vor Nachahmung, Bern 1987, S. 70 ff.
[1553] Vgl. OGer ZH in: SJZ 68/1972 308.
[1554] Vgl. François *Dessemontet,* La publicité et la propriété intellectuelle, in: SJZ 78/1982, S. 1–3.

Zu betonen ist abschliessend, dass keineswegs sämtliche kreativen Erzeugnisse des Werbers per se urheberrechtlichen Schutz beanspruchen können. Einzig dann, wenn die Voraussetzungen der urheberrechtlichen Schutzfähigkeit im individuellen Fall gegeben sind, kann von diesem Schutz ausgegangen werden[1555].

B. Schöpferprinzip

Das Urheberrecht und der urheberrechtliche Schutz basieren auf dem so genannten Schöpferprinzip. Urheber ist die natürliche Person, welche ein Werk geschaffen hat[1556]. Wenn mehrere Personen zusammen ein urheberrechtlich geschütztes Werk schaffen, sind sie Miturheber und am Urheberrecht gemeinschaftlich berechtigt[1557]. Das Urheberrecht kann damit nur in natürlichen Personen und nur in der Person des Schöpfers selbst entstehen. Die Werbeagentur kann daher erst dann über die von ihren Angestellten oder beigezogenen Dritten geschaffenen Urheberrechte verfügen, wenn eine entsprechende Rechtseinräumung erfolgt ist. Diese Rechtseinräumung kann und wird häufig auch stillschweigend erfolgen. Mehr Klarheit wird aber geschaffen, wenn eine entsprechende ausdrückliche und schriftliche vertragliche Regelung getroffen wird[1558].

C. Inhalt des Urheberrechts und Rechtseinräumung

Ausfluss des Urheberrechts sind einerseits die vermögensbezogenen Rechte des Urhebers[1559], andererseits die Urheberpersönlichkeitsrechte[1560]: Die ver-

---

[1555] Vgl. im Übrigen die instruktive Darstellung der Schutzfähigkeit einzelner Produkte der Werbeagentur in Roland *Knaak*/Michael *Ritscher,* Das Recht der Werbung in der Schweiz, Basel 1996, N 201 ff. sowie N 216 ff.
[1556] Art. 6 Urheberrechtsgesetz (URG, SR 231.1).
[1557] Art. 7 Abs. 1 Urheberrechtsgesetz (URG, Fn 1556).
[1558] Vgl. als Beispiel für solche Regelungen die vom SWA, Schweizer Werbe-Auftraggeberverband, im Dezember 1999 herausgegebene Empfehlung zur Regelung der Urheber- und Nutzungsrechte mit internen und externen Mitarbeitern.
[1559] Vgl. Art. 10 Urheberrechtsgesetz (URG, Fn 1559).

mögensbezogenen Rechte ermöglichen dem Urheber, über die Verwertung des von ihm geschaffenen Werks zu bestimmen und über das Werk wirtschaftlich zu verfügen[1561]. Die Urheberpersönlichkeitsrechte stellen die Verbindung des Urhebers zu seinem Werk her und beschränken möglicherweise auch den Eigentümer eines Werkexemplars in gewissen Belangen[1562].

Das Urheberrecht darf nicht als ein einziges, einheitliches Recht verstanden werden. Vielmehr ist das Urheberrecht als ein Bündel von Teilrechten aufzufassen, welche gesamthaft das Urheberrecht ausmachen[1563]. Im Rechtsverkehr kann sowohl über das vermögensbezogene Urheberrecht als Ganzes wie auch über dessen einzelne Teilrechte verfügt werden bzw. kann Dritten das Recht zu deren Nutzung eingeräumt werden. Die Übertragbarkeit von Urheberpersönlichkeitsrechten ist nicht oder nur ganz beschränkt möglich[1564]. Dritte können aber mit der Wahrung der entsprechenden Interessen des Urhebers betraut werden.

Die rechtsgeschäftliche Verfügung über vermögensbezogene Rechte erfolgt mittels Lizenzvertrag oder durch Abtretung[1565]. Es bestehen keine Formerfordernisse[1566]. Durch den Lizenzvertrag werden blosse Nutzungsbefugnisse eingeräumt. Der Urheber verpflichtet sich, das betroffene Urheberrecht im Umfang der Rechtseinräumung nicht gegen den Vertragspartner geltend zu machen, bleibt aber dessen Träger. Dem Vertragspartner wird also nur ein relatives Recht eingeräumt, welches er gegen den Urheber geltend machen kann. Durch eine Abtretung entäussert sich der Urheber des Urheberrechts und überträgt dieses an den Vertragspartner. Dieser wird aufgrund der Abtretung alleiniger Berechtigter aus dem betroffenen Recht. Die Abtretung von Urheberrechten erfolgt entsprechend zessionsrechtlichen Regeln[1567]. Sie bedarf aber im Gegensatz zur Zession keiner Form[1568].

[1560] Vgl. Art. 9 und 11 Urheberrechtsgesetz (URG, Fn 1559).
[1561] Vgl. Art. 14 Abs. 1 Urheberrechtsgesetz (URG, Fn 1559).
[1562] Vgl. z.B. Art. 11 Abs. 1 und 2 Urheberrechtsgesetz (URG, Fn 1559).
[1563] Vgl. dazu auch die Formulierung in Art. 16 Abs. 2 Urheberrechtsgesetz (URG, Fn 1559).
[1564] Vgl. Roland *von Büren,* Rechtsübergang und Zwangsvollstreckung, in: Schweizerisches Immaterialgüter- und Wettbewerbsrecht, Bd. II/1, Urheberrecht und verwandte Schutzrechte, Basel 1995, S. 211 ff.
[1565] Vgl. dazu ausführlich *Pedrazzini* (Fn 1470), S. 570 ff.
[1566] Vgl. A. *Troller,* IRG II, S. 859.
[1567] Vgl. Art. 164 Obligationenrecht (OR, SR 220).
[1568] Vgl. *Troller* (Fn 1566), S.859.

D. Umfang der Rechtseinräumung unter dem Werbevertrag

Die Regelung der Schaffung, Verwendung und Verwertung urheberrechtlich geschützter Ergebnisse ist ein massgebendes Element des Werbevertrags. Der Umstand, dass das Urheberrecht in beliebig viele Teilrechte zerfällt und dass unter einem Werbevertrag keineswegs Rechtseinräumungen an sämtlichen dieser Teilrechte erfolgen müssen, illustriert die zentrale Bedeutung der Frage, welcher Vertragspartei in welchem Umfang entsprechende Rechte zustehen. Während der Kunde Interesse an einer möglichst umfassenden Rechtseinräumung zu seinen Gunsten hat, will die Werbeagentur die Rechtseinräumung zumeist nur in solch beschränktem Umfang vornehmen, als sie direkt für die Nutzung der von ihr geschaffenen Werke entgolten wird. Fehlt eine ausdrückliche vertragliche Vereinbarung der Parteien in dieser Hinsicht, ist durch Auslegung zu ermitteln, in welchem Umfang Rechte eingeräumt wurden. Gemäss der in Art. 16 Abs. 2 URG niedergelegten Auslegungsregel schliesst die Übertragung eines im Urheberrecht enthaltenen Rechts die Übertragung anderer Teilrechte nur mit ein, wenn dies vereinbart ist. Art. 16 Abs. 2 URG ist Ausdruck der so genannten Zweckübertragungstheorie. Nach dieser Theorie ist bei Fehlen eindeutiger Vereinbarungen über den Umfang der Rechtsübertragung bzw. -einräumung im Zweifelsfalle davon auszugehen, dass Rechte alleine im nötigen und durch den konkreten vertraglichen Zweck bedingten Umfang eingeräumt wurden[1569]. Zudem schliesst die Übertragung des Eigentums an einem Werkexemplar als solche nicht auch die Übertragung von Nutzungsrechten ein[1570].

Auch wenn im Werbevertrag keine ausdrückliche Regelung bezüglich der Nutzung von Urheberrechten erfolgt, wird mit dem Vertrag ein Recht zur Nutzung soweit eingeräumt, als dies zur Erreichung des Vertragszwecks erforderlich ist. Diese allgemeine Aussage drückt an sich Selbstverständliches aus, ist es doch einem Werbevertrag eigen, dass die von der Werbeagentur geschaffenen Ergebnisse vom Kunden für seine Werbung genutzt werden sollen und können. Schwierigkeiten ergeben sich erst im Einzelfall, wenn der Kunde Nutzungen vornimmt, welche die Parteien nicht vorgesehen haben, oder auch, wenn die Beziehung der Parteien beendet wird und der Kunde die Ergebnisse der Werbeagentur weiter verwendet.

[1569] Vgl. dazu Denis *Barrelet*/Willi *Egloff,* Das neue Urheberrecht, 2. Aufl., Bern 2000, Art. 16 URG N 18 ff.
[1570] Vgl. Art. 16 Abs. 3 URG (Fn 1559).

In diesem Zusammenhang können sich namentlich etwa die folgenden Fragen stellen:
- Darf der Kunde die von der Werbeagentur geschaffenen Ergebnisse zeitlich und räumlich (weiterhin) unbeschränkt nutzen, oder unterliegt er in dieser Hinsicht Beschränkungen?
- Darf der Kunde die Ergebnisse für weitere Werbekampagnen nutzen, oder war das Recht zur Nutzung auf die von der Werbeagentur betreute Kampagne beschränkt?
- Darf der Kunde Ergebnisse abändern und in abgeänderter Form in spätere Werbemassnahmen integrieren?
- Darf der Kunde die Ergebnisse im Zusammenhang mit anderen als den ursprünglich vorgesehenen Werbemitteln verwenden, also etwa das Sujet einer Anzeige auch auf Verpackungen abdrucken, im Internet veröffentlichen oder zur Grundlage von Werbespots machen?
- Darf die Werbeagentur die von ihr geschaffenen Ergebnisse weiter verwenden, oder hat sie dem Kunden ein Exklusivrecht eingeräumt und selbst auf die weitere Nutzung und Verwertung verzichtet?
- Darf der Kunde die von der Werbeagentur in den Phasen 1 und 2 (Konzeptarbeit und kreative Gestaltung) geschaffenen Ergebnisse auch nutzen, wenn er die Verwirklichung selbst vornimmt oder von einer anderen Werbeagentur vornehmen lässt?

Die Arbeitsgrundsätze der Branchenverbände[1571] sind relativ ausführlich in Bezug auf die Regelung der sich im Zusammenhang mit der Nutzung der Urheberrechte der Werbeagentur stellenden Fragen. Sie sehen in Ziff. 6 eine allgemeine Anerkennung des geistigen Eigentums der Werbeagentur durch den Kunden vor und beschränken in Ziff. 7 die Nutzung des geistigen Eigentums der Werbeagentur durch den Kunden auf die Vertragsdauer. Eine Nutzung nach Auflösung der vertraglichen Zusammenarbeit soll von der Zustimmung der Werbeagentur abhängig und entschädigungspflichtig sein. Nach Bezahlung der entsprechenden Entschädigung während drei Jahren «ist das Nutzungsrecht abgegolten», was wohl dahin gehend zu verstehen ist, dass eine zeitlich und auch sonst unbeschränkte Rechtseinräumung resultiert. Zudem wird in Ziff. 8 für den Fall der unerlaubten Nutzung eine Konventionalstrafe vorgesehen. Wird ein Pauschal- oder Aufwandhonorar vereinbart, soll gemäss Ziff. 15 der Grundsätze die Nutzung von geistigem Eigentum gesondert entschädigt werden – eine Regelung, die eher als fragwürdig erscheint und die sich kaum mit dem individuellen Verständnis der Parteien decken dürfte. Wichtig erscheint hingegen die von den Grundsätzen im

---

[1571] Vgl. dazu vorne Fn 1484.

Rahmen der Entschädigungsregeln in Ziff. 19 vorgenommene besondere Behandlung von «langfristig genutzten Werbemitteln». Die Entschädigung für solche Werbemittel soll separat festgelegt werden, wofür aber auch die «uneingeschränkte Nutzung auf den Auftraggeber übergeht», was für diesen Fall als zweckmässige Einräumung einer unbeschränkten Lizenz oder auch als Abtretung verstanden werden kann.

Eine den Grundsätzen der Branchenverbände entsprechende vertragliche Regelung vermag einige der obgenannten möglichen Konfliktpunkte zu lösen, ist aber nicht geeignet, weitere sich in diesem Zusammenhang möglicherweise stellende Fragen und Probleme zu beantworten[1572]. Zugunsten des Kunden sind die oben skizzierten Fragen dann zu lösen, wenn eine Abtretung sämtlicher Urheberrechte oder eine unbeschränkte Einräumung von Nutzungsrechten angenommen werden kann. Wurde hingegen eine nur beschränkte Abtretung oder Nutzungsrechtseinräumung vorgenommen, kann allein im Einzelfall entschieden werden, zu welchen Nutzungen die Parteien berechtigt sind.

[1572] Die ASW ist bestrebt, Fragen der Rechtseinräumung an Urheberrechten in ihrem neuen Regelwerk «Werbeleistungsvertrag» bedeutend klarer und eindeutiger zu regeln.

XIII. Vergabe an Dritte

Die Vielfalt der Aufgaben der Werbeagentur unter dem Werbevertrag wie auch die Verwirklichung der Werbung für einen Kunden erfordern in verschiedenen Bereichen den Beizug von Dritten durch die Werbeagentur. Ein solcher Beizug von Dritten kann vor allem vor zwei verschiedenen Hintergründen erfolgen[1573].

– Einmal kann die Werbeagentur Dritte zur Erfüllung der ihr selbst auferlegten Leistungspflichten gegenüber dem Kunden beiziehen. Das ist etwa der Fall, wenn unabhängige Grafiker, Texter, Fotografen oder andere Fachkräfte von der Werbeagentur beschäftigt werden. Die Befugnis zum Beizug Dritter für die Erfüllung besteht insoweit, als die Werbeagentur nicht zur persönlichen Erfüllung verpflichtet ist[1574]. Die Agentur wird solche Dritte zumeist als Substituten bzw. Unterbeauftragte bzw. Subunternehmer beiziehen. Diese handeln, anders als blosse Erfüllungsgehilfen der Werbeagentur, nicht unter Leitung und Aufsicht der Werbeagentur, sondern selbständig anstelle der Werbeagentur[1575]. Der Beizug erfolgt im Namen und auf eigene Rechnung der Werbeagentur, möglicherweise im Innenverhältnis zum Kunden auch auf Rechnung des Kunden. Vertragspartner ist aber jedenfalls die Werbeagentur.

– Andererseits kann die Aufgabe der Werbeagentur gerade darin bestehen, Dritte für die Verwirklichung der Werbung des Kunden beizuziehen. Die Leistungspflicht des Dritten ist in einem solchen Fall nicht identisch mit der Leistungspflicht der Werbeagentur gegenüber dem Kunden. Der Dritte hat nämlich in solchen Fällen konkrete Leistungen im Rahmen der Verwirklichung der Werbung des Kunden zu erbringen, während die Werbeagentur die Leistungen der Dritten zum Zwecke der Realisierung der Werbung für den Kunden zu betreuen und zu koordinieren hat.

Die zweite Form der Drittvergabe kommt vor allem in den Bereichen vor, in welchen Dritte Aufgaben für die Verwirklichung der Werbung des Kunden übernehmen, welche von einer Werbeagentur in der Regel nicht übernommen werden bzw. werden können. Dazu zählen insbesondere die so bezeichneten

---

[1573] Die Grundsätze der Branchenverbände sind in dieser Hinsicht wenig aussagekräftig und eher unklar, fassen sie doch die beiden verschiedenen Konstellationen des Beizugs von Dritten in einer einzigen Regel (Ziff. 4 der Grundsätze) zusammen und differenzieren dabei die beiden möglichen Konstellationen nur ungenügend.
[1574] Vgl. dazu vorne Kap. X.B, S. 413.
[1575] Vgl. dazu ausführlich *Gautschi* (Fn 1505), Art. 398 OR N 39 ff.

Ausführungsgeschäfte, wie namentlich die Produktion der Werbemittel sowie die Zusammenarbeit mit den werbedurchführenden Medien in Bezug auf die Platzierung, Publikation und Verteilung der Werbung[1576]. Die Werbeagentur zieht solche Dritte zumeist nicht als Vertragspartei bei, sondern schliesst die Verträge mit diesen Dritten als direkte Stellvertreterin des Kunden[1577]. Die Befugnis der Werbeagentur zur Vertretung des Kunden ergibt sich entweder aus den allgemeinen Stellvertretungsregeln[1578] oder aber aus der Bestimmung des Auftragsrechts, wonach im Auftrag auch die Ermächtigung zu den Rechtshandlungen enthalten ist, die zu dessen Ausführung gehören[1579]. Gestützt auf diese Bestimmung und je nach Umfang der einer Werbeagentur übertragenen Aufgaben kann die Vertretungsbefugnis bis zur vollständigen Vergabe aller erforderlichen Ausführungsverträge und sonstigen Verträge an Dritte im Namen des Kunden reichen[1580].

Denkbar ist aber auch in solchen Fällen eine Vergabe an Dritte im Namen der Werbeagentur, aber auf Rechnung des Kunden. Die Werbeagentur handelt dann als indirekte Stellvertreterin[1581]. Sie erscheint als «Fiduziarin» (Treuhänderin) des Kunden und steht als solche in einem Auftragsverhältnis zu diesem[1582].

Mit der Vertretungsbefugnis und deren Ausübung ist die Pflicht und das Recht der Werbeagentur verbunden, Rechte, Obliegenheiten und sonstige Mitwirkungspflichten des Kunden im Zusammenhang mit den Verträgen mit Dritten auszuüben. Die Aufgaben und Pflichten der Werbeagentur in solchen Fällen sind denjenigen des Architekten, der die Bauleitung besorgt, vergleichbar[1583]. Dazu gehören namentlich die genaue Formulierung der Aufgaben dieser Dritten, das Bereitstellen der erforderlichen Unterlagen sowie die Kontrolle der Leistungserbringung.

Die von der Werbeagentur in diesem Zusammenhang gegenüber Dritten ausgeübten Tätigkeiten und die Abgabe von Willenserklärungen oder von anderen Erklärungen werden von der Werbeagentur wiederum in Stellver-

---

[1576] Vgl. dazu vorne Kap. VII.G, S. 400.
[1577] Vgl. Art. 399 Abs. 2 OR (Fn 1567).
[1578] Gemäss Art. 32 ff. OR (Fn 1567).
[1579] Art. 396 Abs. 2 OR (Fn 1567).
[1580] Das neue Regelwerk «Werbeleistungsvertrag» der ASW sieht vor, dass die Befugnis zur Vergabe an Dritte im Einzelnen im Werbevertrag geregelt wird.
[1581] Im Sinne von Art. 32 Abs. 3 OR (Fn 1567); vgl. im Baurecht den vergleichbaren «fiduziarischen Baubetreuungsvertrag», *Gauch* (Fn 1507), N. 354.
[1582] Vgl. BGE 115/1989 II 57 E.1.
[1583] Vgl. dazu Rainer *Schumacher*, Die Haftung des Architekten aus Vertrag, in: Das Architektenrecht, Freiburg 1995, N 498 ff.

tretung oder auch als Hilfsperson des Kunden vorgenommen. Entsprechend muss sich der Kunde diese Handlungen der Werbeagentur anrechnen lassen, wenn er die Leistungserbringung des Dritten bemängelt[1584]. Soweit der Werbeagentur ihrerseits fehlerhaftes Verhalten in diesem Zusammenhang vorgeworfen werden kann, ist sie dem Kunden dafür verantwortlich.

[1584] Vgl. für den Architektenvertrag BGE 115/1989 II 44 E.1.

XIV. Haftung und Haftungsausschluss

A. Allgemein[1585]

1. Begriff

Haftung bedeutet das Einstehenmüssen für Vertragsstörungen. Vertragsstörungen in einem engeren Sinn sind durch das Verhalten einer Partei herbeigeführte Verstösse gegen die durch den Vertrag auferlegten Pflichten[1586]. Sie führen dazu, dass eine Leistung nicht oder nicht gehörig erbracht wird[1587]. Innerhalb der Vertragsstörungen sind der Verzug als Verspätung in der Erfüllung, die Schlechterfüllung als quantitativ oder qualitativ ungenügende Erfüllung, die verschuldete Unmöglichkeit der Erfüllung und allenfalls positive Vertragsverletzungen zu unterscheiden.

Rechtsfolge der nicht vertragsgemässen Leistungserbringung ist die Pflicht des Schuldners zum Ersatz des daraus dem Gläubiger entstehenden Schadens. Dadurch soll der Gläubiger so gestellt werden, wie wenn der Vertrag richtig erfüllt worden wäre (sog. positives Interesse). Der Schuldner hat im Allgemeinen nur für den Schaden einzustehen, der aufgrund seiner schuldhaften Pflichtverletzung eintritt[1588]. Zum Ersatz verpflichten sowohl aufgrund der Vertragsverletzung erlittene Vermögensverminderungen (damnum emergens) als auch entgangener Gewinn (lucrum cessans). Erklärt der Gläubiger infolge des Verzugs des Schuldners den Rücktritt vom Vertrag, ist der Schuldner zum Ersatz des Vertrauensschadens (negatives Interesse) verpflichtet[1589]. Da der Gläubiger in diesem Fall so gestellt werden soll, wie wenn der Vertrag nicht bestanden hätte, kann er nur ausnahmsweise einen Schadenersatz für entgangenen Gewinn beanspruchen.

[1585] Für eine ausführlichere Darstellung der wiederum vergleichbaren Haftung des Architekten aus Vertrag vgl. *Schumacher* (Fn 1583), N 367 ff.
[1586] In einem weiteren Sinn werden als Vertragsstörungen auch der Zufall und die nachträgliche objektive Unmöglichkeit bezeichnet, welche ebenfalls dazu führen, dass die durch einen Vertrag auferlegten Leistungspflichten nicht erfüllt werden können.
[1587] Art. 97 Abs. 1 OR (Fn 1567).
[1588] Art. 97 Abs. 1 und Art. 99 OR (Fn 1567).
[1589] Art. 109 Abs. 2 OR (Fn 1567).

Die allgemeine Haftungsordnung des Obligationenrechts[1590] wird durch die Bestimmungen des besonderen Teils für die einzelnen Vertragsverhältnisse teilweise konkretisiert und ergänzt, teilweise sogar auch abgeändert. Je nachdem, ob auf den Werbevertrag bzw. dessen einzelne Leistungen Normen des Auftragsrechts oder des Werkvertragsrechts angewendet werden, sind die speziellen Normen der Vertragshaftung unterschiedlich.

2. Haftung nach Auftragsrecht

Als Beauftragte haftet die Werbeagentur dem Kunden für die sorgfältige Ausführung des Auftrags. Sie hat dabei dasjenige Mass an Sorgfalt anzuwenden, welches von jedem Fachmann gemäss seiner Ausbildung zur Ausführung eines analogen Auftrags erwartet werden darf. Im Übrigen bestimmt der Inhalt des Vertrags und die mit dem Vertrag konkret auferlegten Pflichten, ob vertragswidriges Verhalten und damit haftungsbegründende pflichtwidrige Handlungen der Werbeagentur vorliegen.

Die Werbeagentur haftet aber nicht für den Erfolg ihrer Tätigkeit. Erfolgsorientierte Haftung gibt es im Rahmen der Anwendbarkeit des Auftragsrechts nicht. Nicht der Misserfolg der Leistung ist Kriterium der Haftung, sondern das Mass der Unsorgfalt der Werbeagentur oder, anders ausgedrückt, die Kausalität zwischen der Unsorgfalt und dem einem Kunden erwachsenden Schaden. Selbst wenn Leistungskriterien den Massstab der Sorgfalt näher umschreiben, ist nie ein Erfolg als solcher, sondern nur die Einhaltung der Sorgfalt als Vertragsinhalt geschuldet. Der Beauftragte verhält sich aber vertragswidrig und damit haftungsbegründend, wenn er nicht auf die Erzielung dieses Erfolgs hinwirkt[1591].

Die speziellen Haftungsnormen des Auftragsrechts ändern an sich nichts an der Anwendbarkeit der allgemeinen Verschuldenshaftung auf den Auftrag; die Umschreibung der Sorgfaltspflicht des Beauftragten[1592] stellt eine Konkretisierung für die Beurteilung allfälligen Verschuldens des Beauftragten dar. Auch die Weisungsbefolgungspflicht[1593] hat nur konkretisierende Bedeutung in Bezug auf die Beurteilung des Verschuldens. Die Haftung im

---

[1590] Art. 97 ff. OR (Fn 1567).
[1591] Vgl. BGE 120/1994 lb 412 E.4.
[1592] Art. 398 OR (Fn 1567).
[1593] Art. 397 OR (Fn 1567).

Falle befugter Substitution des Beauftragten unterliegt hingegen einer gegenüber der allgemeinen Ordnung milderen Grundlage[1594].

Rechtsfolge der unrichtigen Erfüllung durch die Werbeagentur unter Auftragsrecht ist nicht nur deren Pflicht zu Schadenersatz. Darüber hinaus kann die Werbeagentur unter Umständen auch zum Teil oder gänzlich ihres Honoraranspruches verlustig gehen, wenn sie den Auftrag nur teilweise oder fehlerhaft ausführt[1595].

3. Haftung im Werkvertrag

Unter Werkvertragsrecht ist die Werbeagentur zur rechtzeitigen und richtigen Erfüllung, zur Erbringung des Resultats in der geforderten Qualität sowie zur Einhaltung des Kostenansatzes verpflichtet[1596].

Wird das geschuldete Resultat nicht in der geforderten Qualität erbracht, kommt die werkvertragliche Mängelhaftung zur Anwendung. Die werkvertragliche Mängelhaftung modifiziert bzw. verdrängt in weiten Bereichen die allgemeine Verschuldenshaftung[1597]. Mangelhaft ist ein unter dem Werkvertrag geschuldetes Resultat dann, wenn es vom Vertrag abweicht oder wenn ihm eine zugesicherte oder nach dem Vertrauensprinzip vorausgesetzte bzw. voraussetzbare Eigenschaft fehlt[1598].

Die Mängelrechte des Kunden als Besteller konkretisieren sich in verschiedenen Ansprüchen. Ein Ergebnis kann zurückgewiesen und der Vertrag rückgängig gemacht werden, wenn das abgelieferte Ergebnis schlechthin unbrauchbar bzw. für den Kunden in der Annahme unzumutbar ist[1599]. Diese Konstellation wird nicht allzu selten von Kunden einer Werbeagentur angerufen. Mehr praktische Bedeutung dürften aber der Minderungsanspruch und der Nachbesserungsanspruch des Kunden bei so genannt «minder erheblichen Mängeln» haben. Entspricht nämlich das von der Werbeagentur gelieferte Resultat in gewissen, weniger erheblichen Bereichen, nicht den Vorgaben des Kunden, kann dieser wahlweise entweder das Honorar der Agentur kürzen (Minderung) oder eine Nachbesserung, d.h. ein Erbringen der konformen Leistung, verlangen, sofern dies nicht mit übermässigen Kosten für

---

[1594] Art. 399 Abs. 2 OR im Vergleich zu Art. 101 OR (Fn 1567).
[1595] Vgl. dazu *Fellmann* (Fn 1509), Art. 394 OR N 496 ff.
[1596] Art. 366, 367 ff. und 375 OR (Fn 1567).
[1597] Art. 97 ff. OR (Fn 1567).
[1598] Vgl. BGE 114/1988 II 244, E.5a.
[1599] Art. 368 Abs. 1 OR (Fn 1567), vgl. etwa BGE 107/1981 II 438.

die Werbeagentur verbunden ist[1600]. Zudem ist der Kunde berechtigt, sollte die Werbeagentur den Anspruch auf Nachbesserung verneinen oder ist sie zur Nachbesserung unfähig, diese Aufgabe einem Dritten auf Kosten der Werbeagentur zu übertragen[1601]. Wandelungs-, Minderungs- und Nachbesserungsrechte setzen kein Verschulden der Werbeagentur voraus[1602]. Darin besteht ein weiterer massgeblicher Unterschied zum Auftragsrecht.

Neben dem Wandlungs-, Minderungs- und Nachbesserungsanspruch steht dem Kunden auch ein Schadenersatzanspruch gegenüber der Werbeagentur zu, sofern diese ein Verschulden an der mangelhaften Leitungserbringung trifft.

B. Ausschluss und Beschränkung der Haftung

Die Vertragsparteien können die Haftung vertraglich ausschliessen oder teilweise beschränken. Ein Ausschluss bzw. eine Beschränkung der Haftung ist dabei nur im Rahmen der durch das Gesetz auferlegten Grenzen zulässig.

Grenzen des Ausschlusses bzw. der Beschränkung der Haftung ergeben sich sowohl aus dem allgemeinen Teil des Obligationenrechts als auch aus der Natur der einzelnen Vertragsverhältnisse. Grundsätzlich kann eine Haftung für eigene grobe Fahrlässigkeit und Absicht nicht wegbedungen werden; dagegen ist es erlaubt, für zulässigerweise beigezogene Hilfspersonen die Haftung auch für solche Fälle wegzubedingen[1603]. Hilfspersonen im Sinne dieser Regelung sind nur solche Erfüllungsgehilfen, welche unter Leitung und Aufsicht der Werbeagentur arbeiten. Die Haftung für Leistungen Dritter, welche die Werbeagentur als Substituten bzw. als Subunternehmer bezieht, richtet sich nicht nach dieser Bestimmung, sondern nach den speziellen auftrags- bzw. werkvertraglichen Regeln[1604].

Werden die Vertragsverhältnisse im Betracht gezogen, unter welchen die Werbeagentur tätig sein kann, ist die Frage der Möglichkeit des Haftungsausschlusses bzw. der Beschränkung der Haftung noch differenzierter zu beurteilen. In Bezug auf die Haftungsbeschränkung im *Auftragsrecht* ist in der

---

[1600] Vgl. etwa BGE 93/1967 II 325, E.4b.
[1601] Vgl. dazu BGE 96/1970 II 353 E.2c.
[1602] Vgl. dazu *Gauch* (Fn 1507), N 1503 f.
[1603] Art. 100, 101 Abs. 2 OR vgl. aber auch Art. 101 Abs. 3 OR (Fn 1567).
[1604] Vgl. dazu vorne Kap. X.B, S. 411.

Lehre umstritten, ob ein Haftungsausschluss überhaupt möglich bzw. zulässig ist[1605]. Das Bundesgericht anerkennt aber die Möglichkeit zum Ausschluss der Haftung auch im Auftragsrecht entsprechend den Regeln des allgemeinen Teils des Obligationenrechts, auch wenn diese Frage in einem unlängst publizierten Entscheid[1606] wieder ausdrücklich offen gelassen wurde.

Ein Ausschluss der Haftung entsprechend den allgemeinen Regeln des Obligationenrechts ist zumindest in sinngemässer Anwendung auch für die Gewährleistungsregeln des *Werkvertragsrechts* zulässig[1607]. Ein Teil der Lehre[1608] will darüber hinaus in Analogie zu kaufvertraglichen Regeln einen Ausschluss der Haftung nur dann nicht zulassen, wenn Gewährsmängel arglistig verschwiegen wurden.

C. Termine und Verzug

Von den Parteien vereinbarte Termine sind für die Werbeagentur als Beauftragte in erster Linie insofern relevant, als die Werbeagentur im Umfang ihrer Sorgfaltspflicht alles zu unternehmen hat, dass vereinbarte Termine wie auch sonst für die Werbeagentur erkennbar relevante Fristen und Termine eingehalten werden. Werden Termine zufolge Verschuldens der Werbeagentur nicht eingehalten, liegt eine Vertragsverletzung der Werbeagentur vor. Die Nichteinhaltung von Terminen durch den Beauftragten wird im Übrigen nach den Regeln des Obligationenrechts über den Verzug behandelt[1609].

Das *Werkvertragsrecht* regelt die Pflicht des Unternehmers zur Einhaltung von Terminen bedeutend ausführlicher. Allgemein gilt, dass der Unternehmer rechtzeitig zu erfüllen hat[1610]. Beginnt die Werbeagentur ihre Arbeiten zu spät oder ist eine Verspätung schon vor Beginn der Aufnahme der Arbeiten durch die Werbeagentur voraussehbar, kann der Kunde vom Vertrag zurücktreten[1611]. Hat die Werbeagentur mit ihren Arbeiten begonnen, ist aber eine

---

[1605] Vgl. *Gautschi* (Fn 1505), Art. 398 OR N 25 a und b.
[1606] BGE 124/1098 II 165.
[1607] Vgl. *Gauch* (Fn 1507), N 2575 ff.
[1608] In Analogie zu Art. 199 OR (Fn 1567) für den Kaufvertrag; vgl. *Gauch* (Fn 1507), N 2580 ff.
[1609] Art. 102 ff. OR (Fn 1567).
[1610] Art. 366 OR (Fn 1567).
[1611] Art. 366 Abs. 2 OR i.V.m. Art. 107 ff. OR (Fn 1567).

Verspätung der Ablieferung oder sonst eine mangelhafte oder vertragswidrige Leistung voraussehbar, kann der Kunde der Agentur eine Nachfrist zur Erfüllung mit Androhung der Ersatzvornahme für den Unterlassungsfall oder gar des Vertragsrücktritts setzen[1612].

Im Übrigen sind von der Werbeagentur akzeptierte Termine zur Erbringung der Leistungen zumeist als Verfalltage im Sinne von fest vereinbarten Terminen zu verstehen; nach unbenutztem Ablauf derselben bedarf es daher keiner weiteren Mahnung, um die Werbeagentur in Verzug zu setzen[1613]. Ist sie aber in Verzug, treffen sie die Verzugsfolgen (Pflicht zur Leistung von Schadenersatz wegen verspäteter Erfüllung und Haftung für Zufall), und der Kunde kann zudem nach nutzloser Ansetzung einer Nachfrist vom Vertrag zurücktreten und Schadenersatz verlangen[1614].

Wurden von den Parteien keine Termine festgelegt, hat die Agentur ihre Leistung binnen einer in Anbetracht ihrer Fähigkeiten und Grösse angemessenen Frist zu erbringen und dabei insbesondere auch Bedürfnisse des Kunden und allfällige von diesem ausgehende Terminierungen (z.B. Produktlancierung) zu berücksichtigen.

[1612] Art. 107 Abs. 2 OR (Fn 1567), vgl. BGE 126/2000 III 232 E.7.
[1613] Art. 102 Abs. 2 OR (Fn 1567).
[1614] Art. 103, Art. 107 ff. OR (Fn 1567).

XV. Vorzeitige Beendigung des Werbevertrags

1. Problemstellung[1615]

Mit längerem Zeithorizont eingegangene Verträge (seien dies langfristige Verträge, Dauerverträge oder Rahmenverträge) entwickeln sich häufig nicht entsprechend der Vorstellung der Parteien. Die Möglichkeit zur vorzeitigen Beendigung von Verträgen besteht dann, wenn einer Partei das Recht zum Rücktritt bzw. zur Kündigung zusteht. Recht zum Rücktritt bzw. zur Kündigung bedeutet, dass ein Vertrag durch eine Partei einseitig durch Willenserklärung aufgelöst werden kann. Folge der Auflösung ist in einem solchen Fall, dass die Leistungspflichten der Parteien beendet werden.

Ein Bedürfnis nach vorzeitiger Beendigung von Werbeverträgen kann insbesondere auch dann vorliegen, wenn ein Kunde die Ergebnisse der Phasen 1 (Konzeptarbeit) und 2 (Kreative Gestaltung)[1616] ablehnt oder auch sonst nicht mehr weiter mit einer Werbeagentur zusammenarbeiten will. Die Werbeagentur kann in diesem Fall die allfällig erhofften oder auch vereinbaren weiteren Phasen des Vertrags, also die Realisierung und Auswertung, nicht mehr durchführen. Eine vorzeitige Beendigung kann auch aus Budgetkürzungen resultieren. Als Teilkündigung eines Werbevertrags ist die Kürzung, als vollständige Kündigung die Annullation von Werbebudgets zu behandeln.

2. Jederzeitige Auflösbarkeit des Auftrags

Ein Auftrag kann von jedem Teil jederzeit widerrufen oder gekündigt werden[1617]. Beide Parteien können also jederzeit durch einseitige Erklärung den Vertrag auflösen. Für den gemischten Architekturvertrag hat das Bundesgericht angenommen, dass diese auftragsrechtliche Regelung dann zur Anwendung komme, wenn die vorzeitige Auflösung eines Gesamtvertrags, der Auftrags- und Werkvertragselemente umfasst, umstritten ist. Bei einem Projektierung und Bauausführung umfassenden Architekturvertrag komme dem Vertrauensverhältnis zwischen dem Bauherrn und dem Architekten so grosse

---

[1615] Zum Vertragsrücktritt zufolge Verzug vgl. vorne Kap. XIV.C, S. 445.
[1616] Vgl. dazu vorne Kap. VII.B, S. 390.
[1617] Art. 404 Abs. 1 OR (Fn 1567).

Bedeutung zu, dass die auftragsrechtliche Auflösungsregel den Vorzug verdiene[1618].

Soweit umfassendere Werbeverträge oder Gesamtwerbeverträge in Frage stehen, dürfte aufgrund der bundesgerichtlichen Rechtssprechung die auftragsrechtliche Auflösungsregel auch auf Werbeverträge Anwendung finden. Das auftragsrechtliche Kündigungsrecht ist gemäss ständiger Rechtsprechung des Bundesgerichts zwingender Natur[1619]. Nur im Falle der Kündigung «zur Unzeit» ist eine Pflicht der zurücktretenden Partei gegeben, der anderen den aus der Kündigung erwachsenden Schaden zu ersetzen. Keine Schadenersatzpflicht besteht dabei insbesondere, wenn die von der Kündigung betroffene Partei ihre vertraglichen Pflichten verletzt hat oder der anderen Partei sonst einen sachlich vertretbaren Grund für die Vertragsauflösung geliefert hat[1620].

Die jederzeitige Kündbarkeit des Auftrags ist zwingender Natur. Vertragliche Abmachungen können daher diese Bestimmung nicht ausser Kraft setzen oder durch andere Regeln ersetzen. Dies gilt insbesondere auch für die in den Grundsätzen der Branchenverbände vorgesehenen Bestimmungen. Die in Ziff. 22 der Grundsätze vorgesehene Regel, wonach Beratungsverträge unter Einhaltung einer sechsmonatigen Frist jeweils per 31. Dezember aufzukündigen sind, dürfte daher in vielen Fällen nicht rechtswirksam sein.

3. Werkvertragliche Auflösungsregeln

Unter Werkvertragsrecht ist die Frage der vorzeitigen Beendigung im vorliegend interessierenden Zusammenhang anders geregelt[1621]. Hier kann der Besteller gegen Vergütung der bereits geleisteten Arbeit und gegen volle Schadloshaltung des Unternehmers jederzeit vom Vertrag zurücktreten, solange das Werk unvollendet ist. Inwieweit diese Regelung zwingender Natur ist, ist kontrovers[1622]. Anders als unter Auftragsrecht ist somit im Werkvertragsrecht nur der Kunde zum Rücktritt ermächtigt; der Werbeagentur steht der Rücktritt nicht zu.

[1618] Vgl. BGE 109/1983 II 466 E.3d.
[1619] Vgl. BGE 115/1989 II 465 E.2.
[1620] Vgl. BGE 104/1978 II 319 E.5.
[1621] Art. 377 OR (Fn 1567); daneben bestehen auch gemäss Art. 375 OR (Überschreitung des Kostenansatzes) und Art. 376 OR (Untergang des Werks) Rechte zum Rücktritt, welche sich aber für den Werbevertrag wohl nur selten konkretisieren werden.
[1622] Vgl. Pierre *Tercier*, L'extinction prématurée du contrat, in: Das Architektenrecht, Freiburg 1995, N 1195 ff.

4. Konsequenzen der Auflösung

Sowohl im Falle der vorzeitigen Beendigung unter Werkvertragsrecht als auch unter Auftragsrecht hat der Kunde der Werbeagentur eine Vergütung für bereits geleistete Dienste bzw. Arbeit zu leisten. Im Falle des Werkvertragsrechts geht dies ausdrücklich aus dem Gesetz hervor[1623], für das Auftragsrecht lässt sich der gleiche Schluss aufgrund des Umstandes ziehen, dass die Kündigung ex nunc und nur für die Zukunft wirkt und dass der Auftraggeber ebenfalls verpflichtet ist, unter dem Auftrag eine Entschädigung für die geleistete Arbeit zu leisten.

Für beide Fälle der ausserordentlichen Beendigung durch den Kunden stellt sich zusätzlich vor allem die Frage, ob und in welchem Umfang der Kunde die Werbeagentur dafür entschädigen muss, dass diese die ursprünglich vereinbarten Leistungen nicht mehr weiter erbringen und entsprechend auch keine Entschädigung mehr beziehen kann.

Wird ein *Auftrag* vorzeitig aufgelöst, ist an sich keine weitere Entschädigung geschuldet. Dies gilt für die Kündigung jeder Partei. Nur im Falle der Auflösung zur Unzeit ist der zurücktretende Teil zum Ersatz des dem anderen verursachten Schadens verpflichtet[1624]. Das Prinzip ist damit dasjenige der jederzeitigen Auflösbarkeit. Es ist nur dann ein weiterer Ersatz geschuldet, wenn dem Kündigenden ein Verschulden in Zusammenhang mit der Auflösung vorgeworfen werden kann. Dabei sind zumeist nur diejenigen Aufwendungen des von der Kündigung Betroffenen ersatzpflichtig, welche zufolge der Auflösung nutzlos werden. Ein entgangener Gewinn muss hingegen nicht ersetzt werden[1625]. Aus diesem Grund sind auch Zweifel an der von den Grundsätzen der Branchenverbände in Ziff. 21 vorgesehenen Regel anzubringen, wonach der Agentur im Falle der vorzeitigen Kündigung eine pauschalierte Entschädigung geschuldet sein soll. Eine über die Entschädigung für bereits geleistete (und noch nicht bezahlte) Dienste hinausgehende Zahlung kann nur dann geschuldet sein, wenn die Auflösung zur Unzeit erfolgt. Anderenfalls würde wiederum eine unzulässige Beschränkung des freien Widerrufsrechts vorliegen. Auch im Falle der unzeitigen Auflösung darf diese Pauschalzahlung zudem nicht mehr als die von Werbeagentur zufolge der unzeitigen Auflösung erlittenen besonderen Nachteile entschädigen. Eine für den Fall der Auflösung zur Unzeit vereinbarte Pauschalzahlung bzw. Konventionalstrafe darf darüber hinaus nicht einen allfällig entgangenen

---

[1623] Art. 377 OR (Fn 1567).
[1624] Art. 404 Abs. 2 OR (Fn 1567).
[1625] Vgl. *Tercier* (Fn 1622), N 1166.

Gewinn der Werbeagentur einbeziehen, da das Auftragsrecht darauf keinen Anspruch gibt[1626].

Tritt der Kunde, der mit seiner Agentur einen *Werkvertrag* abgeschlossen hat, vom Vertrag zurück und hat er die Gründe für den Rücktritt selber zu vertreten, schuldet er ihr mangels anderslautender Vereinbarung vollen Schadenersatz in Höhe des positiven Vertragsinteresses. Er hat also der Werbeagentur die Differenz bis zum Betrag, welcher bei ordnungsgemässer Abwicklung des Vertrags geschuldet worden wäre, zu ersetzen[1627]. Dazu gehört auch der Ersatz des Gewinns, der von der Werbeagentur bei Aufrechterhaltung des Vertrags realisiert worden wäre. Umgekehrt muss sich aber die Werbeagentur die Einsparungen anrechnen lassen, welche sie zufolge der frühzeitigen Auflösung machen kann.

[1626] Art. 404 Abs. 2 OR (Fn 1567); vgl. dazu BGE 110/1984 II 382 ff., E.2 und 3, sowie BGE 109/1983 II 467 E.4.
[1627] Vgl. dazu etwa *Tercier* (Fn 1622), N 1158 ff.

Dritter Teil:

Schutz der Werbung

XVI. Erinnerungsmittel der Werbung

A. Begriff und Bedeutung

1. Allgemeines

Literatur: Mario M. *Pedrazzini*/Roland *von Büren*/Eugen *Marbach*, Immaterialgüter- und Wettbewerbsrecht, Bern 1998; Leo *Staub*/Chrisitan *Hilti*, Wettbewerbs- und Immaterialgüterrecht, St. Gallen 1998.

Werbung ist nur dann sinnvoll, wenn sie sich beim Adressaten einprägt und ein Erinnerungsbild hinterlässt. Dieses soll ihm gestatten, die in der Werbung beschriebenen Unternehmen, Waren oder Dienstleistungen bei neuem Bedarf wiederzuerkennen und zufriedenstellende Güter erneut zu erwerben. Werbung muss damit notwendigerweise das Unternehmen eines Werbenden oder seine Waren und Dienstleistungen individualisieren. Zu den gewerblichen Erinnerungsmitteln rechnet man alles, was einen Wettbewerber, sein Unternehmen, seine Waren, Werke, Leistungen äusserlich kennzeichnet, was ihn, sein Unternehmen, seine Waren oder andere Leistungen von den Mitbewerbern, deren Unternehmen, Waren usw. unterscheidet. Das Recht stellt dem Werbenden verschiedene Mittel zur Verfügung, deren Schutzvoraussetzungen jedoch stark voneinander abweichen.

Als ältestes Kennzeichen dürften der Name und die davon abgeleitete Firma gelten. Im Laufe der Zeit zeigte sich das Bestreben, Name und Firma durch ein Symbol zu ersetzen und hierfür Marken zu verwenden. Diese standen anfänglich ebenfalls noch unter dem Schutz des Namens, da sie als dessen Synonym betrachtet wurden. Erst mit dem Überhandnehmen der Marke wurde für diese ein eigenes Rechtsinstitut, das Zeichen- oder Markenrecht geschaffen. Mit diesem eng verwandt ist die Ausstattung, welche ebenfalls ein Vermögensobjekt (Goodwill) eines Unternehmens verkörpert.

Demgegenüber wird der Schutz des Kunstwerkes als auch des Musters und Modells allein deshalb gewährt, weil der Urheber um seiner persönlichen Leistung willen besser gestellt werden soll. Kunstwerke, Muster und Modelle sind daher keine Kennzeichen eines Unternehmens, da sie nicht die Herkunft aus einem bestimmten Betrieb symbolisieren wollen. Der Urheber eines Kunstwerkes, eines Musters oder Modells ist denn auch oft ausserhalb desjenigen Betriebes zu suchen, der sein Werk nutzt. Dennoch werden urheberrechtlich schützbare Werke sowie Muster und Modelle immer mehr ebenfalls als Kennzeichen eines Unternehmens eingesetzt, so dass es sich in diesem Zusammenhang rechtfertigt, diese Werbemittel ebenfalls im vorliegenden Kapitel zu behandeln.

2. Namen

Literatur: Wolfhart F. *Bürgi,* Wesen und Entwicklung der Persönlichkeitsrechte nach schweizerischem Privatrecht, ZSR 66/1947 I 1–20; August *Simonius,* Les droits de la personnalité, ZSR 66/1947 I 21–39; Eugen *Bucher,* Die Ausübung der Persönlichkeitsrechte, Diss. ZH 1956; Marc-Antoine *Schaub,* Der Name von Vereinen und Stiftungen, SJK 1272, Genf 1979; Eugen *Bucher,* Berner Kommentar, Bd. I, Personenrecht, 1. Teilband (Art. 11–26 ZGB), Bern 1976; Patrick Pierre *Tercier,* Le nouveau droit de la personnalité, Zürich 1984; Mario M. *Pedrazzini*/Niklaus *Oberholzer,* Grundriss des Personenrechts, 3. Aufl., Bern 1989.

Das einfachste Werbemittel eines Kaufmannes ist sein Name. Diesen pflegt er ja nicht nur im geschäftlichen, sondern auch im privaten Verkehr zu verwenden. Die Achtung, welche seinem Namen im Privatleben entgegengebracht wird, überträgt sich zwangsläufig auf sein Unternehmen. Der angesehene Name bietet denn auch die beste Gewähr für Qualitätsauswahl und reelle Bedienung.

Der Familienname von Kaufleuten kann gewöhnlich nicht frei gebildet werden, wird er doch durch Abstammung oder Heirat erworben. Lediglich bei einer allfälligen Namensänderung stellt sich das Problem der Namenswahl. Es ist dabei in erster Linie Sache des die Namensänderung bewilligenden Regierungsrates, darauf zu achten, dass dabei keine Interessen Dritter verletzt werden[1628].

Zu den Namen gehören auch Kurznamen[1629] und Pseudonyme. Das Pseudonym bezeichnet einen besonderen Aspekt der Persönlichkeit, namentlich die künstlerische oder literarische Tätigkeit, welche es zu speziellen Zwecken abspaltet[1630]. Das Pseudonym kann grundsätzlich aus einer unbegrenzten Zahl von Möglichkeiten ausgewählt werden. Pseudonyme geniessen grundsätzlich den gleichen Schutz wie Familien- und Vornamen[1631].

[1628] Art. 30 Zivilgesetzbuch (ZGB, SR 210).
[1629] BGE 80/1954 II 285: F.A.S.
[1630] BGE 92/1966 II 310: Sheila.
[1631] Vgl. *Pedrazzini/Oberholzer,* Grundriss des Personenrechts, 2. Aufl., S. 167; BGE 92/1966 II 310: Sheila, 112/1986 II 61: Monti.

Zu den Namen sind auch die Namen juristischer Personen zu zählen, wie insbesondere von Vereinen, Stiftungen, Aktiengesellschaften, Genossenschaften und Gesellschaften mit beschränkter Haftung. Die Namen der Letzteren sind identisch mit ihren Geschäftsfirmen. Auch für die juristische Person steht eine unbeschränkte Auswahl von Namen zur Verfügung. Dennoch werden deren Namen oft unter Zuhilfenahme eines Familiennamens gebildet.

Im Gegensatz zu anderen Kennzeichen ist ein Name als höchstpersönliches Recht nicht übertragbar[1632]. Der Name ist als Inbegriff der Persönlichkeit mit seinem Träger untrennbar verbunden. Er kann nicht verkauft, abgetreten oder verschenkt werden. Der Namensträger kann einzig auf sein Recht verzichten, anderen die Führung eines gleichen oder ähnlichen Namens zu verwehren. Auf dieser Grundlage steht auch das Firmenrecht[1633], das dem Übernehmer eines Geschäftes die Weiterführung des Namens seines Vorgängers nur gestattet, wenn dieser oder dessen Erben ausdrücklich oder stillschweigend zustimmen.

Die Nicht-Übertragbarkeit eines Namens hat zur Folge, dass er mit dem Verlust der Persönlichkeit untergeht. Doch kann ein Name auch als Kennzeichen, insbesondere auch als Marke, gebraucht und in dieser Eigenschaft übertragen werden.

3. Unternehmensbezeichnungen

Literatur: Walter *Diener,* Die unrichtig gewordene Firma, Zürich 1949; Walter *Stöckli,* Der Schutz des ausländischen Handelsnamens in der Schweiz auf Grund der Pariser Verbandsübereinkunft von 1883, Zürich 1958; Jean-Pierre *Pointet,* Der internationale Schutz des berühmten Handelsnamens, GRUR Int. 1961, 393–403; Robert *Patry,* Grundlagen des Handelsrechts, in Schweizerisches Privatrecht, Bd. VIII/1, Basel 1976, S. 1–210; Patrick *Troller,* Kollisionen zwischen Firmen, Handelsnamen und Marken, Diss. BE 1980; François *Dessemontet,* La publicité et la propriété intellectuelle, SJZ 78/1982 1–9; Roland *Bühler,* Firmenfunktionen und Eintragungsfähigkeit von Firmen, Der Bernische Notar 48/1987, 1–36; Martin J. *Lutz*/Christian *Hilti,* Der Schutz des Familiennamens im Handelsverkehr, in: Festschrift zum 70. Geburtstag von Rudolf E. *Blum,* Zürich 1989, 61–76; Pierre-Alain *Killias,* Les raisons de commerce: Répertoire de jurisprudence fédérale et cantonale, Lausanne 1990; Ernst A. *Kramer,* Starke und schwache Firmenbestandteile, in: Festschrift zum 65. Geburtstag von Mario M. *Pedrazzini,* Bern 1990, 603–615; Roland *Bühler,* Grundlagen des materiellen Firmenrechts, Bern 1991; *Eidg. Amt für das Handelsregister,* Anleitung und Weisung an die kantonalen Handelsregisterbehörden betreffend

---

[1632] OGer ZH in ZR 36/1937 Nr. 1.
[1633] Art. 953 Abs. 2 Obligationenrecht (OR, SR 220).

die Prüfung von Firmen und Namen, Bern 1998; Marc-Antoine *Schaub,* Firmenrecht, SJK 1261, Genf 1999.

a) Geschäftsfirma

Im geschäftlichen Leben tritt ein Kaufmann selten nur unter seinem Namen auf. Oft werden diesem Zusätze zur näheren Umschreibung des Gewerbes beigegeben. Damit wird der Name zur Geschäftsfirma erweitert. So werden Hinweise auf die Branche oder die Gesellschaftsform des Unternehmens hinzugefügt oder Angaben über ein allfälliges Nachfolgeverhältnis gemacht. Immer mehr werden aber neben solchen beschreibenden Angaben auch eigentliche Fantasienamen beigefügt. Besonders bei den Kapitalgesellschaften sind solche Fantasiebezeichnungen in der Firma heute sehr verbreitet.

In der Regel wird die Firma im Handelsregister eingetragen. Zurzeit sind rund 300'000 Geschäftsfirmen beim Eidg. Handelsregisteramt in Bern verzeichnet, wobei je über ein Drittel auf die Einzelfirmen und die Aktiengesellschaften entfällt. Nicht alle Marktteilnehmer sind jedoch zur Eintragung im Handelsregister verpflichtet; namentlich sind Einzelhändler, deren jährlichen Roheinnahmen CHF 100'000 nicht übersteigen, von der Eintragungspflicht befreit. Auch gewisse juristische Personen wie Vereine und Familienstiftungen brauchen sich unter bestimmten Voraussetzungen nicht im Handelsregister einzutragen. Der Firmeneintrag erleichtert jedoch die Feststellung des genauen Wortlautes und verschafft ein rechtserhebliches Interesse für den Schutz der Firma bei Verletzungen.

b) Geschäftsbezeichnungen und Enseignes

Literatur: Hugo *Amberg,* Das Wesen und der Schutz der Enseigne, Diss. BE 1939; René *Couchepin,* De l'emploi des enseignes, SAG 24/1952 125; Marc-Antoine *Schaub,* Die Eintragung der Enseignes, SJK 1273, Genf 1988.

Während die Firma der geschäftliche Name des Unternehmers ist, stellt die Geschäftsbezeichnung die besondere Bezeichnung des Geschäftsbetriebes (Geschäftsbezeichnung im weiteren Sinne) und die Enseigne die charakteristische Bezeichnung des Geschäftslokals dar, welche dieses bei der Kundschaft bekannt machen soll[1634]. Enseignes sind üblich bei Gaststätten und heute noch weit verbreitet bei Apotheken, durften doch diese im Mittelalter keine Firma führen. Auch Enseignes können ins Handelsregister eingetragen

---

[1634] BBl 1937 II 817.

werden[1635] und unterstehen den gleichen Vorschriften bezüglich der Firmenbildung wie die Geschäftsfirmen. Sie brauchen jedoch nicht in der Firma des Unternehmens zu figurieren, sondern können bei der Angabe der Geschäftsnatur (Firmenzweck) angeführt werden (z.b. Betrieb einer Apotheke unter der Bezeichnung «Pelikan»).

Nichts hindert den Kaufmann jedoch daran, die Bezeichnung seines Geschäftsbetriebes oder seines Geschäftslokals auch in die Firma aufzunehmen. Die Bezeichnung wird dadurch Bestandteil oder Untertitel der Firma und so des formellen Firmenschutzes teilhaftig (z.b. «Apotheke zum Pelikan, Dr. J. Huber» oder «Apotheke zum Pelikan GmbH»). Anderenfalls geniesst die besondere Bezeichnung einzig den Schutz des Namensrechts[1636] oder des Lauterkeitsrechts[1637].

c) Kurznamen

Oft sind Firmennamen derart lang, dass sie im mündlichen oder auch im schriftlichen Verkehr nicht voll verwendet, sondern nur mit einer Kurzbezeichnung benannt werden. Diese kann sich entweder aus dem charakteristischen Hauptbestandteil zusammensetzen, z.B. Wollen-Keller für die Firma «Keller & Cie. zum Wollenhof»[1638], Seiden-Grieder usw., oder auch aus den hintereinander geschriebenen Initialen einer Firma (Akronym), z.B. «BSA» für Bund Schweizer Architekten[1639] oder GBC für «General Binding Corporation»[1640].

Wie Geschäftsbezeichnungen und Enseignes, können auch Kurznamen als Untertitel in die Firma aufgenommen werden. Doch haben Kurznamen selbständige Bedeutung und geniessen Schutz, ob sie nun in die Firma aufgenommen worden sind oder nicht[1641]. Viele Unternehmen sind denn auch heute unter ihrer Kurzbezeichnung besser bekannt als unter ihrem vollen Namen.

[1635] Art. 48 Handelsregisterverordnung (HRegV, SR 221.411) in der Fassung vom 29.9.1997 (AS 1997 2230).
[1636] BGE 64/1938 II 250: Wollen-Keller.
[1637] HGer ZH in ZR 44/1945 Nr. 140: Apotheke Fluntern.
[1638] BGE 64/1938 II 244: Wollen-Keller.
[1639] BGE 80/1954 II 281; FAS/FSA.
[1640] OGer SZ in Mitt. 1975 117: GBC.
[1641] BGE 80/1954 II 285: FAS/FSA.

4. Domain Namen

Domain Namen sind von Haus aus Zuordnungsnummern der Telekommunikation und keine Kennzeichen. Da sie aber meistens durch ein Schlagwort mit bis zu 24 alphanumerischen Zeichen ersetzt werden und für dieses intensiv geworben wird, haben sie ähnliche Funktionen wie Kurznamen oder Pseudonyme. In diesen Fällen geniessen sie den Schutz des Namens- und Lauterkeitsrechts.

5. Marken

Literatur: Jaques *Guyet,* Waren- und Dienstleistungsmarken und Herkunftsangaben, SJK 683–685. 1019a, Genf 1996 ff.; Eugen *Marbach,* Markenrecht, in: SIWR III, Kennzeichenrecht, Basel 1996, S. 1–230. Lucas *David,* Markenschutzgesetz, Muster- und Modellgesetz, 2. Aufl., Basel 1999.

a) Bedeutung

Die Marke ist wohl eines der wichtigsten Werbemittel jedes Kaufmanns. Obwohl die Werbewirkung der Marke vom Bundesgericht nicht als schutzfähige Funktion der Marke anerkannt wird[1642], wird eine Marke oft allein wegen dieser Wirkung kreiert und bedeutet denn auch für ein Unternehmen einen beachtlichen materiellen Wert (Goodwill). Dieser geht teilweise auf jahrhundertealte Tradition zurück. So lassen sich die berühmten Porzellanmarken von Meißen und Sèvres bis ins 18. Jahrhundert zurückverfolgen, während in England Verantwortlichkeitsmarken für Gold- und Silberschmiede sogar schon seit dem 14. Jahrhundert obligatorisch waren.

Gegenwärtig sind rund 350'000 Marken im schweizerischen Markenregister oder im internationalen Register mit Wirkung auch für die Schweiz eingetragen. Die Tauglichkeit der Marke als Werbemittel rührt vor allem davon her, dass deren Schutz immer wieder verlängert werden kann und daher nicht befristet ist. Ein Muster oder Modell kann zurzeit höchstens während 15 Jahren geschützt werden, ein Patent läuft je nach Gegenstand zwischen 20 und 25 Jahren ab, das Urheberrecht erlischt nach 50–70 Jahren nach dem Tode des Urhebers, während sich eine Marke immer wieder verlängern lässt[1643].

[1642] BGE 86/1960 II 282 f.: Philips.
[1643] Art. 10 Abs. 2 Markenschutzgesetz (MSchG, SR 232.11).

b) Begriff

Eine Marke ist gemäss schweizerischer Auffassung ein unterscheidungskräftiges, grafisch darstellbares Zeichen[1644]. Nur Marken, welche dieser Definition entsprechen, werden vom Eidg. Institut für Geistiges Eigentum im Register eingetragen und durch das Markenschutzgesetz geschützt. Durch diese Definition wird klar, dass nur das Zeichen selbst, nicht aber etwa seine charakteristische Anbringung (z.B. Steiff-Knopf im Ohr) markenrechtlich geschützt ist. Da das Zeichen nicht von Auge wahrnehmbar, aber doch wenigstens darstellbar sein muss, fallen auch Hörzeichen, z.B. die Tonfolge eines «Jingles», oder Hausfarben, z.B. das Lila der Milka-Schokolade, als Marken in Betracht, nicht aber Riechzeichen, z.B. das Parfüm der Verpackung.

Jeder selbständige und individuelle Teil einer Packung oder Etikette lässt sich als Marke ansehen; und nichts hindert die Marktteilnehmer daran, für ein und dasselbe Produkt verschiedene Marken zu beanspruchen und diese nebeneinander auf einer Packung zu gebrauchen.

c) Arten

Dem Markenhinterleger stehen für die Gestaltung seiner Marke viele Möglichkeiten zu Gebote. Er kann eine reine Wortmarke mit oder ohne Sinngehalt kreieren; im letzteren Fall wirkt sie als Fantasiemarke allein durch den Wortklang. Sodann kann er eine Bildmarke schaffen und dieser eine konkrete Abbildung oder ein abstraktes Muster zum Inhalt geben. Auch kann er beide Arten zu einer Wort-Bildmarke kombinieren, indem der Wortmarke entweder ein ganz bestimmter Schriftzug verliehen wird oder indem ihr zusätzliche figürliche Elemente beifügt werden. Die Melodie eines Jingles kann auch durch Notenschrift als akustische Marke (Klangmarke) wiedergegeben werden. Auch ganze Verpackungsformen, wie z.B. die «Odol»- oder «Maggi»-Flasche, können als dreidimensionale Marken registriert werden.

Alle diese Markenarten können zudem in schwarzweisser oder farbiger Ausgestaltung hinterlegt werden. Durch die besondere Farbgebung wird die individualisierende Kraft der Marke erheblich verstärkt. Dies kann bewirken, dass zwei Marken, die in blosser Schwarzweissreproduktion nicht verwechselbar sind, infolge ähnlicher Farbgebung verwechselbar werden, aber auch,

---

[1644] Vgl. Art. 1 MSchG (Fn 1643) und Art. 10 Abs. 1 Markenschutzverordnung (MSchV, SR 232.111).

dass zwei Marken trotz ihres ähnlichen Motivs wegen der verschiedenen beanspruchten Farben nicht als ähnlich betrachtet werden können.

Selbstverständlich ist der Hinterleger auch frei, zur Erweiterung seines markenrechtlichen Schutzes die gleiche Marke sowohl in schwarzweisser wie auch in farbiger Darstellung und zudem noch die Wort- und Bildbestandteile einzeln zu hinterlegen.

Der Markenhinterleger kann seine Marke als Individualmarke für seine eigenen Waren hinterlegen. Er kann sich aber statt dessen auch mit anderen Marktteilnehmern zu einer Vereinigung zusammenschliessen und in deren Namen eine Kollektivmarke (Verbandszeichen) zur Kennzeichnung der gemeinsamen Waren hinterlegen. Oft werden durch die Werbung besondere Eigenschaften, welche den mit der Kollektivmarke versehenen Produkten gemeinsam sind, herausgestrichen. So kann die Kollektivmarke einen Hinweis auf eine bestimmte Warenqualität (z.B. Sanfor), auf die geografische Herkunft (z.B. Armbrust-Zeichen), auf bestimmte Nebenleistungen (z.B. Silva) oder irgendwelche andere Sondermerkmale (z.B. Label) geben, welche dem Absatz der damit versehenen Erzeugnisse förderlich sind. Voraussetzung für den Schutz einer Kollektivmarke sind jedoch solche Vorstellungen nicht[1645].

6. Ausstattungen

Literatur: Patrick *Troller,* Zum Schutz technisch bedingter Formen als Modelle, Ausstattung oder Formmarken, in: FS Rudolf E. *Blum,* Zürich 1989, S. 163–181; Andreas *Gubler,* Der Ausstattungsschutz nach UWG, Diss. BE 1991; Ruth *Arnet,* Die Formmarke, Diss. ZH 1993; Jeannette K. *Wibmer,* Rechtsschutz von Produktausstattungen in Europa, Diss. BE 1995.

Ausstattung im weiteren Sinne ist jede äussere Zutat einer Ware oder Dienstleistung. Sie umfasst das, was über den offenen Verkauf hinausgeht und was für den Gebrauchszweck nicht mehr unbedingt notwendig, wohl aber in den meisten Fällen nützlich und angenehm ist. Sie äussert sich in Bildern oder Worten, Buchstaben, Zahlen, Farben, Ornamenten, aber auch in bestimmten Formgebungen[1646]. Da die Ausstattung als Zugabe zum notwendigen Minimum einer Ware oder Dienstleistung zu betrachten ist, ist begrifflich ausgeschlossen, dass eine technisch bedingte Konstruktion als Ausstattung betrachtet werden kann. Ausstattung bilden alle visuell wahrnehmbaren

---

[1645] BGE 99/1973 II 109: Silva.
[1646] BGE 83/1957 II 158: Blumenhalter Dublo.

Attribute einer Ware mit Ausnahme der Warenform selbst. Sie ist das lauterkeitsrechtliche Gegenstück der nicht eingetragenen Warenmarke.

Lauterkeitsschutz können aber auch die besondere Ausgestaltung von Prospekten, das Layout der Reklame, die Aufmachung von Zeitungen usw. beanspruchen[1647].

So geniessen nach der Gerichtspraxis folgende Attribute den lauterkeitsrechtlichen Schutz und können daher als Ausstattungen qualifiziert werden:
- die im schweizerischen Handelsregister nicht eingetragene Firma (BGE 98/1972 II 63: Commerzbank Aktiengesellschaft; Mitt. 1975 117: General Binding Corporation);
- die im schweizerischen Handelsregister eingetragene Firma (BGE 63/1937 II 76: Vimi-Néon SA, 82/1956 II 342: Eisen und Metall AG; Sj 70/1948 478: Indeco SA; HGer BE in ZBJV 86/1950 83: Carbonia GmbH);
- der Kurzname eines Unternehmens (BGE 80/1954 II 285: FAS);
- der Name des Geschäftslokals (HGer ZH in ZR 44/1945 Nr. 140: Apotheke Fluntern; BGE 81/1955 II 470: Ciné-Studio, 91/1965 II 20: La Résidence);
- der Titel einer Zeitschrift (BGE 21/1895 163: Tribune de Genève, 75/1949 IV 23: Fachblatt für schweizerisches Anstaltswesen; HGer ZH in ZR 29/1930 Nr. 83: Textil-Revue, KassGer ZH in ZR 47/1948 Nr. 57: Phoebus; HGer ZH in SJZ 66/1970 237 Nr. 116: Kunststoffe-Plastics);
- der Slogan (Mitt. 1970 228: Mettez un tigre dans votre moteur);
- die nicht eingetragene Etikette (BGE 82/1956 II 350: Mineralwasser-Etiketten, 90/1964 IV 172: Honig-Etikette; 84/1958 II 453, 95/1969 II 461, Mitt. 1969 82: Zigarettenpackungen);
- die nicht eingetragene Wortmarke (BGE 83/1957 IV 199: Expresso);
- die eingetragene Marke (HGer SG in SJZ 64/1968 136 Nr. 92: Neocolor);
- die besondere Form einer Ware (BGE 79/1953 II 320: Zwischenschalter, 83/1957 II 160: Blumenhalter, 88/1962 IV 80: Heizapparat; HGer ZH in ZR 89/1990 Nr. 62: Epilady);
- die Aufmachung einer Ware (BGE 70/1944 II 111: Randstreifen auf Skis; Mitt. 1961 71: runde Baustein-Schachteln, 1968 62: mehrfarbige Tanksäulen, 1977 180: Schuhe mit drei Streifen).

[1647] Gl.M. B. *von Büren*, Wettbewerbsrecht, S. 110.

Keinen Lauterkeitsschutz können demgegenüber blosse Telegrammadressen oder Domain Namen (URL) beanspruchen, sofern sie nicht intensiv zur Kennzeichnung des Unternehmens gebraucht werden[1648].

7. Muster und Modelle

Literatur: François *Perret,* L'autonomie du régime de protection des dessins et modèles, Genf 1974; Michael *Ritscher,* Der Schutz des Design. Zum Grenzbereich von Muster-/Modellrecht und Urheberrecht in der Schweiz, Diss. ZH 1986; Markus *Wang,* Die schutzfähige Formgebung, Diss. SG, Bern 1998; Lucas *David,* Markenschutzgesetz, Muster- und Modellgesetz, 2. Aufl., Basel 1999.

Äussere Formgebungen, die bei der gewerblichen Herstellung eines Gegenstandes als Vorbild dienen sollen, werden Muster und Modelle genannt[1649]. Muster und Modelle können daher für Waren oder deren Verpackung in Anspruch genommen werden, nicht aber für Slogans oder Dienstleistungen.

Das Muster ist eine Anordnung von Linien und Flächen in grafischer Gestalt, welche zur Ausschmückung auf einem Gegenstand angebracht wird. Das Modell ist eine plastische Raumform und kann als solche einen Gegenstand ebenfalls schmücken und seine Oberfläche gestalten, es kann aber auch die Form des ganzen Objektes bilden[1650]. Muster und Modell wollen zwar den Betrachter ansprechen, nichtsdestoweniger aber auch eine zweckdienliche Form darstellen. Im Gegensatz zu Marken und Ausstattungen können Muster und Modelle kaum ausgewechselt werden, da sie einer Ware erst den spezifischen Charakter verleihen.

Obwohl Muster und Modelle wegen ihrer ästhetischen Formgebung geschützt werden, fallen darunter nicht nur Ziergegenstände[1651]. Auch Gebrauchsgegenstände, wie z.B. Stühle und Sofas[1652], Confiserietüten[1653], Brief-/Milchkästen[1654], Bekleidungsstücke[1655] geniessen den Modellschutz, soweit ihre Formgebung den weiter unten umschriebenen Anforderungen genügt.

[1648] Sj 70/1948 472: Indeco.
[1649] Art. 2 BG betr. die gewerblichen Muster und Modelle (MMG, SR 232.12).
[1650] BGE 83/1957 II 478: Sitzmöbel.
[1651] Z.B. HGer ZH in ZR 53/1954 Nr. 30: Dekorationsartikel; HGer ZH in Mitt. 1970 104: Go-n-stop (Farbfelder eines Spielautomaten).
[1652] BGE 83/1957 II 475: Sitzmöbel, 84/1958 II 653: Polstermöbel.
[1653] BGE 87/1961 II 49: Confiserie-Tüte.
[1654] BGE 95/1969 II 473: Brief-Milchkasten.
[1655] HGer ZH in Mitt. 1976 45: Schachtelhose.

8. Urheberrechtlich schützbare Werke (Kunstwerke)

Literatur: Hans *Rutgers,* Der urheberrechtliche Schutz von Reklamekundgebungen, Diss. ZH 1933; Pierre-Robert *Dubertius,* Le droit d'auteur dans le domaine de la publicité commerciale, Lausanne 1964; Max *Kummer,* Das urheberrechtlich schützbare Werk, Bern 1968; Walter *Trachsler,* Rechtliche Fragen bei der fotographischen Aufnahme, Diss. ZH 1975; Alois *Troller,* Die Bedeutung der statistischen Einmaligkeit im urheberrechtlichen Denken, in: FS Max *Kummer,* Bern 1980, S. 265–276; Lucas *David,* Die Werbefigur in der Praxis, in: SMI 1982 33–45; François *Dessemontet,* La publicité et la propriété intellectuelle, SJZ 78/1982 1–9; Martin J. *Lutz,* Der Schutzumfang des Urheberrechts, in: FS 100 Jahre URG, Bern 1983, 173–186; Max *Kummer,* Der Werkbegriff und das Urheberrecht als subjektives Privatrecht, in: FS 100 Jahre URG, Bern 1983, S. 123–144; Ivan *Cherpillod,* L'objet du droit d'auteur, Diss. Lausanne 1985; Beat *Reinhart,* Die Abgrenzung von freier und unfreier Benutzung im schweizerischen Urheberrecht, Diss. 1985; Ivan *Cherpillod,* Le droit d'auteur en Suisse, Lausanne 1986; Lucas *David,* Die Werkbegriffe der Berner Übereinkunft und des schweizerischen Urheberrechtsgesetzes, in: FS 100 Jahre Berner Übereinkunft, Bern 1986, S. 181–200; Beat *Reinhart,* Das Institut der freien Benutzung im Urheberrecht, in: UFITA 103/1986 65–83; Michael *Ritscher,* Der Schutz des Design. Zum Grenzbereich von Muster-/Modellrecht und Urheberrecht in der Schweiz, Diss. 1986; Adrian *Hinderling,* Rechtsfragen um Skulpturen, in: FS Ulrich *Uchtenhagen,* Baden-Baden 1987, S. 209–216; Balz *Hösly,* Das urheberrechtlich schützbare Rechtssubjekt, Bern 1987; Manfred *Rehbinder,* Schweizerisches Urheberrecht, 3. Aufl., Bern 2000; Denis *Barrelet/*Willi *Egloff,* Das neue Urheberrecht, 2. Aufl., Bern 2000.

Der Appell an die Ästhetik ist ein gutes Verkaufsargument. Denn wer wollte schon hässliche und somit abstossende Waren kaufen? Das Bestreben jedes Werbetreibenden zielt daher darauf ab, durch seine Waren und Leistungen den Anschein der Gefälligkeit zu vermitteln. Dies beginnt schon mit der hübschen Präsentation der Produkte auf dem Marktstand, setzt sich sodann in der Wahl künstlerischer Plakate und weiterer Geschäftsanzeigen fort und mündet schliesslich in das hochstehende Design von Produkten.

Urheberrechtlich schützbar sind Werke der Literatur und Kunst, insbesondere auch Werke der Malerei, der Grafik, der angewandten Kunst und der Photographie[1656]. Die Kunstdefinition gemäss Urheberrecht deckt sich nicht mit dem landläufigen Begriff «Kunst». Ein künstlerisches Werk im Sinne des Urheberrechtes muss sich nicht über eine bestimmte Werthöhe oder einen ästhetischen Gehalt ausweisen, denn wer wollte Kunstrichter spielen und entscheiden, ob ein Werk im Hinblick auf die Kultur eine Bereicherung darstellt oder eine besondere Begabung des Künstlers offenbart? Aus diesem Grund begnügt sich das Urheberrecht mit der Definition, dass Werke geistige Schöpfungen der Literatur und Kunst sind, die unabhängig von ihrem Wert

---

[1656] Art. 2 Abs. 2 lit. c, f und g Urheberrechtsgesetz (URG, SR 231.1).

oder Zweck individuellen Charakter haben[1657]. Werk ist all das, was als statistisch einmalig zu betrachten ist, auf das nur gerade der Urheber kraft seiner persönlichen Leistung und niemand anders kommen konnte: Parallelschöpfungen sind begrifflich undenkbar. Eine urheberrechtlich schützbare Leistung liegt vor, sobald eine Aufgabe individuell gelöst wird und ein anderer die Aufgabe sicher anders gelöst hätte, weil es zur Lösung der gestellten Aufgabe eine unbestimmte Zahl von Möglichkeiten gibt[1658].

Werk ist immer nur das ausgeführte Objekt, nicht die abstrakte Anweisung an den menschlichen Geist, wie ein Werk zu schaffen sei. Die traditionelle Lehre besagt daher, dass nur die Form, nie aber der Inhalt eines Werkes urheberrechtlichen Schutz geniesse. Obwohl diese Unterscheidung angesichts der modernen Kunstformen nicht mehr zu genügen vermag, bleibt doch unbestreitbar, dass nie der Stil oder die Manier geschützt ist, vielmehr immer nur das konkrete Werk, wie es in Wort oder Strich vollzogen ist. Jedermann darf ein Plakat in der Art von Toulouse-Lautrec malen, und auch Rezepte, wie Werbefeldzüge wirkungsvoll zu gestalten seien, dürfen von jedermann ausgeführt werden. Ein Urheberrecht entsteht erst, wenn bei der Ausführung des Rezeptes Individualität entsteht. Keine Rolle spielt die Schwierigkeit der Ausführung, beschränkt sich doch das Urheberrecht nur auf die Individualität und geht keinen Schritt weiter.

9. Abgrenzungen und Wertungen

a) Unterschiede zwischen Kunstwerk und Muster und Modell

Sowohl im Kunstwerk als auch im Muster und Modell ist ein Mindestmass an schöpferischer Idee enthalten. Die Leistung des Urhebers von Mustern und Modellen soll in ähnlicher Weise wie jene des Schöpfers eines Werkes der Kunst geschützt werden. Es muss daher eine Grenze zwischen den beiden Institutionen gefunden werden. Dabei geht schon aus der Schutzdauer hervor, dass der Muster- und Modellschutz, der zurzeit noch höchstens 15 Jahre dauern kann, weniger rigorose Anforderungen stellt als das Urheberrecht, dessen Schutz bis 70 Jahre nach dem Tode des Urhebers fortdauert. Man wäre daher versucht, anzunehmen, dem Musterschutz jene Objekte zuzuteilen, deren künstlerischer Gehalt so tief steht, dass sie des urheberrechtlichen Schutzes nicht würdig sind. Dieses Bemühen hätte aber sofort wieder zur Folge, dass jemand Richter über den künstlerischen Gehalt eines

---

[1657] Art. 2 Abs. 1 URG (Fn 1656).
[1658] *Kummer*, S. 30 ff.

Werkes sein müsste. Der Unterschied kann somit höchstens darin liegen, dass Muster und Modell die Variation einer schon vorbestehenden Form darstellen, die früher oder später auch ein anderer gleich oder doch sehr ähnlich hervorgebracht hätte, während das künstlerische Werk zwar die gleichen Stilelemente verwendet, aber nichtsdestoweniger eine neue, selbständige Form schafft[1659]. Im Gegensatz zu den urheberrechtlich geschützten Kunstwerken sind Parallelschöpfungen bei Mustern und Modellen durchaus vorstellbar.

Der Unterschied zwischen künstlerischem Werk und Muster und Modell ist wegen der genannten Schwierigkeiten nicht nur im Inhalt, sondern auch im Zweck gesucht worden. So wurde gesagt, des Muster- und Modellschutzes seien jene Formgebungen fähig, die einem Gegenstand mit ganz bestimmtem Gebrauchszweck verliehen würden. Der urheberrechtliche Schutz sei demgegenüber bei jenen Dingen angebracht, deren Bestimmung es sei, eine Aussage festzuhalten und zu vermitteln[1660]. Dieses Unterscheidungskriterium versagt freilich beim Bauwerk, das zwar einen Gebrauchsgegenstand darstellt, aber von Gesetzes wegen als urheberrechtlich schützbares Werk betrachtet wird[1661].

b) Unterschiede zwischen Muster und Modell, Marke und Ausstattung

Markenschutz, Musterschutz, Ausstattungsschutz und Kunstschutz können nebeneinander bestehen.

Ein Fabrikant hat die Wahl, die grafische Gestaltung oder die Form einer Packung entweder als Muster oder als Marke zu hinterlegen oder auf eine Hinterlegung überhaupt zu verzichten und sich nur auf Ausstattungsschutz oder Urheberrecht zu berufen. Hat beispielsweise ein Hersteller von Kosmetika eine originelle Flaschenform kreiert, so kann er diese als Modell für Verpackungen hinterlegen und damit erreichen, dass die Form während der Schutzdauer auch ausserhalb seiner Branche geschützt ist und deshalb von Getränkeherstellern, Gewürzfabrikanten usw. nicht gebraucht werden darf. Hinterlegt er sie als Marke, so ist der Schutz auf die beanspruchten und gebrauchten Waren (Kosmetika) beschränkt. Nach Ablauf der Schutzdauer darf die Form zwar grundsätzlich frei benützt werden; hat sie aber in der Zwischenzeit für den Kosmetikhersteller Kennzeichnungskraft erlangt, kann er

---

[1659] *Troller,* Kurzlehrbuch, S. 79.
[1660] Vgl. *Kummer,* S. 212 ff.
[1661] Art. 2 Abs. 2 lit. e URG (Fn 1656).

die Konkurrenten in seiner Branche weiterhin daran hindern, seine Form zu gebrauchen, während gegenüber den Lebensmittelfabrikanten kein Ausschliesslichkeitsrecht mehr besteht.

Eine klare, grundsätzliche Abgrenzung zwischen den verschiedenen Schutzmöglichkeiten besteht nicht. Unbestritten ist einzig, dass für Dinge, die im Gemeingut stehen, kein Schutz beansprucht werden kann, unabhängig davon, ob man sich nun auf Musterrecht, Markenrecht, Wettbewerbsrecht oder Urheberrecht beruft.

Folgende Überlegung mag helfen, die Voraussetzungen der einzelnen Schutzmöglichkeiten näher zu präzisieren. Der Muster- und Modellschutz ist zurzeit noch auf 15 Jahre beschränkt; nachher erlischt er und kann nicht mehr erneuert werden. Demgegenüber können Marken- und Ausstattungsschutz vorbehältlich der rechtzeitigen Erneuerung einer Marke zeitlich unbeschränkt beansprucht werden; auch der Urheberrechtsschutz mit seiner Dauer von 70 Jahren nach dem Tod des Schöpfers dauert in der heutigen, schnelllebigen Zeit praktisch ewig. Daraus ergibt sich, dass die Anforderungen an ein Muster oder Modell weniger hoch sein müssen als an eine Marke, eine Ausstattung oder ein urheberrechtlich geschütztes Werk, denn sonst liesse sich deren längere Schutzdauer nicht rechtfertigen. Anderersets deutet die relativ kurze Schutzdauer von Mustern und Modellen darauf hin, dass deren Schutz auf vergängliche Dinge ausgerichtet ist, insbesondere auf Artikel, die modischen Strömungen unterworfen sind.

Ein weiterer Unterschied ergibt sich aus dem Zweck von Kunstwerk, Muster und Modell einerseits sowie von Marke und Ausstattung andererseits. Werke, Muster und Modelle werden geschützt, weil darin ein Mindestmass an schöpferischer Idee enthalten ist. Diese Leistung des Urhebers soll anerkannt werden, indem ihm gegenüber der Konkurrenz ein gewisser Vorsprung eingeräumt wird. Das Muster- und Modellrecht schafft damit gleich dem Urheberrecht oder Patentrecht eine befristete Monopolstellung, während welcher der Inhaber des Schutzrechtes die alleinigen Früchte seiner Arbeit ernten soll. Demgegenüber wollen Ausstattungs- und Markenrecht nicht eine bestimmte Leistung schützen, sondern allein ein Unternehmen samt seinen Waren und Leistungen vor Verwechslungen mit anderen bewahren. Gerade das Markenrecht wurde aus diesem Grunde lange Zeit als Persönlichkeitsrecht gewertet, das wie Name, Firma und Geschäftsbezeichnung einen Gewerbetreibenden individualisieren soll. Doch müssen Marken und Ausstattungen abgeändert werden können, ohne die Eigenschaften der damit versehenen Waren zu verändern. Bei Raumformen umfasst die Ausstattung höchstens die vom eigentlichen Zweck eines Gegenstandes losgelöste Form, während Muster und Modelle auch die zweckdienliche Form beinhalten[1662].

Aus dieser Gegenüberstellung ergibt sich folgende grobe Richtlinie: Ausstattungs- und Markenschutz sind reserviert für abtrennbare und grundsätzlich auswechselbare Attribute, die für ein Unternehmen typisch sind und dieses von anderen unterscheiden sollen. Darunter fallen in erster Linie Signete, Slogans, Hausmarken, Etiketten und andere Symbole. Umgekehrt können urheberrechtlich geschützte Werke sowie Muster und Modelle nicht eine bestimmte Herkunft kennzeichnen. Sie müssen zwar unterscheidungsfähig, nicht aber kennzeichnungskräftig sein. Sie sind daher gebräuchlich für Dessins und Formen, die nebeneinander und meistens nur vorübergehend gebraucht werden und für welche nicht die betriebliche Herkunft, sondern in erster Linie die zweckdienliche Kreation von Bedeutung ist. Im Hinblick auf ihren ästhetischen Gehalt sind speziell jene Attribute dem Musterschutz zuzurechnen, die den Erwerber ausschliesslich oder doch vorwiegend erfreuen sollen, wie Blumen- und Heimatbilder, Geschenkausstattungen usw. Geeignet für Muster- und Modellhinterlegungen sind daher namentlich Vorlagen für Textildrucke und Geschirrverzierungen oder Gestaltungen von Möbeln, Bestecken und Verpackungen. Werk, Muster und Modell stellen damit bildlich gesprochen den Schmuck dar, der uns gefällt, von wem immer er getragen wird, während Marke und Ausstattung zwar kleidsame Attribute sind, aber das Wesen ihres Trägers nicht zu verändern vermögen.

c) Vorteile einer Markenhinterlegung

Viele Branchenangehörige sind der Ansicht, eine Markenhinterlegung verleihe ihren Kennzeichen den besten Schutz, weshalb Markenanmeldungen oft mit übertriebenem Aufwand vorangetrieben werden. Doch darf die Bedeutung des Markenschutzes und damit der Eintragung im Markenregister nicht überschätzt werden. Der Schutz einer eingetragenen Marke unterscheidet sich nämlich in der Schweiz nicht wesentlich vom Schutz einer nicht eingetragenen, aber intensiv gebrauchten und notorisch bekannt gewordenen Ausstattung. Der Hauptvorteil einer Markenhinterlegung liegt vorerst darin, dass durch das Hinterlegungsdatum ein Zeitrang gesichert wird, der im Verhältnis zu Dritten über das ältere und damit bessere Recht entscheidet. Sodann kann der Inhaber einer schweizerischen Marke gestützt auf diese Basiseintragung auch eine Registrierung im internationalen Register beantragen, womit der Markenschutz auf einfache Art auf viele Länder des Auslandes ausgedehnt wird. Dort ist die Stellung des Inhabers einer eingetragenen Marke zum Teil

---

[1662] BGE 83/1957 II 478: Sitzmöbel.

wesentlich stärker als diejenige des Benützers einer nicht eingetragenen. In der Schweiz ist eine Markeneintragung hingegen nur insofern von Vorteil, als sie ein starkes Indiz für den rechtmässigen Bestand des beanspruchten Markenrechts (Kennzeichnungskraft, keine Täuschungsgefahr) darstellt und überdies die Gelegenheit gibt, den Gebrauch einzelner in der Waren- und Dienstleistungsliste beanspruchter Waren und Dienstleistungen ohne Rechtsverlust erst später aufzunehmen[1663]. Zudem verschafft der rein lokale Gebrauch einer eingetragenen Marke ein Exklusivrecht in der ganzen Schweiz, während das Recht der nicht eingetragenen Marke höchstens so weit reicht, als sie örtlich gebraucht wird.

Einen Vorteil bietet die eingetragene Marke sodann im einstweiligen Rechtsschutz[1664]. Im Rahmen eines Verfahrens um vorsorgliche Massnahmen darf der Richter von der Gültigkeit einer Marke ausgehen, da ja deren Gültigkeitsvoraussetzungen bereits im Eintragungsverfahren geprüft worden sind.

d) Vorteile des Handelsregistereintrages

Ein Kaufmann mag sich zuweilen fragen, ob die Eintragung einer Einzelfirma im Handelsregister auch werbliche Vorteile bietet. Da sich der Firmenschutz von Einzelfirmen ohnehin nur auf den Ort des Sitzes beschränkt[1665], bringt die Eintragung im Register keine Vorteile für den Rechtsschutz.

B. Qualitative Anforderungen

1. Vorbemerkung

Damit die Erinnerungsmittel der Werbung anerkannt und bei Verletzungen gerichtlich geschützt werden, müssen sie gewisse Voraussetzungen erfüllen. So haben sie bestimmten materiellen Anforderungen zu genügen und in der Regel auch formelle Bedingungen zu erfüllen. Die materiellen Anforderungen zerfallen in zwei Untergruppen. Einmal haben die Kennzeichen eine bestimmte Minimalqualität aufzuweisen (positives Erfordernis), und zum anderen dürfen sie nicht gegen die guten Sitten verstossen (negatives Erfor-

---

[1663] Art. 12 Abs. 2 Markenschutzgesetz (Fn (Fn 1643).
[1664] Vgl. hinten Kap. XVIII.C.8, S. 574.
[1665] Art. 946 Abs. 1 Obligationenrecht (OR, SR 220).

dernis). Diese absoluten Anforderungen, die abstrakt formuliert werden können, stehen im Gegensatz zu den relativen Anforderungen, welche ihren Ausgangspunkt in den bereits vorhandenen Kennzeichen haben.

2. Namen von natürlichen Personen, Vereinen und Stiftungen

Soweit dem Namensträger eine Wahlmöglichkeit zusteht, kann er sich jeden Namen zulegen, an welchem er Gefallen findet. Doch kann ein Name seinen Zweck nur erfüllen, wenn er geeignet ist, eine Person zu individualisieren und sie von anderen zu unterscheiden. Eine solche Individualisierung lässt sich in zweierlei Hinsicht denken. Am nahe liegendsten ist wohl, dass ein Name kraft seiner Originalität individualisiert. Originell ist ein Name, wenn er aus einem Familiennamen oder einer eigentümlichen Fantasiebezeichnung besteht, welche den Gedanken aufkommen lässt, dass sie nur einem einzigen Träger zugeordnet werden kann[1666]. Aber auch reine Sachbezeichnungen können originell sein, wenn sich aus den Umständen ergibt, dass sie sich nur für einzelne wenige Personen eignen, so dass sie trotz ihres Allgemeincharakters faktisch selten sind[1667].

Kommt einem Namen wegen seiner Bekanntheit oder Verbreitung kein persönlicher Charakter zu, kann sein Träger andere vom Gebrauch dieses Namens nicht ausschliessen[1668].

3. Firmen von Einzelkaufleuten, Personen- und Kapitalgesellschaften

a) Mindestinhalt und Erkennbarkeit des Firmennamens

Einzelfirmen und Personengesellschaften (Kollektiv- und Kommanditgesellschaften) haben wenigstens den Familiennamen des Inhabers oder eines unbeschränkt haftenden Gesellschafters aufzuweisen.

[1666] BGE 90/1964 II 466: Gotthard-Bund.
[1667] BGE 83/1957 II 254: Apostolische Gemeinde der Schweiz.
[1668] BGE 92/1966 II 310: Sheila, 102/1976 II 311: Abraham, 112/1986 II 379: Café und Hotel Appenzell.

Ein Hinweis auf das Gesellschaftsverhältnis ist nicht unbedingt notwendig. Vorgeschrieben ist es nur bei Personengesellschaften und bei der Gesellschaft mit beschränkter Haftung[1669]. Bei Aktiengesellschaften ist zwar der Zusatz AG üblich und bei der Aufnahme von Personennamen in die Firma sogar vorgeschrieben. Besteht jedoch die Firma einer Aktiengesellschaft aus einer offensichtlichen Fantasiebezeichnung, allenfalls ergänzt durch eine Branchenbezeichnung, so ist ein Hinweis auf die Gesellschaftsform nicht notwendig[1670]. Ist dem Namen eines Unternehmens aber nicht ohne weiteres zu entnehmen, dass er ein Rechtssubjekt kennzeichnet, so ist ein die Rechtsform andeutender Zusatz[1671] als obligatorischer Bestandteil in die Firma aufzunehmen[1672].

b) Unzulässige Elemente

Die Gesetzgebung stellt einzelne Wörter nur ganz bestimmten Branchen zur Verfügung; die Einschränkungen halten sich jedoch in bescheidenem Rahmen. Die folgenden Firmenbestandteile sind davon betroffen:
- *Anlagefonds, Investmentfonds.* Diese oder ähnliche Ausdrücke dürfen nur für Vermögen verwendet werden, die dem Bundesgesetz über Anlagefonds unterstehen[1673].
- *Bank, Bankier, Sparen.* Diese Wörter dürfen allein oder in Wortverbindungen nur für Institute verwendet werden, die eine Bewilligung der Eidg. Bankenkommission erhalten haben bzw. die öffentlich Rechnung ablegen[1674]. Soweit sich die Unternehmen jedoch offensichtlich nicht mit Geldeinlagen befassen, ist die Verwendung dieser Wörter gestattet (z.B. Eureka Datenbank AG, Fabuli Blutbank AG, nicht aber Banking Solutions Ltd. für ein Softwarehaus).
- *Effektenhändler.* Dieser Ausdruck darf nur von Personen verwendet werden, die eine Bewilligung der Eidg. Bankenkommission als Effekten-

---

[1669] Art. 947 Abs. 3, 949 Abs. 2 Obligationenrecht (OR, SR 220).
[1670] Z.B. Hero Conserven Lenzburg, Silva-Verlag, Schweiz. Gewerbebank, Glashütte Bülach, Rainbow Music, Zürcher Ziegeleien, Garage 100, Sais, Brauerei Feldschlösschen etc.
[1671] Z.B. AG, SA, Co, Cie, Ltd, Partnership, & Partner, Gesellschaft, GmbH, Genossenschaft; nicht aber Team oder KG.
[1672] Zulässig etwa NRG4U SA, Genossenschaft 2-gether, Pro Kunst und Musik GmbH, nicht aber NRG4U, 2-gether, Pro Kunst und Musik.
[1673] Art. 5 Anlagefondsgesetz (AFG, SR 951.31).
[1674] Art. 1 Abs. 4, Art. 15 Abs. 1 BG über die Banken und Sparkassen (sog. Bankengesetz, SR 952.0).

händler im Sinne des Bundesgesetzes über die Börsen und den Effektenhandel erhalten haben[1675].
– *Eidgenossenschaft, Bund, eidgenössisch, Kanton, kantonal, Gemeinde, kommunal.* Diese Wörter oder Ausdrücke, die mit diesen Wörtern verwechselt werden können, dürfen weder für sich allein noch in Verbindung mit anderen Wörtern in Firmen benutzt werden, sofern dies Anlass zu Täuschungen oder Herabsetzungen geben kann. Solche Bezeichnungen können über amtliche Beziehungen der Eidgenossenschaft, eines Kantons oder einer Gemeinde zum Benutzer vortäuschen. Das Gleiche gilt, wenn die Benutzung eine Missachtung der Eidgenossenschaft, der Kantone oder Gemeinden darstellt[1676].
– *Namen zwischenstaatlicher Organisationen.* Die Namen und Sigel (Abkürzungen) der Organisation der Vereinten Nationen, von Spezialorganisationen der Vereinten Nationen und anderen, dieser Organisation angeschlossenen zwischenstaatlichen Organisationen dürfen nicht in Firmen aufgenommen werden[1677].
– *Rotes Kreuz, Genfer Kreuz.* Diese Worte oder irgendein anderes damit verwechselbares Wort darf nur vom Schweizerischen Roten Kreuz verwendet werden[1678].

c) Kennzeichnungskraft

Das Eidg. Amt für das Handelsregister hat früher verlangt, dass Firmenbezeichnungen aussprechbar sein sollen und hat daher allein stehende Kurzbezeichnungen in der Form von zwei oder drei Initialen nicht zur Eintragung zugelassen. Heute lässt es aber Firmen zu, die aus einem oder mehr Buchstaben bestehen; auch dürfen in der Firma arabische Zahlen verwendet werden (3M Company).

Soweit für die Bildung einer Geschäftsfirma der Gebrauch von Personennamen wie bei den Personengesellschaften nicht vorgeschrieben ist, können Gesellschaften und insbesondere die Kapitalgesellschaften ihren Namen frei wählen. Bis 1974 konnte die Firma demnach aus einer reinen Sachbezeichnung, aus einer reinen Fantasiebezeichnung oder aus einer Kombination von

---

[1675] Art. 10 Abs. 7 Börsengesetz (BEHG, SR 954.1).
[1676] Art. 6 BG zum Schutz öffentlicher Wappen und anderer öffentlicher Zeichen (sog. Wappenschutzgesetz, SR 232.21).
[1677] Art. 6 BG zum Schutz von Namen und Zeichen der Organisation der Vereinten Nationen (sog. UNO-Gesetz, SR 232.23), vgl. BGE 105/1979 II 135: BIS.
[1678] Art. 7 Abs. 1 BG betr. den Schutz des Zeichens und des Namens des Roten Kreuzes (sog. Rot-Kreuz-Gesetz, SR 232.22).

beiden bestehen. Von 1974 bis ca. 1995 wurden jedoch reine Sachbezeichnungen, auch in Kombination mit der Gesellschaftsform, nicht mehr zur Eintragung zugelassen, da sie der für jede Firma erforderlichen Kennzeichnungskraft entbehrten[1679]. Diese Praxisänderung wurde jedoch wieder rückgängig gemacht, und heute sind wieder Kombinationen von Sachbezeichnungen als alleinige Firmenbezeichnungen zulässig, wenn die Begriffskombination eine Originalität aufweist, die das Unternehmen individualisiert und durch die Angabe der Rechtsform ergänzt wird.

Eine Firma kann daher beispielsweise aus folgenden Elementen bestehen:
- *Reine Fantasiebezeichnungen.* Kunstwörter (z.B. Defensor) eignen sich bestens zur Firmenbildung.
- *Assoziationen* zu oder *Mutilationen* von beschreibenden Angaben, wie z.B. Intershop, Bienna SA, sind ebenfalls als Firmen eintragbar.
- *Bezeichnungen ohne erkennbaren Sinn.* Sachbezeichnungen, die im Zusammenhang mit dem beanspruchten Zweck keinen Sinn ergeben, sind eintragbar, wenn sie als Firmen erkennbar sind, z.B. Fondation Soleil, Blaue Blume AG, Panther AG.
- *Kombinationen von Sachbezeichnungen.* Begriffskombinationen sind zulässig, wenn die Rechtsform angegeben wird und ihnen entweder Fantasiecharakter zukommt (z.B. Index Management AG) oder wenn sie eine Originalität aufweisen, die das Unternehmen individualisiert; als Faustregel genügt die Kombination von wenigstens drei Sachbegriffen (Management Zentrum Hinwil AG, Scientific and Mathematical Research GmbH, nicht aber Schirm Fabrik AG, Zeitschriften-Vertrieb AG).
- *Akronyme.* Einzelne Buchstaben und Buchstabenkombinationen sind als Firma eintragbar, soweit sie als Firmen erkennbar sind und nicht mit den Sigeln internationaler Organisationen übereinstimmen (vgl. BGE 105/1979 II 135: BIS); dies gilt heute unabhängig davon, ob das Akronym aussprechbar ist (z.B. ASEA) oder nicht, wie z.B. BBC. Selbst ein einziger Buchstabe oder eine einzelne Ziffer kann im Zusammenhang mit einem Hinweis auf das Gesellschaftsverhältnis ins Handelsregister eingetragen werden (z.B. Z-AG, 7 GmbH).
- *Vornamen.* Vornamen sind ohne weiteres als Firmenbestandteile eintragbar, selbst wenn sie in keinem erkennbaren Zusammenhang mit dem Markeninhaber stehen; doch müssen sie als Firma erkennbar sein und daher mit einem Zusatz eingetragen werden (z.B. Sheila Diffusion GmbH).

[1679] BGE 101/1975 Ib 363: Inkasso AG.

- *Geschlechtsnamen*. Familiennamen dürfen als Firmenbestandteil verwendet werden, wenn sie von einem Hinweis auf die Gesellschaftsform begleitet werden und zur Zeit der Gründung ein rechtlicher oder faktischer Zusammenhang zwischen diesen Namen und der Gesellschaft besteht; ein solcher Zusammenhang wird vermutet, wenn eine Person dieses Namens Gründer oder Verwaltungsrat der Gesellschaft ist. Der Zusammenhang zum in der Firma aufgeführten Namensträger kann nachträglich wegfallen, ohne dass die Firma den neuen Gegebenheiten angepasst werden müsste. Familiennamen in Firmen von juristischen Personen dürfen verfremdet werden (z.B. Gunzi AG statt Gunzinger AG, Bernold-Hugentobler Bau AG statt Bernold & Hugentobler Bau AG; BGE 112 / 1986 II 59: Monti statt Muntwyler-Wülser).

- *Geografische Namen*. Hinweise auf geografische Namen wie nationale, territoriale oder regionale Bezeichnungen sowie Begriffe wie International, Worldwide und Mondial dürfen als Fantasiebezeichnungen (Pacific Trading Company, American Dream AG), als Herkunftsbezeichnungen (Afghan Carpets AG, Swiss Titan Design GmbH) oder als Umschreibung des Tätigkeitsgebiets (Spedition Schweiz–Italien GmbH, Coop Oberwallis, Dragon China Development Ltd, Iff Schweiz AG) zusammen mit anderen Firmenbestandteilen verwendet werden, sofern sich in Verbindung mit dem Firmenzweck keine Täuschungsgefahr ergibt. Als Täuschungsgefahr gilt auch der Umstand, dass der Firmenname den Anschein einer tatsächlich nicht bestehenden Marktposition oder wirtschaftlichen Bedeutung (z.B. Meier Consulting International oder European Parcel Service AG für vorwiegend lokal tätige Unternehmen) oder auch einer offiziellen oder offiziösen Tätigkeit (z.B. Suisse Promotion SA, Schweizerisches Institut für Medizinalpflanzen) erwecken kann.

- *Slogans*. Ganze oder verkürzte Sätze (Slogans) sind als Firmen eintragbar, wenn sie durch einen entsprechenden Zusatz als Firmen erkennbar sind (BGer in SMI 1992 47: Speak for Yourself AG).

- *Reklamehafte Ausdrücke*. Seit 1998 dürfen Firmen auch werbende Elemente enthalten, soweit sie dem Wahrheitsgebot entsprechen, das Täuschungsverbot nicht verletzen und keine öffentlichen Interessen entgegenstehen. Zulässige Firmennamen sind daher etwa Pub Number One GmbH, The best Computer AG, Auto-Center GmbH, Ihr Partner beim Ladenbau AG, Genossenschaft 24-Std-Schlüssel-Blitz-Service.

4. Domain Namen

Die für die Schweiz und Liechtenstein zuständige Stiftung Switch[1680] nimmt praktisch jeden angemeldeten Domain Namen zur Registrierung entgegen, solange noch kein identischer Name angemeldet oder registriert worden ist. Es wird nach dem Prinzip «first come, first served» verfahren, indem die Registrierungsanträge in chronologischer Reihenfolge ihres Eingangs bei der Registrationsstelle bearbeitet werden. Zur Bildung der Domain Namen wird einzig empfohlen, dass sie so ähnlich wie möglich zum vollen Namen – oder seiner Abkürzung – der Person sein sollen, welche die Registrierung beantragt.

Somit genügt es, wenn sich der neue Domain Name gegenüber den bereits eingetragenen oder angemeldeten Namen wenigstens durch ein Zeichen unterscheidet. Besondere Anforderungen an die Kennzeichnungskraft des Domain Namen werden nicht gestellt.

5. Marken und Ausstattungen

a) Kennzeichnungskraft

Marke und Ausstattung, im Folgenden kurz Kennzeichen genannt, müssen kennzeichnungskräftig sein. Unter Kennzeichnungskraft wird die Fähigkeit eines Zeichens verstanden, vom Verkehr als Merkmal einer bestimmten Betriebsherkunft betrachtet zu werden. Grundlage der Kennzeichnungskraft ist die Unterscheidungskraft, d.h. die Möglichkeit, ein Zeichen von anderen Zeichen und insbesondere auch von der Ware selbst und ihrer Verpackung und Beschreibung zu unterscheiden.

Kennzeichnungskraft setzt Unterscheidungskraft voraus, denn nur etwas, was überhaupt von anderem unterschieden werden kann, kann als Kennzeichen dienen. Indessen geht die Kennzeichnungskraft über die Unterscheidungskraft hinaus. So sind Buch- und Filmtitel meistens unterscheidungskräftig[1681], nur sehr selten aber kennzeichnungskräftig[1682]. Auch Typenbezeichnungen sind unterscheidungskräftig, werden sie doch von den Fabrikanten gerade deshalb gewählt, um die von ihnen angebotenen Waren voneinander

---

[1680] Switch – Teleinformatikdienste für Lehre und Forschung, c/o Schweiz. Hochschulkonferenz, Bern; Geschäftsstelle: Limmatquai 138, 8001 Zürich.
[1681] Z.B. Laurel und Hardy, BGer in PMMBl 13/1974 I 15.
[1682] Ausnahme z.B. Duden, HGer SG in SJZ 69/1973 225 Nr. 94.

zu unterscheiden. Sie sind aber nicht kennzeichnungskräftig, da sie wegen ihrer verbreiteten Anwendung vom Publikum nicht als Kennzeichen für eine bestimmte Betriebsherkunft gewertet werden. Durch die Hinterlegung wird das unterscheidungskräftige Zeichen zur kennzeichnungskräftigen Marke: Der Hinterleger dokumentiert öffentlich seinen Willen, die deponierte Marke als Herkunftshinweis und nicht etwa als blossen Warennamen oder Typenbeschreibung zu gebrauchen.

Da es bei Ausstattungen an einem Registereintrag fehlt, ist anderweitig nachzuweisen, dass das Ausstattungsmerkmal Betriebskennzeichen geworden ist. Als Kriterium bietet sich die Individualisierungsfunktion der Ausstattung an. Sobald eine Ausstattung geeignet ist, die damit versehene Ware oder Dienstleistung in den Augen der Käuferschaft zu individualisieren, ist sie kennzeichnungsfähig. Dies gilt insbesondere bei originellen Ausstattungen. Beim Auftauchen eines eigenartigen und einprägsamen Merkmales wird der Verkehr von vornherein annehmen, dass sich nur ein ganz bestimmter Hersteller dieses Elements bediene. Dies ist insbesondere der Fall bei ansprechenden Darstellungen, prägnanten Wortkombinationen oder Slogans, gelungenen Jingles usw.

Aber auch bestimmte Produktformen[1683] können zum Kennzeichen eines Betriebes werden. Zu Recht pflegt das Bundesgericht zu prüfen, ob eine Warenform oder Etikette wegen ihrer charakteristischen Wirkung geeignet sei, die dazu gehörende Ware zu individualisieren[1684]. Originalität kann auch in der Kombination von verschiedenen, nicht originellen Elementen liegen. So kann die Kombination von Farbe, Form und Gestaltung ein schutzfähiges Kennzeichen ergeben, das gesamthaft Schutz verdient, dessen einzelne Teile aber unbeschränkt nachgeahmt werden dürfen[1685]. So wurde einem Wettbewerber verboten, Plastikbausteine in identischen Grössen, Farben und ähnlichen Büchsen auf den Markt zu bringen[1686], während ihm später gestattet wurde, diese Bausteine in gleicher Grösse, aber in anderen Farben und in durchsichtigen Packungen zu vertreiben[1687].

Zweckdienliche Werbung vermag die Kennzeichnungskraft zu fördern. Durch die Reklame kann dem Publikum bekannt gegeben werden, dass eine bestimmte Ausstattung als typisches Merkmal eines Unternehmens zu ver-

---

[1683] BGE 88/1962 IV 81: Heizgeräte.
[1684] BGE 92/1966 II 208: Wäschetruhe, 90/1964 IV 173: Wacholderzweig; anders noch BGE 83/1957 II 162: Blumenhalter.
[1685] BGE 56/1930 II 411: Basler Münster, 61/1935 II 387: Gaba-Dose; HGer ZH und BGer in ZR 71/1972 Nr. 37: Seven Up.
[1686] BGer in Mitt. 1961 74: Lego I.
[1687] BGer in Mitt. 1962 159: Lego II.

stehen sei, so dass die Abnehmer dieses als Herkunftshinweis zu verstehen beginnen. So werden beispielsweise Hinweise auf bestimmte Ausschmückungen[1688] oder Verzierungen[1689] vom Konsumenten zu Recht als individualisierende und daher schützbare Merkmale aufgefasst. Das Bundesgericht hat denn auch schon als wesentlich erachtet, ob ein Fabrikant in der Reklame darauf hingewiesen hat, dass nur er allein Waren dieser Form herstelle[1690].

Da nur das kennzeichnungskräftige Zeichen ein damit versehenes Produkt zu individualisieren und aus der Vielzahl gleichartiger Waren herauszuheben vermag, müsste man meinen, dass es den Marktteilnehmern angelegen sein sollte, für ihre Produkte möglichst originelle Zeichen zu finden. Die Praxis sieht freilich anders aus. Nicht nur sind wirklich originelle Zeichen wegen der Vielzahl der bereits eingetragenen und gebrauchten Marken schwer zu finden, sondern es entspricht auch den Bedürfnissen und Gepflogenheiten des Verkehrs, an vorhandene Begriffe anlehnende Wortmarken zu wählen, da sich solche den Abnehmern besser einprägen als völlig willkürliche Neubildungen und daher rascher schlagwortähnliche Bedeutung für die damit versehene Ware erlangen[1691]. Marken, die sich an den Namen oder eine hervorstechende Eigenschaft dieses Produktes anlehnen, sind daher unter Umständen besonders geeignet, diese zu individualisieren und im Vertrieb hervorzuheben. Solche Benennungen sind zulässig, denn es steht den Marktteilnehmern frei, ihre Waren und Dienstleistungen überhaupt nicht mit einer Marke zu versehen, sondern sie unter einer blossen Sachbezeichnung in Verkehr zu bringen. Um so eher dürfen auch Bezeichnungen verwendet werden, die von Sachbezeichnungen abgeleitet sind oder sich von diesen nur unwesentlich unterscheiden. Indessen kann kein Branchenangehöriger erwarten, dass ausschliesslich ihm solche Sachbezeichnungen zur Verfügung gestellt werden; vielmehr haben darauf grundsätzlich auch seine Mitbewerber Anspruch. Bezeichnungen, die trotz gewisser Abänderungen und Ergänzungen vom Publikum immer noch ohne weiteres als Beschaffenheitsangaben gewertet werden[1692], haben keine Kennzeichnungskraft und sind nicht monopolisierbar.

[1688] Z.B.: Steiff Knopf im Ohr.
[1689] Z.B.: Achten Sie auf das Schottenmuster.
[1690] BGE 92/1966 II 209: Wäscheruhe.
[1691] BGE 54/1928 II 406: Rachenputzer, 59/1933 II 80:Tilsitiner, 63/1937 II 427: Hammerschlag.
[1692] Z.B. BGE 70/1944 II 243: Desinfecta für Desinfektionsmittel, 59/1933 II 81: Tilsitiner für Tilsiterkäse, CJ GE in SJZ 32/1936 378 Nr. 282: Sylisium für Gegenstände aus Silicium.

b) Gemeingut

Ein Zeichen kann nur dann individualisieren, wenn es nicht als Gemeingut anzusehen ist[1693]. Zum Gemeingut gehören nicht nur Warennamen, Beschaffenheitsangaben und Ortsnamen, sondern auch die einfachen Zeichen, gebräuchlichen Warenformen und andere Attribute, die infolge ihrer generellen Verwendung durch eine Grosszahl von Gewerbetreibenden ihre unterscheidende Kraft eingebüsst haben.

Zum Gemeingut zählt alles, was für den geschäftlichen Verkehr schlechterdings unentbehrlich ist und ihm nicht genommen werden darf. Hierunter fallen namentlich die zur Beschreibung von Waren und ihrer Herkunft dringend notwendigen Ausdrücke. Werden im Gemeingut stehende Zeichen dennoch vom Institut für Geistiges Eigentum ins Markenregister aufgenommen, so geniessen sie deswegen keinen Schutz; ein Richter hat sie vielmehr auf Antrag einer interessierten Partei als nichtig zu erklären.

Massgebend ist die Auffassung der beteiligten Verkehrskreise[1694]. Erkennen sie eine Bezeichnung ohne Zuhilfenahme der Fantasie als sachliche, deskriptive Angabe, die sie nicht mit einem ganz bestimmten Fabrikanten oder Händler in Beziehung bringen, so hat sie keine kennzeichnende Kraft. Es kommt nicht darauf an, ob die Bezeichnung in einem Wörterbuch steht. Auch sprachliche Neuschöpfungen müssen als Sachbezeichnungen gewertet werden, wenn sie sprachlich zwanglos gebildet werden und auf der Hand liegende Angaben über die Beschaffenheit der damit gekennzeichneten Waren enthalten[1695]. Da eine Marke in allen Landessprachen unterscheidungskräftig sein muss und überdies gewisse Fremdsprachen, wie namentlich das Englische, als allgemein bekannt gelten[1696], sind aus diesen Sprachen entlehnte Marken dem Gemeingut zuzurechnen. Selbst wenn noch eine andere Schreibweise als die übliche gewählt wird, kann dadurch keine Unterscheidungskraft erzielt werden, da es nicht nur auf das Schriftbild, sondern namentlich auch auf den Wortklang ankommt. Dieser bleibt dem Käufer gerade bei reinen Wortmarken eher in Erinnerung[1697].

[1693] Art. 2 lit. a Markenschutzgesetz (MSchG, SR 232.11).
[1694] BGE 94/1968 II 46: Spantex, 96/1970 I 755: Enterocura, 96/1970 II 261: Glas-shot.
[1695] BGE 95/1969 I 480: Synchrobelt, 97/1971 I 83: Top Set; BGer in PMMBl 8/1969 I 47: Hydroformer.
[1696] BGE 91/1965 I 358: Ever fresh, 95/1969 I 477: Synchrobelt, 97/1971 I 83: Top Set; BGer in PMMBl 8/1969 I 32: Oil press und in 16/1977 I 18: Life Code; HGer ZH und BGer in ZR 71/1972 Nr. 37: Up.
[1697] BGE 79/1953 II 222: Scandal, 73/1947 II 62, 70/1944 II 190.

Nicht nur beschreibende Namen, sondern auch einfache geometrische Figuren, Farben, Buchstaben und Zahlen sind dem Verkehr zur Ausschmückung und zur Bezeichnung von bestimmten Typen, Modellen usw. freizuhalten. Sie werden daher vom Institut zu Recht nicht ins Markenregister aufgenommen. Unsicher war die Praxis lange bezüglich Buchstabenkombinationen (Akronymen). Viele Unternehmen, Ämter und Institutionen sind heute dazu übergegangen, einen Kurznamen aus zwei bis vier Buchstaben zu bilden und im Verkehr vornehmlich diese Abkürzung zu verwenden (SBV, EGA, AHV, SIA). Solche Kurznamen sind kennzeichnungskräftig, da sie vom Verkehr nur einem ganz bestimmten Träger zugeordnet werden. Trotz der grossen Ähnlichkeit einzelner solcher Akronyme ist der Verkehr auch entgegen aller Erwartung durchaus in der Lage, sie auseinander zu halten. Es besteht daher kein Anlass, sie nicht als ordentliche Marken zuzulassen[1698]. Heute werden auch Buchstabenkombinationen mit nur zwei Buchstaben eingetragen.

Eine Marke kann daher beispielsweise aus folgenden Elementen bestehen:

– *Reine Fantasiebezeichnungen.* Kunstwörter (z.B. KODAK) eignen sich bestens zur Kennzeichnung.

– *Assoziationen* zu oder *Mutilationen* von beschreibenden Angaben, wie z.B. BLUE MARINE für Parfümerien (BGE 93/1967 II 263), VALVOLINE für Ventilschmieröl (BGE 96/1970 II 240), MATERNA für Artikel für werdende Mütter (BGer in Mitt. 1971 177), CASHLIN für Bekleidungsstücke (RKGE in PMMBl 35/1996 I 51).

– *Bezeichnungen ohne erkennbaren Sinn.* Wörter, die im Zusammenhang mit dem beanspruchten Waren- und Dienstleistungsverzeichnis keinen Sinn ergeben, sind eintragbar, wie z.B. CITIZEN für Uhren, TELEPHON für Zigarren (BGE 23/1897 I 643).

– *Bezeichnungen mit unbestimmtem Sinngehalt.* Zeichen, die lediglich ganz unbestimmte oder diverse Assoziationen hervorrufen, vermitteln keinen offensichtlichen oder leicht erkennbaren Hinweis auf die beanspruchten Waren oder Dienstleistungen; sie sind daher eintragbar, wie z.B. SWISSLINE für Finanzdienstleistungen und Versicherungen (BGer in sic! 1999 29).

– *Pleonasmen.* Die überflüssige Häufung sinngleicher oder sinnverwandter Ausdrücke ist originell und vermag Kennzeichnungskraft zu bewirken, wie z.B. BIOVITAL (BGE 99/1973 II 403).

– *Vornamen.* Vornamen (z.B. HEIDI) sind ohne weiteres als Kennzeichen eintragbar, selbst wenn sie in keinem erkennbaren Zusammenhang mit

---

[1698] Vgl. z.B. HGer BE in Mitt. 1977 157: BBC.

dem Markeninhaber stehen; gelegentlich individualisieren Vornamen (z.B. PIRMIN, SHEILA) sogar besser als Geschlechtsnamen.
- *Geschlechtsnamen.* Familiennamen sind nicht nur zur Individualisierung von Personen, sondern auch von Waren und Dienstleistungen geeignet, wie z.B. HOFFMANN-LAROCHE, HÜRLIMANN, SPRÜNGLI etc. Sie brauchen in keinem Zusammenhang (mehr) mit dem Markeninhaber zu stehen.
- *Namen verstorbener Personen.* Spätestens ein Jahr nach dem Tode dürfen Namen verstorbener Persönlichkeiten als Marken beansprucht werden, z.B. MOZART, PRINCESS DIANA.
- *Akronyme.* Buchstabenmarken, bestehend aus zwei oder mehr zusammengewürfelten Buchstaben, sind kennzeichnungsfähig, soweit sie nicht mit den Sigeln internationaler Organisationen übereinstimmen (vgl. BGE 105/1979 II 135: BIS); dies gilt unabhängig davon, ob das Akronym aussprechbar ist (z.B. ENKA für N.K. oder ELLESSE für L.S.) oder nicht, wie z.B. BBC (Mitt. 1977 157).
- *Geografische Namen.* Hinweise auf geografische Namen können eintragbar sein, wenn die Herkunft der beanspruchten Waren und Dienstleistungen entsprechend eingeschränkt wird (BGE 117/1991 II 327: MONTPARNASSE für französische Waren) oder wenn sie fantasiehaft sind, wie z.B. SOLIS (BGE 79/1953 II 101), PARISIENNES (BGE 89/1963 I 296).
- *Zahlengruppen.* Im Gegensatz zu einzelnen Ziffern sind mehrstellige Zahlen (z.B. 4711) eintragbar, selbst wenn sie sich nicht im Verkehr durchgesetzt haben.
- *Farben.* Farbkombination und deren wörtliche Umschreibung wie z.B. RED & WHITE (BGE 103/1977 Ib 270) oder Anspielungen darauf wie z.B. ROTRING (BGE 106/1980 II 245) sind eintragbar; einzelne Farben (z.B. NIVEA-BLAU) dagegen nur nach erlangter Verkehrsdurchsetzung.
- *Grafische Gestaltungen.* Bilder und Muster sind in der Regel ohne weiteres als Marken eintragbar. Ebenso sind dreidimensionale Formen schützbar, soweit sie nicht völlig banal oder technisch notwendig sind.

Für Kasuistiken zum Gemeingut muss auf die zahlreiche Literatur zum Marken- und Lauterkeitsrecht verwiesen werden[1699].

[1699] Z.B. MSchG-David, Art. 2, Rz 13, 19, 20, 21 und 24.

c) Grenzfälle bei figürlichen und zusammengesetzten Marken

Einer im Gemeingut stehenden Bezeichnung kann durch eine besondere grafische Gestaltung kennzeichnende Kraft verliehen werden. Dann allerdings ist nicht die im Gemeingut stehende Bezeichnung als solche, sondern nur ihre originelle, kennzeichnende Ausgestaltung geschützt. Diese darf sich aber nicht im Naheliegenden erschöpfen, sondern sie bedarf besonderer, charakteristischer Elemente, welche im Gegensatz zu den einfachen Zeichen den markenrechtlichen Schutz verdienen. Ungenügend ist beispielsweise eine blosse Umrahmung durch ein Band mit Schleife nebst einem besonderen Schriftzug[1700]. Statt einer besonderen grafischen Gestaltung kann auch ein kennzeichnender Zusatz, wie beispielsweise der Firmenname oder eine Hausmarke, beigefügt werden. Denn es schadet einem Kennzeichen nicht, wenn neben einem schutzfähigen Bestandteil noch andere, nicht schutzfähige Bestandteile vorhanden sind[1701]. Es kann sogar aus lauter nicht schutzfähigen Bestandteilen zusammengesetzt sein, solange sein Gesamtbild einen eigenartigen Charakter hat[1702].

Einer solchen figürlichen oder zusammengesetzten Marke ist nicht anzusehen, welche ihrer Bestandteile schutzfähig sind. Der Markeninhaber wird gerne behaupten, die Markeneintragung beweise, dass jedes Element kennzeichnungskräftig und damit schutzfähig sei, während sich ein allfälliger Verletzer auf den Standpunkt stellen wird, nur gerade die besondere Ausgestaltung oder Kombination einzelner Elemente sei schutzfähig. Der Richter wird daher eingehend analysieren müssen, auf welche Elemente sich der allfällige Schutz einer ihm vorgelegten Marke bezieht.

6. Muster und Modelle

a) Originalität

Ein Muster oder Modell muss zwar nicht das Ergebnis einer eigentlichen schöpferischen Tätigkeit darstellen, doch muss es immerhin eine gewisse, auf die Ästhetik ausgerichtete Eigenart aufweisen (so genannte materielle

---

[1700] BGE 91/1965 I 395: Ever fresh, BGer in PMMBl 17/1978 I 55: Oister Foam.
[1701] BGE 37/1911 II 175: Etiketten mit Früchtebildern, 90/1984 IV 173: Mythen Bergwachholder, 99/1973 II 119: Silva.
[1702] BGE 56/1930 II 411: Basler Münster, 61/1935 II 387: Gaba-Dose; HGer ZH und BGer in ZR 71/1972 Nr. 37: Seven Up.

Neuheit). Damit soll es ein Mindestmass an schöpferischer Idee erkennen lassen, so dass die Formgebung nicht im Nächstliegenden haften bleibt[1703].

Muster und Modell sind auf die Ästhetik ausgerichtet[1704]. Die Form muss deshalb gegeben worden sein, um den Geschmack, den Sinn für das Schöne, anzusprechen. Ob die tatsächliche Formgebung diese Absicht verwirklicht hat, braucht jedoch nicht geprüft zu werden. Massgebend ist nicht das Resultat, sondern allein der erkennbare Wille des Schöpfers. Fehlt es aber an einem solchen, weil die Form wegen der Herstellungsweise, des Nützlichkeitszweckes oder der technischen Wirkung des Gegenstandes gewählt worden ist, kann der Muster- und Modellschutz nicht beansprucht werden[1705]. Bei der Prüfung der Schutzfähigkeit sind daher vorab jene Merkmale auszuscheiden, die technisch bedingt und darum für die Herstellung und die praktische Brauchbarkeit des Gegenstandes unentbehrlich sind. Auch Massnahmen zur Beseitigung von Unschönheiten, welche die Folge einer unvollkommenen Technik sind, erfüllen ebenfalls einen technischen Zweck und können darum keinen Modellschutz beanspruchen[1706].

Die dem modernen Geschmack entsprechende nüchterne Sachlichkeit und Schmucklosigkeit lässt für eine eigenartige Gestaltung nur noch wenig Raum. Unter der Herrschaft früherer Stilarten (Rokoko, Barock, Jugendstil usw.) bot es bedeutend weniger Schwierigkeiten, einem Gegenstand durch fantasievolle Verzierungen ein eigenartiges Gepräge zu geben, während die Anwendung eines sachlichen Stils das erforderliche Mindestmass an Originalität oft nicht aufbringt.[1707] Doch kann die Tätigkeit des Schöpfers rudimentär sein; es genügt, wenn er bereits bekannte Formen derart variiert, dass zwar ein neues Gebilde entsteht, selbst wenn sich dieses von den vorbestehenden Formen nicht deutlich unterscheidet und somit nicht einmalig ist. Das Muster- und Modellschutzgesetz begnügt sich daher mit einem niedereren Grad von Originalität als das Urheberrechtsgesetz; die blosse handwerksmässige Geschicklichkeit, wie sie von vielen Gewerbetreibenden bei Hervorbringung neuer Formen an den Tag gelegt wird, genügt zum Erlangen des Musterschutzes. Einer eigentlichen kunstschaffenden Tätigkeit bedarf es hierzu nicht[1708]. Immerhin genügen die Ausschmückung mit schlichten geo-

---

[1703] BGE 83/1957 II 477: Sofa, 84/1958 II 659: Sitzmöbel, 87/1961 II 52: Confiserie-Tüte, kritisiert von *Kummer* in ZBJV 99/1963 24.
[1704] BGE 92/1966 II 204: Wäschetruhe, 113/1987 II 80: Têtes de lecture; BGer in Mitt. 1976 42: Lampenschirm.
[1705] BGE 95/1969 II 472: Brief-Milchkasten.
[1706] BGE 95/1969 II 474: Brief-Milchkasten, 92/1966 II 205: Wäschetruhe; AGE in PMMBl 19/1980 I 51: Kindliche Zähne.
[1707] Vgl. BGE 95/1969 II 475: Brief-Milchkasten.
[1708] BGE 75/1949 II 362: Tischbesteck.

metrischen Figuren (Quadrat, Ranke, Kreis) oder anderen im Gemeingut stehenden Merkmalen sowie die Übernahme gefälliger Umrisse von anderen Gegenständen noch nicht, um etwas Originelles zu schaffen[1709].

b) Kasuistik

Folgende Formgebungen wurden etwa als originell eingestuft:
- Dekorationsartikel in der Form des St. Nikolaus, mit Kopf aus Wattekugel und spitzer Mütze und Mantel aus Crêpe-Papier, trotz älteren, ähnlichen Köpfen, aber ohne Mantel (HGer ZH in ZR 53/1954 Nr. 30: St. Niklaus-Kopf);
- Möbelstoff mit Schuppenmuster und flottierenden Kettfäden, die eine eigenartige ästhetische Wirkung hervorbringen (BGE 77/1951 II 373);
- Confiserie-Tüte, die breiter als hoch ist (BGE 87/1961 II 49: Confiserie-Tüte);
- Doppelwandiger Lampenschirm mit einem System von vier Reifen, die das innere Futter vom Dekorstoff trennen, trotz Bekanntheit eines entsprechenden einwandigen Lampenschirms (BGer in Mitt. 1976 41: Laterna Magica);
- Stiefelmodelle mit schmückender Ausstattung des Kragens oder der äusseren Schaftseite (BGE 104/1978 II 327: Panda);
- neue Drucklettern (BGer in SMI 1986 100 E. 3b: Cubic);
- Tonabnehmerkopf eines Plattenspielers mit sechs feinen, kleinen Anfassrippen (BGE 113/1987 II 77 = SMI 1987 67: Têtes de lecture);
- aus Stein gefertigte Uhr mit rotem und gelbem Zeiger (OGer OW in SMI 1991 397: Rockwatch).

Dagegen wurde die Schutzfähigkeit folgender Gegenstände wegen fehlender Eigentümlichkeit verneint:
- Wäschetruhe aus Metallgestell und Plastiksack mit bekanntem Chrysanthemen-Muster (BGE 92/1966 II 202);
- Brief-/Milchkasten aus Stahlblech (BGE 95/1969 II 470);
- Zeitschriftenträger aus Draht (OGer TG in SJZ 65/1969 80 Nr. 35: Zeitschriftenträger);
- Engelsfigur mit ungenügender Bestimmtheit des Stils (OGer ZH in Mitt. 1971 225 = GRUR Int. 1971 487: Engelsfiguren II);

[1709] BGE 92/1966 II 206: Wäschetruhe, 95/1969 II 474: Brief-Milchkasten; HGer ZH in Mitt. 1976 45: Schachtelhose.

- Schachtelhose mit typischer, eleganter Silhouette (HGer ZH in ZR 75/1976 Nr. 26 = Mitt. 1976 45: Pantalon quadrangulaire);
- Plastik-Uhrenarmband in Form und Farbe von bekannten Jeans-Textilien (CJ GE in SMI 1987 240: Bracelet jeans);
- Anpassung eines älteren, ungeschützten Grillmodells (CJ GE in SMI 1988 273: Grill);
- Kotflügel mit breiter, glatter Seitenfläche und vorbekanntem Verlauf der Zierleiste (BGer in SMI 1991 155: Volvo-Kotflügel);
- Einzelne Pflastersteine mit elementaren geometrischen Formen (BGer in SMI 1991 149: Kombinationsmuster);
- Glas- und Seifenschalenhalter, die lediglich in Details von einem schon seit fünf Jahren vertriebenen Vorgängermodell abwichen (ZivGer. BS in SMI 1991 143: Seifenschalenhalter).

7. Kunstwerke

a) Individualität

Das Urheberrechtsgesetz verlangt die Individualität eines künstlerischen Werkes[1710]. Der Begriff der Individualität (statistische Einmaligkeit) schliesst es in sich, dass künstlerische Werke materiell neu sein müssen. Keinen urheberrechtlichen Schutz geniessen Formen, die bekannt und daher Gemeingut sind. Gemeingut sind beispielsweise Kugeln, Kreise, Vierecke und andere einfache geometrische Formen; weder ist geschützt, solche in geläufiger Art zu kombinieren, noch sie in doppelter oder mehrfacher Darstellung abzubilden. Individualität kann sich jedoch in deren Zusammenstellung zu einem Ornament, deren Verbindung zu neuen Signeten oder in der eigenartigen Farbgebung zeigen. Auch an und für sich einfache Bildelemente können so gruppiert werden, dass nicht anzunehmen ist, dass ein anderer je ein gleiches Bild schaffen wird. Figürliche Darstellungen werden denn auch von jedem Maler immer wieder verschieden dargestellt.

Einzelne Wortmarken werden selten Individualität beanspruchen können. Ein Blick in die Markenregister lehrt, dass völlig unabhängig voneinander immer wieder ähnlich klingende Marken beansprucht werden. Auch kurze Titel oder Slogans sind nie einmalig und geniessen daher keinen urheberrechtlichen

---

[1710] Art. 2 Abs. 1 Urheberrechtsgesetz (URG, SR 231.1).

Schutz. Ganze, sich über mehrere Seiten erstreckende Werbetexte können demgegenüber ohne weiteres als Werk der Literatur betrachtet werden.

b) Kasuistik

Als urheberrechtlich geschütztes Werk sind die folgenden Präsentationen gewertet worden:

- Reklamezeichnungen und Plakate (BGE 57/1931 I 63);
- Stadtpläne (BGE 59/1933 II 403);
- Rechenbücher (BGE 59/1933 II 56);
- Postkarten mit Trachtenbildern (BGE 60/1934 II 69);
- Grabmale (AppH BE in ZBJV 76/1940 450);
- die komische Figur des Prof. Cekadete (OGer ZH in SJZ 45/1949 204 Nr. 84);
- die Zeichnung für eine Stickerei auf einem Tischtuch (BGE 76/1950 II 99 : Disteln);
- die zeichnerische Darstellung der Mickey Maus (BGE 77/1951 II 379);
- ein Lehrbuch zum Maschinenschreiben (BGE 88/1962 IV 127);
- das durch die Verwendung neuzeitlicher Stilmittel gestaltete Stadtwappen der Politischen Gemeinde Wil SG (KGer SG in SJZ 59/1963 170 Nr. 91);
- ein Ausstellungsstand (OGer ZH in ZR 70/1971 Nr. 67);
- die Ladeneinrichtung, selbst wenn sie mit normierten Bestandteilen erfolgt (BGE 100/1974 II 173);
- Felsdarstellungen in Landeskarten (BGE 103/1977 Ib 327);
- ein Werk der Kartographie hinsichtlich der Generalisierung des Planbildes, der Anordnung der Beschriftung und der Wiedergabe der Monumentalgebäude (HGer BE in ZBJV 114/1978 283; Justizabteilung EJPD in VEB 31/1963 225 Nr. 17; ZBl 82/1981 286);
- eine Tonbildschau (OGer ZH in Mitt. 1981 109);
- touristische Vogelschaukarten (KGer GR in Mitt. 1982 184);
- vermenschlichte Vignetten (OGer ZH in ZR 82/1983 Nr. 96 E.4c);
- Computerhandbücher (BezGer Horgen in SMI 1989 51).

Nicht als Werke im Sinne des Urheberrechtsgesetzes haben demgegenüber gegolten:

- der Zeitschriftentitel «Anzeiger für den Schweiz. Buchhandel» (BGE 17/1891 756);
- der Buchtitel «Flore coloriée de poche à l'usage du touriste dans les montagnes de la Suisse et de la Savoie» (BGE 26/1900 II 79);
- Preiskurants, Kataloge mit Abbildungen einzelner Gesenkschmiedeartikel (BGE 46/1920 II 426);
- Reklametexte in der Form einfacher Mitteilungen und Anzeigen (BGE 57/1931 I 63);
- ganze Reklamefeldzüge (OGer ZH ZR 31/1932 Nr. 58 E. 1);
- eine Reklamezeichnung mit zwei Personen, welche die von ihnen getragenen Kleidungsstücke zur Schau stellen (OGer ZH in ZR 31/1932 Nr. 150);
- die Zeitschriftentitel «Sie und Er», «Ringier's Unterhaltungs-Blätter», «L'Illustré» (BGE 64/1938 II 111);
- das Grabmal mit der verbreiteten Figur des «Blumenstreuers» (AppH BE in ZBJV 76/1940 450);
- die Modifikation eines Esszimmerbuffets (BGE 68/1942 II 61);
- der Griff eines Tischbestecks (BGE 75/1949 II 363);
- das Wort Mickey Mouse (= Michael Mäuserich; BGE 77/1951 II 379);
- die Idee, für eine Zahnpasta mit einem Kinderkopf mit dem ersten Zahn zu werben (ZivGer BS in SJZ 47/1951 361 Nr. 131);
- die Gestalten von Sherlock Holmes und Dr. Watson (BGE 85/1959 II 123);
- landesübliche Werbe- und andere Geschäftsbriefe (BGE 88/1962 IV 128; OGer ZH in Mitt. 1980 189 und SMI 1984 275: Briefe an das Personal);
- eine Engelsfigur, gekleidet in teure Luxusstoffe, da Sujet und Ausstattung seit Jahrhunderten verwendet wird (OGer ZH in SJZ 67/1971 278 Nr. 60);
- eine Reportagenfotografie, welche drei Schlagersänger vor dem Hintergrund des Bundeshauses zeigt (OGer ZH in SJZ 68/1972 309 Nr. 174: Peter, Sue und Marc);
- eine Modefotografie, wenn sich diese als blosse technische Aufnahme eines Fotomodells erweist (OGer ZH in ZR 71/1972 Nr. 94);
- ein Zeitschriftenkonzept (OGer ZH in ZR 71/1972 Nr. 95);
- das äussere Aussehen und die innere Raumaufteilung eines weit verbreiteten Normhauses (Mitt. 1975 157);

- die Gestaltung eines Kleidungsstückes (OGer ZH in ZR 75/1976 Nr. 26: Viereckhosen);
- das Monogramm JPS (AppH BE in SJZ 75/1979 283 = Mitt. 1980 83; HGer ZH in ZR 77/1981 65 Nr. 15);
- Rohlinge und Negativformen für Puppenköpfe, die sich nur in Einzelheiten von gleichartigen Figuren anderer Hersteller unterscheiden (BGE 106/1980 II 73);
- reine Vermessungsresultate (ZBl 82/1981 285: Katasterpläne);
- Foto einer Frau mit sehr kurzem Jupe, die ein Schild «Zürich» hoch hält (OGer ZH in Mitt. 1983 113);
- Harlekin-Puppen mit leicht traurigem Gesichtsausdruck (BGE 110 1984 IV 106);
- Röntgenbilder (OGer ZH in SMI 1986 313 E. 7c).

8. Verkehrsdurchsetzung

a) Allgemeines

Zeichen und Namen, welche an sich die qualitativen Anforderungen an ein Kennzeichen nicht erfüllen, können sich mit der Zeit dennoch als Merkmal eines ganz bestimmten Unternehmens durchsetzen. Ein zwingendes Freihaltebedürfnis besteht in der Regel ja nur für die allgemeinsten und gebräuchlichsten Begriffe, während auf deren Umschreibungen der Verkehr nicht unbedingt angewiesen ist. Gerade auch bei Firmen hat es sich gezeigt, dass Geschäftsnamen, die aus blossen Sachbezeichnungen bestehen, ohne weiteres in der Lage sind, das so benannte Unternehmen zu kennzeichnen[1711]. Ebenso kann nicht bestritten werden, dass bestimmte geografische Angaben geeignet sind, ein dort gelegenes Unternehmen oder dessen Waren zu kennzeichnen[1712]. Nur zwingendes Freihaltebedürfnis schliesst Kennzeichnungsschutz schlechthin aus; geringeres erschwert ihn[1713].

Ein solcher Umwandlungsprozess wird Verkehrsdurchsetzung genannt. Er ist von zwei Voraussetzungen abhängig. Einmal ist die lang dauernde und umfangreiche Benutzung oder die verbreitete und geschickte Werbung nachzu-

---

[1711] BGE 94/1968 II 130: Filtro AG, 100/1974 II 229: Aussenhandel AG.
[1712] BGE 117/1991 II 322: Valser.
[1713] B. *von Büren*, Wettbewerbsrecht, S. 118.

weisen[1714]. Sie muss zur Folge haben, dass ein Grossteil des Publikums die betreffende Bezeichnung einem ganz bestimmten Unternehmen zuschreibt, ohne dass es freilich notwendig wäre, dass dieses Unternehmen dem Namen nach gekannt wird. So hat sich beispielsweise der Name «Käfer» allein durch entsprechende Werbung als Marke für ein bestimmtes Volkswagenmodell durchgesetzt, da es heute niemandem mehr in den Sinn käme, sich unter «Käfer» ein anderes Motorfahrzeug vorzustellen. Die Dauer dieses Umwandlungsprozesses hängt von den Umständen ab. Je banaler das Kennzeichen, desto länger dauert die Verkehrsdurchsetzung. Das Bundesgericht erachtet jedenfalls einen Gebrauch während Jahrzehnten[1715], während ca. 35 Jahren[1716] oder gar während 70–75 Jahren[1717] als genügend. Andererseits erachtete es einen mässigen, aber immerhin zwölf Jahre dauernden Gebrauch[1718] oder einen zwar umfangreichen, aber nur zwei Jahre dauernden Gebrauch[1719] als ungenügend, um eine Verkehrsgeltung zu erlangen. Das Institut begnügt sich in der Regel mit der Glaubhaftmachung eines ständigen Gebrauchs während zehn Jahren[1720].

Sodann verlangt die Verkehrsdurchsetzung, dass die Konkurrenz die fragliche Bezeichnung nicht oder kaum gebraucht und damit zugibt, dass sie auf deren Verwendung nicht angewiesen ist. Dies gilt insbesondere auch für geografische Bezeichnungen, welche sich nur monopolisieren lassen, wenn es entweder wegen der Kleinheit des Ortes keine anderen Betriebe gibt, die auf deren Verwendung angewiesen sind[1721], oder wenn die anderen Betriebe nicht unter ihrem Sitz bekannt geworden sind[1722].

Bei Ausstattungen ersetzt die Verkehrsgeltung die fehlende Originalität[1723]. Der intensive Gebrauch von unoriginellen oder im Gemeingut stehenden Ausstattungsmerkmalen ist geeignet, mit der Zeit einem ganz bestimmten Hersteller zugeschrieben zu werden. So werden beispielsweise Ortsnamen

---

[1714] BGE 55/1929 I 272: Tunbridge Wells, 59/1933 II 82: Tilsitiner, 63/1937 II 427: Hammerschlag, 70/1944 I 196: Patentex, 77/1951 I 326: Sihl.; BGer in Mitt. 1983 75: Less.
[1715] BGE 64/ 1938 II 247: Wollen-Keller.
[1716] BGE 59/1933 II 212: Tavannes Watch Co., 82/1956 II 342: Eisen und Metall, 89/1963 II 105: Columbia.
[1717] BGE 77/1951 II 326: Sihl, 100/1974 Ib 351: Bière Haacht; BGer in SMI 1992 235: Therma.
[1718] BGE 84/1958 II 226: Trois plants.
[1719] BGE 87/1961 II 353: Einfach-Reinigung.
[1720] BGer in PMMBl 20/1981 I 45: Euromix, RKGE in sic! 1997 161: Bienfait total.
[1721] BGE 82 II 356: Weissenburger.
[1722] BGE 59 II 207: Tavannes, 89/1963 II 105: Columbia, 92/1966 II 274: Sihl/Silbond.
[1723] BGE 70/1944 II 113: Randstreifen auf Skis.

oder Farbkombinationen, die während langer Zeit nur von einem einzigen Unternehmen gebraucht werden, allmählich als Herkunftshinweis für dieses Unternehmen betrachtet. Auch nahe liegende Waren- oder Verpackungsformen können, wenn sie z.B. aufgrund eines Patentes während vieler Jahre nur von einem einzigen Hersteller verwendet worden sind, Verkehrsgeltung erlangen. Dies dürfte wohl am ehesten für gediegen gestaltete Geräte zutreffen, kaum aber für vorwiegend zweckbedingte Formen von Massenartikeln, da die Abnehmer von solchen kaum geneigt sind, die besondere Form einem bestimmten Hersteller zuzuschreiben. So wurde die Verkehrsgeltung verneint bei Uhrarmbändern[1724], Wäschesäcken[1725] und Scharnieren[1726].

b) Name und Geschäftsbezeichnung

Auch ein häufiger oder nahe liegender Name kann durch einen ständigen und unbestrittenen Gebrauch, der schliesslich zu einer bleibenden Notorietät führt, Kennzeichnungskraft für einen ganz bestimmten Träger erlangen. Nach Abschluss dieser Entwicklung individualisiert auch ein solcher Name seinen Träger genauso wie der seltene[1727].

Enthalten die Namen von Gesellschaften Elemente, die im Gemeingut stehen und somit auch von anderen Firmen gebraucht werden dürfen, verleiht die Verkehrsdurchsetzung Ausschliesslichkeit an diesem Element. Es genügt somit nicht mehr, dass diesem Element kennzeichnungskräftige Zusätze beigefügt werden, sondern es ist auf dessen Benützung generell zu verzichten und eine andere Firma zu suchen. So ist folgenden Firmennamen Ausschliesslichkeit attestiert worden:

- Migros (BGE 59/1933 II 160, 59/1933 I 43);
- Therma (HGer BE in ZBJV 84/1948 227; BGer in SMI 1992 235);
- Papierfabrik an der Sihl (BGE 77/1951 II 326);
- Eisen und Metall (BGE 82/1956 II 342);
- Gewerbekasse Bern (AppGer BS in BJM 1968 37);
- Gewerbekasse Zürich (AppGer BS in BJM 1968 27);
- Isola-Werke (BGE 97/1971 II 158);
- Coop (BGE 98/1972 I b 300);

[1724] BGE 95/1969 IV 101: Abonnement gratuit.
[1725] BGE 92/1966 II 208: Wäschetruhe.
[1726] BGE 87/1961 II 58: Mofor-/Anuba-Band.
[1727] BGE 42/1916 II 318: Stadtmusik, 92/1966 II 310: Sheila, 98/1972 Ib 191: Sheila Diff.; Verkehrsdurchsetzung verneint in BGE 72/1944 II 139: Lux.

- Commerzbank (BGE 98/1972 II 64);
- Akademikergemeinschaft (BGE 100/1974 II 399).

Die in der Schweiz gebräuchlichen Geschlechtsnamen individualisieren ihren Träger schon an und für sich, selbst wenn sie verbreitet sind[1728]. Einer eigentlichen Verkehrsdurchsetzung bedarf es daher nicht. Doch hat die Verkehrsdurchsetzung eines Geschlechtsnamens zur Folge, dass selbst ein Konkurrent gleichen Namens diesen nicht mehr im Geschäftsverkehr verwenden darf. Dies leuchtet uns ein für berühmte Markennamen wie Nestlé, Suchard oder Lindt[1729]. Aber auch weniger berühmte Namen können unter Umständen Ausschliesslichkeit für eine bestimmte Branche beanspruchen. Eine solche wurde bejaht für folgende Namen:
- Wollen-Keller für Woll- und Baumwollwaren (BGE 64/1938 II 250);
- de Trey für zahnärztliche Artikel (BGE 79/1953 II 191);
- Ricard für Anisette (CJ GE in Mitt. 1975 92);
- Terry für spanischen Sherry (Mitt. 1976 66).

Verneint wurde die Verkehrsgeltung in folgenden Fällen:
- Naegeli-Preis für einen Preis zur Förderung der medizinischen Forschung (BGE 102/1976 II 175);
- Abraham für einen zürcherischen Familiennamen (BGE 102/1976 II 310);
- Leonard für Uhren (CJ GE in Mitt. 1980 41);
- Seitz für Ventile (HGer ZH in ZR 70/1971 Nr. 61).

c) Marke und Ausstattung

Bei folgenden Ausdrücken wurde ein zwingendes Freihaltebedürfnis angenommen und eine Umwandlungsmöglichkeit zum Kennzeichen eines bestimmten Unternehmens von vornherein ausgeschlossen:
- AS (Farbtypenbezeichnung) (BGE 52/1926 II 306);
- Brot, Schuhe, Kleider, Wolle, Baumwolle (BGE 64/1938 II 248);
- Hammerschlag (BGE 63/1937 II 427);
- Patent (BGE 70/1944 I 197);
- beau, bel, belle (BGE 100/1974 Ib 251);

[1728] A.M. BGE 64/1938 II 245 betr. den sehr häufig vorkommenden Familiennamen Keller.
[1729] Vgl. BGer in Mitt. 1976 66 = GRUR Int. 1977 82: Terry.

- Suave (BGer in PMMBl 15/1976 I 24);
- Love bzw. I ♥ you (BGer in PMMBl 31/1992 I 64);
- Postkonto (RKGE in PMMBl 34/1995 I 81);
- Mirabell (RKGE in sic! 1997 262).

Bei folgenden Ausdrücken wurde auf die Möglichkeit einer Verkehrsdurchsetzung ausdrücklich hingewiesen, deren Eintritt jedoch wegen zu kurzer Gebrauchsdauer oder Gebrauch durch andere Firmen verneint:

- Tilsitiner für Käse (BGE 59/1933 II 82);
- Desinfecta für Desinfektionsmittel (BGE 70/1944 II 244);
- Trois Plants für Weine (BGE 84/1958 II 226);
- Einfach-Reinigung für Kiloreinigung (BGE 87/1961 II 352);
- Maritim für Badebekleidung und -utensilien (BGer in PMMBl 15/1976 I 59);
- Gourmet für Lebensmittel (OGer BL in Mitt. 1985 56).

Demgegenüber wurde der Eintritt der Verkehrsdurchsetzung bei folgenden Zeichen bejaht:

beschreibende Angaben:

- Wollen-Keller (BGE 64/1938 II 247);
- Eisen und Metall (BGE 82/1956 II 342);
- Neue Zürcher Zeitung, Tribune Genève (HGer ZH in SJZ 66/1970 237 Nr. 116);
- Coca Cola für Kolagetränke mit Kokablätterextrakt (BGE 112/1986 II 76);
- Optima für eine Schriftfamilie (RKGE in sic! 1997 475);
- Bienfait total für Parfümerien (RKGE in sic! 1997 162).

geografische Bezeichnungen:

- Chartreux für Liköre (BGE 39/1913 II 647);
- Tunbridge Wells (BGE 55/1929 I 272);
- Tavannes (BGE 59/1933 II 212);
- Sihl (BGE 77/1951 II 326);
- Weissenburger (BGE 82/1956 II 356);
- Jena (Hger ZH in Mitt. 1961 62);
- Parisienne für eine schweizerische Zigarette (BGE 89/1963 I 296);
- Columbia (BGE 89/1963 II 105);

- Fuji (HGer BE in ZBJV 100/1964 321);
- Bière Haacht (BGE 100/1974 Ib 351);
- Valser (BGE 117/1991 II 326).

primitive Zeichen:
- rotgelbe Tanksäule (Cour civile VD in Mitt. 1968 62: Shell);
- drei Streifen auf Turnschuhen (Hger SG in Mitt. 1977 180).

C. Verstoss gegen die guten Sitten

1. Geschäftsbezeichnungen

Literatur: Edmond *Martin-Achard,* Le principe de la véracité des raisons de commerce et enseignes et l'interdiction des désignations de réclame, Mitt. 1959 34–51; René *Couchepin,* Die Praxis des Bundesgerichtes in Handelsregistersachen, Zürich 1964. Roland *Bühler,* Grundlagen des materiellen Firmenrechts, Bern 1991; Martin *Eckert,* Bewilligungspflichtige und verbotene Firmenbestandteile, Diss. ZH 1992.

a) Firmenwahrheit und Firmenklarheit

Literatur: Eduard *Ackermann,* Die Täuschungsgefahr im Firmenrecht, SMI 1986 185–197.

Der Grundsatz der Firmenwahrheit findet sich in Art. 944 Abs. 1 OR verankert, wonach der Inhalt einer Firma keine Täuschungen verursachen und keinen öffentlichen Interessen zuwiderlaufen darf. Daher verlangen die Handelsregisterführer, dass sich Firma und Zweckartikel nicht widersprechen und dass kein Irrtum über Inhaberschaft und Tätigkeit des Unternehmens entstehen kann.

Meistens wird die Firma in einer Landessprache abgefasst, doch wird es heute nicht mehr als Verstoss gegen die Firmenwahrheit aufgefasst, wenn sich eine Firma nur in einer nicht-schweizerischen oder in einer toten Sprache einen Namen gibt. Da viele Unternehmen ihre Firma in mehrere Sprachen fassen, besagt die Sprache der Firma nichts über deren Sitz oder Tätigkeitsgebiet, sondern deutet höchstens darauf hin, dass die Firma ihren Geschäftsverkehr auch in dieser Sprache abwickelt. Wird die Firma in verschiedenen Sprachen geführt, müssen die verschiedenen Fassungen inhaltlich übereinstimmen[1730]. Im Übrigen ist die Firma so auszulegen, wie es der unbefangene Leser tut, der den Unternehmer nicht kennt. Wo der Anschein eines Gesellschaftsverhältnisses gegeben wird, hat ein solches vorzuliegen. Einzelkaufleute dürfen ihren Betrieb nicht als Gemeinschaft, Genossenschaft oder Gesellschaft bezeichnen[1731], doch stehen ihnen alle Ausdrücke offen, die auf einen grösseren, aber nicht partnerschaftlich organisierten Betrieb hinweisen (z.B. Institut, Studio, Büro, Organisation). «Institut» weist allerdings auf eine konkrete Kontaktmöglichkeit hin; eine Postfachadresse ohne Telefon genügt dem nicht.

Das Handelsregisteramt trägt auch keine Firma ein, die einen Personennamen enthält, solange nicht nachgewiesen ist, dass eine Person dieses Namens daran beteiligt ist. Unter Umständen genügt auch ein anderer Zusammenhang, wie die Abstammung einzelner Aktionäre oder Verwaltungsratsmitglieder vom Namensträger oder die Herstellung von Erzeugnissen, die mit diesem Namen bezeichnet werden[1732]. Hört der Zusammenhang zwischen Personennamen und Firma auf, so braucht deswegen die Firma nicht geändert zu werden. Ist ein Name einmal in die Firma einer Kapitalgesellschaft übernommen worden, darf er, gegenteilige Abmachungen vorbehalten, in alle Zukunft beibehalten werden[1733].

Bestimmte Firmenbestandteile dürfen nur geführt werden, wenn die gesetzlichen Voraussetzungen vorliegen. So dürfen die Bezeichnungen «Bank» und «sparen» nur mit Bezug auf Unternehmen gebraucht werden, die nach Gesetz Banken oder Sparkassen sind[1734]. Ausländische Banken dürfen überdies keine Firma führen, die auf einen schweizerischen Charakter der Bank hinweist oder darauf schliessen lässt[1735]. Unzulässig ist demnach die Benennung einer ausländischen Bank mit nationalen oder territorialen Bezeichnungen oder mit Hinweisen auf typisch schweizerische Industrien oder Erzeugnisse, nicht aber mit neutralen Fantasiebezeichnungen[1736].

Fabrik, Werk oder Industrie darf sich nur dasjenige Unternehmen nennen, das den Vorschriften über industrielle Betriebe des Arbeitsgesetzes unterstellt

---

[1730] Art. 46 Abs. 1 Handelsregisterverordnung (HRegV, SR 221.41).
[1731] Art. 945 Abs. 3 Obligationenrecht (OR, SR 220).
[1732] Z.B. Chocolat Tobler AG; vgl. *von Steiger,* Das Recht der Aktiengesellschaft, S. 40.
[1733] GPräs. Wangen a.A. in SAG 17/1944 43: S. AG; Burckhardt III Nr. 1552 I; ZivGer BS in BJM 1978 257: Karl Tanner.
[1734] Art. 1 Abs. 4, Art. 15 BG über die Banken und Sparkassen (sog. Bankengesetz, SR 952.0).
[1735] Art. 3bis Abs. 1 lit. b Bankengesetz (Fn 1734).
[1736] BGE 98/1972 Ib 379: Econ-Bank.

ist[1737]. Ein «Kursaal» hat den entsprechenden Verwaltungsbestimmungen zu entsprechen[1738].

b) Kasuistik

Als irreführend wurden beispielsweise betrachtet:
- AG für Volkszahnkliniken für eine reine Erwerbsgesellschaft, die ohne Mitwirkung der Öffentlichkeit errichtet worden ist (BGE 56/1930 I 134);
- Dr. K. & Co. für eine Kollektivgesellschaft, deren einzige unbeschränkt haftende Gesellschafterin den Doktortitel durch Heirat und nicht durch Studium erworben hat (VEB 17/1944 197 Nr. 96);
- Blinden- und Mindererwerbsfähigen-Werkstätten für eine Genossenschaft, die keine gemeinnützigen Zwecke verfolgt und welcher auch der Selbsthilfecharakter fehlt (SAG 18/1945 93);
- Vitasan AG für eine Confiserie, die Dessertkonfekt nach althergebrachter Weise herstellt (SAG 21/1949 133);
- Fraumünster-Verlag AG, Zürich für ein katholisches Unternehmen, das mit der protestantischen Kirchgemeinde Fraumünster nichts zu tun hat (BGE 77/1951 I 162);
- Teinturerie für eine Ablage von Kleiderfabriken (AppH FR SJZ 51/1955 12 Nr. 8);
- Internationale Asbiton AG für ein Unternehmen, dessen Organisation, Einrichtung oder Tätigkeit nur in untergeordneter Hinsicht zwischenstaatlicher Natur ist (BGE 87/1961 I 306);
- International Bank of Berne für ein privates Unternehmen, das keine umfassende Geschäftstätigkeit von internationaler Bedeutung aufweist (BGE 95/1969 I 280);
- Ecole polytechnique par correspondence S.A. für eine Privatschule (BGE 100/1974 Ib 31);
- Gymnase des Tours für ein Unternehmen, das eine Turnhalle und keine Lehranstalt höherer Stufe betreibt (BGE 110/1984 II 392);
- Croix-d'Ouchy für ein Restaurant, das mehr als 300 m von der so bezeichneten Kreuzung entfernt liegt (BGer in SMI 1986 272);

[1737] BGE 72/1946 I 360: Schweiz. Wäsche-Industrie; Aufsichtsbehörde HReg SG in SJZ 49/1953 160 Nr. 58: Fabrik; anders noch OGer ZH in SJZ 27/1931 219 Nr. 170: Fabrik.
[1738] Art. 8 Abs. 2 Spielbankengesetz (SBG, SR 935.52).

- Allvestina oder Panvestina für eine Gesellschaft, welche die Ausführung von kaufmännischen und technischen Dienstleistungen bezweckt, da diese Firmennamen auf ein Bekleidungs- oder Anlageunternehmen schliessen lassen (BGer in SMI 1986 284);
- Clos d'or für eine Westschweizer Weinhandelsfirma, die keinen Rebberg dieses Namens besitzt (BGer in SMI 1994 73).

Zulässig waren demgegenüber beispielsweise:
- Treuhand- und Revisionsbüro für ein Unternehmen, das fremdes Gut zur Verwaltung und Betreuung entgegennimmt, sei es im eigenen oder fremden Namen (BGE 68/1942 I 120; SAG 19/1947 135; zustimmend Denis *Maday,* Die Treuhandbezeichnung im schweizerischen Recht, ZBJV 79/1943 113–127);
- Coop Oberwallis, Brig (BGE 98/1972 I 298);
- Schweizerische Energiestiftung für eine von privaten errichtete Stiftung (BGE 103/1977 Ib 6, vgl. VEB 1927 Nr. 25);
- Index Management AG für eine Gesellschaft, die auch Unternehmungsberatung und -Führung bezweckt (BGE 107 1981 II 250);
- LN Industries S.A. für ein Unternehmen von mittlerer Grösse, das eine vielseitige industrielle Tätigkeit betreibt (BGE 106/1980 II 354);
- Bachtel-Versand AG, Oberuzwil SG (vorher Wetzikon ZH), trotz fehlendem Bezug der örtlichen Bezeichnung («Bachtel») zu Sitz oder Tätigkeit der Unternehmung (BGE 108/1982 II 130);
- Zirkus Monti AG, obwohl Monti nur der Künstlername des Hauptaktionärs Munthwyler ist (BGE 112/1986 II 61);
- Münsterkellerei AG für eine Weinkellerei, die über keinen Weinkeller mehr an der Münstergasse verfügt (BGE 117/1991 II 192).

2. Domain Namen

Obwohl die Registrierungsstelle geschmacklose, irreführende und täuschende Domain Namen oder solche mit beleidigendem Charakter ablehnen kann, werden an Domain Namen kaum besondere Anforderungen gestellt. Einzig die Namen von Schweizer Gemeinden müssen von einer offiziellen Stelle beantragt und schriftlich bestätigt werden. Im Übrigen ist die schweizerische Registrierungsstelle gegenüber Neueintragungen von Domain Namen ziemlich kritiklos und überlässt deren Beurteilung dem Richter.

Ein Antrag zur Registrierung eines Domain Namens stellt für die Registrierungsstelle zwar die verbindliche Zusicherung dar, dass die Person die Rechte zur Verwendung des beanspruchten Namens besitzt, dass die Angaben zur Person im Antragsformular wahr sind und dass die Person das Recht zum Gebrauch des im Antrag angegebenen Domain Namens hat. Ein Überprüfung der im Antrag gemachten Angaben erfolgt aber nur in den allerseltensten Fällen.

3. Marken und Ausstattungen

a) Grundsatz

Ein Kennzeichen, das gegen die guten Sitten verstösst, verdient, unabhängig davon, ob es als Marke eingetragen ist oder nicht, keinen Rechtsschutz. Der Staat braucht seine Einrichtungen, namentlich auch seine Register, nicht zur Verfügung zu stellen, um Praktiken zu schützen, die nicht im Einklang mit dem Grundsatz von Treu und Glauben im Geschäftsverkehr stehen. Eine sittenwidrige Marke darf weder im Register eingetragen werden[1739], noch kann sich der Benützer einer solchen Marke auf deren Verkehrsdurchsetzung berufen. Deren Eintragung oder Erneuerung kann abgelehnt werden, selbst wenn sie während Jahrzehnten unangefochten in Gebrauch stand[1740]. Unter die Sittenwidrigkeit können drei Hauptgruppen subsumiert werden, nämlich unsittliche Zeichen (Sittenwidrigkeit im engeren Sinne), gesetzwidrige Zeichen und täuschende Zeichen.

b) Unsittliche Zeichen

Sittenwidrig im engeren Sinne sind Zeichen, die gegen das sittliche, religiöse, kulturelle oder nationale Empfinden verstossen. Solche Zeichen werden heute immer seltener, da vor allem das sittliche Empfinden in den letzten Jahren eine starke Wandlung durchgemacht hat.

Gegen das nationale Gefühl verstossen Zeichen, die bei in- oder ausländischen Kreisen Anstoss erregen, ist doch, gestützt auf den Grundsatz der internationalen Courtoisie, auch das nationale Empfinden des Ausländers zu schonen.

[1739] Art. 14 Ziff. 2 Markenschutzgesetz (MSchG, SR 232.11).
[1740] BGer in PMMBl 10/1971 I 85: Tour de Suisse.

c) Gesetzwidrige Zeichen

Einzelne Gesetze und Staatsverträge schliessen die Aufnahme bestimmter Elemente in eine Marke aus. So verbieten insbesondere das Wappenschutzgesetz[1741], das Gesetz zum Schutz von Namen und Zeichen der Organisation der Vereinten Nationen und anderer zwischenstaatlicher Organisationen[1742] und das Gesetz betreffend den Schutz des Zeichens und des Namens des Roten Kreuzes[1743] die Aufnahme von Namen, Sigel, Wappen, Flaggen und anderen Zeichen, welche die betreffenden schweizerischen Gemeinwesen und internationale Organisationen kennzeichnen. Desgleichen regeln verschiedene Staatsverträge den Schutz von Herkunftsangaben, so diejenigen mit Deutschland[1744], Frankreich[1745], der Tschechoslowakei[1746], Portugal[1747], Ungarn[1748] und Spanien[1749], als auch das Stresaer Käseabkommen[1750].

Da viele gesetzliche Vorschriften in erster Linie zur Verhinderung einer Irreführung des Konsumenten erlassen worden sind, sind gesetzwidrige Zeichen oft auch täuschende Zeichen im Sinne des folgenden Abschnittes. Doch bleiben die gesetzwidrigen Zeichen auch dann unzulässig, wenn eine Täuschungsgefahr, beispielsweise wegen entsprechender Aufklärung des Publikums, entfällt.

d) Täuschende Zeichen

Täuschend ist jedes Zeichen, das geeignet ist, den Käufer irrezuführen, indem es einen falschen Schluss auf den Zeicheninhaber oder die Herkunft und Beschaffenheit der Ware zulässt oder fördert. Die Gefahr der Täuschung genügt; eine Täuschungsabsicht des Zeicheninhabers ist nicht erforderlich[1751]. Im Gegensatz zu den unsittlichen Zeichen nehmen leider die täuschenden Zeichen immer mehr zu, weil die moderne Werbung versucht, durch geschickt gewählte Marken dem Konsumenten gewisse Eigenschaften

---

[1741] BG zum Schutz öffentlicher Wappen und anderer öffentlicher Zeichen (sog. Wappenschutzgesetz, SR 232.21).
[1742] Sog. UNO-Gesetz, SR 232.23.
[1743] Sog. Rot-Kreuz-Gesetz, SR 232.22.
[1744] SR 0.232.111.191.36.
[1745] SR 0.232.111.193.49.
[1746] SR 0.232.111.197.41.
[1747] SR 0.232.111.196.54.
[1748] SR 0.232.111.194.18.
[1749] SR 0.232.111.193.32.
[1750] SR 0.817.142.1.
[1751] BGE 93/1967 I 575: Diamalt, 96/1970 I 758: Enterocura.

einer Ware zu suggerieren. Oft soll der Ware damit ein gewisser Nimbus verliehen werden, den sonst nur das teure Luxusprodukt aufzuweisen hat. Entsprechend der eingangs gegebenen Definition lassen sich drei Untergruppen von täuschenden Zeichen unterscheiden.

Täuschungsgefahr ist vorhanden, wenn Angaben wie geografische Bezeichnungen, fremde Wappen oder ausländische Fahnen verwendet werden, die einen Irrtum erwecken können über die geografische Herkunft von Erzeugnissen, über die Nationalität des Geschäftes oder über geschäftliche Verhältnisse des Benutzers, z.B. über seine Beziehungen zu amtlichen Stellen[1752].

Jedes Zeichen, das wegen seines Sinngehaltes einen falschen Rückschluss auf die Beschaffenheit der damit versehenen Ware zulässt, ist täuschend. Der Sinngehalt kann sich sowohl aus einzelnen Silben wie aus bildlichen Motiven ergeben. Das Amt verlangt daher, dass die Warenliste so weit eingeschränkt wird, dass sie keine irreführende Waren mehr enthält.

4. Muster und Modelle

Analog zu den Marken sind sittenwidrige Muster und Modelle vom Schutz ausgeschlossen und können nicht hinterlegt werden[1753]. Hierzu zählen einerseits Formgebungen, die gegen Staatsverträge oder Bundesrecht, insbesondere gegen das Wappenschutzgesetz oder das Gesetz zum Schutze des Roten Kreuzes verstossen. Sittenwidrig sind auch Muster und Modelle anstössiger Natur, nämlich wenn von ihnen eine unzüchtige Wirkung ausgeht oder wenn sie zu Täuschungen Anlass geben können[1754].

5. Kunstwerke

Das Urheberrecht versagt im Gegensatz zu den gewerblichen Schutzrechten sittenwidrigen Schöpfungen den Rechtsschutz nicht. Ein Verstoss gegen die Sittlichkeit kann aber zu einem Verbreitungshindernis strafrechtlicher Natur führen. Der urheberrechtliche Schutz ist in diesem Fall beschränkt auf ein

---

[1752] Art. 2 lit. c Markenschutzgesetz (MSchG, SR 232.11).
[1753] Art. 12 Ziff. 5 BG über die gewerblichen Muster und Modelle (MMG, SR 232.12).
[1754] Vgl. BGE 71/1945 I 36: Strahlensicherungsapparat.

Verbot zur Herstellung von Werkkopien und deren Verbreitung und Bearbeitung, umfasst aber das Recht auf Schadenersatz nicht[1755].

D. Formelle Anforderungen

1. Registereintrag

a) Firma und Enseigne

Literatur: Eduard *His,* Berner Kommentar, Handelsregister, Geschäftsfirmen und kaufmännische Buchführung, Bern 1940.

Die Firmen von Aktiengesellschaften und Kommanditaktiengesellschaften sind in jedem Falle im Handelsregister des Sitzbezirkes einzutragen, die Firmen der anderen Unternehmen wenigstens dann, wenn sie ein nach kaufmännischer Art geführtes Gewerbe betreiben und einen gewissen Mindestumsatz erzielen. Auch Geschäftsbezeichnungen und Enseignes sind unter den gleichen Voraussetzungen im Handelsregister einzutragen[1756].

Mit dieser Eintragung gelangen die Geschäftsfirmen, mit Ausnahme der Namen von Vereinen und Stiftungen, in den Genuss des formellen Firmenrechts. Besondere Geschäftsbezeichnungen, Enseignes, Vereine und Stiftungen erlangen mit ihrer Eintragung im Handelsregister keinen besonderen firmenrechtlichen Schutz; deren Eintragung wird offenbar nur deshalb gefördert, damit der Handelsregisterführer überprüfen kann, ob deren Name die absoluten Anforderungen an einen Registereintrag erfüllt.

b) Marke

Um den Schutz des schweizerischen Markenschutzgesetzes zu erlangen, muss ein Zeichen mittels amtlichen Formulars beim Eidg. Institut für Geistiges Eigentum[1757] hinterlegt und von diesem im Markenregister eingetragen werden.

[1755] OGer ZH in ZR 82/1983 Nr. 96: Stadtplan für Männer.
[1756] Art. 48 Handelsregisterverordnung (HRegV, SR 221.411).
[1757] Einsteinstrasse 2, 3003 Bern.

XVI. Erinnerungsmittel der Werbung

Dennoch empfinden viele Fabrikanten den ihnen zugestandenen Markenschutz als zu eng, da sich dieser auf ihr Warensortiment beschränkt. Dies hat zur Folge, dass Angehörige anderer Branchen die gleiche oder eine ähnliche Marke wählen können, ohne dass das Markenrecht dies verbieten könnte. Auch im Hinblick auf eine internationale Markeneintragung, bei welcher in gewissen Ländern eine möglichst umfangreiche Warenliste von Vorteil ist, besteht ein Interesse daran, die Warenliste über die eigentlichen Hauptprodukte auf weitere Hilfswaren auszudehnen, wie z.B. auf Werbematerialien, Zugabeartikel, Prospekte, Kataloge und andere Drucksachen. Getränkefirmen beanspruchen so auch Marken für Aschenbecher, Trinkgläser und Plakate, Zigarettenfabriken für Sonnenschirme, Schlüsselanhänger etc. Solche Artikel mögen zwar vom Amt in die Warenliste aufgenommen werden, doch erstreckt sich der markenmässige Schutz der Marke nicht darauf: Die Marke ist in Bezug auf diese Waren nichtig, selbst wenn sie auf ihnen formell gebraucht wird[1758].

c) Domain Name

Domain Namen müssen schon aus technischen Gründen bei der Stiftung Switch[1759] registriert werden. Formelle Voraussetzungen kennt die Registrierungsstelle nur wenige. Jede Person kann unabhängig von ihrem (geografischen) Standort Domain Namen eintragen lassen, doch wird empfohlen, dass nur Personen aus der Schweiz oder aus dem Fürstentum Liechtenstein Second Level Domain Namen unter den Top Level Domain Namen CH und LI registrieren bzw. reservieren. Personen, die einen Domain Namen registrieren lassen, sind für ihr Recht am betreffenden Namen in vollem Umfange selbst verantwortlich. Ein Antrag zur Registrierung eines Domain Namens stellt für die Registrierungsstelle die verbindliche Zusicherung dar, dass die Person die Rechte zur Verwendung des angegeben Namens besitzt, d.h., die Angaben der Person im Antragsformular müssen wahr sein, und die Person muss das Recht zum Gebrauch des im Antrag angegebenen Domain Namens haben.

d) Muster und Modell

Formelle Voraussetzung jedes Schutzes aus dem Bundesgesetz über die Muster und Modelle ist die Hinterlegung des Musters oder Modells bzw. deren

---

[1758] BGer in Mitt. 1966 145: Fünfstern.
[1759] Switch – Teleinformatikdienste für Lehre und Forschung, c/o Schweiz. Hochschulkonferenz, Bern; Geschäftsstelle Limmatquai 138, 8001 Zürich.

Abbildung. Die Hinterlegung kann entweder beim Eidg. Institut für Geistiges Eigentum[1760] oder auch bei der Organisation Mondiale de la Propriété Industrielle erfolgen[1761]. Die Hinterlegung bei letzterer Amtsstelle ist zwar teurer, hat dafür aber auch gleichzeitig Wirkung für viele andere, hauptsächlich europäische Staaten. Eine Prüfung der übrigen Schutzvoraussetzungen (Neuheit, Originalität) findet bei der Hinterlegung nicht statt. Der Hinweis «mod. dép.» besagt daher nichts darüber, ob ein Richter das hinterlegte Modell auch tatsächlich für schutzwürdig halten wird.

e) Ausstattung, Kunstwerk, Name

Namen, Ausstattungen und Kunstwerke können in der Schweiz nicht registriert werden. Ihr Schutz ist daher abgesehen von einem nennenswerten Gebrauch in der Schweiz von keinen besonderen Förmlichkeiten abhängig.

2. Gebrauch

a) Allgemeines

Kennzeichen sind grundsätzlich dazu da, gebraucht zu werden. Ein unbenutztes Kennzeichen kann keine Betriebsherkunft gewährleisten und verdient daher in der Regel auch keinen Schutz. Eine nähere Betrachtung verdienen daher einzig die Fragen, ob auch ein Schutz für Kennzeichen beansprucht werden kann, welche noch nicht in Gebrauch genommen worden sind, und wie intensiv der Gebrauch sein muss, um den Schutz aufrechtzuerhalten.

b) Firma

Damit eine Firma als Kennzeichen dienen kann, hat das Unternehmen eine gewisse, wenn auch bescheidene Geschäftstätigkeit auszuüben. Keinen Schutz geniesst eine nur vorsorglich eingetragene Firma[1762].

Die Handelsregisterverordnung sieht nunmehr eine weit gehende Firmengebrauchspflicht vor und verlangt, dass auf Briefen, Bestellscheinen und Rechnungen sowie in Bekanntmachungen die im Handelsregister eingetragene

---

[1760] Einsteinstrasse 2, 3003 Bern.
[1761] OMPI, chemin Colombettes 32, 1200 Genf.
[1762] BGE 93/1967 II 258: Möbel- und Teppich-Discount-Haus AG.

Firma vollständig und unverändert anzugeben ist[1763]. Dies mag für Geschäftsdrucksachen und im Zusammenhang mit der Firmenunterschrift angehen, schiesst aber für werbemässige Bekanntmachungen weit über das Ziel hinaus. Denn es ist durchaus üblich, dass in der Werbung nur Kurznamen oder Marken verwendet werden, und selbst die anonyme Werbung ist weit verbreitet (Chiffre-Inserate). Unzulässig ist jedoch die Verwendung falscher (nicht existierender) Firmen in der Werbung[1764]. Neben der Firma können in jedem Fall zusätzlich Kurzbezeichnungen, Logos, Geschäftsbezeichnungen, Enseignes und ähnliche Angaben verwendet werden.

c) **Domain Name**

Second Level Domain Namen können in der Schweiz entweder für die aktive Verwendung eingetragen oder zur inaktiven Verwendung reserviert werden.

d) **Marke**

Eine Marke muss in den ersten fünf Jahren nach ihrer Eintragung nicht gebraucht werden[1765]. Immerhin müssen in dieser Frist wenigstens ernsthafte Vorbereitungen zur Einführung der Marke auf dem Markt getroffen werden[1766]. Die Frist von fünf Jahren wird einzig bei Vorliegen von bestimmten Rechtfertigungsgründen erstreckt. Als solche kommen nur Tatsachen in Betracht, die objektiv vorübergehende Hindernisse in der Benutzung bilden, nicht aber freiwillige Massnahmen des Berechtigten, zu denen er aus eigenem Antrieb und nicht unter dem Zwang der Verhältnisse gelangt ist[1767]. Einen Rechtfertigungsgrund für die Nichtbenutzung bildet auch eine ernsthafte Verwarnung oder ein Angriff auf die Marke von Seiten eines Dritten[1768].

Im Übrigen kann der Markengebrauch äusserst bescheiden sein, solange er nur ernsthaft gewollt ist.

[1763] Sog. Firmengebrauchspflicht, Art. 47 HRegV (Fn 1756) in der Fassung vom 29.9.1997.
[1764] So hat das Bundesgericht zu Recht beanstandet, dass die Spaeth AG während Jahren Prospekt- und Inseratwerbung unter alleiniger Verwendung der Fantasiebezeichnung «Rispa-Neuheiten-Versand» betrieben hat; BGE 103/1977 IV 203 = Praxis 66/1977 Nr. 237.
[1765] Art. 11 Markenschutzgesetz (MSchG, SR 232.11).
[1766] CJ GE in Mitt. 1975 86: Ricard.
[1767] HGer BE in ZBJV 102/1966 239: Bemberg/Bemsalkie.
[1768] BGE 101/1975 II 301: Efasit.

e) Ausstattung

Im Gegensatz zur Marke, bei der ein ernsthafter, wenn auch bescheidener Gebrauch genügt, braucht es für die Ausstattung mindestens einen Gebrauch in nennenswertem Umfang[1769]. Bloss sporadischer oder vereinzelter Gebrauch genügt nicht, um ein Ausstattungsrecht entstehen zu lassen. Je nach der Art des die Ausstattung in Verkehr bringenden Unternehmens hat der Gebrauch mehr oder weniger umfangreich zu sein. Von einem Konsumartikel ist wenigstens zu erwarten, dass er in der Schweiz feilgehalten wird; ausländische Unternehmen, die in der Schweiz keine Werbung treiben und bloss vom Ausland her allfällige Bestellungen nach der Schweiz ausführen, können sich nicht auf nennenswerten Gebrauch berufen. Das Bundesgericht hat beispielsweise einen mit der Schweiz im Jahre 1945 getätigten Jahresumsatz von rund CHF 40'000 als nennenswert bezeichnet[1770].

f) Muster und Modell

Muster und Modelle müssen nicht gebraucht werden. Ihr Schutz ist nicht davon abhängig, ob sie hier erhältlich sind oder nicht. Ein Muster und Modell kann daher auch nur für einen Bestandteil, z.B. ein Kinderwagenverdeck, beansprucht werden.

g) Kunstwerk

Der Schutz des Kunstwerkes vor unerlaubten Wiedergaben ist nicht von der vorgängigen öffentlichen Bekanntmachung dieses Werkes abhängig. Eine Verpflichtung zum Gebrauch eines Kunstwerkes entfällt damit.

h) Abweichungen zwischen Eintragung und Benutzung

Bei Elementen, die nicht gebraucht werden müssen, ergeben sich keine Probleme, wenn Eintragung und Gebrauch nicht übereinstimmen. So behält das eingetragene Muster oder Modell seinen Schutz, selbst wenn es nur in abgewandelter Form gebraucht wird.

Marken bleiben ausserhalb der fünfjährigen Benutzungsschonfrist nur geschützt, wenn der tatsächliche Gebrauch von der Eintragung nicht wesentlich

---

[1769] BGE 79/1953 II 314: Interchemical, 90/1964 II 199, 320: Elin, 98/1972 II 62; BGer in Mitt. 1956 200: Chemosan.

[1770] BGer in Mitt. 1956 201: Chemosan.

abweicht. Ein Gebrauch der Marke in abweichender Form ist unschädlich, solange dadurch die Unterscheidungskraft der Marke nicht beeinflusst wird. Namentlich dürfen nebensächliche Zutaten weggelassen oder leicht geändert werden[1771]. Änderungen beim Gebrauch sind solange zulässig, als sie den Charakter der Marke nicht beeinflussen und vom Verkehr als mit der eingetragenen Marke übereinstimmend aufgefasst werden. Gestattet sind somit Modernisierungen der Schreibweise, die grafische Überarbeitung von bildlichen Darstellungen oder die Weglassung von beschreibenden Zusätzen.

Die Firmengebrauchspflicht der Handelsregisterverordnung verlangt, dass die im Handelsregister eingetragene Firma vollständig und unverändert anzugeben ist[1772].

E. Relative Anforderungen

1. Allgemeines

Alle Erinnerungsmittel der Werbung haben grundsätzlich auf die bereits bestehenden Rechte Dritter Rücksicht zu nehmen. Freilich wird es immer schwerer, einprägsame Firmen und Marken zu finden, da die Register schon heute mit den vielfältigsten Zeichen vollgestopft sind. Das Problem wird um so grösser, wenn die Tätigkeit ins Ausland ausgedehnt werden soll, so dass auch noch die ausländischen Drittrechte zu respektieren sind. In der Praxis müssen denn auch immer wieder Abgrenzungsabkommen geschlossen werden, welche den Einsatz des eigenen Zeichens einengen.

Um sich vor unliebsamen Überraschungen zu schützen, sollte vor jeder Ingebrauchname eines neuen Kennzeichens eine Recherche durchgeführt werden, um festzustellen, ob nicht bereits ähnliche Zeichen registriert worden sind. In der Schweiz drängen sich solche Recherchen in folgenden Registern auf:
- Im Firmenregister beim Eidgenössischen Amt für das Handelsregister, Bern. Dieses führt ein zentrales Register über alle in der Schweiz einge-

---

[1771] Art. 5 lit. c Abs. 2 Pariser Verbandsübereinkunft (PVÜ, SR 0.232.04), Art. 11 Abs. 2 Markenschutzgesetz (Fn 1765). Die Verwendung des Zeichens COLUMBUS genügte zur Aufrechterhaltung der Marke Elektro-Bohner-Kolumbus (BGer in Mitt. 1974 123).
[1772] Art. 47 Handelsregisterverordnung (HRegV, SR 221.411) in der Fassung vom 29.9.1997.

tragenen Kapitalgesellschaften (Aktiengesellschaften, Genossenschaften, Gesellschaften mit beschränkter Haftung etc.) und Stiftungen.
- Im Markenregister beim Eidgenössischen Institut für Geistiges Eigentum, Bern. Dieses führt ein Register der schweizerischen und internationalen Marken, die auch in der Schweiz Wirkung entfalten. Die Eintragungen im Markenregister sind unterteilt in 42 Waren- und Dienstleistungsklassen, und bei Nachforschungen ist mitzuteilen, in welchen Klassen nachgeforscht werden soll.
- Im Register der schweizerischen und liechtensteinischen Domain Namen, das von der Stiftung «Switch – Teleinformatikdienste für Lehre und Forschung», Bern, mit Geschäftsstelle in Zürich, unterhalten wird.

Die Auswertung der Recherchenergebnisse ist in der Regel recht heikel und sollte dem versierten Fachmann überlassen werden. Nur er vermag abzuschätzen, ob ein eruiertes Drittrecht gefährlich werden kann oder nicht.

Der Inhaber eines älteren Kennzeichens muss sich gegen eine Verletzung selbst zur Wehr setzen; es gibt kein Amt und keine Stelle, die den Anmelder eines jüngeren, aber verletzenden Kennzeichens daran hindern würde, dieses zu registrieren und zu gebrauchen.

2. Name

Literatur: Hermann *Aisslinger,* Der Namensschutz nach Art. 29 ZGB, Diss. Zürich 1948; Bruno *von Büren,* Über die Beschränkungen des Rechtes, den eigenen Namen zu gebrauchen, SJZ 44/1948 65–72; Fritz *von Steiger,* Zum Wettbewerbsrecht der Gleichnamigen, Mitt. 1951 34–49; Andreas *Bucher,* Natürliche Personen und Persönlichkeitsschutz, Basel 1986.

Der Gebrauch des nicht frei wählbaren Familiennamens darf niemandem verwehrt werden. Dies heisst freilich nicht, dass ein Geschlechtsname ungehindert zur Werbung eingesetzt werden dürfte. Auf die legitimen Interessen von Dritten, die ein älteres Recht am gleichen Namen geltend machen können, ist gebührend Rücksicht zu nehmen. So kann es vorkommen, dass der eigene Name zwar wohl firmenmässig, das heisst für den Marktauftritt als Kaufmann, nicht aber zur markenmässigen Kennzeichnung von eigenen Waren und Dienstleistungen verwendet werden darf[1773]. Unter Umständen genügt es auch, dass der Name des jüngeren Namensträgers im wirtschaftli-

---

[1773] BGE 77/1951 I 79: Kübler-Rad unzulässig für den Bruder des Radrennfahrers F. Kübler; BGE 125/1999 III 93: Rytz.

chen Verkehr mit entsprechenden Zusätzen und in einer Form gebraucht wird, die ihn vom älteren genügend unterscheidet[1774].

Wird ein nicht frei wählbarer Personenname durch Regierungsbeschluss geändert, so steht den verletzten Trägern des neuen Namens binnen Jahresfrist seit Kenntnisnahme eine Anfechtungsmöglichkeit bei Gericht zu[1775]. Wird diese Frist versäumt, kann der neue Name nicht mehr angefochten werden. Anders verhält es sich bei frei wählbaren Vereinsnamen. Diese können unter Vorbehalt der Verwirkung jederzeit angefochten werden. Doch ist es stets den Inhabern älterer Rechte überlassen, sich gegen die jüngeren zur Wehr zu setzen. Wird die Anfechtung eines neu gewählten Namens unterlassen, geniesst dessen Träger den vollen Schutz seines Namens. Die Verletzung älterer Rechte hat keinen Einfluss auf die Schutzfähigkeit eines Namens: Gegenüber Dritten kann sich dessen Träger nach wie vor auf den Namensschutz berufen.

3. Firma

Das Handelsregisteramt muss von Amtes wegen darüber wachen, dass sich die eingetragenen Firmen voneinander unterscheiden. Dessen Prüfung hat sich jedoch in der Regel darauf zu beschränken, ob bereits eine gleich lautende Firma eingetragen sei[1776].

Gleich lautend sind Firmen, welche dieselben Buchstaben in derselben Reihenfolge verwenden, unabhängig der Gross- oder Kleinschreibung, der Lücken, der Interpunktionen, der Umlaute und der diakritischen Zeichen; auch bleiben die Modernisierung der Schreibweise oder rechtsformandeutende und amtliche Zusätze unberücksichtigt (Mäder-Telekommunikations- & 3-D-Fotos-AG = Maeder télécommunications & trois-d photos SA = MADER TELECOMMUNICATIONS & 3D PHOTOS GMBH = Mader-telecommunications & 3d-photos sa en liquadation).

Vor allem bei Einzelfirmen, Kollektiv- und Kommanditgesellschaften genügen schon kleinste Abweichungen, wie beispielsweise der Ersatz von Co. durch Cie., die Hinzufügung eines zweiten Initials zum Vornamen oder die Beifügung des Frauennamens, um dem Verbot gleich lautender Firmen zu entgehen und ins Register aufgenommen zu werden.

[1774] BGE 93/1967 II 48: Garvey/Harvey's; CJ GE in Mitt. 1975 92: Ricard, BGer in Mitt. 1976 66 = GRUR Int. 1977 82: Terry.
[1775] Art. 30 Abs. 3 Zivilgesetzbuch (ZGB, SR 210).
[1776] BGE 55/1929 I 190: Pensionnat Le Manoir.

Im Übrigen überlässt das Handelsregisteramt die Beurteilung der deutlichen Unterscheidbarkeit dem Zivilrichter. Immerhin wird nicht nur die Eintragung von Firmen verweigert, die mit bereits eingetragenen völlig identisch sind, sondern auch von solchen, die weit gehend identisch sind, so namentlich bei Inversionen an sich identischer Firmenelemente. Nicht zugelassen wurde daher die Firma «Chambre fribourgeoise immobilière» neben «Chambre immobilière fribourgeoise»[1777] oder «Industrial Equipment AG» neben «Industrial Equipment SA»[1778], während z.B. am Nebeneinanderbestehen der Firmen «Industrial Equipment SA» und «Industrie Equipment AG» oder «Industrial Equipment AG Zürich» kein Anstoss genommen wurde[1779].

Der allfällige Verstoss einer Firma gegen eine ältere Firma oder ein anderes älteres Kennzeichen kann im Übrigen nur vom Verletzten selbst geltend gemacht werden. Denn eine Firma, die ältere Rechte verletzt, wird deswegen nicht absolut nichtig, sondern höchstens anfechtbar.

4. Domain Name

Da es bereits genügt, dass sich ein neuer Domain Name gegenüber den bereits eingetragenen oder angemeldeten Namen wenigstens durch ein Zeichen unterscheidet, sind Verwechslungen zwischen den Einträgen vorprogrammiert.

Der allfällige Verstoss eines Domain Namens gegen ein älteres Kennzeichen kann nur vom Verletzten selbst geltend gemacht werden. Denn ein aktiver Domain Name, der ältere Rechte verletzt, bleibt solange bestehen, bis dessen Löschung beantragt wird oder bis der bisherige Inhaber ein von ihm unterzeichnetes Dokument bei der Registrationsstelle einreicht, das einen neuen Inhaber ermächtigt, Änderungen der Stammdaten seines Domain Namens zu beantragen. Anstelle eines Antrags des bisherigen Inhabers nimmt die Registrierungsstelle auch eine rechtskräftige Anordnung eines Gerichts oder einer Verwaltungsbehörde entgegen.

[1777] BGE 99/1973 Ib 37: Chambre fribourgeoise immobilière.
[1778] Justizdir. ZH in SJZ 65/1969 28 Nr. 11.
[1779] Justizdir. ZH in SJZ 65/1969 28 Nr. 11.

5. Marken

Marken werden vom Eidg. Institut für Geistiges Eigentum ohne Rücksicht auf ihre Neuheit zur Eintragung entgegengenommen. Es recherchiert zwar auf Wunsch nach bereits eingetragenen oder hinterlegten, ähnlichen Marken, nimmt aber eine neu angemeldete Marke ohne weiteres ins Register auf, selbst wenn sie mit einer älteren, ja sogar berühmten Marke eines Dritten offensichtlich identisch ist.

Wird eine ältere Firma, Enseigne oder Ausstattung durch eine jüngere Marke verletzt, so kann sich der Inhaber des älteren Zeichens gegen die jüngere Marke aufgrund des Gesetzes gegen den unlauteren Wettbewerb zur Wehr setzen. Der verletzte Inhaber hat sein Recht selbst durch Anhebung einer Verletzungsklage wahrzunehmen. Macht er von dieser Möglichkeit keinen Gebrauch, ist der Inhaber der verletzenden Marke in der gleichen Lage, wie wenn er überhaupt keine älteren Rechte verletzen würde. Er ist insbesondere befugt, aus seiner Marke alle ihm zustehenden Rechte wahrzunehmen und insbesondere seinerseits gegen allfällige Verletzer seiner Marke vorzugehen. Seine Marke wird wegen der älteren, verwechselbaren Kennzeichnungen von Dritten höchstens zum schwachen Zeichen, nicht aber zum ungültigen Zeichen.

Wird eine im schweizerischen oder internationalen Markenregister eingetragene Marke durch eine jüngere Marke verletzt, so kann der Inhaber der älteren Marke binnen dreier Monate nach der Eintragung der jüngeren beim Eidg. Institut für Geistiges Eigentum Widerspruch erheben oder, namentlich auch nach abgelaufener Widerspruchsfrist, Nichtigkeitsklage beim Zivilgericht einreichen. Setzt er sein älteres Recht nicht durch und verzichtet er auf die Anhebung einer Nichtigkeitsklage, so verliert er nach einer bestimmten Zeit wegen Verwirkung seinen Anspruch gegenüber dem Inhaber der verletzenden Marke.

6. Ausstattung

Ausstattungen müssen nicht neu sein. Sie müssen zwar auf ältere Firmen, Marken und Ausstattungen Rücksicht nehmen, doch ist es den Inhabern der älteren Rechte überlassen, sich bei einer Verletzung zur Wehr zu setzen. Verzichten sie darauf, darf sich kein Dritter als Wahrer ihrer Rechte aufspielen[1780]. Ein jüngerer Verletzer kann somit die Einrede, die verletzte Ausstattung verletze ihrerseits wiederum noch ältere Rechte Dritter und sei daher schutzlos, nicht geltend machen. Er kann sich höchstens darauf berufen, dass der verletzten Ausstattung wegen des Vorbestehens anderer ähnlicher Ausstattungen keine Kennzeichnungskraft mehr innewohne.

7. Muster

Ein Muster muss zur Zeit der Hinterlegung neu sein. Es darf weder dem schweizerischen Publikum noch den beteiligten schweizerischen Verkehrskreisen bekannt sein (so genannte formelle Neuheit). Die Neuheit kann zurzeit auch noch durch eigene Massnahmen zerstört werden, indem mit der Werbung und dem Verkauf begonnen wird, bevor die Hinterlegung erfolgt ist. Neuheitsschädlich ist jede Offenlegung, welche ein eingehendes Studium des Musters oder Modells und damit seine Nachahmung ermöglicht. Das kurze Vorführen eines Modells neben vielen anderen in einer Modeschau ist kaum neuheitsschädlich, wohl aber das Ausstellen eines Modells in einem Schaufenster oder die Publikation einer Abbildung in einem Prospekt[1781]. Das Bundesgericht hat dabei als neuheitsschädlich nur das bekannt Werden in der Schweiz behandelt und sich so zum Grundsatz der territorial beschränkten Neuheit bekannt[1782]. Das Muster muss – wie auch eine Erfindung – objektiv neu sein. Selbst wenn ein Urheber das von ihm geschaffene Muster in guten Treuen für neu hält, es aber vielleicht in anderen Landesteilen schon bekannt ist, kann ein Schutz nicht gewährt werden.

Darüber hinaus fehlt die Neuheit, wenn das Vorbild zwar nur im Ausland bekannt geworden, aber dort vom schweizerischen Hinterleger kopiert worden ist (subjektive Neuheit). Solch unlauteres Vorgehen wird sich freilich nur selten nachweisen lassen.

Das Eidg. Institut für Geistiges Eigentum verweigert die Hinterlegung von Mustern und Modellen, die offensichtlich nicht neu sind, genauso wenig wie die Eintragung von Kennzeichen, welche identisch sind mit anderen, bereits eingetragenen Marken. Das Institut ist nicht einmal in der Lage, unter den bereits hinterlegten Mustern und Modellen eine Ähnlichkeitsrecherche durchzuführen. Die Hinterlegung von Mustern und Modellen geschieht somit auf das ausschliessliche Risiko des Hinterlegers. Da ein Muster oder Modell

---

[1780] BGE 95/1969 II 199: Tobler Mint.
[1781] BGE 57/1931 II 379: Stickereimuster.
[1782] BGE 59/1933 II 199: Stickereimuster II.

von Gesetzes wegen neu sein muss, kann diese Bedingung in jedem Verletzungsprozess erneut in Frage gestellt werden. Dabei dürfen irgendwelche in der Schweiz bekannt gewordene neuheitsschädliche Veröffentlichungen geltend gemacht werden, egal, ob es sich dabei um frühere Publikationen des Verletzten oder eines Dritten handelt.

8. Kunstwerk

Ein künstlerisches Werk muss individuell sein, was voraussetzt, dass es noch nie geschaffen worden und somit neu ist. Man kann indessen nicht sagen, es müsse auf ältere Werke Rücksicht nehmen, denn damit wird unterstellt, dass der Künstler gleichsam eine Lücke im grossen Feld älterer Rechte suchen müsste. Ein schöpferischer Urheber wird sich jedoch nicht von älteren Rechten einschränken lassen, sondern sein Werk seiner Überzeugung gemäss schaffen.

Zeigt es sich, dass eine künstlerische Arbeit ein älteres Werk, ein älteres Muster oder Modell oder eine ältere Bild- oder Formmarke oder Ausstattung kopiert, so fallen die Neuheit der Arbeit und damit deren Anerkennung und der Schutz als urheberrechtlich schützbares Werk dahin. Die fehlende Neuheit eines Werkes kann von jedem Interessierten geltend gemacht werden, insbesondere auch von einem Plagiator, der vom Urheber der Kopie ins Recht gefasst wird.

F. Die Übertragung von Erinnerungsmitteln der Werbung

Soweit die Mittel der Werbung vermögensrechtliche Werte verkörpern (Marken, Muster, Modelle), können sie ohne weiteres an Dritte übertragen werden.

Auch die Rechte an Kunstwerken (z.B. Etiketten, Plakate) sind nach schweizerischer Rechtsauffassung übertragbar, und der Vertragszweck wird es oft mit sich bringen, dass dem Auftraggeber (z.B. von Firmensigneten, Logos, Werbefeldzügen) die Urheber- und Bearbeitungsrechte stillschweigend abgetreten werden. Selbst wenn eine Drittperson befugt ist, das Werk zu ändern, kann sich der Urheber einer Entstellung des Werks widersetzen, die ihn in seiner Persönlichkeit verletzt[1783].

Die Firmen von Kapitalgesellschaften (namentlich Aktiengesellschaften, Gesellschaften mit beschränkter Haftung, Genossenschaften) und die Namen von Vereinen und Stiftungen sind grundsätzlich nicht übertragbar. Indessen kann auf die Geltendmachung der Rechte aus Firmen- und Namensschutz ganz oder teilweise verzichtet und einem befreundeten Unternehmen gestattet werden, einen ähnlichen oder gar quasi-identischen Namen anzunehmen. Eine firmenrechtliche Priorität wird aber damit nicht überlassen. Eine solche bleibt indessen bestehen, wenn die Körperschaftsrechte (Aktien, GmbH-Anteile) an neue Inhaber veräussert werden oder wenn das Unternehmen im Rahmen einer Fusion in ein anderes eingebracht wird[1784].

Wird eine Einzelfirma oder eine Personengesellschaft von einem Übernehmer übernommen, so darf er mit ausdrücklicher oder stillschweigender Zustimmung der früheren Inhaber die bisherige Firma weiterführen, sofern in einem Zusatz das Nachfolgeverhältnis zum Ausdruck kommt und der oder die neuen Inhaber genannt werden[1785]. Eine entsprechende Zustimmung ist unwiderruflich[1786].

[1783] Art. 11 Abs. 2 Urheberrechtsgesetz (URG, SR 231.1).
[1784] Art. 748 ff. Obligationenrecht (OR, SR 220).
[1785] Art. 953 Abs. 2 Obligationenrecht (OR, SR 220).
[1786] HGer ZH in Mitt. 1984 352: Registrierkassen-Firma.

XVII. Schutz der Werbung

A. Schutz der Kennzeichen

Literatur: Christian *Englert*, Wie ist Schmuck gegen Nachahmung und Nachmachungen zu schützen? Mitt. 1981 20–26; Jörg *Blum,* Schutz der Werbung vor Nachahmung, Bern 1987; François *Besse*, La répression pénale de la contrefaçon en droit suisse, Diss. VD 1989; Lucas *David,* Der Rechtsschutz im Immaterialgüterrecht, 2. Aufl., Basel 1998.

1. Rechtliche Möglichkeiten

a) Allgemeines

Damit die Mittel der Werbung und insbesondere die Kennzeichnungen ihren Zweck erfüllen können, müssen sie vor Nachmachungen und Nachahmungen Dritter geschützt sein. Denn nur wenn sie durch ein Unternehmen allein gebraucht werden, können sie auf dieses hinweisen und damit von Kennzeichen anderer Unternehmen unterschieden werden. Kennzeichen ist alles, was ein Unternehmen, seine Werke, Waren und Leistungen im Sinne eines Zeichens der Betriebsherkunft kennzeichnet und was dieses Unternehmen von den anderen Unternehmen, ihren Waren, Werken und Leistungen unterscheidet.

Dabei geht es nicht nur darum, Firmen von Firmen, Marken von Marken oder Ausstattungen von Ausstattungen zu unterscheiden. Denn eine Wortmarke kann auch mit einer Firma oder einem Domain Namen, eine Bildmarke mit einem urheberrechtlich schützbaren Signet oder eine Ausstattung mit einem Modell kollidieren.

Zeichen werden durch bis zu sechs verschiedene Rechtsbehelfe geschützt. Zur Verfügung stehen der marken- und lauterkeitsrechtliche, der namens- und firmenrechtliche sowie der muster- und urheberrechtliche Schutz. Diese Rechtsbehelfe haben verschiedene zeitliche, örtliche und sachliche Geltungsbereiche; zudem ist auch der Massstab der Unterscheidbarkeit teilweise verschieden. Somit dürfte einleuchtend sein, wie schwierig es ist, den Schutzumfang eines Kennzeichens abzustecken.

b) Anwendbare Institute

Kein einziges Kennzeichen wird durch alle sechs aufgezählten Rechtsbehelfe geschützt. Da ein Name oder eine Firma zu kurz ist, um als Werk der Literatur zu gelten, schliessen sich Urheberrecht einerseits und Namens- und Firmenrecht andererseits gegenseitig aus. Weil zudem das Muster- und Modellrecht auf einer ästhetischen Formgebung beruht, kommt seine Anwendung ebenfalls bei Wortgebilden wie Namen, Firmen und Wortmarken nicht in Frage.

Namensrecht, Urheberrecht, Markenrecht sowie Muster- und Modellrecht schützen ihre Schutzobjekte umfassend gegen jede Beeinträchtigung. So kann sich der Träger eines Namens bei Verletzungen auf Namensrecht berufen, gleichviel, ob er durch einen anderen Namen, eine Marke oder eine Geschäftsbeziehung verletzt wird. Das Urheberrecht gelangt bei jeder Verletzung eines Werks zur Anwendung, werde es nun durch ein anderes Werk, eine Bildmarke, ein Muster oder Modell verletzt. Ein hinterlegtes Muster oder Modell geniesst sodann den Schutz des Muster- und Modellgesetzes, unabhängig davon, ob der verletzende Gegenstand seinerseits als Muster oder Modell hinterlegt worden ist oder nicht. Ebenso verleiht das Markenschutzgesetz Schutz gegen jede Verwendung eines verwechselbaren Zeichens im geschäftlichen Verkehr, sei es auf Waren, für Dienstleistungen, in der Werbung oder auf Geschäftspapieren.

Demgegenüber will das Firmenrecht die eingetragene Handelsfirma nur gegen Verletzungen durch andere Firmen oder firmenmässig gebrauchte Zeichen schützen. Es findet keine Anwendung bei Verletzungen durch Wortmarken und Geschäftsbezeichnungen.

Eine Mittelstellung nimmt schliesslich das Lauterkeitsrecht ein. Es will sämtliche gewerbliche Kennzeichen gegen irgendwelche Verletzungen schützen, egal ob diese durch gleichartige oder andere Kennzeichen verletzt werden. Es kann also nicht nur bei Verletzungen von Ausstattungen durch andere Ausstattungen angerufen werden, sondern bei allen Verletzungen durch irgendwelche andere Firmen, Enseignes, Marken, Titel, Slogans, Muster usw. Im Rahmen seines sachlichen Schutzumfanges bietet es somit umfassenden Schutz gegen alle möglichen Verwechslungsfälle.

Gestützt auf diese Typologie kann die nachfolgende Charakteristik zusammengestellt werden.

c) Geschäftsbezeichnungen, Namen

Literatur: Hermann *Aisslinger*, Der Namensschutz nach Art. 29 ZGB, Diss. ZH 1948; Fritz *Künzler*, Der Schutz der Persönlichkeit nach Art. 27 ZGB (Der Grundsatz der Unveräusserlichkeit der Persönlichkeit), Diss. ZH 1951; Alois *Troller*, Der Schutz des ausländischen Handelsnamens in der Schweiz, GRUR Int. 1957 336–342; Walter *Stöckli*, Der Schutz des ausländischen Handelsnamens in der Schweiz auf Grund der Pariser Verbandsübereinkunft von 1883, Diss. ZH 1958; René *Couchepin*, Personenfirmen und Verwechslungsgefahr, SAG 30/1958 198–199; Peter *Jaeggi*, Fragen des privatrechtlichen Schutzes der Persönlichkeit, ZSR 79/1960 II 133a–261a; Pierre Jean *Pointet*, Der internationale Schutz des berühmten Handelsnamens, GRUR Ausl. 1961 393–403; Daniel *Lack*, Privatrechtlicher Namensschutz, Diss. BE 1992.

Die im Handelsregister eingetragene Geschäftsfirma wird gegen Verletzungen durch andere Firmen durch das Firmenrecht[1787] geschützt. Gegenstand des Firmenschutzes sind nur die Geschäftsfirmen im Sinne des 31. Titels des Obligationenrechtes, nämlich die im Handelsregister eingetragenen und im Schweizerischen Handelsamtsblatt (SHAB) veröffentlichten Firmen von einzelnen Geschäftsinhabern, Handelsgesellschaften, Kapitalgesellschaften und Genossenschaften[1788]. Steht die verletzende Firma zudem im Wettbewerb mit der verletzten, kommt auch das Lauterkeitsrecht zur Anwendung[1789]. Bei Verletzungen einer eingetragenen Geschäftsfirma durch eingetragene oder nicht eingetragene Marken, Domain Namen und Enseignes kann das Namensrecht[1790] und unter Umständen auch das Lauterkeitsrecht angerufen werden[1791].

Vereine, Stiftungen sowie andere Unternehmen mit ideellem Zweck können sich nicht auf das Firmenrecht berufen, selbst wenn sie im Handelsregister eingetragen sind[1792]. Bei deren Verletzungen gelangt somit nicht das Firmenrecht, sondern das Namensrecht zur Anwendung[1793]. Auch das Lauterkeitsrecht kann von ihnen gewöhnlich nicht angerufen werden, da es eine wirt-

---

[1787] Art. 944 ff. Obligationenrecht (OR, SR 220).
[1788] Art. 956 Obligationenrecht (OR, SR 220).
[1789] Art. 946 Abs. 3 Obligationenrecht (OR, SR 220); Art. 1 Abs. 2 lit. d UWG; BGE 74/1948 II 242: Wollenhof, 79/1953 II 189 : de Trey.
[1790] BGE 44/1918 II 86: Ampère, 80/1954 II 140: Fiducia, 87/1961 II 111: Narok; HGer BE in ZBJV 84/1948 223: Therma; OGer BL in BJM 1960 81: Solis; OGer ZH in ZR 78/1979 Nr. 32; X-Versand.
[1791] BGE 63/1937 II 76: Vimi-Néon; HGer BE in ZBJV 86/1950 83: Carbonia; Sj 70/1948 478: Indeco.
[1792] BGE 34/1908 II 114: Loge Daheim, 80/1954 II 284: F.A.S./F.S.A., 83/1957 II 254: Apostolische Gemeinde, 102/1976 II 165: Otto Nägeli Stiftung.
[1793] BGE 83/1957 II 255: Apostolische Gemeinde, 90/1964 II 199: Mondia, 463: Gotthard-Bund.

schaftliche Tätigkeit voraussetzt und eine solche fehlt, wenn ein Unternehmen kein Geschäft betreibt und sein Zweck ideeller, nicht wirtschaftlicher Natur ist[1794].

Gelegentlich treten Teile eines Unternehmens unter einem besonderen Schlagwort (Geschäftsbezeichnung) auf, das im Handelsregister nicht eingetragen wird[1795]. Auch im Ausland domizilierte Unternehmen sind im schweizerischen Handelsregister in der Regel nicht eingetragen. In diesen Fällen gelangt bei Verletzungen das Namensrecht [1796] oder unter Umständen auch das Lauterkeitsrecht zur Anwendung[1797]. Dieses findet auch Anwendung bei Verletzung einer Enseigne[1798].

d) Domain Namen

Literatur: Rolf H. *Weber*, Schutz von Domänennamen im Internet, SJZ 92/1996 405–409; Jann *Six*, Der privatrechtliche Namensschutz von und vor Domänennamen im Internet, Diss. ZH 2000.

Domain Namen sind bereits insofern durch die Technik geschützt, als es unmöglich ist, zweimal den genau gleichen Domain Namen zu vergeben. Durch die Verwendung von Punkten und Bindestrichen können jedoch leicht minimalste Unterschiede geschaffen werden, so dass es ohne weiteres möglich ist, quasi-identische Domain Namen registrieren zu lassen.

Aktive Domain Namen sind grundsätzlich im Rahmen des Lauterkeitsrechts geschützt. Oft entspricht jedoch ihr Hauptbestandteil der Hausmarke oder der Firma des Unternehmens, so dass auch Marken-, Firmen- oder Namensrecht beansprucht werden kann.

e) Kennzeichen, Slogans

Literatur: Caspar *Arquint,* Der Schutz des Slogans nach Marken-, Wettbewerbs- und Urheberrecht, Basel 1958.

[1794] BGE 74/1948 IV 113: Christlicher Metallarbeiterverband der Schweiz, 102/1976 II 171: Otto Nägeli-Stiftung.
[1795] Z.B. eine einer Aktiengesellschaft oder Stiftung gehörende Pension oder Schule.
[1796] BGE 79/1953 II 315: Interchemical, 87/1961 II 47: Quick, 98/1972 II 66: Commerz.
[1797] BGE 98/1972 II 60, 68: Standard Commerz; OGer SZ in Mitt. 1975 117: General Binding Corporation.
[1798] HGer in ZR 44/1945 Nr 140: Apotheke Fluntern, BGE 76/1950 II 91: Cinéac, 81/1955 II 470: Ciné-Studio, 91/1965 II 20: La Résidence; OGer LU in Mitt. 1978 57: Epoca.

Verletzungen von eingetragenen Marken durch andere eingetragene oder nicht eingetragene Zeichen werden durch das Markenschutzgesetz geregelt[1799]. Ergänzend kann auch das Lauterkeitsrecht zur Anwendung kommen, beispielsweise wenn eine Marke herabgesetzt oder als Vorspann benutzt wird. Lauterkeitsrecht kann auch Anwendung finden, falls nicht eingetragene Marken verletzt werden[1800]. Zudem werden Bildmarken sowie Signete und Logos meist auch durch das Urheberrecht geschützt.

f) Ausstattungen

Literatur: Bruno *Becchio,* Der kennzeichnungsrechtliche Schutz von Waren und Verpackungsformen, St. Gallen 1971; Alice *von Ziegler,* Der Schutz der Warenausstattung in der Schweiz, in: FS E. Blum & Co., Bern 1978, 283–302; François *Dessemontet,* La présentation des marchandises, in: FS Joseph Voyame, Lausanne 1989, 73–85; Lucas *David,* Ausstattungsrecht auf neuer Grundlage, AJP 1992 1501–1509; Andreas *Gubler,* Der Ausstattungsschutz nach UWG, Diss. BE 1991.

Ausstattungen finden ihren Schutz wie nicht eingetragene Marken allein im Lauterkeitsrecht[1801]. Nur falls die Ausstattung rechtzeitig als Muster oder Modell hinterlegt worden ist, kann auch das Muster- und Modellrecht angerufen werden. Sollte ihr gar der Charakter eines Kunstwerks zukommen, steht sogar einer Anwendung des Urheberrechts nichts im Wege[1802].

2. Zeitlicher Geltungsbereich

a) Allgemeines

In der Regel stellt sich die Frage des Schutzes nur, wenn zwei ähnliche, aber verschiedenen Inhabern gehörende Zeichen gleichzeitig gebraucht werden. Doch kann auch ein Interesse daran bestehen, ein noch nicht oder nicht mehr gebrauchtes Zeichen zu schützen. Es ist daher zu untersuchen, während welcher Dauer die einzelnen Kennzeichnungsrechte geschützt sind.

Sind zwei Zeichen nicht miteinander vereinbar, hat in der Regel das jüngere dem älteren zu weichen. Jedes Kennzeichen ist dabei gleichwertig, gleichviel, wie es entstanden ist. Die Entstehung durch Registereintrag ist jener

---

[1799] Art. 13 und 55 Markenschutzgesetz (MSchG, SR 232.11).
[1800] BGE 83/1957 IV 199: Expresso.
[1801] BGE 70/1944 II 111: Randstreifen auf Skis, 82/1956 II 350: Mineralwasser-Etiketten, 83/1957 II 160: Blumenhalter.
[1802] BGE 57/1931 I 69: Reklamenzeichnung.

durch Gebrauch durchaus ebenbürtig. Unter Umständen sind aber dem Inhaber des älteren Kennzeichens die Hände gebunden und er muss Verwechslungen tolerieren, nämlich wenn er selbst Anlass zur Vergrösserung der Verwechslungsgefahr gegeben hat. Dies kann dann der Fall sein, wenn er beispielsweise seinen Geschäftssitz verlegt oder seine Geschäftstätigkeit ausgeweitet hat[1803].

Kollisionen zwischen Kennzeichen verschiedenen Ursprungs, wie beispielsweise zwischen Namen oder Firma einerseits und Marken andererseits, dürfen jedoch nicht schematisch entschieden werden, sondern es sind vielmehr alle im Spiel stehenden Interessen gegeneinander abzuwägen. Eine ältere Marke kann sich daher unter Umständen nicht gegen einen jüngeren Domain Namen durchsetzen, wenn dieser auf eine noch ältere Firma zurückgeht[1804].

b) Namensrecht

Das Namensrecht von natürlichen Personen entsteht mit der Geburt und endigt mit dem Tod[1805]. Bei juristischen Personen ist schon gesagt worden, ein Recht am Namen entstehe erst nach Erwerb einer generellen Verkehrsgeltung oder durch nennenswerte Betätigung in der Schweiz[1806]. In vielen anderen Entscheiden wird jedoch die Entstehung des Namensrechts einer juristischen Person nicht näher geprüft, sondern stillschweigend davon ausgegangen, dass das Namensrecht mit ihrer Gründung entstehe[1807].

c) Firmenrecht

Der Schutz aus Firmenrecht beginnt mit der Eintragung der Firma im Handelsregister und endigt mit deren Löschung. Doch kann eine nur vorsorglich eingetragene Firma, die tatsächlich kein Unternehmen betreibt, den Schutz aus Firmenrecht nicht beanspruchen[1808].

Immerhin hat das Bundesgericht früher noch geprüft, ob sich eine aus einer blossen Sachbezeichnung bestehende und damit unoriginelle Firma im Ver-

---

[1803] BGE 85/1959 II 323: Gennheimer; zustimmend Patrick *Troller,* Kollisionen, S. 214.
[1804] BGE 125/1999 III 93 = Praxis 1999 Nr. 133: Rytz.
[1805] Art. 31 Zivilgesetzbuch (ZGB, SR 210).
[1806] BGE 74/1948 II 241: Wollenhof, 76/1950 II 92: Cineac, 79/1953 II 315: Interchemical, 97/1971 II 159: Isola; HGer BE in ZBJV 84/1948 227: Therma.
[1807] Vgl. BGE 90/1964 II 199: Mondia, 463: Gotthard-Bund, 83/1957 II 255: Apostolische Gemeinde.
[1808] BGE 93/1967 II 258: Möbel- und Teppich-Discount-Haus AG.

kehr durchgesetzt und Verkehrsgeltung erlangt habe[1809]. Doch hat es, ohne seine Praxis ausdrücklich zu ändern, später auf die Erfordernisse von Originalität oder Verkehrsgeltung verzichtet und den Beginn des Firmenschutzes allein von der Eintragung im Register abhängig gemacht[1810].

d) Markenrecht

Das Markenrecht entsteht erst mit der Eintragung der Marke im Markenregister[1811], doch wirkt es auf den Zeitpunkt der Hinterlegung oder der beanspruchten Priorität zurück.

Das Markenrecht kann nicht gegenüber solchen Zeichen geltend gemacht werden, die zwar älter als die Marke sind, aber aus irgendeinem Grunde nicht oder erst später eingetragen worden sind[1812].

Das Markenrecht geht fünf Jahre nach der Aufgabe des markenmässigen Gebrauchs unter, es wäre denn, der Markeninhaber könne die Unterlassung des Gebrauches hinreichend rechtfertigen[1813]. Solche Rechtfertigungsgründe können geltend gemacht werden, wenn der Markeninhaber ohne eigenes Verschulden vorübergehend daran gehindert wird, die Marke zu benützen. So sind anerkannt worden die Enteignung des Geschäftes[1814] wie überhaupt Kriegs- und Nachkriegsverhältnisse[1815] oder ernsthafte Angriffe und Verwarnungen Dritter[1816].

e) Lauterkeitsrecht

Der Schutz des Lauterkeitsrechts entsteht durch den Gebrauch von genügender Nachhaltigkeit. Entsprechend geniessen nicht aktive Domain Namen (noch) keinen Schutz; dieser entsteht frühestens mit dessen Aktivierung. Nach ständiger Rechtsprechung des Bundesgerichtes ist Voraussetzung des lauterkeitsrechtlichen Schutzes eines Zeichens, dass dieses in der Schweiz bekannt ist, sei es, dass es hier in nennenswertem Umfange gebraucht wird,

---

[1809] BGE 82/ 1956 II 342: Eisen und Metall AG.
[1810] BGE 94/1968 II 128: Filtro SA, 100/1974 II 225: Aussenhandel AG.
[1811] Art. 5 Markenschutzgesetz (MSchG, SR 232.11).
[1812] Art. 14 MSchG (Fn 1811).
[1813] Art. 12 Abs. 1 MSchG (Fn 1811).
[1814] BGE 83/1957 II 330: Koh-i-nor.
[1815] BGer in Mitt. 1974 128: Columbus.
[1816] BGE 101/1975 II 301: Efasit.

oder sei es wegen seiner Notorietät[1817]. In diesem Zusammenhang hat das Bundesgericht einen mit der Schweiz getätigten Jahresumsatz von rund CHF 40'000 (1945) als nennenswert bezeichnet[1818].

Bei Gebrauchsaufgabe hat das Bundesgericht früher eine Karenzfrist von drei Jahren toleriert[1819]. Diese Rechtsprechung ist aber mit dem Hinweis darauf kritisiert worden, dass sich die analoge Anwendung der markenrechtlichen Grundsätze auf das Lauterkeitsrecht nicht aufdränge und das Recht mit Gebrauchsaufgabe untergehe[1820]. Demgegenüber sieht die schweizerische Überwachungskommission gar eine Karenzfrist von fünf Jahren vor[1821].

3. Örtlicher Geltungsbereich

a) Vorbemerkung

Die örtlichen Schutzbereiche der verschiedenen Rechtsinstitute sind stark verschieden und zum Teil nicht restlos geklärt. Dies kompliziert deren Anwendung.

b) Firmenrecht

Die Firmen von Aktiengesellschaften und Genossenschaften sowie die bei der Gesellschaft mit beschränkter Haftung ohne Personennamen gebildeten Firmen müssen sich von jeder in der Schweiz bereits eingetragenen Firma unterscheiden[1822]. Dies gilt insbesondere auch gegenüber Einzelfirmen und Personengesellschaften[1823]. Demgegenüber geniessen die Einzelfirmen und

---

[1817] BGE 79/1953 II 314: Interchemical, 90/1964 II 199: Mondia, 320: Elin, 98/1972 II 62: Commerzbank.
[1818] BGer in Mitt. 1956 201: Chemosan; heute würden dies ca. CHF 200'000 entsprechen.
[1819] BGE 93/1967 II 50: Garvey, 96/1970 II 407: Men's Club.
[1820] *Schluep,* Das Markenrecht als subjektives Recht, S. 176; *Pfenninger,* Schutz und Standort der Ausstattung, S. 80; vgl. OGer LU in SJZ 54/1958 290 Nr. 154: Untergang nach ca. einem Jahr.
[1821] Grundsatz Nr. 3.7 der Schweiz. Lauterkeitskommission betr. Nachahmung werblicher Gestaltungen.
[1822] Art. 951 Abs. 2 Obligationenrecht (OR, SR 220).
[1823] HGer SG in SAG 45/1973 49 = SJZ 68/1972 378 Nr. 241: Kollektivgesellschaftsfirma; a.M. anscheinend HGer BE in ZBJV 86/1950 79: Omega/Zemoga, der dies nur bei Sitz in der nämlichen Ortschaft anzunehmen scheint.

die Firmen von Kollektiv-, Kommandit- und Kommanditaktiengesellschaften sowie von Gesellschaften mit beschränkter Haftung, deren Firmen mit Personennamen gebildet worden sind, unter sich Schutz nur am gleichen Ort[1824]. Gegenüber Aktiengesellschaften, Genossenschaften und den Gesellschaften mit beschränkter Haftung, deren Firmen ohne Personennamen gebildet worden sind, können sie sich aber in der ganzen Schweiz auf den Firmenschutz berufen[1825]. Der Ausdruck Ort ist nicht identisch mit Gemeinde, sondern umfasst nur die unter einem einheitlichen Ortsnamen zusammengefasste Häusergruppe oder Agglomeration.

c) Markenrecht

Der Eintrag einer Marke ins Markenregister beim Eidg. Institut für Geistiges Eigentum hat Wirkung für die ganze Schweiz. Markenrechte dürfen auf dem ganzen schweizerischen Staatsgebiet nicht verletzt werden, auch nicht in Zollausschlussgebieten (z.B. Samnaun) und Zollfreilagern. Dass auch Letztere zum schweizerischen Staatsgebiet zu zählen sind, ist für das Patentrecht ausdrücklich bejaht worden[1826].

d) Lauterkeits- und Namensrecht

Der Schutz eines lauterkeitsrechtlich geschützten Zeichens reicht nur so weit, als es bekannt ist und Verkehrsgeltung erlangt hat. Wer seine Ausstattung nur lokal braucht, kann sich nicht dagegen zur Wehr setzen, dass sie in einem anderen Landesteil von Dritten nachgemacht wird. Der Schutz aus Lauterkeitsrecht ist daher räumlich begrenzt. Er kann, muss aber nicht mit den Landesgrenzen übereinstimmen[1827]. Er reicht so weit, als die Ausstattung notorisch ist oder in nennenswertem Umfange gebraucht wird[1828].

Ähnliche Überlegungen müssen für das Namensrecht gelten. Dieses ist zwar wie das Persönlichkeitsrecht überhaupt nicht territorial begrenzt. Doch geht das Interesse eines Namensträgers, seinen Namen zu schützen, nur so weit,

---

[1824] Art. 946, 951 Abs. 1 Obligationenrecht (OR, SR 220).
[1825] HGer SG in SAG 45/1973 49 = SJZ 68/1972 378 Nr. 241: Kollektivgesellschaftsfirma.
[1826] BGE 92/1966 II 298: Patentrecht, 110/1984 IV 108: Lacoste.
[1827] BGE 76/1950 II 92: Cinéac, 88 II 32: Bûcheron.
[1828] BGE 90/1964 II 199 = GRUR Int. 1966 95: Mondia, BGE 90/1964 II 315 = GRUR Int. 1965 513: Elin, BGE 98/1972 II 62: Commerzbank; BGer in Mitt. 1956 200: Chemosan.

als dieser Name überhaupt gebraucht wird und anerkannt ist[1829]. Auf den Schutz aus schweizerischem Namensrecht kann sich daher nur derjenige berufen, dessen Geschäftstätigkeit in der Schweiz liegt und der sich hier durch nennenswerte Betätigung ein Gebrauchsrecht an seinem Namen erworben hat[1830].

4. Sachlicher Geltungsbereich

a) Firmenrecht

Das Firmenrecht kennt grundsätzlich keine sachliche Beschränkung. Es will ja nicht nur vor Irrtümern im brancheninternen Wettbewerb schützen, sondern auch generell vor Verwechslungen bewahren und das Publikum vor Irreführungen schützen. Zu diesem Publikum zählen neben den Geschäftskunden auch Stellensuchende, Banken, Behörden und öffentliche Dienste[1831]. Ein konkretes Interesse an der Inanspruchnahme des Firmenschutzes braucht nicht dargetan zu werden; es genügt die abstrakte Verwechslungsgefahr.

b) Namensrecht

Der Namensträger geniesst vorerst Schutz gegen Verwechslungen[1832], darüber hinaus aber auch Schutz dagegen, dass er in Beziehungen hineingestellt wird, die er ablehnt und vernünftigerweise ablehnen darf. Er muss es sich nicht gefallen lassen, dass sein Name verwendet wird, um eine Sphäre zu decken, die nicht die seine ist. Dies kann auch dann der Fall sein, wenn eine Verwechslungsgefahr von vornherein ausgeschlossen werden kann, aber wegen des gleichen Namens dennoch Assoziationen hergestellt werden. Das schutzwürdige Interesse des Klägers am Schutz des eigenen Namens muss daher in jedem Falle konkret dargetan werden.

[1829] BGE 64/1938 II 251: Wollen-Keller.
[1830] BGE 79/1953 II 315: Interchemical, 90/1964 II 320: Elin.
[1831] BGE 92/1966 II 99: Pavag, 93/1967 II 44: Rubinstein, 97/1971 II 155: Isola, 237: Intershop, 100/1974 II 226: Aussenhandel, 118/1992 II 322 E.1: Fertrans; BGer in sic! 1997 70: Integra.
[1832] BGE 80/1954 II 145: Fiducia, 102/1976 II 166: Otto Naegeli-Stiftung.

c) **Kasuistik zum Namensrecht**

In der Praxis sind folgende Beeinträchtigungen als genügend anerkannt worden:
- wenn ein Kaufmann eine Enseigne wählt, die mit der Firma einer Aktiengesellschaft verwechselt werden kann (BGE 63/1937 II 76: Vimi-Néon SA / Lumi-Néon);
- wenn der Name einer unbekannten Gemeinde durch einen zeichnenden Redaktor geführt wird (BGE 72/1946 II 150: Surava);
- wenn der Firmenname einer Fabrik für elektrische Heizapparate zur Bezeichnung von Bodenwichse usw. verwendet wird (HGer BE in ZBJV 84/1948 227: Therma);
- wenn der Name einer Treuhandgesellschaft als Titel einer Fachzeitschrift für Bücherexperten verwendet wird (BGE 80/1954 II 145: Fiducia);
- wenn ein Berufsverband eine Kurzbezeichnung wählt, die mit der Kurzbezeichnung eines anderen Verbandes gleicher Zielsetzung leicht verwechselt werden kann (BGE 80/1954 II 286: F.A.S.);
- wenn eine FKK-Zeitschrift als Titel den Namen einer Apparatefabrik verwendet (OGer BL in BJM 1960 81: Solis);
- wenn die Firma eines Kaffeeversandgeschäftes zur Bezeichnung von Kaffeemühlen und Haushaltgeräten verwendet wird (BGE 87/1961 II 111: Narok);
- wenn Parfums nach dem Namen einer bekannten Sängerin benannt werden (BGE 92/1966 II 309: Sheila);
- wenn ein seltener Familienname in die Firma einer Aktiengesellschaft aufgenommen wird, mit der er nichts zu tun hat (ZivGer BS in BJM 1973 136: Crea).

Indessen wurde die Verletzung der Persönlichkeit verneint, obwohl ein eher seltener Familienname in die Geschäftsbezeichnung eines fremden Antiquitätengeschäftes übernommen wurde, dieser Familienname aber auch der Name einer allseits bekannten biblischen Gestalt war[1833].

d) **Markenrecht**

Literatur: Adrian *Zimmerli,* Der markenrechtlich erforderliche Zeichen- und Warenabstand, Diss. 1975; Adrian *Zimmerli,* Zeichengleichartigkeit, Warengleichartigkeit und Wechselwirkung bei Markenkollisionen, in FS E. Blum & Co., Bern 1978, S. 263–282;

[1833] BGE 102/1976 II 308: Abraham.

Eugène *Brunner*/Laura *Hunziker*, Die Verwechslungsgefahr von Marken und das erhöhte Rechtsschutzbedürfnis des Markeninhabers im Marketing, in: Marke und Marketing, Bern 1990, S. 325–353; Gallus *Joller*, Verwechslungsgefahr im Kennzeichenrecht, Diss. SG, Bern 2000.

Marken brauchen sich nicht voneinander zu unterscheiden, wenn die Waren oder Dienstleistungen, für welche die Marken bestimmt sind, nicht gleich oder nicht gleichartig sind[1834]. Diese Regelung ist umfassender als der weiter unten darzustellende sachliche Geltungsbereich des Lauterkeitsrechts. Während wohl kaum zweifelhaft ist, dass sich Lebensmittelproduzenten und Fabrikanten von elektrischen Haushaltgeräten gegenseitig nicht beeinträchtigen, hat das Bundesgericht nichtsdestoweniger erkannt, dass zwischen Kaffee und elektrischen Kaffeemühlen keine gänzliche Warenverschiedenheit gemäss MSchG vorliege[1835].

Entscheidend für das Vorliegen einer Warengleichartigkeit ist die Auffassung der Endverbraucher. Können sie auf den Gedanken kommen, die mit der nachgemachten oder nachgeahmten Marke versehenen Güter würden von ein und derselben Firma hergestellt oder vertrieben, liegt keine gänzliche Warengleichartigkeit vor[1836]. Dies gilt auch für begleitende Marken[1837]. Warengleichartigkeit wird um so eher angenommen, je mehr die in Frage stehenden Marken einander gleichen; bei vollständiger Übereinstimmung der Marken ist Strenge ganz besonders am Platze[1838]. Bei berühmten Marken kommt es auf den Warenabstand überhaupt nicht mehr an, da bei solchen vom Publikum besonders rasch angenommen wird, deren Inhaber nütze den Ruf der Marke auch auf anderen Sektoren aus[1839].

Das Verbot, verwechselbare Marken für gleichartige Waren zu verwenden, soll ganz allgemein dazu dienen, Irrtümer zu vermeiden. Dieser Irrtum kann, muss aber nicht darin bestehen, dass die mit der verwechselbaren Marke versehene, aber gleichartige Ware dem Hersteller oder Händler der älteren Marke zugeschrieben wird. Es ist aber denkbar, dass auch andere Beziehungen als gemeinsame Herstellung oder gleiche Handelsquelle vermutet werden. Ein Irrtum kann auch dann vorliegen, wenn zwar die verschiedene Betriebsherkunft der mit gleicher oder ähnlicher Marke versehenen Ware sofort erkannt wird, aber wegen der gleich lautenden Benennung die Vermutung

---

[1834] Art. 3 Abs. 1 lit. c Markenschutzgesetz (MSchG, Fn 1811).
[1835] BGE 87/1961 II 108: Narok.
[1836] BGE 119/1993 II 473 E.2a: Radion/Radomat, 123/1997 III 190: Tattoo.
[1837] HGer BE in SJZ 63/1967 9 Nr. 2: Lycra; vgl. Georg *Krneta*, Zur Frage der Warengleichartigkeit bei begleitenden Marken, SJZ 66/1970, S. 265–268.
[1838] BGE 84/1958 II 319: Compactus, 87/1961 II 110: Narok.
[1839] Art. 15 Markenschutzgesetz (MSchG, Fn 1811).

aufkommt, die Produkte seien aufeinander abgestimmt. Dies ist vor allem dann der Fall, wenn die Waren der Befriedigung der gleichen Bedürfnisse, wenn auch nur mittelbar, dienen, liegt doch der Gedanke nahe, dass ein und derselbe Geschäftsinhaber ein bestimmtes Bedürfnis seiner Kundschaft auf möglichst umfassende Art zu befriedigen sucht oder dass Fabrikanten bestimmtes Zubehör als besonders passend auszeichnen. Gleichartig sind daher z.B. auch Waschmaschinen und Waschmittel, Fruchtbonbons und frische Früchte, chemisch und mechanisch wirkende Entkrustungsmittel, Autowerkzeuge und Autopflegemittel, Treibstoffe und Motorfahrzeuge usw.

So genannte Weltmarken oder berühmte Marken verdienen Schutz auch ausserhalb des Gleichartigkeitsbereichs, wenn deren Gebrauch durch Dritte die Unterscheidungskraft der Marke gefährdet oder deren Ruf ausnützt oder beeinträchtigt[1840]. Berühmte Marken werden gerne als Vorspann für eigene Leistungen benutzt (der Rolls Royce unter den Fahrrädern), und der Verbraucher nimmt beim Erblicken einer solchen auf völlig andersartigen Waren besonders schnell an, er stehe nunmehr einer weiteren Diversifikation oder Lizenzvergabe der berühmten Marke gegenüber.

e) **Kasuistik zum Markenrecht**

Als ihrer Natur nach gleichartige Waren oder Dienstleistungen haben die Gerichte beispielsweise angesehen:
- pharmazeutische Produkte / Desinfektionsmittel (BGE 76/1950 II 394);
- Heizkissen / Höhensonnen (BGE 77/1951 II 331);
- Herrenkleider / Regenmäntel (HGer SG in SJZ 54/1958 206 Nr. 129);
- Kaffee / Kaffeemühlen (BGE 87/1961 II 108);
- Papier / Folien und Verpackungen (BGE 91/1965 II 14);
- synthetischer Hüllstoff / Papier (BGE 92/1966 II 273);
- Textilerzeugnisse / Bekleidungsartikel (BGE 93/1967 II 424);
- Umstandskleider / Bébéartikel (BGer in Mitt. 1971 177);
- Brillen / Mode- und Prestigeartikel wie Seifen, Parfümerien, Uhren, Schmuckwaren, Schirme (RKGE in SMI 1995, 311: Bally/Sali);
- Filme / fotografische, optische und kinematografische Geräte (RKGE in SMI 1996 338 = PMMBl 1996 I 68);
- Kleider / Uhren (RKGE in sic! 1997, 163: Charles Vögele);
- Parfums / Kleider (BGE 123/1997 III 189: Tattoo);

[1840] Art. 15 Abs. 1 Markenschutzgesetz (Fn 1811).

- Bandagen, Verbände / Produkte zur Hygiene und zur Behandlung von Verunreinigungen der Haut (BGer in sic! 1997, 480);
- Körperpflegemittel / Pharmazeutika (RKGE in sic! 1997, 298);
- Metzgermesser / Schleifgeräte (RKGE in sic! 1999, 276);
- Bettwaren, Matratzen / Bettdecken, Duvet-Bezüge, Vorhänge und Tischtücher (RKGE in sic! 1999, 566);
- Heimtextilien / Taschentücher (RKGE in sic! 1999, 566);
- Reisebüro / Fluggesellschaft (HGer ZH in sic! 2000 602).

Ihrer Natur nach gänzlich verschieden haben die Gerichte beurteilt:
- Setzmaschinen / Buchhaltungsformulare (BGE 56/1930 II 466);
- diätetische Nährmittel / pharmazeutische und kosmetische Produkte (BGE 62/1936 II 64);
- Kaffee / Hustenbonbons (BGE 65/1939 II 207);
- Seife / Schleif- und Läppscheiben (BGE 72/1944 II 136);
- Eisenwaren, Haushaltungsgegenstände / elektrische Rasierapparate (BGE 70/1944 II 248);
- gefaltete Tageszeitungen / geheftete illustrierte Zeitschriften (BGE 87/1961 II 43);
- Genussmittel / Sardinen (BGE 99/1973 II 120);
- orthopädische Schuherzeugnisse / Latex, Kautschuk (RKGE in sic! 1997 569).

f) Lauterkeitsrecht

Literatur: Patrick *Troller*, Zur Erheblichkeit der «post sale confusion» bei der Prüfung der Verwechslungsgefahr nach Art. 3 lit. d UWG, SJZ 88/1992 332–335; Jeannette K. *Wibmer*, Rechtsschutz von Produktausstattungen in Europa, Diss. ZH 1996; Andreas *Jenny*, Die Nachahmungsfreiheit, Diss. ZH 1997.

Der Schutz des Lauterkeitsrechts kann nur durch Betroffene in Anspruch genommen werden. Betroffen ist, wer durch unlauteren Wettbewerb in seiner Kundschaft, seinem Kredit oder beruflichen Ansehen, in seinem Geschäftsbetrieb oder sonst in seinen wirtschaftlichen Interessen bedroht oder verletzt ist[1841]. Dies ist nicht nur dann der Fall, wenn sich Unternehmen im Kampf um Marktanteile gegenseitig stören, sondern auch dann, wenn sich unbeteiligte Dritte in den Wettbewerb einmischen und bestimmte Waren oder

---

[1841] Art. 9 Abs. 1 UWG.

Dienstleistungen in unlauterer Weise empfehlen oder herabsetzen. Störungen im Wettbewerb sind schon dann möglich, wenn sich Anbieter um die gleichen Budgetposten der Abnehmer streiten. Es kommt demnach auf die Bedürfnisse der Abnehmer an, unter Einschluss der Substitutionsmöglichkeiten. Wer den Durst stillen will, kann dies sowohl mit alkoholischen oder alkoholfreien Getränken tun; wer sich gegen Regen schützen will, hat die Wahl zwischen Regenschirm und Regenmantel. Auf die Vertriebsart kommt es nicht an, denn wer Kosmetika benötigt, kann diese sowohl unter der Haustüre, im Warenhaus oder im Fachgeschäft kaufen. Es kommt auch nicht auf die gleiche Wirtschaftsstufe an, weil sich sowohl Fabrikant, Grossist und Detaillist gleichermassen um die Gunst des Letztabnehmers bewerben.

g) Kasuistik zum Lauterkeitsrecht

In der Praxis wurde anerkannt, dass sich die folgenden Tätigkeiten gegenseitig beeinträchtigen können:

- Fabrikantin von Heizkissen / Fabrikantin von Quarzlampen (HGer ZH in ZR 55/1956 Nr. 58);
- Uhrenfabrik / Handelsvertretung für Uhren (BGE 90/1964 II 195);
- Herstellerin von Elektromotoren / Einkäuferin von elektrotechnischen Erzeugnissen (BGE 90/1964 II 323);
- Herstellerin von Fettkreiden / Holdinggesellschaft zur Verwaltung und Finanzierung von Betrieben, die sich mit der Fabrikation von und dem Handel mit Farben befassen (HGer SG in SJZ 64/1968 138 Nr. 92);
- Reisebüro, zu einem Warenhaus gehörig / Textilversandhaus (BGE 111/1985 II 510: Sonnenzeichen, kritisiert in ZBJV 123/1987 261);
- Juwelier / Parfumfabrikant (SMI 1988 198: Parfums Bulgari);
- Veranstalter von Messen für Büro- und Informationstechnik / Händler mit Produkten der Büroorganisation und Informationstechnik (BGE 114/1988 II 109: CeBit);
- Amerikanischer Filmhersteller und -verleiher / schweizerisches Versandhaus, das bespielte Videokassetten vertreibt (SMI 1988 224: Orion).

5. Der Massstab der Verwechselbarkeit

Literatur: Christa *Tobler*, Tauglichkeitsanalyse der Unterscheidungskriterien im Markenrecht, Diss. ZH, Basel 1990; Gallus *Joller*, Verwechslungsgefahr im Kennzeichenrecht, Diss. SG, BE 2000.

Dritter Teil: Schutz der Werbung

a) Vorbemerkung

Es genügt nicht, den Umfang eines Schutzrechtes zeitlich, örtlich und sachlich abzustecken. Vor allem interessiert den Träger des Rechtes, bis zu welchem Mass sich ein allfälliger Verletzer an sein Recht anlehnen kann. Es ist daher zu untersuchen, nach welchem Massstab die Verwechslungsgefahr zu beurteilen ist.

Markenrecht und Lauterkeitsrecht wollen ausdrücklich das Entstehen einer Verwechslungsgefahr verhindern[1842]. Demgegenüber wird im Namensrecht kein gesetzlicher Massstab angegeben, wie stark sich zwei Namen voneinander zu unterscheiden hätten; untersagt wird lediglich die Beeinträchtigung oder Verletzung der persönlichen Verhältnisse, ohne im Einzelnen zu definieren, wann eine solche eintritt[1843]. Da jedoch das Firmenrecht einen Bestandteil des Persönlichkeitsrechtes bildet, lassen sich hier gewisse Hinweise gewinnen, was als Verletzung zu betrachten ist, wird doch im Firmenrecht verlangt, dass sich zwei Firmen deutlich zu unterscheiden hätten[1844].

Massgebend für die Beurteilung einer möglichen Verwechslungsgefahr im Kennzeichenrecht ist nicht das Resultat eines gleichzeitigen Vergleiches, sondern allein das Erinnerungsbild des Adressaten[1845]. Der Vergleich hat somit vom Erinnerungsbild, welches das verletzte Zeichen zurücklässt, und andererseits vom beanstandeten Zeichen, wie es sich dem Abnehmer präsentiert, auszugehen. Massgebend ist der Eindruck, den die sich gegenüberstehenden Kennzeichen als Ganzes hinterlassen[1846]. Abzustellen ist somit auf den Gesamteindruck, und es dürfen nicht die einzelnen Teile nach Verschiedenheiten abgesucht werden.

Bei eingetragenen Marken und Firmen beurteilt sich der Gesamteindruck allein nach dem Eintrag im Register. Allfällige, im Register nicht eingetragene Zusätze dürfen nicht berücksichtigt werden; auch ein von der Eintragung abweichender Gebrauch fällt ausser Betracht und kann nur bei der Beurteilung nach Lauterkeitsrecht berücksichtigt werden, da es hier allein auf den tatsächlichen Gebrauch ankommt.

Nach der neuesten Rechtsprechung des Bundesgerichts ist der Begriff der Verwechslungsgefahr für den Bereich des gesamten Kennzeichenrechts ein

---

[1842] Art. 3 Abs. 1 lit. c Markenschutzgesetz (Fn 1811), Art. 3 lit. d UWG.
[1843] Art. 28, 29 Zivilgesetzbuch (ZGB, SR 210).
[1844] Art. 946 Abs. 2, 951 Abs. 2 Obligationenrecht (OR, SR 220).
[1845] BGE 96/1970 II 404: Men's Club, 103/1977 II 213: Choco-Dragées, 117/1991 II 326: Valser, 119/1993 II 475: Radion.
[1846] BGE 98/1972 II 141.

einheitlicher, weshalb die Ähnlichkeit zweier Zeichen nach allen anwendbaren Rechten (Markenrecht, Lauterkeitsrecht, Firmenrecht, Namensrecht) gleich beurteilt werden müsse[1847].

b) Massgebliche Verkehrskreise

Zu fragen ist in erster Linie, ob zwei Kennzeichen von denjenigen Personen, die diesen Zeichen begegnen, auseinander gehalten werden können. Soweit es sich um Zeichen handelt, die Waren oder Dienstleistungen kennzeichnen, ist auf das Unterscheidungsvermögen des aufmerksamen Abnehmers abzustellen[1848] und nicht auf dasjenige des oberflächlichen und unaufmerksamen Durchschnittskäufers. Richten sich die Zeichen ausschliesslich oder vorwiegend an Fachkreise, so dürfen besonders hohe Anforderungen an die Aufmerksamkeit gestellt werden[1849]. Verwechslungsgefahr bedeutet nicht schon die bloss entfernte Möglichkeit einer Verwechslung, sondern setzt voraus, dass der Durchschnittskonsument wahrscheinlich einer Verwechslung unterliegt[1850].

Anders als die Namen von Produkten richten sich die Namen von natürlichen oder juristischen Personen nicht nur an die Abnehmer und Geschäftskunden, sondern auch an Lieferanten, Stellensuchende, Banken, Behörden und öffentliche Dienste[1851]. Indessen darf auch von diesen eine übliche Aufmerksamkeit erwartet werden.

Die aufgewendete Aufmerksamkeit ist bei teuren Gegenständen in der Regel grösser als bei Massenartikeln des täglichen Bedarfs, werden diese in der Regel doch ohne besonderes Augenmerk eingekauft[1852].

[1847] BGE 116/1990 II 370 E.4: Nivea, 470 E.4: Coca Cola, 117/1991 II 201 E.2a: Touring-Garantie, 119/1993 II 473: Radion, 125/1999 III 193 E. 1b: Bud, 126/2000 III 245 E.3a: Berner Oberland; BGer in SMI 1994 53 E. 2a: Profisoft Informatik. Anders noch BGE 74/1948 II 242: Wollenhof, 77/1951 II 321: Sihl, 79/1953 II 189: de Trey, 85/1959 II 329: Gennheimer, 88/1962 II 374: Leuba; BGer in Mitt. 1969 98: William Sport.

[1848] BGE 116/1990 II 370 E.4c: Nivea, 117/1991 II 201 E.2: Touring-Garantie.

[1849] BGE 84/1958 II 455: Injektionsmittel, 92/1976 II 276: Kaltsiegelfähiger Verpackungsstoff.

[1850] BGE 119/1993 II 476: Radion, 122/1996 III 476: Kamillosan.

[1851] BGE 92/1966 II 99: Pavag, 93/1967 II 44: Rubinstein, 97/1971 II 155, 237: Intershop, 100/1974 II 226: Aussenhandel, 118/1992 II 322 E.1: Fertrans; BGer in sic! 1997 70: Integra.

[1852] Z.B. BGE 90/1964 II 50: Textilien, 95/1969 II 194: Schokolade, 96/1970 II 404 E.2: Kosmetika, 117/1991 II 326: Mineralwasser.

c) Kriterien zur Beurteilung der Verwechslungsgefahr

(1) Nähe der örtlichen Geschäftstätigkeit

Im Firmen- und Lauterkeitsrecht spielt die Nähe der örtlichen Geschäftstätigkeit eine bedeutende Rolle: Die Verwechslungsgefahr erhöht sich naturgemäss, wenn sich die örtlichen Geschäftsbereiche überschneiden[1853].

Demgegenüber kommt es bei Marken nicht darauf an, wo die entsprechenden Markenartikel angeboten werden: Auch nur lokal eingesetzte Marken müssen sich von weiteren, in anderen Teilen der Schweiz gebrauchten Marken unterscheiden.

(2) Nähe der sachlichen Geschäftstätigkeit

Der sachliche Geltungsbereich der Kennzeichen dient nicht nur dazu, das Anwendungsgebiet der Kennzeichenrechte abzustecken[1854], sondern auch um den Massstab der Verwechslungsgefahr festzulegen. Die Verwechslungsgefahr wird nämlich umso grösser, je ähnlicher sich die Firmenzwecke der einander gegenüberstehenden Unternehmen und je ähnlicher sich deren Waren und Dienstleistungen sind. Bei gänzlicher Übereinstimmung haben sich die von ihnen benutzten Zeichen besonders deutlich zu unterscheiden.

(3) Kennzeichnungskraft und Schutzumfang

Je beschreibender oder je schwächer ein Zeichen ist, desto kleiner ist sein Schutzumfang und desto ähnlicher dürfen die Zeichen anderer Unternehmen sein. Demgegenüber verdienen starke oder originelle Zeichen einen besonders grossen Abstand.

Bei der Beurteilung der Verwechslungsgefahr ist zudem das Schwergewicht auf die kennzeichnenden Bestandteile zu legen; auf beschreibende und damit gemeinfreie Bestandteile darf nicht abgestellt werden. Sie vermögen höchstens wegen ihrer Stellung im Gesamtzeichen die Verwechslungsgefahr zu erhöhen. Dies gilt namentlich dann, wenn mehrere gemeinfreie Bestandteile übernommen werden: Wer nicht nur die gleiche Warenform, sondern darüber hinaus auch noch die gleiche Grundfarbe der Packung und zusätzlich noch einzelne, wenn auch nahe liegende Bildelemente der Etikette übernimmt, darf sich nicht wundern, wenn dadurch eine Verwechslungsgefahr geschaffen

---

[1853] BGE 88/1962 II 293 E.1: Merkur, 92/1966 II 95 E.2: Pavag, 97/1971 II 234 E.1: Intershop, 118/1992 II 322 E.1: Fertrans.
[1854] Vgl. vorne, S. 518.

wird, obwohl vielleicht die Warenmarke für sich allein betrachtet genügend unterschiedlich wäre[1855].

So genannte schwache Zeichenbestandteile, d.h. solche, die auch in vielen anderen Kennzeichen gebraucht werden, dürfen in neue Zeichen übernommen werden, vorausgesetzt, dass sich die Zeichen, als Ganzes betrachtet, immer noch deutlich unterscheiden[1856]. Die schweizerische Praxis nähert sich so der deutschen Abstandslehre. Diese besagt, dass ein jüngeres Kennzeichen gegenüber dem älteren nur jenen Abstand einhalten muss, welchen das ältere Zeichen seinerseits gegenüber allen noch älteren Kennzeichen wahrt. Wer kein sehr originelles Zeichen schafft, indem er nur bereits früher verwendete Elemente neu kombiniert oder sein Zeichen an bekannte Sachbezeichnungen anlehnt, kann nicht erwarten, dass ein weiterer Konkurrent etwas anderes tut.

(4) Verschulden

Es gilt geradezu als Axiom des Zeichenrechts, dass derjenige, der sich zu nahe an ein fremdes Kennzeichen herangepirscht hat, einen um so grösseren Schritt rückwärts zu tun hat und sich nicht damit begnügen darf, sich gerade nur knapp hinter die Grenze zurückzuziehen. Es ist sogar schon gesagt worden, dass der Verletzer, dem der Gebrauch eines verletzenden Kennzeichens verboten worden ist, nicht nur vom verletzten Zeichen, sondern auch von seinem eigenen verletzenden Zeichen einen deutlichen Abstand einhalten muss. So durfte der Benützer des Zeichens Solaris, das mit Solis verwechselbar erklärt worden ist, nicht auf Sularis ausweichen, obwohl Solis und Sularis auf den ersten Blick kaum als verwechselbar erscheinen[1857]. Liegt jedoch die Nachahmung in der Kombination von verschiedenen gemeinfreien Elementen, so genügt es, wenn wenigstens einige davon aufgegeben werden. So durften Lego-Steine nicht in gleichen Grössen, Farben und Verpackungen nachgeahmt werden, wohl aber zwar in der gleichen Grösse, aber mit verschiedenen Farben, Packungen und Marken[1858].

Bleiben bei der Beurteilung der Verwechselbarkeit immer noch Zweifel bestehen, so darf auch auf das Verschulden des Verletzers abgestellt werden. Hat er das ältere Kennzeichen gekannt und eine Verwechslung mit ihm bewusst in Kauf genommen, so darf angenommen werden, dass solche offenbar

---

[1855] BGE 90/1964 IV 172: Mythen Berg-Wachholder, 95/1969 II 466: rote Zigarettenpackungen.
[1856] BGE 84/1958 II 447: Endsilbe -cain, 92/1966 II 277: Syntosil, 95/1969 II 197: Eiswürfel, 466: rote Zigarettenpackungen.
[1857] BGer in ZR 55/1956 Nr. 58: Solis/Solaris; im Ergebnis ebenso BGer in SMI 1990 327: CeBit/Ebit.
[1858] BGer in Mitt. 1961 71: Lego I, BGer in Mitt 1962 157: Lego II.

nicht ganz unerwünschten Verwechslungen auch eingetreten sind. Die Verwechslungsgefahr darf daher in solchen Fällen mit gutem Gewissen bejaht werden, selbst wenn sie bei fehlendem Verschulden verneint worden wäre[1859]. Auch hier zeigt sich der Einfluss des bekannten Kennzeichens, das allen Grafikern gegenwärtig ist, so dass die Versuchung nahe liegt, es bewusst oder unbewusst zu kopieren.

(5) Zeichenähnlichkeit

Stehen sich aus Worten gebildete Zeichen gegenüber, so wird deren Verwechselbarkeit angenommen, wenn sie sich entweder im Wortklang oder im Schriftbild oder in ihrem Sinngehalt ähnlich sind. Auf den Klang ist naturgemäss weit mehr Gewicht zu legen als auf das Wortbild[1860]. Er wird bestimmt durch Silbenmass, Kadenz und Folge der sonoren Vokale, wobei die Aussprache in allen Landessprachen zu berücksichtigen ist[1861]. Ein ähnlicher Wortklang wird in der Regel angenommen, wenn die beiden Worte den gleichen Stamm haben oder wenn die Endung übereinstimmt und der Stamm nicht allzu verschieden ist. Besteht ein Zeichen aus mehreren Worten, so genügt zur Annahme der Verwechselbarkeit, wenn ein einzelner charakteristischer Bestandteil übernommen worden ist, selbst wenn dabei Bestandteile weggelassen[1862] oder noch weitere hinzugefügt werden[1863].

Das Schriftbild wird durch die Wortlänge und die einzelnen Buchstaben, namentlich durch die verschiedenen Ober- und Unterlängen charakterisiert[1864]. Besondere Bedeutung kommt dabei dem Wortanfang zu, wird er doch bei einem raschen Hinschauen zuerst wahrgenommen. Dies hat zur Folge, dass Zeichen mit gleichem Stamm sehr oft nicht nur im Klang, sondern auch im Wortbild übereinstimmen.

Die Übereinstimmung des Sinnes kann besonders leicht zu Verwechslungen Anlass geben. Doch kann umgekehrt ein deutlich verschiedener Sinngehalt die ähnliche Klang- und Bildwirkung aufwiegen, so dass die Verwechslungsgefahr wieder entfällt. Dem Sinngehalt bei Wortmarken entspricht das Motiv bei Bildmarken. Selbstverständlich kann ein einzelnes Motiv nicht monopolisiert werden. Wer aber ein gewisses Motiv als Hauptbestandteil seiner Mar-

---

[1859] BGE 82/1956 II 354: Weissenburger/Schwarzenburger, 542: Dogma/Dog, 95/1969 II 469: Brief-Milchkasten.
[1860] BGE 78/1952 II 381: Alucol/Aludrox.
[1861] BGE 78/1952 II 381: Alucol/Aludrox.
[1862] BGE 93/1967 II 430: Burberrys; HGer ZH in Mitt. 1966 142: Caltex.
[1863] BGE 96/1970 II 403: Club, 93/1967 II 265: Marine.
[1864] BGE 78/1952 II 381: Alucol/Aludrox.

ke verwendet und möglicherweise noch durch Worte herausstreicht[1865], muss es sich nicht gefallen lassen, dass Konkurrenten ähnlich gestaltete Motive verwenden, selbst wenn noch andere Zutaten, wie namentlich die Firma, beigefügt werden[1866].

Keine einheitliche Praxis besteht zur Frage, auf welche Bestandteile bei einer Kombination von Wort- und Bildelementen abgestellt werden soll. Solche Kombinationen sind bei den heutigen Packungen die Regel. Früher wurde das Gewicht konsequent auf den Bildbestandteil gelegt mit der Begründung, dieser hafte dem Durchschnittskäufer besser im Gedächtnis als ein Wort, insbesondere auch der Name des Markeninhabers[1867]. Das tägliche Leben zeigt denn auch, dass ähnlich gestaltete Packungen, welche mit deutlich verschiedenen Wortmarken versehen sind, weit eher verwechselt werden als ähnliche Marken auf völlig verschieden gestalteten Etiketten. Weil jedoch bei einem Vergleich dem prägnanten Hauptelement eines Kennzeichens eine besondere Bedeutung zukommt[1868], scheint die neuere Praxis den Wortbestandteilen wiederum ein etwas grösseres Gewicht zuzumessen[1869].

d) Einzelne Beurteilungsregeln

Eingehende Kasuistiken finden sich in der firmen-, marken- und lauterkeitsrechtlichen Spezialliteratur; sie brauchen hier nicht wiederholt werden[1870]. Indessen sollen hier wenigstens die wichtigsten Beurteilungsregeln mit einigen Beispielen zusammengefasst werden:

- Ausdrücke mit gleichem Stamm, aber anderer Endung sind in der Regel verwechselbar, ausser wenn der Stamm aus einem schwachen oder gar gemeinfreien Zeichen besteht. Verwechselbar waren z.B. die Firmen Avia AG mit Aviareps Airline Management GmbH (BGer in sic! 2000 400), die Firmen Integra Holding AG sowie Integra Finanz AG mit Sodelco-Integra AG (BGer in sic! 1997 69) oder die Marken Avenir und

---

[1865] Z.B. «Bärenmarke».
[1866] BGE 62/1934 II 334: Flaggenmarke, 93/1967 II 429: Burberrys.
[1867] BGE 62/1936 II 333: Sportartikel, 83/1957 II 222: Armbanduhren, 90/1964 IV 175: Berg-Wacholder, 95/1969 II 194: Tobler Mint, 465: Brief-Milchkasten; HGer ZH in SMI 1996 309: Rivella/Apiella.
[1868] BGE 96/1970 II 403: Club.
[1869] BGE 95/1969 II 195: Tobler Mint, 105/1979 II 301: Schmuck- und Modeartikel, 116/1990 II 371: Kosmetikpackungen, 614: Paolo Gucci; RKGE in SMI 1996 309: Castello.
[1870] Vgl. z.B. B. *von Büren*, Wettbewerbsrecht, S. 136 ff.; MSchG-*David*, Art. 3 Rz 22; *IGE*, Richtlinien für das Widerspruchsverfahren, Bern 2000, S. 31 ff; OR-*Altenpohl*, Art. 951 N 14.

Avenit (RKGE in SMI 1995/2, 319), nicht aber die Firmen Prosoft Zürich AG sowie W & E Prosoft AG einerseits mit Profisoft Informatik AG, Zürich, andererseits (BGer in SMI 1994 53) oder die Marken Neutrogena und Neutria, Neutrolia, Neutrol, Neutraya bzw. Neutraia (RKGE in sic! 1997 298).

- Verwechselbar sind Worte, die sich reimen, da hier der Wortklang in der Regel übereinstimmt; vorbehalten bleibt wiederum der Umstand, dass die Ähnlichkeit auf die Verwendung gemeinfreier Bestandteile zurückgeht. Verwechselbar waren z.B. die Marken Dromos und Stromos (RKGE in SMI 1996 328), nicht aber Decoline und Ecoline (RKGE in sic! 1997 180).

- Das Hinzufügen oder Weglassen einer Endsilbe schafft in der Regel keinen anderen Gesamteindruck. Verwechselbar waren daher die Marken Castello und Castelberg (RKGE in SMI 1996 309).

- Auch die Beifügung oder Weglassung einer Mittelsilbe ändert im Gesamteindruck wenig. Verwechselbar waren z.B. die Marken Kamillosan und Kamillan (BGE 122/1996 III 382) oder Rivella und Apiella (BGer in sic! 2000 622).

- Bei gleicher Endung kann trotz Abwandlung des Wortstammes ein verwechselbarer Gesamteindruck bestehen bleiben. Verwechselbar waren etwa die Marken Chanel und Essanelle (BGer in Mitt. 1983/2 119).

- Die Hinzufügung einer Vorsilbe kann die Verwechslungsgefahr nicht immer bannen, vor allem wenn die Vorstellung einer Serienmarke mitschwingt; verwechselbar waren daher z.B. die Marken Odeon und Nickelodeon (RKGE in sic! 1997 61). Doch ist bei Zeichen mit verschiedenem Wortanfang die Verwechslungsgefahr ohnehin kleiner, so dass die Hinzufügung einer Vorsilbe oft genügende Verschiedenheit bringt; nicht verwechselbar waren daher die Marken Sihl und Cosil (BGE 92/1966 II 275).

- Nicht einmal das Hinzufügen oder Weglassen eines wesentlichen Bestandteiles muss einen anderen Gesamteindruck ergeben, da eben schon die Übernahme eines einzigen charakteristischen Bestandteiles genügen kann, um Verwechslungen hervorzurufen. Verwechselbar waren z.B. auch die Firmen Integra Holding AG sowie Integra Finanz AG einerseits und Sodelco-Integra AG andererseits (BGer in sic! 1997 69) oder die Marken Christofle und Christophearden (RKGE in SMI 1996, 333).

- Bei Wortzeichen kann auch der Sinngehalt einen ähnlichen Gesamteindruck erzeugen; daher waren die Marken Secret Pleasures und Private Pleasures verwechselbar (RKGE in sic! 1998, 194). Doch kann ein deutlich verschiedener Sinngehalt den ähnlichen Wortklang aufwiegen, so dass keine Verwechselbarkeit mehr besteht; so waren die Firmen Melisana AG und Mensana AG (HGer ZH in SMI 1988 92) oder die Marken Boks und Boss nicht verwechselbar (BGE 121/1995 III 377 = GRUR Int. 1996, 1235).

– Einsilbige Ausdrücke und namentlich Buchstabenwörter (Akronyme) prägt sich das Publikum in der Regel gut ein, so dass Verwechslungen weniger schnell eintreten; der Alltag lehrt denn auch, dass der Geschäftsverkehr wider alles Erwarten die oft sehr ähnlichen Abkürzungen von Banken, politischen Parteien, Gesetzen usw. sehr wohl auseinanderhalten kann. Auch der Bundesrat erachtet beispielsweise eine Verwechslungsgefahr zwischen den Titeln «Ingenieur ETH» und «Ingenieur HTL» als nicht gegeben, obwohl von den drei der Berufsbezeichnung beigefügten Buchstaben deren zwei gleich lauten (BBl 1977 I 725). Ebenso wenig waren die Firmen MZSG Management Zentrum St. Gallen und SMP Management Programm St. Gallen AG verwechselbar (BGE 122/1996 III 370).

– Die Verwechselbarkeit ganzer Etiketten und Packungen wird unter anderem durch die Packungsform, die verwendete Grundfarbe und die Produktabbildung geprägt, da es sich in der Regel zeigt, dass solche Kombinationen kennzeichnungskräftig wirken und eine Vielzahl von anderen Lösungen möglich ist, so dass die Verwechslungsgefahr selbst bei völlig verschiedenen Wortmarken bejaht wird.

– Schliesslich muss jedoch betont werden, dass sich für die Beurteilung der Verwechslungsgefahr keine Regeln aufstellen lassen, wie viele Buchstaben oder Silben übereinzustimmen haben. Das Leben ist derart vielgestaltig, dass sich immer wieder neue Kombinationen ergeben. Jede Kollision ist daher wieder für sich zu beurteilen und es sind namentlich auch die Begleitumstände zu berücksichtigen. Zum Erstaunen der Praxis hat das Bundesgericht beispielsweise die Ähnlichkeit der Marken Radion und Radomat verneint (BGE 119/1993 II 376).

B. Schutz des Designs

1. Anwendbare Institute

a) Kunstwerke

Werke der Grafik wie Signete und Logos sowie andere künstlerische Gestaltungen werden durch das Urheberrecht gegen Nachmachungen geschützt. Sind sie kennzeichnungskräftig, gelangt auch das Lauterkeitsrecht zur Anwendung und, wenn sie zudem als Marken oder Muster und Modelle hinterlegt sind, auch das Markenrecht oder Muster- und Modellrecht[1871].

b) Ästhetische Formgebungen

Zwei- und dreidimensionale Formgebungen werden gegen Verletzungen durch das Muster- und Modellrecht geschützt, falls sie hinterlegt worden sind[1872]. Weisen sie Kennzeichnungskraft auf, kommt auch das Lauterkeitsrecht in Frage[1873]. Die Hinterlegung als Muster und Modell präjudiziert sodann die Frage nicht, ob die hinterlegte Formgebung nicht auch ein urheberrechtlich schützbares Werk sei: Muster und Modelle können daher grundsätzlich auch urheberrechtlichen Schutz beanspruchen[1874].

2. Zeitlicher Geltungsbereich

a) Urheberrecht

Das Urheberrecht entsteht mit der Schaffung des Werkes. Eine Registrierung oder Bekanntgabe ist nicht erforderlich. Der Schutz endet am 31. Dezember desjenigen Jahres, das 70 Jahre auf das Todesjahr des Urhebers folgt. Ist der Urheber nicht bekannt (anonym), wird die Schutzdauer nicht vom Todesjahr, sondern vom Jahr der öffentlichen Bekanntgabe des Werkes an gerechnet[1875].

[1871] Art. 5 Urheberrechtsgesetz (URG, SR 231.1).
[1872] Art. 5 BG betr. die gewerblichen Muster und Modelle (MMG, SR 232.12).
[1873] Art. 3 lit. d UWG.
[1874] BGE 75/1949 II 360: Besteckmodell; HGer SG in HGer ZH in Mitt. 1970 102: Go-n-stop (Farbfelder eines Spielautomaten).
[1875] Art. 36 ff. Urheberrechtsgesetz (URG, SR 231.1).

b) Muster- und Modellrecht

Der Schutz des Muster- und Modellrechtes kann ab dem Datum der Hinterlegung bei der Hinterlegungsstelle geltend gemacht werden. Der Schutz dauert längstens 15 Jahre, wobei die Gebühren jeweils für fünfjährige Perioden bezahlt werden müssen.

3. Örtlicher Geltungsbereich

a) Urheberrecht

Das Urheberrecht verleiht grundsätzlich nur einem schweizerischen Urheber Schutz für seine Werke in der Schweiz. Indessen ist die Schweiz der so genannten Berner Übereinkunft zum Schutz von Werken der Literatur und Kunst[1876] beigetreten, welche für die angeschlossenen Staaten das Gegenseitigkeitsprinzip vorsieht. Demgemäss geniessen die Kunstwerke der meisten ausländischen Urheber auch Schutz in der Schweiz, ohne dass es einer besonderen Schutzvorkehr (Hinterlegung) durch den ausländischen Urheber bedürfte. Man kann daher mit Fug sagen, dass der urheberrechtliche Schutz praktisch weltweit gilt. Die Werbung in der Schweiz hat damit auch die im Ausland entstandenen Urheberrechte zu respektieren.

b) Muster- und Modellrecht

Die Hinterlegung eines Musters oder Modells beim Eidg. Institut für Geistiges Eigentum in Bern oder bei der Organisation mondiale de la propriété industrielle (OMPI) in Genf hat Wirkung für die ganze Schweiz. In der Schweiz geschützte Muster und Modelle dürfen daher auf dem ganzen schweizerischen Staatsgebiet nicht verletzt werden, auch nicht in Zollausschlussgebieten (z.B. Samnaun) und in Zollfreilagern[1877].

[1876] Kurzname: Revidierte Berner Übereinkunft, RBÜ (SR 0.231.15).
[1877] BGE 92/1966 II 298: Patentrecht, 110/1984 IV 108: Markenrecht.

4. Sachlicher Geltungsbereich

a) Urheberrecht

Da Kunstwerke wegen der schöpferischen Tätigkeit des Urhebers geschützt werden, dürfen sie von niemandem ohne Erlaubnis nachgeahmt werden. Das künstlerische Signet eines Unternehmens darf auch nicht als Dekor für irgendwelche Geräte, die Melodie einer Popgruppe nicht in der Radiowerbung als Jingle eines Warenhauses verwendet werden. Entsprechend kommt es auch nicht auf das zur Herstellung eines Kunstwerks oder Modells benützte Material an, es wäre denn, gerade die Verwendung eines bestimmten Materials verleihe erst die notwendige Originalität[1878]. Der sachliche Geltungsbereich des Urheberrechts ist damit unbeschränkt.

b) Muster- und Modellrecht

Auch Muster und Modelle werden wegen der schöpferischen Tätigkeit des Urhebers geschützt, doch muss bei der Hinterlegung immerhin bekannt gegeben werden, für welche Gegenstände der Schutz beansprucht wird. Das dem gewerblichen Rechtsschutz inhärente Spezialitätsprinzip gebietet, dass der Schutz der hinterlegten Muster und Modelle nur im Rahmen der beanspruchten Gegenstände gewährt wird. So darf das originelle Modell einer Kosmetikflasche, die aber nur als Glasbehälter definiert worden ist, nicht für Gewürze verwendet werden. Hingegen darf das Muster einer Verzierung, das für Geschirr beansprucht worden ist, ohne weiteres auf Tapeten wiedergegeben werden. Zudem kommt es nicht auf das zur Herstellung eines Musters oder Modells benützte Material an, es wäre denn, gerade die Verwendung eines bestimmten Materials verleihe erst die notwendige Originalität[1879]. Der sachliche Geltungsbereich des Muster- und Modellrechts ist damit auf die in der Hinterlegung beanspruchten Gegenstände beschränkt.

[1878] HGer SG in Mitt. 1968 59: Plastic-Deckeli, CJ GE in Mitt. 1968 205: Katzenbrosche.
[1879] HGer SG in Mitt. 1968 59: Plastic-Deckeli, CJ GE in Mitt. 1968 205: Katzenbrosche.

5. Der Massstab der Verwechselbarkeit

a) Urheberrecht

Literatur: Martin *Lutz,* Der Schutzumfang des Urheberrechts, in FS 100 Jahre URG, Bern 1983, S. 173–186.

Die Frage, wie gross die Abweichungen vom Original sein müssen, um einer Verletzungsklage zu entgehen, wird vom Gesetz nicht beantwortet; es verbietet einzig lakonisch die Verletzung oder Gefährdung fremder Urheberrechte[1880]. Erstaunlicherweise finden sich auch in Lehre und Rechtsprechung kaum Hinweise, welchen Schutzumfang der urheberrechtliche Schutz aufweist.

Übereinstimmung besteht immerhin insofern, als das Urheberrecht keinen anderen Künstler hindern kann, selbst künstlerisch tätig zu werden. Selbstverständlich dürfen Motive, die von anderen eingesetzt worden sind, ebenfalls verwendet werden, solange sie selbständig gestaltet werden. Geschützt ist ja nur die konkrete Darstellungsform eines Werkes, nicht aber die dahinterstehende Idee oder der verwendete Stil. Wer in seiner Werbung gewisse Motive braucht, kann sich urheberrechtlich nicht dagegen zur Wehr setzen, dass andere die gleichen Motive, aber in anderer Gestaltung gebrauchen[1881]. Ob sich deswegen nicht ein anderer Schutz aufdrängt, sei weiter hinten geprüft[1882].

Ein Hinweis auf den Massstab der Unterscheidbarkeit kann aus dem Umstand gewonnen werden, dass das Urheberrecht auch das Recht zur audiovisuellen und anderen Bearbeitung eines Werkes einschliesst, insbesondere auch das Recht zur Übersetzung[1883]. Die internationalen Vereinbarungen erwähnen denn auch das ausschliessliche Recht des Urhebers, Adaptionen, Arrangements und andere Umarbeitungen ihrer Werke zu erlauben[1884]. Solche Werke zweiter Hand sind daran zu erkennen, dass darin die verwendeten Werke in ihrem individuellen Charakter erkennbar bleiben[1885]. Solange also der schöpferische Grundgedanke, wie er im ursprünglichen Werk zum Ausdruck gelangt ist, auch in der Nachahmung vorhanden ist, ist eine solche nicht statthaft[1886]. Von einer unerlaubten Wiedergabe kann somit dann die

---

[1880] Art. 62 Abs. 1 Urheberrechtsgesetz (URG, SR 231.1).
[1881] BGE 85/1959 II 124 bezüglich der Figuren Sherlock Holmes und Dr. Watson.
[1882] Vgl. S. XVII.D544.
[1883] Art. 3 Abs. 2 URG (Fn 1880).
[1884] Art. 12 RBÜ (Fn 1876).
[1885] Art. 3 Abs. 1 URG (Fn 1880).
[1886] BGE 56/1930 II 419: Häuserblock mit Doppelhäusern.

Rede sein, wenn es schlechterdings ausgeschlossen ist, dass der Nachahmer das als seine und nur als seine Schöpfung bezeichnete Werk ohne Kenntnis des Originals schaffen konnte. Sobald sich Original und Kopie in Bezug auf Wortwahl oder Strichführung so sehr nähern, dass es völlig unwahrscheinlich erscheint, dass die Kopie durch Zufall dem Original so ähnlich geworden ist, muss das Bestehen eines Plagiates vermutet werden. Je verbreiteter das Original ist, desto eher ist auch anzunehmen, dass der Kopist das Original gekannt hat. Die Praxis zeigt denn auch, dass die Ausrede des Kopisten, er habe das Original nicht gekannt und die Kopie sei eine erstmalige Schöpfung von ihm, selten ist. Viel eher wird die urheberrechtliche Schützbarkeit des Originals in Zweifel gezogen oder es werden zur Tarnung des Vorgehens kleinere Änderungen gegenüber dem Original vorgenommen. Bisweilen verrät sich aber dabei der Kopist selbst, indem er auch Fehler übernimmt, die bei eigenständigem Schaffen sicher nicht gleich entstanden wären.

Auch nur die teilweise Übernahme eines fremden Werkes ist unstatthaft[1887]. Besteht ein grösseres Werk aus verschiedenen Bestandteilen, so ist für jeden Bestandteil einzeln zu prüfen, ob er des Urheberrechtsschutzes fähig sei. Die nicht schutzfähigen Bestandteile dürfen von Dritten übernommen werden, ohne dass eine Urheberrechtsverletzung vorläge. Schutzfähige Bestandteile können auch einzelne Übungen eines Lehrbuches bilden; das Bundesgericht hat beispielsweise schon das sklavische Abschreiben ganzer Zeilen von Fingerübungen eines Fernkurses für Maschinenschreiben verurteilt[1888].

Urheberrechtlich geschützte Werke aus Serienfabrikation, wie z.B. Lampen oder Möbel, dürfen zur Bewerbung und Verkaufsförderung abgebildet werden. Zurückhaltender ist die Praxis jedoch bei der Wiedergabe von geschützten Originalwerken eines Künstlers; so war ein Galerist nicht berechtigt, die von ihm zum Verkauf angebotenen Kunstwerke von Pablo Picasso und Joan Miró auch in einem Galerieprospekt abzubilden[1889].

b) Kasuistik zum Urheberrecht

Bei folgenden urheberrechtlich geschützten Gestaltungen wurde eine Nachahmung angenommen:

[1887] BGE 56/1930 II 419: Häuserblock mit Doppelhäusern; BGer in SMI 1986 124: Billet 100 Frs.
[1888] BGE 88/1962 IV 131: Lehrbuch für Maschinenschreiben; ebenso die praktisch wortwörtliche Übernahme eines grösseren Teils eines 20-seitigen Kurskompendiums und eines vierseitigen Prospekts, nicht aber eines Anmeldeformulars, OGer ZH in SMI 1984/2, 279: Massage-Schule.
[1889] OGer ZH in SMI 1990 85–89: Galerieprospekt.

- Sitzmöbel von Le Corbusier (BGE 113/1987 II 190 = GRUR Int. 1988 263);
- Abwandlung bekannter Sportpiktogramme (OGer AG in SMI 1988 128: Piktogramm; a.a. KGer SG in SMI 1989 62: Triathlon-Signet);
- Wiedergabe eines Kunstwerkes auf einer Gedenkmedaille (BGE 114/1988 I 368: Le Corbusier-Gedenkmedaille);
- Armbanduhr mit Zifferblatt, auf welchem die Zahlen 3, 6, 9 und 12 in verschiedener Darstellung und Grösse abgebildet sind (OGer ZH in SMI 1989 208: Nine to six);
- das von einem Versandhandelsunternehmen veranlasste Bedrucken von Textilartikeln mit Bildern von F. Hundertwasser und dies unter Verwendung seines Namens (OGer ZH in SMI 1994 68: Künstler-Textilien).

c) Muster- und Modellrecht

Im Gegensatz zum Urheberrecht gibt das Muster- und Modellrecht den Massstab, welcher bei Verletzungsfällen anzulegen ist, im Gesetzestext selbst an. Unzulässig ist das Nachmachen eines hinterlegten Musters oder Modells sowie ein derartiges Nachahmen, dass eine Verschiedenheit nur bei sorgfältiger Vergleichung wahrgenommen werden kann; blosse Farbänderung gilt nicht als Verschiedenheit[1890].

Aus dem gesetzlichen Hinweis auf eine sorgfältige Vergleichung hat die Praxis den Schluss gezogen, dass die fraglichen Muster oder Modelle nebeneinander zu halten sind: Auf das Erinnerungsbild des geschützten Musters oder Modells kommt es nicht an[1891]. Doch geht es immerhin nicht an, bei einem solchen Vergleich nach kleinen Verschiedenheiten förmlich zu fahnden. Auszugehen ist vielmehr von den Übereinstimmungen. Gehen diese sehr weit, so beherrscht das Gemeinsame den Eindruck und die Verschiedenheiten treten zurück, möglicherweise so stark, dass der Betrachter sie im Rahmen des Ganzen, also im Rahmen des Gesamteindruckes, nicht mehr beachtet[1892]. Bei Fantasieartikeln wie Dekorationsgegenständen usw. genügen auch geringfügige Abweichungen, wenn sie den Gesamteindruck verändern und von den beteiligten Verkehrskreisen beachtet werden[1893]. Als Ein-

---

[1890] Art. 24 Ziff. 1 BG über die Muster und Modelle (MMG, SR 232.12).
[1891] BGE 83/1957 II 480: Sofa, 104/1978 II 330: Stiefelmodelle; OGer LU in Mitt. 1979 101: Zahnbürsten.
[1892] BGE 77/1951 II 375: Möbelstoffe, 83/1957 II 482: Sofa, 104/1978 II 330 Stiefelmodelle.
[1893] HGer ZH in ZR 53/1954 Nr. 30: Klauskopf mit Mantel.

zelheiten hat das Bundesgericht beispielsweise die Zahl der Beine eines Sofas, vor allem wenn diese dünn sind, bezeichnet[1894]. Verschiedenheiten ergeben sich auch nicht dadurch, dass für die Kopie des Modells ein völlig anderes Material oder Herstellungsverfahren verwendet wurde[1895].

d) Kasuistik zum Muster- und Modellrecht

Die Praxis hat beispielsweise die Verwechselbarkeit folgender, als Muster oder Modelle hinterlegter Gegenstände bejaht:

– Musterbänder für Geflecht- und Hutfabrikation, die sich lediglich darin unterscheiden, dass die Kreuzung der Linien beim einen Modell nur dreifach anstatt, wie beim anderen Modell, vierfach ist und dass beim ersten die Raffung weniger deutlich ist (BGE 31/1905 II 749: Musterbänder);

– Möbelstoffe, die sich hauptsächlich in der Farbwirkung unterscheiden (BGE 77/1951 II 375: Möbelstoff);

– Polstermöbel mit den Gesamteindruck beherrschenden Gemeinsamkeiten, wie gleiche Linienführung, Massproportionen und Verteilung der Farbfelder (BGE 83/1957 II 485: Sofa);

– Spitzendecken mit Stickereimustern, die sich lediglich bezüglich des Materials unterscheiden (HGer SG in Mitt. 1968, 59: Plastic-Deckeli);

– Katzen-Clips- und -Broschen, die sich voneinander nur dadurch unterscheiden, dass die einen schwarz, die anderen jedoch bräunlich-gelb gefärbt sind (CJ GE in Mitt. 1968, 203: Katzenbrosche);

– Uhrenmodelle mit unterschiedlichem Armband (AppH BE in SMI 1986, 121: Le Roy);

– Plüschtier-Tausendfüssler, die sich durch einen unterschiedlichen Gesichtsausdruck und eine verschiedene Anzahl Beine unterscheiden (BGer in SMI 1989, 105 = GRUR Int. 1991 58: Tausendfüssler);

– Steinuhren mit identischen Schalenformen (OGer OW in SMI 1991, 400: Rockwatch);

– Saunatüren aus Glas mit identischen Abwinklungen bzw. Wölbungen (OGer AR in SMI 1996 157: Saunatüre);

[1894] BGE 83/1957 II 488: Sofa.
[1895] HGer SG in Mitt. 1968 59: Plastic-Deckeli, CJ GE in Mitt. 1968 205: Katzenbrosche.

- Handtaschen mit einem aus Dreiecken, Quadraten und Rechtecken versehenen Oberflächenmuster (AGer Bern-Laupen in sic! 1997 567: Dior-Tasche).

Dagegen wurde die Verwechselbarkeit von folgenden Formgebungen verneint:
- Stiefelmodelle, deren schmückende Ausstattungen auffällige Unterschiede erkennen lassen (BGE 104/1978 II 330: Stiefel);
- Zahnbürsten mit unterschiedlichem Griff (OGer LU in Mitt. 1979, 105: Zahnbürste);
- Uhren mit verschiedener Farbgebung des Zifferblattes (AppH BE in SMI 1986, 121: Le Roy);
- Plattenspieler-Tonkopf mit sechs feinen Anfassrippen auf jeder Seite bzw. drei andersartigen, schwerfälligen Anfassrippen (BGE 113/1987 II 82 = SMI 1987, 67: Tête de lecture).

C. Schutz vor sklavischer Nachahmung

Literatur: Jakob *Hinden,* Rechtsschutz technischer Konstruktionen gegen sklavische Nachahmung, ZSR 75/1956 I 43–54; Peter *Zihlmann,* Gedanken zum Schutz vor sklavischer Nachahmung, SJZ 65/1969 353–359; Lucas *David,* Die Gerichtspraxis zur sklavischen Nachahmung von Warenformen, SMI 1983/2 9–23; Bernard *Dutoit,* La lutte contre la contrefaçon moderne à la lumière du droit comparé, in: La lutte contre la contrefaçon, Genève 1986, S. 69–83; François *Besse,* La répression pénale de la contrefaçon, Diss. VD 1989; Jean-Pierre *Baud,* L'article 5 lit. c LCD et la copie servile de la forme d'un produit, SJZ 84/1988 280–283; Eric *Golaz,* L'imitation servile des produits et de leur présentation, Genève 1992.

1. Begriff

Sklavische Nachahmung liegt dann vor, wenn eine durch keinerlei Kennzeichenrechte geschützte Gestaltung von einem anderen in quasi identischer Form übernommen wird. Oft wird der Begriff der sklavischen Nachahmung auf das Aussehen von technischen Artikeln angewendet. Doch stellt sich die Frage der sklavischen Nachahmung nicht nur auf dem Gebiet der Technik, sondern auf dem ganzen Gebiet der Werbung schlechthin. Namentlich bei grafischen Gestaltungen, die nur wenige Male, z.B. für ein Zeitungsinserat, gebraucht werden und daher keine Kennzeichnungswirkung haben können, ist zu prüfen, ob deren Übernahme durch einen anderen Marktteilnehmer gestattet ist.

2. Technisches Gemeingut

Zum technischen Gemeingut gehören alle Gegenstände, die patentfrei sind, die durch keine Muster- oder Modellhinterlegung geschützt sind und die auch sonst nicht ihrer Form wegen Kennzeichnungskraft erlangt haben.

Solche Gegenstände sind zwar frei von irgendwelchen speziellen Schutzrechten, doch heisst das noch nicht, dass sie deswegen frei nachgemacht werden dürften. Namentlich bedeutet das Fehlen eines Patentschutzes keinen Freibrief für Nachahmungen, will doch das Patentrecht nicht dafür Gewähr leisten, dass alle nicht unter Patentschutz fallenden Massnahmen nachgemacht werden dürfen, sondern nur bestimmen, wo die Freiheit der Nachahmung aufhört. Das Patentrecht setzt nur eine Schranke gegenüber dem Nachbau technischer Konstruktionen. Eine weitere setzt das Lauterkeitsrecht, das die Grundsätze von Treu und Glauben angewendet wissen will[1896]. Zu diesen gehört auch die Vorsorge gegen vermeidbare Verwechslungen[1897].

Das Bundesgericht hat denn in ständiger Rechtsprechung erkannt, dass ein sklavischer Nachbau nur dort zulässig ist, wo er zur Ausführung einer zweckmässigen Konstruktion notwendig ist. Von niemandem kann verlangt werden, dass er auf eine nach Herstellungsweise und Gebrauchszweck nahe liegende und zweckmässige Gestaltung verzichtet und an ihrer Stelle eine weniger praktische, weniger solide oder mit grösseren Herstellungskosten verbundene Ausführung wählt und damit die Konkurrenzfähigkeit seines Erzeugnisses herabmindert. Dagegen ist die Übernahme einer Gestaltung unlauter, wenn ohne Änderung der technischen Konstruktion und ohne Beeinträchtigung des Gebrauchszweckes eine andere Gestaltung möglich und auch zumutbar gewesen wäre, aber vorsätzlich oder fahrlässig unterlassen worden ist[1898]. Aber auch hier bestehen Grenzen, kann doch von einem Konkurrenten nicht verlangt werden, dass er nur um des verschiedenen Aussehens willen Abweichungen in Einzelheiten suchen müsste. Ein Abweichen von einer technischen Konstruktion ist nur dort sinnvoll, wo es von der Käuferschaft überhaupt bemerkt wird. Einzelheiten, die den Gesamteindruck

---
[1896] Art. 2 UWG.
[1897] BGE 84/1958 II 584: Cosy.
[1898] BGE 93/1967 II 281: Kuttelreinigungsmaschine und dort zitierte Entscheide.

nicht verändern, brauchen daher nicht geändert zu werden. So ist es insbesondere nicht notwendig, kleinere Abweichungen in den Massen vorzunehmen, da solche ja keine einprägsame, unterscheidungskräftige Änderung des Gesamteindruckes oder gar des Erinnerungsbildes zu bewirken pflegen[1899]. Ist eine bestimmte Massnahme zwar technisch bedingt, wird sie aber vom kaufenden Publikum trotzdem als Kennzeichen der Ware aufgefasst, so darf die Massnahme dennoch nachgemacht werden, wenn keine zumutbaren anderen Lösungen möglich sind. Denn wer eine überwiegend technisch notwendige Vorkehr zugleich als Kennzeichen seiner Ware benutzt, nimmt die Verwechslungsgefahr in Kauf, welche entstehen kann, wenn ein Mitbewerber die gleiche technische Wirkung anstrebt. Immerhin ist in solchen Fällen schon verlangt worden, dass der jüngere Mitbewerber sein Produkt mit einer eigenen und andersfarbigen Marke versehe, um die bessere Unterscheidbarkeit der fraglichen Produkte zu gewährleisten[1900]; unter Umständen kann die Unterscheidbarkeit auch auf andere Weise, beispielsweise durch verschiedene Farbgebung, gefördert werden[1901].

Diese Praxis ist zu begrüssen. Der sklavische Nachbau soll dort verhindert werden, wo dies zumutbar und sinnvoll ist. Sind ohne weiteres andere Lösungen möglich, so dürfen sie auch vom Konkurrenten verlangt werden[1902]. Müssen aber Abweichungen an den Haaren herbeigezogen werden, können sie gerade so gut unterbleiben. Vor allem ist auch zu bedenken, dass im täglichen Verkehr ein Bedürfnis nach Normierung besteht. Technische Konstruktionen müssen unter Umständen mit anderen zusammengebaut oder ausgewechselt werden können. So ist zu Recht der Vertrieb eines Scharniers gestattet worden, das mit denselben Montagewerkzeugen wie ein anderes Scharnier angeschlagen werden konnte[1903], oder es sind Klemmbausteine, die mit solchen anderer Marken zusammengebaut werden konnten, nicht allein schon wegen ihrer gleichen Grösse verboten worden[1904]. Aus diesem Grunde kann in der Regel auch nicht verhindert werden, dass Fabrikanten Geräte bauen, für welche bereits auf dem Markt befindliches Verbrauchsmaterial[1905] Verwendung findet, oder wenn von Dritten Zubehör hergestellt wird, das sich

---

[1899] BGE 79/1953 II 316: Schnurschalter; HGer ZH in SJZ 60/1964 11 Nr. 1: Stützisolatoren; HGer ZH in ZR 64/1965 Nr. 149: Melitta-Filter.
[1900] BGE 84/1958 II 583: Cosy, 105/1979 II 301: Sarcar; BGer in Mitt. 1962 159: Lego/Diplom.
[1901] BGE 83/1957 II 159: Dublo/Fleuro, 108/1982 II 327: Lego III.
[1902] BGE 79/1953 II 316: Zwischenschalter, 95/1969 II 478: Brief-Milchkasten.
[1903] BGE 87/1961 II 54: Mofor-/Anuba-Band.
[1904] BGer in Mitt. 1961 71: Lego I, BGer in Mitt. 1962 157: Lego II.
[1905] Z.B. Batterien, Filme, Kassetten usw.

zu bekannten Markenprodukten verwenden lässt[1906]. In solchen Fällen darf sogar ausdrücklich erwähnt werden, dass sich das betreffende Fabrikat zur Verwendung mit einem Fabrikat anderer Herkunft («passend für ...») eigne[1907].

3. Sprachliches und grafisches Gemeingut

Während technisches Gemeingut nur innerhalb der beschriebenen Schranken von der Konkurrenz übernommen werden darf, bestehen keine ähnlichen Grenzen für das sprachliche und grafische Gemeingut. Solches darf von jedermann frei benutzt werden. Selbst sprachliche Neuschöpfungen oder erstmals verwendete Ausdrücke dürfen von der Konkurrenz übernommen werden, wenn sie lediglich den Charakter einer Sachbezeichnung haben[1908]. Dieses Recht wird auch nicht geschmälert, wenn bereits eine ähnliche Marke hinterlegt ist. Die Praxis hat sich auf den plausiblen Standpunkt gestellt, dass die Verwendung einer unter dem Gesichtspunkt des Markenrechtes zulässigen Sachbezeichnung auch unter dem Gesichtspunkt des Lauterkeitsrechts nicht verwehrt werden könne; wer eine Marke wähle, die an eine gemeinfreie oder gemeinfrei gewordene Sachbezeichnung anklinge und darum ein so genanntes schwaches Zeichen darstelle, habe die Folgen davon hinzunehmen. So wurden die folgenden Bezeichnungen als frei verwendbar erklärt:
– die Sachbezeichnung Clip für bestimmte Reissverschlüsse trotz der entgegenstehenden Marke Clix (BGE 80/1954 II 173);
– die Sachbezeichnung Spandex für elastomere Kunstfasern trotz der entgegenstehenden Marke Spandon (BGE 94/ 1968 II 48);
– die Milchsorte Up trotz der entgegenstehenden Marke «7 up» (HGer ZH und BGer in ZR 71/1972 Nr. 37);
– die geografische Bezeichnung Brasilia für Zigarren trotz der entgegenstehenden Marke Brasilva (HGer SG in SJZ 69/1973 25 Nr. 14).

Diese Praxis ist nicht selbstverständlich. So hatte das Bundesgericht im Jahre 1953 auf Klage der Inhaberin der Marke «Scandale» die Frage zu beurteilen, ob ein Konkurrent berechtigt sei, die französische Sachbezeichnung «Sandal» für Socken, die zu Sandalen zu tragen sind, durch typographische Mittel so herauszustellen, dass an das Vorhandensein einer Marke «Sandal» ge-

---

[1906] Z.B. Staubsaugersäcke, Autoteile usw.; BGE 73/1947 II 196: Rasierklingen.
[1907] Vgl. vorne Kap. II.D.2.b), S. 116.
[1908] BGE 54/1928 II 407: Rachenputzer, 84/1958 II 227: Trois plants für Weine, 87/1961 II 350: Einfach-Reinigung, 95/1969 II 467: Super.

glaubt werde. Das Bundesgericht schützte die Klage und verbot dem Konkurrenten, die Bezeichnung «Sandal» anders denn als Synonym «für die Sandale» zu gebrauchen[1909]. Auch das Handelsgericht des Kantons Zürich verbot anfänglich auf Klage des Inhabers der Marke «Clix» die schlagwortartige Hervorhebung des Wortes «Clip», doch wurde dieses Urteil durch das Bundesgericht ohne Hinweis auf die frühere Rechtsprechung gekehrt[1910]. Im Jahre 1956 hat das Bundesgericht sodann die Benützung der Bezeichnung «Schwarzenburger» zur Kennzeichnung von Mineralwässern aus Schwarzenburg verboten, aber deren Verwendung in beiläufiger Form als Hinweis auf die Herkunft aus dem Amt Schwarzenburg jedoch gestattet[1911].

Sicher soll die Beschreibung der eigenen Produkte nicht durch die Monopolisierung bestimmter Ausdrücke erschwert werden. Namentlich sollen eigentliche Produktenamen wie Brot, Schuhe, Kleider, Wolle, Baumwolle[1912] zur Verwendung als Warenbezeichnung durch alle Konkurrenten freigehalten werden. Ist es aber notwendig, dass auch Qualitätsangaben oder andere beschreibende Angaben, wie beispielsweise Prima, Super oder Rachenputzer zur schlagwortartigen Warenbezeichnung aller freigehalten werden, wo doch auch die gebräuchlichen Ausdrücke wie Tafelschokolade, Zigaretten oder Hustenbonbons zur Verfügung stehen? Selbstverständlich soll niemand daran gehindert werden, zu sagen, sein Produkt sei prima oder super, doch besteht kein Bedürfnis, diese Eigenschaftswörter als eigentliche Warennamen freizuhalten. Wer eine Tafelschokolade unter dem Namen Prima anbietet, sollte sich daher dagegen zur Wehr setzen können, dass das gleiche Wort auch zur Bezeichnung einer Tafelschokolade anderer Herkunft verwendet wird. An der Verwendung des Wortes prima zur Qualitätsbeschreibung irgendwelcher Produkte würde dies nichts ändern. Zu Recht hat daher das Bundesgericht im Jahre 1955 die Nachahmung des Bestandteils «Studio» in der Geschäftsbezeichnung eines Kinotheaters untersagt. Dabei ist Studio Sachbezeichnung für irgendwelche Räumlichkeiten und steht als solche im Gemeingut. Das Bundesgericht hielt sie aber zur Beschreibung von Kinos entbehrlich, so dass sie von einem Konkurrenten monopolisiert werden durfte[1913]. Ebenso scheint bei Hotelnamen selbstverständlich, dass sie nicht zweimal im gleichen Ort verwendet werden dürfen, selbst wenn sie rein beschreibend sind (Parkhotel, Waldhaus, Du Lac, Hotel Zürich usw.). Gleiches sollte auch in anderen Branchen gelten. So ist nicht einzusehen, warum die originelle Umschreibung

---

[1909] BGE 79/1953 II 221: Scandale.
[1910] BGE 80/1954 II 173: Clix.
[1911] BGE 82/1956 II 35: Weissenburger.
[1912] BGE 64/1938 II 248: Wollen-Keller.
[1913] BGE 81/1955 II 470: Ciné-Studio.

«Rachenputzer» für Hustenbonbons nicht schutzfähig sein sollte[1914], während andererseits das nahe liegende Wort «Fiducia» zur Benennung einer Treuhandgesellschaft als entbehrlich und damit als schutzfähig betrachtet wurde[1915]. In Bezug auf Geschäftsfirmen, die ausschliesslich aus gemeinfreien Bestandteilen bestehen, ist das Bundesgericht sogar noch einen Schritt weiter gegangen und hat ihnen diskussionslos einen Lauterkeitsrechtlichen Schutz zugestanden, obwohl weder Verkehrsgeltung noch Originalität nachgewiesen waren[1916].

Dem Bestreben, auch die nicht schützbare Leistung eines Wettbewerbers zu honorieren, kommen die Grundsätze der Kommission für die Lauterkeit in der Werbung entgegen. Gemäss Grundsatz Nr. 3.8 ist die Nachahmung jeglicher werblicher Gestaltung unlauter, wobei keine Einschränkung auf die durch Kennzeichnungsrechte geschützte Werbung gemacht wird. Die Lauterkeitskommission erklärt denn auch Nachahmungen schon dann als unlauter, wenn sie sich nur auf einzelne, aber wesentliche Elemente des Werbemittels, wie Headline, Layout, Signet, Bildfolge bei Filmen usw. bezieht. Die Auffassung der Lauterkeitskommission deckt sich damit mit der Praxis der Gerichte zur Verwendung von technischem Gemeingut. Es besteht kein Anlass, bei der Übernahme von Gemeingut andere Massstäbe anzuwenden, je nachdem, ob es sich um technisches, sprachliches oder grafisches Gemeingut handelt.

Genau so wenig wie das Patentrecht gewährleisten will, dass alle nicht unter Patentschutz gestellten technischen Massnahmen nachgeahmt werden dürfen, so wenig sieht auch das Markenrecht vor, dass alle nicht schützbaren Wort- oder Bildzeichen frei verwendet werden dürfen.

D. Schutz des Arbeitsergebnisses

Literatur: Jürg *Purtschert,* Der Schutz des unmittelbaren Ergebnisses einer Arbeits- oder Unternehmensleistung, Diss. FR 1974; Kaspar *Spoendlin,* Gedanken zum Rechtsschutz der Geisteserzeugnisse wissenschaftlicher oder technischer Art, BJM 1976 259–285; François *Perret,* La protection des prestations en droit privé suisse, ZSR 96/1977 II 201–287; Bernard *Dutoit,* La concurrence parasitaire en droit comparé, RIC 142/1981 8–13; Jean-Pierre *Baud,* L'article 5 lit. c LCD et la copie servile de la forme d'un produit, SJZ 84/1988 280–283; Eric *Golaz,* L'imitation servile des produits et de leur présentation,

---

[1914] BGE 54/1928 II 407: Rachenputzer.
[1915] BGE 80/1954 II 142: Fiducia.
[1916] BGE 100/1974 II 229: Aussenhandel AG.

Genève 1992; Markus *Fiechter,* Der Leistungsschutz nach Art. 5 lit. c UWG, Diss. SG 1992; Lucas *David,* Ist der Numerus clausus der Immaterialgüterrechte noch zeitgemäss?, AJP 1995 1403–1410; Andreas *Jenny,* Die Nachahmungsfreiheit, Diss. ZH 1997.

1. Grundsatz

Das Arbeitsergebnis wird in erster Linie durch Patentrecht, Urheberrecht sowie Muster- und Modellrecht geschützt. Finden diese drei Rechtsinstitute keine Anwendung, heisst das jedoch noch nicht unbedingt, dass ungeschützte Werke unbehelligt nachgemacht und weiter verwendet werden dürften. So haben vor allem die verbreiteten Raubdrucke und die Tonträgerpiraterie gezeigt, dass das Arbeitsergebnis wo nötig auch ausserhalb von Patentrecht und Urheberrecht zu schützen ist.

Das Lauterkeitsrecht konnte und wollte jedoch weder einen Investitions- noch einen schrankenlosen Imitationsschutz gewähren. Zwar war es anfänglich vorab als Recht zur Förderung des Leistungswettbewerbs konzipiert worden: Der Konkurrenzkampf sollte mit der eigenen, positiven Leistung geführt werden, und Trittbrettfahren sollte verpönt sein. Doch wollte es ebenso wenig den Wettbewerb behindern und die Leistung per se schützen, im Bewusstsein, dass jede Kultur auf nachschaffende Tätigkeit angewiesen war. Modetrends und Stilrichtungen können sich ja nur deshalb entwickeln, weil sich jeder Branchenangehöriger immer wieder an den Leistungen seines Konkurrenten orientiert; es kann schlechterdings nicht erwartet werden, dass das Rad jedes Mal wieder neu erfunden wird. Das Nachahmen wurde daher einzig insofern untersagt, als es bestimmt oder geeignet war, Verwechslungen mit den Leistungen eines anderen herbeizuführen[1917]. Die Praxis betonte denn auch, dass die Nachahmung einer fremden Ware frei sei, sobald sie von den Sondergesetzen über den gewerblichen Rechtsschutz (Patentgesetz, Muster- und Modellgesetz, Markenschutzgesetz) nicht oder nicht mehr erfasst wird[1918].

[1917] Art. 1 Abs. 2 lit. d altUWG 1943, jetzt Art. 3 lit. d UWG.
[1918] BGE 104/1978 II 334: Bata-Stiefel, 105/1979 II 301: Monsieur Pierre, BGer in Mitt. 1980 159: Tank L.C. Cartier.

2. Direkte Leistungsübernahme

Das neue Gesetz gegen den unlauteren Wettbewerb vom 19.12.1986 suchte das Dilemma zwischen notwendiger Nachschaffung und verpönter Imitation insofern zu lösen, als es einen neuen Spezialtatbestand gegen die Verwertung fremder Leistung und insbesondere zum Schutz des Arbeitsergebnisses durch technische Reproduktionsverfahren schuf[1919]. Verboten ist die Übernahme und Verwertung fremder Leistungen mittels technischer Reproduktionsverfahren[1920]. Zu denken ist an das Abkupfern von fremden Formgebungen, das Fotokopieren oder Herunterladen fremder Abbildungen und Texte etc. Unlauter ist daher nicht das Ergebnis, sondern die Art oder der Weg, wie man dieses Ergebnis erreicht hat. Die Verwendung herkömmlicher Techniken, wie das Ausmessen, Abschreiben oder Eingeben von Hand, ist nicht unlauter, wohl aber der Einsatz moderner analoger oder gar digitaler Kopierverfahren, die eine bedeutende Arbeitserleichterung und Ersparnis bringen.

3. Schmarotzertum

a) Anlehnende Werbung

Soweit einzelne Produkte patentrechtlich nicht geschützt sind, dürfen sie nachgeahmt werden, wenn die Formgebung nicht sklavisch übernommen wird. Gerade Lebensmittel usw. werden aber oft nicht wegen ihres Aussehens, sondern wegen ihres Geschmackes gekauft. Dies führt dazu, dass Rezepturen der Konkurrenz nach Möglichkeit analysiert, nachgemacht und unter anderer Aufmachung in Verkehr gebracht werden.

Die Übernahme fremder, patentfreier Rezepturen und Konstruktionen ist so lange erlaubt, als dadurch nicht vom Goodwill des nachgemachten Produktes profitiert wird. Dies wäre dann der Fall, wenn zur besseren Einführung des eigenen Produktes auf das bekannte, ältere Produkt verwiesen würde. So werden gelegentlich bei der Einführung eines neuen Produktes keine Angaben über dessen Beschaffenheit gemacht, sondern es wird auf die als bekannt vorausgesetzten Eigenschaften eines Konkurrenzproduktes offen oder ver-

---

[1919] Art. 5 lit. c UWG.
[1920] Diese war freilich schon unter dem alten Gesetz unstatthaft, vgl. HGer ZH in SJZ 66/1970 327 Nr.141 = GRUR Int. 1970 358: Geschichte der römischen Literatur, HGer SG in SJZ 79/1983 130 Nr. 21: Katalogfoto, HGer SG in SMI 1987 94: Katalogfotos II; anders jedoch BezGer Bülach in SMI 1990 196: Katalogfoto III.

steckt Bezug genommen und das eigene Erzeugnis damit als Ersatzprodukt für das fremde hingestellt. Das Bundesgericht betrachtet ein solches Vorgehen zu Recht als unlauter, da es darauf abzielt, den guten Ruf des Mitbewerbers und seines auf dem Markte eingeführten Erzeugnisses der eigenen Werbung dienstbar zu machen, was aufgrund des Gesetzes gegen den unlauteren Wettbewerb unzulässig ist[1921].

b) Systematische Nachahmung

Unzulässig ist das planmässige und fantasielose Kopieren einer Mehrzahl von nicht schützbaren Werbeanstrengungen des Konkurrenten. So liesse sich der Fall denken, dass ein Getränkehersteller neue Geschmacksaromen einführt, neue Flaschen auf den Markt bringt, neue Verschlüsse lanciert, Werbung auf bestimmten Produkten Dritter (z.B. Sonnenschirme) betreibt und bestimmte Zugaben abgibt und dass diese im Einzelnen nicht schützbaren Werbeanstrengungen von einem Konkurrenten Punkt für Punkt kopiert werden[1922]. Etwas Derartiges ist auch im schweizerischen Recht unzulässig, obwohl das Bundesgericht diese Frage lange offen gelassen hat[1923]. So wurde etwa das unbefugte Nachdrucken einer ganzen Anzahl ungeschützter Texte oder die vollständige Kopie eines ganzen Möbelprogramms bestehend aus sieben Stühlen, Polstersesseln und Sofas verurteilt[1924]. Zu Recht ist denn auch gesagt worden[1925], es sei sicher harmloser, wenn jemand eine einzige Verpackung allzu genau kopiere und deshalb wegen konkreter Verwechslungsgefahr belangt werden könne, als wenn jemand ein Dutzend fremde Verpackungen in raffinierter Weise bis an die Grenze des Zulässigen nachahme und sie damit in immer wieder «fast» unzulässigen Einzelaufmachungen wiederhole. Das planmässige Schmarotzertum nützt den Ruf des Konkurrenten genauso missbräuchlich aus wie die einmalige direkte Nachahmung[1926].

[1921] Art. 3 lit. e UWG; vgl. aber schon BGE 102/1976 II 296: Lattoflex.
[1922] Vgl. z.B. GRUR 1965 602: Sinalco.
[1923] BGE 95/1969 II 199: Tobler Mint, 469; Brief-Milchkasten; jetzt bejaht in BGE 104/1978 II 334: Panda, 105/1979 II 302: Monsieur Pierre, 108/1982 II 75: Rubik's Cube, 108/1982 II 332: Lego III.
[1924] OGer ZH in ZR 83/1984 Nr. 106 E.5b: Briefe an das Personal; BGE 113/1987 II 202: Möbel Le Corbusier.
[1925] *Kummer* in ZBJV 107/1971 228.
[1926] Vgl. BGE 79/1953 II 191: de Trey.

c) Unkorrektes oder hinterlistiges Verhalten

Die Häufung von Unkorrektheiten, welche jede für sich allein noch nicht unlauter zu sein braucht, kann ebenfalls ein unlauteres Gesamtbild im Sinne der Generalklausel des Lauterkeitsrechts[1927] entstehen lassen. Die Unlauterkeit liegt dabei im quantitativen Aufwand, mit welchem versucht wird, Konkurrenten oder Konsumenten übers Ohr zu hauen. Das Bundesgericht umschreibt ein solches Verhalten als arglistiges oder sonst wie unkorrektes Vorgehen[1928].

Wer beispielsweise Waren unter Vorgabe unrichtiger Motive zu kaufen versucht, begeht zwar keinen unlauteren Wettbewerb. Wenn sich aber daran eine weitere Unkorrektheit anschliesst (z.B. Kopieren), kann das Gesamtbild unlauter werden. Wer Gegenstände nachahmt (was für sich allein nicht unlauter zu sein braucht), welche er durch Täuschung des Lieferanten oder durch Bruch einer ausdrücklichen oder stillschweigenden Geheimhaltungspflicht erhalten hat, begeht insgesamt unlauteren Wettbewerb. Unlauter war daher etwa der Nachbau einer Maschine durch einen Unternehmer, der für den Besteller einen Prototyp anfertigte[1929], oder das Nachahmen von Dessins für Kleiderstoffe, die zur Bemusterung verlangt, aber zum Kopieren verwendet wurden[1930].

[1927] Art. 2 UWG.
[1928] Procédés astucieux ou incorrects, vgl. BGE 105/1979 II 301: Monsieur Pierre.
[1929] BGE 77/1951 II 263: Strassenhobel.
[1930] BGE 90/1964 II 56: Kleiderstoffe, zustimmend BGE 113/1987 II 322: Metallgestelle.

XVIII. Durchsetzung der Vorschriften über das Werbe- und Vertriebsrecht

Literatur: Lucas *David,* Der Rechtsschutz im Immaterialgüterrecht, 2. Aufl., Basel 1998.

A. Die Tätigkeit von Verwaltungsbehörden

1. Lebensmittelkontrolle und Gesundheitspolizei

Auf Bundesebene beschäftigt sich das Bundesamt für Gesundheit (BAG) mit der Aufsicht über die Lebensmittel. Dieser Behörde steht unter anderem die Aufgabe zu, Sachbezeichnungen für neue Lebensmittel, die Behandlung mit neuen physikalischen Verfahren sowie Ergänzungsnahrungen und bestimmte Lebensmittel für Säuglinge und Kleinkinder zu bewilligen. Soweit die Bewilligungen unbefristet sind, können sie nur bei Vorliegen besonderer Gründe widerrufen werden[1931]. Praxisverschärfungen des Bundesamtes in Bezug auf bereits in Verkehr befindlichen Lebensmitteln können nur durchgesetzt werden, wenn ein besonders gewichtiges öffentliches Interesse dafür spricht. Die Verfügungen des Bundesamts können in erster Instanz beim Departement und in zweiter beim Schweizerischen Bundesgericht angefochten werden.

Auf kantonaler Ebene wird die Einhaltung der Vorschriften der Lebensmittel- und Giftgesetzgebung durch die Kantonschemiker, die kantonalen Lebensmittelinspektoren und die örtlichen Gesundheitsbehörden kontrolliert. Damit steht den Behörden eine ausgebildete, wenn auch oft personell schlecht dotierte Verwaltungspolizei zur Verfügung, welche nicht nur vom Büro aus Verfügungen erlässt, sondern vor allem an Ort und Stelle die Einhaltung der Vorschriften und Verfügungen überwacht.

Die Organe der Lebensmittelpolizei sind in erster Linie darauf ausgerichtet, bei den von ihnen kontrollierten Lebensmitteln und Chemikalien Gefährdungen für die Gesundheit zu erkennen und zu verhindern. Erst in zweiter Linie

---

[1931] BGE 100/1974 Ib 302: Diätbier.

wird ermittelt, ob sie auch zu Täuschungen Anlass geben. Dabei mag ihnen noch auffallen, wenn eine Ware mit täuschenden Qualitätsangaben versehen ist; bezieht sich aber die Täuschung auf die Quantität, für welche das Amt für Mass und Gewicht zuständig wäre, so durchläuft sie die Lebensmittelkontrolle unbemerkt.

Auf dem Gebiete der Arzneimittel prüft das Schweizerische Heilmittelinstitut in Bern die Zulässigkeit neuer Arzneimittel und bewilligt deren Vertrieb.

In den Kantonen untersteht die Arzneimittelkontrolle gewöhnlich dem Kantonsapotheker und dem Heilmittelinspektor. Hier stehen den Behörden somit spezialisierte Fachkräfte zur Verfügung, welche in der Lage sein sollten, die Einhaltung der vielfältigen Bestimmungen, die Arzneimittel betreffen, zu überwachen.

2. Eidenössisches Institut für Geistiges Eigentum

Literatur: Jaques *Guyet,* Le contentieux administratif de la propriété industrielle, Revue genevoise de droit public 1/1970 179–199.

Das Eidgenössische Institut für Geistiges Eigentum (IGE) hat die absoluten Schutzvoraussetzungen einer Marke vor deren Eintragung zu prüfen. Grundsätzlich lassen sich drei Hauptgruppen von Eintragungshindernissen unterscheiden, nämlich das Fehlen der Markeneigenschaft, das Fehlen der Kennzeichnungskraft und der Verstoss der Marke gegen die guten Sitten.

Während die ersten zwei Gruppen sich nur auf die Eintragung der Marke, nicht aber auf deren Gebrauch beziehen, könnte man der Auffassung sein, dass eine gegen die guten Sitten verstossende Marke auch nicht gebraucht werden darf und die Behörden dies kontrollieren würden. Dem ist jedoch nicht so. Wenn das Institut für Geistiges Eigentum die Täuschungsgefahr einer angemeldeten Marke feststellt, so hat es damit sein Bewenden. Niemand kümmert sich in der Folge darum, ob diese Täuschungsgefahr vom Hinterleger nicht ausserhalb des Markenrechtes verwirklicht wird. Aus dem Umstand, dass sich die Markenhinterleger gegen Einschränkungen ihrer Markenanmeldungen vehement zur Wehr setzen, darf jedoch geschlossen werden, dass sie sich nicht leichthin über die vom Institut für Geistiges Eigentum attestierte Täuschungsgefahr hinwegsetzen, sondern die vom jeweiligen Markenprüfer gewünschten Einschränkungen der Warenliste auch in der Praxis durchführen. Denn was hätte es beispielsweise für einen Sinn, sich dagegen zu wehren, dass in die Warenliste der Marke «Tour de Suisse» nur einheimische Fahrzeuge aufgenommen werden, wenn man ohnehin beabsichtigen würde, unter dieser Marke auch Importfahrzeuge zu verkaufen[1932]?

Die Prüfung des Instituts erfolgt nur bei der Ersthinterlegung, nicht aber bei der jeweils nach zehn Jahren fälligen Verlängerung einer Marke. Ausserhalb des Eintragungsverfahrens darf das Institut jedoch nicht einmal in besonders schwer wiegenden Fällen eine Löschung oder Einschränkung einer Marke vornehmen. Selbst wenn das öffentliche Interesse eine solche erheischen sollte, können weder das Institut noch das Justiz- und Polizeidepartement eine Änderung der fraglichen Registereintragung von Amtes wegen veranlassen[1933].

Auf Wunsch eines Interessenten führt das Institut auch eine Ähnlichkeitsrecherche nach älteren Drittrechten durch, die einer neu anzumeldenden Marke hinderlich sein könnten. Es werden alle Marken eruiert, die im schweizerischen oder internationalen Register bereits eingetragen oder in der Schweiz hinterlegt, aber noch nicht eingetragen worden sind. Die Rechercheergebnisse sind im Allgemeinen recht vollständig und zuverlässig.

Erfüllt eine Marke sämtliche Eintragungserfordernisse, wird sie vom Institut ohne weiteres im Markenregister eingetragen, selbst wenn das Institut überzeugt ist, dass die von ihm eingetragene Marke eine ältere verletzt und daher nichtig ist. Das Institut wird daher verpflichtet, von ihm auch a priori als nichtig erkannte Marken ins Register aufzunehmen[1934].

Auch bei den beim Institut für Geistiges Eigentum hinterlegten Mustern und Modellen führt es nur eine beschränkte Prüfung durch. Bei versiegelten Hinterlegungen kann ohnehin nur eine formelle Prüfung des Hinterlegungsgesuches stattfinden; erfolgt die Hinterlegung offen oder wird eine versiegelte Hinterlegung bei der Verlängerung der Schutzdauer in eine offene Hinterlegung umgewandelt, wird auch überprüft, ob das hinterlegte Objekt seiner Natur nach ein Muster oder Modell im Sinne des Gesetzes ist und ob es nicht gegen bundesgesetzliche Vorschriften, gegen Staatsverträge oder gegen die guten Sitten verstösst[1935].

Zusammenfassend kann gesagt werden, dass das Institut für Geistiges Eigentum einen wesentlichen Beitrag zur Durchsetzung der mit Marken, Mustern und Modellen zusammenhängenden Vorschriften leistet. Seine Kognitionsbefugnis ist jedoch auf den Schreibtisch beschränkt. Ob seinen Auffas-

---

[1932] BGer in PMMBl 10/1971 I 85: Tour de Suisse.
[1933] Anders noch Art. 16bis altMSchG 1890; Anwendungsfälle: BGE 70/1944 I 102: S.O.S., EJPD in PMMBl 23/1984 I 57: Mari Juana.
[1934] Art. 11 Abs. 2 MSchV.
[1935] Rechtsauskunft AGE in PMMBl 15/1976 I 44.

sungen in Handel und Gewerbe nachgelebt wird, kann weder das Institut noch eine andere Amtsstelle überprüfen.

3. Eidgenössisches Handelsregisteramt und kantonale Handelsregisterführer

Literatur: Roland *Bühler*, Verfahrensgrundlagen der handelsregisterlichen Firmenprüfung, SAG 55/1983 169–174; Manfred *Küng*, Die Prüfungspflicht des Handelsregisterführers in materiellrechtlichen Fragen, SZW 62/1990 41–47; Clemens *Meisterhans*, Prüfungspflicht und Kognitionsbefugnis der Handelsregisterbehörde, Zürich 1996.

Grundsätzlich ist es Sache des kantonalen Handelsregisterführers, zu prüfen, ob die Voraussetzungen für die von ihm vorzunehmende Eintragung im Register nach Gesetz und Verordnung gegeben sind[1936]. Alle Eintragungen sind jedoch vom Eidg. Amt für das Handelsregister zu genehmigen[1937], weshalb die Registerführer in der Regel eine Eintragung erst vornehmen, wenn das Eidg. Amt seine Genehmigung durch Publikation der Eintragung im Schweizerischen Handelsamtsblatt bekannt gegeben hat oder wenn es dem Registerführer bestätigt hat, dass die noch nicht veröffentlichte Eintragung genehmigt worden ist und er zur Erstellung von Registerauszügen ermächtigt worden ist.

Da nur das Eidg. Amt für das Handelsregister über einen Überblick über sämtliche im schweizerischen Zentralregister eingetragenen Geschäftsfirmen verfügt, kann nur es entscheiden, ob sich eine neu einzutragende Firma von den bereits eingetragenen genügend unterscheidet und ob keine gleich lautende Firma bereits eingetragen ist.

Im Übrigen sind die Beurteilung der Zulässigkeit einer Firma und namentlich die Handhabung der Grundsätze der Firmenwahrheit und Firmenklarheit in erster Linie Sache des zuständigen kantonalen Handelsregisterführers. Dieser entscheidet jedoch in der Regel nicht ohne Rücksprache mit dem Eidg. Amt für das Handelsregister. Da es bei der Eintragung einer neuen Firma oft eilt, unterziehen sich die meisten Anmelder den ihnen von den Handelsregisterämtern auferlegten Bedingungen und sehen von einem langwierigen Beschwerdeverfahren ab. Beschwerdeentscheide über die Zulässigkeit von Firmen sind daher verhältnismässig selten. Die Vorschriften über die Wahr-

---

[1936] Art. 940 Obligationenrecht (OR, SR 220); Art. 21 Handelsregisterverordnung (HRegV, SR 221.411).
[1937] Art. 115 Abs. 1 Handelsregisterverordnung (Fn 1936); BGE 91/1965 I 361: Dürheim.

heit der Eintragungen müssen jedoch nicht nur im Moment der Eintragung selbst erfüllt sein, sondern während der ganzen Dauer des Fortbestehens eines Unternehmens. Stellt sich nach erfolgter Eintragung heraus, dass Firmenname, Firmenzusätze oder Angaben über die Geschäftsnatur nicht mehr den Anforderungen an Wahrheit und Klarheit entsprechen, so hat der kantonale Handelsregisterführer eine angemessene Frist zur Wiederherstellung des gesetzlichen Zustandes anzusetzen[1938]. Dieses Verfahren kommt nicht nur zur Anwendung, wenn seit der Eintragung neue Tatsachen eingetreten sind, sondern auch dann, wenn die Firma von Anfang an nicht hätte eingetragen werden dürfen[1939]. Eine Eintragung kann daher widerrufen werden, wenn sie unwahr ist, täuschend wirkt oder dem öffentlichen Interesse widerspricht. Beim Entscheid sind allerdings die auf dem Spiel stehenden Interessen gegeneinander abzuwägen, doch überwiegt nach ständiger Rechtsprechung das öffentliche Interesse an der Beseitigung eines gesetzwidrigen Firmeneintrags gegenüber dem privaten Interesse des Inhabers an dessen Beibehaltung[1940]. Erfolgt auf die Aufforderung zur Löschung oder Änderung keine schriftliche Reaktion, so hat der Registerführer das Register von Amtes wegen zu bereinigen; macht aber das betroffene Unternehmen schriftlich Weigerungsgründe geltend, so hat er die Angelegenheit seiner Aufsichtsbehörde zum Erlass eines begründeten und beschwerdefähigen Entscheides zu überweisen[1941].

Auch das Eidg. Amt für das Handelsregister führt Nachforschungen über verwechselbare ältere Firmen von Kapitalgesellschaften durch.

4. Switch, Registrierungsstelle für Domain Namen

Die Switch (Swiss Academic and Research Network)[1942] ist eine im Jahre 1987 gegründete Gemeinschaftsstiftung der Eidgenossenschaft mit den acht Universitätskantonen. Aufgrund einer Konzession[1943] vergibt sie die Country

---

[1938] Art. 38 Abs. 2 i.V.m. Art. 60 Handelsregisterverordnung (Fn 1936).
[1939] BGE 65/1939 I 274: Neue zahnärztliche Privatklinik, 82/1956 I 44: Schweizerische Prospektzentrale, 100/1974 Ib 34 E.6: Ecole polytechnique par correspondance; BGer. in SMI 1986 298: Fahnenaktion.
[1940] BGE 105/1979 II 142 E.5 c: BIS, Services et travail temporaire; BGer in SMI 1986 298: Fahnenaktion.
[1941] Art. 60 Abs. 2 und 3 Handelsregisterverordnung (HRegV, SR 221.411).
[1942] Switch – Teleinformatikdienste für Lehre und Forschung, c/o Schweiz. Hochschulkonferenz, Bern; Geschäftsstelle: Limmatquai 138, 8001 Zürich. URL-Adresse: <www.switch.ch> (englisch) und <www.nic.ch/de> (mehrsprachig).
[1943] Erteilt von der ICANN, Internet Corporation for Assigned Names and Numbers, 4676 Admiralty Way, Suite 330, Marina del Rey, CA 90292; früher NSI.

Code Top Level Domains (CCTLD) für die Schweiz (.ch) und Liechtenstein (.li). Sie versteht sich als bloss technisches Organ, das die eingehenden Registrierungsgesuche in chronologischer Reihenfolge behandelt. Die Antragsteller müssen zur Kenntnis nehmen, dass die Stiftung nicht als Schiedsrichterin bei Streitigkeiten auftreten kann und auch nicht von sich aus irgendwelche Einträge ändert, selbst wenn die fehlende Berechtigung des Inhabers offensichtlich ist. Stattdessen werden die Konfliktparteien an die Gerichte verwiesen und jene aufgefordert, eine schriftliche und unterzeichnete Vergleichserklärung oder einen Gerichtsbeschluss beibringen, der den Streit zugunsten einer der beiden Parteien entscheidet.

5. Zollverwaltung

Literatur: Lucas *David*, Hilfeleistung der Zollverwaltung zum Schutz des geistigen Eigentums, SMI 1995 207–213; Thomas *Sauber*, Missbräuchliche Inanspruchnahme der Hilfeleistung der Zollverwaltung bei Parallelimporten am Beispiel des Parfum- und Kosmetikmarktes, SMI 1996 23–30; *Eidg. Oberzolldirektion,* Merkblatt zum Antrag auf Hilfeleistung der Zollverwaltung (Markenschutz), Februar 1997.

Die Zollämter sind verpflichtet, bei der Zollrevision entdeckte Waren, die strafbare pornografische oder Gewaltdarstellungen enthalten[1944], vorläufig zu beschlagnahmen und der zuständigen Staatsanwaltschaft zu übermitteln; diese entscheidet nach kantonalem Prozessrecht über die definitive Beschlagnahme[1945]. Ebenfalls überwachen die Zollämter in Zusammenarbeit mit dem der Zolldirektion angegliederten Zentralamt für Edelmetallkontrolle die Einfuhr, Ausfuhr und Durchfuhr von Edelmetallwaren, Uhren und Uhrgehäusen[1946].

Internationale Abkommen, denen die Schweiz schon gegen Ende des 19. Jahrhunderts beigetreten ist, empfehlen den Mitgliederländern, bei der Einfuhr auch Erzeugnisse zu beschlagnahmen, die eine falsche oder irreführende Herkunftsangabe tragen[1947]. Die schweizerische Zollverwaltung kann die Freigabe solcher Waren jedoch erst seit 1993 verweigern und auch das nur, wenn der an einer Herkunftsangabe Berechtigte oder ein klageberechtigter

---

[1944] Art. 135 und Art. 197 Ziff. 3 Strafgesetzbuch (StGB, SR 311.0).
[1945] Art. 36 Abs. 4 Zollgesetz (ZG, SR 631.0); Art. 55 V zum Zollgesetz (ZV, SR 631.01) ist heute überholt.
[1946] Art. 20–22a Edelmetallkontrollgesetz (EMKG, SR 941.31), Art. 33 Edelmetallkontrollverordnung (EMKV, SR 941.311).
[1947] Art. 10 Abs. 1 Pariser Verbandsübereinkunft (PVÜ, SR 0.232.04), Art. 1 Abs. 1 Madrider Herkunftsabkommen (MHA, SR 0.232.111.13).

Berufs- oder Wirtschaftsverband einen entsprechenden Antrag stellt; von Amtes wegen erfolgt einzig ein Hinweis an die Fédération Horlogère (FH) bei der Feststellung verdächtiger Uhren mit dem Vermerk «Swiss made».

Seit 1993 dürfen die Zollbehörden auf Antrag eines Berechtigten auch Waren, die eine Marke oder ein Urheberrecht verletzen, während bis zu vier Wochen zurückbehalten und seit 1995 auch solche, die ein Muster- oder Modellrecht verletzen. Gleichzeitig wird dem Antragsteller Gelegenheit gegeben, die zurückbehaltenen Waren zu besichtigen und vorsorgliche Massnahmen beim zuständigen Richter zwecks Beschlagnahme zu erwirken[1948]. Diese Hilfeleistung der Zollverwaltung ist ausserordentlich effizient, wird aber leider noch von viel zu wenig Schutzrechtsinhabern genutzt.

6. Die Post

Im Jahre 1923 hat der Gesetzgeber der Post eine theoretisch immer noch gültige Kontrollpflicht hinsichtlich des Lotteriewesens auferlegt[1949]. Diese wird aber von der Post schon längst nicht mehr wahrgenommen, da die Bekämpfung unerwünschter Lotterien nicht auf dem Wege der postalischen Kontrolle zu geschehen hat. Auch sind die Poststellen nicht mehr verpflichtet, Sendungen mit Zeichen oder Worten unsittlicher Natur zurückzuweisen.

Der Bund ist auch schon eingeladen worden, zur Bekämpfung der Kurpfuscher-Reklame von der Post beförderte Reklame-Aktionen den kantonalen Behörden auszuliefern oder zu beanstandende Drucksachen generell von der Postbeförderung auszuschliessen. Das Eidg. Verkehrs- und Energiedepartement hat ein solches Ansinnen zu Recht mit dem Hinweis abgelehnt, die Mitwirkung der Post zur Verhinderung von Polizeiübertretungen sei wesensfremd und die Bekämpfung unerwünschter oder unerlaubter Reklame sei auf kantonaler Ebene anzustreben[1950]. Die heutige Wertung der Interessen ergibt denn auch, dass die Post höchstens zur Ermittlung oder Verhinderung von Verbrechen und allenfalls noch von Vergehen gegen den Staat, die Landesverteidigung und die Wehrkraft des Landes beigezogen werden soll, nicht

---

[1948] Art. 70–72 Markenschutzgesetz (MSchG, SR 231.11), Art. 75–77 Urheberrechtsgesetz (URG; SR 231.1), Art. 33a–33c BG betr. die gewerblichen Muster und Modelle (MMG, SR 232.12).

[1949] Art. 35 ff. BG betr. die Lotterien und gewerbsmässigen Wetten (sog. Lotteriegesetz, SR 935.51), Art. 44 Lotterieverordnung (LV, SR 935.511).

[1950] Verkehrs- und Energiewirtschaftsdepartement in VEB 31/1962 20 Nr. 4: Kurpfuscher-Reklame.

aber zur Verhinderung von unsittlichen Sendungen oder von nicht bewilligten Lotterien.

7. Wettbewerbskommission

Trotz ihres Namens befasst sich die Wettbewerbskommission nicht mit Verstössen gegen den lauteren Wettbewerb, sondern mit der Förderung wirksamen Wettbewerbs durch die Bekämpfung schädlicher Auswirkungen von Wettbewerbsbeschränkungen. Damit wird erreicht, dass die Unternehmen im Rahmen einer marktwirtschaftlichen Ordnung ihre Ressourcen optimal nutzen, auf äussere Entwicklungen (richtig) reagieren und innovativ sind. Die Wettbewerbskommission wird tätig bei Verstössen gegen das Kartellgesetz[1951], nämlich bei Wettbewerbsabreden, bei missbräuchlichen Verhaltensweisen marktbeherrschender Unternehmen und bei Unternehmenszusammenschlüssen. Die Wettbewerbskommission beschäftigt sich daher nicht mit unlauteren oder gar missbräuchlichen Werbe- und Vertriebspraktiken.

8. Preisüberwacher

Der seit 1986 aufgrund des Preisüberwachungsgesetzes[1952] tätige «Monsieur Prix» ist zuständig für missbräuchliche Preise bei mangelndem Wettbewerb. Ein Preismissbrauch ist per se ausgeschlossen, wenn die Preise das Ergebnis von wirksamem Wettbewerb sind. Eingriffe erfolgen somit nur auf Märkten, auf denen der Wettbewerb seine Steuerungsfunktion nicht oder nur eingeschränkt wahrnehmen kann. Der Preisüberwacher beschäftigt sich indessen nicht mit unlauteren oder gar missbräuchlichen Werbe- und Vertriebspraktiken.

[1951] Kartellgesetz (KG, SR 251).
[1952] Preisüberwachungsgesetz (PüG, SR 942.20).

B. Polizei und Strafgerichte

Literatur: Franz *Birrer,* Das Verschulden im Immaterialgüter- und Wettbewerbsrecht, Diss. FR 1970.

1. Allgemeines

Viele Vorschriften über die Werbung werden durch Strafandrohungen verstärkt. Man müsste daher meinen, dass jeder Verstoss gegen Werbevorschriften sofort festgestellt und geahndet würde.

Die Praxis lehrt jedoch, dass die Polizei in der Regel nicht in der Lage ist, die Einhaltung der vielfältigen Vorschriften zum Werbe- und Vertriebsrecht zu kennen, geschweige denn zu überwachen. Wohl existiert in einigen Grossstädten eine gut ausgebaute Gewerbepolizei. Diese pflegt denn auch regelmässig die Zeitungen durchzusehen und die Veranstalter nicht bewilligter Lotterien zu verzeigen. Wo es aber darum geht, Übertretungen an Ort und Stelle zu rapportieren, kann die Polizei nur selten zur Stelle sein. So können praktisch täglich Verstösse gegen die Preisbekanntgabepflicht oder gegen die Vorschriften der Aussenwerbung festgestellt werden. Die Behörden sind kaum mehr in der Lage, die sich beinahe täglich vermehrenden Strafbestimmungen wirksam anzuwenden. Als Grund hierfür wird die fehlende Rechtskenntnis der ausführenden Organe oder die vermeintliche Unwichtigkeit der Materie genannt. Auch bestehen keine brauchbaren Kompendien zum Übertretungsstrafrecht, ganz abgesehen davon, dass solche ja sehr schnell veralten würden. Es ist einem Allround-Polizisten auch nicht zuzumuten, sämtliche Strafandrohungen präsent zu haben und erst noch über die notwendige Zeit zu verfügen, um alle festgestellten Verstösse zu rapportieren. Solange die Kantone nicht über eine gut dotierte und wohl ausgebildete Gewerbepolizei verfügen, welche auch in der Lage ist, regelmässig Kontrollen vorzunehmen, wird die Sache weiterhin im Argen bleiben. Dies hat zur Folge, dass Werbeverstösse sehr oft nur noch auf Denunziationen eines Konkurrenten hin verzeigt werden. Eine solche Tendenz ist unerwünscht, verstösst sie doch gegen die Rechtsgleichheit.

Es erschiene daher angezeigt, auf dem Gebiete der Werbung und des Vertriebes eine besondere Verwaltungspolizei ähnlich der Lebensmittelkontrolle zu schaffen, welche nicht nur polizeiliche, sondern namentlich auch administrative Befugnisse haben sollte und das vollständige Instrumentarium des Verwaltungszwanges anzuwenden wüsste. Eine derart spezialisierte Verwaltungsabteilung wäre sicher erfolgreicher als der haufenweise Erlass von Strafbestimmungen, die nur mit Zurückhaltung angewendet werden.

Hinzu kommt, dass alle Verstösse gegen den lauteren Wettbewerb und die Verletzungen von Kennzeichen nur auf Antrag hin strafrechtlich verfolgt werden. Dies ist namentlich dort bedauerlich, wo ein Kaufmann über sich, die eigenen Waren und Leistungen unwahre Angaben gemacht hat[1953]. Während noch zu verstehen ist, dass eine Geschädigter die Verletzung seiner Kennzeichen und anderer Rechte selbst rügen muss, da das Publikum an deren Reinhaltung nicht direkt interessiert ist, ist es schlechterdings unverständlich, dass unrichtige oder irreführende Angaben in der Werbung nur dann strafrechtlich verfolgt werden sollen, wenn sich Konkurrenten darüber aufhalten. Wohl steht theoretisch auch dem getäuschten Käufer ein Strafantragsrecht zu, doch zeigt es sich, dass niemand gerne zu einer Erklärung bereit ist, er sei durch Werbeangaben getäuscht worden und wolle daher Strafantrag stellen. Auch dem Publikum ist wenig gedient, wenn nach langwierigen Verfahren ein Verantwortlicher mit einer Busse bestraft wird. Der getäuschte Käufer trachtet in der Regel nicht nach einer kriminellen Ahndung der Verantwortlichen, sondern nach einer billigen Satisfaktion für seinen Ärger. Ihm liegt einerseits an einer gewissen finanziellen Genugtuung für seine Enttäuschung, andererseits möchte er aber auch erreichen, dass die beanstandete Praktik eingestellt wird. Hierzu ist das Strafverfahren kaum in der Lage. Es ahndet wohl das widerrechtliche Verhalten mit einer Strafe, gewöhnlich einer Geldbusse, doch beseitigt es höchstens indirekt die Wurzeln des Übels, indem der Täter das beanstandete Verhalten möglicherweise von sich aus einschränkt. Gerade bei Antragsdelikten wird er dies jedoch kaum tun, da in der Regel nicht damit zu rechnen ist, dass er wegen des gleichen Verhaltens ein weiteres Mal in Anspruch genommen wird. Nehmen wir an, ein enttäuschter Kunde eines Reisebüros stelle Strafantrag wegen unlauteren Wettbewerbes, weil die im Prospekt angebotenen Unterbringungsmöglichkeiten in krassem Gegensatz zu den tatsächlich vorgefundenen gestanden haben. Ein Strafverfahren wird den Verantwortlichen höchstens mit einer Busse belegen, doch werden die beanstandeten Hotelprospekte nicht eingezogen, da von ihnen kaum gesagt werden kann, dass sie als gefährliche Gegenstände die Sicherheit von Menschen, die Sittlichkeit oder die öffentliche Ordnung gefährden würden, was Voraussetzung für eine gerichtliche Einziehung wäre[1954]. Noch viel weniger wird der Strafrichter verhindern können, dass im nächsten Jahr ein neuer Prospekt mit den gleichen unlauteren Angaben in Verkehr gesetzt wird. Auch eine Veröffentlichung des Strafurteils im

---

[1953] Art. 3 lit. b i.V.m. Art. 23 UWG.
[1954] Art. 58 Strafgesetzbuch (StGB, SR 311.0).

öffentlichen Interesse ist ausgeschlossen, da eine solche in der Regel nur bei Verbrechen und Vergehen, nicht aber bei Übertretungen erfolgen darf[1955]. Das Strafrecht ist daher kein geeignetes Mittel, um bei unlauterer Werbung Remedur zu schaffen.

2. Strafen

Verstösse gegen die Vorschriften des Werberechtes werden in der Regel mit Gefängnis bis zu drei Jahren oder Busse bis zu CHF 100'000 bedroht[1956]. Die Verletzung von fremden Firmen oder Namen ist überhaupt nicht strafbar, es wäre denn, es fände das Gesetz gegen den unlauteren Wettbewerb Anwendung. Daneben kommen die verschiedenen strafrechtlichen Sanktionen einzelner Verwaltungserlasse zur Anwendung, wie sie bei deren Erläuterung speziell erwähnt worden sind.

Die Uneinheitlichkeit hinsichtlich der Strafen ist zu bedauern. Zwar ist es sinnvoll, Verletzungen von fremden Kennzeichen nur auf Antrag hin zu verfolgen, doch sollten unrichtige oder irreführende Angaben über eigene Waren auch von Amtes wegen bestraft werden. Ein strengerer Massstab rechtfertigt sich sodann, wenn infolge der falschen Angaben die Gesundheit der Verbraucher gefährdet oder deren Vermögen geschädigt wird. Zudem sollten alle Rechtsverletzungen im Werberecht auch bei Fahrlässigkeit und nicht bloss, wie dies im Lauterkeitsrecht und im Immaterialgüterrecht der Fall ist, bei Vorsatz oder Eventualvorsatz[1957] bestraft werden können.

3. Andere Massnahmen

Der Strafrichter kann grundsätzlich die Veröffentlichung des Urteils auf Kosten des Verurteilten anordnen, wenn sie im öffentlichen Interesse liegt[1958]. Indessen sind keine Fälle bekannt geworden, in denen der Strafrichter eine derartige Veröffentlichung für geboten hielt. Strafurteile werden denn auch in der Regel nur in den Amtsblättern publiziert und daher von der Öffentlichkeit wenig zur Kenntnis genommen.

[1955] Art. 61, 104 Abs. 2 StGB (Fn 1954).
[1956] Vgl. z.B. Art. 23 UWG.
[1957] BGE 84/1958 IV 128: Eventualvorsatz bei Markenverletzungen.
[1958] Art. 61 StGB (Fn 1954).

Der Strafrichter kann die Konfiskation und Zerstörung von beanstandeten Gegenständen anordnen, wenn sie entweder fremde Schutzrechte verletzen oder unbefugterweise Wappen wiedergeben[1959]. Das allgemeine Strafrecht lässt jedoch eine Einziehung nur für gefährliche Gegenstände zu[1960]; immerhin werden Uhren, die eine falsche Herkunftsangabe oder einen unrichtigen Edelmetallgehalt aufweisen, als gefährlich betrachtet, da sie geeignet sind, die Verbraucher zu täuschen und zu schädigen. Neben der Konfiskation der widerrechtlich hergestellten Gegenstände können zur Erschwerung weiterer deliktischer Tätigkeit auch die Kundenkartei und die Adresslisten eingezogen und an den Geschädigten ausgehändigt werden[1961].

C. Die Zivilgerichte

Literatur: Edmond *Martin-Achard*, Le procès en matière de propriété intellectuelle, in: Mémoires de la Faculté de Genève, Genève 1964, S. 39–80.

1. Allgemeines

Die Zivilgerichte sind das geeignete Forum, um Verstösse gegen werberechtliche Vorschriften durch Konkurrenten zu unterbinden. Grundsätzlich könnte auch der getäuschte Käufer Zivilklage erheben[1962], doch wer wollte schon einen aufwändigen Prozess auswärts riskieren, nur weil er sich durch die Werbung irreführen liess? Das Klagerecht des in seinen wirtschaftlichen Interessen bedrohten oder getäuschten Käufers ist deshalb bis heute toter Buchstabe geblieben.

Im Gegensatz zum Strafprozess bietet der Zivilprozess eine ganze Palette von Sanktionen, welche den Bedürfnissen der Wirtschaft und der Verbraucher weit gehend gerecht werden. Mit der zivilrechtlichen Klage lassen sich auch Sachverhalte beurteilen, die nicht unter die Kognition des Strafrichters

---

[1959] Art. 16 BG zum Schutz öffentlicher Wappen und anderer öffentlicher Zeichen (Wappenschutzgesetz, SR 232.2).
[1960] Art. 58 StGB (Fn 1954).
[1961] Statthalteramt Bülach in SMI 1995 100: Professionelle Raubkopien.
[1962] Art. 10 Abs. 1 UWG.

fallen, wird doch lange nicht alles mit einer Strafe bedroht, was zivilrechtlich als unstatthaft betrachtet wird.

2. Unterlassungsklage

Literatur: Thomas *Merz,* Die Unterlassungsklage nach Art. 28 ZGB, Diss. ZH 1973; Peter *Diggelmann,* Unterlassungsbegehren im Immaterialgüterrecht, SJZ 88/1992 26–29.

Mit der Unterlassungsklage soll das beanstandeten Verhalten gestoppt werden. Dem Beklagten wird gerichtlich befohlen, die beanstandeten Werbe- oder Vertriebsmethoden einzustellen. Mit dem Unterlassungsgebot wird von Amtes wegen ein Hinweis auf die Strafbestimmung des Art. 292 StGB verbunden[1963]. Ist die Beklagte eine juristische Person, wird die Strafandrohung gegenüber ihren Organen ausgesprochen[1964].

Gegenstand eines Unterlassungsbefehls kann nur eine genau umschriebene, bestimmte Handlung sein, die erwiesenermassen vom Beklagten begangen worden ist oder werden soll und deren künftige Ausführung untersagt werden muss. Nur das Verbot, das eine bestimmte Handlung genau umschreibt, ist der Vollstreckung fähig. Die zu verbietenden Handlungen sind daher im Klagebegehren exakt zu beschreiben, mag dies auch eine weitläufige Aufzählung oder umständliche Umschreibung erfordern[1965]. Als unzulässig, weil viel zu unpräzis gefasst, wurden beispielsweise die folgenden beantragten Verbote beurteilt:

– das Verbot, für Zigaretten in einer Weise zu werben, welche den Eindruck erweckt, es handle sich um Erzeugnisse der französischen Tabak-Regie (BGE 84/1958 II 457);

– das Verbot, Packungen zu gebrauchen, die wegen ihrer Etikette geeignet sind, Verwechslungen mit den klägerischen Etiketten hervorzurufen (BGE 93/1967 II 59: Vac);

– das Verbot, das klägerische Patent und Modell weiterhin nachzuahmen (HGer ZH in Mitt. 1984 56: Schloss-Rosette);

– das Verbot, Heimtextilien mit dem Landschaftsdessin einer bestimmten Typennummer zu vertreiben (KGer ZG in SMI 1987 158).

Voraussetzung jeglicher Unterlassungsklage ist eine drohende Wiederholungsgefahr oder zum Mindesten die ernsthafte Befürchtung, dass der Be-

---

[1963] BGE 93/1967 II 433: Burberrys, 97/1971 II 238: Intershop/Interstop.
[1964] BGE 96/1970 II 262: Glas-shot.
[1965] BGE 88/1962 II 240 E. III.2: Miniera.

klagte einen rechtswidrigen Eingriff in die Sphäre des Klägers plant[1966]. Die Gerichte können nur dort einschreiten, wo ein aktuelles Interesse an einem Urteil besteht. Sie haben nur über momentane Nachahmungs- oder Gefährdungsfälle zu urteilen, nicht aber über bloss hypothetische Störungen. So kann nur der Gebrauch einer tatsächlich verwendeten Marke, nicht aber der Gebrauch eines bestimmten Markenbestandteiles untersagt werden, da dieser Bestandteil in einer anders zusammengesetzten Marke möglicherweise nicht mehr eine Verwechslungsgefahr hervorruft[1967].

Eine Wiederholungsgefahr ist in der Regel schon dann anzunehmen, wenn der Beklagte die Widerrechtlichkeit des beanstandeten Verhaltens bestreitet, ist doch dann zu vermuten, dass er es im Vertrauen auf dessen Rechtmässigkeit weiterführen wird[1968]. Dies ist namentlich auch dann der Fall, wenn der Störer zwar im Hinblick auf den Prozess das beanstandete Verhalten eingestellt hat, im Prozess aber nach wie vor sein Verhalten als rechtmässig verteidigt[1969]. Doch ist er nicht gehalten, ein von ihm bis anhin nicht praktiziertes Verhalten als unrechtmässig anzuerkennen[1970].

3. Beseitigungsklage

Literatur: Jaques *Guyet,* Action en cessation de trouble et mesures provisionelles en droit suisse, in: Études de droit suisse et de droit comparé de la concurrence, Genève 1986, S. 67–75.

Im Gegensatz zur Unterlassungsklage will die Beseitigungsklage nicht kommendes Unrecht verhindern, sondern bestehendes Unrecht aufheben. Durch die Beseitigung des rechtswidrigen Zustandes sollen bereits begangene Verletzungen nach Möglichkeit wirkungslos gemacht werden. Die Beseitigungsklage wirkt wiederherstellend und setzt keine Wiederholungsgefahr voraus.

[1966] BGE 95/1969 II 500: Club Medityrannis, 97/1971 II 108: Union Logen; OGer ZH in SJZ 74/1978 375 Nr. 74: Schmutziges Geld; AppH BE in ZBJV 114/1978 370: Heli-Engiadina.
[1967] HGer BE in ZBJV 102/1966 240: kein Verbot des Gebrauchs der Stammsilbe Bem-; HGer ZH in SMI 1989 203 E. 3.5: kein Verbot des Gebrauchs der Endsilbe -cos.
[1968] BGE 84/1958 II 322: Compactus, 87/1961 II 111: Narok, 102/1976 II 125: Annette, a.A. 95/1969 II 501: Club Medityrannis; BGer in ZR 52/1953 Nr. 195 S. 330: Baronin von Einem, OGer ZH in SJZ 74/1978 375 Nr. 74: Schmutziges Geld.
[1969] HGer ZH in ZR 45/1946 Nr. 202: Firmenaufmachung.
[1970] KGer SZ in Mitt. 1976 216: GBC.

Gegenstand einer Beseitigungsklage können verschiedenste Dinge sein. Wird ein rechtswidriger Zustand durch den Bestand von irreführenden Marken, Mustern oder Modellen geschaffen, können diese vom Richter als nichtig erklärt werden[1971]. Störende Firmen können jedoch vom Richter nicht gelöscht werden, da jedes Unternehmen eine Firma haben muss[1972]. Daher ist bei namens- und firmenrechtlichen Verletzungen der Beklagte zu verpflichten, den beanstandeten Namen binnen angemessener Frist, gewöhnlich binnen 30 Tagen, abändern zu lassen[1973].

Zur Beseitigung des rechtswidrigen Zustandes kann auch die Beschlagnahme der beanstandeten Waren und Werbeträger sowie der hiezu erforderlichen Klischees und Geräte angeordnet werden[1974]. Die Beschlagnahme kann sich auf alle Mittel erstrecken, welche dem beanstandeten Verhalten dienen, insbesondere auch auf Prägestempel, Formen und Druckstöcke. Statt der Beschlagnahme der Ware kann auch nur die Aufnahme einer genauen Beschreibung oder eines Inventars vorgesehen werden, nicht aber die Meldung von neuen, zu beanstandenden Verhaltungsweisen, da solche durch eine Unterlassungsverpflichtung zu sichern wären. Die beschlagnahmten Waren können vom Richter konfisziert oder vernichtet werden.

Einmalige Störungen können unter Umständen auch durch eine gerichtliche Feststellung der widerrechtlichen Verletzung beseitigt werden, da eine solche Feststellung geeignet ist, die angetastete Ehre des Verletzten wiederherzustellen[1975].

Der rechtswidrige Zustand kann auch durch eine Veröffentlichung des Urteils beseitigt oder doch gemildert werden. Eine Urteilsveröffentlichung kann namentlich mithelfen, eine eingetretene Marktverwirrung zu beheben und klare Verhältnisse zu schaffen[1976]. Eine Veröffentlichung des Urteils ist namentlich dann angezeigt, wenn ein Werbeverstoss in der Presse erfolgte. Hat ein Werbender unzulässige Inseratenreklame betrieben, ist es angezeigt, das diese Inserate verurteilende Erkenntnis in denselben Presseorganen auf Kosten des Beklagten veröffentlichen zu lassen.

[1971] Art. 52 Markenschutzgesetz (MSchG, SR 232.11).
[1972] BGer in Mitt. 1973 192: Fides, HGer ZH in SMI 1986 106: Invest Consult, und in SMI 1988 174: Kaypro.
[1973] BGE 92/1966 II 101: Pavag.
[1974] CJ GE in Mitt. 1969 177: Columbia.
[1975] BGE 84/1958 II 577 E.e: Kirche in Visp, 95/1969 II 498: Club Medityrannis, 101/1975 II 188; OGer ZH in ZR 79/1980 Nr. 98 E.8b: Fotomodell.
[1976] BGE 92/1966 II 269: Sihl/Silbond, 93/1967 II 270, 95/1979 II 496: Club Medityrannis, 101/1975 II 187, 104/1978 II 234; BGer in ZR 70/1971 Nr. 61 a.E.: Seitz-Ventile.

Wurden unrichtige oder irreführende Äusserungen getan, so kann durch den Richter deren Richtigstellung angeordnet werden[1977]. Bei vergleichender oder herabsetzender Werbung kann auch in Betracht gezogen werden, beim Medienunternehmen, welches das unlautere Inserat publiziert hat, eine Gegendarstellung zu verlangen[1978].

4. Feststellungsklage

Die Gerichte sind zu Recht zurückhaltend bei der Beurteilung von Feststellungsklagen. Klagen auf Feststellung eines Sachverhaltes sind ohnehin unzulässig[1979]. Klagen auf Feststellung der Widerrechtlichkeit eines beanstandeten Verhaltens bedürfen des Nachweises eines rechtserheblichen Interesses. Ein solches ist in der Regel dann nicht vorhanden, wenn gleichzeitig ein Leistungsanspruch besteht[1980]. Doch kann auch die Feststellung der Widerrechtlichkeit neben Leistungsansprüchen von Bedeutung sein, z.B. dann, wenn es gilt, die Kundschaft vom Ausgang eines Prozesses zu orientieren und die Beurteilung eines beanstandeten Verhaltens durch das Gericht zu fixieren. Aus diesem Grunde ist bei einer Urteilsveröffentlichung auch immer ein Interesse an der vorgängigen Feststellung der Widerrechtlichkeit des beanstandeten Werbeverhaltens gegeben, da so das Urteil bedeutend verständlicher wird und dessen Dispositiv auch Uneingeweihten etwas aussagt[1981].

5. Klage auf Urteilspublikation

Die Veröffentlichung eines Urteils kann nicht nur zur Beseitigung einer eingetretenen Marktverwirrung angezeigt sein, sondern auch, um weiteren nachteiligen Auswirkungen auf die Stellung des Betroffenen im wirtschaftli-

---

[1977] BGE 106/1980 II 101: Minelli.
[1978] BGE 106/1980 II 99: Leserbrief, 113/1987 II 215: Trumpf Buur; ebenso Botschaft vom 5.5.1982, S. 38 = BBl 1982 II 674; Karl Mathias *Hotz*, Kommentar zum Recht auf Gegendarstellung, Bern 1987, S. 65 mit weiteren Hinweisen.
[1979] BGE 84/1958 II 696 betr. Erbrecht; OGer ZH in ZR 65/1966 Nr. 120 E. 2 betr. Motorfahrzeughaftpflicht.
[1980] BGE 90/1964 II 59 E.8: Kleiderstoffe, 92/1966 II 267: Sihl/Silbond, 99/1973 II 174: Konkurrenzverbot, 104/1978 II 133: Markenklassement; OGer ZH in ZR 71/1972 Nr. 35 E.2: Peter, Sue und Marc, OGer ZH in ZR 79/1980 Nr. 98 E.8a: Fotomodell.
[1981] BGE 90/1964 II 58: Kleiderstoffe, 93/1967 II 270: Brisemarine/Blue marine.

chen Wettbewerb vorzubeugen[1982]. Die Urteilspublikation auf Kosten des Beklagten wird damit zu einer Art Schadenersatz oder Genugtuung für den Kläger.

Ort, Art und Umfang der gewünschten Urteilspublikationen sind vom Kläger genau zu spezifizieren. Die Veröffentlichung soll nur das Dispositiv enthalten und die interessierten Kreise erreichen, aber nicht mehr. Je nach Art der beanstandeten Werbemassnahme kann der Kläger ermächtigt werden, das Urteil in Fachorganen oder Tageszeitungen zu veröffentlichen, wobei sich die Grösse einer Viertelseite eingebürgert hat. Gelegentlich wird auch der Kläger ermächtigt, das Urteil in gewissen Fachorganen oder Tageszeitungen nach seiner Wahl zu publizieren[1983].

Nicht nur der Kläger ist berechtigt, die Veröffentlichung des Urteils zu verlangen. Auch der Beklagte kann ein rechtserhebliches Interesse daran haben, ein die Klage abweisendes Urteil veröffentlichen zu lassen, vor allem dann, wenn der Prozess in Fachkreisen oder in der Öffentlichkeit bekannt geworden ist. Bei der Veröffentlichung eines die Klage abweisenden Urteils genügt freilich die Publikation des Dispositivs nicht, da diesem nicht entnommen werden kann, welchen Inhalt die abgewiesene Klage gehabt hat. Neben dem Dispositiv sind daher mindestens noch die Klagebegehren zu publizieren, damit das Urteil überhaupt verständlich wird. Diese Schwierigkeit mag mit dazu geführt haben, dass in der Praxis die Urteilsveröffentlichung auf Antrag des Beklagten unbekannt geblieben ist.

Auch ein bloss teilweises Obsiegen kann die Bekanntgabe des Urteils rechtfertigen, und zwar auf Kosten desjenigen, dessen Verhalten die Urteilspublikation erheischt[1984]. Doch ist auch in solchen Fällen das Urteil vollständig zu veröffentlichen, d.h. einschliesslich der für die Gegenpartei günstigen Teile[1985]. Hingegen bedeutet die Gutheissung des Publikationsbegehrens in jedem Falle nur eine Ermächtigung, nicht eine Verpflichtung. Der obsiegende Teil kann selber entscheiden, ob er vom Rechte der Veröffentlichung Gebrauch machen oder ob er die Sache auf sich beruhen lassen will. Dem Verfasser sind verschiedene Fälle bekannt, dass nach gewonnenem Prozess, möglicherweise gegen ein zusätzliches Entgegenkommen des Unterliegenden, auf die Veröffentlichung des Urteils verzichtet worden ist.

[1982] BGE 92/1966 II 269 E.9: Sihl/Silbond; HGer ZH in ZR 70/1971 Nr. 61 a.E.: Seitz-Ventile; zustimmend Jaques *Guyet,* Les actions en justice, in: La nouvelle loi fédérale contre la concurrence déloyale, Lausanne 1988, S. 96 f.
[1983] BGE 59/1933 II 26: Vim, 61/1935 II 341: C.A.P.
[1984] BGE 84/1958 II 588: Cosy IXO.
[1985] BGE 29/1903 II 189 E. 6: Marque bateau.

6. Klage auf Auskunfterteilung

Bei der Verletzung von Schutzrechten kann der Beklagte verpflichtet werden, Auskunft über die Herkunft der in seinem Besitze befindlichen und widerrechtlich hergestellten Erzeugnisse zu geben[1986].

Dagegen besteht nach Lauterkeitsrecht kein gesetzlicher Anspruch auf Auskunft über das Ausmass der erfolgten Schädigung. Namentlich ist der Beklagte nicht zur Angabe verpflichtet, in welchen Medien er unlautere Angaben publizieren liess. Zwar darf der Richter das Verhalten einer Partei entsprechend würdigen und davon ausgehen, dass die vom Kläger behaupteten Angaben richtig sind, wenn sie der Beklagte nicht unter Vorlage von Beweismitteln bestreitet, doch ist dies in vielen Fällen nur ein schlechter Trost. Denn die Bestreitungspflicht besteht nur, wo der Kläger substanzierte Behauptungen vorgetragen hat. So hat der Beklagte darzutun, in welchen Ausmass er in bestimmten Zeitungen und Zeitschriften geworben hat, wenn vom Kläger wenigstens ein widerrechtliches Inserat des Beklagten als Beleg vorgelegt wird; dagegen muss der Beklagte keine Auskunft darüber geben, ob er auch in elektronischen Medien geworben hat, wenn der Kläger keine Anhaltspunkte dazu vorzutragen weiss.

Im Gegensatz zum deutschen Recht sehen die eidgenössischen Gesetze auch keinen Anspruch auf Erteilung finanzieller Auskünfte und Rechnungslegung vor. Die Rechnungslegung wird in der Schweiz als prozessuale Institution angesehen, weshalb sie vom kantonalen Recht beherrscht wird. Die von einzelnen Kantone vorgesehene Klage auf Rechnungslegung im summarischen Verfahren ist jedoch weit gehend toter Buchstabe geblieben, was die Stellung des Geschädigten einmal mehr erschwert[1987].

[1986] Art. 66 lit. b Patentgesetz (PatG, SR 232.14), Art. 55 Abs. 1 lit. c Markenschutzgesetz (MSchG, SR 232.11), Art. 24 Ziff. 4 BG betr. die gewerblichen Muster und Modelle (MMG, SR 232.12); international wird die Beachtung des Rechts auf Auskunft in Art. 47 TRIPS (SR 0.632.20; AS 1995 2457) empfohlen.

[1987] Anders einzig KassGer ZH in ZR 46/1947 Nr. 157, S. 310: Gillette-Schlitz-Stanzung.

7. Wiedergutmachungsklagen

a) Schadenersatz

Literatur: Alois *Troller,* Der gute Glaube im gewerblichen Rechtsschutz und Urheberrecht, SJZ 46/1950 182–186, 204–207; Theo *Fischer,* Schadenberechnung im gewerblichen Rechtsschutz, Urheberrecht und unlauteren Wettbewerb, Basel 1961; François *Dessemontet,* Schadenersatz für Verletzung geistigen Eigentums nach schweizerischem und französischem Recht, GRUR Int. 1980 272–282; Beat *Widmer,* Vemögensrechtliche Ansprüche des Inhabers und des Lizenznehmers bei der Verletzung von Immaterialgüterrechten, Basel 1985; Giancarlo *Galli,* Die Bedeutung der Absicht bei Wettbewerbsvorstössen und der Verletzung von Immaterialgüterrecht, Diss. BS 1991; Christoph *von Graffenried,* Vermögensrechtliche Ansprüche bei Urheberrechtsverletzungen, Diss. BS 1992, Zürich 1993; Daniel *Lengauer,* Zivilprozessuale Probleme bei der gerichtlichen Verfolgung von publikumswirksamen Wettbewerbsverstössen, Diss. ZH 1995; Christoph *Nertz,* Der Anspruch auf Zahlung einer angemessenen Vergütung bei rechtswidrigen Benutzung fremder Immaterialgüterrechte, Basel 1995; Patrick *Kohler,* Vermögensausgleich bei Immaterialgüterrechtsvertletzungen, Diss. ZH 1999.

Wer die Werbeanstrengung eines anderen schuldhaft behindert, ist grundsätzlich für den entstandenen Schaden haftbar. Doch ist die Schadenersatzklage eine stumpfe Waffe in der Hand des Verletzten. Es ist nicht nur oft schwer, ein Verschulden auf Seiten des Beklagten nachzuweisen, sondern auch oft unmöglich, den eigenen Schaden auf Franken und Rappen genau darzutun.

Der Verletzer hat für jedes Verschulden einzustehen. Es braucht nicht eigentlichen Vorsatz (Absicht), sondern es genügt einerseits auch die Inkaufnahme und Billigung des Erfolges (Eventualvorsatz), wie anderseits auch die blosse Fahrlässigkeit, namentlich auch leichte Fahrlässigkeit. Eine solche kann schon darin liegen, dass sich der Verletzte nicht über den Bestand älterer Rechte seiner Konkurrenz erkundigt. Doch richtet sich der Massstab, der mit Bezug auf eine solche Sorgfaltspflicht anzulegen ist, nach der Stellung des Verletzers. An denjenigen, der für die Werbung verantwortlich ist, sind strengere Anforderungen zu stellen als an den Laien, der eine bereits kreierte Werbemassnahme weiter verbreitet. Aber auch den Grossisten treffen im Gegensatz zum Kleinhändler annähernd die gleichen Sorgfaltspflichten wie den Fabrikanten selbst[1988].

Der Schaden kann sowohl in einem Rückgang des eigenen Umsatzes wie in einer Verwirrung des Marktes, die nach entsprechender Aufklärung ruft, bestehen. Oft ist der auf Seiten des Beklagten durch eine beanstandete Wer-

---

[1988] BGer in Mitt. 1960 168: Koh-i-noor II; a.M. HGer ZH und BGer in ZR 49/1950 Nr. 33 a.E.: Extrakt aus reinem Kaffee.

bemassnahme erzielte zusätzliche Umsatz ein Indiz für den entgangenen Umsatz des Klägers, doch darf nicht übersehen werden, dass jede Werbemassnahme eine zusätzliche Nachfrage schafft, so dass nicht einfach gesagt werden kann, wenn der Verletzer nicht tätig geworden wäre, hätte sich der Verbraucher beim Verletzten eingedeckt.

Um Anhaltspunkte für die Höhe des entstandenen Schadens zu erhalten, kann der Verletzer auf entsprechende Behauptungen des Klägers hin gerichtlich aufgefordert werden, Auskunft über seine Werbemassnahmen und die erzielten Umsätze zu geben[1989], wie er auch sonst prozessual nach Treu und Glauben verpflichtet ist, zur Abklärung des Sachverhaltes beizutragen, zumal wenn er nur ihm näher bekannt ist[1990].

Der nicht ziffernmässig nachweisbare Schaden ist nach Ermessen des Richters mit Rücksicht auf den gewöhnlichen Lauf der Dinge abzuschätzen[1991]. Das Bundesgericht wendet diese Regel auch dann an, wenn eine Schädigung nicht nachweisbar ist, sich aber nach den Umständen mit einer gewissen Überzeugungskraft aufdrängt. Der Geschädigte wird aber dadurch der Pflicht nicht enthoben, alle Umstände, die für den Eintritt eines Schadens sprechen und dessen Abschätzung erlauben oder erleichtern, soweit möglich und zumutbar zu behaupten und zu beweisen[1992]. Kann jedoch auch auf diesem Wege der Schaden nicht gehörig spezifiziert werden, kommt auch eine Zusprechung eines bestimmten Betrages ex aequo et bono, d.h. nach der gerechten und billigen Überzeugung des Richters in Frage[1993].

Zur Behebung einer Marktverwirrung bedarf es in der Regel erhöhter Werbeanstrengungen des Verletzten. Auch solche sind vom Verletzer zu entschädigen, wenn sie nach der Überzeugung des Richters notwendig und angemessen sind. Oft liegt eine angemessene Entschädigung für eine Marktverwirrung in der Publikation des Urteiles. Zu berücksichtigen ist jedoch, dass eine Urteilsveröffentlichung gewöhnlich nur einmal erfolgt, während die verletzende Handlung sich oft mehrmals wiederholte. Auch erfolgt eine Urteilsveröffentlichung meistens erst beträchtliche Zeit nach der verletzenden Handlung, so dass sich schon vorher Gegenmassnahmen des Verletzten aufdrängen. Schliesslich kann einer Marktverwirrung auch dadurch vorgebeugt

---

[1989] HGer ZH in ZR 46/1947 Nr. 157 S. 310: Gilette-Schlitz-Stanzung.
[1990] BGer in Mitt. 1971 173: Garvey/Harvey.
[1991] Art. 42 Abs. 2 Obligationenrecht (OR, SR 220).
[1992] BGE 98/1972 II 37 E.2 betr. Haftpflichtrecht.
[1993] BGE 91/1965 II 254: La Résidence, 102/1976 II 223: Persönlichkeitsverletzung; HGer BE in Mitt. 1966 38: Opobyl, CJ GE in Mitt. 1969 88 E.III: Elle est tellement France, TribCant NE in Mitt. 1975 111: Cognac Rémy Martin.

werden, dass die beanstandete Werbemassnahme durch einstweilige Massnahmen vorsorglich untersagt wird[1994].

b) Kasuistik

Dass sich die von den Gerichten zugesprochenen Schadenersatzbeträge mit wenigen Ausnahmen in bescheidenem Rahmen halten, ergibt sich aus folgender Zusammenstellung:

CHF	800'000 (!)	Schadenersatz wegen Verletzung der Schokoladenmarke Lindt (Markenschutz und Wettbewerb [Berlin], 27–28/1928 362);
CHF	200	Schadenersatz wegen Anmassung einer fremden Marke auf sieben Krawatten (Sj 1936 381);
CHF	1'000	Schadenersatz wegen sklavischer Nachahmung eines Firmensignets (HGer ZH in ZR 45/1946 Nr. 202);
CHF	8'000	Schadenersatz wegen Anmassung der falschen Herkunftsbezeichnung «La Française» (BGE 73/1947 II 130);
CHF	2'000	Schadenersatz wegen Verletzung der Firma Carbo Nova (HGer BE in ZBJV 86/1950 86);
CHF	10'000	Schadenersatz wegen Verletzung der Marke Caloderma (BGE 81/1955 II 383);
CHF	2'000	Schadenersatz wegen der Nachahmung der Ausstattung Weissenburger (BGE 82/1956 II 361);
CHF	5'000	Schadenersatz wegen der Nachahmung der Ausstattung eines Blumenhalters (BGE 83/1957 II 166);
CHF	2'000	Schadenersatz wegen laufender Verwechslungen von zwei ortsansässigen Firmen während ca. zwei Jahren (BGE 85/1959 II 337);
CHF	300	Schadenersatz wegen Verletzung der Geschäftsbezeichnung Résidence (BGE 91/1965 II 24);
CHF	500	Schadenersatz wegen Verletzung der Marke Opobyl durch 110 Schachteln Ormobyl (HGer BE in Mitt. 1966 68);

[1994] Vgl. hinten Kap. XVIII.C.8, S. 574

CHF	500	Schadenersatz wegen Verletzung der Marke Chanel Nr. 5 durch Umpacken von Parfumflaschen (KGer VD in Mitt. 1966 71);
CHF	30'000	Schadenersatz wegen flagranter Verletzung der Firma einer Bank durch eine andere Bank (AppGer BS in BJM 1968 36);
CHF	5'000	Schadenersatz wegen Verletzung der Firma Adia-Interim S.a.r.l. durch die Firma Interim-Service SA; gefordert CHF 50'000 (BGE 95/1969 II 573);
CHF	1'000	Schadenersatz wegen Anmassung einer falschen Herkunftsbezeichnung ohne Verwechslungsgefahr: Elle est tellement France (CJ GE in Mitt. 1969 88);
CHF	5'000	Schadenersatz wegen Verletzung einer Ausstattung durch 25'000 Stück ähnlicher Uhrenetuis (TribCant FR in Mitt. 1969 94);
CHF	1'000	Schadenersatz wegen Nachahmung einer urheberrechtlich geschützten Flaschenetikette in einer Auflage von 67'600 Stück (BGE 96/1970 II 245);
CHF	310.25	Einmalige Veröffentlichung einer Fotografie von Schlagersängern in einer Zeitschrift (OGer ZH in ZR 71/1972 Nr. 35 E. 2: Peter, Sue und Marc);
CHF	500	Schadenersatz wegen Unterschiebung einiger Flaschen Cognac mit falscher Marke (TribCant NE in Mitt. 1975 111: Rémy Martin);
CHF	10'000	Schadenersatz wegen anlehnender Werbung gegenüber einer Vielzahl von Zwischenhändlern (BGer in Mitt. 1976 227, 231: Gegenprodukt zu Bicoflex);
CHF	3'000	Schadenersatz wegen Ausnutzung des Rufs des Konkurrenten durch anlehnende Werbung (CJ GE in Mitt. 1980 53: Imitation Van Cleef);
CHF	1'000	Schadenersatz wegen der Verwendung einer verwechselbaren Enseigne für eine Metzgerei (KGer VD in Mitt. 1980 63: Valésia);
CHF	7'500	Genugtuung bei unbefugtem Anbringen des Namens eines Skirennfahrers auf Skihosen (CJ GE in SMI 1985 50: Panta-guêtre Killy);
CHF	75'200	Verkauf von Le Corbusier-Möbeln während fünf Jahren (BGE 113/1987 II 190);

CHF	40'000	Schadenersatz wegen Markenpiraterie im Umfang von CHF 100'000 (BGer in SMI 1990 354: Louis Vuitton);
CHF	150'000	Schadenersatz wegen Verwendung einer identischen Marke während fünf Jahren (BGer in SMI 1991 125: Überschrittene Vertretungsmacht);
CHF	2'000	Gewinnherausgabe für den Verkauf von 3'500 Präservativ-Dosen mit verwechselbarer Ausstattung (HGer BE in SMI 1991 240: Kopulierende Krokodile);
CHF	5'000	Schadenersatz wegen des Verkaufs von gefälschten Markenartikeln bei einem festgestellten Bruttogewinn von CHF 14'300 und einem Unternehmensgewinn von ca. CHF 2'900; eingeklagt waren CHF 20'000 (OGer LU in SMI 1994 321. Louis Vuitton III);
CHF	4'000	Schadenersatz wegen der herabsetzenden Behauptung, der Konkurrent vermittle illegal Personal und sei in ein Strafverfahren verwickelt; gefordert wurden CHF 15'000 (HGer SG in SMI 1994 369: Richtigstellung);
CHF	3'200	Verwendung von Postkarten-Sujets für vier Zeitungsinserate (ZivGer BS in BJM 1995 248);
CHF	100'000	Schadenersatz wegen rechtswidriger Verwendung einer nachgeahmten Firma und Marke; geschätzter Nettoverlust der Klägerin CHF 151'900 (KGer FR in SMI 1996 262: Unifil);
CHF	950	pro Wahlinserat wegen einer unbefugterweise verwendeten Fotografie in einer Wahlwerbung (BGE 122/1996 III 463: Wahlinserat);
CHF	480'000	Schadenersatz wegen negativer Kommentierung eines Schmerzmittels im Kassensturz (BGE 124/1998 III 72: Contra-Schmerz).

c) Herausgabe des erzielten Gewinnes

Literatur: Hans-Peter *Friedrich,* Die Voraussetzungen der unechten Geschäftsführung ohne Auftrag (Art. 423 OR), ZSR 64/1945 9–56; Christine *Chappuis,* La restitution des profits illégitimes, Diss. GE 1991.

Oft ist es weniger kompliziert, statt des nur mühsam zu ermittelnden Schadens vom Verletzer den erzielten Reingewinn herauszuverlangen. Dies ist heute – im Gegensatz zu früher – im Allgemeinen möglich. Denn wer sich durch unlautere Werbung einen Vorsprung verschafft, hat die aus dieser widerrechtlichen Handlung entspringenden Vorteile dem wahren Berechtigten herauszugeben. Der Umstand, dass die Vorteile, die aus einer unerlaubten Werbemassnahme gezogen werden, oft nur schwer von jenen zu trennen sind, welche aufgrund erlaubter Vorkehren, wie gute Qualität oder reeller Preis, entstanden sind, ist kein Grund, um die Gewinnherausgabe schlechthin abzulehnen. In solchen Fällen wäre vielmehr die Aufteilung des Reingewinnes, möglicherweise mit Hilfe einer Expertise, vorzunehmen.

Schadenersatz und Gewinnherausgabe können nur alternativ, nicht aber kumulativ verlangt werden. Denn durch die Gewinnherausgabe wird der Verletzte in der Regel mehr als entschädigt, und er soll seinerseits aus einer allfälligen Verletzung keinen Gewinn erzielen.

d) Genugtuung

Im Gegensatz zum Schadenersatz will die Genugtuung nicht einen materiellen Schaden wiedergutmachen, sondern eine immaterielle Unbill durch Zahlung einer bestimmten Geldsumme ausgleichen (Schmerzensgeld). Voraussetzung der Zusprechung einer Genugtuungssumme ist jedoch eine besonders schwere Beeinträchtigung des Verletzten[1995]. Vor allem die schwere Herabsetzung eines Konkurrenten lässt sich kaum mit Schadenersatz allein ausgleichen, da überdies Ausgleich für die Verletzung des Rechtsgutes der Persönlichkeit geschaffen werden muss. Die dafür zu leistende Genugtuung wird um so grösser sein, je nachhaltiger der Kläger durch die Behauptungen des Beklagten in seinem geschäftlichen Ansehen oder in seinem guten Ruf beeinträchtigt worden ist. Das Schaffen einer Verwechslungsgefahr lässt Achtung und Geltung des Verletzten so lange unberührt, als die Nachahmungen nicht minderwertiger Qualität sind[1996]. Wegen der Schwierigkeit, den Eingriff in die Vermögensrechte vom Eingriff in die Persönlichkeitsrechte auseinander zu halten, setzen die Gerichte die Genugtuungssumme oft zusammen mit dem Schadenersatz in einem Pauschalbetrag fest[1997].

In der Regel gibt nur die Verletzung der Persönlichkeit Anspruch auf Genugtuung, wie namentlich bei Anmassung eines fremden Namens[1998] oder bei unbefugter Benutzung von Personenbildern. Gelegentlich gibt gar die Verletzung des Urheberpersönlichkeitsrechtes Anlass zur Zusprechung einer

---

[1995] Art. 49 Abs. 1 Obligationenrecht (OR, SR 220).
[1996] BGE 79/1953 II 329: Schnurschalter.
[1997] Vgl. z.B. BGE 79/1953 II 421: CHF 5'000 wegen des Vorwurfs, ein Trust-Tyrann zu sein; OGer ZH in ZR 28/1929 Nr. 103: CHF 1'000 wegen des Vorwurfs, ein Schädling des Gewerbes zu sein.
[1998] So etwa die unbefugte Verwendung des Namens eines Skirennfahrers in der Werbung; CJ GE in SMI 1985/1 49: Panta-guêtre Killy.

Genugtuung. Wegen der Entstellung eines Bildwerkes wurden CHF 300[1999] und wegen des unbefugten Nachdrucks eines Buches wurden CHF 10'000[2000] zugesprochen, wobei die Unterdrückung des Namens des Urhebers eben so schwer wiegt[2001].

Anstatt oder neben der Zusprechung einer Geldsumme als Genugtuung kann der Richter auch eine andere Art der Genugtuung, beispielsweise die Urteilsveröffentlichung, vorsehen[2002]. Eine solche kann somit nicht nur dazu bestimmt sein, Schaden wieder gutzumachen oder eine Wettbewerbsstörung zu beheben und weiteren nachteiligen Auswirkungen vorzubeugen, sondern auch, um Genugtuung zu verschaffen[2003].

e) **Andere Leistungen**

Durch die Zivilklage kann der Verletzer mit Ausnahme der Bezahlung einer Geldforderung und der Beseitigung des rechtswidrigen Zustandes nur zur Unterlassung einer schädigenden Handlung, nicht aber zu einem bestimmten Tun verpflichtet werden. Das Nachahmen von Werbemassnahmen gibt dem Verletzten kein Recht, vom Verletzer ein positives Verhalten zu fordern. Entsprechend wird der Verletzte nicht verpflichtet, das ihn verurteilende Erkenntnis zu publizieren, sondern es wird der obsiegende Teil ermächtigt, dies auf Kosten des Unterlegenen zu tun. Auch wird der Beklagte nicht verpflichtet, in Zukunft eine bestimmte Firma zu führen, sondern lediglich, die beanstandete Firma nicht mehr zu führen. Es ist denn auch nicht Aufgabe eines Gerichtes, die Frage zu beurteilen, durch welche Änderungen die Widerrechtlichkeit einer eingeklagten Wettbewerbshandlung beseitigt werden kann[2004]. Diese Regel wird hin und wieder durchbrochen, vor allem wenn Anträge und Stellungnahmen zur Umgestaltung einer Warenausstattung vorliegen[2005].

Im Beseitigungsanspruch ist auch der Anspruch enthalten, dass unrichtige oder irreführende Äusserungen richtig zu stellen sind[2006]. Eine solche Richtigstellung hat in erster Linie jener vorzunehmen, der die beanstandeten Äus-

---

[1999] OGer ZH in SJZ 40/1944 347 Nr. 209: Sgraffiti.
[2000] CJ in SMI 1994 190: Sartoris.
[2001] BGE 58/1932 II 310: CHF 3'000, 84/1958 II 576: CHF 10'000.
[2002] Art. 49 Abs. 2 Obligationenrecht (OR, SR 220).
[2003] BGE 84/1958 II 577 E.e: Kirche in Visp.
[2004] BGer in Mitt. 1961 79 E. 8: Lego.
[2005] BGE 84/1958 II 589: Cosy IXO.
[2006] Vgl. die ausdrückliche Erwähnung in Art. 2 Abs. 1 lit. c altUWG 1943; heute auch Art. 9 Abs. 2 UWG.

serungen getan hat. Ist die Verletzung beispielsweise im redaktionellen Teil einer Zeitung erfolgt, muss sie auch dort vom verantwortlichen Redaktor richtig gestellt werden, wäre doch dem Geschädigten wenig gedient, wenn die Richtigstellung in einem von einem anderen Leserkreis beachteten Inserat im Anzeigenteil erfolgen würde. Daher richtet sich der Anspruch auf Richtigstellung direkt gegen den Verletzer und der Verletzte braucht sich nicht damit abzufinden, dass er die unrichtigen oder irreführenden Äusserungen auf Kosten ihres Urhebers berichtigen darf.

Bei Nachfolgeverhältnissen ist der Verletzer schon verpflichtet worden, eine bestimmte Firma zu führen[2007] oder es sind ihm genaue Anweisungen gegeben worden, welche Bestandteile am Anfang und welche am Schluss einer Firma zu stehen hätten und für welche Teile kleine Schrift zu verwenden sei[2008]. Zuweilen mag es auch genügen, den Beklagten zu verpflichten, nur den vollständigen Wortlaut seiner Firma statt einer Abkürzung zu verwenden[2009]. Besonders originell ist ein Urteil des Berner Appellationshofes, das einer Schokoladefabrik «A. & W. Lindt» gebot, auf sämtlichen Packungen, Geschäftspapieren und Reklamen die deutlich erkennbare Anschrift anzubringen: «Diese Schokolade ist nicht die Original-Lindt-Schokolade»[2010].

8. Vorsorgliche Massnahmen

Literatur: Oscar *Vogel,* Probleme des vorsorglichen Rechtsschutzes SJZ 76/1980 89–100; Alfred *Briner,* Vorsorgliche Massnahmen im schweizerischen Immaterialgüterrecht SJZ 78/1982 157–164; Jürg *Müller,* Zur einstweiligen Verfügung im Immaterialgüterrecht ZBJV 119/1983 30–41; Urs *Schenker,* Die vorsorgliche Massnahme im Lauterkeits- und Kartellrecht, Zürich 1985; Eugène *Brunner,* Voraussetzungen für den Erlass vorsorglicher Massnahmen im gewerblichen Rechtsschutz, SMI 1989 9–25; René *Ernst,* Die vorsorgliche Massnahme im Wettbewerbs- und Immaterialgüterrecht, Diss. ZH 1992; Daniel *Adler,* Der einstweilige Rechtsschutz im Immaterialgüterrecht, Diss. ZH, Bern 1993; Stephen V. *Berti,* Vorsorgliche Massnahmen im Schweizerischen Zivilprozess, ZSR 116/1997 II 171–251.

Ein Urteil lässt oft einige Jahre auf sich warten und ist daher zur raschen Erledigung einer Werbeverletzung wenig geeignet. Daher besteht die Möglichkeit, dass der Richter auf summarische Prüfung des Sachverhaltes hin ein einstweiliges Verbot erlässt. Dieses ist anschliessend vom ordentlichen

---

[2007] BGE 61/1935 II 122: Steinbruch Brunnen.
[2008] BGE 85/1959 II 337: Gennheimer.
[2009] BGE 70/1944 II 188: Pernod; HGer BE in ZBJV 63/1927 466: Möbel-Pfister.
[2010] AppH BE in Markenschutz und Wettbewerb (Berlin) 27–28/1928 363: Lindt.

Richter zu bestätigen oder aufzuheben. Der Erlass eines vorsorglichen Verbotes ist von verschiedenen Voraussetzungen abhängig. Vorab ist die Dringlichkeit darzutun. Wer einer Verletzung seiner Werbung während Monaten oder gar Jahren tatenlos zusieht, kann nicht erwarten, dass ein Richter nachher die Dringlichkeit seines Anliegens anerkennt. Wohl darf der Verletzte eine kurze Überlegungsfrist für sich beanspruchen und in aller Regel wird er den Verletzer auch zuerst brieflich zur Aufgabe des beanstandeten Verhaltens zu bewegen versuchen. Auf einen abschlägigen Bescheid des Verletzers ist aber rasch zu reagieren: Der Richter ist nicht dazu da, die Saumseligkeit des Verletzten durch einen raschen Entscheid wettzumachen[2011].

Sodann hat der Kläger die Verletzung seiner Rechte durch eine Werbemassnahme des Beklagten glaubhaft zu machen. Es wird also kein strikter Beweis gefordert, wohl aber eine belegte und wahrscheinliche Darstellung des Sachverhaltes. Dazu gehören Unterlagen über die eigenen Rechte wie auch Belege der Verletzung. Da ein vorläufiges Verbot nur bei einer Wiederholungsgefahr in Frage kommt, ist auch die Fortdauer der Verletzung glaubhaft zu machen. Die bloss unbestimmte oder entfernte Möglichkeit rechtswidrigen Handelns genügt nicht; vielmehr muss mit einem künftigen widerrechtlichen Eingriff ernsthaft gerechnet werden[2012].

Der Kläger hat schliesslich darzutun, dass ihm wegen der drohenden Verletzung ein nicht leicht ersetzbarer Nachteil droht, der nur durch eine vorsorgliche Massnahme abgewendet werden kann. Zu solchen Nachteilen gehört vor allem eine mögliche Marktverwirrung oder die Verwässerung der klägerischen Kennzeichen. Die Finanzschwäche des Verletzers und ein daher befürchteter Verlust in einem späteren Schadenersatzprozess führen nicht automatisch zu einem schwer ersetzlichen Nachteil des Verletzten, können sie doch auch durch eine gerichtliche Sicherstellung des Verletzten im Sinne einer einstweiligen Lizenzgebühr wettgemacht werden[2013].

Der Massnahmerichter wird den Sachverhalt und die Rechtslage summarisch überprüfen. Dabei wird er von der Gültigkeit der angerufenen Marken, Muster und Modelle ausgehen, es wäre denn, deren Nichtigkeit könne vom Gesuchsgegner glaubhaft gemacht werden[2014]. Kann der Massnahmerichter die

---

[2011] OGer TG in Mitt. 1972 123: Patentverletzung, etwas milder HGer ZH in ZR 77/1978 Nr. 9 E. 3: Patentverletzung.
[2012] OGer ZH in Mitt. 1974 111 betr. Patentverletzung.
[2013] BGE 94/1968 I 14: Fraktionierungs-Vorrichtung, 108/1982 II 228: Denner-Bier; vgl. E. *Homburger* in SAG 55/1983 81.
[2014] BGE 94/1968 I 11: Fraktionierungs-Vorrichtung, 103/1977 II 290: Diazepam; HGer ZH in SMI 1986 216: Aquarius I; BGer in SMI 1990 176: Vogue, sowie BGer in

Rechtslage nicht liquid klären, weil Zweifel über die materielle Begründetheit des Klagebegehrens nicht ausgeräumt werden können, ist hierauf bei Erlass der Massnahme Rücksicht zu nehmen, indem statt eines einschneidenden Verbotes an dessen Stelle eine Sicherheitsleistung angeordnet wird[2015].

Die vorsorgliche Massnahme kann sich nicht nur auf ein einstweiliges Verbot beschränken, sondern auch Massnahmen zur Beweissicherung und zur Beseitigung des rechtswidrigen Zustandes umfassen. So können Werkzeuge und Geräte, welche zur Nachahmung eines Kennzeichens benutzt worden sind, sowie damit versehene Erzeugnisse beschlagnahmt oder auch die Aufnahme eines Inventars dieser Erzeugnisse angeordnet werden[2016]. Besteht die Verletzung in unrichtigen Presseveröffentlichungen über die Konkurrenz, werden wohl im summarischen Verfahren die tatsächlichen Verhältnisse kaum derart geklärt werden, dass eine Richtigstellung verlangt werden kann.

Erfordern die vorsorglichen Massnahmen eine Umstellung im Betrieb des Verletzers, indem er beispielsweise neue Prospekte drucken oder Waren umetikettieren muss, sind diese Kosten vom Gesuchsteller gerichtlich sicherzustellen. Andererseits hat der Verletzte eine Kaution zu leisten, wenn er sich wegen der Unsicherheit der Sach- und Rechtslage gegen ein einstweiliges Verbot wehrt. Ist eine vorsorgliche Massnahme erlassen, ist dem Kläger gleichzeitig Frist zur Einreichung der Hauptklage anzusetzen, in welcher die angeordneten Massnahmen zu bestätigen sind, aber auch neue Rechtsbegehren geltend gemacht werden können.

9. Einwendungen und Einreden des Verletzers im Verletzungsprozess

a) Vorbemerkung

Der Verletzer wird in aller Regel die Ähnlichkeit seines Kennzeichens oder seines Designs mit jenen des Klägers oder die sachliche Übereinstimmung der darunter angebotenen Leistungen bestreiten. Daneben steht ihm aber

---

[2015] ZBJV 133/1997 280 betr. Patentrecht. Frage aber vom BGer offen gelassen in SMI 1990 230: Patentverwarnung. OGer ZH in Mitt. 1974 116 betr. Patentverletzung.
[2016] CJ GE in Mitt. 1969 177: Columbia, HGer ZH in Mitt. 1979 124 132: Vuitton/Imoda.

noch eine ganze Anzahl weiterer Einreden zur Verfügung, auf welche es sich von klägerischer Seite vorzubereiten gilt.

b) **Formelle Einreden**

Soweit sich die Klage auf einen Registereintrag stützt, wie dies beim Firmenrecht, Markenrecht und Muster- und Modellrecht der Fall ist, kann sich darauf nur die im Register eingetragene Person berufen. Verletzungsklagen sind daher in der Regel von den im Register eingetragenen Personen zu führen; der Verletzte braucht es nicht zuzulassen, dass er im Namen eines im Register nicht eingetragenen Lizenznehmers[2017], eines Generalvertreters[2018] oder eines Hauptaktionärs der registrierten Gesellschaft[2019] in Anspruch genommen wird; einzig wenn sich der ausschliessliche Lizenznehmer gegenüber dem Lizenzgeber ausdrücklich verpflichtet hat, Verletzungen im eigenen Namen abzuwehren, gesteht ihm das Bundesgericht eine Klageberechtigung zu[2020]. Wird die Klage auf Urheber-, Muster- oder Modellrecht gestützt, hat sich der Kläger allenfalls darüber auszuweisen, dass ihm der Urheber seine Rechte schriftlich abgetreten hat. Eine Übertragung der Urheberrechte kann aber schon dadurch erfolgen, dass der Zeichner sein Visum unter den Aufdruck setzt, die fragliche Zeichnung sei das geistige Eigentum des Arbeitgebers[2021]. Werden Muster und Modelle im Rahmen eines Arbeitsvertrages geschaffen, steht das Nutzungsrecht schon von Gesetzes wegen dem Arbeitgeber zu[2022].

c) **Eigenes besseres Recht**

Literatur: Bruno *von Büren*, Über die Beschränkung des Rechtes, den eigenen Namen zu gebrauchen, SJZ 44/1948 65–72.

Der Verletzer kann geltend machen, es stehe ihm ein besseres Recht an der Benutzung des beanstandeten Kennzeichens zu. So kann er namentlich behaupten, sein Recht sei älter als jenes des Klägers. Dieser Einwand ist vor allem dort möglich, wo die Priorität nicht durch einen Registereintrag, sondern durch den tatsächlichen Gebrauch entsteht, der von Dritten nur schwerlich genau datiert werden kann.

[2017] BGer in Mitt. 1974 137: Maxim.
[2018] BGE 41/1915 II 285: Tabakregie.
[2019] BGE 76/1950 II 93: Cinéac.
[2020] BGE 113/1987 II 195: Möbel Le Corbusier.
[2021] BGE 100/1974 II 169: Ladeneinrichtung.
[2022] Art. 332a Obligationenrecht (OR, SR 220).

Doch heisst dies nicht, dass immer der Prioritätsältere den Sieg davontragen würde. Nach dem Grundsatz von Treu und Glauben hat vielmehr jener sein Kennzeichen zu ändern, der den Grund zur Unverträglichkeit gesetzt hat. Dies ist zwar in der Regel der jüngere, doch kann es auch auf den älteren zutreffen, wenn er durch Änderung oder Ausdehnung seiner geschäftlichen Tätigkeit die Verwechselbarkeit herbeigeführt oder verschärft hat[2023]. Auch darf derjenige, der ein Zeichen gebraucht, das eine erst später eingetragene Marke verletzt, es wenigstens im bisherigen Umfange weiter benützen, so dass eine gegen ihn angestrengte Unterlassungsklage abgewiesen werden muss[2024].

Ein Beklagter kann sich auch auf sein eigenes Recht berufen, wenn er zufolge des Namens seiner Familie oder der von ihm bewohnten Gegend berechtigt ist, das beanstandete Kennzeichen zu führen. Er hat in solchen Fällen dem von ihm verwendeten Familien- oder Ortsnamen höchstens einen deutlichen Zusatz beizufügen, der ihn vom älteren Benutzer unterscheidet[2025].

Das bessere Recht des Beklagten könnte schliesslich auch darin liegen, dass er gar keine Kennzeichen, sondern lediglich eine gemeinfreie Sachbezeichnung verwendet. Selbstverständlich kann einem Verletzer nicht verboten werden, Beschaffenheitsangaben zur Beschreibung seiner Produkte zu verwenden[2026]. Ob ihm jedoch die schlagwortartige Hervorhebung einer Sachbezeichnung verboten werden kann, ist weiter vorne geprüft worden[2027].

d) Fehlende Schutzfähigkeit

Oft wird der Beklagte geltend machen, das verletzte Kennzeichen sei gar nicht schutzfähig und eine allfällige Verletzung daher nicht verfolgbar. Werden vom Kläger Urheberrecht, Muster- oder Modellrecht angerufen, kann die fehlende Neuheit oder Unterscheidbarkeit geltend gemacht werden, bei den

---

[2023] BGE 73/1947 II 116: Endress, 85/1959 II 333: Gennheimer.
[2024] Art. 14 Abs. 1 Markenschutzgesetz (MSchG, SR 232.11).
[2025] BGE 31/1905 I 507: Heyden, 38/1912 II 695: Brûlefer, 43/1917 II 95: Geneva Watch Case, 70/1944 II 183: Pernod, 72/1946 II 390: Prieuré St. Pierre; BezGer Zch und AppH ZH in ZR 4/1905 Nr. 3: Limmattal, 30/1931 Nr. 179: Meiss; HGer BE in ZBJV 63/1927 464: Möbel-Pfister; BGE 79/1953 II 188: de Trey; BGer in ZR 70/1971 Nr. 61 E. 2b: Seitz; BGer in PMMBl 15/1976 I 14: Metz; a.M. BGE 93/1967 II 48: Garvey/Harvey's; CJ GE in Mitt. 1975 92: Ricard, 1976 66: GRUR Int. 1977 79: Terry.
[2026] BGE 80/1954 II 177: Clip, 94/1968 II 48: Spandex; HGer ZH und BGer in ZR 71/1972 Nr. 37: Up; HGer AG in SJZ 69/1973 25 Nr 14: Brasilia.
[2027] Vgl. Kap. XVII.C.3, S. 542.

übrigen Rechtsinstituten die fehlende Kennzeichnungskraft. So wird namentlich im Marken- und Lauterkeitsrecht gerne vorgebracht, das angeblich verletzte Kennzeichen gehöre zum Gemeingut, weil es die Beschaffenheit oder Herkunft der damit versehenen Ware beschreibe und solche Angaben nicht monopolisiert werden könnten. Der Richter wird dadurch veranlasst, die Schutzfähigkeit einer Marke ein zweites Mal zu prüfen, obwohl diese Frage schon beim Eintragungsverfahren von den Verwaltungsbehörden abgeklärt werden musste. Der Zivilrichter ist jedoch an die Beurteilung der Verwaltungsbehörden nicht gebunden und kann daher noch im Verletzungsverfahren die fehlende Schützbarkeit einer Marke feststellen und sie deswegen als nichtig erklären[2028]. Analog kann bei Anrufung des Namensrechts die Einrede erhoben werden, der behauptete Name sei nicht geeignet, den Namensträger zu individualisieren[2029]. Der Kläger kann in solchen Fällen jedoch im Sinne eines Gegenbeweises dartun, dass sich sein Kennzeichen trotz seiner ursprünglichen Schutzlosigkeit mittlerweile im Verkehr als Herkunftshinweis durchgesetzt und damit Schutz erlangt hat[2030].

Ähnlich ist die Praxis zum Firmenrecht. Zwar kann nicht geltend gemacht werden, eine Firma bestehe ausschliesslich aus einer Sachbezeichnung und sei daher nichtig, da es einerseits keine nichtige Firmennamen gibt und andererseits ein Unternehmen seinen Namen aus reinen Sachbezeichnungen bilden darf. Solche können sich aber naturgemäss von anderen, analog gebildeten Firmen nicht mehr deutlich unterscheiden, weshalb das Bundesgericht in solchen Fällen schon geringe Unterschiede in Nebenbestandteilen genügen lässt[2031].

e) Verwirkung

Literaur: Alois *Troller,* Guter Glaube im gewerblichen Rechtsschutz, SJZ 46/1950 204–207; Fritz *von Steiger,* Zur Frage der Verwirkung des Anspruches im gewerblichen Rechtsschutz, SAG 20/1948 97–103, 125–131; Georges *Gansser,* Einige Gedanken zum Verwirkungseinwand im gewerblichen Rechtsschutz, Mitt. 1955 111–126; Fritz *von Steiger,* Unzulässige Rechtsausübung, insbes. die Verwirkung, ZSR 75/1956 I 13–42, Mario M. *Pedrazzini,* Die Verwirkung im schweizerischen Kennzeichnungsrecht, GRUR Int.

[2028] BGE 42/1916 II 173: Cassano, 54/1928 II 407: Rachenputzer, 63/1937 II 428: Hammerschlag, 84/1958 II 224: plant; HGer BE in Mitt. 1983/1 81: Imperial; BGer in SMI 1991 92: Grand Amour; BGer in sic! 2000 590: Creaton.
[2029] BGE 92/1966 II 310: Sheila.
[2030] BGE 97/1971 II 159: Isola, 98/1972 II 66: Commerz.
[2031] Nicht verwechselbar daher MZSG Management Zentrum St. Gallen/SMP Management Programm St. Gallen AG (BGE 122/1996 III 370) oder Excellent Personaldienstleistungs AG/Excellent Co. Mila GmbH (BGer in sic! 1998 415).

1984 502–507; Werner *Stieger*, Verjährung und Verwirkung im Immaterialgüterrecht. Stichworte pro memoria und Hinweise auf Neues, AJP 2/1993 626–631.

Der Verletzer kann schliesslich geltend machen, die Ansprüche des Verletzten seien infolge Zeitablaufs verwirkt. Die Verwirkung von Ansprüchen aus der Verletzung von Kennzeichen wegen verspäteter Rechtsausübung ist ein Ausfluss von Art. 2 ZGB, der jedermann verpflichtet, bei der Ausübung seiner Rechte nach Treu und Glauben zu handeln[2032]. Notwendige Voraussetzung der Anspruchsverwirkung ist der Aufbau eines wertvollen wirtschaftlichen Besitzstandes[2033]. Massgebend ist, dass dieser Besitzstand in der Schweiz geschaffen wurde und der Verletzte seinen Aufbau unwidersprochen geduldet hat[2034].

Ein wertvoller Besitzstand kann nicht binnen weniger Monate aufgebaut werden. Stets sind hierzu Jahre erforderlich. Bei entsprechend intensiver Werbung und dem damit verbundenen Einsatz von Mühe und Geld kann aber schon bald ein Besitzstand erreicht werden, dessen Zerstörung als missbräuchlich erscheinen würde. Doch ist stets den Gründen Rechnung zu tragen, die der Berechtigte für sein Zuwarten haben konnte[2035]. Ein Zuwarten rechtfertigt sich mit Rücksicht auf Geschäftsbeziehungen[2036], während der Dauer enger wirtschaftlicher Verbundenheit[2037], bei Fehlen von konkreten Verwechslungen[2038] oder bei Unkenntnis des verwechselbaren Kennzeichens[2039]. Gerade im letzteren Fall kann bis zu 20 Jahre zugewartet werden[2040], während sonst ein Zuwarten während vier bis neun Jahren kaum mehr gerechtfertigt werden kann[2041].

Im Allgemeinen kann sich nur der gutgläubige Verletzer auf die Verwirkung der Rechte des Verletzers berufen[2042]. Denn wer trotz des ernst zu nehmenden Risikos einer Verletzungsklage einen wertvollen Besitzstand aufzubauen versucht, handelt unvorsichtig und verdient keinen Rechtsschutz[2043]. Wartet aber der Inhaber des verletzten Kennzeichens während sehr langer Zeit zu

---

[2032] Vgl. *Merz*, Berner Kommentar, N. 530 ff. zu Art. 2 ZGB.
[2033] BGE 97/1971 II 154: Isola, 109/1983 II 340: BBC.
[2034] BGI 95/1969 II 362: Arden, 97/1971 II 154: Isola; OGer BL in Mitt. 1973 166: Vivil.
[2035] BGE 93/1967 II 46: Rubinstein.
[2036] BGE 98/1972 II 145: Luwa; BGer. in Mitt. 1974 130: Columbus.
[2037] BGer. in Mitt 1974 131: Columbus.
[2038] BGE 88/1962 II 180: Adrema, 375: Leuba.
[2039] BGE 95/1969 II 361: Arden; a.A. HGer BE in ZBJV 89/1953 412: Acme.
[2040] BGE 73/1947 II 193: Alps, HGer ZH in ZR 51/1952 Nr. 76: Kafa.
[2041] BGE 76/1950 II 394: Sanitin, 81/1955 II 291: Kompass, 85/1959 II 130: Doyle, 100/1974 II 400: Akademikergemeinschaft I.
[2042] BGE 88/1962 II 180: Adrema, 375: Leuba, 95/1969 II 362: Arden.
[2043] HGer ZH in ZR 55/1956 Nr. 58 S. 111: Solis.

und vermag er für sein untätig Bleiben keine triftigen Gründe anzuführen, so darf auch der bösgläubige Verletzer annehmen, der Verletzte habe sich mit der Verletzung abgefunden, so dass es stossend wäre, ihm nach Jahr und Tag seinen wirtschaftlichen Besitzstand zu zerstören[2044].

D. Private und offiziöse Organisationen

1. Schweizerische Kommission für Lauterkeit in der Werbung

Literatur: Hanspeter O. *Marti,* Die werbliche Selbstkontrolle in der Schweiz, SMI 1989 197–200; Mischa Ch. *Senn,* Zur Funktion und Stellung der Schweizerischen Lauterkeitskommission, sic! 1999 94; Mischa Ch. *Senn,* Das Verfahren vor der Schweizerischen Lauterkeitskommission, sic! 1999 697–699.

Im Jahre 1966 wurde vom Schweizerischen Reklameverband und der Fédération romande de publicité die seinerzeitige Kommission zur Überwachung der Lauterkeit in der Werbung gegründet, heute Schweizerische Kommission für Lauterkeit in der Werbung oder kurz Lauterkeitskommission (SLK). Sie wird von rund 20 Organisationen aus den Bereichen Werbung, Vertrieb und Medien getragen und bezweckt die Selbstkontrolle in der Werbung. Dieser Kommission obliegt die Anwendung der Richtlinien für die Lauterkeit in der Werbung der Internationalen Handelskammer (ICC) in der Schweiz. Sie hat ihren Sitz bei der Schweizer Werbung SW[2045] und besteht aus Vertretern der Werbebranche, der Konsumentenorganisation und der Medien. Bei der Lauterkeitskommission kann jedermann über Werbemassnahmen Beschwerde führen, die nach seiner Meinung gegen die Richtlinien verstossen, wobei sein Name vertraulich behandelt wird. Bei festgestellten Verstössen fordert die Lauterkeitskommission den Verantwortlichen auf, die beanstandete Werbemassnahme sofort zu unterlassen. Wird einer solchen Aufforderung nicht Folge geleistet, können Sanktionen verhängt werden. So kommt die Publikation des Entscheides unter voller Namensnennung in der Presse oder die Empfehlung an die Medien, die beanstandete Werbung nicht mehr erscheinen zu lassen, in Frage. Unter Umständen werden aber auch diskriminatorische Massnahmen ins Auge gefasst, wie die Empfehlung auf Ausschluss aus Fachverbänden oder auf Entzug der Beraterkommissionierung.

[2044] OGer BL in Mitt. 1973 165: Vivil; BGE 109/1983 II 342: BBC.
[2045] Kappelergasse 14, 8001 Zürich; URL-Adresse: <www.lauterkeit.ch>.

Die Lauterkeitskommission geniesst hohes Ansehen, und oft wird sie auch von Anwälten statt der offiziellen Gerichte beansprucht. Sie ist nicht nur das ideale Gremium, um unlautere Werbung rasch und kompetent zu beurteilen, sondern es können dort auch Konsumenten ihre persönlichen Beanstandungen anbringen und ohne Kostenrisiko einen Entscheid eines fachlich qualifizierten Gremiums herbeiführen.

2. Arbitration and Mediation Center der WIPO

Literatur: Simon A. *Mäder,* Schutz für Markeninhaber vor «cybersquatting» unter den Regeln der ICANN, sic! 2000 487–498.

Die Weltorganisation für geistiges Eigentum[2046] führt seit 1999 eine Stelle, die sich mit der Beurteilung von Konflikten über Domain Namen der drei Generic Top Level Domains .com, .org und .net befasst. Sie ist bei der ICANN[2047] akkreditiert und wendet deren Uniform Name Dispute Resolution Policy an. Als Richter wirken erfahrene Schiedsrichter, darunter auch Schweizer. Je nach Wahl der Parteien, wird ein Panel von einem oder drei Richtern bestellt.

Das Verfahren ist nur dann erfolgreich, wenn drei Vorbedingungen kumulativ erfüllt sind. Einmal muss der Kläger über eine identische oder verwechselbare Marke verfügen, die wenigstens in einem Land der Welt schon vor der Beanspruchung der beanstandeten URL des Beklagten registriert worden ist. Sodann ist darzutun, dass der Beklagte kein Recht oder kein schutzwürdiges Interesse bezüglich der beanstandeten URL hat, namentlich auch, dass er hierfür keine Einwilligung oder Lizenz des Klägers erhalten hat. Schliesslich muss nachgewiesen werden, dass der Beklagte den Domain Namen bösgläubig registriert hat und gebraucht. Indizien für eine solche Bösgläubigkeit sind beispielsweise ein Angebot des Beklagten zum Verkauf seiner URL, die serienmässige Registrierung zahlreicher Domain Namen mit bekannten Marken und Abwandlungen davon, die Absicht zur Störung der Geschäftsgrundlage eines Konkurrenten oder die Benützung des Domain Namens zur Anlockung von Surfern für eigene Angebote. Dagegen muss nicht dargetan werden, dass der Usurpator in der gleichen Branche wie der Kläger tätig ist oder gleichartige Waren und Dienstleistungen anbietet.

[2046] WIPO, World Intellectual Property Organization, chemin des Colombettes 12, 1201 Genève; weitere Informationen unter der URL-Adresse: <www.arbiter.wipo.org>.

[2047] ICANN, Internet Corporation for Assigned Names and Numbers, 4676 Admiralty Way, Suite 330, Marina del Rey, CA 90292.

Entscheide des Panels werden binnen zehn Tagen nach Ausfällung rechtskräftig und sind von der Registrierungsstelle sofort zu vollziehen.

3. Konsumenten-Organisationen

Die Konsumentenforen versuchen, Verstösse gegen die Lauterkeit in der Werbung festzustellen und zu beheben. Sie tun dies aber weniger in kontradiktorischen Verfahren als in eigentlichen Kampagnen. Sie treten denn auch nicht nur auf Antrag eines Beschwerdeführers in Aktion, sondern treffen ihre Erhebungen in erster Linie von sich aus. Deren Tätigkeit ist um so wertvoller, als sie nicht nur konkrete Verstösse anprangern, sondern auch eingelebte Unsitten kritisch beleuchten und interessante Vorschläge für wirksamere Vorschriften und gründlichere Kontrollen machen. In der Schweiz sind gegenwärtig aktiv das Konsumentenforum kf mit Sektionen in der ganzen Deutschschweiz[2048], die Fédération romande des consommateurs[2049], die Associazione Consumatrici della Svizzera italiana[2050], die Stiftung für Konsumentenschutz (SKS)[2051] und der Schweiz. Konsumentenbund (SKB)[2052].

Konsumenten-Organisationen könnten im Kampf gegen unlautere Werbe- oder Vertriebsmassnahmen eine starke Stellung einnehmen, da sie nicht nur die Mobilisierung der öffentlichen Meinung als Druckmittel einsetzen können, sondern auch ermächtigt worden sind, Verstösse von Werbenden zivil- oder strafrechtlich einzuklagen[2053]. Vorwiegend aus finanziellen Gründen ist aber der Einfluss der schweizerischen Konsumentenorganisationen bis heute bescheiden geblieben.

4. Private Schlichtungsstellen

Es gibt einige private Schlichtungsstellen, die von Branchenverbänden eingesetzt worden sind und Empfehlungen bei Beschwerden von Konsumenten

---

[2048] Konsumentenforum kf, Postfach 294, 8037 Zürich; URL-Adresse: <www.konsum.ch>.
[2049] Rue de Genève 7, Case postale, 1001 Lausanne; URL-Adresse: <www.frc.ch>.
[2050] Via Lamberteghi 4, 6900 Lugano; URL-Adresse: <www.acsi.ch>.
[2051] Monbijoustrasse 61, Postfach, 3000 Bern 23; URL-Adresse: <www.konsumentenschutz.ch>.
[2052] Wankdorffeldstrasse 75, 3014 Bern.
[2053] Art. 10 Abs. 2 lit. b UWG.

abgeben. Obwohl sie sich hauptsächlich mit der Untersuchung von Unstimmigkeiten in Kundenbeziehungen wegen behaupteter Schlechterfüllung befassen, sind sie grundsätzlich auch bereit, die Werbung ihrer Branchenangehörigen auf Übereinstimmung mit dem Gesetz gegen unlauteren Wettbewerb und mit Branchenusanzen zu überprüfen. Dies ist namentlich auch beim Ombudsmann der Schweizer Reisebranche[2054] der Fall, nehmen doch die Prospekte für Pauschalreisen einen ganz besonderen Stellenwert ein[2055].

E. Eine Konsumenten-Ombudsperson?

Literatur: Walter *Haller,* Der Ombudsman – Erfahrungen im Ausland, Folgerungen für die Schweiz, ZBl 73/1972 177–195; Bernd *Stauder*/Joachim *Feldges,* Aussergerichtliche Streitbeilegung bei Verbrauchsgeschäften – Versuch einer kritischen Bestandesaufnahme, ZBJV 120/1984 32–39, 41–88.

Man kann sich fragen, ob eine staatliche Konsumenten-Ombudsperson, wie sie in Schweden wirkt[2056], nicht auch in der Schweiz nützlich wäre. Sie hätte den Markt und seine Werbung zu beobachten und könnte sowohl auf Antrag von Verbrauchern wie auch aus eigenem Antrieb tätig werden. Im Sinne des Opportunitätsprinzips könnte sie auf die Verfolgung von Bagatellfällen verzichten und sich ganz den ihr am wichtigsten scheinenden Missständen widmen. Damit unterscheidet sich ihre Tätigkeit grundlegend von jener eines Gerichtes, das über kein Ermessen verfügt, wo es seine Schwerpunkte setzen will.

Es liegt im Wesen einer Ombudsperson, dass sie nur Empfehlungen unterbreiten und nicht verbindliche Weisungen erteilen darf. Zu Recht ist sie daher schon mit einem an der Kette liegenden Wachhund verglichen worden, der bellen, aber nicht beissen darf. Doch zeigt die Erfahrung, dass den Empfehlungen der Ombudsleute grosses Gewicht beigelegt wird und sie keine Mühe haben, ihren Empfehlungen zum Durchbruch zu verhelfen. Vor allem aber wirkt allein schon ihre Präsenz präventiv, lässt sich doch niemand gerne von

---

[2054] Adresse: Postfach, 8038 Zürich. Andere Ombudspersonen sind der Ombudsmann der Schweizer Banken, Schweizergasse 231, Postfach, 8021 Zürich, der Ombudsmann der Privatversicherung, Kappelergasse 15, Postfach, 8022 Zürich, oder der Ombudsmann der sozialen Krankenversicherung, Morgartenstrasse 9, 6003 Luzern.
[2055] Vgl. Art. 3 BG über Pauschalreisen (SR 944.3).
[2056] Vgl. die Notiz von K. *Oftinger,* Schutz der Konsumenten durch die schwedische Gesetzgebung, SJZ 67/1971 300.

einer Ombudsperson belehren, zumal er damit rechnen muss, dass sein Verhalten nachher im Geschäftsbericht in extenso dargestellt und kommentiert wird.

Gegenüber der Schweizerischen Lauterkeitskommission hätte eine Konsumenten-Ombudsperson jedoch kaum wesentliche Vorteile. Im Vergleich zur nebenamtlich tätigen Lauterkeitskommission wäre sie zwar möglicherweise besser in der Lage, von sich aus Verstösse gegen die Lauterkeit in der Werbung wahrzunehmen und abzuklären, ohne dass es eines besonderen Anstosses von Seiten eines Beschwerdeführers bedürfte. Gegenüber den Konsumentenorganisationen hätte die Ombudsperson den Vorteil der Unabhängigkeit wie auch der staatlichen Autorität. Ihre Empfehlungen zuhanden der Marktwirtschaft würden wahrscheinlich eher zu Herzen genommen als die eifrigen Mahnungen der Verbraucherschutzorganisationen.

Ob man nun einer Schweizerischen Lauterkeitskommission, einer effizienten Verbraucherschutzorganisation oder einer Konsumenten-Ombudsperson den Vorzug geben will, ist weit gehend eine persönliche Frage. Wichtig ist bei allen drei Institutionen, dass sich ihr Wirken nicht unter Ausschluss der Öffentlichkeit abspielt, sondern dass sie ihre Feststellungen und Empfehlungen laufend veröffentlichen und in der Tagespresse und Fachliteratur kommentiert werden. Nur wenn auch die Werbenden und ihre Agenturen einsehen, dass nicht jede Werbemassnahme unbesehen hingenommen wird, sondern dass von verschiedenster Seite Kritik zu erwarten ist, werden sie sich von vornherein bemühen, korrekte und massvolle Werbung zu betreiben.

Stichwortindex

A

Abbildungen
  auf Packungen 141
  von Orten 107
  von Personen 75
  von Personen, Werbung mit 133
Absatzwerbung 8
Abstimmungen 77
  Werbeeinschränkungen für 371, 373
Abwerbung von Personal 361
Abzahlungsgeschäfte 276
Abzeichenverkäufe 356
Ärzte, Einschränkungen für 363
Ästhetik
  in der Aussenwerbung 198
  Schutz der 52, 532
Akronyme 476, 531
Aktionen 269
Alkoholische Getränke 295
  Beschaffenheitsangaben 145
  Werbeverbot im Fernsehen 177
  Werbung für 296
Alleinstellungswerbung 115, 119
Alternative Trade Channels 227
Ambulanter Verkauf 231
Anforderungen an Zeichen
  formelle 496
  qualitative 466
  relative 501
Angaben
  auf Packungen 143, 144, 289
  zu geschäftlichen Verhältnissen 66
  zum Herstellungsdatum 146
  zum Preis 63, 147, 156
  zum Verkaufsdatum 289
  zur Beschaffenheit 63
  zur Betriebsherkunft 146
  zur geografischen Herkunft 100
  zur Menge auf Packungen 143
  zur Qualität auf Packungen 144
Anlagefonds 336
  Werbung für 336
Anlehnende Werbung 116
Annoncen *siehe* Inserate
Annoncenpachtvertrag 400
Anonyme Werbung
  in Inseraten 165
  von Arbeitsvermittlern 360
  von Firmen 499
Anpreisungen
  gesundheitliche 290, 297, 303, 317
  von Arzneimitteln 312
  von Wellness 291
Ansehen
  der Gemeinwesen 53
  Schutz des 53
Apotheken 320
Arbeitsergebnis
  direkte Leistungsübernahme 546
  Schutz des 544
Arbeitsvermittlung, Werbung für 360
Arzneimittel 290, 308
  apothekenpflichtige 321
  Aufsicht 309
  Begriff 309
  Beschaffenheitsangaben 145
  Einteilung 311
  Fachwerbung 318
  Markenwerbung 317
  Marketingmassnahmen 272, 319
  Musterabgabe 319
  Packungsformen 140
  Pflichthinweis 317
  Publikumswerbung 315
  Umpacken von 154
  Werbeverbot im Fernsehen 177
Arzneimittelmuster 319
ATC *siehe* Alternative Trade Channels
Audiovisuelle Mittel, Werbung mit 170
Aufklärungspflichten der
  Werbeagentur 416
Aufklärungswerbung 9
Auflagen der Feuerpolizei 43

Ausflugsfahrten *siehe* Werbefahrten
Auslagen
   in Schaufenstern und Vitrinen 154
   Preisangabe 156
   Sprache 160
Ausländer, Einschränkungen für 365
Aussenwerbung 46, 184
   Ästhetik 198
   Begriff 185
   Eigenwerbung 186
   Fremdwerbung 186
   Schranken 190
   sprachliche Einschränkungen 202
Ausstattungen
   Begriff 458
   Gebrauch 500
   qualitative Anforderungen 472
   Registereintragung 493
   relative Anforderungen 505
   Schutz von 463, 513
   unsittliche 493
   Verkehrsdurchsetzung 487
Ausstellungen, Vertrieb an 237
Ausverkäufe 269
Auswanderung 354
Auswanderungspropaganda,
   irreführende 355
Auswertungsphase des
   Werbevertrags 389, 410
Autobahnen, Werbung an 192
Automaten
   für Lebensmittel 307
   für Waren 267
   Vertrieb durch 259

B

Bahnhofliegenschaften, Vertrieb in 266
Ballone, Werbung mit 80
Bandenwerbung 210
Banken, Werbeeinschränkungen
   für 334
Bankiers, Werbeeinschränkungen
   für 334
Banknoten, Werbung mit 132
Barskonti 149

Beeinträchtigungen, Schutz vor 73
Beendigung des Werbevertrags 445
Behindertenbetriebe 127
Behördemitglieder, Werbeeinschränkungen für 377
Behörden, Werbeeinschränkungen
   für 370
Benzin 288
   Packungsformen 140
Beratungspflichten der Werbeagentur 416
Berufsbezeichnungen, Anmassung
   von 67
Berufsverbände 54
Berührung von Schutzrechten 64
Bestechung 82
Betriebsherkunft, Angaben zur 146
Bewegliche Werbung 202
Bezeichnung
   von Geschäften 489
   von Unternehmen 453
Bezugsbewilligung für Waren 43
Branchenempfehlungen 402
Brand Name Advertising *siehe*
   Markenwerbung
Briefing 421
Briefkastenwerbung 215
Briefmarkenverkäufe 356
Budget 414

C

Call Centers 257
Carfahrten *siehe auch* Werbefahrten
   für Pilzsammler 354
Chemikalien 322
   Angabe der Betriebsherkunft 146
   Begriff 323
   Gefahrensymbole 324
   Packungsformen 140
   Stoffdeklaration 145
   Werbung 325
Chiffre-Inserate 165

D

Dachreklamen 195
Damnum emergens 439
Datum, Angaben auf Packungen 289
Deklarationspflichten 58
Deklarationsverordnung 63
Demonstrationen 205
   Bewilligungspflicht 205
Designschutz 532
   örtlicher Geltungsbereich 533
   sachlicher Geltungsbereich 534
   Verwechselbarkeit 535
   zeitlicher Geltungsbereich 532
Dienstleistungen, Herkunft von 108
Direct Mailing-Vertrag 400
Direct Marketing 249
Direktwerbung 211
Diskriminierung, Schutz vor 56
Distanzverkäufe *siehe* Telemarketing
Domain Namen
   Begriff 456
   formelle Anforderungen 497
   Gebrauch 499
   im Internet 109
   qualitative Anforderungen 472
   Registereintragung 492, 497
   relative Anforderungen 504
   Schutz von 512
   sittenwidrige 492
Drittrechte, Schutz von 71 *siehe auch*
   Relative Anforderungen
Drogerien 320

E

Edelmetalle 328
   Angabe der Betriebsherkunft 147
   Werbung für 330
Effektenhändler 339
Ehrverletzung 74
Eigentumsgarantie 38
   Inhalt und Schranken 39
Eigenvergleich 119
Einkaufszentren
   Verkaufsfläche 279

Vertrieb über 278
Einreden des Verletzers 576
Einsatz bei Lotterien 90
Einwendungen des Verletzers 576
Elektronische Medien, Werbung in 171
Elektronischer Geschäftsverkehr,
   Informationspflichten im 255
E-Mail Advertising 222, 258
Enseigne 510
   Begriff 454
   Registereintragung 496
Entstellung, Schutz vor 75
Ergänzungen, Schutz vor 75
Erinnerungswerbung 8
Erkennbarkeit der Werbung 164
Ersatzteile, Werbung für 117
Erwerb von
   Arzneimitteln 43
   Genussmitteln 43
   Giften 43
   Waffen 43
Etikette, Begriff 139

F

Fabrikationsort 107
Fachwerbung für Arzneimittel 318
Fähigkeitsausweise 67
Fahrverbot 48
Fahrzeuge, Werbung auf 207
Falschdeklaration 70
Feiertage, Vertrieb an 268
Fernabsatz *siehe* Versandhandel
Fernabsatzverträge 249
Fernsehwerbung 171
   Medienfreiheit für 172
Fernunterricht 249
Feuerpolizeiliche Auflagen 43
FFF (Film, Funk, Fernsehen)
   Arzneimittelwerbung im 317
   Einschränkungen für die
      Werbung 176
   Werbung im 170
Filmwerbung *siehe* Kinowerbung
Filmzensur 51

589

Finanzdienstleistungen 333
Firma
  Begriff 467
  Fantasiebezeichnung 469
  formelle Anforderungen 496
  Gebrauch 498
  Geschäftsfirma 454
  qualitative Anforderungen 467
  Registereintragung 496
  relative Anforderungen 503
  Sachbezeichnung 469
Firmenbezeichnungen 453
Firmenklarheit 489
Firmenrecht
  Beurteilungsregeln 529
  örtlicher Geltungsbereich 516
  sachlicher Geltungsbereich 518
  Verwechselbarkeit 523
  zeitlicher Geltungsbereich 514
Firmenregister 501
Firmenwahrheit und Firmenklarheit 489
Fleisch 293
Flugblätter 203, 213
Food Supplements 291
Form der Ware oder Verpackung 460
  als Kennzeichen 473
Formelle Anforderungen an
  Domain Namen 497
  Enseignes 496
  Firmen 496
  Gebrauch von Zeichen 498
  Marken 496
  Muster und Modelle 497
  Registereintrag von Zeichen 496
  Zeichen 496
Formgebung, Schutz der 532
Freiheitsrechte *siehe* Grundrechte
Fresken, Ergänzung von 75
Functional Food 291
Fundraising 355
Fussgänger, Werbung mit 202

G

Gastgewerbe 342

Öffnungszeiten 267, 345
Preisanschrift 343
Werbung für das 343
Gebäudewerbung 195
Gebrannte Wasser *siehe* Spirituosen
Gebrauch, als Schutzvoraussetzung 498
Gebrauchsgegenstände 287
Gefahrensymbole für Chemikalien 324
Gefährliche Stoffe und Zubereitungen *siehe* Chemikalien
Geheimhaltungspflichten der Werbeagentur 419
Geistige Getränke *siehe* Spirituosen
Geist-Werkvertrag 396
Gemeingebrauch von öffentlichem Grund 203
Gemeingut 475, 540
  sprachliches und grafisches 542
  technisches 540
Gemeinnützige Organisationen, Werbung von 128
Genussmittel 301
  Abgabe an Jugendliche 45
  Begriff 288
Geografische Bezeichnungen, Schutz von 62
Geschäftliche Verhältnisse, Angaben über 66
Geschäftsbezeichnungen 511 *siehe auch* Firmen
  Schutz der 511
  sittenwidrige 489
Geschäftsverkehr, elektronischer *siehe* Elektronischer Geschäftsverkehr
Geschenk-Gutscheine 81
Geschicklichkeitsspiele 86
Gestaltungsphase des Werbevertrags 389, 409
Gesundheit, Schutz der 41
Gesundheitliche Anpreisungen
  für alkoholische Getränke 297
  für Arzneimittel 316, 317
  für Genussmittel 303
  für Lebensmittel 290
  für Tabakwaren 303

Gewinne bei Lotterien 93
Gifte *siehe* Chemikalien
Giftklassen 324
Giftliste 323
Glaubens- und Gewissensfreiheit 36, 202, 205
    Inhalt und Schranken 36
Glücksspiele 85
Gold 330
Gönner 358
Gönnermitglieder, Werbung für 358
Gratis-Gutscheine 81
Grossisten, Vertrieb an 282
Grundpreise, Angaben von 149
Grundrechte 15
    Eingriffe 15
Gutachten, Werbung mit 123
Gute Sitten, Verstoss gegen 489
Guter Glaube 580
Gutscheine 81

H

Haftung und Haftungsausschluss im Werbevertrag 439
Handels- und Gewerbefreiheit *siehe* Wirtschaftsfreiheit
Handelsregister
    Firma 454, 469
    Firmenschutz 511
    Firmenwahrheit 489
    Verwechselbarkeit 524
Handelsregistereintrag 466
    formelle Anforderungen 496
Handelsreisende 240, 246
    Bestellungsaufnahme durch 239
Hausieren 239
Hauskollekten 356
Haustürgeschäfte 239
Health claims
    für Arzneimittel 317
    für Lebensmittel 290
Heilanpreisungen
    für Arzneimittel 317
    für Lebensmittel 290

Heilmittel *siehe* Arzneimittel
Heiltätigkeit 43
Heilvorrichtungen *siehe* Medizinprodukte
Heimatschutz 53
Herkunft
    Anforderungen 106
    Einteilung 104
    gewöhnliche Angaben 105
    qualifizierte Angaben 105
    von Dienstleistungen 108
    von Industrieprodukten 107
    von Naturerzeugnissen 106
Herkunftsangaben 100, 146
    Schutz von 62
Herstellungsdatum 146
Hoheitszeichen 53, 111
Hotellerie *siehe* Tourismus

I

Impressum 147
Industrieprodukte, Herkunft von 107
Informationspflichten der Werbeagentur 416
Informationswerbung 9
Innenwerbung 209
Inserate 161
    anonyme und falsche 165
    Medienfreiheit für 163
    Vorzensur 163
Insertionsvertrag 400
Interesse
    negatives 439
    positives 439
Internationale Organisationen 14, 54, 135
Internet
    Adressen 109, 175
    Werbung im 180
Invalidenbetriebe 127
Irreführung, Schutz vor 60, 63

J

Jingles 457
  im Sponsoring 174
Jugendschutz 45, 297, 301

K

Kantone, Werbeeinschränkungen
  für 370
Kapitalgesellschaften, Firma von 467,
  508
Kartelle 284
Kaufzwang bei Lotterien 91
Kennzeichen
  Begriff 509
  Schutz von 512
Kennzeichenrecht
  Beurteilungsregeln 529
  örtlicher Geltungsbereich 516
  sachlicher Geltungsbereich 518
  Verwechselbarkeit 523
  zeitlicher Geltungsbereich 513
Kettenbriefe 97
Kinowerbung 170
Kioske 238, 303
  Vertrieb durch 280
Kollekten *siehe* Spenden
Konfiszieren von Druckerzeug-
  nissen 214
Konkurrenz 34, 114
Konkurrenzvergleich 118
Konsumentenschutz 60
Konsumentenverträge 229
Konsumkredite 339
Kontrollnummern, Angaben von 151
Konzeptphase des Werbevertrags 389,
  409
Konzession 57, 200
Kosmetika 288, 304
  quasi-kosmetische Produkte 305
Kunst 461
Kunstbilder, Werbung mit 134
Kunstschutz 463

Kunstwerke
  Abgrenzungen und Wertungen 462
  Begriff 461
  Gebrauch 500
  Individualität 481
  qualitative Anforderungen 481
  relative Anforderungen 507
  Schutz der 532
  unsittliche 495
Kurznamen 452, 455, 476

L

Ladenlokal 227
Ladenschlusszeiten 263
Laienhelfer 246
Landwirtschaftliche Erzeugnisse 294
Lauterkeitsrecht
  Beurteilungsregeln 529
  örtlicher Geltungsbereich 517
  sachlicher Geltungsbereich 522
  zeitlicher Geltungsbereich 515
Lebensmittel 287
  Beschaffenheitsangaben für 144
  Bezeichnung 289
Leistungspflichten der Werbeagen-
  tur 409
Leistungsübernahme, direkte 546
Lichtreklamen 195
Lieferfrist im Versandhandel 253
Liquidationen 270
Literatur 461
Lockvögel, Werbung mit 128, 271, 272
Logos
  im Sponsoring 174
  Schutz von 513, 532
Lotterie 85
  Einsatz 90
  Gewinn 93
  Merkmale 89
  Multilevelmarketing 247
  Planmässigkeit 94
  Verbindlichkeit 90
  Zufall 95
Lotterieähnliche Veranstaltungen 96
Lucrum cessans 439

M

Malfarben 288
Marken 456
   Begriff 457
   formelle Anforderungen 496
   Gebrauch 499
   Grenzfälle 478
   Hinterlegung 465
   qualitative Anforderungen 472
   Registereintragung 493, 496
   relative Anforderungen 505
   unsittliche 493
   Verkehrsdurchsetzung 487
Markenrecht
   Beurteilungsregeln 529
   örtlicher Geltungsbereich 517
   sachlicher Geltungsbereich 519
   Verwechselbarkeit 523
   zeitlicher Geltungsbereich 515
Markenregister 502
Markenschutz 457, 463, 496, 513
Markenwerbung für Arzneimittel 317
Marketing 226
   Direct Marketing 249
   Multilevelmarketing 247
   Spendenmarketing 355
   Telefonmarketing 221
   Telemarketing 220, 256
Marktbildungswerbung 9
Märkte, Vertrieb auf 233
Mediavertrag 401
Medienfreiheit *siehe* Meinungs- und Medienfreiheit
Medikamente *siehe* Arzneimittel
Mediziner, Einschränkungen für 363
Mehrwertsteuer bei Preisangaben 148
Meinungs- und Medienfreiheit 27, 217, 363
   für Inserate 163
   für Radio und Fernsehen 172
   Inhalt 28, 32
   Schranken 31
Mengenangaben auf Packungen 143
Messen, Vertrieb an 237
Milch 291
Mineralstoffe 293

Modelle *siehe* Muster und Modelle
Mogelpackungen 141
Monopole 199
Motive, Werbung mit bestimmten 132
Multilevelmarketing 247
Muster und Modelle 460
   formelle Anforderungen 497
   Gebrauch 500
   Hinterlegung 495
   qualitative Anforderungen 478
   Registereintragung 497
   relative Anforderungen 506
   Schutz 462
   unsittliche 495
Muster- und Modellrecht
   örtlicher Geltungsbereich 533
   sachlicher Geltungsbereich 534
   Verwechselbarkeit 537
   zeitlicher Geltungsbereich 533

N

Nachahmung
   sklavische 539
   systematische 547
Nachtruhe 268
Nahrungsmittel 291
   Begriff 288, 291
   biologische 294
Namen 452
   qualitative Anforderungen 467
   relative Anforderungen 502
   Schutz von 73
   Verkehrsdurchsetzung 486
Namensrecht
   örtlicher Geltungsbereich 517
   sachlicher Geltungsbereich 518
   zeitlicher Geltungsbereich 514
Naturerzeugnisse, Herkunft von 106
Nebenbetriebe zu Eisenbahnen 266
negatives Interesse 439
Nettogewicht 140
Nutrient function claims 293

O

Öffentliche Ordnung *siehe* Ordnung
Öffentliche Sicherheit *siehe* Sicherheit
Öffentliche Unternehmen, Werbeeinschränkungen für 380
Öffnungszeiten 48, 263
Offene Verkaufsstellen 230
Offenverkauf 226
Online-Anbieter 255
Ordnung 267
    Schutz der 47
Organisationen
    gemeinnützige 128
    internationale 54
    internationale 14
    Werbung mit Zeichen von 135
Ortsangaben 103
Ortsbezeichnungen 107
Ortsnamen 110
OTC-Präparate 311

P

Packungen
    Abbildungen auf 141
    Angaben auf 143, 144, 146, 147, 289
    Art und Form 140
    Begriff 139
    in Automaten 260
    Warnaufschriften 152
    Werbung auf 139
Packungsformen
    für Arzneimittel 140
    für Benzin und Petroleum 140
    für Gifte 140
Packungswechsel 142
Parteien des Werbevertrags 390
Partyverkäufe 246
Patenschaften 358
Patentberühmung 64
Pauschalreisen 352
Personalabwerbung 360
Personalanwerbung 360
Personalverleih 360
Personen, natürliche 467

Personenbilder, Werbung mit 133
Personengesellschaften, Firma von 467
Persönliche Freiheit 35
    Inhalt 35
Persönlichkeitsschutz 74
Petroleum 288
Packungsformen 140
Pflichten der Werbeagentur 409
    Aufklärungs-, Beratungs- und Informationspflichten 416
    Erfolgspflichten 420
    Leistungspflichten 409
    persönliche Erfüllung 411
    Rechenschaftspflicht 417
    Sorgfaltspflichten 413
    Treuepflichten 417
    Verschwiegenheits- und Geheimhaltungspflichten 419
Pflichten des Werbekunden 423
    Genehmigungspflicht 428
    Rügepflicht 427
    Unterstützungs- und Mitwirkungspflicht 427
    Vergütungspflicht 423
Pflichthinweis
    für Arzneimittel 317
    in Fachwerbung 318
    in Inseraten 318
    in Kinowerbung 171
    in Radio- und Fernsehwerbung 178
Pilz-Reisen 354
Plakate, Werbung mit 184
Plakatmonopol 199
Planmässigkeit bei Lotterien 94
Plaquéwaren 329
Platin 329
Politik, Werbeeinschränkungen in der 76, 371
Politische Propaganda 76, 205, 365
Politische Veranstaltungen, Durchführung von 206
Polizeigüter, Schutz der 41, 71
Pornografie 51
Positives Interesse 439
Postversand von Drucksachen 216
POS-Werbung 12, 172, 210
Preisangaben in der Werbung 66

Preisausschreiben 86
Preisbekanntgabe 147
Preisherabsetzungen, Werbung mit 149
Preisvergleiche 118
    Eigenvergleich 119
    Konkurrenzvergleich 118
Presse als Werbemedium 162
Pressefreiheit *siehe* Meinungs- und Medienfreiheit
Prestigewerbung 8
Printmedien, Werbung in 161
Privatbankiers *siehe* Bankiers
Produktdeklaration von Lebensmitteln 292
Produktionsvertrag 400
Produzenten 283
Promotionsartikel, Werbung mit 78
Propaganda 9, 49
    politische 76, 205, 365
Prostitution 49
Provisionen als Wertreklame 82
Prozessionen 205
Prüfungsatteste 122
Pseudonyme 452
Public Relations 18, 165
Publikumswerbung für Arzneimittel 315

Q

Qualitative Anforderungen an
    Ausstattungen 472
    Domain Namen 472
    Firmen 467
    Kunstwerke 481
    Marken 472
    Muster und Modelle 478
    Namen 467
    Werbemittel 466
Qualitätsangaben auf Packungen 144
Quasi-kosmetische Produkte 305

R

Radiowerbung 171
    Medienfreiheit für 172
Rassendiskriminierung 56
Rechenschaftspflicht der Werbeagentur 417
Recht auf Werbung und Vertrieb 15
Rechte von Dritten, Schutz von 71
Rechtsanwälte, Werbeeinschränkungen für 366
Rechtseinräumung an Urheberrechten 431
Registereintragung von
    Domain Namen 497
    Marken 496
    Muster und Modellen 497
Reinigungsmittel 288
Reklame, Begriff 10
Relative Anforderungen an
    Ausstattungen 505
    Domain Namen 504
    Firmen 503
    Kunstwerke 507
    Marken 505
    Muster und Modelle 506
    Namen 502
    Werbemittel 501
Religionsfreiheit 36, 202, 205
Reraffinate, Werbung für 117
Rosen 103
Rotes Kreuz, Werbung mit dem Zeichen des 135
Rückgaberecht 255
Rücktritt vom Werbevertrag 445
Ruhe, Schutz der 47

S

Sachlichkeit, Schutz der 59
Sammlungen *siehe* Spenden
Sampling *siehe* Warenmuster
Schadenersatz 444
Schaufenster *siehe* Auslagen
Schlankheitsmittel 290

Schmarotzertum 546
Schokolade
   Festgrössen 141
   Mengenangaben 143
Schöpferprinzip im Urheberrecht 431
Schreibtischverkäufe 220, 256
   Bestätigung und Widerruf 258
Schriftbild 528
Schutz
   der Ästhetik 52
   der Ehre 74
   der Gesundheit 41, 43, 268
   der Grundrechte 41
   der Heimat 53
   der Jugend 45
   der Konsumenten 60
   der Ordnung 47
   der Persönlichkeit 74
   der Polizeigüter 41
   der Ruhe 47
   der Sachlichkeit 59
   der Sicherheit 45
   der Sittlichkeit 51
   der Sprache 58
   der Wahrhaftigkeit 59
   der Werbenden vor Drittwerbung 224
   des Ansehens 53
   des Vermögens 56
   gegen Beeinträchtigungen 73
   gegen Diskriminierung 56
   gegen Entstellung und Ergänzung 75
   gegen Irreführung 60, 63
   gegen Täuschung 60, 63
   gegen Übertreibung 68
   gegen Übervorteilung 56
   gegen Verstümmelung 76
   gegen Verunstaltung 52
   gegen Verwechslungen 72
   von Arbeitsergebnissen 544
   von Ausstattungen 463
   von Designs 532
   von Domain Namen 512
   von Drittrechten 71
   von Formgebungen 532
   von geografischen Bezeichnungen 62
   von Herkunftsangaben 62
   von Kennzeichen 509
   von Kunstwerken 463, 532
   von Logos 513, 532
   von Marken 457, 463, 512
   von Mustern und Modellen 462
   von Namen 73
   von öffentlichen Zeichen 53
   von Personen 74
   von Rechten Dritter 71
   von Signeten 513
   von Slogans 512
   von Treu und Glauben 59
   von Wappen 53
Schutzfähigkeit von Kennzeichen 578
Selbstbedienung 277
Selektiver Vertrieb 282
Sexuelle Motive, Werbung mit 134
Sicherheit, Schutz der 45
Signete 224
   im Sponsoring 174
   Schutz von 513, 532
Silber 329
Sinngehalt 528
Sittlichkeit, Schutz der 51
Sklavische Nachahmung 539
   Begriff 539
   sprachliches und grafisches Gemeingut 542
   technisches Gemeingut 540
Slogans, Schutz von 512
Soldaten *siehe* Wehrmänner
Sonderverkäufe 269
Sorgfaltspflichten der Werbeagentur 413
Souvenirs 101
Spamming 222, 258
Spargelder 335
Spenden, Schranken der Werbung für 357
Spenden, Werbung für 355
Spendenmarketing 355
Spielautomaten 87, 98, 261
Spielbanken 85
Spielwaren 288
Spirituosen
   besondere Bestimmungen für 298
   Marketingmassnahmen 272

Sponsoring 8
    gemeinütziger Organisationen 357
    im Fernsehen 173
Sporthilfe, Werbung mit 125
Sprache
    Schutz der 58
    von Werbeangaben 202
Staat und Werbung 12
    Einflussnahme 13
    Tendenzen 14
Staat, Werbeeinschränkungen für
    den 370
Städtebilder 105
Standaktionen 356
Stiftungen, Namen von 467, 511
Strassenfahrzeuge, Werbung auf 207
Strassensammlungen 356
Strassensignale, Werbung mit 193
Strassenverkauf 233
    Kontrolle 44
Sweepstakes 99

T

Tabakwaren 301
    Höchstmengen 219
    Werbeverbot im Fernsehen 177
Tankstellen
    Vertrieb an 280
    Werbung für 196
Tatsachenbehauptung 34
Täuschende Firmen 489
Täuschende Zeichen 494
Täuschung, Schutz vor 60, 63
Teilzahlungen
    Schranken 273
    Sorgfaltspflichten 274
    Vertrieb durch 272
Telebusiness 281
Telefonwerbung 220
Telemarketing 256
    als Direktwerbung 220
    Bestätigung und Widerruf 258
    Identität des Anbieters 257
Teleshopping 179
Teletext-Werbung 180

Telex- und Telefaxwerbung 220
Testergebnisse, Werbung mit 121
Textilien 288
Tiere, Werbung mit 204
Titel, Anmassung von 67
Tombola 87, 356
Tourismus 351
    Pauschalreisen 352
    Preise 351
Trailer in der Fernsehwerbung 173
Treu und Glauben, Schutz von 59
Treuepflichten der Werbeagentur 417
TV-Spots siehe Fernsehwerbung

U

Übertragung von Rechten 507
Übervorteilung
    Schutz vor 56
    Vorschriften gegen 57
Uhren 104, 108
Umpacken von Waren 153
Unentgeltliche Zuwendungen siehe
    Wertreklame
Unlauterer Wettbewerb 61
Unsubscribe-Verfahren 222
Unternehmensbezeichnungen 453
Untersuchungsberichte, Werbung
    mit 122
Urheberrecht 461
    örtlicher Geltungsbereich 533
    sachlicher Geltungsbereich 534
    Verwechselbarkeit 535
    zeitlicher Geltungsbereich 532
Urheberrechte der Werbeagentur 429
Urheberrechtsschutz von Bank-
    noten 132

V

Verbrauchermärkte, Vertrieb via 285
Vereine, Namen von 467, 511
Vereinigungsfreiheit 38

Vergleichende Werbung 113
  in Inseraten 166
  Warentests 120
Vergütungspflicht für Werbeaufträge 423
Verkauf
  mit Laienhelfern 246
  über die Gasse 345
Verkaufsflächen in Einkaufszentren 279
Verkaufsförderung, Massnahmen zur 226
Verkehrsdurchsetzung
  Begriff 484
  von Ausstattungen 487
  von Marken 487
  von Namen 486
Verkehrsmittel, Werbung auf öffentlichen 208
Verletzer
  eigenes besseres Recht 577
  Einreden der 576
Verletzung
  der Ehre 74
  der Persönlichkeit 32
  der Rechte Dritter durch Inserate 168
Verletzungsprozess 576
Vermögen, Schutz des 56
Veröffentlichungen, unzüchtige 51
Verpackung, Werbung auf 139
Versammlungsfreiheit 37
  Inhalt und Schranken 38
Versandhandel 249
  Abnahmeverpflichtungen 252
  Identität des Anbieters 251
  Lieferfrist 253
  Produktbeschreibung 251
  Widerrufs- und Rückgaberecht 253
Verschwiegenheitspflicht der Werbeagentur 419
Verstümmelung, Schutz vor 76
Verteilketten, Vertrieb via 285
Vertrieb 3, 11
  an Grossisten 282
  an Messen und Ausstellungen 237
  an offenen Verkaufsstellen 230
  auf Märkten und Ständen 233

ausserhalb ständiger Geschäftsräume 227
ausserhalb üblicher Öffnungszeiten 263
durch Automaten 259
durch Kioske und Tankstellen 280
durch Selbstbedienung 277
im Gastgewerbe 344
im Tourismus 352
im Umherziehen 231
mit Teilzahlungsmöglichkeiten 272
mittels Aktionen und Sonderverkäufen 269
Recht auf 15
selektiver 282
über Einkaufszentren 278
via Alternative Trade Channels 227
via Multilevelmarketing 247
von alkoholischen Getränken 299
von Arzneimitteln 320
von Chemikalien 327
von Edelmetallen 332
von Genussmitteln 302
von Lebensmitteln allgemein 307
Vertriebsmassnahmen *siehe* Vertrieb
Vertriebsveranstaltungen 246
  Schutz durch Versammlungsfreiheit 37
Verunstaltung, Schutz vor 52
Verwechselbarkeit 523, 535
Verwechslungen, Schutz vor 72
Verwirklichungsphase des Werbevertrags 389, 410
Verwirkung 579
Vitamine 293
Vitrinen *siehe* Auslagen

W

Wahlen 77
  Werbeeinschränkungen bei 371, 378
Wahrhaftigkeit
  in der Werbung 83
  Schutz der 59
Wanderausstellungen 231
Wanderhandel *siehe* Haustürgeschäfte

Wanderlager 238
Wappen 53
   Schutz der 109
   Verwendung auf Produkten 109
   Werbung mit 136
Warenbetrug 69
Warenfälschung 69
   Schutz des Vermögens 70
Warengutscheine 81
Warenmuster, Werbung mit 218
Warentests
   Ergebnisse von 121
   vergleichende 120
Warenunterschiebung 346
Warnaufschriften auf Packungen 152
Waschmittel 288
Wehrmänner, Werbeeinschränkungen
   für 365
Weisungsrechte des Kunden 419
Wellness-Anpreisungen 291
Werbeagentur
   Aufklärungspflichten 416
   Beratungspflichten 416
   Briefing 421
   Erfolgspflichten 420
   Haftung und Haftungsaus-
     schluss 439
   Informationspflichten 416
   Pflichten 409
   Rechenschaftspflicht 417
   Sorgfaltspflichten 413
   Stellung der 388
   Treuepflichten 417
Werbeartikel, Verteilen auf
   öffentlichem Grund 214
Werbebudget *siehe* Budget
Werbefahrten 84, 246
   Schutz durch Versammlungs-
     freiheit 37
   Widerruf 247
Werbegaben 83
Werbegeschenke *siehe* Wertreklame
Werbemittel, Begriff und
   Bedeutung 451
Werbende
   Ausländer 365
   Behörden 370

Identität 364
öffentliche Unternehmen 370
Rechtsanwälte 366
Schutz für 224
Vorschriften für 363
Werberecht 3
Werbeträger 10, 223
Werbeverbot 363
Werbevertrag
   Abgrenzungen 400
   Abschluss 399
   Beendigung 445
   Gegenstand 388
   Haftung und Haftungsaus-
     schluss 439
   Parteien 390
   Rechtsnatur 391
   Vergabe an Dritte 436
   Wesen 387
Werbevertragsrecht 385
Werbung 3
   Alleinstellungs- 115
   an Gebäuden 195
   anlehnende 116, 546
   anonyme 165, 360, 499
   auf Fahrzeugen 207
   auf öffentlichen Verkehrsmitteln 208
   auf Waren 223
   Begriff 7
   bewegliche 202
   durch Auslage 154
   durch Erinnerungsmittel 451
   Elemente 10
   Entwicklung 5
   Erkennbarkeit 164
   für alkoholische Getränke 296
   für Anlagefonds 336
   für Arbeitsvermittlung 360
   für Chemikalien 325
   für Edelmetalle 330
   für Ersatzteile 117
   für Gastgewerbe 343
   für Gönnermitglieder 358
   für Personal 360
   für Spenden 355
   für Zubehör 117
   Geschichte 3
   im Fernsehen 171

im Internet 180
im Kino 170
im Teletext 180
in elektronischen Medien 171
in Printmedien 161
in Radio und Fernsehen 171
lotterieähnliche Veranstaltungen 96
mit audiovisuellen Mitteln 170
mit Ballonen 80
mit Banknoten 132
mit Fussgängern 202
mit Glücksspielen 84
mit Gutachten 123
mit Gutscheinen 81
mit Inseraten 161
mit Lockvögeln 128, 271, 272
mit Plakaten 184
mit Preisangaben 66
mit Preisherabsetzungen 149
mit Promotionsartikel 78
mit dem Rot-Kreuz-Zeichen 135
mit Sex 134
mit Sporthilfe 125
mit Testergebnissen 121
mit Tieren 204
mit Untersuchungsberichten 122
mit Warenmustern 218
mit Warentests 120
mit Wehrmännern 365
mit Wettbewerben 84
mit Wohltätigkeit 125
mit Zeichen internationaler Organisationen 135
mit Zeugnissen 123
Recht auf 15
Terminologie 6
territoriale Ausbreitung 167
vergleichende 113, 120, 166
zugunsten eines Dritten 8
zur geografischen Herkunft 100
Wertreklame 78
akzessorische 83
nicht-akzessorische 83
Schranken 79
Werturteil 33

Wettbewerbe 84
Wettbewerbsrecht *siehe* Lauterkeitsrecht
Widerrufsrecht
bei Haustürgeschäften 244
bei Schreibtischverkäufen 258
bei Werbefahrten 247
im Versandhandel 253
in der EU-Fernabsatzrichtlinie 182
Wirtschaftsfreiheit 16, 160, 202
für Inserate 163
Inhalt 17, 19
Öffnungszeiten 264
Schranken 21
Verstoss gegen die 56
Wirtschaftswerbung 8, 41
Wohltätige Institutionen, Werbung von 125
Wohltätigkeit, Werbung mit 125
Wortklang 528

Z

Zeichen
Anforderungen an den Gebrauch 498
formelle Anforderungen 496
gesetzwidrige 494
öffentliche 53
Registereintrag 496
relative Anforderungen 501
täuschende 494
unsittliche 493
Zeitschriften
Impressum 147, 152
Inserate 161
Zensur 51, 163
Zeugnisse, Werbung mit 123
Zigaretten *siehe* Tabakwaren
Zubehör, Werbung für 117
Zuckerwaren 303
Zufall bei Lotterien 95
Zusendungen unbestellter Ware 256